5TH EDITION

PANORAMA

INTRODUCCIÓN A LA LENGUA ESPAÑOLA

JOSÉ A. BLANCO

PHILIP REDWINE DONLEY, LATE
Austin Community College

VISTA®
HIGHER LEARNING
Boston, Massachusetts

Publisher: José A. Blanco
Editorial Development: Judith Bach, Jo Hanna Kurth, Gonzalo Montoya
Project Management: Kayli Brownstein, Sharon Inglis
Rights Management: Liliana Bobadilla, Ashley Dos Santos, Annie Pickert Fuller, Caitlin O'Brien
Technology Production: Fabián Montoya, Paola Ríos Schaaf
Design: Gabriel Noreña, Andrés Vanegas
Production: Manuela Arango, Oscar Díez

Student Text (Casebound) ISBN: 978-1-68004-329-7
Instructor's Annotated Edition ISBN: 978-1-68004-331-0

Library of Congress Control Number: 2015948647

3 4 5 6 7 8 9 TC 20 19 18 17 16

Printed in Canada.

Introduction

To Vista Higher Learning's great pride, **PANORAMA** and **VISTAS**, the parent text from which **PANORAMA** is derived, became the best-selling new introductory college Spanish program in more than a decade in its first edition, and its success has only grown over time. It is now our pleasure to welcome you to **PANORAMA**, **Fifth Edition**, your gateway to the Spanish language and to the vibrant cultures of the Spanish-speaking world.

A direct result of extensive reviews and ongoing input from students and instructors, **PANORAMA 5/e** includes both the highly successful, ground-breaking features of the original program, plus exciting new elements designed to keep **PANORAMA** the most student-friendly program available.

Original, hallmark features

- A unique, easy-to-navigate design built around color-coded sections that appear either completely on one page or on spreads of two facing pages
- Integration of an appealing video, up-front in each lesson of the student text
- Practical, high-frequency vocabulary in meaningful contexts
- Clear, comprehensive grammar explanations with high-impact graphics and other special features that make structures easier to learn and use
- Ample guided practice to make you comfortable with the vocabulary and grammar you are learning and to give you a solid foundation for communication
- An emphasis on communicative interactions with a classmate, small groups, the full class, and your instructor
- A process approach to the development of reading, writing, and listening skills
- Coverage of the entire Spanish-speaking world and integration of everyday culture
- Unprecedented learning support through on-the-spot student sidebars and on-page correlations to the print and technology ancillaries for each lesson section
- A complete set of print and technology ancillaries to help you learn Spanish

NEW! to the Fifth Edition

- New, animated grammar tutorials—now with interactive questions that check understanding
- Online chat activities for synchronous communication and oral practice
- Online practice tests with diagnostics
- Task-based activities—for more language practice
- Customizable study lists for vocabulary words
- 4 new **En pantalla** videos: 2 TV clips and 2 short films

PANORAMA 5/e has fifteen lessons, each of which is organized the same way. To familiarize yourself with the organization of the text, as well as its original and new features, take the **at-a-glance** tour.

table of contents

	contextos	fotonovela

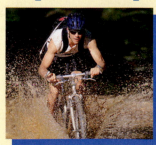

cultura

estructura

adelante

	contextos	fotonovela

cultura	estructura	adelante

	contextos	**fotonovela**

cultura	estructura	adelante

contextos	fotonovela

Lección 13
La naturaleza

Lección 14
En la ciudad

Lección 15
El bienestar

Consulta (*Reference*)

cultura	estructura	adelante

ICONS AND *RECURSOS* BOXES

Icons

Familiarize yourself with these icons that appear throughout **PANORAMA, Fifth Edition**.

- The Information Gap activities and those involving **Hojas de actividades** (*activity sheets*) require handouts from the instructor.

- You will see the listening icon in **Contextos**, **Pronunciación**, **Escuchar**, and **Vocabulario** sections.

- A note next to the Supersite icon will let you know exactly what type of content is available online.

- Additional practice on the Supersite, not included in the textbook, is indicated with this icon:

Recursos

Recursos boxes let you know exactly what print and technology ancillaries you can use to reinforce and expand on every section of the lessons in your textbook. They even include page numbers when applicable.

INTERACTIVE GRAMMAR TUTORIALS

Research shows that a little humor is engaging, stimulates the brain, and helps with memory retention. Interactive grammar tutorials, **NEW!** for **PANORAMA**, **Fifth Edition**, feature the Professor, an amusing character who grabs your attention with his humorous gags and lighthearted approach to grammar. The tutorials entertain and inform by pairing grammar rules with fun explanations and examples. The Professor always uses the new grammar in a humorous way at the end of each tutorial.

There are five learning scenarios: the classroom, the library, the theater, the café, and the Professor's living room. These settings offer opportunities for humor and for cultural references.

The Professor explains the grammar in an informal, conversational way. The Narrator pronounces words in charts and reads example sentences. Animation features such as color and pulsing emphasize the grammar being taught. The examples often appear with pictures that illustrate their meaning.

Each tutorial has one or two Quick Checks, which are pauses in the instruction to give you a chance to react to what has just been presented. It's a way to make sure you understand one concept before tackling the next one. It's also a way to make the tutorial interactive and keep you interested and engaged throughout the tutorial. Formats include multiple choice, sorting, fill in the blank, and ordering sentence elements. The Professor may also guide the Quick Check by having you listen and repeat, listen to cues and give the answers orally, or read cues and give the answers aloud.

Each tutorial features a **Repaso** section at the end that summarizes what you have learned.

These interactive grammar tutorials are a handy reference tool and support independent study.

Each section of your textbook comes with activities on the **PANORAMA** Supersite, many of which are auto-graded for immediate feedback. Plus, the Supersite is iPad®-friendly*, so it can be accessed on the go! Visit **vhlcentral.com** to explore this wealth of exciting resources.

CONTEXTOS
- Vocabulary tutorials
- Image-based vocabulary activity with audio
- Audio activities
- Textbook activities
- Additional activities for extra practice
- Chat activities for conversational skill-building and oral practice

FOTONOVELA
- Streaming video of **Fotonovela**, with instructor-managed options for subtitles and transcripts in Spanish and English
- Textbook activities
- Additional activities for extra practice
- Audio files for **Pronunciación**
- Record-compare practice

CULTURA
- Reading available online
- Keywords and support for **Conexión Internet**
- Textbook activities
- Additional activities for extra practice
- Additional reading
- Streaming video of **Flash cultura** series, with instructor-managed options for subtitles and transcripts in Spanish and English

ESTRUCTURA
- Interactive grammar tutorials
- Grammar presentations available online
- Textbook activities
- Additional activities for extra practice
- Chat activities for conversational skill-building and oral practice
- Diagnostics in **Recapitulación** section

ADELANTE
- Audio-sync reading in **Lectura**
- Additional reading
- Writing activity in **Escritura** with composition engine
- Audio files for listening activity in **Escuchar**
- Textbook activities and additional activities for extra practice
- Streaming **En pantalla** TV clips and short films, with instructor-managed options for subtitles and transcripts in Spanish and English

PANORAMA
- Interactive map
- Textbook activities
- Additional activities for extra practice
- Streaming video of **Panorama cultural** series, with instructor-managed options for subtitles and transcripts in Spanish and English

VOCABULARIO
- Vocabulary list with audio
- Customizable study lists

Plus! Also found on the Supersite:

- All textbook and lab audio MP3 files
- Communication center for instructor notifications and feedback
- Live Chat tool for video chat, audio chat, and instant messaging without leaving your browser
- A single gradebook for all Supersite activities
- WebSAM online Workbook/Video Manual/Lab Manual
- vText online interactive student edition with access to Supersite activities, audio, and video

*Students must use a computer for audio recording and select presentations and tools that require Flash or Shockwave.

Lesson Openers
outline the content and features of each lesson.

¡De compras!

6

Communicative Goals
You will learn how to:
• Talk about and describe clothing
• Express preferences in a store
• Negotiate and pay for items you buy

contextos
pages 174–177
• Clothing and shopping
• Negotiating a price and buying
• Colors
• More adjectives

fotonovela
pages 178–181
The friends are back in Mérida where they go to the market to do some shopping. Who will get the best deal?

cultura
pages 182–183
• Open-air markets
• Carolina Herrera

estructura
pages 184–199
• **Saber** and **conocer**
• Indirect object pronouns
• Preterite tense of regular verbs
• Demonstrative adjectives and pronouns
• **Recapitulación**

adelante
pages 200–207
Lectura: An advertisement for a store sale
Escritura: A report for the school newspaper
Escuchar: A conversation about clothes
En pantalla: Anuncio y cortometraje
Panorama: Cuba

A PRIMERA VISTA
• ¿Está buscando algo la chica?
• ¿Crees que busca una maleta o una blusa?
• ¿Está contenta o enojada?
• ¿Cómo es la chica?

A primera vista activities jump-start the lessons, allowing you to use the Spanish you know to talk about the photos.

Communicative goals highlight the real-life tasks you will be able to carry out in Spanish by the end of each lesson.

⑤upersite

Supersite resources are available for every section of the lesson at **vhlcentral.com**. Icons show you which textbook activities are also available online, and where additional practice activities are available. The description next to the ⑤ icon indicates what additional resources are available for each section: videos, recordings, tutorials, presentations, and more!

Contextos
presents vocabulary in meaningful contexts.

Más vocabulario boxes call out other important theme-related vocabulary in easy-to-reference Spanish-English lists.

Variación léxica presents alternate words and expressions used throughout the Spanish-speaking world.

Illustrations High-frequency vocabulary is introduced through expansive, full-color illustrations.

Recursos The icons in the **Recursos** boxes let you know exactly which print and technology ancillaries you can use to reinforce and expand on every section of every lesson.

Práctica This section always begins with two listening exercises and continues with activities that practice the new vocabulary in meaningful contexts.

Comunicación activities allow you to use the vocabulary creatively in interactions with a partner, a small group, or the entire class.

Supersite

- Vocabulary tutorials
- Audio support for vocabulary presentation
- Textbook activities
- Additional online-only practice activities
- Chat activities for conversational skill-building and oral practice
- Vocabulary activities in Activity Pack

Fotonovela
follows the adventures of a group of students living and traveling in Mexico.

Personajes The photo-based conversations take place among a cast of recurring characters—a Mexican family with two college-age children, and their group of friends.

Icons signal activities by type (pair, group, audio, info gap) and let you know which activities can be completed online.

Fotonovela Video The video episodes that correspond to this section are available for viewing online.

Expresiones útiles These expressions organize new, active structures by language function so you can focus on using them for real-life, practical purposes.

Conversations Taken from the **Fotonovela** Video, the conversations reinforce vocabulary from **Contextos**. They also preview structures from the upcoming **Estructura** section in context and in a comprehensible way.

Supersite

- Streaming video of the **Fotonovela** episode
- Textbook activities
- Additional online-only practice activities

Pronunciación & Ortografía
present the rules of Spanish pronunciation and spelling.

Pronunciación explains the sounds and pronunciation of Spanish in Lessons 1–9.

Ortografía focuses on topics related to Spanish spelling in Lessons 10–15.

- Audio for pronunciation explanation
- Record-compare textbook activities

Cultura

exposes you to different aspects of Hispanic culture tied to the lesson theme.

En detalle & Perfil(es) Two articles on the lesson theme focus on a specific place, custom, person, group, or tradition in the Spanish-speaking world. In Spanish starting in Lesson 7, these features also provide reading practice.

Coverage While the **Panorama** section takes a regional approach to cultural coverage, **Cultura** is theme-driven, covering several Spanish-speaking regions in every lesson.

Así se dice & El mundo hispano Lexical and comparative features expand cultural coverage to people, traditions, customs, trends, and vocabulary throughout the Spanish-speaking world.

Flash cultura An icon lets you know that the enormously successful **Flash cultura** Video offers specially shot content tied to the lesson theme.

Supersite

- **Cultura** article
- Textbook activities
- Additional online-only practice activities
- **Conexión Internet** activity with questions and keywords related to lesson theme
- Additional cultural reading
- Streaming video of **Flash cultura**

Estructura
presents Spanish grammar in a graphic-intensive format.

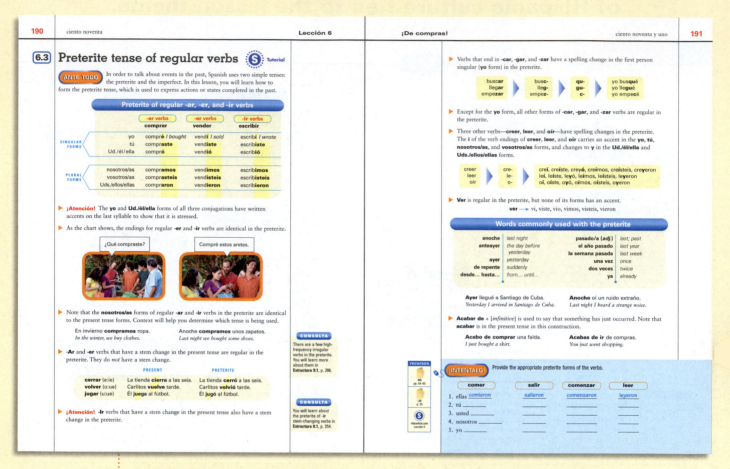

Ante todo Ease into grammar with definitions of grammatical terms, reminders about what you already know of English grammar, and Spanish grammar you have learned in earlier lessons.

Charts To help you learn, colorful, easy-to-use charts call out key grammatical structures and forms, as well as important related vocabulary.

Compare & Contrast This feature focuses on aspects of grammar that native speakers of English may find difficult, clarifying similarities and differences between Spanish and English.

Student sidebars provide you with on-the-spot linguistic, cultural, or language-learning information directly related to the materials in front of you.

Diagrams Clear and easy-to-grasp grammar explanations are reinforced by colorful diagrams that present sample words, phrases, and sentences.

¡Inténtalo! offers an easy first step into each grammar point.

ⓢupersite

- Interactive, animated grammar tutorials with quick checks
- Textbook activities

Estructura
provides directed and communicative practice.

Práctica Guided, yet meaningful exercises weave current and previously learned vocabulary together with the current grammar point.

Information Gap activities You and your partner each have only half of the information you need, so you must work together to accomplish the task at hand.

Comunicación Opportunities for creative expression use the lesson's grammar and vocabulary.

Sidebars The **Notas culturales** expand coverage of the cultures of Spanish-speaking peoples and countries, while the other sidebars provide on-the-spot language support.

Síntesis activities integrate the current grammar point with previously learned points, providing built-in, consistent review.

Ⓢupersite

- Textbook activities
- Additional online-only practice activities
- Chat activities for conversational skill-building and oral practice
- Grammar activities in Activity Pack

Estructura

Recapitulación reviews the grammar of each lesson and provides a short quiz, available with auto-grading on the Supersite.

Resumen gramatical This review panel provides you with an easy-to-study summary of the basic concepts of the lesson's grammar, with page references to the full explanations.

Points Each activity is assigned a point value to help you track your progress. All **Recapitulación** sections add up to one hundred points, plus four additional points for successfully completing the bonus activity.

Activities A series of activities, moving from directed to open-ended, systematically test your mastery of the lesson's grammar. The section ends with a riddle or puzzle using the grammar from the lesson.

Supersite

- Textbook activities with follow-up support and practice
- Additional online-only review activities
- Review activities in Activity Pack
- Practice quiz with diagnostics

Adelante
Lectura develops reading skills in the context of the lesson theme.

Antes de leer Valuable reading strategies and pre-reading activities strengthen your reading abilities in Spanish.

Readings Selections related to the lesson theme recycle vocabulary and grammar you have learned. The selections in Lessons 1–12 are cultural texts, while those in Lessons 13–15 are literary pieces.

Después de leer Activities include post-reading exercises that review and check your comprehension of the reading as well as expansion activities.

Supersite

- Audio-sync reading that highlights text as it is being read
- Textbook activities
- Additional reading

Adelante

In Lessons 3, 6, 9, 12, and 15, *Escritura* develops writing skills while *Escuchar* practices listening skills.

Estrategia Strategies help you prepare for the writing and listening tasks to come.

Escritura The **Tema** describes the writing topic and includes suggestions for approaching it.

Escuchar A recorded conversation or narration develops your listening skills in Spanish. **Preparación** prepares you for listening to the recorded passage.

Ahora escucha walks you through the passage, and **Comprensión** checks your listening comprehension.

Supersite

- Composition engine for writing activity in **Escritura**
- Audio for listening activity in **Escuchar**
- Textbook activities
- Additional online-only practice activities

Adelante

In Lessons 3, 6, 9, 12, and 15, *En pantalla* presents authentic TV clips and short films.

En pantalla: **Anuncio** TV clips, two **NEW!** to this edition, give you additional exposure to authentic language. The clips are all commercials.

Presentation Cultural notes, video stills with captions, and vocabulary support all prepare you to view the clips and short films. Activities check your comprehension and expand on the ideas presented.

En pantalla: **Cortometraje** This page features authentic short films from Mexico and Spain, including pre- and post-viewing support.

 Supersite

- Streaming video of **En pantalla**
- Textbook activities
- Additional online-only practice activities

Panorama
presents the nations of the Spanish-speaking world.

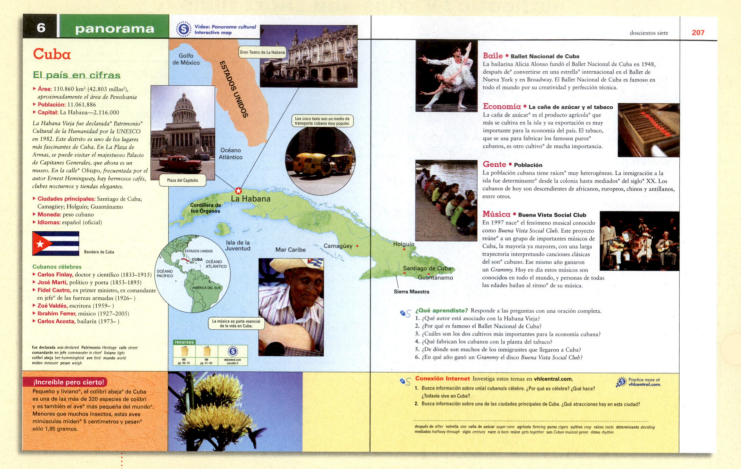

El país en cifras presents interesting key facts about the featured country.

¡Increíble pero cierto! highlights an intriguing fact about the country or its people.

Maps point out major cities, rivers, and geographical features and situate the country in the context of its immediate surroundings and the world.

Readings A series of brief paragraphs explores facets of the country's culture such as history, places, fine arts, literature, and aspects of everyday life.

Panorama cultural **Video** This video's authentic footage takes you to the featured Spanish-speaking country, letting you experience the sights and sounds of an aspect of its culture.

Ⓢupersite

- Interactive map
- Streaming video of the **Panorama cultural** program
- Textbook activities
- Additional online-only practice activities
- **Conexión Internet** activity with questions and keywords related to lesson theme

Vocabulario
summarizes all the active vocabulary of the lesson.

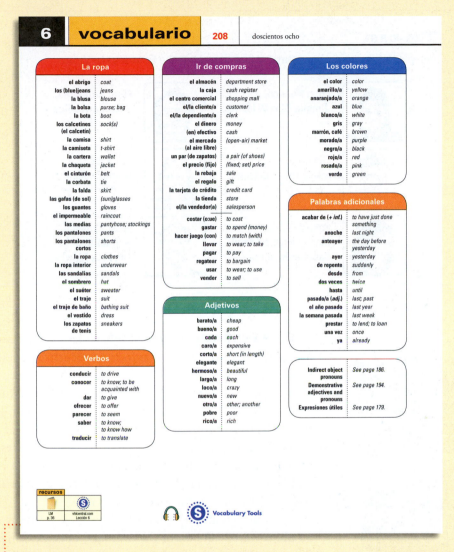

Vocabulario The end-of-lesson page lists the active vocabulary from each lesson. This is the vocabulary that may appear on quizzes or tests.

Supersite

- Audio for all vocabulary items
- Customizable study lists

Fotonovela Video Program

The cast

Here are the main characters you will meet in the **Fotonovela** Video:

From Mexico,
Jimena Díaz Velázquez

From Argentina,
Juan Carlos Rossi

From Mexico,
Felipe Díaz Velázquez

From the U.S.,
Marissa Wagner

From Mexico,
María Eugenia (Maru)
Castaño Ricaurte

From Spain,
Miguel Ángel
Lagasca Martínez

The **PANORAMA 5/e Fotonovela** Video is a dynamic and contemporary window into the Spanish language. The video centers around the Díaz family, whose household includes two college-aged children and a visiting student from the U.S. Over the course of an academic year, Jimena, Felipe, Marissa, and their friends explore **el D.F.** and other parts of Mexico as they make plans for their futures. Their adventures take them through some of the greatest natural and cultural treasures of the Spanish-speaking world, as well as the highs and lows of everyday life.

The **Fotonovela** section in each textbook lesson is actually an abbreviated version of the dramatic episode featured in the video. Therefore, each **Fotonovela** section can be done before you see the corresponding video episode, after it, or as a section that stands alone.

In each dramatic segment, the characters interact using the vocabulary and grammar you are studying. As the storyline unfolds, the episodes combine new vocabulary and grammar with previously taught language, exposing you to a variety of authentic accents along the way. At the end of each episode, the **Resumen** section highlights the grammar and vocabulary you are studying.

We hope you find the **Fotonovela** Video to be an engaging and useful tool for learning Spanish!

En pantalla Video Program

The **PANORAMA** Supersite features an authentic TV clip and short film for Lessons 3, 6, 9, 12, and 15. These TV clips and short films, four of which are **NEW!** to the Fifth Edition, have been carefully chosen to be comprehensible for students learning Spanish, and are accompanied by activities and vocabulary lists to facilitate understanding. More importantly, though, these clips and short films are a fun and motivating way to improve your Spanish!

Here are the countries represented in **En pantalla**:

Lesson 3 Chile and Mexico

Lesson 6 Mexico and Spain

Lesson 9 Chile and Mexico

Lesson 12 Spain

Lesson 15 Spain

Flash cultura Video Program

In the dynamic **Flash cultura** Video, young people from all over the Spanish-speaking world share aspects of life in their countries with you. The similarities and differences among Spanish-speaking countries that come up through their adventures will challenge you to think about your own cultural practices and values. The segments provide valuable cultural insights as well as linguistic input; the episodes will introduce you to a variety of accents and vocabulary as they gradually move into Spanish.

Panorama cultural Video Program

The **Panorama cultural** Video is integrated with the **Panorama** section in each lesson. Each segment is 2–3 minutes long and consists of documentary footage from each of the countries featured. The images were specially chosen for interest level and visual appeal, while the all-Spanish narrations were carefully written to reflect the vocabulary and grammar covered in the textbook.

acknowledgments

On behalf of its authors and editors, Vista Higher Learning expresses its sincere appreciation to the many instructors and college professors across the U.S. and Canada who contributed their ideas and suggestions.

PANORAMA, Fifth Edition, is the direct result of extensive reviews and ongoing input from both students and instructors using the Fourth Edition. Accordingly, we gratefully acknowledge those who shared their suggestions, recommendations, and ideas as we prepared this Fifth Edition.

We express our sincere appreciation to the instructors who completed our online review.

Reviewers

Osiris Albrecht
St. Petersburg College, FL

Salvador Alvarez
Victor Valley College, CA

Carlos Arazi
Borough of Manhattan Community College, NY

Rafael Arias
Los Angeles Valley College, CA

Kenneth Atwood
Webb School of Knoxville, TN

Sharon Baker Bucklin
University of Wisconsin-Rock County, WI

Tamra Bassett
Idaho State University, ID

Carmen Beaty
Fort Valley State University, GA

Sarah Bentley
Portland Community College, OR

Melanie Bloom
University of Nebraska Omaha, NE

Jeanne Boettcher
Madison Area Technical College, WI

Alan Bruflat
Wayne State College, NE

Silvia Campazzo
University of Wisconsin Oshkosh, WI

Ines Carrera-Junco
Borough of Manhattan Community College, NY

Tulio Cedillo
Lynchburg College, VA

Margarita Chavez
Harold Washington College, IL

Arsenio Cicero
Madison Area Technical College, WI

Alicia Class
El Camino College, CA

Magdalena Coll
Madison Area Technical College, WI

Andrea Colvin
Ohio Wesleyan University, OH

Alphonse Dattolo
Bergen Community College, NJ

Cindy Davis
Central Michigan University, MI

Richard DCamp
University of Wisconsin Oshkosh, WI

William O. Deaver, Jr.
Armstrong State University, GA

Carmen Del Castillo-Zerbe
York College of Pennsylvania, PA

Aurea Diab
Dillard University, LA

Conxita Domenech
University of Wyoming, WY

Margaret Donghia
Appomattox High School, VA

Dorian Dorado
Louisiana State University, LA

Cindy Doutrich
York College of Pennsylvania, PA

Ana Eire
Stetson University, FL

Georgina Elortegui
Montgomery County Community College, PA

Belkis M. Farris
Emmanuel College, GA

Giti Farudi
Xavier University of Louisiana, LA

Ileana Feistritzer
York College of Pennsylvania, PA

Ronna Feit
Nassau Community College, NY

Arlene F. Fuentes
Southern Virginia University, VA

John Gant
University of North Carolina at Asheville, NC

José M. García-Sánchez
Eastern Washington University, WA

Don Goetz
Northwestern Connecticut Community College, CT

Jill Gomez
Miami University, OH

Karen Hall Zetrouer
Santa Fe College, FL

Helen Haselnuss
Pace University, NY

Jason Herbeck
Boise State University, ID

Lorena Hernandez Ramirez
Lehman College, NY

Marvin Huber
Mount Marty College, SD

Harriet Hutchinson
Bunker Hill Community College, MA

Tamise Ironstrack
Miami University, OH

Isabel Izquierdo
Diablo Valley College, CA

Tammy Jandrey Hertel
Lynchburg College, VA

Herman Johnson
Xavier University of Louisiana, LA

Randy Johnson
College of the Redwoods, CA

Karen Jones
Santa Fe College, TX

Anne Kelly-Glasoe
South Puget Sound Community
College, WA

Maria Lee-Lopez
Portland Community College, OR

Nilda Lowe
Concord University, WV

Kenneth V. Luna
California State University,
Northridge, CA

Anne-Marie Martin
Portland Community College, OR

Kristin McDonald
Northwestern College, IA

Megan McDonald
Lewis & Clark College, OR

Leslie Meeder
Lycoming College, PA

Jacqueline Mitchell
Point Loma Nazarene University, CA

Libardo Mitchell
Portland Community College, OR

Lorena Molina
Citrus College, CA

Julia Morton
Bridgewater College, VA

Pablo M. Oliva
Monterey Institute of International
Studies, CA

Raquel Olivera
Moorpark College, CA

Jamilet Ortiz
Purchase College, NY

Kristin-Ann Osowski
Diablo Valley College, CA

Ruth Owens
Arkansas State University, AR

Nancy Pastrana
Victor Valley College, CA

Keith Phillips
Lansing Community College, MI

Marcela Pineda-Volk
Shippensburg University, PA

Thomas R. Porter
Southern Virginia University, VA

Marcie Pratt
University of Wisconsin-Baraboo/Sauk
County, WI

Julie Raich
College of the Redwoods, CA

Carmen Ramos-Castro
Cabrillo College, CA

Francis Bernie Rang
El Camino College, CA

Jose Ricardo-Osorio
Shippensburg University, PA

Nilsa Rodríguez-Jaca
Culinary Institute of America, NY

Nicole Roger-Hogan
Purdue University, IN

Eunice Rojas
Lynchburg College, VA

Juan Armando Rojas
Ohio Wesleyan University, OH

Gracia Roldán
Armstrong State University, GA

Aldo M. Romero
University of Northern Colorado, CO

Clinia Saffi
Presbyterian College, SC

David A. Salomon
Russell Sage College, NY

Bethany Sanio
University of Nebraska-Lincoln, NE

Ana Ligia Scott
Purdue University, IN

Gabriela Segal
Arcadia University, PA

Amy Sellin
Fort Lewis College, CO

Nila Serrano
Victor Valley College, CA

Irena Stefanova
Contra Costa College, CA

Victoria Stewart
Globe University/Minnesota School
of Business, MN

Luz I. Strohfeldt
Cincinnati State Technical and
Community College, OH

Nancy Stucker
Cabrillo College, CA

Rosa Tapia
Lawrence University, WI

Robert Taylor
Cincinnati State Technical and
Community College, OH

Georgina Tenny
Washburn University, KS

Silvina Trica-Flores
Nassau Community College, NY

Nicholas J. Uliano
Cabrini College, PA

Jan Underwood
Portland Community College, OR

Freddy Vilches
Lewis & Clark College, OR

Genevieve Watson
Darton State College, GA

Rebecca White
Indiana University Southeast, IN

Amy Williamson
Mississippi College, MS

Elizabeth Willingham
Calhoun Community College, AL

James R. Wilson
Madison Area Technical College, WI

Helga Winkler
Moorpark College, CA

Sheri Woodworth
Southern Vermont College, VT

Joy Woolf
Westminster College, UT

Laly Yahyawi-Valenzuela
University of Wisconsin Oshkosh, WI

Jean Zenor
Springfield Technical Community
College, MA

Hola, ¿qué tal?

1

contextos

fotonovela

cultura

estructura

adelante

A PRIMERA VISTA

- Guess what the people on the photo are saying:
  a. Adiós. b. Hola. c. salsa
- Most likely they would also say:
  a. Gracias. b. fiesta c. Buenos días.
- The women are:
  a. amigas b. chicos c. señores

Hola, ¿qué tal?

Más vocabulario

Buenos días.	*Good morning.*
Buenas noches.	*Good evening; Good night.*
Hasta la vista.	*See you later.*
Hasta pronto.	*See you soon.*
¿Cómo se llama usted?	*What's your name? (form.)*
Le presento a…	*I would like to introduce you to (name). (form.)*
Te presento a…	*I would like to introduce you to (name). (fam.)*
el nombre	*name*
¿Cómo estás?	*How are you? (fam.)*
No muy bien.	*Not very well.*
¿Qué pasa?	*What's happening?; What's going on?*
por favor	*please*
De nada.	*You're welcome.*
No hay de qué.	*You're welcome.*
Lo siento.	*I'm sorry.*
Gracias.	*Thank you; Thanks.*
Muchas gracias.	*Thank you very much; Thanks a lot.*

Variación léxica

Items are presented for recognition purposes only.

Buenos días.	⟷	Buenas.
De nada.	⟷	A la orden.
Lo siento.	⟷	Perdón.
¿Qué tal?	⟷	¿Qué hubo? (*Col.*)
Chau	⟷	Ciao; Chao

1

> **ELENA** Patricia, le presento a Jorge Perales.
> **PATRICIA** Encantada.
> **SEÑOR PERALES** Igualmente. ¿De dónde es usted, señorita?
> **PATRICIA** Soy de México. ¿Y usted?
> **SEÑOR PERALES** De Puerto Rico.

2

> **TOMÁS** ¿Qué tal, Alberto?
> **ALBERTO** Regular. ¿Y tú?
> **TOMÁS** Bien. ¿Qué hay de nuevo?
> **ALBERTO** Nada.

3

> **SEÑOR VARGAS** Buenas tardes, señora Wong. ¿Cómo está usted?
> **SEÑORA WONG** Muy bien, gracias. ¿Y usted, señor Vargas?
> **SEÑOR VARGAS** Bien, gracias.
> **SEÑORA WONG** Hasta mañana, señor Vargas. Saludos a la señora Vargas.
> **SEÑOR VARGAS** Adiós.

In Spanish, people can be addressed either formally or informally. Dialogues 1 and 3 are formal exchanges and use **usted** (*you*) forms. Dialogues 2, 4, and 5 are informal and use the familiar **tú** (*you*) form or other informal expressions. You will learn more about this in **Estructura 1.3**.

BERTA Hasta luego, Tere.
TERESA Chau, Berta. Nos vemos mañana.

CARMEN Buenas tardes. Me llamo Carmen. ¿Cómo te llamas tú?
ANTONIO Buenas tardes. Me llamo Antonio. Mucho gusto.
CARMEN El gusto es mío. ¿De dónde eres?
ANTONIO Soy de los Estados Unidos, de California.

Práctica

1 **Escuchar** Listen to each question or statement, then choose the correct response.

1. a. Muy bien, gracias.
   b. Me llamo Graciela.
2. a. Lo siento.
   b. Mucho gusto.
3. a. Soy de Puerto Rico.
   b. No muy bien.
4. a. No hay de qué.
   b. Regular.
5. a. Mucho gusto.
   b. Hasta pronto.
6. a. Nada.
   b. Igualmente.
7. a. Me llamo Guillermo Montero.
   b. Muy bien, gracias.
8. a. Buenas tardes. ¿Cómo estás?
   b. El gusto es mío.
9. a. Saludos a la Sra. Ramírez.
   b. Encantada.
10. a. Adiós.
    b. Regular.

2 **Identificar** You will hear a series of expressions. Identify the expression (**a**, **b**, **c**, or **d**) that does not belong in each series.

1. ____   3. ____
2. ____   4. ____

3 **Escoger** For each expression, write another word or phrase that expresses a similar idea.

modelo
¿Cómo estás? ¿Qué tal?

1. De nada.
2. Encantado.
3. Adiós.
4. Hasta la vista.
5. Mucho gusto.

4 **Ordenar** Work with a partner to put this scrambled conversation in order. Then act it out.

—Muy bien, gracias. Soy Rosabel.
—Soy de México. ¿Y tú?
—Mucho gusto, Rosabel.
—Hola. Me llamo Carlos. ¿Cómo estás?
—Soy de Argentina.
—Igualmente. ¿De dónde eres, Carlos?

CARLOS _____
ROSABEL _____
CARLOS _____
ROSABEL _____
CARLOS _____
ROSABEL _____

5

Completar Work with a partner to complete these dialogues.

> **modelo**
>
> **Estudiante 1:** ¿Cómo estás?
> **Estudiante 2:** Muy bien, gracias.

1. **Estudiante 1:** _____
   Estudiante 2: Buenos días. ¿Qué tal?
2. **Estudiante 1:** _____
   Estudiante 2: Me llamo Carmen Sánchez.
3. **Estudiante 1:** _____
   Estudiante 2: De Canadá.
4. **Estudiante 1:** Te presento a Marisol.
   Estudiante 2: _____

5. **Estudiante 1:** Gracias.
   Estudiante 2: _____
6. **Estudiante 1:** _____
   Estudiante 2: Regular.
7. **Estudiante 1:** _____
   Estudiante 2: Nada.
8. **Estudiante 1:** ¡Hasta la vista!
   Estudiante 2: _____

6

Cambiar Work with a partner and correct the second part of each conversation to make it logical.

> **modelo**
>
> **Estudiante 1:** ¿Qué tal?
> **Estudiante 2:** ~~No hay de qué.~~ Bien. ¿Y tú?

1. **Estudiante 1:** Hasta mañana, señora Ramírez. Saludos al señor Ramírez.
   Estudiante 2: *Muy bien, gracias.*
2. **Estudiante 1:** ¿Qué hay de nuevo, Alberto?
   Estudiante 2: *Sí, me llamo Alberto. ¿Cómo te llamas tú?*
3. **Estudiante 1:** Gracias, Tomás.
   Estudiante 2: *Regular. ¿Y tú?*
4. **Estudiante 1:** Miguel, te presento a la señorita Perales.
   Estudiante 2: *No hay de qué, señorita.*
5. **Estudiante 1:** ¿De dónde eres, Antonio?
   Estudiante 2: *Muy bien, gracias. ¿Y tú?*
6. **Estudiante 1:** ¿Cómo se llama usted?
   Estudiante 2: *El gusto es mío.*
7. **Estudiante 1:** ¿Qué pasa?
   Estudiante 2: *Hasta luego, Alicia.*
8. **Estudiante 1:** Buenas tardes, señor. ¿Cómo está usted?
   Estudiante 2: *Soy de Puerto Rico.*

¡LENGUA VIVA!

The titles **señor, señora**, and **señorita** are abbreviated **Sr., Sra.,** and **Srta.** Note that these abbreviations are capitalized, while the titles themselves are not.

• • •

There is no Spanish equivalent for the English title *Ms.;* women are addressed as **señora** or **señorita**.

 Practice more at **vhlcentral.com**.

Comunicación

7 **Diálogos** With a partner, complete and act out these conversations.

Conversación 1

—Hola. Me llamo Teresa. ¿Cómo te llamas tú?

—_____

—Soy de Puerto Rico. ¿Y tú?

—_____

Conversación 2

—_____

—Muy bien, gracias. ¿Y usted, señora López?

—_____

—Hasta luego, señora. Saludos al señor López.

—_____

Conversación 3

—_____

—Regular. ¿Y tú?

—_____

—Nada.

8 **Conversaciones** This is the first day of class. Write four short conversations based on what the people in this scene would say.

9 **Situaciones** In groups of three, write and act out these situations.

1. On your way out of class on the first day of school, you strike up a conversation with the two students who were sitting next to you. You find out each student's name and where he or she is from before you say goodbye and go to your next class.

2. At the next class you meet up with a friend and find out how he or she is doing. As you are talking, your friend Elena enters. Introduce her to your friend.

3. As you're leaving the bookstore, you meet your parents' friends Mrs. Sánchez and Mr. Rodríguez. You greet them and ask how each person is. As you say goodbye, you send greetings to Mrs. Rodríguez.

4. Make up and act out a real-life situation that you and your classmates can role-play with the language you've learned.

Bienvenida, Marissa

Marissa llega a México para pasar un año con la familia Díaz.

PERSONAJES

MARISSA

SRA. DÍAZ

 Video: *Fotonovela*

MARISSA ¿Usted es de Cuba?

SRA. DÍAZ Sí, de La Habana. Y Roberto es de Mérida. Tú eres de Wisconsin, ¿verdad?

MARISSA Sí, de Appleton, Wisconsin.

MARISSA ¿Quiénes son los dos chicos de las fotos? ¿Jimena y Felipe?

SRA. DÍAZ Sí. Ellos son estudiantes.

DON DIEGO ¿Cómo está usted hoy, señora Carolina?

SRA. DÍAZ Muy bien, gracias. ¿Y usted?

DON DIEGO Bien, gracias.

DON DIEGO Buenas tardes, señora. Señorita, bienvenida a la Ciudad de México.

MARISSA ¡Muchas gracias!

MARISSA ¿Cómo se llama usted?

DON DIEGO Yo soy Diego. Mucho gusto.

MARISSA El gusto es mío, don Diego.

SRA. DÍAZ Ahí hay dos maletas. Son de Marissa.

DON DIEGO Con permiso.

DON DIEGO

SR. DÍAZ

FELIPE

JIMENA

SR. DÍAZ ¿Qué hora es?

FELIPE Son las cuatro y veinticinco.

SRA. DÍAZ Marissa, te presento a Roberto, mi esposo.

SR. DÍAZ Bienvenida, Marissa.

MARISSA Gracias, señor Díaz.

JIMENA ¿Qué hay en esta cosa?

MARISSA Bueno, a ver, hay tres cuadernos, un mapa... ¡Y un diccionario!

JIMENA ¿Cómo se dice mediodía en inglés?

FELIPE "Noon".

FELIPE Estás en México, ¿verdad?

MARISSA ¿Sí?

FELIPE Nosotros somos tu diccionario.

Expresiones útiles

Identifying yourself and others

¿Cómo se llama usted?
What's your name?
Yo soy Diego, el portero. Mucho gusto.
I'm Diego, the doorman. Nice to meet you.
¿Cómo te llamas?
What's your name?
Me llamo Marissa.
My name is Marissa.
¿Quién es...? / ¿Quiénes son...?
Who is...? / Who are...?
Es mi esposo.
He's my husband.
Tú eres..., ¿verdad?/¿cierto?/¿no?
You are..., right?

Identifying objects

¿Qué hay en esta cosa?
What's in this thing?
Bueno, a ver, aquí hay tres cuadernos...
Well, let's see, here are three notebooks...
Oye/Oiga, ¿cómo se dice *suitcase* en español?
Hey, how do you say suitcase in Spanish?
Se dice *maleta*.
You say maleta.

Saying what time it is

¿Qué hora es?
What time is it?
Es la una. / Son las dos.
It's one o'clock. / It's two o'clock.
Son las cuatro y veinticinco.
It's four twenty-five.

Polite expressions

Con permiso.
Pardon me; Excuse me. (to request permission)
Perdón.
Pardon me; Excuse me. (to get someone's attention or excuse yourself)
¡Bienvenido/a! *Welcome!*

recursos

VM
pp. 1-2

vhlcentral.com
Lección 1

¿Qué pasó?

1

¿Cierto o falso? Indicate if each statement is **cierto** or **falso**. Then correct the false statements.

	Cierto	Falso
1. La Sra. Díaz es de Caracas.	○	○
2. El Sr. Díaz es de Mérida.	○	○
3. Marissa es de Los Ángeles, California.	○	○
4. Jimena y Felipe son profesores.	○	○
5. Las dos maletas son de Jimena.	○	○
6. El Sr. Díaz pregunta "¿qué hora es?".	○	○
7. Hay un diccionario en la mochila (*backpack*) de Marissa.	○	○

2

Identificar Indicate which person would make each statement. One name will be used twice.

1. Son las cuatro y veinticinco, papá.
2. Roberto es mi esposo.
3. Yo soy de Wisconsin, ¿de dónde es usted?
4. ¿Qué hay de nuevo, doña Carolina?
5. Yo soy de Cuba.
6. ¿Qué hay en la mochila, Marissa?

 MARISSA   **FELIPE**   **SRA. DÍAZ**

DON DIEGO   **JIMENA**

> **¡LENGUA VIVA!**
>
> In Spanish-speaking countries, **don** and **doña** are used with first names to show respect: **don Diego**, **doña Carolina**. Note that these titles, like **señor** and **señora**, are not capitalized.

3

Completar Complete the conversation between Don Diego and Marissa.

DON DIEGO Hola, (1)_____.
MARISSA Hola, señor. ¿Cómo se (2)_____ usted?
DON DIEGO Yo me llamo Diego, ¿y (3)_____?
MARISSA Yo me llamo Marissa. (4)_____.
DON DIEGO (5)_____, señorita Marissa.
MARISSA Nos (6)_____, don Diego.
DON DIEGO Hasta (7)_____, señorita Marissa.

4

Conversar Imagine that you are chatting with a traveler you just met at the airport. With a partner, prepare a conversation using these cues.

Estudiante 1	Estudiante 2
Say "good afternoon" to your partner and ask for his or her name.	Say hello and what your name is. Then ask what your partner's name is.
Say what your name is and that you are glad to meet your partner.	Say that the pleasure is yours.
Ask how your partner is.	Say that you're doing well, thank you.
Ask where your partner is from.	Say where you're from.
Say it's one o'clock and say goodbye.	Say goodbye.

 Practice more at **vhlcentral.com**.

Pronunciación

The Spanish alphabet

The Spanish and English alphabets are almost identical, with a few exceptions. For example, the Spanish letter **ñ (eñe)** doesn't occur in the English alphabet. Furthermore, the letters **k (ka)** and **w (doble ve)** are used only in words of foreign origin. Examine the chart below to find other differences.

¡LENGUA VIVA!

Note that **ch** and **ll** are digraphs, or two letters that together produce one sound. Conventionally they have been considered part of the alphabet, but **ch** and **ll** do not have their own entries when placing words in alphabetical order, as in a glossary.

AYUDA

The letter combination **rr** produces a strong trilled sound which does not have an English equivalent. English speakers commonly make this sound when imitating the sound of a motor. This sound occurs with the **rr** between vowels and with the **r** at the beginning of a word: **puertorriqueño, terrible, Roberto,** etc. See **Lección 7**, p. 217, for more information.

Letra	Nombre(s)	Ejemplos	Letra	Nombre(s)	Ejemplos
a	a	adiós	m	eme	mapa
b	be	bien, problema	n	ene	nacionalidad
c	ce	cosa, cero	ñ	eñe	mañana
ch	che	chico	o	o	once
d	de	diario, nada	p	pe	profesor
e	e	estudiante	q	cu	qué
f	efe	foto	r	ere	regular, señora
g	ge	gracias, Gerardo, regular	s	ese	señor
			t	te	tú
h	hache	hola	u	u	usted
i	i	igualmente	v	ve	vista, nuevo
j	jota	Javier	w	doble ve	walkman
k	ka, ca	kilómetro	x	equis	existir, México
l	ele	lápiz	y	i griega, ye	yo
ll	elle	llave	z	zeta, ceta	zona

El alfabeto Repeat the Spanish alphabet and example words after your instructor.

Práctica Spell these words aloud in Spanish.

1. nada
2. maleta
3. quince
4. muy
5. hombre
6. por favor
7. San Fernando
8. Estados Unidos
9. Puerto Rico
10. España
11. Javier
12. Ecuador
13. Maite
14. gracias
15. Nueva York

Refranes Read these sayings aloud

Ver es creer.[1]

En boca cerrada no entran moscas.[2]

1 Seeing is believing. 2 Silence is golden.

recursos

LM p. 2

vhlcentral.com Lección 1

EN DETALLE

Video: *Flash cultura*

Saludos y besos en los países hispanos

In Spanish-speaking countries, kissing on the cheek is a customary way to greet friends and family members. Even when people are introduced for the first time, it is common for them to kiss, particularly in non-business settings. Whereas North Americans maintain considerable personal space when greeting, Spaniards and Latin Americans tend to decrease their personal space and give one or two kisses (**besos**) on the cheek, sometimes accompanied by a handshake or a hug. In formal business settings, where associates do not know one another on a personal level, a simple handshake is appropriate.

Greeting someone with a **beso** varies according to gender and region. Men generally greet each other with a hug or warm handshake, with the exception of Argentina, where male friends and relatives lightly kiss on the cheek. Greetings between men and women, and between women, generally include kissing, but can differ depending on the country and context. In Spain, it is customary to give **dos besos**, starting with the right cheek first. In Latin American countries, including Mexico, Costa Rica, Colombia, and Chile, a greeting consists of a single "air kiss" on the right cheek. Peruvians also "air kiss," but strangers will simply shake hands. In Colombia, female acquaintances tend to simply pat each other on the right forearm or shoulder.

Tendencias

País	Beso	País	Beso
Argentina	💋	España	💋💋
Bolivia	💋	México	💋
Chile	💋	Paraguay	💋💋
Colombia	💋	Puerto Rico	💋
El Salvador	💋	Venezuela	💋 / 💋💋

ACTIVIDADES

1 **¿Cierto o falso?** Indicate whether these statements are true (**cierto**) or false (**falso**). Correct the false statements.

1. In Spanish-speaking countries, people use less personal space when greeting than in the U.S.

2. Men never greet with a kiss in Spanish-speaking countries.

3. Shaking hands is not appropriate for a business setting in Latin America.

4. Spaniards greet with one kiss on the right cheek

5. In Mexico, people greet with an "air kiss."

6. Gender can play a role in the type of greeting given.

7. If two women acquaintances meet in Colombia, they should exchange two kisses on the cheek.

8. In Peru, a man and a woman meeting for the first time would probably greet each other with an "air kiss."

EL MUNDO HISPANO

Parejas y amigos famosos

Here are some famous couples and friends from the Spanish-speaking world.

- **Penélope Cruz** (España) y **Javier Bardem** (España) Both Oscar-winning actors, the couple married in 2010. They starred together in *Vicky Cristina Barcelona* (2008).

- **Gael García Bernal** (México) y **Diego Luna** (México) These lifelong friends became famous when they starred in the 2001 Mexican film *Y tu mamá también*. They continue to work together on projects, such as the 2012 film *Casa de mi padre.*

- **Salma Hayek** (México) y **Penélope Cruz** (España) These two close friends developed their acting skills in their home countries before meeting in Hollywood.

PERFIL

La plaza principal

In the Spanish-speaking world, public space is treasured. Small city and town life revolves around the **plaza principal**. Often surrounded by cathedrals or municipal buildings like the **ayuntamiento** (*city hall*), the pedestrian **plaza** is designated as a central meeting place for family and friends. During warmer months, when outdoor cafés usually line the **plaza**, it is

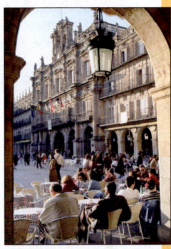

La Plaza Mayor de Salamanca

a popular spot to have a leisurely cup of coffee, chat, and people watch. Many town festivals, or **ferias**, also take place in this space. One of the most famous town squares

is the **Plaza Mayor** in the university town of Salamanca, Spain. Students gather underneath its famous clock tower to meet up with friends or simply take a coffee break.

La Plaza de Armas, Lima, Perú

Conexión Internet

What are the **plazas principales** in large cities such as Mexico City and Caracas?

Go to vhlcentral.com to find more cultural information related to this **Cultura** section.

ACTIVIDADES

2 **Comprensión** Answer these questions.

1. What are two types of buildings found on the **plaza principal?**
2. What two types of events or activities are common at a **plaza principal?**
3. How would Diego Luna greet his friends?
4. Would Salma Hayek and Gael García Bernal greet each other with one kiss or two?

3 **Saludos** Role-play these greetings with a partner. Include a verbal greeting as well as a kiss or handshake, as appropriate.

1. friends in Mexico
2. business associates at a conference in Chile
3. friends meeting in Madrid's Plaza Mayor
4. Peruvians meeting for the first time
5. relatives in Argentina

 Practice more at **vhlcentral.com**.

recursos

VM pp. 73–74

vhlcentral.com Lección 1

1.1 Nouns and articles Tutorial

Spanish nouns

ANTE TODO A noun is a word used to identify people, animals, places, things, or ideas. Unlike English, all Spanish nouns, even those that refer to non-living things, have gender; that is, they are considered either masculine or feminine. As in English, nouns in Spanish also have number, meaning that they are either singular or plural.

Nouns that refer to living things

Masculine nouns		Feminine nouns	
el hombre	*the man*	**la mujer**	*the woman*
ending in –o		**ending in –a**	
el chico	*the boy*	**la chica**	*the girl*
el pasajero	*the (male) passenger*	**la pasajera**	*the (female) passenger*
ending in –or		**ending in –ora**	
el conductor	*the (male) driver*	**la conductora**	*the (female) driver*
el profesor	*the (male) teacher*	**la profesora**	*the (female) teacher*
ending in –ista		**ending in –ista**	
el turista	*the (male) tourist*	**la turista**	*the (female) tourist*

▶ Generally, nouns that refer to males, like **el hombre**, are masculine, while nouns that refer to females, like **la mujer**, are feminine.

▶ Many nouns that refer to male beings end in **–o** or **–or**. Their corresponding feminine forms end in **–a** and **–ora**, respectively.

el conductor

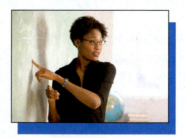
la profesora

▶ The masculine and feminine forms of nouns that end in **–ista**, like **turista**, are the same, so gender is indicated by the article **el** (masculine) or **la** (feminine). Some other nouns have identical masculine and feminine forms.

el joven
the young man

la joven
the young woman

el estudiante
the (male) student

la estudiante
the (female) student

¡LENGUA VIVA!

Profesor(a) and **turista** are *cognates*— words that share similar spellings and meanings in Spanish and English. Recognizing cognates will help you determine the meaning of many Spanish words. Here are some other cognates:
la administración,
el animal,
el apartamento,
el cálculo, el color,
la decisión, la historia,
la música,
el restaurante,
el/la secretario/a.

AYUDA

Cognates can certainly be very helpful in your study of Spanish. Beware, however, of "false" cognates, those that have similar spellings in Spanish and English, but different meanings:
la carpeta *folder*
el/la conductor(a) *driver*
el éxito *success*
la fábrica *factory*

Nouns that refer to non-living things

Masculine nouns

ending in –o

el cuaderno	*the notebook*
el diario	*the diary*
el diccionario	*the dictionary*
el número	*the number*
el video	*the video*

ending in –ma

el problema	*the problem*
el programa	*the program*

ending in –s

el autobús	*the bus*
el país	*the country*

Feminine nouns

ending in –a

la computadora	*the computer*
la cosa	*the thing*
la escuela	*the school*
la maleta	*the suitcase*
la palabra	*the word*

ending in –ción

la lección	*the lesson*
la conversación	*the conversation*

ending in –dad

la nacionalidad	*the nationality*
la comunidad	*the community*

¡LENGUA VIVA!

The Spanish word for *video* can be pronounced with the stress on the **i** or the **e**. For that reason, you might see the word written with or without an accent: **video** or **vídeo**.

▶ As shown above, certain noun endings are strongly associated with a specific gender, so you can use them to determine if a noun is masculine or feminine.

▶ Because the gender of nouns that refer to non-living things cannot be determined by foolproof rules, you should memorize the gender of each noun you learn. It is helpful to learn each noun with its corresponding article, **el** for masculine and **la** for feminine.

▶ Another reason to memorize the gender of every noun is that there are common exceptions to the rules of gender. For example, **el mapa** (*map*) and **el día** (*day*) end in **–a**, but are masculine. **La mano** (*hand*) ends in **–o**, but is feminine.

Plural of nouns

▶ To form the plural, add **–s** to nouns that end in a vowel. For nouns that end in a consonant, add **–es**. For nouns that end in **z**, change the **z** to **c**, then add **–es**.

el chic**o** ⟶ los chic**os**	la nacionalida**d** ⟶ las nacionalida**des**
el diari**o** ⟶ los diari**os**	el paí**s** ⟶ los paí**ses**
el problem**a** ⟶ los problem**as**	el lápi**z** (*pencil*) ⟶ los lápi**ces**

CONSULTA

You will learn more about accent marks in **Lección 4, Pronunciación**, p. 115.

▶ In general, when a singular noun has an accent mark on the last syllable, the accent is dropped from the plural form.

la lecci**ón** ⟶ las lecci**ones**	el autob**ús** ⟶ los autob**uses**

▶ Use the masculine plural form to refer to a group that includes both males and females.

1 pasajer**o** + 2 pasajer**as** = 3 pasajer**os**   2 chic**os** + 2 chic**as** = 4 chic**os**

Spanish articles

ANTE TODO   As you know, English often uses definite articles (*the*) and indefinite articles (*a, an*) before nouns. Spanish also has definite and indefinite articles. Unlike English, Spanish articles vary in form because they agree in gender and number with the nouns they modify.

Definite articles

▶ Spanish has four forms that are equivalent to the English definite article *the*. Use definite articles to refer to specific nouns.

Masculine		Feminine	
SINGULAR	PLURAL	SINGULAR	PLURAL
el diccionario	**los** diccionarios	**la** computadora	**las** computadoras
the dictionary	*the dictionaries*	*the computer*	*the computers*

Indefinite articles

▶ Spanish has four forms that are equivalent to the English indefinite article, which according to context may mean *a*, *an*, or *some*. Use indefinite articles to refer to unspecified persons or things.

Masculine		Feminine	
SINGULAR	PLURAL	SINGULAR	PLURAL
un pasajero	**unos** pasajeros	**una** fotografía	**unas** fotografías
a (one) passenger	*some passengers*	*a (one) photograph*	*some photographs*

¡INTÉNTALO!   Provide a definite article for each noun in the first column and an indefinite article for each noun in the second column.

¿el, la, los o las?	¿un, una, unos o unas?
1. ___la___ chica	1. ___un___ autobús
2. _____ chico	2. _____ escuelas
3. _____ maleta	3. _____ computadora
4. _____ cuadernos	4. _____ hombres
5. _____ lápiz	5. _____ señora
6. _____ mujeres	6. _____ lápices

¡LENGUA VIVA!

Feminine singular nouns that begin with a stressed **a-** or **ha-** require the masculine articles **el** and **un**. This is done in order to avoid repetition of the **a** sound. The plural forms still use the feminine articles.

el agua *water*
las aguas *waters*
un hacha *ax*
unas hachas *axes*

¡LENGUA VIVA!

Since **la fotografía** is feminine, so is its shortened form, **la foto**, even though it ends in –**o**.

recursos

WB
p. 3

LM
p. 3

S
vhlcentral.com
Lección 1

Práctica

1

¿Singular o plural? If the word is singular, make it plural. If it is plural, make it singular.

1. el número
2. un diario
3. la estudiante
4. el conductor
5. el país
6. las cosas
7. unos turistas
8. las nacionalidades
9. unas computadoras
10. los problemas
11. una fotografía
12. los profesores
13. unas señoritas
14. el hombre
15. la maleta
16. la señora

2

Identificar For each drawing, provide the noun with its corresponding definite and indefinite articles.

modelo
las maletas, unas maletas

1. _____

2. _____

3. _____

4. _____

5. _____

6. _____

7. _____

8. _____

Comunicación

3

Charadas In groups, play a game of charades. Individually, think of two nouns for each charade, for example, a boy using a computer (**un chico**; **una computadora**). The first person to guess correctly acts out the next charade.

Practice more at **vhlcentral.com**.

1.2 Numbers 0–30 Tutorial

Los números 0 a 30

0	cero				
1	uno	**11**	once	**21**	veintiuno
2	dos	**12**	doce	**22**	veintidós
3	tres	**13**	trece	**23**	veintitrés
4	cuatro	**14**	catorce	**24**	veinticuatro
5	cinco	**15**	quince	**25**	veinticinco
6	seis	**16**	dieciséis	**26**	veintiséis
7	siete	**17**	diecisiete	**27**	veintisiete
8	ocho	**18**	dieciocho	**28**	veintiocho
9	nueve	**19**	diecinueve	**29**	veintinueve
10	diez	**20**	veinte	**30**	treinta

AYUDA

Though it is less common, the numbers 16 through 29 (except 20) can also be written as three words: **diez y seis, diez y siete…**

▶ The number **uno** (*one*) and numbers ending in **–uno**, such as **veintiuno**, have more than one form. Before masculine nouns, **uno** shortens to **un**. Before feminine nouns, **uno** changes to **una**.

un hombre ⟶ veinti**ún** hombres   **una** mujer ⟶ veinti**una** mujeres

▶ **¡Atención!** The forms **uno** and **veintiuno** are used when counting (**uno, dos, tres… veinte, veintiuno, veintidós…**). They are also used when the number *follows* a noun, even if the noun is feminine: **la lección uno**.

▶ To ask *how many people* or *things* there are, use **cuántos** before masculine nouns and **cuántas** before feminine nouns.

▶ The Spanish equivalent of both *there is* and *there are* is **hay**. Use **¿Hay…?** to ask *Is there…?* or *Are there…?* Use **no hay** to express *there is not* or *there are not.*

—¿**Cuántos** estudiantes **hay**?
How many students are there?

—**Hay** seis estudiantes en la foto.
There are six students in the photo.

—¿**Hay** chicos en la fotografía?
Are there guys in the picture?

—**Hay** tres chicas y **no hay** chicos.
There are three girls, and there are no guys.

¡INTÉNTALO! Provide the Spanish words for these numbers.

1. **7** _____
2. **16** _____
3. **29** _____
4. **1** _____

5. **0** _____
6. **15** _____
7. **21** _____
8. **9** _____

9. **23** _____
10. **11** _____
11. **30** _____
12. **4** _____

13. **12** _____
14. **28** _____
15. **14** _____
16. **10** _____

recursos

WB
p. 4

LM
p. 4

vhlcentral.com
Lección 1

Práctica

1 **Contar** Following the pattern, write out the missing numbers in Spanish.

1. 1, 3, 5, ..., 29
2. 2, 4, 6, ..., 30
3. 3, 6, 9, ..., 30
4. 30, 28, 26, ..., 0
5. 30, 25, 20, ..., 0
6. 28, 24, 20, ..., 0

2 **Resolver** Solve these math problems with a partner.

> **modelo**
> 5 + 3 =
> **Estudiante 1:** *cinco más tres son…*
> **Estudiante 2:** *ocho*

AYUDA

+ → más
− → menos
= → son

1. **2 + 15 =**
2. **20 − 1 =**
3. **5 + 7 =**
4. **18 + 12 =**
5. **3 + 22 =**

6. **6 − 3 =**
7. **11 + 12 =**
8. **7 − 2 =**
9. **8 + 5 =**
10. **23 − 14 =**

3 **¿Cuántos hay?** How many persons or things are there in these drawings?

> **modelo**
> Hay tres maletas.

1. _____

2. _____

Chicos

3. _____　　4. _____　　5. _____

Chicas

6. _____　　7. _____　　8. _____

Comunicación

4

En la clase With a partner, take turns asking and answering these questions about your classroom.

1. ¿Cuántos estudiantes hay?   6. ¿Cuántos lápices hay?

2. ¿Cuántos profesores hay?   7. ¿Hay cuadernos?

3. ¿Hay una computadora?   8. ¿Cuántos diccionarios hay?

4. ¿Hay una maleta?   9. ¿Hay hombres?

5. ¿Cuántos mapas hay?   10. ¿Cuántas mujeres hay?

5

Preguntas With a partner, take turns asking and answering questions about the drawing. Talk about:

1. how many children there are   6. if there is a bus

2. how many women there are   7. if there are tourists

3. if there are some photographs   8. how many pencils there are

4. if there is a boy   9. if there is a man

5. how many notebooks there are   10. how many computers there are

 Practice more at **vhlcentral.com**.

1.3 Present tense of **ser** Tutorial

Subject pronouns

ANTE TODO In order to use verbs, you will need to learn about subject pronouns. A subject pronoun replaces the name or title of a person and acts as the subject of a verb.

Subject pronouns			
SINGULAR		**PLURAL**	
yo	*I*	**nosotros**	*we* (masculine)
		nosotras	*we* (feminine)
tú	*you* (familiar)	**vosotros**	*you* (masc., fam.)
usted (Ud.)	*you* (formal)	**vosotras**	*you* (fem., fam.)
		ustedes (Uds.)	*you*
él	*he*	**ellos**	*they* (masc.)
ella	*she*	**ellas**	*they* (fem.)

¡LENGUA VIVA!

In Latin America, **ustedes** is used as the plural for both **tú** and **usted**. In Spain, however, **vosotros** and **vosotras** are used as the plural of **tú**, and **ustedes** is used only as the plural of **usted**.

• • •

Usted and **ustedes** are abbreviated as **Ud.** and **Uds.**, or occasionally as **Vd.** and **Vds.**

▶ Spanish has two subject pronouns that mean *you* (singular). Use **tú** when addressing a friend, a family member, or a child you know well. Use **usted** to address a person with whom you have a formal or more distant relationship, such as a superior at work, a professor, or an older person.

> **Tú** eres de Canadá, ¿verdad, David?
> *You are from Canada, right, David?*

> ¿**Usted** es la profesora de español?
> *Are you the Spanish professor?*

▶ The masculine plural forms **nosotros**, **vosotros**, and **ellos** refer to a group of males or to a group of males and females. The feminine plural forms **nosotras**, **vosotras**, and **ellas** can refer only to groups made up exclusively of females.

nosotros, vosotros, ellos

nosotros, vosotros, ellos

nosotras, vosotras, ellas

▶ There is no Spanish equivalent of the English subject pronoun *it*. Generally *it* is not expressed in Spanish.

> Es un problema.
> *It's a problem.*

> Es una computadora.
> *It's a computer.*

The present tense of *ser*

ANTE TODO In **Contextos** and **Fotonovela**, you have already used several present-tense forms of **ser** (*to be*) to identify yourself and others, and to talk about where you and others are from. **Ser** is an irregular verb; its forms do not follow the regular patterns that most verbs follow. You need to memorize the forms, which appear in this chart.

The verb **ser** (*to be*)		
SINGULAR FORMS		
yo	**soy**	*I am*
tú	**eres**	*you are* (fam.)
Ud./él/ella	**es**	*you are* (form.)*; he/she is*
PLURAL FORMS		
nosotros/as	**somos**	*we are*
vosotros/as	**sois**	*you are* (fam.)
Uds./ellos/ellas	**son**	*you are; they are*

Uses of *ser*

▶ Use **ser** to identify people and things.

—¿Quién **es** él?
Who is he?

—**Es** Felipe Díaz Velázquez.
He's Felipe Díaz Velázquez.

—¿Qué **es**?
What is it?

—**Es** un mapa de España.
It's a map of Spain.

Es Marissa.

Es una maleta.

▶ **Ser** also expresses possession, with the preposition **de**. There is no Spanish equivalent of the English construction [*noun*] + 's (*Maru's*). In its place, Spanish uses [*noun*] + **de** + [*owner*].

—¿**De** quién **es**?
Whose is it?

—**Es** el diario **de** Maru.
It's Maru's diary.

—¿**De** quién **son**?
Whose are they?

—**Son** los lápices **de** la chica.
They are the girl's pencils.

▶ When **de** is followed by the article **el**, the two combine to form the contraction **del**. **De** does *not* contract with **la**, **las**, or **los**.

—**Es** la computadora **del** conductor.
It's the driver's computer.

—**Son** las maletas **del** chico.
They are the boy's suitcases.

¡LENGUA VIVA!

Some geographic locations can be referred to either with or without a definite article:

Soy de Estados Unidos./Soy de los Estados Unidos.

• • •

Sometimes a definite article is a part of a proper name, as in **El Salvador**, **El Paso**, and **Los Ángeles**. In these cases, **de** and **el** do not contract:

Soy de El Salvador.

▶ **Ser** also uses the preposition **de** to express origin.

¿De dónde eres?

Yo soy de Wisconsin.

¿De dónde es usted?

Yo soy de Cuba.

—¿**De** dónde **es** Juan Carlos?
Where is Juan Carlos from?

—Es **de** Argentina.
He's from Argentina.

—¿**De** dónde **es** Maru?
Where is Maru from?

—**Es de** Costa Rica.
She's from Costa Rica.

▶ Use **ser** to express profession or occupation.

Don Francisco **es conductor**.
Don Francisco is a driver.

Yo **soy estudiante**.
I am a student.

CONSULTA

You will learn more about adjectives in **Estructura 3.1**, pp. 80–82.

▶ Unlike English, Spanish does not use the indefinite article (**un**, **una**) after **ser** when referring to professions, unless accompanied by an adjective or other description.

Marta **es** profesora.
Marta is a teacher.

Marta **es una** profesora excelente.
Marta is an excellent teacher.

NOTA CULTURAL

Created in 1998, LAN Perú is an affiliate of the Chilean-based LAN Airlines, one of the largest carriers in South America. LAN Perú operates out of Lima, offering domestic flights and international service to select major cities in the Americas and Spain.

Somos Perú

LanPerú

recursos

WB
pp. 5–6

LM
p. 5

vhlcentral.com
Lección 1

¡INTÉNTALO!   Provide the correct subject pronouns and the present forms of **ser**.

1. Gabriel   _él_   _es_
2. Juan y yo   _____ _____
3. Óscar y Flora   _____ _____
4. Adriana   _____ _____

5. las turistas   _____ _____
6. el chico   _____ _____
7. los conductores   _____ _____
8. los señores Ruiz   _____ _____

Práctica

1

Pronombres What subject pronouns would you use to (a) talk *to* these people directly and (b) talk *about* them to others?

> **modelo**
>
> un joven tú, él

1. una chica
2. el presidente de México
3. tres chicas y un chico
4. un estudiante
5. la señora Ochoa
6. dos profesoras

2

Identidad y origen With a partner, take turns asking and answering these questions about the people indicated: **¿Quién es?/¿Quiénes son?** and **¿De dónde es?/¿De dónde son?**

> **modelo**
>
> Selena Gomez (Estados Unidos)
>
> **Estudiante 1:** ¿Quién es?   **Estudiante 1:** ¿De dónde es?
> **Estudiante 2:** Es Selena Gomez. **Estudiante 2:** Es de los Estados Unidos.

1. Enrique Iglesias (España)
2. Robinson Canó (República Dominicana)
3. Eva Mendes y Marc Anthony (Estados Unidos)
4. Carlos Santana y Salma Hayek (México)
5. Shakira (Colombia)
6. Antonio Banderas y Penélope Cruz (España)
7. Taylor Swift y Demi Lovato (Estados Unidos)
8. Daisy Fuentes (Cuba)

3

¿Qué es? Ask your partner what each object is and to whom it belongs.

> **modelo**
>
> **Estudiante 1:** ¿Qué es?   **Estudiante 1:** ¿De quién es?
> **Estudiante 2:** Es un diccionario. **Estudiante 2:** Es del profesor Núñez.

1.   2.   3.   4.

Comunicación

4

Preguntas Using the items in the word bank, ask your partner questions about the ad.
Be imaginative in your responses.

¿Cuántas?	¿De dónde?	¿Qué?
¿Cuántos?	¿De quién?	¿Quién?

SOMOS ECOTURISTA, S.A.
Los autobuses oficiales de la Ruta Maya

- 25 autobuses en total
- 30 conductores del área
- pasajeros internacionales
- mapas de la región

¡Todos a bordo!

5

¿Quién es? In small groups, take turns pretending to be a famous person from a Spanish-speaking country (such as Spain, Mexico, Puerto Rico, Cuba, or the United States). Use the list of professions to think of people from a variety of backgrounds. Your partners will ask you questions and try to guess who you are.

actor *actor*	cantante *singer*	escritor(a) *writer*
actriz *actress*	deportista *athlete*	músico/a *musician*

modelo

Estudiante 3: ¿Eres de Puerto Rico?
Estudiante 1: No. Soy de Colombia.
Estudiante 2: ¿Eres hombre?
Estudiante 1: Sí. Soy hombre.
Estudiante 3: ¿Eres escritor?
Estudiante 1: No. Soy actor.
Estudiante 2: ¿Eres John Leguizamo?
Estudiante 1: ¡Sí! ¡Sí!

NOTA CULTURAL

John Leguizamo was born in Bogotá, Colombia. John is best known for his work as an actor and comedian. He has appeared in movies such as *Moulin Rouge* and *The Happening.* Here are some other Hispanic celebrities: Laura Esquivel (writer from Mexico), Andy García (actor from Cuba), and Don Omar (singer from Puerto Rico).

 Practice more at **vhlcentral.com**.

1.4 # Telling time **Tutorial**

ANTE TODO   In both English and Spanish, the verb *to be* (**ser**) and numbers are used to tell time.

▶ To ask what time it is, use **¿Qué hora es?** When telling time, use **es + la** with **una** and **son + las** with all other hours.

Es la una.   **Son las** dos.   **Son las** seis.

▶ As in English, you express time in Spanish from the hour to the half hour by adding minutes.

Son las cuatro **y cinco**.   Son las once **y veinte**.

▶ You may use either **y cuarto** or **y quince** to express fifteen minutes or quarter past the hour. For thirty minutes or half past the hour, you may use either **y media** or **y treinta**.

Es la una
y cuarto.   Son las nueve
y quince.   Son las doce
y media.   Son las siete
y treinta.

▶ You express time from the half hour to the hour in Spanish by subtracting minutes or a portion of an hour from the next hour.

Es la una
menos cuarto.   Son las tres
menos quince.   Son las ocho
menos veinte.   Son las tres
menos diez.

▶ To ask at what time a particular event takes place, use the phrase **¿A qué hora (...)?** To state at what time something takes place, use the construction **a la(s)** + *time*.

¿A qué hora es la clase de biología?
(At) what time is biology class?

La clase es **a las dos**.
The class is at two o'clock.

¿A qué hora es la fiesta?
(At) what time is the party?

A las ocho.
At eight.

▶ Here are some useful words and phrases associated with telling time.

¡LENGUA VIVA!

Other useful expressions for telling time:
Son las doce (del día). It is twelve o'clock (p.m.).
Son las doce (de la noche). It is twelve o'clock (a.m.).

Son las ocho **en punto**.
It's 8 o'clock on the dot/sharp.

Son las nueve **de la mañana**.
It's 9 a.m./in the morning.

Es **el mediodía**.
It's noon.

Son las cuatro y cuarto **de la tarde**.
It's 4:15 p.m./in the afternoon.

Es **la medianoche**.
It's midnight.

Son las diez y media **de la noche**.
It's 10:30 p.m./at night.

¿Qué hora es?

Son las cuatro menos diez.

¿Qué hora es?

Son las cuatro y veinticinco.

recursos

WB
pp. 7–8

LM
p. 6

Ⓢ
vhlcentral.com
Lección 1

¡INTÉNTALO!   Practice telling time by completing these sentences.

1. (1:00 a.m.) Es la _____una_____ de la mañana.
2. (2:50 a.m.) Son las tres _____ diez de la mañana.
3. (4:15 p.m.) Son las cuatro y _____ de la tarde.
4. (8:30 p.m.) Son las ocho y _____ de la noche.
5. (9:15 a.m.) Son las nueve y quince de la _____.
6. (12:00 p.m.) Es el _____.
7. (6:00 a.m.) Son las seis de la _____.
8. (4:05 p.m.) Son las cuatro y cinco de la _____.
9. (12:00 a.m.) Es la _____.
10. (3:45 a.m.) Son las cuatro menos _____ de la mañana.
11. (2:15 a.m.) Son las _____ y cuarto de la mañana.
12. (1:25 p.m.) Es la una y _____ de la tarde.
13. (6:50 a.m.) Son las _____ menos diez de la mañana.
14. (10:40 p.m.) Son las once menos veinte de la _____.

Práctica

1 **Ordenar** Put these times in order, from the earliest to the latest.

a. Son las dos de la tarde.

b. Son las once de la mañana.

c. Son las siete y media de la noche.

d. Son las seis menos cuarto de la tarde.

e. Son las dos menos diez de la tarde.

f. Son las ocho y veintidós de la mañana.

2 **¿Qué hora es?** Give the times shown on each clock or watch.

> **modelo**
> Son las cuatro y cuarto/quince de la tarde.

NOTA CULTURAL

Many Spanish-speaking countries use both the 12-hour clock and the 24-hour clock (that is, military time). The 24-hour clock is commonly used in written form on signs and schedules. For example, 1 p.m. is **13h**, 2 p.m. is **14h** and so on.

 p.m.   p.m.   p.m.   a.m.

1. _____ 2. _____ 3. _____ 4. _____ 5. _____

 a.m.   a.m.   p.m.

6. _____ 7. _____ 8. _____ 9. _____ 10. _____

3 **¿A qué hora?** Ask your partner at what time these events take place. Your partner will answer according to the cues provided.

> **modelo**
> la clase de matemáticas (2:30 p.m.)
> **Estudiante 1:** ¿A qué hora es la clase de matemáticas?
> **Estudiante 2:** Es a las dos y media de la tarde.

1. el programa *Las cuatro amigas* (11:30 a.m.)
2. el drama *La casa de Bernarda Alba* (7:00 p.m.)
3. el programa *Las computadoras* (8:30 a.m.)
4. la clase de español (10:30 a.m.)
5. la clase de biología (9:40 a.m.)
6. la clase de historia (10:50 a.m.)
7. el partido (game) de béisbol (5:15 p.m.)
8. el partido de tenis (12:45 p.m.)
9. el partido de baloncesto (basketball) (7:45 p.m.)

NOTA CULTURAL

La casa de Bernarda Alba is a famous play by Spanish poet and playwright **Federico García Lorca** (1898–1936). Lorca was one of the most famous writers of the 20th century and a close friend of Spain's most talented artists, including the painter Salvador Dalí and the filmmaker Luis Buñuel.

 Practice more at **vhlcentral.com**.

Comunicación

4 **En la televisión** With a partner, take turns asking questions about these television listings.

> **modelo**
>
> **Estudiante 1:** ¿A qué hora es el documental *Las computadoras?*
> **Estudiante 2:** Es a las nueve en punto de la noche.

TV Hoy – Programación

11:00 am Telenovela: *La casa de la familia Díaz*	**5:00 pm** Telenovela: *Tres mujeres*
12:00 pm Película: *El cóndor* (drama)	**6:00 pm** Noticias
2:00 pm Telenovela: *Dos mujeres y dos hombres*	**7:00 pm** Especial musical: *Música folklórica de México*
3:00 pm Programa juvenil: *Fiesta*	**7:30 pm** La naturaleza: *Jardín secreto*
3:30 pm Telenovela: *¡Sí, sí, sí!*	**8:00 pm** Noticiero: *Veinticuatro horas*
4:00 pm Telenovela: *El diario de la Sra. González*	**9:00 pm** Documental: *Las computadoras*

5 **Preguntas** With a partner, answer these questions based on your own knowledge.

1. Son las tres de la tarde en Nueva York. ¿Qué hora es en Los Ángeles?

2. Son las ocho y media en Chicago. ¿Qué hora es en Miami?

3. Son las dos menos cinco en San Francisco. ¿Qué hora es en San Antonio?

4. ¿A qué hora es el programa *Saturday Night Live?*

6 **Más preguntas** Using the questions in the previous activity as a model, make up four questions of your own. Then get together with a classmate and take turns asking and answering each other's questions.

Síntesis

7 **Situación** With a partner, play the roles of a journalism student interviewing a visiting literature professor (**profesor(a) de literatura**) from Venezuela. Be prepared to act out the conversation for your classmates.

Estudiante	**Profesor(a) de literatura**
Ask the professor his/her name.	Ask the student his/her name.
Ask the professor what time his/her literature class is.	Ask the student where he/she is from.
Ask how many students are in his/her class.	Ask to whom the notebook belongs.
Say thank you and goodbye.	Say thank you and you are pleased to meet him/her.

Recapitulación

 Diagnostics

Review the grammar concepts you have learned in this lesson by completing these activities.

1 **Completar** Complete the charts according to the models. `28 pts.`

Masculino	Femenino
el chico	la chica
	la profesora
	la amiga
el señor	
	la pasajera
el estudiante	
	la turista
el joven	

Singular	Plural
una cosa	unas cosas
un libro	
	unas clases
una lección	
un conductor	
	unos países
	unos lápices
un problema	

2 **En la clase** Complete each conversation with the correct word. `22 pts.`

César   Beatriz

CÉSAR ¿(1) _____ (Cuántos/Cuántas) chicas hay en la
(2) _____ (maleta/clase)?

BEATRIZ Hay (3) _____ (catorce/cuatro) [*14*] chicas.

CÉSAR Y, ¿(4) _____ (cuántos/cuántas) chicos hay?

BEATRIZ Hay (5) _____ (tres/trece) [*13*] chicos.

CÉSAR Entonces (*Then*), en total hay (6) _____
(veintiséis/veintisiete) (7) _____ (estudiantes/chicas)
en la clase.

Ariana   Daniel

ARIANA ¿Tienes (*Do you have*) (8) _____ (un/una) diccionario?

DANIEL No, pero (*but*) aquí (9) _____ (es/hay) uno.

ARIANA ¿De quién (10) _____ (son/es)?

DANIEL (11) _____ (Son/Es) de Carlos.

RESUMEN GRAMATICAL

1.1 **Nouns and articles** *pp. 12–14*

Gender of nouns

Nouns that refer to living things

	Masculine		Feminine
-o	el chico	-a	la chica
-or	el profesor	-ora	la profesora
-ista	el turista	-ista	la turista

Nouns that refer to non-living things

	Masculine		Feminine
-o	el libro	-a	la cosa
-ma	el programa	-ción	la lección
-s	el autobús	-dad	la nacionalidad

Plural of nouns

► ending in vowel + *-s*   la chica → las chicas
► ending in consonant + *-es*   el señor → los señores
   (-z → -ces un lápiz → unos lápices)
► Definite articles: el, la, los, las
► Indefinite articles: un, una, unos, unas

1.2 **Numbers 0–30** *p. 16*

0 cero	8 ocho	16 dieciséis
1 uno	9 nueve	17 diecisiete
2 dos	10 diez	18 dieciocho
3 tres	11 once	19 diecinueve
4 cuatro	12 doce	20 veinte
5 cinco	13 trece	21 veintiuno
6 seis	14 catorce	22 veintidós
7 siete	15 quince	30 treinta

1.3 **Present tense of *ser*** *pp. 19–21*

yo	soy	nosotros/as	somos
tú	eres	vosotros/as	sois
Ud./él/ella	es	Uds./ellos/ellas	son

3 **Presentaciones** Complete this conversation with the correct form of the verb **ser**. `12 pts.`

JUAN ¡Hola! Me llamo Juan. (1) _____ estudiante en la clase de español.

DANIELA ¡Hola! Mucho gusto. Yo (2) _____ Daniela y ella (3) _____ Mónica. ¿De dónde (4) _____ (tú), Juan?

JUAN De California. Y ustedes, ¿de dónde (5) _____ ?

MÓNICA Nosotras (6) _____ de Florida.

1.4 **Telling time** *pp. 24–25*

Es la una.	*It's 1:00.*
Son las dos.	*It's 2:00.*
Son las tres y diez.	*It's 3:10.*
Es la una **y cuarto/ quince**.	*It's 1:15.*
Son las siete **y media/ treinta**.	*It's 7:30.*
Es la una **menos cuarto/quince**.	*It's 12:45.*
Son las once **menos veinte**.	*It's 10:40.*
Es **el mediodía**.	*It's noon.*
Es **la medianoche**.	*It's midnight.*

4 **¿Qué hora es?** Write out in words the following times, indicating whether it's morning, noon, afternoon, or night. `10 pts.`

1. It's 12:00 p.m.

_____

2. It's 7:05 a.m.

_____

3. It's 9:35 p.m.

_____

4. It's 5:15 p.m.

_____

5. It's 1:30 p.m.

_____

5 **¡Hola!** Write five sentences introducing yourself and talking about your classes. You may want to include your name, where you are from, who your Spanish teacher is, the time of your Spanish class, how many students are in the class, etc. `28 pts.`

_____

_____

_____

_____

6 **Canción** Use the two appropriate words from the list to complete this children's song. `4 EXTRA points!`

cinco	cuántas	cuatro	media	quiénes

" _____ patas°
tiene un gato°?
Una, dos, tres y
_____ . "

patas *legs*   tiene un gato *does a cat have*

Practice more at **vhlcentral.com**.

Lectura

Antes de leer

Estrategia
Recognizing cognates

As you learned earlier in this lesson, cognates are words that share similar meanings and spellings in two or more languages. When reading in Spanish, it's helpful to look for cognates and use them to guess the meaning of what you're reading. But watch out for false cognates. For example, **librería** means *bookstore*, not *library*, and **embarazada** means *pregnant*, not *embarrassed*. Look at this list of Spanish words, paying special attention to prefixes and suffixes. Can you guess the meaning of each word?

importante	oportunidad
farmacia	cultura
inteligente	activo
dentista	sociología
decisión	espectacular
televisión	restaurante
médico	policía

Examinar el texto
Glance quickly at the reading selection and guess what type of document it is. Explain your answer.

Cognados
Read the document and make a list of the cognates you find. Guess their English equivalents, then compare your answers with those of a partner.

Joaquín Salvador Lavado nació (*was born*) en Argentina en 1932 (mil novecientos treinta y dos). Su nombre profesional es **Quino**. Es muy popular en Latinoamérica, Europa y Canadá por sus tiras cómicas (*comic strips*). Mafalda es su serie más famosa. La protagonista, Mafalda, es una chica muy inteligente de seis años (*years*). La tira cómica ilustra las aventuras de ella y su grupo de amigos. Las anécdotas de Mafalda y los chicos también presentan temas (*themes*) importantes como la paz (*peace*) y los derechos humanos (*human rights*).

Después de leer

Preguntas
Answer these questions.

1. What is Joaquín Salvador Lavado's pen name?
2. What is Mafalda like?
3. Where is Mafalda in panel 1? What is she doing?
4. What happens to the sheep in panel 3? Why?
5. Why does Mafalda wake up?
6. What number corresponds to the sheep in panel 5?
7. In panel 6, what is Mafalda doing? How do you know?

Los animales

This comic strip uses a device called onomatopoeia: a word that represents the sound that it stands for. Did you know that many common instances of onomatopoeia are different from language to language? The noise a sheep makes is *baaaah* in English, but in Mafalda's language it is **béeeee**. Do you think you can match these animals with their Spanish sounds? First, practice saying aloud each animal sound in group B. Then, match each animal with its sound in Spanish. If you need help remembering the sounds the alphabet makes in Spanish, see p. 9.

A

1. ___ gato

2. ___ perro

3. ___ vacas

4. ___ gallo

5. ___ rana

6. ___ pato

7. ___ cerdo

B

a. kikirikí   b. muuu   c. croac   d. guau

e. cuac cuac   f. miau   g. oinc

Video: *Panorama cultural*
Interactive map

Estados Unidos

El país en cifras°

▶ **Población° de los EE.UU.:** 317 millones
▶ **Población de origen hispano:** 50 millones
▶ **País de origen de hispanos en los EE.UU.:**

- 3,5% Cuba
- 10,9% otros
- 9,2% Puerto Rico
- 13,4% Centroamérica y Suramérica
- 63,0% México

SOURCE: U.S. Census Bureau

▶ **Estados con la mayor° población hispana:**

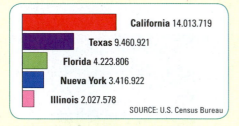

- **California** 14.013.719
- **Texas** 9.460.921
- **Florida** 4.223.806
- **Nueva York** 3.416.922
- **Illinois** 2.027.578

SOURCE: U.S. Census Bureau

Canadá

El país en cifras

▶ **Población de Canadá:** 35 millones
▶ **Población de origen hispano:** 700.000
▶ **País de origen de hispanos en Canadá:**

- 12,4% **México**
- 11,6% **Chile**
- 67% otros
- 9% **El Salvador**

SOURCE: Statistics Canada

▶ **Ciudades° con la mayor población hispana:**

Montreal, Toronto, Vancouver

en cifras *by the numbers* **Población** *Population* **mayor** *largest*
Ciudades *Cities* **creció** *grew* **más** *more* **cada** *every* **niños** *children*
Se estima *It is estimated* **va a ser** *it is going to be*

Mission District, en San Francisco

AK   HI

CANADÁ

Vancouver
Calgary
Ottawa
Montreal
Toronto
San Francisco
Chicago
Nueva York
Las Vegas
EE.UU.
Washington, D.C.
Los Ángeles
San Diego
San Antonio
Océano Atlántico
Miami
Golfo de México
MÉXICO
Mar Caribe

El Álamo, en San Antonio, Texas

recursos

WB pp. 9–10	VM pp. 31–32	vhlcentral.com Lección 1

¡Increíble pero cierto!

La población hispana en los EE.UU. creció° un 48% entre los años 2000 (dos mil) y 2011 (dos mil once) (16,7 millones de personas más°). Hoy, uno de cada° cinco niños° en los EE.UU. es de origen hispano. Se estima° que en el año 2034 va a ser° uno de cada tres.

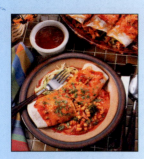

Comida • **La comida mexicana**

La comida° mexicana es muy popular en los Estados Unidos. Los tacos, las enchiladas, las quesadillas y los frijoles frecuentemente forman parte de las comidas de muchos norteamericanos. También° son populares las variaciones de la comida mexicana en los Estados Unidos: el tex-mex y el cali-mex.

Lugares • **La Pequeña Habana**

La Pequeña Habana° es un barrio° de Miami, Florida, donde viven° muchos cubanoamericanos. Es un lugar° donde se encuentran° las costumbres° de la cultura cubana, los aromas y sabores° de su comida y la música salsa. La Pequeña Habana es una parte de Cuba en los Estados Unidos.

Costumbres • **Desfile puertorriqueño**

Cada junio, desde° 1958 (mil novecientos cincuenta y ocho), los puertorriqueños celebran su cultura con un desfile° en Nueva York. Es un gran espectáculo con carrozas° y música salsa, merengue y hip-hop. Muchos espectadores llevan° la bandera° de Puerto Rico en su ropa° o pintada en la cara°.

Comunidad • **Hispanos en Canadá**

En Canadá viven° muchos hispanos. Toronto y Montreal son las ciudades° con mayor° población hispana. Muchos de ellos tienen estudios universitarios° y hablan° una de las lenguas° oficiales: inglés o francés°. Los hispanos participan activamente en la vida cotidiana° y profesional de Canadá.

¿Qué aprendiste? Completa las oraciones con la información adecuada (*appropriate*).

1. Hay _____ de personas de origen hispano en los Estados Unidos.

2. Los cuatro estados con las poblaciones hispanas más grandes son (en orden) _____, Texas, Florida y _____.

3. Toronto, Montreal y _____ son las ciudades con más población hispana de Canadá.

4. Las quesadillas y las enchiladas son platos (*dishes*) _____.

5. La Pequeña _____ es un barrio de Miami.

6. En Miami hay muchas personas de origen _____.

7. Cada junio se celebra en Nueva York un gran desfile para personas de origen _____.

8. Muchos hispanos en Canadá hablan _____ o francés.

Conexión Internet Investiga estos temas en **vhlcentral.com**.

Practice more at **vhlcentral.com**.

1. Haz (*Make*) una lista de seis hispanos célebres de los EE.UU. o Canadá. Explica (*Explain*) por qué (*why*) son célebres.

2. Escoge (*Choose*) seis lugares en los Estados Unidos con nombres hispanos e investiga sobre el origen y el significado (*meaning*) de cada nombre.

---

comida *food* También *Also* La Pequeña Habana *Little Havana* barrio *neighborhood* viven *live* lugar *place* se encuentran *are found*
costumbres *customs* sabores *flavors* Cada junio desde *Each June since* desfile *parade* con carrozas *with floats* llevan *wear* bandera *flag*
ropa *clothing* cara *face* viven *live* ciudades *cities* mayor *most* tienen estudios universitarios *have a degree* hablan *speak* lenguas *languages*
inglés o francés *English or French* vida cotidiana *daily life*

Saludos

Hola.	Hello; Hi.
Buenos días.	Good morning.
Buenas tardes.	Good afternoon.
Buenas noches.	Good evening; Good night.

Despedidas

Adiós.	Goodbye.
Nos vemos.	See you.
Hasta luego.	See you later.
Hasta la vista.	See you later.
Hasta pronto.	See you soon.
Hasta mañana.	See you tomorrow.
Saludos a...	Greetings to…
Chau.	Bye.

¿Cómo está?

¿Cómo está usted?	How are you? (form.)
¿Cómo estás?	How are you? (fam.)
¿Qué hay de nuevo?	What's new?
¿Qué pasa?	What's happening?; What's going on?
¿Qué tal?	How are you?; How is it going?
(Muy) bien, gracias.	(Very) well, thanks.
Nada.	Nothing.
No muy bien.	Not very well.
Regular.	So-so; OK.

Expresiones de cortesía

Con permiso.	Pardon me; Excuse me.
De nada.	You're welcome.
Lo siento.	I'm sorry.
(Muchas) gracias.	Thank you (very much); Thanks (a lot).
No hay de qué.	You're welcome.
Perdón.	Pardon me; Excuse me.
por favor	please

Títulos

señor (Sr.); don	Mr.; sir
señora (Sra.); doña	Mrs.; ma'am
señorita (Srta.)	Miss

Presentaciones

¿Cómo se llama usted?	What's your name? (form.)
¿Cómo te llamas?	What's your name? (fam.)
Me llamo...	My name is…
¿Y usted?	And you? (form.)
¿Y tú?	And you? (fam.)
Mucho gusto.	Pleased to meet you.
El gusto es mío.	The pleasure is mine.
Encantado/a.	Delighted; Pleased to meet you.
Igualmente.	Likewise.
Le presento a...	I would like to introduce you to (name). (form.)
Te presento a...	I would like to introduce you to (name). (fam.)
el nombre	name

¿De dónde es?

¿De dónde es usted?	Where are you from? (form.)
¿De dónde eres?	Where are you from? (fam.)
Soy de...	I'm from…

Palabras adicionales

¿cuánto(s)/a(s)?	how much/many?
¿de quién...?	whose…? (sing.)
¿de quiénes...?	whose…? (plural)
(no) hay	there is (not); there are (not)

Sustantivos

el autobús	bus
el chico	boy
la chica	girl
la computadora	computer
la comunidad	community
el/la conductor(a)	driver
la conversación	conversation
la cosa	thing
el cuaderno	notebook
el día	day
el diario	diary
el diccionario	dictionary
la escuela	school
el/la estudiante	student
la foto(grafía)	photograph
el hombre	man
el/la joven	young person
el lápiz	pencil
la lección	lesson
la maleta	suitcase
la mano	hand
el mapa	map
la mujer	woman
la nacionalidad	nationality
el número	number
el país	country
la palabra	word
el/la pasajero/a	passenger
el problema	problem
el/la profesor(a)	teacher
el programa	program
el/la turista	tourist
el video	video

Verbo

ser	to be

Numbers 0–30	See page 16.
Telling time	See pages 24–25.
Expresiones útiles	See page 7.

  Vocabulary Tools

En la universidad

Communicative Goals

You will learn how to:

- Talk about your classes and school life
- Discuss everyday activities
- Ask questions in Spanish
- Describe the location of people and things

A PRIMERA VISTA
- ¿Hay un chico y una chica en la foto?
- ¿Hay una computadora o dos?
- ¿Son turistas o estudiantes?
- ¿Qué hora es, la una de la mañana o de la tarde?

En la universidad

Más vocabulario

la biblioteca	library
la cafetería	cafeteria
la casa	house; home
el estadio	stadium
el laboratorio	laboratory
la librería	bookstore
la residencia estudiantil	dormitory
la universidad	university; college
el/la compañero/a de clase	classmate
el/la compañero/a de cuarto	roommate
la clase	class
el curso	course
la especialización	major
el examen	test; exam
el horario	schedule
la prueba	test; quiz
el semestre	semester
la tarea	homework
el trimestre	trimester; quarter
la administración de empresas	business administration
el arte	art
la biología	biology
las ciencias	sciences
la computación	computer science
la contabilidad	accounting
la economía	economics
el español	Spanish
la física	physics
la geografía	geography
la música	music

Variación léxica

pluma ←→ bolígrafo
pizarra ←→ tablero (*Col.*)

el reloj

la ventana

la puerta

la profesora

el estudiante

la mesa

la calculadora

el libro

la pluma

el mapa

la pizarra

LAS MATERIAS	COURSES
la historia	history
las humanidades	humanities
el inglés	English
las lenguas extranjeras	foreign languages
la literatura	literature
las matemáticas	mathematics
el periodismo	journalism
la psicología	psychology
la química	chemistry
la sociología	sociology

el papel

el borrador

la tiza

la papelera

el escritorio

la mochila

la estudiante

la silla

Práctica

1 **Escuchar** Listen to Professor Morales talk about her Spanish classroom, then check the items she mentions.

puerta	○	tiza	○	plumas	○
ventanas	○	escritorios	○	mochilas	○
pizarra	○	sillas	○	papel	○
borrador	○	libros	○	reloj	○

2 **Identificar** You will hear a series of words. Write each one in the appropriate category.

Personas	Lugares	Materias
_____	_____	_____
_____	_____	_____
_____	_____	_____

3 **Emparejar** Match each question with its most logical response. **¡Ojo!** (*Careful!*) One response will not be used.

1. ¿Qué clase es?
2. ¿Quiénes son?
3. ¿Quién es?
4. ¿De dónde es?
5. ¿A qué hora es la clase de inglés?
6. ¿Cuántos estudiantes hay?

a. Hay veinticinco.
b. Es un reloj.
c. Es de Perú.
d. Es la clase de química.
e. Es el señor Bastos.
f. Es a las nueve en punto.
g. Son los profesores.

4 **Identificar** Identify the word that does not belong in each group.

1. examen • casa • tarea • prueba
2. economía • matemáticas • biblioteca • contabilidad
3. pizarra • tiza • borrador • librería
4. lápiz • cafetería • papel • cuaderno
5. veinte • diez • pluma • treinta
6. conductor • laboratorio • autobús • pasajero

5 **¿Qué clase es?** Name the class associated with the subject matter.

> **modelo**
> los elementos, los átomos *Es la clase de química.*

1. Abraham Lincoln, Winston Churchill
2. Picasso, Leonardo da Vinci
3. Freud, Jung
4. África, el océano Pacífico
5. la cultura de España, verbos
6. Hemingway, Shakespeare
7. geometría, calculadora

Los días de la semana

¿Qué día es hoy (today)?

Hoy es martes.

¿Cuándo (When) es el examen?

Es el viernes.

septiembre

lunes	martes	miércoles	jueves	viernes	sábado	domingo
	1	2	3	4	5	6
7	8	9	10			

¡LENGUA VIVA!

The days of the week are never capitalized in Spanish.

• • •

Monday is considered the first day of the week in Spanish-speaking countries.

CONSULTA

Note that September in Spanish is **septiembre**. For all of the months of the year, go to **Contextos, Lección 5,** p. 142.

6

¿Qué día es hoy? Complete each statement with the correct day of the week.

1. Hoy es martes. Mañana es _____. Ayer fue (*Yesterday was*) _____.
2. Ayer fue sábado. Mañana es _____. Hoy es _____.
3. Mañana es viernes. Hoy es _____. Ayer fue _____.
4. Ayer fue domingo. Hoy es _____. Mañana es _____.
5. Hoy es jueves. Ayer fue _____. Mañana es _____.
6. Mañana es lunes. Hoy es _____. Ayer fue _____.

7

Analogías Use these words to complete the analogies. Some words will not be used.

arte	día	martes	pizarra
biblioteca	domingo	matemáticas	profesor
catorce	estudiante	mujer	reloj

1. maleta ⟷ pasajero ⊜ mochila ⟷ _____
2. chico ⟷ chica ⊜ hombre ⟷ _____
3. pluma ⟷ papel ⊜ tiza ⟷ _____
4. inglés ⟷ lengua ⊜ miércoles ⟷ _____
5. papel ⟷ cuaderno ⊜ libro ⟷ _____
6. quince ⟷ dieciséis ⊜ lunes ⟷ _____
7. Cervantes ⟷ literatura ⊜ Dalí ⟷ _____
8. autobús ⟷ conductor ⊜ clase ⟷ _____
9. los EE.UU. ⟷ mapa ⊜ hora ⟷ _____
10. veinte ⟷ veintitrés ⊜ jueves ⟷ _____

 Practice more at **vhlcentral.com**.

Comunicación

8 **Horario** Choose three courses from the chart to create your own class schedule, then discuss it with a classmate.

materia	horas	días	profesor(a)
historia	9–10	lunes, miércoles	Prof. Ordóñez
biología	12–1	lunes, jueves	Profa. Dávila
periodismo	2–3	martes, jueves	Profa. Quiñones
matemáticas	2–3	miércoles, jueves	Prof. Jiménez
arte	12–1:30	lunes, miércoles	Prof. Molina

modelo

Estudiante 1: Tomo (*I take*) biología los lunes y jueves, de 12 a 1, con (*with*) la profesora Dávila.

Estudiante 2: ¿Sí? Yo no tomo biología. Yo tomo arte los lunes y miércoles, de 12 a 1:30, con el profesor Molina.

9 **Memoria** How well do you know your Spanish classroom? Take a good look around and then close your eyes. Your partner will ask you questions about the classroom, using these words and other vocabulary. Each person should answer six questions and switch roles every three questions.

escritorio	mapa	pizarra	reloj
estudiante	mesa	profesor(a)	ventana
libro	mochila	puerta	silla

modelo

Estudiante 1: ¿Cuántas ventanas hay?

Estudiante 2: Hay cuatro ventanas.

10 **Nuevos amigos** During the first week of class, you meet a new student in the cafeteria. With a partner, prepare a conversation using these cues. Then act it out for the class.

Estudiante 1	Estudiante 2
Greet your new acquaintance.	Introduce yourself.
Find out about him or her.	Tell him or her about yourself.
Ask about your partner's class schedule.	Compare your schedule to your partner's.
Say nice to meet you and goodbye.	Say nice to meet you and goodbye.

¿Qué estudias?

Felipe, Marissa, Juan Carlos y Miguel visitan Chapultepec y hablan de las clases.

S Video: *Fotonovela*

FELIPE Dos boletos, por favor.

EMPLEADO Dos boletos son 64 pesos.

FELIPE Aquí están 100 pesos.

EMPLEADO 100 menos 64 son 36 pesos de cambio.

MIGUEL Marissa, hablas muy bien el español... ¿Y dónde está tu diccionario?

MARISSA En casa de los Díaz. Felipe necesita practicar inglés.

MIGUEL ¡Ay, Maru! Chicos, nos vemos más tarde.

FELIPE Ésta es la Ciudad de México.

FELIPE Oye, Marissa, ¿cuántas clases tomas?

MARISSA Tomo cuatro clases: español, historia, literatura y también geografía. Me gusta mucho la cultura mexicana.

FELIPE Juan Carlos, ¿quién enseña la clase de química este semestre?

JUAN CARLOS El profesor Morales. Ah, ¿por qué tomo química y computación?

FELIPE Porque te gusta la tarea.

JUAN CARLOS **MIGUEL** **EMPLEADO** **MARU**

FELIPE Los lunes y los miércoles, economía a las 2:30. Tú tomas computación los martes en la tarde, y química, a ver... Los lunes, los miércoles y los viernes ¿a las 10? ¡Uf!

FELIPE Y Miguel, ¿cuándo regresa?

JUAN CARLOS Hoy estudia con Maru.

MARISSA ¿Quién es Maru?

MIGUEL ¿Hablas con tu mamá?

MARU Mamá habla. Yo escucho. Es la 1:30.

MIGUEL Ay, lo siento. Juan Carlos y Felipe...

MARU Ay, Felipe.

MARU Y ahora, ¿adónde? ¿A la biblioteca?

MIGUEL Sí, pero primero a la librería. Necesito comprar unos libros.

Expresiones útiles

Talking about classes

¿Cuántas clases tomas?
How many classes are you taking?
Tomo cuatro clases.
I'm taking four classes.
Mi especialización es en arqueología.
My major is archeology.
Este año, espero sacar buenas notas y, por supuesto, viajar por el país.
This year, I hope / I'm hoping to get good grades. And, of course, travel through the country.

Talking about likes/dislikes

Me gusta mucho la cultura mexicana.
I like Mexican culture a lot.
Me gustan las ciencias ambientales.
I like environmental science.
Me gusta dibujar.
I like to draw.
¿Te gusta este lugar?
Do you like this place?

Paying for tickets

Dos boletos, por favor.
Two tickets, please.
Dos boletos son sesenta y cuatro pesos.
Two tickets are sixty-four pesos.
Aquí están cien pesos.
Here's a hundred pesos.
Son treinta y seis pesos de cambio.
That's thirty-six pesos change.

Talking about location and direction

¿Dónde está tu diccionario?
Where is your dictionary?
Está en casa de los Díaz.
It's at the Díaz house.
Y ahora, ¿adónde? ¿A la biblioteca?
And now, where to? To the library?
Sí, pero primero a la librería.
Está al lado.
Yes, but first to the bookstore.
It's next door.

recursos

VM
pp. 3–4

vhlcentral.com
Lección 2

¿Qué pasó?

1 **Escoger** Choose the answer that best completes each sentence.

1. Marissa toma (*is taking*) _____ en la universidad.
   a. español, psicología, economía y música   b. historia, inglés, sociología y periodismo
   c. español, historia, literatura y geografía

2. El profesor Morales enseña (*teaches*) _____.
   a. química   b. matemáticas   c. historia

3. Juan Carlos toma química _____.
   a. los miércoles, jueves y viernes   b. los lunes, miércoles y viernes
   c. los lunes, martes y jueves

4. Miguel necesita ir a (*needs to go to*) _____.
   a. la biblioteca   b. la residencia estudiantil   c. la librería

2 **Identificar** Indicate which person would make each statement.
The names may be used more than once.

1. ¿Maru es compañera de ustedes? _____
2. Mi mamá habla mucho. _____
3. El profesor Morales enseña la clase de química
   este semestre. _____
4. Mi diccionario está en casa de Felipe
   y Jimena. _____
5. Necesito estudiar con Maru. _____
6. Yo tomo clase de computación los martes
   por la tarde. _____

MARU

JUAN CARLOS

MARISSA

MIGUEL

NOTA CULTURAL

Maru is a shortened version of the name **María Eugenia.** Other popular "combination names" in Spanish are **Juanjo (Juan José)** and **Maite (María Teresa).**

3 **Completar** These sentences are similar to things said in the **Fotonovela.**
Complete each sentence with the correct word(s).

Castillo de Chapultepec	estudiar	miércoles
clase	inglés	tarea

1. Marissa, éste es el _____.
2. Felipe tiene (*has*) el diccionario porque (*because*)
   necesita practicar _____.
3. A Juan Carlos le gusta mucho la _____.
4. Hay clase de economía los lunes y _____.
5. Miguel está con Maru para _____.

NOTA CULTURAL

The **Castillo de Chapultepec** is one of Mexico City's most historic landmarks. Constructed in 1785, it was the residence of emperors and presidents. It has been open to the public since 1944 and now houses the National Museum of History.

4 **Preguntas personales** Interview a partner about his/her university life.

1. ¿Qué clases tomas en la universidad?
2. ¿Qué clases tomas los martes?
3. ¿Qué clases tomas los viernes?
4. ¿En qué clase hay más chicos?
5. ¿En qué clase hay más chicas?
6. ¿Te gusta la clase de español?

 Practice more at **vhlcentral.com.**

Pronunciación   Audio

Spanish vowels

a **e** **i** **o** **u**

Spanish vowels are never silent; they are always pronounced in a short, crisp way without the glide sounds used in English.

Álex	**clase**	**nada**	**encantada**

The letter **a** is pronounced like the *a* in *father*, but shorter.

el	**ene**	**mesa**	**elefante**

The letter **e** is pronounced like the *e* in *they*, but shorter.

Inés	**chica**	**tiza**	**señorita**

The letter **i** sounds like the *ee* in *beet*, but shorter.

hola	**con**	**libro**	**don Francisco**

The letter **o** is pronounced like the *o* in *tone*, but shorter.

uno	**regular**	**saludos**	**gusto**

The letter **u** sounds like the *oo* in *room*, but shorter.

 Práctica Practice the vowels by saying the names of these places in Spain.

1. Madrid
2. Alicante
3. Tenerife
4. Toledo
5. Barcelona
6. Granada
7. Burgos
8. La Coruña

Oraciones Read the sentences aloud, focusing on the vowels.

1. Hola. Me llamo Ramiro Morgado.
2. Estudio arte en la Universidad de Salamanca.
3. Tomo también literatura y contabilidad.
4. Ay, tengo clase en cinco minutos. ¡Nos vemos!

Refranes Practice the vowels by reading these sayings aloud.

Cada loco con su tema.[2]

Del dicho al hecho hay un gran trecho.[1]

1 Easier said than done.
2 To each his own.

recursos

LM
p. 8

vhlcentral.com
Lección 2

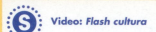
Video: *Flash cultura*

La elección de una carrera universitaria

Since higher education in the Spanish-speaking world is heavily state-subsidized, tuition is almost free. As a result, public universities see large enrollments. Spanish and Latin American students generally choose their **carrera universitaria** (major) when they're eighteen—which is either the year they enter the university or the year before. In order to enroll, all students must complete a high school degree, known as the **bachillerato**. In countries like Bolivia, Mexico, and Peru, the last year of high school (**colegio***) tends to be specialized in an area of study, such as the arts or natural sciences.

Universidad Central de Venezuela en Caracas

Students then choose their major according to their area of specialization. Similarly, university-bound students in Argentina focus their studies on specific fields, such as the humanities and social sciences, natural sciences, communication, art and design, and economics and business, during their five years of high school. Based on this coursework, Argentine students choose their **carrera**. Finally, in Spain, students choose their major according to the score they receive on the **prueba de aptitud** (skills test or entrance exam).

University graduates receive a **licenciatura**, or bachelor's degree. In Argentina and Chile, a **licenciatura** takes four to six years to complete, and may be considered equivalent to a master's degree. In Peru and Venezuela, a bachelor's degree is a five-year process. Spanish and Colombian **licenciaturas** take four to five years, although some fields, such as medicine, require six or more.

Estudiantes hispanos en los EE.UU.

In the 2013–14 academic year, over 14,500 Mexican students (1.7% of all international students) studied at U.S. universities. Colombians were the second-largest Spanish-speaking group, with over 7,000 students.

*¡Ojo! El colegio is a false cognate. In most countries, it means *high school*, but in some regions it refers to an elementary school. All undergraduate study takes place at la **universidad**.

1 **¿Cierto o falso?** Indicate whether these statements are **cierto** or **falso**. Correct the false statements.

1. Students in Spanish-speaking countries must pay large amounts of money toward their college tuition.
2. **Carrera** refers to any undergraduate or graduate program that students enroll in to obtain a professional degree.
3. After studying at a **colegio**, students receive their **bachillerato**.
4. Undergraduates study at a **colegio** or an **universidad**.
5. In Latin America and Spain, students usually choose their majors in their second year at the university.
6. In Argentina, students focus their studies in their high school years.
7. In Mexico, the **bachillerato** involves specialized study.
8. In Spain, majors depend on entrance exam scores.
9. Venezuelans complete a **licenciatura** in five years.
10. According to statistics, Colombians constitute the third-largest Latin American group studying at U.S. universities.

ASÍ SE DICE

Clases y exámenes

aprobar	*to pass*
la asignatura (Esp.)	la clase, la materia
la clase anual	*year-long course*
el examen parcial	*midterm exam*
la facultad	*department, school*
la investigación	*research*
el profesorado	*faculty*
reprobar; suspender (Esp.)	*to fail*
sacar buenas/ malas notas	*to get good/ bad grades*
tomar apuntes	*to take notes*

EL MUNDO HISPANO

Las universidades hispanas

It is not uncommon for universities in Spain and Latin America to have extremely large student body populations.

- **Universidad de Buenos Aires** (Argentina) 308.700 estudiantes

- **Universidad Autónoma de Santo Domingo** (República Dominicana) 170.500 estudiantes

- **Universidad Complutense de Madrid** (España) 84.900 estudiantes

- **Universidad Central de Venezuela** (Venezuela) 62.600 estudiantes

PERFIL

La Universidad de Salamanca

The University of Salamanca, established in 1218, is the oldest university in Spain. It is located in Salamanca, one of the most spectacular Renaissance cities in Europe. Salamanca is nicknamed **La Ciudad Dorada** (*The Golden City*) for the golden glow of its famous sandstone buildings, and it was declared a UNESCO World Heritage Site in 1988.

Salamanca is a true college town, as its prosperity and city life depend on and revolve around the university population. Over 38,000 students from all over Spain, as well as abroad, come to study here each year. The school offers over 250 academic programs, as well as renowned Spanish courses for foreign students. To walk through the university's historic grounds is to follow the footsteps of immortal writers like Miguel de Cervantes and Miguel de Unamuno.

Conexión Internet

To which **facultad** does your major belong in Spain or Latin America?

Go to **vhlcentral.com** to find more cultural information related to this **Cultura** section.

ACTIVIDADES

2 **Comprensión** Complete these sentences.

1. The University of Salamanca was established in the year _____.

2. A _____ is a year-long course.

3. Salamanca is called _____.

4. Over 300,000 students attend the _____.

5. An _____ occurs about halfway through a course.

3 **La universidad en cifras** With a partner, research a Spanish or Latin American university online and find five statistics about that institution (for instance, the total enrollment, majors offered, year it was founded, etc.). Using the information you found, create a dialogue between a prospective student and a university representative. Present your dialogue to the class.

 Practice more at **vhlcentral.com**.

recursos	
VM pp. 75–76	vhlcentral.com Lección 2

2.1 Present tense of -ar verbs Tutorial

ANTE TODO In order to talk about activities, you need to use verbs. Verbs express actions or states of being. In English and Spanish, the infinitive is the base form of the verb. In English, the infinitive is preceded by the word *to*: *to study*, *to be*. The infinitive in Spanish is a one-word form and can be recognized by its endings: **-ar**, **-er**, or **-ir**.

-ar verb		*-er* verb		*-ir* verb	
estudiar	*to study*	**comer**	*to eat*	**escribir**	*to write*

▶ In this lesson, you will learn the forms of regular **-ar** verbs.

The verb estudiar (*to study*)

SINGULAR FORMS	yo	estudi**o**	*I study*
	tú	estudi**as**	*you* (fam.) *study*
	Ud./él/ella	estudi**a**	*you* (form.) *study; he/she studies*
PLURAL FORMS	nosotros/as	estudi**amos**	*we study*
	vosotros/as	estudi**áis**	*you* (fam.) *study*
	Uds./ellos/ellas	estudi**an**	*you study; they study*

> Juan Carlos estudia ciencias ambientales.

> Y tú, ¿qué estudias, Miguel?

▶ To create the forms of most regular verbs in Spanish, drop the infinitive endings (**-ar, -er, -ir**). You then add to the stem the endings that correspond to the different subject pronouns. This diagram will help you visualize verb conjugation.

Conjugation of *-ar* verbs

INFINITIVE	VERB STEM	CONJUGATED FORM
estudi**ar**	estudi-	yo estudi**o**
bail**ar**	bail-	tú bail**as**
trabaj**ar**	trabaj-	nosotros trabaj**amos**

Common -ar verbs

bailar	to dance	**estudiar**	to study
buscar	to look for	**explicar**	to explain
caminar	to walk	**hablar**	to talk; to speak
cantar	to sing	**llegar**	to arrive
cenar	to have dinner	**llevar**	to carry
comprar	to buy	**mirar**	to look (at); to watch
contestar	to answer	**necesitar (+ inf.)**	to need
conversar	to converse, to chat	**practicar**	to practice
desayunar	to have breakfast	**preguntar**	to ask (a question)
descansar	to rest	**preparar**	to prepare
desear (+ inf.)	to desire; to wish	**regresar**	to return
dibujar	to draw	**terminar**	to end; to finish
enseñar	to teach	**tomar**	to take; to drink
escuchar	to listen (to)	**trabajar**	to work
esperar (+ inf.)	to wait (for); to hope	**viajar**	to travel

▶ **¡Atención!** Unless referring to a person, the Spanish verbs **buscar**, **escuchar**, **esperar**, and **mirar** do not need to be followed by prepositions as they do in English.

Busco la tarea.
I'm looking for the homework.

Escucho la música.
I'm listening to the music.

Espero el autobús.
I'm waiting for the bus.

Miro la pizarra.
I'm looking at the blackboard.

COMPARE & CONTRAST

English uses three sets of forms to talk about the present: (1) the simple present (*Paco works*), (2) the present progressive (*Paco is working*), and (3) the emphatic present (*Paco does work*). In Spanish, the simple present can be used in all three cases.

Paco **trabaja** en la cafetería.

1. *Paco works in the cafeteria.*
2. *Paco is working in the cafeteria.*
3. *Paco does work in the cafeteria.*

In Spanish and English, the present tense is also sometimes used to express future action.

Marina **viaja** a Madrid mañana.

1. *Marina travels to Madrid tomorrow.*
2. *Marina will travel to Madrid tomorrow.*
3. *Marina is traveling to Madrid tomorrow.*

▶ When two verbs are used together with no change of subject, the second verb is generally in the infinitive. To make a sentence negative in Spanish, the word **no** is placed before the conjugated verb. In this case, **no** means *not*.

Deseo hablar con el señor Díaz.
I want to speak with Mr. Díaz.

Alicia **no** desea bailar ahora.
Alicia doesn't want to dance now.

▶ Spanish speakers often omit subject pronouns because the verb endings indicate who the subject is. In Spanish, subject pronouns are used for emphasis, clarification, or contrast.

—¿Qué enseñan?
What do they teach?

—**Ella** enseña arte y **él** enseña física.
She teaches art, and he teaches physics.

—¿Quién desea trabajar hoy?
Who wants to work today?

—**Yo** no deseo trabajar hoy.
I don't want to work today.

The verb gustar

▶ **Gustar** is different from other **-ar** verbs. To express your likes and dislikes, use the expression **(no) me gusta** + **el/la** + [*singular noun*] or **(no) me gustan** + **los/las** + [*plural noun*]. Note: You may use the phrase **a mí** for emphasis, but never the subject pronoun **yo**.

Me gusta la música clásica.
I like classical music.

Me gustan las clases de español y biología.
I like Spanish and biology classes.

A mí me gustan las artes.
I like the arts.

A mí no me gusta el programa.
I don't like the program.

▶ To talk about what you like and don't like to do, use **(no) me gusta** + [*infinitive(s)*]. Note that the singular **gusta** is always used, even with more than one infinitive.

No me gusta viajar en autobús.
I don't like to travel by bus.

Me gusta cantar y **bailar**.
I like to sing and dance.

▶ To ask a friend about likes and dislikes, use the pronoun **te** instead of **me**. Note: You may use **a ti** for emphasis, but never the subject pronoun **tú**.

—¿**Te gusta la geografía**?
Do you like geography?

—Sí, me gusta. Y a ti, ¿**te gusta el inglés**?
Yes, I like it. And you, do you like English?

▶ You can use this same structure to talk about other people by using the pronouns **nos**, **le**, and **les**. Unless your instructor tells you otherwise, only the **me** and **te** forms will appear on test materials until **Lección 7**.

Nos gusta dibujar. (nosotros)
We like to draw.

Nos gustan las clases de español e inglés. (nosotros)
We like Spanish class and English class.

No le gusta trabajar.
 (usted, él, ella)
You don't like to work.
He/She doesn't like to work.

Les gusta el arte.
 (ustedes, ellos, ellas)
You like art.
They like art.

¡ATENCIÓN!

Note that **gustar** does not behave like other **-ar** verbs. You must study its use carefully and pay attention to prepositions, pronouns, and agreement.

AYUDA

Use the construction **a** + [*name/pronoun*] to clarify to whom you are referring. This construction is not always necessary.
A Gabriela le gusta bailar.
A Sara y a él les gustan los animales.
A mí me gusta viajar.
¿**A ti** te gustan las clases?

CONSULTA

For more on **gustar** and other verbs like it, see **Estructura 7.4**, pp. 230–231.

¡INTÉNTALO!   Provide the present tense forms of these verbs. The first items have been done for you.

hablar

1. Yo ___hablo___ español.
2. Ellos _____ español.
3. Inés _____ español.
4. Nosotras _____ español.
5. Tú _____ español.

gustar

1. ___Me gusta___ el café. (a mí)
2. ¿_____ las clases? (a ti)
3. No _____ el café. (a ti)
4. No _____ las clases. (a mí)
5. No _____ el café. (a mí)

recursos

WB
pp. 13–14

LM
p. 9

S
vhlcentral.com
Lección 2

Práctica

1

Completar Complete the conversation with the appropriate forms of the verbs in parentheses.

JUAN   ¡Hola, Linda! ¿Qué tal las clases?

LINDA   Bien. (1)_____ (Tomar) tres clases... química, biología y computación. Y tú, ¿cuántas clases (2)_____ (tomar)?

JUAN   (3)_____ (Tomar) tres también... biología, arte y literatura. El doctor Cárdenas (4)_____ (enseñar) la clase de biología.

LINDA   ¿Ah, sí? Lily, Alberto y yo (5)_____ (tomar) biología a las diez con la profesora Garza.

JUAN   ¿(6)_____ (Estudiar) mucho ustedes?

LINDA   Sí, porque hay muchos exámenes. Alberto y yo (7)_____ (necesitar) estudiar dos horas todos los días (*every day*).

2

Oraciones Form sentences using the words provided. Remember to conjugate the verbs and add any other necessary words.

1. ustedes / practicar / vocabulario
2. ¿preparar (tú) / tarea?
3. clase de español / terminar / once
4. ¿qué / buscar / ustedes?
5. (nosotros) buscar / pluma
6. (yo) comprar / calculadora

3

Gustos Read what these people do. Then use the information in parentheses to tell what they like.

modelo

Yo enseño en la universidad. (las clases)   *Me gustan las clases.*

1. Tú deseas mirar cuadros (*paintings*) de Picasso. (el arte)
2. Soy estudiante de economía. (estudiar)
3. Tú estudias italiano y español. (las lenguas extranjeras)
4. No descansas los sábados. (cantar y bailar)
5. Busco una computadora. (la computación)

4

Actividades Get together with a partner and take turns asking each other if you do these activities. Which activities does your partner like? Which do you both like?

modelo

tomar el autobús

Estudiante 1: ¿Tomas el autobús?

Estudiante 2: Sí, tomo el autobús, pero (*but*) no me gusta./ No, no tomo el autobús.

bailar merengue	escuchar música rock	practicar el español
cantar bien	estudiar física	trabajar en la universidad
dibujar en clase	mirar la televisión	viajar a Europa

Comunicación

5

Describir With a partner, describe what you see in the pictures using the given verbs. Also ask your partner whether or not he/she likes one of the activities.

> **modelo**
> enseñar
> La profesora enseña química. ¿Te gusta la química?

1. caminar, hablar, llevar

2. buscar, descansar, estudiar

3. dibujar, cantar, escuchar

4. llevar, tomar, viajar

6

Charadas In groups of three, play a game of charades using the verbs in the word bank. For example, if someone is studying, you say "**Estudias**." The first person to guess correctly acts out the next charade.

bailar	cantar	descansar	enseñar	mirar
caminar	conversar	dibujar	escuchar	preguntar

Síntesis

7

Conversación Get together with a classmate and pretend that you are friends who have not seen each other on campus for a few days. Have a conversation in which you catch up on things. Mention how you're feeling, what classes you're taking, what days and times you have classes, and which classes you like and don't like.

 Practice more at **vhlcentral.com**.

2.2 # Forming questions in Spanish Tutorial

ANTE TODO There are three basic ways to ask questions in Spanish. Can you guess what they are by looking at the photos and photo captions on this page?

Te gusta mucho la tarea, ¿no?

¿Hablas con tu mamá?

¿Estudia Maru?

▶ One way to form a question is to raise the pitch of your voice at the end of a declarative sentence. When writing any question in Spanish, be sure to use an upside-down question mark (¿) at the beginning and a regular question mark (?) at the end of the sentence.

Statement	**Question**
Ustedes trabajan los sábados.	¿Ustedes trabajan los sábados?
You work on Saturdays.	*Do you work on Saturdays?*
Carlota busca un mapa.	¿Carlota busca un mapa?
Carlota is looking for a map.	*Is Carlota looking for a map?*

▶ You can also form a question by inverting the order of the subject and the verb of a declarative statement. The subject may even be placed at the end of the sentence.

Statement	**Question**
SUBJECT VERB	VERB SUBJECT
Ustedes trabajan los sábados.	¿**Trabajan ustedes** los sábados?
You work on Saturdays.	*Do you work on Saturdays?*
SUBJECT VERB	VERB SUBJECT
Carlota regresa a las seis.	¿**Regresa** a las seis **Carlota**?
Carlota returns at six.	*Does Carlota return at six?*

▶ Questions can also be formed by adding the tags **¿no?** or **¿verdad?** at the end of a statement.

Statement	**Question**
Ustedes trabajan los sábados.	Ustedes trabajan los sábados, **¿no?**
You work on Saturdays.	*You work on Saturdays, don't you?*
Carlota regresa a las seis.	Carlota regresa a las seis, **¿verdad?**
Carlota returns at six.	*Carlota returns at six, right?*

Question words

Interrogative words			
¿Adónde?	*Where (to)?*	**¿De dónde?**	*From where?*
¿Cómo?	*How?*	**¿Dónde?**	*Where?*
¿Cuál?, ¿Cuáles?	*Which?; Which one(s)?*	**¿Por qué?**	*Why?*
¿Cuándo?	*When?*	**¿Qué?**	*What?; Which?*
¿Cuánto/a?	*How much?*	**¿Quién?**	*Who?*
¿Cuántos/as?	*How many?*	**¿Quiénes?**	*Who (plural)?*

▶ To ask a question that requires more than a *yes* or *no* answer, use an interrogative word.

¿Cuál de ellos estudia en la biblioteca?
Which of them studies in the library?

¿Adónde caminamos?
Where are we walking (to)?

¿Cuántos estudiantes hablan español?
How many students speak Spanish?

¿Por qué necesitas hablar con ella?
Why do you need to talk to her?

¿Dónde trabaja Ricardo?
Where does Ricardo work?

¿Quién enseña la clase de arte?
Who teaches the art class?

¿Qué clases tomas?
What classes are you taking?

¿Cuánta tarea hay?
How much homework is there?

CONSULTA

You will learn more about the difference between **qué** and **cuál** in **Estructura 9.3**, p. 292.

▶ When pronouncing this type of question, the pitch of your voice falls at the end of the sentence.

¿Cómo llegas a clase?
How do you get to class?

¿Por qué necesitas estudiar?
Why do you need to study?

▶ Notice the difference between **¿por qué?**, which is written as two words and has an accent, and **porque**, which is written as one word without an accent.

¿Por qué estudias español?
Why do you study Spanish?

¡Porque es divertido!
Because it's fun!

▶ In Spanish **no** can mean both *no* and *not*. Therefore, when answering a yes/no question in the negative, you need to use **no** twice.

¿Caminan a la universidad?
Do you walk to the university?

No, no caminamos a la universidad.
No, we do not walk to the university.

¡INTÉNTALO!   Make questions out of these statements. Use the intonation method in column 1 and the tag **¿no?** method in column 2.

Statement	Intonation	Tag questions
1. Hablas inglés.	¿Hablas inglés?	Hablas inglés, ¿no?
2. Trabajamos mañana.	_____	_____
3. Ustedes desean bailar.	_____	_____
4. Raúl estudia mucho.	_____	_____
5. Enseño a las nueve.	_____	_____
6. Luz mira la televisión.	_____	_____

recursos

WB
pp. 15–16

LM
p. 10

vhlcentral.com
Lección 2

Práctica

1

Preguntas Change these sentences into questions by inverting the word order.

> **modelo**
>
> Ernesto habla con su compañero de clase.
> ¿Habla Ernesto con su compañero de clase? /
> ¿Habla con su compañero de clase Ernesto?

1. La profesora Cruz prepara la prueba.

2. Sandra y yo necesitamos estudiar.

3. Los chicos practican el vocabulario.

4. Jaime termina la tarea.

5. Tú trabajas en la biblioteca.

2

Completar Irene and Manolo are chatting in the library. Complete their conversation with the appropriate questions.

IRENE   Hola, Manolo. (1)_____

MANOLO   Bien, gracias. (2)_____

IRENE   Muy bien. (3)_____

MANOLO   Son las nueve.

IRENE   (4)_____

MANOLO   Estudio historia.

IRENE   (5)_____

MANOLO   Porque hay un examen mañana.

IRENE   (6)_____

MANOLO   Sí, me gusta mucho la clase.

IRENE   (7)_____

MANOLO   El profesor Padilla enseña la clase.

IRENE   (8)_____

MANOLO   No, no tomo psicología este (*this*) semestre.

IRENE   (9)_____

MANOLO   Regreso a la residencia a las once.

IRENE   (10)_____

MANOLO   No, no deseo tomar una soda. ¡Deseo estudiar!

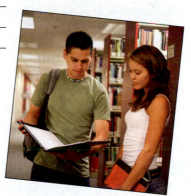

3

Dos profesores In pairs, create a dialogue, similar to the one in **Actividad 2**, between Professor Padilla and his colleague Professor Martínez. Use question words.

> **modelo**
>
> **Prof. Padilla:** ¿Qué enseñas este semestre?
> **Prof. Martínez:** Enseño dos cursos de sociología.

Comunicación

4   **Encuesta**   Your instructor will give you a worksheet. Change the categories in the first column into questions, then use them to survey your classmates. Find at least one person for each category. Be prepared to report the results of your survey to the class.

5   **Un juego**   In groups of four or five, play a game (**un juego**) of Jeopardy®. Each person has to write two clues. Then take turns reading the clues and guessing the questions. The person who guesses correctly reads the next clue.

> **Es algo que...**   **Es un lugar donde...**   **Es una persona que...**
> *It's something that...*   *It's a place where...*   *It's a person that...*

modelo

Estudiante 1: Es un lugar donde estudiamos.
Estudiante 2: ¿Qué es la biblioteca?

Estudiante 1: Es algo que escuchamos.
Estudiante 2: ¿Qué es la música?

Estudiante 1: Es un director de España.
Estudiante 2: ¿Quién es Pedro Almodóvar?

6   **El nuevo estudiante**   Imagine you are a transfer student and today is your first day of Spanish class. Ask your partner questions to find out all you can about the class, your classmates, and the university. Then switch roles.

modelo

Estudiante 1: Hola, me llamo Samuel. ¿Cómo te llamas?
Estudiante 2: Me llamo Laura.
Estudiante 1: ¿Quiénes son ellos?
Estudiante 2: Son Melanie y Lucas.
Estudiante 1: Y él, ¿de dónde es?
Estudiante 2: Es de California.
Estudiante 1: En la universidad hay cursos de ciencias, ¿verdad?
Estudiante 2: Sí, hay clases de biología, química y física.
Estudiante 1: ¿Cuántos exámenes hay en esta clase?
Estudiante 2: Hay dos.

Síntesis

7   **Entrevista**   Imagine that you are a reporter for the school newspaper. Write five questions about student life at your school and use them to interview two classmates. Be prepared to report your findings to the class.

2.3 | Present tense of estar Tutorial

ANTE TODO In **Lección 1**, you learned how to conjugate and use the verb **ser** (*to be*). You will now learn a second verb which means *to be*, the verb **estar**. Although **estar** ends in **-ar**, it does not follow the pattern of regular **-ar** verbs. The **yo** form (**estoy**) is irregular. Also, all forms have an accented **á** except the **yo** and **nosotros/as** forms.

CONSULTA

To review the forms of **ser**, see **Estructura 1.3**, pp. 19–21.

The verb estar (*to be*)

SINGULAR FORMS	yo	est**oy**	*I am*
	tú	est**ás**	*you* (fam.) *are*
	Ud./él/ella	est**á**	*you* (form.) *are; he/she is*
PLURAL FORMS	nosotros/as	est**amos**	*we are*
	vosotros/as	est**áis**	*you* (fam.) *are*
	Uds./ellos/ellas	est**án**	*you are; they are*

¡Estamos en Perú!

María está en la biblioteca.

COMPARE & CONTRAST

Compare the uses of the verb **estar** to those of the verb **ser**.

AYUDA

Use **la casa** to express *the house*, but **en casa** to express *at home*.

Uses of *estar*

Location
Estoy en casa.
I am at home.

Marissa **está** al lado de Felipe.
Marissa is next to Felipe.

Health
Juan Carlos **está** enfermo hoy.
Juan Carlos is sick today.

Well-being
—¿Cómo **estás**, Jimena?
How are you, Jimena?

—**Estoy** muy bien, gracias.
I'm very well, thank you.

Uses of *ser*

Identity
Hola, **soy** Maru.
Hello, I'm Maru.

Occupation
Soy estudiante.
I'm a student.

Origin
—¿**Eres** de México?
Are you from Mexico?

—Sí, **soy** de México.
Yes, I'm from Mexico.

Telling time
Son las cuatro.
It's four o'clock.

CONSULTA

To learn more about the difference between **ser** and **estar**, see **Estructura 5.3**, pp. 158–159.

▶ **Estar** is often used with certain prepositions and adverbs to describe the location of a person or an object.

Prepositions and adverbs often used with estar

al lado de	next to	**delante de**	in front of
a la derecha de	to the right of	**detrás de**	behind
a la izquierda de	to the left of	**en**	in; on
allá	over there	**encima de**	on top of
allí	there	**entre**	between
cerca de	near	**lejos de**	far from
con	with	**sin**	without
debajo de	below	**sobre**	on; over

La tiza **está al lado de** la pluma.
The chalk is next to the pen.

Los libros **están encima del** escritorio.
The books are on top of the desk.

El laboratorio **está cerca de** la clase.
The lab is near the classroom.

Maribel **está delante de** José.
Maribel is in front of José.

La maleta **está allí**.
The suitcase is there.

El estadio no **está lejos de** la librería.
The stadium isn't far from the bookstore.

El mapa **está entre** la pizarra y la puerta.
The map is between the blackboard and the door.

Los estudiantes **están en** la clase.
The students are in class.

La calculadora **está sobre** la mesa.
The calculator is on the table.

Los turistas **están allá**.
The tourists are over there.

Estamos lejos de casa.

La biblioteca está al lado de la librería.

¡INTÉNTALO!   Provide the present tense forms of **estar**.

1. Ustedes _____están_____ en la clase.
2. José _____ en la biblioteca.
3. Yo _____ bien, gracias.
4. Nosotras _____ en la cafetería.
5. Tú _____ en el laboratorio.
6. Elena _____ en la librería.
7. Ellas _____ en la clase.

8. Ana y yo _____ en la clase.
9. ¿Cómo _____ usted?
10. Javier y Maribel _____ en el estadio.
11. Nosotros _____ en la cafetería.
12. Yo _____ en el laboratorio.
13. Carmen y María _____ enfermas.
14. Tú _____ en la clase.

Práctica

1

Completar Daniela has just returned home from the library. Complete this conversation with the appropriate forms of **ser** or **estar**.

MAMÁ Hola, Daniela. ¿Cómo (1)_____?

▶**DANIELA** Hola, mamá. (2)_____ bien. ¿Dónde (3)_____ papá? ¡Ya (*Already*) (4)_____ las ocho de la noche!

MAMÁ No (5)_____ aquí. (6)_____ en la oficina.

DANIELA Y Andrés y Margarita, ¿dónde (7)_____ ellos?

MAMÁ (8)_____ en el restaurante La Palma con Martín.

DANIELA ¿Quién (9)_____ Martín?

MAMÁ (10)_____ un compañero de clase. (11)_____ de México.

DANIELA Ah. Y el restaurante La Palma, ¿dónde (12)_____?

MAMÁ (13)_____ cerca de la Plaza Mayor, en San Modesto.

DANIELA Gracias, mamá. Voy (*I'm going*) al restaurante. ¡Hasta pronto!

2

Escoger Choose the preposition that best completes each sentence.

1. La pluma está (encima de / detrás de) la mesa.
2. La ventana está (a la izquierda de / debajo de) la puerta.
3. La pizarra está (debajo de / delante de) los estudiantes.
4. Las sillas están (encima de / detrás de) los escritorios.
5. Los estudiantes llevan los libros (en / sobre) la mochila.
6. La biblioteca está (sobre / al lado de) la residencia estudiantil.
7. España está (cerca de / lejos de) Puerto Rico.
8. México está (cerca de / lejos de) los Estados Unidos.
9. Felipe trabaja (con / en) Ricardo en la cafetería.

3

La librería Imagine that you are in the school bookstore and can't find various items. Ask the clerk (your partner) the location of five items in the drawing. Then switch roles.

modelo

Estudiante 1: ¿Dónde están los diccionarios?
Estudiante 2: Los diccionarios están debajo de los libros de literatura.

 Practice more at **vhlcentral.com**.

Comunicación

4

¿Dónde estás...? Get together with a partner and take turns asking each other where you normally are at these times.

> **modelo**
>
> lunes / 10:00 a.m.
>
> **Estudiante 1:** ¿Dónde estás los lunes a las *diez de la mañana*?
>
> **Estudiante 2:** Estoy en la clase de español.

1. sábados / 6:00 a.m.
2. miércoles / 9:15 a.m.
3. lunes / 11:10 a.m.
4. jueves / 12:30 a.m.
5. viernes / 2:25 p.m.
6. martes / 3:50 p.m.
7. jueves / 5:45 p.m.
8. miércoles / 8:20 p.m.

5

La ciudad universitaria You are an exchange student at a Spanish university. Tell a classmate which buildings you are looking for and ask for their location relative to where you are.

> **modelo**
>
> **Estudiante 1:** ¿Está lejos la Facultad de Medicina?
>
> **Estudiante 2:** No, está cerca. Está a la izquierda de la Facultad de Administración de Empresas.

Facultad de Medicina

Facultad de Administración de Empresas

Biblioteca

Facultad de Filosofía y Letras

Tú estás aquí.

Facultad de Bellas Artes

Colegio Mayor Cervantes

Síntesis

6

Entrevista In groups of three, ask each other these questions.

1. ¿Cómo estás?
2. ¿Dónde tomas la clase de inglés/periodismo/física/computación?
3. ¿Dónde está tu (*your*) compañero/a de cuarto ahora?
4. ¿Cuántos estudiantes hay en tu clase de historia/literatura/química/matemáticas?
5. ¿Quién(es) no está(n) en la clase hoy?
6. ¿A qué hora terminan tus clases los lunes?
7. ¿Estudias mucho?
8. ¿Cuántas horas estudias para (*for*) una prueba?

2.4 # Numbers 31 and higher **Tutorial**

ANTE TODO You have already learned numbers 0–30. Now you will learn the rest of the numbers.

Numbers 31–100

▶ Numbers 31–99 follow the same basic pattern as 21–29.

Numbers 31–100							
31	treinta y uno	**40**	cuarenta	**50**	cincuenta
32	treinta y dos	**41**	cuarenta y uno	**51**	cincuenta y uno
33	treinta y tres	**42**	cuarenta y dos	**52**	cincuenta y dos
34	treinta y cuatro	**43**	cuarenta y tres	**60**	sesenta
35	treinta y cinco	**44**	cuarenta y cuatro	**63**	sesenta y tres
36	treinta y seis	**45**	cuarenta y cinco	**64**	sesenta y cuatro
37	treinta y siete	**46**	cuarenta y seis	**70**	setenta
38	treinta y ocho	**47**	cuarenta y siete	**80**	ochenta
39	treinta y nueve	**48**	cuarenta y ocho	**90**	noventa
		49	cuarenta y nueve	**100**	cien, ciento

▶ **Y** is used in most numbers from **31** through **99**. Unlike numbers 21–29, these numbers must be written as three separate words.

Hay **noventa y dos** exámenes.
There are ninety-two exams.

Hay **cuarenta y dos** estudiantes.
There are forty-two students.

Hay cuarenta y siete estudiantes en la clase de geografía.

Cien menos sesenta y cuatro son treinta y seis pesos de cambio.

▶ With numbers that end in **uno** (31, 41, etc.), **uno** becomes **un** before a masculine noun and **una** before a feminine noun.

Hay **treinta y un** chicos.
There are thirty-one guys.

Hay **treinta y una** chicas.
There are thirty-one girls.

▶ **Cien** is used before nouns and in counting. The words **un, una,** and **uno** are never used before **cien** in Spanish. Use **cientos** to say *hundreds*.

Hay **cien** libros y **cien** sillas.
There are one hundred books and one hundred chairs.

¿Cuántos libros hay? **Cientos.**
How many books are there? Hundreds.

Numbers 101 and higher

▶ As shown in the chart, Spanish uses a period to indicate thousands and millions, rather than a comma, as is used in English.

Numbers 101 and higher			
101	ciento uno	1.000	mil
200	doscientos/as	1.100	mil cien
300	trescientos/as	2.000	dos mil
400	cuatrocientos/as	5.000	cinco mil
500	quinientos/as	100.000	cien mil
600	seiscientos/as	200.000	doscientos/as mil
700	setecientos/as	550.000	quinientos/as cincuenta mil
800	ochocientos/as	1.000.000	un millón (de)
900	novecientos/as	8.000.000	ocho millones (de)

▶ Notice that you should use **ciento**, not **cien**, to count numbers over 100.

110 = **ciento diez**   118 = **ciento dieciocho**   150 = **ciento cincuenta**

▶ The numbers 200 through 999 agree in gender with the nouns they modify.

324 plum**as**   3.505 libr**os**
trescient**as** veinticuatro plum**as**   tres mil quinient**os** cinco libr**os**

▶ The word **mil**, which can mean *a thousand* and *one thousand*, is not usually used in the plural form to refer to an exact number, but it can be used to express the idea of *a lot*, *many*, or *thousands*. **Cientos** can also be used to express *hundreds* in this manner.

¡Hay **miles** de personas en el estadio!   Hay **cientos** de libros en la biblioteca.
There are thousands of people   *There are hundreds of books*
  in the stadium!   *in the library.*

▶ To express a complex number (including years), string together all of its components.

55.422   cincuenta y cinco mil cuatrocientos veintidós

 ¡INTÉNTALO!   Write out the Spanish equivalent of each number.

1. **102** ___ciento dos___   7. **235** _____
2. **5.000.000** _____   8. **79** _____
3. **201** _____   9. **113** _____
4. **76** _____   10. **88** _____
5. **92** _____   11. **17.123** _____
6. **550.300** _____   12. **497** _____

Práctica y Comunicación

1

Baloncesto Provide these basketball scores in Spanish.

1. Ohio State 76, Michigan 65
2. Florida 92, Florida State 104
3. Stanford 83, UCLA 89
4. Purdue 81, Indiana 78
5. Princeton 67, Harvard 55
6. Duke 115, Virginia 121

2

Completar Following the pattern, write out the missing numbers in Spanish.

1. 50, 150, 250 ... 1.050
2. 5.000, 20.000, 35.000 ... 95.000
3. 100.000, 200.000, 300.000 ... 1.000.000
4. 100.000.000, 90.000.000, 80.000.000 ... 0

3

Resolver In pairs, take turns reading the math problems aloud for your partner to solve.

> **modelo**
>
> 200 + 300 =
> **Estudiante 1:** Doscientos más trescientos son...
> **Estudiante 2:** ...quinientos.

AYUDA

+	→	**más**
−	→	**menos**
=	→	**son**

1. 1.000 + 753 =
2. 1.000.000 − 30.000 =
3. 10.000 + 555 =
4. 15 + 150 =
5. 100.000 + 205.000 =
6. 29.000 − 10.000 =

4

Entrevista Find out the telephone numbers and e-mail addresses of four classmates.

> **modelo**
>
> **Estudiante 1:** ¿Cuál es tu (your) número de teléfono?
> **Estudiante 2:** Es el 635-19-51.
> **Estudiante 1:** ¿Y tu dirección de correo electrónico?
> **Estudiante 2:** Es a-Smith-arroba-pe-ele-punto-e-de-u. (asmith@pl.edu)

AYUDA

arroba *at* (@)
punto *dot* (.)

Síntesis

5

¿A qué distancia...? Your instructor will give you and a partner incomplete charts that indicate the distances between Madrid and various locations. Fill in the missing information on your chart by asking your partner questions.

> **modelo**
>
> **Estudiante 1:** ¿A qué distancia está Arganda del Rey?
> **Estudiante 2:** Está a veintisiete kilómetros de Madrid.

 Practice more at **vhlcentral.com**.

Recapitulación

  Diagnostics

Review the grammar concepts you have learned in this lesson by completing these activities.

1 **Completar** Complete the chart with the correct verb forms. **24 pts.**

yo	tú	nosotros	ellas
compro			
	deseas		
		miramos	
			preguntan

2 **Números** Write these numbers in Spanish. **16 pts.**

> **modelo**
> 645: *seiscientos cuarenta y cinco*

1. **49:** _____
2. **97:** _____
3. **113:** _____
4. **632:** _____
5. **1.781:** _____
6. **3.558:** _____
7. **1.006.015:** _____
8. **67.224.370:** _____

3 **Preguntas** Write questions for these answers. **12 pts.**

1. —¿_____ Patricia?
   —Patricia es de Colombia.
2. —¿_____ él?
   —Él es mi amigo (*friend*).
3. —¿_____ (tú)?
   —Hablo dos idiomas (*languages*).
4. —¿_____ (ustedes)?
   —Deseamos tomar café.
5. —¿_____?
   —Tomo biología porque me gustan las ciencias.
6. —¿_____?
   —Camilo descansa por las mañanas.

RESUMEN GRAMATICAL

2.1 **Present tense of -ar verbs** *pp. 46–48*

estudiar	
estudio	estudiamos
estudias	estudiáis
estudia	estudian

The verb gustar

(no) me gusta + el/la + [*singular noun*]

(no) me gustan + los/las + [*plural noun*]

(no) me gusta + [*infinitive(s)*]

Note: You may use **a mí** for emphasis, but never **yo**.

To ask a friend about likes and dislikes, use **te** instead of **me**, but never **tú**.

¿Te gusta la historia?

2.2 **Forming questions in Spanish** *pp. 51–52*

▶ **¿Ustedes trabajan los sábados?**
▶ **¿Trabajan ustedes los sábados?**
▶ Ustedes trabajan los sábados, **¿verdad?/¿no?**

Interrogative words		
¿Adónde?	¿Cuánto/a?	¿Por qué?
¿Cómo?	¿Cuántos/as?	¿Qué?
¿Cuál(es)?	¿De dónde?	¿Quién(es)?
¿Cuándo?	¿Dónde?	

2.3 **Present tense of estar** *pp. 55–56*

▶ estar: est**oy**, est**ás**, est**á**, est**amos**, est**áis**, est**án**

2.4 **Numbers 31 and higher** *pp. 59–60*

31	treinta y uno	101	ciento uno
32	treinta y dos	200	doscientos/as
	(and so on)	500	quinientos/as
40	cuarenta	700	setecientos/as
50	cincuenta	900	novecientos/as
60	sesenta	1.000	mil
70	setenta	2.000	dos mil
80	ochenta	5.100	cinco mil cien
90	noventa	100.000	cien mil
100	cien, ciento	1.000.000	un millón (de)

4   **Al teléfono** Complete this telephone conversation with the correct forms of the verb **estar**.

16 pts.

MARÍA TERESA   Hola, señora López. (1) ¿ _____ Elisa en casa?

SRA. LÓPEZ   Hola, ¿quién es?

MARÍA TERESA   Soy María Teresa. Elisa y yo (2) _____ en la misma (*same*) clase de literatura.

SRA. LÓPEZ   ¡Ah, María Teresa! ¿Cómo (3) _____ ?

MARÍA TERESA   (4) _____ muy bien, gracias. Y usted, ¿cómo (5) _____ ?

SRA. LÓPEZ   Bien, gracias. Pues, no, Elisa no (6) _____ en casa. Ella y su hermano (*her brother*) (7) _____ en la Biblioteca Cervantes.

MARÍA TERESA   ¿Cervantes?

SRA. LÓPEZ   Es la biblioteca que (8) _____ al lado del café Bambú.

MARÍA TERESA   ¡Ah, sí! Gracias, señora López.

SRA. LÓPEZ   Hasta luego, María Teresa.

5   **¿Qué te gusta?** Write a paragraph of at least five sentences stating what you like and don't like about your university. If possible, explain your likes and dislikes. 32 pts.

> *Me gusta la clase de música porque no hay muchos exámenes. No me gusta cenar en la cafetería...*

6   **Canción** Use the appropriate forms of the verb **gustar** to complete the beginning of a popular song by Manu Chao. 4 EXTRA points!

❝Me _____ los aviones°,
me gustas tú,
me _____ viajar,
me gustas tú,
me gusta la mañana,
me gustas tú.❞

aviones *airplanes*

Lectura

Antes de leer

Estrategia

Predicting content through formats

Recognizing the format of a document can help you to predict its content. For instance, invitations, greeting cards, and classified ads follow an easily identifiable format, which usually gives you a general idea of the information they contain. Look at the text and identify it based on its format.

	lunes	martes	miércoles	jueves	viernes
8:30	biología		biología		biología
9:00		historia		historia	
9:30	inglés		inglés		inglés
10:00					
10:30					
11:00					
12:00					
12:30					
1:00					
2:00	arte		arte		arte

If you guessed that this is a page from a student's schedule, you are correct. You can now infer that the document contains information about a student's weekly schedule, including days, times, and activities.

Cognados

With a partner, make a list of the cognates in the text and guess their English meanings. What do cognates reveal about the content of the document?

Examinar el texto

Look at the format of the document entitled ***¡Español en Madrid!*** What type of text is it? What information do you expect to find in this type of document?

¡ESPAÑOL EN MADRID!

UAE

Programa de Cursos Intensivos de Español

Universidad Autónoma de España

Después de leer

Correspondencias

Provide the letter of each item in Column B that matches the words in Column A. Two items will not be used.

A	B

A
1. profesores
2. vivienda
3. Madrid
4. número de teléfono
5. Español 2B
6. número de fax

B
a. (34) 91 523 4500
b. (34) 91 524 0210
c. 23 junio–30 julio
d. capital cultural de Europa
e. 16 junio–22 julio
f. especializados en enseñar español como lengua extranjera
g. (34) 91 523 4623
h. familias españolas

Universidad Autónoma de España

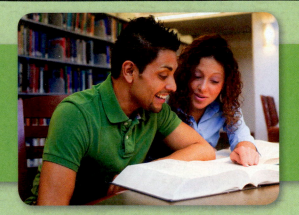

Madrid, la capital cultural de Europa, y la UAE te ofrecen cursos intensivos de verano° para aprender° español como nunca antes°.

¿Dónde?

En el campus de la UAE, edificio° de la Facultad de Filosofía y Letras.

¿Quiénes son los profesores?

Son todos hablantes nativos del español y catedráticos° de la UAE especializados en enseñar el español como lengua extranjera.

¿Qué niveles se ofrecen?

Se ofrecen tres niveles° básicos:

1. Español Elemental, A, B y C
2. Español Intermedio, A y B
3. Español Avanzado, A y B

Viviendas

Para estudiantes extranjeros se ofrece vivienda° con familias españolas.

¿Cuándo?

Este verano desde° el 16 de junio hasta el 10 de agosto. Los cursos tienen una duración de 6 semanas.

Cursos	Empieza°	Termina
Español 1A	16 junio	22 julio
Español 1B	23 junio	30 julio
Español 1C	30 junio	10 agosto
Español 2A	16 junio	22 julio
Español 2B	23 junio	30 julio
Español 3A	16 junio	22 julio
Español 3B	23 junio	30 julio

Información

Para mayor información, sirvan comunicarse con la siguiente° oficina:

Universidad Autónoma de España

Programa de Español como Lengua Extranjera
Calle del Valle de Mena 95, 28039 Madrid, España
Tel. (34) 91 523 4500, **Fax** (34) 91 523 4623
www.uae.es

verano *summer* aprender *to learn* nunca antes *never before* edificio *building* catedráticos *professors* niveles *levels* vivienda *housing* desde *from* Empieza *Begins* siguiente *following*

¿Cierto o falso?

Indicate whether each statement is **cierto** or **falso**.
Then correct the false statements.

	Cierto	Falso
1. La Universidad Autónoma de España ofrece (*offers*) cursos intensivos de italiano.	○	○
2. La lengua nativa de los profesores del programa es el inglés.	○	○
3. Los cursos de español son en la Facultad de Ciencias.	○	○
4. Los estudiantes pueden vivir (*can live*) con familias españolas.	○	○

	Cierto	Falso
5. La universidad que ofrece los cursos intensivos está en Salamanca.	○	○
6. Español 3B termina en agosto.	○	○
7. Si deseas información sobre (*about*) los cursos intensivos de español, es posible llamar al (34) 91 523 4500.	○	○
8. Español 1A empieza en julio.	○	○

España

El país en cifras

- ▶ **Área:** 505.370 km² (kilómetros cuadrados) o 195.124 millas cuadradas°, incluyendo las islas Baleares y las islas Canarias
- ▶ **Población:** 47.043.000
- ▶ **Capital:** Madrid—5.762.000
- ▶ **Ciudades° principales:** Barcelona—5.029.000, Valencia—812.000, Sevilla, Zaragoza
- ▶ **Moneda°:** euro
- ▶ **Idiomas°:** español o castellano, catalán, gallego, valenciano, euskera

Gallego
Euskera
Catalán
Español
Valenciano

Regiones lingüísticas

Bandera de España

Españoles célebres

- ▶ **Miguel de Cervantes,** escritor° (1547–1616)
- ▶ **Pedro Almodóvar,** director de cine° (1949–)
- ▶ **Rosa Montero,** escritora y periodista° (1951–)
- ▶ **Fernando Alonso,** corredor de autos° (1981–)
- ▶ **Paz Vega,** actriz° (1976–)
- ▶ **Severo Ochoa,** Premio Nobel de Medicina, 1959; doctor y científico (1905–1993)

millas cuadradas *square miles* Ciudades *Cities* Moneda *Currency*
Idiomas *Languages* escritor *writer* cine *film* periodista *reporter*
corredor de autos *race car driver* actriz *actress* pueblo *town*
Cada año *Every year* Durante todo un día *All day long*
se tiran *throw at each other* varias toneladas *many tons*

Plaza Mayor en Madrid

La Sagrada Familia en Barcelona

OCÉANO ATLÁNTICO · EUROPA · ESPAÑA · ÁFRICA

Mar Cantábrico
La Coruña
San Sebastián
FRANCIA
ANDORRA
Pirineos
Salamanca
Zaragoza   Río Ebro
Barcelona
PORTUGAL
ESPAÑA
Menorca
Madrid
Valencia
Mallorca
Ibiza
Islas Baleares
Sevilla
Sierra Nevada
Mar Mediterráneo
Estrecho de Gibraltar
Ceuta
Melilla
MARRUECOS

El baile flamenco

Islas Canarias
La Palma
Tenerife   Gran Canaria   Lanzarote
Gomera
Hierro

¡Increíble pero cierto!

En Buñol, un pueblo° de Valencia, la producción de tomates es un recurso económico muy importante. Cada año° se celebra el festival de *La Tomatina.* Durante todo un día°, miles de personas se tiran° tomates. Llegan turistas de todo el país, y se usan varias toneladas° de tomates.

Gastronomía • José Andrés

José Andrés es un chef español famoso internacionalmente°. Le gusta combinar platos° tradicionales de España con las técnicas de cocina más innovadoras°. Andrés vive° en Washington, DC, es dueño° de varios restaurantes en los EE.UU. y presenta° un programa en PBS (foto, izquierda). También° ha estado° en *Late Show with David Letterman* y *Top Chef.*

Cultura • La diversidad

La riqueza° cultural y lingüística de España refleja la combinación de las diversas culturas que han habitado° en su territorio durante siglos°. El español es la lengua oficial del país, pero también son oficiales el catalán, el gallego, el euskera y el valenciano.

Póster en catalán

Sóc molt fan de la pàgina 335.

Ajuntament de Barcelona

Artes • Velázquez y el Prado

Las meninas,
Diego Velázquez, 1656

El Prado, en Madrid, es uno de los museos más famosos del mundo°. En el Prado hay pinturas° importantes de Botticelli, de El Greco y de los españoles Goya y Velázquez. *Las meninas* es la obra° más conocida° de Diego Velázquez, pintor° oficial de la corte real° durante el siglo° XVII.

Comida • La paella

La paella es uno de los platos más típicos de España. Siempre se prepara° con arroz° y azafrán°, pero hay diferentes recetas°. La paella valenciana, por ejemplo, es de pollo° y conejo°, y la paella marinera es de mariscos°.

La costa de Ibiza

¿Qué aprendiste? Completa las oraciones con la información adecuada.
1. El chef español _____ es muy famoso.
2. El arroz y el azafrán son ingredientes básicos de la _____.
3. El Prado está en _____.
4. José Andrés vive en _____.
5. El chef José Andrés tiene un _____ de televisión en PBS.
6. El gallego es una de las lenguas oficiales de _____.

Conexión Internet Investiga estos temas en **vhlcentral.com**.

Practice more at **vhlcentral.com.**

1. Busca información sobre la Universidad de Salamanca u otra universidad española. ¿Qué cursos ofrece (*does it offer*)? ¿Ofrece tu universidad cursos similares?
2. Busca información sobre un español o una española célebre (por ejemplo, un[a] político/a, un actor, una actriz, un[a] artista). ¿De qué parte de España es y por qué es célebre?

internacionalmente *internationally* platos *dishes* más innovadoras *most innovative* vive *lives* dueño *owner* presenta *hosts* También *Also* ha estado *has been* riqueza *richness* han habitado *have lived* durante siglos *for centuries* mundo *world* pinturas *paintings* obra *work* más conocida *best-known* pintor *painter* corte real *royal court* siglo *century* Siempre se prepara *It is always prepared* arroz *rice* azafrán *saffron* recetas *recipes* pollo *chicken* conejo *rabbit* mariscos *seafood*

La clase y la universidad

el/la compañero/a de clase	classmate
el/la compañero/a de cuarto	roommate
el/la estudiante	student
el/la profesor(a)	teacher
el borrador	eraser
la calculadora	calculator
el escritorio	desk
el libro	book
el mapa	map
la mesa	table
la mochila	backpack
el papel	paper
la papelera	wastebasket
la pizarra	blackboard
la pluma	pen
la puerta	door
el reloj	clock; watch
la silla	seat
la tiza	chalk
la ventana	window
la biblioteca	library
la cafetería	cafeteria
la casa	house; home
el estadio	stadium
el laboratorio	laboratory
la librería	bookstore
la residencia estudiantil	dormitory
la universidad	university; college
la clase	class
el curso, la materia	course
la especialización	major
el examen	test; exam
el horario	schedule
la prueba	test; quiz
el semestre	semester
la tarea	homework
el trimestre	trimester; quarter

Las materias

la administración de empresas	business administration
la arqueología	archeology
el arte	art
la biología	biology
las ciencias	sciences
la computación	computer science
la contabilidad	accounting
la economía	economics
el español	Spanish
la física	physics
la geografía	geography
la historia	history
las humanidades	humanities
el inglés	English
las lenguas extranjeras	foreign languages
la literatura	literature
las matemáticas	mathematics
la música	music
el periodismo	journalism
la psicología	psychology
la química	chemistry
la sociología	sociology

Preposiciones y adverbios

al lado de	next to
a la derecha de	to the right of
a la izquierda de	to the left of
allá	over there
allí	there
cerca de	near
con	with
debajo de	below
delante de	in front of
detrás de	behind
en	in; on
encima de	on top of
entre	between
lejos de	far from
sin	without
sobre	on; over

Palabras adicionales

¿Adónde?	Where (to)?
ahora	now
¿Cuál?, ¿Cuáles?	Which?; Which one(s)?
¿Por qué?	Why?
porque	because

Verbos

bailar	to dance
buscar	to look for
caminar	to walk
cantar	to sing
cenar	to have dinner
comprar	to buy
contestar	to answer
conversar	to converse, to chat
desayunar	to have breakfast
descansar	to rest
desear	to wish; to desire
dibujar	to draw
enseñar	to teach
escuchar la radio/ música	to listen (to) the radio/music
esperar (+ *inf.*)	to wait (for); to hope
estar	to be
estudiar	to study
explicar	to explain
gustar	to like
hablar	to talk; to speak
llegar	to arrive
llevar	to carry
mirar	to look (at); to watch
necesitar (+ *inf.*)	to need
practicar	to practice
preguntar	to ask (a question)
preparar	to prepare
regresar	to return
terminar	to end; to finish
tomar	to take; to drink
trabajar	to work
viajar	to travel

Los días de la semana

¿Cuándo?	When?
¿Qué día es hoy?	What day is it?
Hoy es…	Today is…
la semana	week
lunes	Monday
martes	Tuesday
miércoles	Wednesday
jueves	Thursday
viernes	Friday
sábado	Saturday
domingo	Sunday

Numbers 31 and higher	See pages 59–60.
Expresiones útiles	See page 41.

Vocabulary Tools

La familia

3

A PRIMERA VISTA
- ¿Cuántos chicos hay en la foto?
- ¿Hay una mujer detrás de la chica? ¿Y a la izquierda?
- ¿Hay una cosa en la mano del chico?
- ¿Conversan ellos? ¿Trabajan? ¿Descansan?
- ¿Están en su casa?

La familia

Más vocabulario

los abuelos	grandparents
el/la bisabuelo/a	great-grandfather/ great-grandmother
el/la gemelo/a	twin
el/la hermanastro/a	stepbrother/stepsister
el/la hijastro/a	stepson/stepdaughter
la madrastra	stepmother
el medio hermano/ la media hermana	half-brother/ half-sister
el padrastro	stepfather
los padres	parents
los parientes	relatives
el/la cuñado/a	brother-in-law/ sister-in-law
la nuera	daughter-in-law
el/la suegro/a	father-in-law/ mother-in-law
el yerno	son-in-law
el/la amigo/a	friend
el apellido	last name
la gente	people
el/la muchacho/a	boy/girl
el/la niño/a	child
el/la novio/a	boyfriend/girlfriend
la persona	person
el/la artista	artist
el/la ingeniero/a	engineer
el/la doctor(a), el/la médico/a	doctor; physician
el/la periodista	journalist
el/la programador(a)	computer programmer

Variación léxica

madre ←→ mamá, mami (colloquial)
padre ←→ papá, papi (colloquial)
muchacho/a ←→ chico/a

La familia de José Miguel Pérez Santoro

Juan Santoro Sánchez
mi abuelo (*my grandfather*)

Ernesto Santoro González
mi tío (*uncle*)
hijo (*son*) de Juan y Socorro

Marina Gutiérrez de Santoro
mi tía (*aunt*)
esposa (*wife*) de Ernesto

Silvia Socorro Santoro Gutiérrez
mi prima (*cousin*)
hija (*daughter*) de Ernesto y Marina

Héctor Manuel Santoro Gutiérrez
mi primo (*cousin*)
nieto (*grandson*) de Juan y Socorro

Carmen Santoro Gutiérrez
mi prima
hija de Ernesto y Marina

¡LENGUA VIVA!

In Spanish-speaking countries, it is common for people to go by both their first name and middle name, such as **José Miguel** or **Juan Carlos.** You will learn more about names and naming conventions on p. 78.

Socorro González de Santoro

mi abuela (*my grandmother*)

Mirta Santoro de Pérez

mi madre (*mother*)**hija de Juan y Socorro**

Rubén Ernesto Pérez Gómez

mi padre (*father*) **esposo de mi madre**

José Miguel Pérez Santoro

hijo de Rubén y Mirta

Beatriz Alicia Pérez de Morales

mi hermana (*sister*)

Felipe Morales Zapata

esposo (*husband*) **de Beatriz Alicia**

Víctor Miguel Morales Pérez

mi sobrino (*nephew*) **hermano** (*brother*) **de Anita**

Anita Morales Pérez

mi sobrina (*niece*) **nieta** (*granddaughter*) **de mis padres**

los hijos (*children*) **de Beatriz Alicia y Felipe**

Práctica

1 **Escuchar** 🎧 Listen to each statement made by José Miguel Pérez Santoro, then indicate whether it is **cierto** or **falso**, based on his family tree.

	Cierto	Falso		Cierto	Falso
1.	○	○	6.	○	○
2.	○	○	7.	○	○
3.	○	○	8.	○	○
4.	○	○	9.	○	○
5.	○	○	10.	○	○

2 **Personas** 🎧 Indicate each word that you hear mentioned in the narration.

1. _____ cuñado   4. _____ niño   7. _____ ingeniera
2. _____ tía   5. _____ esposo   8. _____ primo
3. _____ periodista   6. _____ abuelos

3 **Emparejar** Provide the letter of the phrase that matches each description. Two items will not be used.

1. Mi hermano programa las computadoras.
2. Son los padres de mi esposo.
3. Son los hijos de mis (*my*) tíos.
4. Mi tía trabaja en un hospital.
5. Es el hijo de mi madrastra y el hijastro de mi padre.
6. Es el esposo de mi hija.
7. Es el hijo de mi hermana.
8. Mi primo dibuja y pinta mucho.
9. Mi hermanastra enseña en la universidad.
10. Mi padre trabaja con planos (*blueprints*).

a. Es médica.
b. Es mi hermanastro.
c. Es programador.
d. Es ingeniero.
e. Son mis suegros.
f. Es mi novio.
g. Es mi padrastro.
h. Son mis primos.
i. Es artista.
j. Es profesora.
k. Es mi sobrino.
l. Es mi yerno.

4 **Definiciones** Define these family terms in Spanish.

modelo
hijastro **Es el hijo de mi esposo/a, pero no es mi hijo.**

1. abuela   5. suegra
2. bisabuelo   6. cuñado
3. tío   7. nietos
4. primas   8. medio hermano

Escoger Complete the description of each photo using words you have learned in **Contextos**.

1. La _____ de Sara es grande.

2. Héctor y Lupita son _____.

3. Maira Díaz es _____.

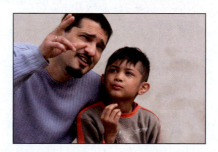

4. Rubén habla con su _____.

5. Los dos _____ están en el parque.

6. Irene es _____.

7. Elena Vargas Soto es _____.

8. Don Manuel es el _____ de Martín.

 Practice more at **vhlcentral.com**.

Comunicación

6

Una familia With a classmate, identify the members in the family tree by asking questions about how each family member is related to Graciela Vargas García.

> **modelo**
>
> **Estudiante 1:** ¿Quién es Beatriz Pardo de Vargas?
> **Estudiante 2:** Es la abuela de Graciela.

CONSULTA

To see the cities where these family members live, look at the map in **Panorama** on p. 104.

David Vargas Olmedo
de Quito

Beatriz Pardo de Vargas
de Ibarra

Carlos Antonio López Ríos
de Cuenca

Lupe Vargas de López
de Quito

Juan Vargas Pardo
de Quito

María Susana García de Vargas
de Guayaquil

Ernesto López Vargas
de Loja

Ramón Vargas García
de Machala

Graciela Vargas García
de Machala

Now take turns asking each other these questions. Then invent three original questions.

1. ¿Cómo se llama el primo de Graciela?
2. ¿Cómo se llama la hija de David y de Beatriz?
3. ¿De dónde es María Susana?
4. ¿De dónde son Ramón y Graciela?
5. ¿Cómo se llama el yerno de David y de Beatriz?
6. ¿De dónde es Carlos Antonio?
7. ¿De dónde es Ernesto?
8. ¿Cuáles son los apellidos del sobrino de Lupe?

7

Preguntas personales With a classmate, take turns asking each other these questions.

1. ¿Cuántas personas hay en tu familia?
2. ¿Cómo se llaman tus padres? ¿De dónde son? ¿Dónde trabajan?
3. ¿Cuántos hermanos tienes? ¿Cómo se llaman? ¿Dónde estudian o trabajan?
4. ¿Cuántos primos tienes? ¿Cuáles son los apellidos de ellos? ¿Cuántos son niños y cuántos son adultos? ¿Hay más chicos o más chicas en tu familia?
5. ¿Eres tío/a? ¿Cómo se llaman tus sobrinos/as? ¿Dónde estudian o trabajan?
6. ¿Quién es tu pariente favorito?
7. ¿Tienes novio/a? ¿Tienes esposo/a? ¿Cómo se llama?

AYUDA

tu, tus *your* (sing., pl.)
mi, mis *my* (sing., pl.)
tienes *you have*
tengo *I have*

Un domingo en familia

Marissa pasa el día en Xochimilco con la familia Díaz.

FELIPE   TÍA NAYELI

S Video: *Fotonovela*

JIMENA Hola, tía Nayeli.

TÍA NAYELI ¡Hola, Jimena! ¿Cómo estás?

JIMENA Bien, gracias. Y, ¿dónde están mis primas?

TÍA NAYELI No sé. ¿Dónde están mis hijas? ¡Ah!

MARISSA ¡Qué bonitas son tus hijas! Y ¡qué simpáticas!

MARISSA La verdad, mi familia es pequeña.

SRA. DÍAZ ¿Pequeña? Yo soy hija única. Bueno, y ¿qué más? ¿Tienes novio?

MARISSA No. Tengo mala suerte con los novios.

FELIPE Soy guapo y delgado.

JIMENA Ay, ¡por favor! Eres gordo, antipático y muy feo.

MARISSA Tía Nayeli, ¿cuántos años tienen tus hijas?

TÍA NAYELI Marta tiene ocho años y Valentina doce.

TÍO RAMÓN ¿Tienes una familia grande, Marissa?

MARISSA Tengo dos hermanos mayores, Zack y Jennifer, y un hermano menor, Adam.

JIMENA

MARTA

VALENTINA

SRA. DÍAZ

TÍO RAMÓN

SR. DÍAZ

MARISSA

SRA. DÍAZ Chicas, ¿compartimos una trajinera?

MARISSA ¡Claro que sí! ¡Qué bonitas son!

SRA. DÍAZ ¿Vienes, Jimena?

JIMENA No, gracias. Tengo que leer.

MARISSA Me gusta mucho este sitio. Tengo ganas de visitar otros lugares en México.

SRA. DÍAZ ¡Debes viajar a Mérida!

TÍA NAYELI ¡Sí, con tus amigos! Debes visitar a Ana María, la hermana de Roberto y de Ramón.

(*La Sra. Díaz habla por teléfono con la tía Ana María.*)

SRA. DÍAZ ¡Qué bien! Excelente. Sí, la próxima semana. Muchísimas gracias.

MARISSA ¡Gracias, Sra. Díaz!

SRA. DÍAZ Tía Ana María.

MARISSA Tía Ana María.

SRA. DÍAZ ¡Un beso, chau!

MARISSA Bye!

recursos

VM
pp. 5–6

vhlcentral.com
Lección 3

Expresiones útiles

Talking about your family

¿Tienes una familia grande?
Do you have a big family?
Tengo dos hermanos mayores y un hermano menor.
I have two older siblings and a younger brother.
La verdad, mi familia es pequeña.
The truth is, my family is small.
¿Pequeña? Yo soy hija única.
Small? I'm an only child.

Describing people

¡Qué bonitas son tus hijas!
Y ¡qué simpáticas!
Your daughters are so pretty!
And so nice!
Soy guapo y delgado.
I'm handsome and slim.
¡Por favor! Eres gordo, antipático y muy feo.
Please! You're fat, unpleasant, and very ugly.

Talking about plans

¿Compartimos una trajinera?
Shall we share a trajinera?
¡Claro que sí! ¡Qué bonitas son!
Of course! They're so pretty!
¿Vienes, Jimena?
Are you coming, Jimena?
No, gracias. Tengo que leer.
No, thanks. I have to read.

Saying how old people are

¿Cuántos años tienen tus hijas?
How old are your daughters?
Marta tiene ocho años y Valentina doce.
Marta is eight and Valentina twelve.

Additional vocabulary

ensayo *essay*
pobrecito/a *poor thing*
próxima *next*
sitio *place*
todavía *still*
trajinera *type of barge*

¿Qué pasó?

1   **¿Cierto o falso?** Indicate whether each sentence is **cierto** or **falso**. Correct the false statements.

	Cierto	Falso
1. Marissa dice que (*says that*) tiene una familia grande.	○	○
2. La Sra. Díaz tiene dos hermanos.	○	○
3. Marissa no tiene novio.	○	○
4. Valentina tiene veinte años.	○	○
5. Marissa comparte una trajinera con la Sra. Díaz y la tía Nayeli.	○	○
6. A Marissa le gusta mucho Xochimilco.	○	○

NOTA CULTURAL

Xochimilco is famous for its system of canals and **chinampas**, or artificial islands, which have been used for agricultural purposes since Pre-Hispanic times. In 1987, UNESCO declared **Xochimilco** a World Heritage Site.

2   **Identificar** Indicate which person would make each statement. The names may be used more than once. **¡Ojo!** One name will not be used.

1. Felipe es antipático y feo.
2. Mis hermanos se llaman Jennifer, Adam y Zack.
3. ¡Soy un joven muy guapo!
4. Mis hijas tienen ocho y doce años.
5. ¡Qué bonitas son las trajineras!
6. Ana María es la hermana de Ramón y Roberto.
7. No puedo (*I can't*) compartir una trajinera porque tengo que leer.
8. Tus hijas son bonitas y simpáticas, tía Nayeli.

SRA. DÍAZ   **JIMENA**

 MARISSA   **FELIPE**

 TÍA NAYELI

NOTA CULTURAL

Trajineras are large passenger barges that you can rent in **Xochimilco**. Each boat is named and decorated and has a table and chairs so passengers can picnic while they ride.

3   **Escribir** In pairs, choose Marissa, Sra. Díaz, or tía Nayeli and write a brief description of her family. Be creative!

MARISSA   **SRA. DÍAZ**   **TÍA NAYELI**

Marissa es de los EE.UU.   La Sra. Díaz es de Cuba.   La tía Nayeli es de México.
¿Cómo es su familia?   ¿Cómo es su familia?   ¿Cómo es su familia?

4   **Conversar** With a partner, use these questions to talk about your families.

1. ¿Cuántos años tienes?
2. ¿Tienes una familia grande?
3. ¿Tienes hermanos o hermanas?
4. ¿Cuántos años tiene tu abuelo (tu hermana, tu primo, etc.)?
5. ¿De dónde son tus padres?

AYUDA

Here are some expressions to help you talk about age.

Yo tengo… años.
I am… years old.

Mi abuelo tiene… años.
My grandfather is… years old.

Pronunciación Audio
Diphthongs and linking

hermano	**niña**	**cuñado**

In Spanish, **a**, **e**, and **o** are considered strong vowels. The weak vowels are **i** and **u**.

ruido	**parientes**	**periodista**

A diphthong is a combination of two weak vowels or of a strong vowel and a weak vowel. Diphthongs are pronounced as a single syllable.

mi hijo   **una clase excelente**

Two identical vowel sounds that appear together are pronounced like one long vowel.

la abuela

con Natalia	**sus sobrinos**	**las sillas**

Two identical consonants together sound like a single consonant.

es ingeniera	**mis abuelos**	**sus hijos**

A consonant at the end of a word is linked with the vowel sound at the beginning of the next word.

mi hermano	**su esposa**	**nuestro amigo**

A vowel at the end of a word is linked with the vowel sound at the beginning of the next word.

Práctica Say these words aloud, focusing on the diphthongs.

1. historia
2. nieto
3. parientes
4. novia
5. residencia
6. prueba
7. puerta
8. ciencias
9. lenguas
10. estudiar
11. izquierda
12. ecuatoriano

Oraciones Read these sentences aloud to practice diphthongs and linking words.

1. Hola. Me llamo Anita Amaral. Soy del Ecuador.
2. Somos seis en mi familia.
3. Tengo dos hermanos y una hermana.
4. Mi papá es del Ecuador y mi mamá es de España.

Refranes Read these sayings aloud to practice diphthongs and linking sounds.

Cuando una puerta se cierra, otra se abre.[1]

Hablando del rey de Roma, por la puerta se asoma.[2]

1 When one door closes, another opens. 2 Speak of the devil and he will appear.

recursos

LM p. 14

vhlcentral.com Lección 3

Video: *Flash cultura*

¿Cómo te llamas?

In the Spanish-speaking world, it is common to have two last names: one paternal and one maternal. In some cases, the conjunctions **de** or **y** are used to connect the two. For example, in the name **Juan Martínez de Velasco,** *Martínez* is the paternal surname (**el apellido paterno**), and *Velasco* is the maternal surname (**el apellido materno**); **de** simply links the two. This convention of using two last names (**doble apellido**) is a European tradition that Spaniards brought to the Americas. It continues to be practiced in many countries, including Chile, Colombia, Mexico, Peru, and Venezuela. There are exceptions, however. In Argentina, the prevailing custom is for children to inherit only the father's last name.

When a woman marries in a country where two last names are used, legally she retains her two maiden surnames. However, socially she may take her husband's paternal surname in place of her inherited maternal surname. For example, **Mercedes**

Gabriel García Márquez

Mercedes Barcha Pardo

Rodrigo García Barcha

Barcha Pardo, widow of Colombian writer **Gabriel García Márquez,** might use the names **Mercedes Barcha García** or **Mercedes Barcha de García** in social situations (although officially her name remains **Mercedes Barcha Pardo**). Adopting a husband's last name for social purposes, though widespread, is only legally recognized in Ecuador and Peru.

Most parents do not break tradition upon naming their children; regardless of the surnames the mother uses, they use the father's first surname followed by the mother's first surname, as in the name **Rodrigo García Barcha.** However, one should note that both surnames come from the grandfathers, and therefore all **apellidos** are effectively paternal.

Hijos en la casa

In Spanish-speaking countries, family and society place very little pressure on young adults to live on their own (**independizarse**), and children often live with their parents well into their thirties. For example, about 60% of Spaniards under 34 years of age live at home with their parents. This delay in moving out is both cultural and economic—lack of job security or low wages coupled with a high cost of living may make it impractical for young adults to live independently before they marry.

ACTIVIDADES

1 **¿Cierto o falso?** Indicate whether these statements are **cierto** or **falso**. Correct the false statements.

1. Most Spanish-speaking people have three last names.

2. Hispanic last names generally consist of the paternal last name followed by the maternal last name.

3. It is common to see **de** or **y** used in a Hispanic last name.

4. Someone from Argentina would most likely have two last names.

5. Generally, married women legally retain two maiden surnames.

6. In social situations, a married woman often uses her husband's last name in place of her inherited paternal surname.

7. Adopting a husband's surname is only legally recognized in Peru and Ecuador.

8. Hispanic last names are effectively a combination of the maternal surnames from the previous generation.

ASÍ SE DICE

Familia y amigos

el/la bisnieto/a	*great-grandson/daughter*
el/la chamaco/a (Méx.); el/la chamo/a (Ven.); el/la chaval(a) (Esp.); el/la pibe/a (Arg.)	el/la muchacho/a
mi colega (Esp.); mi cuate (Méx.); mi parcero/a (Col.); mi pana (Ven., P. Rico, Rep. Dom.)	*my pal; my buddy*
la madrina	*godmother*
el padrino	*godfather*
el/la tatarabuelo/a	*great-great-grandfather/ great-great-grandmother*

EL MUNDO HISPANO

Las familias

Although worldwide population trends show a decrease in average family size, households in many Spanish-speaking countries are still larger than their U.S. counterparts.

- **México** 4,0 personas
- **Colombia** 3,9 personas
- **Argentina** 3,6 personas
- **Uruguay** 3,0 personas
- **España** 2,9 personas
- **Estados Unidos** 2,6 personas

PERFIL

La familia real española

Undoubtedly, Spain's most famous family is **la familia real** (*Royal*). In 1962, the then prince **Juan Carlos de Borbón** married Princess **Sofía** of Greece. In the 1970s, **el Rey** (*King*) Juan Carlos and **la Reina** (*Queen*) **Sofía** helped transition Spain to democracy after a forty-year dictatorship. The royal couple has three children: las **infantas** (*Princesses*) **Elena** and **Cristina**, and a son, **el príncipe** (*Prince*) **Felipe**, whose official title was **el Príncipe de Asturias**. In 2004, Felipe married **Letizia Ortiz Rocasolano,** a journalist and TV presenter. They have two daughters, **las infantas Leonor** (born in 2005) and **Sofía** (born in 2007). In 2014, Juan Carlos decided to abdicate the throne in favor of his son.

Conexión Internet

What role do **padrinos** and **madrinas** have in today's Hispanic family?

Go to **vhlcentral.com** to find more cultural information related to this **Cultura** section.

ACTIVIDADES

2 **Comprensión** Complete these sentences.

1. Spain's royals were responsible for guiding in _____.
2. In Spanish, your godmother is called _____.
3. Princess Leonor is the _____ of Queen Sofía.
4. Uruguay's average household has _____ people.
5. If a Venezuelan calls you **mi pana**, you are that person's _____.

3 **Una familia famosa** Create a genealogical tree of a famous family, using photos or drawings labeled with names and ages. Present the family tree to a classmate and explain who the people are and their relationships to each other.

recursos

VM pp. 77–78

vhlcentral.com Lección 3

 Practice more at **vhlcentral.com**.

3.1 Descriptive adjectives Tutorial

ANTE TODO Adjectives are words that describe people, places, and things. In Spanish, descriptive adjectives are used with the verb **ser** to point out characteristics such as nationality, size, color, shape, personality, and appearance.

Forms and agreement of adjectives

COMPARE & CONTRAST

In English, the forms of descriptive adjectives do not change to reflect the gender (masculine/feminine) and number (singular/plural) of the noun or pronoun they describe.

Juan is **nice**.   Elena is **nice**.   They are **nice**.

In Spanish, the forms of descriptive adjectives agree in gender and/or number with the nouns or pronouns they describe.

Juan es simpátic**o**.   Elena es simpátic**a**.   Ellos son simpátic**os**.

▶ Adjectives that end in **-o** have four different forms. The feminine singular is formed by changing the **-o** to **-a**. The plural is formed by adding **-s** to the singular forms.

Masculine		Feminine	
SINGULAR	PLURAL	SINGULAR	PLURAL
el muchach**o** alt**o**	los muchach**os** alt**os**	la muchach**a** alt**a**	las muchach**as** alt**as**

¡Qué bonitas son tus hijas, tía Nayeli!

Felipe es gordo, antipático y muy feo.

▶ Adjectives that end in **-e** or a consonant have the same masculine and feminine forms.

Masculine		Feminine	
SINGULAR	PLURAL	SINGULAR	PLURAL
el chico inteligent**e**	los chicos inteligent**es**	la chica inteligent**e**	las chicas inteligent**es**
el examen difíci**l**	los exámenes difíci**les**	la clase difíci**l**	las clases difíci**les**

▶ Adjectives that end in **-or** are variable in both gender and number.

Masculine		Feminine	
SINGULAR	PLURAL	SINGULAR	PLURAL
el hombre trabajad**or**	los hombres trabajad**ores**	la mujer trabajad**ora**	las mujeres trabajad**oras**

AYUDA

Many adjectives are cognates, that is, words that share similar spellings and meanings in Spanish and English.

A cognate can be a noun like **profesor** or a descriptive adjective like **interesante**.

▶ Use the masculine plural form to refer to groups that include males and females.

Manuel es alt**o**.	Lola es alt**a**.	Manuel y Lola son alt**os**.

Common adjectives

alto/a	*tall*	**gordo/a**	*fat*	**mucho/a**	*much; many;*
antipático/a	*unpleasant*	**grande**	*big*		*a lot of*
bajo/a	*short (in*	**guapo/a**	*good-looking*	**pelirrojo/a**	*red-haired*
	height)	**importante**	*important*	**pequeño/a**	*small*
bonito/a	*pretty*	**inteligente**	*intelligent*	**rubio/a**	*blond(e)*
bueno/a	*good*	**interesante**	*interesting*	**simpático/a**	*nice; likeable*
delgado/a	*thin*	**joven**	*young*	**tonto/a**	*foolish*
difícil	*difficult*	**malo/a**	*bad*	**trabajador(a)**	*hard-working*
fácil	*easy*	**mismo/a**	*same*	**viejo/a**	*old*
feo/a	*ugly*	**moreno/a**	*brunet(te)*		

¡ATENCIÓN!

Note that **joven** takes an accent in its plural form. **Los jóvenes estudian mucho.**

Adjectives of nationality

▶ Unlike in English, Spanish adjectives of nationality are **not** capitalized. Proper names of countries, however, are capitalized.

Some adjectives of nationality

alemán, alemana	*German*	**francés, francesa**	*French*
argentino/a	*Argentine*	**inglés, inglesa**	*English*
canadiense	*Canadian*	**italiano/a**	*Italian*
chino/a	*Chinese*	**japonés, japonesa**	*Japanese*
costarricense	*Costa Rican*	**mexicano/a**	*Mexican*
cubano/a	*Cuban*	**norteamericano/a**	*(North) American*
ecuatoriano/a	*Ecuadorian*	**puertorriqueño/a**	*Puerto Rican*
español(a)	*Spanish*	**ruso/a**	*Russian*
estadounidense	*from the U.S.*		

▶ Adjectives of nationality are formed like other descriptive adjectives. Those that end in **-o** change to **-a** when forming the feminine.

chin**o** ⟶ chin**a**   mexican**o** ⟶ mexican**a**

The plural is formed by adding an **-s** to the masculine or feminine form.

argentin**o** ⟶ argentin**os**   cuban**a** ⟶ cuban**as**

▶ Adjectives of nationality that end in **-e** have only two forms, singular and plural.

canadiens**e** ⟶ canadiens**es**   estadounidens**e** ⟶ estadounidens**es**

▶ To form the feminine of adjectives of nationality that end in a consonant, add **–a.**

alem**án** ⟶ alema**na**   español ⟶ español**a**
japoné**s** ⟶ japone**sa**   inglé**s** ⟶ ingle**sa**

¡ATENCIÓN!

Note that adjectives with an accent on the last syllable drop the accent in the feminine and plural forms.
inglé**s** ⟶ ingle**sa**
alem**án** ⟶ aleman**es**

Position of adjectives

▶ Descriptive adjectives and adjectives of nationality generally follow the nouns they modify.

El niño **rubio** es de España.
The blond boy is from Spain.

La mujer **española** habla inglés.
The Spanish woman speaks English.

▶ Unlike descriptive adjectives, adjectives of quantity precede the modified noun.

Hay **muchos** libros en la biblioteca.
There are many books in the library.

Hablo con **dos** turistas puertorriqueños.
I am talking with two Puerto Rican tourists.

▶ **Bueno/a** and **malo/a** can appear before or after a noun. When placed before a masculine singular noun, the forms are shortened: **bueno ➞ buen; malo ➞ mal**.

Joaquín es un **buen** amigo.
Joaquín es un amigo **bueno**.   ➞   *Joaquín is a good friend.*

Hoy es un **mal** día.
Hoy es un día **malo**.   ➞   *Today is a bad day.*

▶ When **grande** appears before a singular noun, it is shortened to **gran**, and the meaning of the word changes: **gran** = *great* and **grande** = *big, large*.

Don Francisco es un **gran** hombre.
Don Francisco is a great man.

La familia de Inés es **grande**.
Inés' family is large.

¡LENGUA VIVA!

Like **bueno** and **grande**, **santo** (*saint*) is also shortened before masculine nouns (unless they begin with **To-** or **Do-**): **San Francisco, San José** (but: **Santo Tomás, Santo Domingo**). **Santa** is used with names of female saints: **Santa Bárbara, Santa Clara**.

¡INTÉNTALO!   Provide the appropriate forms of the adjectives.

simpático
1. Mi hermano es ___*simpático*___.
2. La profesora Martínez es _____.
3. Rosa y Teresa son _____.
4. Nosotros somos _____.

alemán
1. Hans es ___*alemán*___.
2. Mis primas son _____.
3. Marcus y yo somos _____.
4. Mi tía es _____.

difícil
1. La química es ___*difícil*___.
2. El curso es _____.
3. Las pruebas son _____.
4. Los libros son _____.

guapo
1. Su esposo es ___*guapo*___.
2. Mis sobrinas son _____.
3. Los padres de ella son _____.
4. Marta es _____.

recursos

WB
pp. 25–26

LM
p. 15

vhlcentral.com
Lección 3

Práctica

1 **Emparejar** Find the words in column B that are the opposite of the words in column A. One word in B will not be used.

A	B
1. guapo	a. delgado
2. moreno	b. pequeño
3. alto	c. malo
4. gordo	d. feo
5. joven	e. viejo
6. grande	f. rubio
7. simpático	g. antipático
	h. bajo

Marcos

Jorge

2 **Completar** Indicate the nationalities of these people by selecting the correct adjectives and changing their forms when necessary.

1. Penélope Cruz es _____.
2. Alfonso Cuarón es un gran director de cine de México; es _____.
3. Ellen Page y Avril Lavigne son _____.
4. Giorgio Armani es un diseñador de modas (*fashion designer*) _____.
5. Daisy Fuentes es de La Habana, Cuba; ella es _____.
6. Emma Watson y Daniel Radcliffe son actores _____.
7. Heidi Klum y Michael Fassbender son _____.
8. Serena Williams y Michael Phelps son _____.

NOTA CULTURAL

Alfonso Cuarón (1961–) became the first Mexican winner of the Best Director Academy Award for his film *Gravity* (2013).

3 **Describir** Look at the drawing and describe each family member using as many adjectives as possible.

Carlos Romero Sandoval

Josefina Barcos de Romero

Susana Romero Barcos

Tomás Romero Barcos

Alberto Romero Pereda

1. Susana Romero Barcos es _____.
2. Tomás Romero Barcos es _____.
3. Los dos hermanos son _____.
4. Josefina Barcos de Romero es _____.
5. Carlos Romero Sandoval es _____.
6. Alberto Romero Pereda es _____.
7. Tomás y su (*his*) padre son _____.
8. Susana y su (*her*) madre son _____.

 Practice more at **vhlcentral.com**.

Comunicación

4

¿Cómo es? With a partner, take turns describing each item on the list. Tell your partner whether you agree (**Estoy de acuerdo**) or disagree (**No estoy de acuerdo**) with their descriptions.

> **modelo**
>
> San Francisco
> **Estudiante 1:** San Francisco es una ciudad *(city)* muy bonita.
> **Estudiante 2:** No estoy de acuerdo. Es muy fea.

1. Nueva York
2. Steve Carell
3. las canciones *(songs)* de Taylor Swift
4. el presidente de los Estados Unidos
5. Steven Spielberg
6. la primera dama *(first lady)* de los Estados Unidos
7. el/la profesor(a) de español
8. las personas de Los Ángeles
9. las residencias de mi universidad
10. mi clase de español

AYUDA

Here are some tips to help you complete the descriptions:
- **Steve Carell es actor de cine y de televisión.**
- **Taylor Swift es cantante.**
- **Steven Spielberg es director de cine.**

5

Anuncio personal Write a personal ad that describes yourself and your ideal boyfriend, girlfriend, or mate. Then compare your ad with a classmate's. How are you similar and how are you different? Are you looking for the same things in a romantic partner?

SOY ALTA, morena y bonita. Soy cubana, de Holguín. Estudio arte en la universidad. Busco un chico similar. Mi novio ideal es alto, moreno, inteligente y muy simpático.

AYUDA

casado/a *married*
divorciado/a *divorced*
soltero/a *single; unmarried*

These words and others like them are presented in **Contextos, Lección 9**, p. 278.

Síntesis

6

Diferencias Your instructor will give you and a partner each a drawing of a family. Describe your version of the drawing to your partner in order to find at least five differences between your picture and your partner's.

> **modelo**
>
> **Estudiante 1:** Susana, la madre, es rubia.
> **Estudiante 2:** No, la madre es morena.

3.2 Possessive adjectives Tutorial

ANTE TODO Possessive adjectives, like descriptive adjectives, are words that are used to qualify people, places, or things. Possessive adjectives express the quality of ownership or possession.

Forms of possessive adjectives

SINGULAR FORMS	PLURAL FORMS	
mi	**mis**	*my*
tu	**tus**	*your* (fam.)
su	**sus**	*his, her, its, your* (form.)
nuestro/a	**nuestros/as**	*our*
vuestro/a	**vuestros/as**	*your* (fam.)
su	**sus**	*their, your*

COMPARE & CONTRAST

In English, possessive adjectives are invariable; that is, they do not agree in gender and number with the nouns they modify. Spanish possessive adjectives, however, do agree in number with the nouns they modify.

my cousin	*my cousins*	*my aunt*	*my aunts*
mi primo	**mis** primos	**mi** tía	**mis** tías

The forms **nuestro** and **vuestro** agree in both gender and number with the nouns they modify.

nuestr**o** prim**o**	nuestr**os** prim**os**	nuestr**a** tía	nuestr**as** tí**as**

▶ Possessive adjectives are always placed before the nouns they modify.

—¿Está **tu novio** aquí? —No, **mi novio** está en la biblioteca.
Is your boyfriend here? *No, my boyfriend is in the library.*

AYUDA

Look at the context, focusing on nouns and pronouns, to help you determine the meaning of **su(s)**.

▶ Because **su** and **sus** have multiple meanings (*your, his, her, their, its*), you can avoid confusion by using this construction instead: [*article*] + [*noun*] + **de** + [*subject pronoun*].

sus parientes ◀
los parientes **de él/ella** — *his/her relatives*
los parientes **de Ud./Uds.** — *your relatives*
los parientes **de ellos/ellas** — *their relatives*

 ¡INTÉNTALO! Provide the appropriate form of each possessive adjective.

recursos

WB
pp. 27–28

LM
p. 16

vhlcentral.com
Lección 3

1. Es ___mi___ (*my*) libro.
2. _____ (*My*) familia es ecuatoriana.
3. ____ (*Your,* fam.) esposo es italiano.
4. _____ (*Our*) profesor es español.
5. Es _____ (*her*) reloj.
6. Es _____ (*your,* fam.) mochila.
7. Es _____ (*your,* form.) maleta.
8. _____ (*Their*) sobrina es alemana.

1. ___Sus___ (*Her*) primos son franceses.
2. _____ (*Our*) primos son canadienses.
3. Son _____ (*their*) lápices.
4. _____ (*Their*) nietos son japoneses.
5. Son _____ (*our*) plumas.
6. Son _____ (*my*) papeles.
7. _____ (*My*) amigas son inglesas.
8. Son _____ (*his*) cuadernos.

Práctica

AYUDA

Remember that possessive adjectives don't agree in number or gender with the owner of an item; they always agree with the item(s) being possessed.

1 **La familia de Manolo** Complete each sentence with the correct possessive adjective from the options in parentheses. Use the subject of each sentence as a guide.

1. Me llamo Manolo, y _____ (nuestro, mi, sus) hermano es Federico.
2. _____ (Nuestra, Sus, Mis) madre Silvia es profesora y enseña química.
3. Ella admira a _____ (tu, nuestro, sus) estudiantes porque trabajan mucho.
4. Yo estudio en la misma universidad, pero no tomo clases con _____ (mi, nuestras, tus) madre.
5. Federico trabaja en una oficina con _____ (mis, tu, nuestro) padre.
6. _____ (Mi, Su, Tu) oficina está en el centro de la Ciudad de México.
7. Javier y Óscar son _____ (mis, mi, sus) tíos de Oaxaca.
8. ¿Y tú? ¿Cómo es _____ (mi, su, tu) familia?

2 **Clarificar** Clarify each sentence with a prepositional phrase. Follow the model.

> **modelo**
>
> Su hermana es muy bonita. (ella)
> La hermana de ella es muy bonita.

1. Su casa es muy grande. (ellos) _____
2. ¿Cómo se llama su hermano? (ellas) _____
3. Sus padres trabajan en el centro. (ella) _____
4. Sus abuelos son muy simpáticos. (él) _____
5. Maribel es su prima. (ella) _____
6. Su primo lee los libros. (ellos) _____

3 **¿Dónde está?** With a partner, imagine that you can't remember where you put some of the belongings you see in the pictures. Your partner will help you by reminding you where your things are. Take turns playing each role.

CONSULTA

For a list of useful prepositions, refer to the table *Prepositions often used with **estar**, in **Estructura 2.3**, p. 56.

> **modelo**
>
> **Estudiante 1:** ¿Dónde está mi mochila?
> **Estudiante 2:** Tu mochila está encima del escritorio.

1.

2.

3.

4.

5.

6.

Comunicación

4 **Describir** With a partner, describe the people and places listed below. Make note of any similarities and be prepared to share them with the class.

> **modelo**
>
> la biblioteca de su universidad
> *La biblioteca de nuestra universidad es muy grande. Hay muchos libros en la biblioteca. Mis amigos y yo estudiamos en la biblioteca.*

1. tu profesor favorito
2. tu profesora favorita
3. su clase de español
4. la librería de su universidad
5. tus padres
6. tus abuelos
7. tu mejor (*best*) amigo
8. tu mejor amiga
9. su universidad
10. tu país de origen

5 **Una familia famosa** Assume the identity of a member of a famous family, real or fictional (the Obamas, Clintons, Bushes, Kardashians, Simpsons, etc.), and write a description of "your" family. Be sure not to use any names! Then, in small groups, take turns reading the descriptions aloud. The other group members may ask follow-up questions to help them identify the famous person.

> **modelo**
>
> **Estudiante 1:** *Soy periodista. Mi esposo se llama Felipe. Tengo dos hijas.*
> **Estudiante 2:** *¿Eres española?*
> **Estudiante 1:** *Sí.*
> **Estudiante 3:** *¿Eres Letizia Ortiz Rocasolano?*
> **Estudiante 1:** *Sí.*

Síntesis

6 **Describe a tu familia** Get together with two classmates and describe your family to them in several sentences (**Mi padre es alto y moreno. Mi madre es delgada y muy bonita. Mis hermanos son...**). They will work together to try to repeat your description (**Su padre es alto y moreno. Su madre...**). If they forget any details, they can ask you questions (**¿Es alto tu hermano?**). Alternate roles until all of you have described your families.

3.3 # Present tense of -er and -ir verbs Tutorial

ANTE TODO In **Lección 2,** you learned how to form the present tense of regular -ar verbs. You also learned about the importance of verb forms, which change to show who is performing the action. The chart below shows the forms from two other important groups, **-er** verbs and **-ir** verbs.

CONSULTA

To review the conjugation of -**ar** verbs, see **Estructura 2.1**, p. 46.

		comer *(to eat)*	**escrib**ir *(to write)*
SINGULAR FORMS	yo	com**o**	escrib**o**
	tú	com**es**	escrib**es**
	Ud./él/ella	com**e**	escrib**e**
PLURAL FORMS	nosotros/as	com**emos**	escrib**imos**
	vosotros/as	com**éis**	escrib**ís**
	Uds./ellos/ellas	com**en**	escrib**en**

▶ **-Er** and **-ir** verbs have very similar endings. Study the preceding chart to detect the patterns that make it easier for you to use them to communicate in Spanish.

Felipe y su tío comen.

Jimena lee.

AYUDA

Here are some tips on learning Spanish verbs:

1) Learn to identify the verb's stem, to which all endings attach.

2) Memorize the endings that go with each verb and verb tense.

3) As often as possible, practice using different forms of each verb in speech and writing.

4) Devote extra time to learning irregular verbs, such as **ser** and **estar**.

▶ Like **-ar** verbs, the **yo** forms of **-er** and **-ir** verbs end in **-o.**

Yo com**o**.   Yo escrib**o**.

▶ Except for the **yo** form, all of the verb endings for **-er** verbs begin with **-e.**

-es	-emos	-en
-e	-éis	

▶ **-Er** and **-ir** verbs have the exact same endings, except in the **nosotros/as** and **vosotros/as** forms.

nosotros ◀ com**emos**
escrib**imos**

vosotros ◀ com**éis**
escrib**ís**

Common -er and -ir verbs

-er verbs		-ir verbs	
aprender (a + *inf.*)	to learn	abrir	to open
beber	to drink	asistir (a)	to attend
comer	to eat	compartir	to share
comprender	to understand	decidir (+ *inf.*)	to decide
correr	to run	describir	to describe
creer (en)	to believe (in)	escribir	to write
deber (+ *inf.*)	should	recibir	to receive
leer	to read	vivir	to live

Ellos **corren** en el parque.

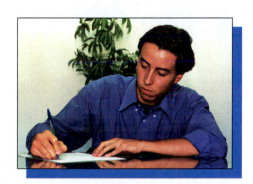

Él **escribe** una carta.

¡INTÉNTALO! Provide the appropriate present tense forms of these verbs.

correr

1. Graciela _corre_.
2. Tú _____.
3. Yo _____.
4. Sara y Ana _____.
5. Usted _____.
6. Ustedes _____.
7. La gente _____.
8. Marcos y yo _____.

abrir

1. Ellos _abren_ la puerta.
2. Carolina _____ la maleta.
3. Yo _____ las ventanas.
4. Nosotras _____ los libros.
5. Usted _____ el cuaderno.
6. Tú _____ la ventana.
7. Ustedes _____ las maletas.
8. Los muchachos _____ los cuadernos.

aprender

1. Él _aprende_ español.
2. Maribel y yo _____ inglés.
3. Tú _____ japonés.
4. Tú y tu hermanastra _____ francés.
5. Mi hijo _____ chino.
6. Yo _____ alemán.
7. Usted _____ inglés.
8. Nosotros _____ italiano.

recursos

WB
pp. 29–30

LM
p. 17

vhlcentral.com
Lección 3

Práctica

1 **Completar** Complete Susana's sentences about her family with the correct forms of the verbs in parentheses. One of the verbs will remain in the infinitive.

1. Mi familia y yo _____ (vivir) en Mérida, Yucatán.
2. Tengo muchos libros. Me gusta _____ (leer).
3. Mi hermano Alfredo es muy inteligente. Alfredo _____ (asistir) a clases los lunes, miércoles y viernes.
4. Los martes y jueves Alfredo y yo _____ (correr) en el Parque del Centenario.
5. Mis padres _____ (comer) mucha lasaña los domingos y se quedan dormidos (*they fall asleep*).
6. Yo _____ (creer) que (*that*) mis padres deben comer menos (*less*).

2 **Oraciones** Juan is talking about what he and his friends do after school. Form complete sentences by adding any other necessary elements.

> **modelo**
> yo / correr / amigos / lunes y miércoles
> *Yo corro con mis amigos los lunes y miércoles.*

1. Manuela / asistir / clase / yoga
2. Eugenio / abrir / correo electrónico (*e-mail*)
3. Isabel y yo / leer / biblioteca
4. Sofía y Roberto / aprender / hablar / inglés
5. tú / comer / cafetería / universidad
6. mi novia y yo / compartir / libro de historia

3 **Consejos** Mario and his family are spending a year abroad to learn Japanese. In pairs, use the words below to say what he and/or his family members are doing or should do to adjust to life in Japan. Then, create one more sentence using a verb not on the list.

> **modelo**
> recibir libros / deber practicar japonés
> **Estudiante 1:** *Mario y su esposa reciben muchos libros en japonés.*
> **Estudiante 2:** *Los hijos deben practicar japonés.*

aprender japonés	decidir explorar el país
asistir a clases	escribir listas de palabras en japonés
beber sake	leer novelas japonesas
deber comer cosas nuevas	vivir con una familia japonesa
¿?	¿?

 Practice more at **vhlcentral.com**.

Comunicación

4

Entrevista In pairs, use these questions to interview each other. Be prepared to report the results of your interviews to the class.

1. ¿Dónde comes al mediodía? ¿Comes mucho?
2. ¿Cuándo asistes a tus clases?
3. ¿Cuál es tu clase favorita? ¿Por qué?
4. ¿Dónde vives?
5. ¿Con quién vives?
6. ¿Qué cursos debes tomar el próximo (*next*) semestre?
7. ¿Lees el periódico (*newspaper*)? ¿Qué periódico lees y cuándo?
8. ¿Recibes muchos mensajes de texto (*text messages*)? ¿De quién(es)?
9. ¿Escribes poemas?
10. ¿Crees en fantasmas (*ghosts*)?

5

¿Acción o descripción? In small groups, take turns choosing a verb from the list. Then choose to act out the verb or give a description. The other members of the group will say what you are doing. Be creative!

abrir (un libro, una puerta, una mochila)
aprender (a bailar, a hablar francés, a dibujar)
asistir (a una clase de yoga, a un concierto de rock, a una clase interesante)
beber (agua, Coca-Cola)
comer (pasta, un sándwich, pizza)
compartir (un libro, un sándwich)

correr (en el parque, en un maratón)
escribir (una composición, un mensaje de texto [*text message*], con lápiz)
leer (una carta [*letter*] de amor, un mensaje electrónico [*e-mail message*], un periódico [*newspaper*])
recibir un regalo (*gift*)
¿?

modelo

Estudiante 1: (*pantomimes typing a keyboard*)
Estudiante 2: ¿Escribes un mensaje electrónico?
Estudiante 1: Sí.

modelo

Estudiante 1: Soy estudiante y tomo muchas clases. Vivo en Roma.
Estudiante 2: ¿Comes pasta?
Estudiante 1: No, no como pasta.
Estudiante 3: ¿Aprendes a hablar italiano?
Estudiante 1: ¡Sí!

Síntesis

6

Horario Your instructor will give you and a partner incomplete versions of Alicia's schedule. Fill in the missing information on the schedule by talking to your partner. Be prepared to reconstruct Alicia's complete schedule with the class.

3.4 Present tense of **tener** and **venir** Tutorial

ANTE TODO   The verbs **tener** (*to have*) and **venir** (*to come*) are among the most frequently used in Spanish. Because most of their forms are irregular, you will have to learn each one individually.

The verbs **tener** and **venir**

		tener	**venir**
SINGULAR FORMS	yo	ten**go**	ven**go**
	tú	tien**es**	vien**es**
	Ud./él/ella	tien**e**	vien**e**
PLURAL FORMS	nosotros/as	ten**emos**	ven**imos**
	vosotros/as	ten**éis**	ven**ís**
	Uds./ellos/ellas	tien**en**	vien**en**

▶ The endings are the same as those of regular **-er** and **-ir** verbs, except for the **yo** forms, which are irregular: **tengo, vengo.**

▶ In the **tú, Ud.,** and **Uds.** forms, the **e** of the stem changes to **ie,** as shown below.

INFINITIVE	VERB STEM	VERB FORM
tener	→ ten- →	tú t**ie**nes Ud./él/ella t**ie**ne Uds./ellos/ellas t**ie**nen
venir	→ ven- →	tú v**ie**nes Ud./él/ella v**ie**ne Uds./ellos/ellas v**ie**nen

¿Tienes una familia grande, Marissa?

No, tengo una familia pequeña.

▶ Only the **nosotros** and **vosotros** forms are regular. Compare them to the forms of **comer** and **escribir** that you learned on page 88.

	tener	**comer**	**venir**	**escribir**
nosotros/as	ten**emos**	com**emos**	ven**imos**	escrib**imos**
vosotros/as	ten**éis**	com**éis**	ven**ís**	escrib**ís**

▶ In certain idiomatic or set expressions in Spanish, you use the construction **tener** + [*noun*] to express *to be* + [*adjective*]. This chart contains a list of the most common expressions with **tener**.

Expressions with **tener**			
tener... años	to be... years old	tener (mucha) prisa	to be in a (big) hurry
tener (mucho) calor	to be (very) hot	tener razón	to be right
tener (mucho) cuidado	to be (very) careful	no tener razón	to be wrong
tener (mucho) frío	to be (very) cold	tener (mucha) sed	to be (very) thirsty
tener (mucha) hambre	to be (very) hungry	tener (mucho) sueño	to be (very) sleepy
tener (mucho) miedo (de)	to be (very) afraid/ scared (of)	tener (mucha) suerte	to be (very) lucky

—¿**Tienen** hambre ustedes?   —Sí, y **tenemos** sed también.
Are you hungry?   *Yes, and we're thirsty, too.*

▶ To express an obligation, use **tener que** (*to have to*) + [*infinitive*].

—¿Qué **tienes que** estudiar hoy?   —**Tengo que** estudiar biología.
What do you have to study today?   *I have to study biology.*

▶ To ask people if they feel like doing something, use **tener ganas de** (*to feel like*) + [*infinitive*].

—¿**Tienes ganas de** comer?   —No, **tengo ganas de** dormir.
Do you feel like eating?   *No, I feel like sleeping.*

miciudad.com
Usted tiene que visitarnos.

¡INTÉNTALO!   Provide the appropriate forms of **tener** and **venir**.

tener	venir
1. Ellos ___tienen___ dos hermanos.	1. Mis padres ___vienen___ de México.
2. Yo _____ una hermana.	2. Tú _____ de España.
3. El artista _____ tres primos.	3. Nosotras _____ de Cuba.
4. Nosotros _____ diez tíos.	4. Pepe _____ de Italia.
5. Eva y Diana _____ un sobrino.	5. Yo _____ de Francia.
6. Usted _____ cinco nietos.	6. Ustedes _____ de Canadá.
7. Tú _____ dos hermanastras.	7. Alfonso y yo _____ de Portugal.
8. Ustedes _____ cuatro hijos.	8. Ellos _____ de Alemania.
9. Ella _____ una hija.	9. Usted _____ de Venezuela.

Práctica

1

Emparejar Find the expression in column B that best matches an item in column A. Then, come up with a new item that corresponds with the leftover expression in column B.

A	B
1. el Polo Norte	a. tener calor
2. una sauna	b. tener sed
3. la comida salada (*salty food*)	c. tener frío
4. una persona muy inteligente	d. tener razón
5. un abuelo	e. tener ganas de
6. una dieta	f. tener hambre
	g. tener 75 años

2

Completar Complete the sentences with the correct forms of **tener** or **venir**.

1. Hoy nosotros _____ una reunión familiar (*family reunion*).
2. Yo _____ en autobús de la Universidad de Quito.
3. Todos mis parientes _____, excepto mi tío Manolo y su esposa.
4. Ellos no _____ ganas de venir porque viven en Portoviejo.
5. Mi prima Susana y su novio no _____ hasta las ocho porque ella _____ que trabajar.
6. En las fiestas, mi hermana siempre (*always*) _____ muy tarde (*late*).
7. Nosotros _____ mucha suerte porque las reuniones son divertidas (*fun*).
8. Mi madre cree que mis sobrinos son muy simpáticos. Creo que ella _____ razón.

3

Describir Describe what these people are doing or feeling using an expression with **tener**.

1. _____   2. _____   3. _____

4. _____   5. _____   6. _____

Comunicación

4

¿Sí o no? Indicate whether these statements apply to you by checking either **Sí** or **No**.

		Sí	No
1.	Mi padre tiene 50 años.	○	○
2.	Mis amigos vienen a mi casa todos los días (*every day*).	○	○
3.	Vengo a la universidad los martes.	○	○
4.	Tengo hambre.	○	○
5.	Tengo dos computadoras.	○	○
6.	Tengo sed.	○	○
7.	Tengo que estudiar los domingos.	○	○
8.	Tengo una familia grande.	○	○

Now interview a classmate by transforming each statement into a question. Be prepared to report the results of your interview to the class.

> **modelo**
>
> **Estudiante 1:** ¿Tiene tu padre 50 años?
> **Estudiante 2:** No, no tiene 50 años. Tiene 65.

5

Preguntas Get together with a classmate and ask each other these questions.

1. ¿Tienes que estudiar hoy?
2. ¿Cuántos años tienes? ¿Y tus hermanos/as?
3. ¿Cuándo vienes a la clase de español?
4. ¿Cuándo vienen tus amigos a tu casa, apartamento o residencia estudiantil?
5. ¿De qué tienes miedo? ¿Por qué?
6. ¿Qué tienes ganas de hacer esta noche (*tonight*)?

6

Conversación Use an expression with **tener** to hint at what's on your mind. Your partner will ask questions to find out why you feel that way. If your partner cannot guess what's on your mind after three attempts, tell him/her. Then switch roles.

> **modelo**
>
> **Estudiante 1:** Tengo miedo.
> **Estudiante 2:** ¿Tienes que hablar en público?
> **Estudiante 1:** No.
> **Estudiante 2:** ¿Tienes un examen hoy?
> **Estudiante 1:** Sí, y no tengo tiempo para estudiar.

Síntesis

7

Minidrama Act out this situation with a partner: you are introducing your boyfriend/girlfriend to your extended family. To avoid any surprises before you go, talk about who is coming and what each family member is like. Switch roles.

Recapitulación

 Diagnostics

Review the grammar concepts you have learned in this lesson by completing these activities.

1 **Adjetivos** Complete each phrase with the appropriate adjective from the list. Make all necessary changes. **12 pts.**

| antipático | interesante | mexicano |
| difícil | joven | moreno |

1. Mi tía es _____. Vive en Guadalajara.
2. Mi primo no es rubio, es _____.
3. Mi novio cree que la clase no es fácil; es _____.
4. Los libros son _____; me gustan mucho.
5. Mis hermanos son _____; no tienen muchos amigos.
6. Las gemelas tienen quince años. Son _____.

2 **Completar** For each set of sentences, provide the appropriate form of the verb **tener** and the possessive adjective. Follow the model. **24 pts.**

 modelo
Él **tiene** un libro. Es **su** libro.

1. Esteban y Julio _____ una tía. Es _____ tía.
2. Yo _____ muchos amigos. Son _____ amigos.
3. Tú _____ tres primas. Son _____ primas.
4. María y tú _____ un hermano. Es _____ hermano.
5. Nosotras _____ unas mochilas. Son _____ mochilas.
6. Usted _____ dos sobrinos. Son _____ sobrinos.

3 **Oraciones** Arrange the words in the correct order to form complete logical sentences. **¡Ojo!** Don't forget to conjugate the verbs. **10 pts.**

1. libros / unos / tener / interesantes / tú / muy
   _____
2. dos / leer / fáciles / compañera / tu / lecciones
   _____
3. mi / francés / ser / amigo / buen / Hugo
   _____
4. ser / simpáticas / dos / personas / nosotras
   _____
5. a / clases / menores / mismas / sus / asistir / hermanos / las
   _____

RESUMEN GRAMATICAL

3.1 **Descriptive adjectives** *pp. 80–82*

Forms and agreement of adjectives

Masculine		Feminine	
Singular	**Plural**	**Singular**	**Plural**
alto	altos	alta	altas
inteligente	inteligentes	inteligente	inteligentes
trabajador	trabajadores	trabajadora	trabajadoras

► Descriptive adjectives follow the noun:
  el chico rubio

► Adjectives of nationality also follow the noun:
  la mujer española

► Adjectives of quantity precede the noun:
  muchos libros, dos turistas

► When placed before a singular masculine noun, these adjectives are shortened.

  bueno → buen   malo → mal

► When placed before a singular noun, **grande** is shortened to **gran**.

3.2 **Possessive adjectives** *p. 85*

Singular		Plural	
mi	nuestro/a	mis	nuestros/as
tu	vuestro/a	tus	vuestros/as
su	su	sus	sus

3.3 **Present tense of -er and -ir verbs** *pp. 88–89*

com**er**		escrib**ir**	
como	comemos	escribo	escribimos
comes	coméis	escribes	escribís
come	comen	escribe	escriben

3.4 **Present tense of tener and venir** *pp. 92–93*

tener		venir	
tengo	tenemos	vengo	venimos
tienes	tenéis	vienes	venís
tiene	tienen	viene	vienen

4

Carta Complete this letter with the appropriate forms of the verbs in the word list. Not all verbs will be used. **20 pts.**

abrir	correr	recibir
asistir	creer	tener
compartir	escribir	venir
comprender	leer	vivir

Hola, Ángel:

¿Qué tal? (Yo) (1) _____ esta carta (this letter) en la biblioteca. Todos los días (2) _____ aquí y (3) _____ un buen libro. Yo (4) _____ que es importante leer por diversión. Mi compañero de apartamento no (5) _____ por qué me gusta leer. Él sólo (6) _____ los libros de texto. Pero nosotros (7) _____ unos intereses. Por ejemplo, los dos somos atléticos; por las mañanas nosotros (8) _____. También nos gustan las ciencias; por las tardes (9) _____ a nuestra clase de biología. Y tú, ¿cómo estás? ¿(Tú) (10) _____ mucho trabajo (work)?

5

Su familia Write a brief description of a friend's family. Describe the family members using vocabulary and structures from this lesson. Write at least five sentences. **34 pts.**

modelo

La familia de mi amiga Gabriela es grande. Ella tiene tres hermanos y una hermana. Su hermana mayor es periodista...

6

Proverbio Complete this proverb with the correct forms of the verbs in parentheses. **4 EXTRA points!**

" Dos andares° _____ (tener) el dinero°,
_____ (venir) despacio°
y se va° ligero°. **"**

andares *speeds* dinero *money* despacio *slowly*
se va *it leaves* ligero *quickly*

 Practice more at **vhlcentral.com**.

Lectura

Antes de leer

Estrategia
Guessing meaning from context

As you read in Spanish, you'll often come across words you haven't learned. You can guess what they mean by looking at the surrounding words and sentences. Look at the following text and guess what **tía abuela** means, based on the context.

> ¡Hola, Claudia!
>
> ¿Qué hay de nuevo?
>
> ¿Sabes qué? Ayer fui a ver a mi tía abuela, la hermana de mi abuela. Tiene 85 años, pero es muy independiente. Vive en un apartamento en Quito con su prima Lorena, quien también tiene 85 años.

If you guessed *great-aunt*, you are correct, and you can conclude from this word and the format clues that this is a letter about someone's visit with his or her great-aunt.

Examinar el texto

Quickly read through the paragraphs and find two or three words you don't know. Using the context as your guide, guess what these words mean. Then glance at the paragraphs where these words appear and try to predict what the paragraphs are about.

Examinar el formato

Look at the format of the reading. What clues do the captions, photos, and layout give you about its content?

Gente ... Las familias

1. Me llamo Armando y tengo setenta años, pero no me considero viejo. Tengo seis nietas y un nieto. Vivo con mi hija y tengo la oportunidad de pasar mucho tiempo con ella y con mi nieto. Por las tardes salgo a pasear° por el parque con él y por la noche le leo cuentos°.

Armando. Tiene seis nietas y un nieto.

2. Mi prima Victoria y yo nos llevamos muy bien. Estudiamos juntas° en la universidad y compartimos un apartamento. Ella es muy inteligente y me ayuda° con los estudios. Además°, es muy simpática y generosa. Si necesito cualquier° cosa, ¡ella me la compra!

Diana. Vive con su prima.

3. Me llamo Ramona y soy paraguaya, aunque° ahora vivo en los Estados Unidos. Tengo tres hijos, uno de nueve años, uno de doce y el mayor de quince. Es difícil a veces, pero mi esposo y yo tratamos° de ayudarlos y comprenderlos siempre°.

Ramona. Sus hijos son muy importantes para ella.

4. Tengo mucha suerte. Aunque mis padres están divorciados, tengo una familia muy unida. Tengo dos hermanos y dos hermanas. Me gusta hablar y salir a fiestas con ellos. Ahora tengo novio en la universidad y él no conoce a mis hermanos. ¡Espero que se lleven bien!

Ana María. Su familia es muy unida.

5. Antes quería° tener hermanos, pero ya no° es tan importante. Ser hijo único tiene muchas ventajas°: no tengo que compartir mis cosas con hermanos, no hay discusiones° y, como soy nieto único también, ¡mis abuelos piensan° que soy perfecto!

Fernando. Es hijo único.

6. Como soy joven todavía°, no tengo ni esposa ni hijos. Pero tengo un sobrino, el hijo de mi hermano, que es muy especial para mí. Se llama Benjamín y tiene diez años. Es un muchacho muy simpático. Siempre tiene hambre y por lo tanto vamos° frecuentemente a comer hamburguesas. Nos gusta también ir al cine° a ver películas de acción. Hablamos de todo. ¡Creo que ser tío es mejor que ser padre!

Santiago. Cree que ser tío es divertido.

salgo a pasear *I go take a walk* cuentos *stories* juntas *together*
me ayuda *she helps me* Además *Besides* cualquier *any* aunque *although*
tratamos *we try* siempre *always* quería *I wanted* ya no *no longer*
ventajas *advantages* discusiones *arguments* piensan *think* todavía *still*
vamos *we go* ir al cine *to go to the movies*

Después de leer

Emparejar

Glance at the paragraphs and see how the words and phrases in column A are used in context. Then find their definitions in column B.

A	**B**
1. me la compra	a. the oldest
2. nos llevamos bien	b. movies
3. no conoce	c. the youngest
4. películas	d. buys it for me
5. mejor que	e. borrows it from me
6. el mayor	f. we see each other
	g. doesn't know
	h. we get along
	i. portraits
	j. better than

Seleccionar

Choose the sentence that best summarizes each paragraph.

1. Párrafo 1
   a. Me gusta mucho ser abuelo.
   b. No hablo mucho con mi nieto.
   c. No tengo nietos.

2. Párrafo 2
   a. Mi prima es antipática.
   b. Mi prima no es muy trabajadora.
   c. Mi prima y yo somos muy buenas amigas.

3. Párrafo 3
   a. Tener hijos es un gran sacrificio, pero es muy bonito también.
   b. No comprendo a mis hijos.
   c. Mi esposo y yo no tenemos hijos.

4. Párrafo 4
   a. No hablo mucho con mis hermanos.
   b. Comparto mis cosas con mis hermanos.
   c. Mis hermanos y yo somos como (*like*) amigos.

5. Párrafo 5
   a. Me gusta ser hijo único.
   b. Tengo hermanos y hermanas.
   c. Vivo con mis abuelos.

6. Párrafo 6
   a. Mi sobrino tiene diez años.
   b. Me gusta mucho ser tío.
   c. Mi esposa y yo no tenemos hijos.

Escritura

Estrategia

Using idea maps

How do you organize ideas for a first draft? Often, the organization of ideas represents the most challenging part of the process. Idea maps are useful for organizing pertinent information. Here is an example of an idea map you can use:

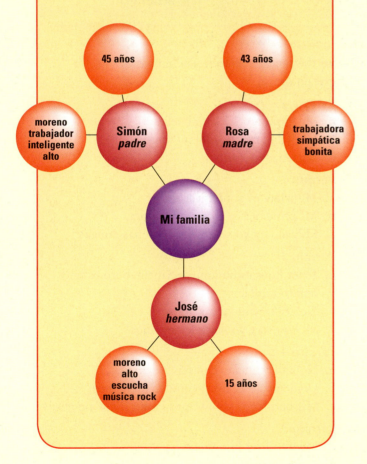

MAPA DE IDEAS

- 45 años
- 43 años
- moreno trabajador inteligente alto
- **Simón** *padre*
- **Rosa** *madre*
- trabajadora simpática bonita
- **Mi familia**
- **José** *hermano*
- moreno alto escucha música rock
- 15 años

Tema

Escribir un mensaje electrónico

A friend you met in a chat room for Spanish speakers wants to know about your family. Using some of the verbs and adjectives you have learned in this lesson, write a brief e-mail describing your family or an imaginary family, including:

▶ Names and relationships

▶ Physical characteristics

▶ Hobbies and interests

Here are some useful expressions for writing an e-mail or letter in Spanish:

Salutations	
Estimado/a Julio/Julia:	*Dear Julio/Julia,*
Querido/a Miguel/Ana María:	*Dear Miguel/Ana María,*

Closings	
Un abrazo,	*A hug,*
Abrazos,	*Hugs,*
Cariños,	*Much love,*
¡Hasta pronto!	*See you soon!*
¡Hasta la próxima semana!	*See you next week!*

Escuchar Audio

Preparación

Based on the photograph, where do you think Cristina and Laura are? What do you think Laura is saying to Cristina?

Ahora escucha

Now you are going to hear Laura and Cristina's conversation. Use **R** to indicate which adjectives describe Cristina's boyfriend, Rafael. Use **E** for adjectives that describe Laura's boyfriend, Esteban. Some adjectives will not be used.

____ **rubio**   ____ **interesante**

____ **feo**   ____ **antipático**

____ **alto**   ____ **inteligente**

____ **trabajador**   ____ **moreno**

____ **un poco gordo**   ____ **viejo**

Comprensión

Identificar

Which person would make each statement: Cristina or Laura?

	Cristina	Laura
1. Mi novio habla sólo de fútbol y de béisbol.	○	○
2. Tengo un novio muy interesante y simpático.	○	○
3. Mi novio es alto y moreno.	○	○
4. Mi novio trabaja mucho.	○	○
5. Mi amiga no tiene buena suerte con los muchachos.	○	○
6. El novio de mi amiga es un poco gordo, pero guapo.	○	○

¿Cierto o falso?

Indicate whether each sentence is **cierto** or **falso**, then correct the false statements.

	Cierto	Falso
1. Esteban es un chico interesante y simpático.	○	○
2. Laura tiene mala suerte con los chicos.	○	○
3. Rafael es muy interesante.	○	○
4. Laura y su novio hablan de muchas cosas.	○	○

 Practice more at **vhlcentral.com**.

En pantalla

Anuncio

Christmas is not celebrated in winter everywhere. During the cold-weather months in North America, it's summer in the Southern Hemisphere. In Chile, for example, summer starts in December and lasts until March. Summer vacation coincides with these months, since almost all academic calendars run from early March to late December.

Vocabulario útil

quería	I wanted	**aprovecha**	take advantage of
pedirte	to ask you	**nuestras**	our
te preocupa	it worries you	**ofertas**	deals, sales
ahorrar	to save (money)	**calidad**	quality
Navidad	Christmas	**no cuesta**	doesn't cost

¿Qué hay?

For each item, write **sí** if it appears in the TV clip or **no** if it does not.

_____ 1. papelera   _____ 5. diccionario

_____ 2. lápiz   _____ 6. cuaderno

_____ 3. mesa   _____ 7. tiza

_____ 4. computadora   _____ 8. ventana

¿Qué quieres?

Write a list of things that you want for your next birthday. Then read it to the class so they know what to get you. Use as much Spanish as you can.

Lista de cumpleaños°

Quiero°...

cumpleaños *birthday* Quiero *I want* Viejito Pascuero *Santa Claus (Chile)*

Viejito Pascuero°...

¿Cómo se escribe *mountain bike*?

M... O...

Video: TV Clip

Practice more at **vhlcentral.com**.

Cortometraje

In the words of Shakespeare's Juliet, "Parting is such sweet sorrow." Farewells can be some of the most painful and heartbreaking experiences human beings go through, but what happens when there is nobody to say goodbye to? In the short film *La despedida* by Mexican director Yanet Pantoja Neri, a man and a woman are saying goodbye at the train station, but there's a chance that they aren't experiencing the same emotions.

Preparación

What has been the hardest farewell you ever had to go through? Where was it? Who else was involved? What did you say?

Después de ver

Indicate whether each statement is **cierto** or **falso**. Then correct the false statements.

	Cierto	Falso
1. La mujer tiene que tomar un tren.	○	○
2. El hombre es rubio.	○	○
3. Ellos tienen prisa.	○	○
4. Son las ocho.	○	○
5. Hay sillas, mesas y un reloj grande en la estación de tren.	○	○

 ### Una despedida

With a partner, imagine a farewell between two people. Be creative!

a. Write down the following information about the people.

- ¿Cómo se llaman?
- ¿Dónde están?
- ¿Cómo son?
- ¿Qué relación tienen?
- ¿Por qué tienen que despedirse (*to say goodbye*)?

b. Now write the conversation between the two people. Then perform it for the class.

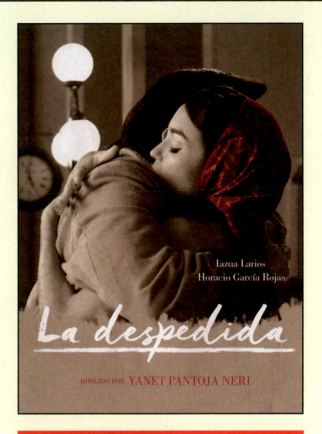

Expresiones útiles

el abrazo	*hug*
la despedida	*farewell*
las lágrimas	*tears*
nadie	*no one, nobody*
No sé qué decir.	*I don't know what to say.*
Te amo.	*I love you.*
Ya es hora.	*It's time.*

Para hablar del corto

la estación de tren	*train station*
llorar	*to cry*
solo/a	*alone; lonely*
triste	*sad*

 Video: Short Film

 Practice more at **vhlcentral.com**.

Video: *Panorama cultural*
Interactive map

Ecuador

El país en cifras

▸ **Área:** 283.560 km² (109.483 millas²), *incluyendo las islas Galápagos, aproximadamente el área de Colorado*

▸ **Población:** 15.439.000

▸ **Capital:** Quito — 1.622.000

▸ **Ciudades° principales:**
Guayaquil — 2.634.000, Cuenca, Machala, Portoviejo

▸ **Moneda:** dólar estadounidense

▸ **Idiomas:** español (oficial), quichua
La lengua oficial de Ecuador es el español, pero también se hablan° otras° lenguas en el país. Aproximadamente 4.000.000 de ecuatorianos hablan lenguas indígenas; la mayoría° de ellos habla quichua. El quichua es el dialecto ecuatoriano del quechua, la lengua de los incas.

Bandera de Ecuador

Ecuatorianos célebres

▸ **Francisco Eugenio de Santa Cruz y Espejo,** médico, periodista y patriota (1747–1795)

▸ **Juan León Mera,** novelista (1832–1894)

▸ **Eduardo Kingman,** pintor° (1913–1997)

▸ **Rosalía Arteaga,** abogada°, política y ex vicepresidenta (1956–)

▸ **Iván Vallejo Ricafuerte,** montañista (1959–)

Ciudades *cities* se hablan *are spoken* otras *other* mayoría *majority* pintor *painter* abogada *lawyer* sur *south* mundo *world* pies *feet* dos veces más alto que *twice as tall as*

Las islas Galápagos

ESTADOS UNIDOS
OCÉANO PACÍFICO
OCÉANO ATLÁNTICO
ECUADOR
AMÉRICA DEL SUR

COLOMBIA

Río Esmeraldas

• Ibarra

Quito ★

Volcán Cotopaxi

Río Napo

Portoviejo

Río Daule

Volcán Tungurahua

Río Pastaza

Guayaquil

Cordillera de los Andes

Volcán Chimborazo

Océano Pacífico

Cuenca

Machala

PERÚ

• Loja

Indígenas del Amazonas

Muchos indígenas de Ecuador hablan quichua.

La ciudad de Quito y la cordillera de los Andes

Catedral de Guayaquil

recursos

WB
pp. 33–34

VM
pp. 35–36

Ⓢ
vhlcentral.com
Lección 3

¡Increíble pero cierto!

El volcán Cotopaxi, situado a unos 60 kilómetros al sur° de Quito, es considerado el volcán activo más alto del mundo°. Tiene una altura de 5.897 metros (19.340 pies°). Es dos veces más alto que° el monte Santa Elena (2.550 metros o 9.215 pies) en el estado de Washington.

Lugares • **Las islas Galápagos**

Muchas personas vienen de lejos a visitar las islas Galápagos porque son un verdadero tesoro° ecológico. Aquí Charles Darwin estudió° las especies que inspiraron° sus ideas sobre la evolución. Como las Galápagos están lejos del continente, sus plantas y animales son únicos. Las islas son famosas por sus tortugas° gigantes.

Artes • **Oswaldo Guayasamín**

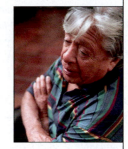

Oswaldo Guayasamín fue° uno de los artistas latinoamericanos más famosos del mundo. Fue escultor° y muralista. Su expresivo estilo viene del cubismo y sus temas preferidos son la injusticia y la pobreza° sufridas° por los indígenas de su país.

Deportes • **El *trekking***

El sistema montañoso de los Andes cruza° y divide Ecuador en varias regiones. La Sierra, que tiene volcanes, grandes valles y una variedad increíble de plantas y animales, es perfecta para el *trekking*. Muchos turistas visitan Ecuador cada° año para hacer° *trekking* y escalar montañas°.

Lugares • **Latitud 0**

Hay un monumento en Ecuador, a unos 22 kilómetros (14 millas) de Quito, donde los visitantes están en el hemisferio norte y el hemisferio sur a la vez°. Este monumento se llama la Mitad del Mundo° y es un destino turístico muy popular.

Explosión del volcán Tungurahua

¿Qué aprendiste? Completa las oraciones con la información correcta.

1. La ciudad más grande (*biggest*) de Ecuador es _____.
2. La capital de Ecuador es _____.
3. Unos 4.000.000 de ecuatorianos hablan _____.
4. Darwin estudió el proceso de la evolución en _____.
5. Dos temas del arte de _____ son la pobreza y la _____.
6. Un monumento muy popular es _____.
7. La Sierra es un lugar perfecto para el _____.
8. El volcán _____ es el volcán activo más alto del mundo.

Conexión Internet Investiga estos temas en **vhlcentral.com**.

Practice more at **vhlcentral.com**.

1. Busca información sobre una ciudad de Ecuador. ¿Te gustaría (*Would you like*) visitar la ciudad? ¿Por qué?
2. Haz una lista de tres animales o plantas que viven sólo en las islas Galápagos. ¿Dónde hay animales o plantas similares?

....

verdadero tesoro *true treasure* estudió *studied* inspiraron *inspired* tortugas *tortoises* fue *was* escultor *sculptor* pobreza *poverty* sufridas *suffered* cruza *crosses* cada *every* hacer *to do* escalar montañas *to climb mountains* a la vez *at the same time* Mitad del Mundo *Equatorial Line Monument (lit. Midpoint of the World)*

La familia

el/la abuelo/a	grandfather/ grandmother
los abuelos	grandparents
el apellido	last name
el/la bisabuelo/a	great-grandfather/ great-grandmother
el/la cuñado/a	brother-in-law/ sister-in-law
el/la esposo/a	husband/wife; spouse
la familia	family
el/la gemelo/a	twin
el/la hermanastro/a	stepbrother/ stepsister
el/la hermano/a	brother/sister
el/la hijastro/a	stepson/ stepdaughter
el/la hijo/a	son/daughter
los hijos	children
la madrastra	stepmother
la madre	mother
el/la medio/a hermano/a	half-brother/ half-sister
el/la nieto/a	grandson/ granddaughter
la nuera	daughter-in-law
el padrastro	stepfather
el padre	father
los padres	parents
los parientes	relatives
el/la primo/a	cousin
el/la sobrino/a	nephew/niece
el/la suegro/a	father-in-law/ mother-in-law
el/la tío/a	uncle/aunt
el yerno	son-in-law

Otras personas

el/la amigo/a	friend
la gente	people
el/la muchacho/a	boy/girl
el/la niño/a	child
el/la novio/a	boyfriend/girlfriend
la persona	person

Profesiones

el/la artista	artist
el/la doctor(a), el/la médico/a	doctor; physician
el/la ingeniero/a	engineer
el/la periodista	journalist
el/la programador(a)	computer programmer

Adjetivos

alto/a	tall
antipático/a	unpleasant
bajo/a	short (in height)
bonito/a	pretty
buen, bueno/a	good
delgado/a	thin
difícil	difficult
fácil	easy
feo/a	ugly
gordo/a	fat
grande	big
guapo/a	good-looking
importante	important
inteligente	intelligent
interesante	interesting
joven (sing.), jóvenes (pl.)	young
mal, malo/a	bad
mismo/a	same
moreno/a	brunet(te)
mucho/a	much; many; a lot of
pelirrojo/a	red-haired
pequeño/a	small
rubio/a	blond(e)
simpático/a	nice; likeable
tonto/a	foolish
trabajador(a)	hard-working
viejo/a	old

Nacionalidades

alemán, alemana	German
argentino/a	Argentine
canadiense	Canadian
chino/a	Chinese
costarricense	Costa Rican
cubano/a	Cuban
ecuatoriano/a	Ecuadorian
español(a)	Spanish
estadounidense	from the U.S.
francés, francesa	French
inglés, inglesa	English
italiano/a	Italian
japonés, japonesa	Japanese
mexicano/a	Mexican
norteamericano/a	(North) American
puertorriqueño/a	Puerto Rican
ruso/a	Russian

Verbos

abrir	to open
aprender (a + inf.)	to learn
asistir (a)	to attend
beber	to drink
comer	to eat
compartir	to share
comprender	to understand
correr	to run
creer (en)	to believe (in)
deber (+ inf.)	should
decidir (+ inf.)	to decide
describir	to describe
escribir	to write
leer	to read
recibir	to receive
tener	to have
venir	to come
vivir	to live

Possessive adjectives	See page 85.
Expressions with tener	See page 93.
Expresiones útiles	See page 75.

Vocabulary Tools

recursos

LM p. 18

vhlcentral.com
Lección 3

Los pasatiempos

4

A PRIMERA VISTA
- ¿Es esta persona un atleta o un artista?
- ¿En qué tiene interés, en el ciclismo o en el tenis?
- ¿Es viejo? ¿Es delgado?
- ¿Tiene frío o calor?

Los pasatiempos

Lee el periódico.
(leer)

Pasea en bicicleta.
(pasear)

la pelota

el fútbol

la jugadora

Visitan el monumento.
(visitar)

Pasean.
(pasear)

Toma el sol.
(tomar)

Nada.
(nadar)

la piscina

Más vocabulario

el béisbol	baseball
el ciclismo	cycling
el esquí (acuático)	(water) skiing
el fútbol americano	football
el golf	golf
el hockey	hockey
la natación	swimming
el tenis	tennis
el vóleibol	volleyball
el equipo	team
el parque	park
el partido	game; match
la plaza	city or town square
andar en patineta	to skateboard
bucear	to scuba dive
escalar montañas (f., pl.)	to climb mountains
esquiar	to ski
ganar	to win
ir de excursión	to go on a hike
practicar deportes (m., pl.)	to play sports
escribir una carta/ un mensaje electrónico	to write a letter/ an e-mail
leer el correo electrónico	to read e-mail
leer una revista	to read a magazine
deportivo/a	sports-related

Variación léxica

piscina ⟷ pileta (*Arg.*); alberca (*Méx.*)

baloncesto ⟷ básquetbol (*Amér. L.*)

béisbol ⟷ pelota (*P. Rico, Rep. Dom.*)

Práctica

**Patina en línea.
(patinar)**

el jugador

el baloncesto

1 **Escuchar** 🎧 Indicate the letter of the activity in Column B that best corresponds to each statement you hear. Two items in Column B will not be used.

A   **B**

1. _____   a. leer el correo electrónico
2. _____   b. tomar el sol
3. _____   c. pasear en bicicleta
4. _____   d. ir a un partido de fútbol americano
5. _____   e. escribir una carta
6. _____   f. practicar muchos deportes
            g. nadar
            h. ir de excursión

2 **Ordenar** 🎧 Order these activities according to what you hear in the narration.

_____   a. pasear en bicicleta   _____   d. tomar el sol
_____   b. nadar   _____   e. practicar deportes
_____   c. leer una revista   _____   f. patinar en línea

3 **¿Cierto o falso?** Indicate whether each statement is **cierto** or **falso** based on the illustration.

	Cierto	Falso
1. Un hombre nada en la piscina.	○	○
2. Un hombre lee una revista.	○	○
3. Un chico pasea en bicicleta.	○	○
4. Dos muchachos esquían.	○	○
5. Una mujer y dos niños visitan un monumento.	○	○
6. Un hombre bucea.	○	○
7. Hay un equipo de hockey.	○	○
8. Una mujer toma el sol.	○	○

4 **Clasificar** Fill in the chart below with as many terms from **Contextos** as you can.

Actividades	Deportes	Personas

el cine

el museo

el gimnasio

el restaurante

el café

En el centro

Más vocabulario

la diversión	*fun activity; entertainment; recreation*
el fin de semana	*weekend*
el pasatiempo	*pastime; hobby*
los ratos libres	*spare (free) time*
el videojuego	*video game*
la iglesia	*church*
el lugar	*place*
ver películas (*f., pl.*)	*to watch movies*
favorito/a	*favorite*

5

Identificar Identify the place where these activities would take place.

> **modelo**
>
> Esquiamos. **Es una montaña.**

1. Tomamos una limonada.
2. Vemos una película.
3. Nadamos y tomamos el sol.
4. Hay muchos monumentos.
5. Comemos tacos y fajitas.
6. Miramos pinturas (*paintings*) de Diego Rivera y Frida Kahlo.
7. Hay mucho tráfico.
8. Practicamos deportes.

6

Preguntar Ask a classmate what he or she does in the places mentioned below. Your classmate will respond using verbs from the word bank.

> **modelo**
>
> una plaza
>
> **Estudiante 1:** ¿Qué haces (*do you do*) cuando estás en una plaza?
> **Estudiante 2:** Camino por la plaza y miro a las personas.

beber	escalar	mirar	practicar
caminar	escribir	nadar	tomar
correr	leer	patinar	visitar

1. una biblioteca
2. un estadio
3. una plaza
4. una piscina
5. las montañas
6. un parque
7. un café
8. un museo

 Practice more at **vhlcentral.com**.

Comunicación

7

Crucigrama Your instructor will give you and your partner an incomplete crossword puzzle. Yours has the words your partner needs and vice versa. In order to complete the puzzle, take turns giving each other clues, using definitions, examples, and phrases.

> **modelo**
>
> **2 horizontal:** Es un deporte que practicamos en la piscina.
> **6 vertical:** Es un mensaje que escribimos con lápiz o con pluma.

8

Entrevista In pairs, take turns asking and answering these questions.

1. ¿Hay un café cerca de la universidad? ¿Dónde está?
2. ¿Cuál es tu restaurante favorito?
3. ¿Te gusta viajar y visitar monumentos? ¿Por qué?
4. ¿Te gusta ir al cine los fines de semana?
5. ¿Cuáles son tus películas favoritas?
6. ¿Te gusta practicar deportes?
7. ¿Cuáles son tus deportes favoritos? ¿Por qué?
8. ¿Cuáles son tus pasatiempos favoritos?

> **CONSULTA**
>
> To review expressions with **gustar,** see **Estructura 2.1,** p. 48.

9

Conversación Using the words and expressions provided, work with a partner to prepare a short conversation about pastimes.

¿a qué hora?	¿con quién(es)?	¿dónde?
¿cómo?	¿cuándo?	¿qué?

> **modelo**
>
> **Estudiante 1:** ¿Cuándo patinas en línea?
> **Estudiante 2:** Patino en línea los domingos. Y tú, ¿patinas en línea?
> **Estudiante 1:** No, no me gusta patinar en línea. Me gusta practicar el béisbol.

10

Pasatiempos In pairs, tell each other what pastimes three of your friends and family members enjoy. Be prepared to share with the class any pastimes you noticed they have in common.

> **modelo**
>
> **Estudiante 1:** Mi hermana pasea mucho en bicicleta, pero mis padres practican la natación. Mi hermano no nada, pero visita muchos museos.
> **Estudiante 2:** Mi primo lee muchas revistas, pero no practica muchos deportes. Mis tíos esquían y practican el golf...

Fútbol, cenotes y mole

Maru, Miguel, Jimena y Marissa visitan un cenote, mientras Felipe y Juan Carlos van a un partido de fútbol.

PERSONAJES   MIGUEL   PABLO

S Video: *Fotonovela*

MIGUEL Buenos días a todos.

TÍA ANA MARÍA Hola, Miguel. Maru, ¿qué van a hacer hoy?

MARU Miguel y yo vamos a llevar a Marissa a un cenote.

MARISSA ¿No vamos a nadar? ¿Qué es un cenote?

MIGUEL Sí, sí vamos a nadar. Un cenote... difícil de explicar. Es una piscina natural en un hueco profundo.

MARU ¡Ya vas a ver! Seguro que te va a gustar.

(unos minutos después)

EDUARDO Hay un partido de fútbol en el parque. ¿Quieren ir conmigo?

PABLO Y conmigo. Si no consigo más jugadores, nuestro equipo va a perder.

ANA MARÍA Marissa, ¿qué te gusta hacer? ¿Escalar montañas? ¿Ir de excursión?

MARISSA Sí, me gusta ir de excursión y practicar el esquí acuático. Y usted, ¿qué prefiere hacer en sus ratos libres?

FELIPE ¿Recuerdas el restaurante del mole?

EDUARDO ¿Qué restaurante?

JIMENA El mole de mi tía Ana María es mi favorito.

MARU Chicos, ya es hora. ¡Vamos!

PABLO Mi mamá tiene muchos pasatiempos y actividades.

EDUARDO Sí. Ella nada y juega al tenis y al golf.

PABLO Va al cine y a los museos.

ANA MARÍA Sí, salgo mucho los fines de semana

ANA MARÍA **MARU** **MARISSA** **EDUARDO** **FELIPE** **JUAN CARLOS** **JIMENA** **DON GUILLERMO**

7

(*más tarde, en el parque*)

PABLO No puede ser. ¡Cinco a uno!

FELIPE ¡Vamos a jugar! Si perdemos, compramos el almuerzo. Y si ganamos...

EDUARDO ¡Empezamos!

8

(*mientras tanto, en el cenote*)

MARISSA ¿Hay muchos cenotes en México?

MIGUEL Sólo en la península de Yucatán.

MARISSA ¡Vamos a nadar!

9

(*Los chicos visitan a don Guillermo, un vendedor de paletas heladas.*)

JUAN CARLOS Don Guillermo, ¿dónde podemos conseguir un buen mole?

FELIPE Eduardo y Pablo van a pagar el almuerzo. Y yo voy a pedir un montón de comida.

10

FELIPE Sí, éste es el restaurante. Recuerdo la comida.

EDUARDO Oye, Pablo... No tengo...

PABLO No te preocupes, hermanito.

FELIPE ¿Qué buscas? (*muestra la cartera de Pablo*) ¿Esto?

recursos

VM
pp. 7–8

vhlcentral.com
Lección 4

Expresiones útiles

Making invitations

Hay un partido de fútbol en el parque. ¿Quieren ir conmigo?
There's a soccer game in the park. Do you want to come with me?

¡Yo puedo jugar!
I can play!

Mmm... no quiero.
Hmm... I don't want to.

Lo siento, pero no puedo.
I'm sorry, but I can't.

¡Vamos a nadar!
Let's go swimming!

Sí, vamos.
Yes, let's go.

Making plans

¿Qué van a hacer hoy?
What are you going to do today?

Vamos a llevar a Marissa a un cenote.
We are taking Marissa to a cenote.

Vamos a comprar unas paletas heladas.
We're going to buy some popsicles.

Vamos a jugar. Si perdemos, compramos el almuerzo.
Let's play. If we lose, we'll buy lunch.

Talking about pastimes

¿Qué te gusta hacer? ¿Escalar montañas? ¿Ir de excursión?
What do you like to do? Mountain climbing? Hiking?

Sí, me gusta ir de excursión y practicar esquí acuático.
Yes, I like hiking and water skiing.

Y usted, ¿qué prefiere hacer en sus ratos libres?
And you, what do you like to do in your free time?

Salgo mucho los fines de semana.
I go out a lot on the weekends.

Voy al cine y a los museos.
I go to the movies and to museums.

Additional vocabulary

el/la aficionado/a *fan*
la cartera *wallet*   **el hueco** *hole*
un montón de *a lot of*

¿Qué pasó?

1 **Escoger** Choose the answer that best completes each sentence.

1. Marissa, Maru y Miguel desean _____.
   a. nadar   b. correr por el parque   c. leer el periódico

2. A Marissa le gusta _____.
   a. el tenis   b. el vóleibol   c. ir de excursión y practicar esquí acuático

3. A la tía Ana María le gusta _____.
   a. jugar al hockey   b. nadar y jugar al tenis y al golf   c. hacer ciclismo

4. Pablo y Eduardo pierden el partido de _____.
   a. fútbol   b. béisbol   c. baloncesto

5. Juan Carlos y Felipe desean _____.
   a. patinar   b. esquiar   c. comer mole

NOTA CULTURAL

Mole is a typical sauce in Mexican cuisine. It is made from pumpkin seeds, chile, and chocolate, and it is usually served with chicken, beef, or pork. To learn more about **mole**, go to page 252.

2 **Identificar** Identify the person who would make each statement.

1. A mí me gusta nadar, pero no sé qué es un cenote. _____

2. Mamá va al cine y al museo en sus ratos libres. _____

3. Yo voy a pedir mucha comida. _____

4. ¿Quieren ir a jugar al fútbol con nosotros en el parque? _____

5. Me gusta salir los fines de semana. _____

MARISSA

FELIPE

EDUARDO

PABLO

TÍA ANA MARÍA

NOTA CULTURAL

Cenotes are deep, freshwater sinkholes found in caves throughout the Yucatán peninsula. They were formed in prehistoric times by the erosion and collapse of cave walls. The Mayan civilization considered the **cenotes** sacred, and performed rituals there. Today, they are popular destinations for swimming and diving.

3 **Preguntas** Answer the questions using the information from the **Fotonovela**.

1. ¿Qué van a hacer Miguel y Maru?

2. ¿Adónde van Felipe y Juan Carlos mientras sus amigos van al cenote?

3. ¿Quién gana el partido de fútbol?

4. ¿Quiénes van al cenote con Maru y Miguel?

4   **Conversación** With a partner, prepare a conversation in which you talk about pastimes and invite each other to do some activity together. Use these expressions and also look at **Expresiones útiles** on the previous page.

¿A qué hora?	**¿Dónde?** *Where?*	**Nos vemos a las siete.**
(At) What time?	**No puedo porque...**	*See you at seven.*
contigo *with you*	*I can't because...*	

▶ ¿Eres aficionado/a a...?   ▶ ¿Por qué no...?   ▶ ¿Qué vas a hacer
▶ ¿Te gusta...?   ▶ ¿Quieres... conmigo?   esta noche?

Practice more at **vhlcentral.com**.

Pronunciación **S Audio**
Word stress and accent marks

| **pe**-**lí**-**cu**-**la** | **e**-**di**-**fi**-**cio** | **ver** | **yo** |

Every Spanish syllable contains at least one vowel. When two vowels are joined in the same syllable they form a **diphthong***. A **monosyllable** is a word formed by a single syllable.

| **bi**-**blio**-**te**-**ca** | **vi**-**si**-**tar** | **par**-**que** | **fút**-**bol** |

The syllable of a Spanish word that is pronounced most emphatically is the "stressed" syllable.

| **pe**-**lo**-**ta** | **pis**-**ci**-**na** | **ra**-**tos** | **ha**-**blan** |

Words that end in **n**, **s**, or a **vowel** are usually stressed on the next-to-last syllable.

| **na**-**ta**-**ción** | **pa**-**pá** | **in**-**glés** | **Jo**-**sé** |

If words that end in **n**, **s**, or a **vowel** are stressed on the last syllable, they must carry an accent mark on the stressed syllable.

| **bai**-**lar** | **es**-**pa**-**ñol** | **u**-**ni**-**ver**-**si**-**dad** | **tra**-**ba**-**ja**-**dor** |

Words that do not end in **n**, **s**, or a **vowel** are usually stressed on the last syllable.

| **béis**-**bol** | **lá**-**piz** | **ár**-**bol** | **Gó**-**mez** |

If words that do not end in **n**, **s**, or a **vowel** are stressed on the next-to-last syllable, they must carry an accent mark on the stressed syllable.

*The two vowels that form a diphthong are either both weak or one is weak and the other is strong.

En la unión está la fuerza.[2]

 Práctica Pronounce each word, stressing the correct syllable. Then give the word stress rule for each word.

1. profesor
2. Puebla
3. ¿Cuántos?
4. Mazatlán
5. examen
6. ¿Cómo?
7. niños
8. Guadalajara
9. programador
10. México
11. están
12. geografía

Oraciones Read the conversation aloud to practice word stress.

MARINA Hola, Carlos. ¿Qué tal?
CARLOS Bien. Oye, ¿a qué hora es el partido de fútbol?
MARINA Creo que es a las siete.
CARLOS ¿Quieres ir?
MARINA Lo siento, pero no puedo. Tengo que estudiar biología.

Quien ríe de último, ríe mejor.[1]

Refranes Read these sayings aloud to practice word stress.

1 *He who laughs last, laughs best.* 2 *United we stand.*

Video: *Flash cultura*

Real Madrid y Barça: rivalidad total

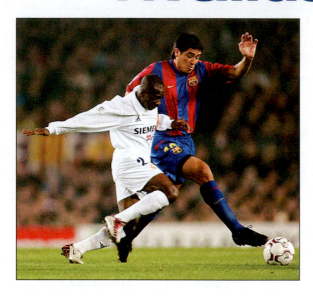

Soccer in Spain is a force to be reckoned with, and no two teams draw more attention than **Real Madrid** and the **Fútbol Club Barcelona**. Whether the venue is Madrid's **Santiago Bernabéu** or Barcelona's **Camp Nou**, the two cities shut down for the showdown,

paralyzed by **fútbol** fever. A ticket to the actual game is always the hottest ticket in town.

The rivalry between **Real Madrid** and **Barça** is about more than soccer. As the two biggest, most powerful cities in Spain, Barcelona and Madrid are constantly compared to one another and have a natural rivalry. There is also a political component to the dynamic. Barcelona, with its distinct language and culture, has long struggled for increased autonomy from Madrid's centralized government. Under Francisco Franco's rule (1939–1975), when repression of the Catalan identity was at its height, a game between **Real Madrid** and **FC Barcelona** was wrapped up with all the symbolism of the regime versus the resistance, even though both teams suffered casualties in Spain's civil war and the subsequent Franco dictatorship.

Although the dictatorship is long over, the momentum of all those decades of competition still transforms both cities into a frenzied, tense panic leading up to the game. Once the final score is announced, one of those cities is transformed again, this time into the best party in the country.

Rivalidades del fútbol

Argentina: Boca Juniors vs. River Plate

México: Águilas del América vs. Chivas del Guadalajara

Chile: Colo Colo vs. Universidad de Chile

Guatemala: Comunicaciones vs. Municipal

Uruguay: Peñarol vs. Nacional

Colombia: Millonarios vs. Independiente Santa Fe

1 **¿Cierto o falso?** Indicate whether each statement is **cierto** or **falso**. Correct the false statements.

1. People from Spain don't like soccer.
2. Madrid and Barcelona are the most important cities in Spain.
3. Santiago Bernabéu is a stadium in Barcelona.
4. The rivalry between Real Madrid and FC Barcelona is not only in soccer.
5. Barcelona has resisted Madrid's centralized government.
6. Only the FC Barcelona team was affected by the civil war.
7. During Franco's regime, the Catalan culture thrived.
8. There are many famous rivalries between soccer teams in the Spanish-speaking world.
9. River Plate is a popular team from Argentina.
10. Comunicaciones and Peñarol are famous rivals in Guatemala.

ASÍ SE DICE

Los deportes

el/la árbitro/a	referee
el/la atleta	athlete
la bola; el balón	la pelota
el campeón/ la campeona	champion
la carrera	race
competir	to compete
empatar	to tie
la medalla	medal
el/la mejor	the best
mundial	worldwide
el torneo	tournament

EL MUNDO HISPANO

Atletas importantes

World-renowned Hispanic athletes:

- **Rafael Nadal** (España) has won 14 Grand Slam singles titles and the 2008 Olympic gold medal in singles tennis.

- **Lionel Andrés Messi** (Argentina) is one of the world's top soccer players. He plays for **FC Barcelona** and for the Argentine national team.

- **Mireia Belmonte García** (España) won two silver medals in swimming at the 2012 Olympics.

- **Lorena Ochoa** (México) was the top-ranked female golfer in the world when she retired in 2010 at the age of 28. She still hosts an LPGA golf tournament, the Lorena Ochoa Invitational, every year.

PERFILES

Miguel Cabrera y Paola Espinosa

Miguel Cabrera, considered one of the best hitters in baseball, now plays first base for the Detroit Tigers. Born in Venezuela in 1983, he made his Major League debut at the age of 20. Cabrera has been selected for both the National League and American League All-Star Teams. In 2012, he became the first player since 1967 to win the Triple Crown.

Mexican diver **Paola Milagros Espinosa Sánchez**, born in 1986, has competed in three Olympics (2004, 2008, and 2012). She and her partner Tatiana Ortiz took home a bronze medal in 2008. In 2012, she won a silver medal with partner Alejandra Orozco. She won three gold medals at the Pan American Games in 2007 and again in 2011.

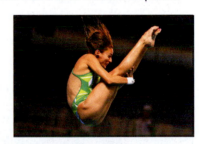

Conexión Internet

¿Qué deportes son populares en los países hispanos?

Go to **vhlcentral.com** to find more cultural information related to this **Cultura** section.

ACTIVIDADES

2 **Comprensión** Write the name of the athlete described in each sentence.

1. Es un jugador de fútbol de Argentina. _____
2. Es una mujer que practica el golf. _____
3. Es un jugador de béisbol de Venezuela. _____
4. Es una mujer mexicana que practica un deporte en la piscina. _____

3 **¿Quién es?** Write a short paragraph describing an athlete that you like, but do not mention his/her name. What does he/she look like? What sport does he/she play? Where does he/she live? Read your description to the class to see if they can guess who it is.

recursos

VM pp. 79–80 | vhlcentral.com Lección 4

 Practice more at **vhlcentral.com**.

4.1 Present tense of ir Tutorial

ANTE TODO The verb **ir** (*to go*) is irregular in the present tense. Note that, except for the **yo** form (**voy**) and the lack of a written accent on the **vosotros** form (**vais**), the endings are the same as those for regular present tense **-ar** verbs.

The verb **ir** (*to go*)			
Singular forms		**Plural forms**	
yo	**voy**	nosotros/as	**vamos**
tú	**vas**	vosotros/as	**vais**
Ud./él/ella	**va**	Uds./ellos/ellas	**van**

▶ **Ir** is often used with the preposition **a** (*to*). If **a** is followed by the definite article **el**, they combine to form the contraction **al**. If **a** is followed by the other definite articles (**la, las, los**), there is no contraction.

CONSULTA

To review the contraction **de + el**, see **Estructura 1.3**, pp. 20–21.

a + el = al

Voy **al** parque con Juan.
I'm going to the park with Juan.

Mis amigos van **a las** montañas.
My friends are going to the mountains.

▶ The construction **ir a** + [*infinitive*] is used to talk about actions that are going to happen in the future. It is equivalent to the English *to be going* + [*infinitive*].

Va a leer el periódico.
He is going to read the newspaper.

Van a pasear por el pueblo.
They are going to walk around town.

AYUDA

When asking a question that contains a form of the verb **ir**, remember to use **adónde**:

¿Adónde vas?
(To) Where are you going?

¡Voy a ir con ellos!

Ella va al cine y a los museos.

▶ **Vamos a** + [*infinitive*] can also express the idea of *let's* (*do something*).

Vamos a pasear.
Let's take a walk.

¡Vamos a comer!
Let's eat!

recursos

WB
pp. 39–40

LM
p. 21

vhlcentral.com
Lección 4

¡INTÉNTALO! Provide the present tense forms of **ir**.

1. Ellos ___van___.
2. Yo _____.
3. Tu novio _____.
4. Adela _____.
5. Mi prima y yo _____.
6. Tú _____.
7. Ustedes _____.
8. Nosotros _____.
9. Usted _____.
10. Nosotras _____.
11. Miguel _____.
12. Ellas _____.

Práctica

Practice more at **vhlcentral.com**.

1 **¿Adónde van?** Everyone in your neighborhood is dashing off to various places. Say where they are going.

1. la señora Castillo / el centro
2. las hermanas Gómez / la piscina
3. tu tío y tu papá / el partido de fútbol
4. yo / el Museo de Arte Moderno
5. nosotros / el restaurante Miramar

2 **¿Qué van a hacer?** These sentences describe what several students in a college hiking club are doing today. Use **ir a** + [*infinitive*] to say that they are also going to do the same activities tomorrow.

> **modelo**
>
> Martín y Rodolfo nadan en la piscina.
> Van a nadar en la piscina mañana también.

1. Sara lee una revista.
2. Yo practico deportes.
3. Ustedes van de excursión.
4. El presidente del club patina.
5. Tú tomas el sol.
6. Paseamos con nuestros amigos.

3 **Preguntas** With a partner, take turns asking and answering questions about where the people are going and what they are going to do there.

> **modelo**
>
> **Estudiante 1:** ¿Adónde va Estela?
> **Estudiante 2:** Va a la Librería Sol.
> **Estudiante 1:** Va a comprar un libro.

Estela

1. Álex y Miguel

2. mi amigo

3. tú

4. los estudiantes

5. la profesora Torres

6. ustedes

Comunicación

4 **Situaciones** Work with a partner and say where you and your friends go in these situations.

1. Cuando deseo descansar…
2. Cuando mi novio/a tiene que estudiar…
3. Si mis compañeros de clase necesitan practicar el español…
4. Si deseo hablar con mis amigos…
5. Cuando tengo dinero (*money*)…
6. Cuando mis amigos y yo tenemos hambre…
7. En mis ratos libres…
8. Cuando mis amigos desean esquiar…
9. Si estoy de vacaciones…
10. Si tengo ganas de leer…

5 **Encuesta** Your instructor will give you a worksheet. Walk around the class and ask your classmates if they are going to do these activities today. Find one person to answer **Sí** and one to answer **No** for each item and note their names on the worksheet in the appropriate column. Be prepared to report your findings to the class.

modelo

Tú: ¿Vas a leer el periódico hoy?
Ana: Sí, voy a leer el periódico hoy.
Luis: No, no voy a leer el periódico hoy.

Actividades	Sí	No
1. comer en un restaurante chino		
2. leer el periódico	Ana	Luis
3. escribir un mensaje electrónico		
4. correr 20 kilómetros		
5. ver una película de terror		
6. pasear en bicicleta		

6 **Entrevista** Talk to two classmates in order to find out where they are going and what they are going to do on their next vacation.

modelo

Estudiante 1: ¿Adónde vas de vacaciones (*on vacation*)?
Estudiante 2: Voy a Guadalajara con mis amigos.
Estudiante 3: ¿Y qué van a hacer (*to do*) ustedes en Guadalajara?
Estudiante 2: Vamos a visitar unos monumentos y museos. ¿Y tú?

Síntesis

7 **Planes** Make a schedule of your activities for the weekend. Then, share with a partner.

▶ For each day, list at least three things you have to do.
▶ For each day, list at least two things you will do for fun.
▶ Tell a classmate what your weekend schedule is like. He or she will write down what you say.
▶ Switch roles to see if you have any plans in common.
▶ Take turns asking each other to participate in some of the activities you listed.

4.2 Stem-changing verbs: ⑤ Tutorial
e→ie, o→ue

ANTE TODO Stem-changing verbs deviate from the normal pattern of regular verbs. When stem-changing verbs are conjugated, they have a vowel change in the last syllable of the stem.

CONSULTA

To review the present tense of regular **-ar** verbs, see **Estructura 2.1**, p. 46.

• • •

To review the present tense of regular **-er** and **-ir** verbs, see **Estructura 3.3**, p. 88.

INFINITIVE	VERB STEM	STEM CHANGE	CONJUGATED FORM
empezar volver	empez- volv-	empiez- vuelv-	empiezo vuelvo

▶ In many verbs, such as **empezar** (*to begin*), the stem vowel changes from **e** to **ie**. Note that the **nosotros/as** and **vosotros/as** forms don't have a stem change.

The verb empezar (e:ie) (*to begin*)

Singular forms		Plural forms	
yo	emp**ie**zo	nosotros/as	empezamos
tú	emp**ie**zas	vosotros/as	empezáis
Ud./él/ella	emp**ie**za	Uds./ellos/ellas	emp**ie**zan

Los chicos empiezan a hablar de su visita al cenote.

Ellos vuelven a comer en el restaurante.

▶ In many other verbs, such as **volver** (*to return*), the stem vowel changes from **o** to **ue**. The **nosotros/as** and **vosotros/as** forms have no stem change.

The verb volver (o:ue) (*to return*)

Singular forms		Plural forms	
yo	v**ue**lvo	nosotros/as	volvemos
tú	v**ue**lves	vosotros/as	volvéis
Ud./él/ella	v**ue**lve	Uds./ellos/ellas	v**ue**lven

▶ To help you identify stem-changing verbs, they will appear as follows throughout the text:

empezar (e:ie), volver (o:ue)

Common stem-changing verbs

e:ie		o:ue	
cerrar	to close	**almorzar**	to have lunch
comenzar (a + *inf.*)	to begin	**contar**	to count; to tell
empezar (a + *inf.*)	to begin	**dormir**	to sleep
entender	to understand	**encontrar**	to find
pensar	to think	**mostrar**	to show
perder	to lose; to miss	**poder (+ *inf.*)**	to be able to; can
preferir (+ *inf.*)	to prefer	**recordar**	to remember
querer (+ *inf.*)	to want; to love	**volver**	to return

¡LENGUA VIVA!

The verb **perder** can mean *to lose* or *to miss*, in the sense of "to miss a train."

Siempre pierdo mis llaves.

I always lose my keys.

Es importante no perder el autobús.

It's important not to miss the bus.

▶ **Jugar** (*to play a sport or a game*) is the only Spanish verb that has a **u:ue** stem change. **Jugar** is followed by **a** + [*definite article*] when the name of a sport or game is mentioned.

Ella juega al tenis y al golf.

Los chicos juegan al fútbol.

▶ **Comenzar** and **empezar** require the preposition **a** when they are followed by an infinitive.

Comienzan a jugar a las siete.
They begin playing at seven.

Ana **empieza a** escribir una postal.
Ana is starting to write a postcard.

▶ **Pensar** + [*infinitive*] means *to plan* or *to intend to do something*. **Pensar en** means *to think about someone* or *something*.

¿Piensan ir al gimnasio?
Are you planning to go to the gym?

¿En qué **piensas**?
What are you thinking about?

¡INTÉNTALO!   Provide the present tense forms of these verbs.

cerrar (e:ie)

1. Ustedes _____cierran_____.
2. Tú _____.
3. Nosotras _____.
4. Mi hermano _____.
5. Yo _____.
6. Usted _____.
7. Los chicos _____.
8. Ella _____.

dormir (o:ue)

1. Mi abuela no _____duerme_____.
2. Yo no _____.
3. Tú no _____.
4. Mis hijos no _____.
5. Usted no _____.
6. Nosotros no _____.
7. Él no _____.
8. Ustedes no _____.

recursos

WB
pp. 41–42

LM
p. 22

S

vhlcentral.com
Lección 4

Práctica

1

Completar Complete this conversation with the appropriate forms of the verbs. Then act it out with a partner.

PABLO Óscar, voy al centro ahora.

ÓSCAR ¿A qué hora (1)_____ (pensar) volver? El partido de fútbol (2)_____ (empezar) a las dos.

PABLO (3)_____ (Volver) a la una. (4)_____ (Querer) ver el partido.

ÓSCAR (5)¿_____ (Recordar) que (*that*) nuestro equipo es muy bueno? (6)¡ _____ (Poder) ganar!

PABLO No, (7)_____ (pensar) que va a (8)_____ (perder). Los jugadores de Guadalajara son salvajes (*wild*) cuando (9)_____ (jugar).

2

Preferencias With a partner, take turns asking and answering questions about what these people want to do, using the cues provided.

modelo

Guillermo: estudiar / pasear en bicicleta
Estudiante 1: ¿Quiere estudiar Guillermo?
Estudiante 2: No, prefiere pasear en bicicleta.

1. tú: trabajar / dormir

▶ 2. ustedes: mirar la televisión / jugar al dominó

3. tus amigos: ir de excursión / descansar

4. tú: comer en la cafetería / ir a un restaurante

5. Elisa: ver una película / leer una revista

6. María y su hermana: tomar el sol / practicar el esquí acuático

3

Describir Use a verb from the list to describe what these people are doing.

| almorzar | cerrar | contar | dormir | encontrar | mostrar |

1. las niñas

2. yo

3. nosotros

4. tú

5. Pedro

6. Teresa

Comunicación

4 **Frecuencia** In pairs, take turns using the verbs from the list and other stem-changing verbs you know to tell your partner which activities you do daily (**todos los días**), which you do once a month (**una vez al mes**), and which you do once a year (**una vez al año**). Record your partner's responses in the chart so that you can report back to the class.

> **modelo**
>
> **Estudiante 1:** Yo recuerdo a mi familia todos los días.
> **Estudiante 2:** Yo pierdo uno de mis libros una vez al año.

cerrar	perder
dormir	poder
empezar	preferir
encontrar	querer
jugar	recordar
¿?	¿?

todos los días	una vez al mes	una vez al año

5 **En la televisión** Read the television listings for Saturday. In pairs, write a conversation between two siblings arguing about what to watch. Be creative and be prepared to act out your conversation for the class.

> **modelo**
>
> **Hermano:** Podemos ver la Copa Mundial.
> **Hermana:** ¡No, no quiero ver la Copa Mundial! Prefiero ver...

	13:00	14:00	15:00	16:00	17:00	18:00	19:00	20:00	21:00	22:00	23:00
7	Copa Mundial (*World Cup*) de fútbol				República Deportiva	Campeonato (*Championship*) Mundial de Vóleibol: México-Argentina				Torneo de Natación	
8	Abierto (*Open*) Mexicano de Tenis: Santiago González (México) vs. Nicolás Almagro (España). Semifinales			Campeonato de baloncesto: Los Correcaminos de Tampico vs. los Santos de San Luis				Aficionados al buceo		Cozumel: Aventuras	
12	Yo soy Betty, la fea		Héroes		Hermanos y hermanas			Película: **Sin nombre**		Película: **El coronel no tiene quien le escriba**	
13	El padrastro			60 Minutos				El esquí acuático		Patinaje artístico	
17	Biografías: La artista Frida Kahlo				Música de la semana			Entrevista del día: Iker Casillas y su pasión por el fútbol		Cine de la noche: **Elsa y Fred**	

Síntesis

6 **Situación** Your instructor will give you and your partner each a partially illustrated itinerary of a city tour. Complete the itineraries by asking each other questions using the verbs in the captions and vocabulary you have learned.

> **modelo**
>
> **Estudiante 1:** Por la mañana, empiezan en el café.
> **Estudiante 2:** Y luego...

4.3 # Stem-changing verbs: e→i **S** **Tutorial**

ANTE TODO You've already seen that many verbs in Spanish change their stem vowel when conjugated. There is a third kind of stem-vowel change in some verbs, such as **pedir** (*to ask for; to request*). In these verbs, the stressed vowel in the stem changes from **e** to **i**, as shown in the diagram.

INFINITIVE	VERB STEM	STEM CHANGE	CONJUGATED FORM
pedir	p**e**d-	p**i**d-	p**i**do

▶ As with other stem-changing verbs you have learned, there is no stem change in the **nosotros/as** or **vosotros/as** forms in the present tense.

¡LENGUA VIVA!

As you learned in **Lección 2, preguntar** means *to ask a question.* **Pedir,** however, means *to ask for something:*

Ella me pregunta cuántos años tengo.
She asks me how old I am.

Él me pide ayuda.
He asks me for help.

The verb pedir (e:i) (*to ask for; to request*)

	Singular forms		Plural forms
yo	p**i**do	nosotros/as	pedimos
tú	p**i**des	vosotros/as	pedís
Ud./él/ella	p**i**de	Uds./ellos/ellas	p**i**den

▶ To help you identify verbs with the **e:i** stem change, they will appear as follows throughout the text:

pedir (e:i)

▶ These are the most common **e:i** stem-changing verbs:

conseguir	**decir**	**repetir**	**seguir**
to get; to obtain	*to say; to tell*	*to repeat*	*to follow; to continue; to keep (doing something)*

Pido favores cuando es necesario.
I ask for favors when it's necessary.

Javier **dice** la verdad.
Javier is telling the truth.

Sigue con su tarea.
He continues with his homework.

Consiguen ver buenas películas.
They get to see good movies.

▶ **¡Atención!** The verb **decir** is irregular in its **yo** form: **yo digo**.

▶ The **yo** forms of **seguir** and **conseguir** have a spelling change in addition to the stem change **e:i**.

Sigo su plan.
I'm following their plan.

Consigo novelas en la librería.
I get novels at the bookstore.

recursos

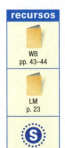

WB
pp. 43–44

LM
p. 23

S
vhlcentral.com
Lección 4

¡INTÉNTALO! Provide the correct forms of the verbs.

repetir (e:i)	**decir (e:i)**	**seguir (e:i)**
1. Arturo y Eva _repiten_.	1. Yo _digo_.	1. Yo _sigo_.
2. Yo _____.	2. Él _____.	2. Nosotros _____.
3. Nosotros _____.	3. Tú _____.	3. Tú _____.
4. Julia _____.	4. Usted _____.	4. Los chicos _____.
5. Sofía y yo _____.	5. Ellas _____.	5. Usted _____.

Práctica

1

Completar Complete these sentences with the correct form of the verb provided.

1. Cuando mi familia pasea por la ciudad, mi madre siempre (*always*) va a un café y _____ (pedir) una soda.
2. Pero mi padre _____ (decir) que perdemos mucho tiempo. Tiene prisa por llegar al Bosque de Chapultepec.
3. Mi padre tiene suerte, porque él siempre _____ (conseguir) lo que (*that which*) desea.
4. Cuando llegamos al parque, mis hermanos y yo _____ (seguir) conversando (*talking*) con nuestros padres.
5. Mis padres siempre _____ (repetir) la misma cosa: "Nosotros tomamos el sol aquí sin ustedes".
6. Yo siempre _____ (pedir) permiso para volver a casa un poco más tarde porque me gusta mucho el parque.

NOTA CULTURAL

A popular weekend destination for residents and tourists, **el Bosque de Chapultepec** is a beautiful park located in Mexico City. It occupies over 2.5 square miles and includes lakes, wooded areas, several museums, and a botanical garden. You may recognize this park from **Fotonovela, Lección 2.**

2

Combinar Combine words from the two columns to create sentences about yourself and people you know.

A	**B**
yo	(no) pedir muchos favores
mi compañero/a de cuarto	nunca (*never*) pedir perdón
mi mejor (*best*) amigo/a	nunca seguir las instrucciones
mi familia	siempre seguir las instrucciones
mis amigos/as	conseguir libros en Internet
mis amigos/as y yo	repetir el vocabulario
mis padres	poder hablar dos lenguas
mi hermano/a	dormir hasta el mediodía
mi profesor(a) de español	siempre perder sus libros

3

Opiniones In pairs, take turns guessing how your partner completed the sentences from **Actividad 2.** If you guess incorrectly, your partner must supply the correct answer.

modelo

Estudiante 1: Creo que tus padres consiguen libros en Internet.
Estudiante 2: ¡No! Mi hermana consigue libros en Internet.

CONSULTA

To review possessive adjectives, see **Estructura 3.2**, p. 85.

4

¿Quién? Your instructor will give you a worksheet. Talk to your classmates until you find one person who does each of the activities. Use **e:ie**, **o:ue**, and **e:i** stem-changing verbs.

modelo

Tú: ¿Pides consejos con frecuencia?
Maira: No, no pido consejos con frecuencia.
Tú: ¿Pides consejos con frecuencia?
Lucas: Sí, pido consejos con frecuencia.

  Practice more at **vhlcentral.com.**

Comunicación

5 **Las películas** Use these questions to interview a classmate.

1. ¿Prefieres las películas románticas, las películas de acción o las películas de terror? ¿Por qué?

2. ¿Dónde consigues información sobre (*about*) cine y televisión?

3. ¿Dónde consigues las entradas (*tickets*) para ver una película?

4. Para decidir qué películas vas a ver, ¿sigues las recomendaciones de los críticos de cine? ¿Qué dicen los críticos en general?

5. ¿Qué cines en tu comunidad muestran las mejores (*best*) películas?

6. ¿Vas a ver una película esta semana? ¿A qué hora empieza la película?

Síntesis

6 **El cine** In pairs, first scan the ad and jot down all the stem-changing verbs. Then answer the questions. Be prepared to share your answers with the class.

1. ¿Qué palabras indican que *Gravity* es una película dramática?

2. ¿Cómo está el personaje (*character*) del póster? ¿Qué quiere hacer?

3. ¿Te gustan las películas como ésta (*this one*)? ¿Por qué?

4. Describe tu película favorita con los verbos de la **Lección 4**.

★ ★ ★ ★ ★

Ganadora de siete premios Óscar

Cuando todo comienza a fallar, ellos no pierden la esperanza.

Del director de **Hijos de los hombres** y **Harry Potter y el prisionero de Azkaban**

Un accidente espacial deja a Ryan Stone y Matt Kowalski atrapados en el espacio. Sólo quieren una cosa: seguir vivos. **¿Consiguen sobrevivir? ¿Vuelven finalmente a la Tierra?**

4.4   Verbs with irregular **yo** forms **Tutorial**

ANTE TODO   In Spanish, several verbs have irregular **yo** forms in the present tense. You have already seen three verbs with the **-go** ending in the **yo** form: **decir → digo**, **tener → tengo**, and **venir → vengo**.

▶ Here are some common expressions with **decir**.

decir la verdad
to tell the truth

decir mentiras
to tell lies

decir que
to say that

decir la respuesta
to say the answer

▶ The verb **hacer** is often used to ask questions about what someone does. Note that when answering, **hacer** is frequently replaced with another, more specific action verb.

Verbs with irregular yo forms

	hacer *(to do; to make)*	**poner** *(to put; to place)*	**salir** *(to leave)*	**suponer** *(to suppose)*	**traer** *(to bring)*
SINGULAR FORMS	**hago**	**pongo**	**salgo**	**supongo**	**traigo**
	haces	pones	sales	supones	traes
	hace	pone	sale	supone	trae
PLURAL FORMS	hacemos	ponemos	salimos	suponemos	traemos
	hacéis	ponéis	salís	suponéis	traéis
	hacen	ponen	salen	suponen	traen

Salgo mucho los fines de semana.

Yo no salgo, yo hago la tarea y veo películas en la televisión.

▶ **Poner** can also mean to *turn on* a household appliance.

Carlos **pone** la radio.
Carlos turns on the radio.

María **pone** la televisión.
María turns on the television.

▶ **Salir de** is used to indicate that someone is leaving a particular place.

Hoy **salgo del** hospital.
Today I leave the hospital.

Sale de la clase a las cuatro.
He leaves class at four.

▶ **Salir para** is used to indicate someone's destination.

Mañana **salgo para** México.
Tomorrow I leave for Mexico.

Hoy **salen para** España.
Today they leave for Spain.

▶ **Salir con** means *to leave with someone* or *something*, or *to date someone*.

Alberto **sale con** su mochila.
Alberto is leaving with his backpack.

Margarita **sale con** Guillermo.
Margarita is going out with Guillermo.

The verbs **ver** and **oír**

▶ The verb **ver** (*to see*) has an irregular **yo** form. The other forms of **ver** are regular.

The verb **ver** (*to see*)

Singular forms		Plural forms	
yo	**veo**	nosotros/as	vemos
tú	ves	vosotros/as	veis
Ud./él/ella	ve	Uds./ellos/ellas	ven

▶ The verb **oír** (*to hear*) has an irregular **yo** form and the spelling change **i:y** in the **tú**, **usted/él/ella**, and **ustedes/ellos/ellas** forms. The **nosotros/as** and **vosotros/as** forms have an accent mark.

The verb **oír** (*to hear*)

Singular forms		Plural forms	
yo	**oigo**	nosotros/as	oímos
tú	o**y**es	vosotros/as	oís
Ud./él/ella	o**y**e	Uds./ellos/ellas	o**y**en

▶ While most commonly translated as *to hear*, **oír** is also used in contexts where the verb *to listen* would be used in English.

Oigo a unas personas en la otra sala.
I hear some people in the other room.

¿**Oyes** la radio por la mañana?
Do you listen to the radio in the morning?

¡INTÉNTALO!   Provide the appropriate forms of these verbs.

1. salir   Isabel _____ *sale* .   Nosotros _____.   Yo _____.
2. ver   Yo _____.   Uds. _____.   Tú _____.
3. poner   Rita y yo _____.   Yo _____.   Los niños _____.
4. hacer   Yo _____.   Tú _____.   Ud. _____.
5. oír   Él _____.   Nosotros _____.   Yo _____.
6. traer   Ellas _____.   Yo _____.   Tú _____.
7. suponer   Yo _____.   Mi amigo _____.   Nosotras _____.

Práctica

1

Completar Complete this conversation with the appropriate forms of the verbs. Then act it out with a partner.

ERNESTO David, ¿qué (1)_____ (hacer) hoy?

DAVID Ahora estudio biología, pero esta noche (2)_____ (salir) con Luisa. Vamos al cine. Los críticos (3)_____ (decir) que la nueva (*new*) película de Almodóvar es buena.

ERNESTO ¿Y Diana? ¿Qué (4)_____ (hacer) ella?

DAVID (5)_____ (Salir) a comer con sus padres.

ERNESTO ¿Qué (6)_____ (hacer) Andrés y Javier?

DAVID Tienen que (7)_____ (hacer) las maletas. (8)_____ (Salir) para Monterrey mañana.

ERNESTO Pues, ¿qué (9)_____ (hacer) yo?

DAVID Yo (10)_____ (suponer) que puedes estudiar o (11)_____ (ver) la televisión.

ERNESTO No quiero estudiar. Mejor (12)_____ (poner) la televisión. Mi programa favorito empieza en unos minutos.

2

Oraciones Form sentences using the cues provided and verbs from **Estructura 4.4**.

> **modelo**
>
> tú / _____ / cosas / en / su lugar / antes de (*before*) / salir
>
> *Tú **pones las cosas en su lugar antes de salir.***

1. mis amigos / _____ / conmigo / centro
2. tú / _____ / mentiras / pero / yo _____ / verdad
3. Alberto / _____ / música del café Pasatiempos
4. yo / no / _____ / muchas películas
5. domingo / nosotros / _____ / mucha / tarea
6. si / yo / _____ / que / yo / querer / ir / cine / mis amigos / ir / también

3

Describir Use the verbs from **Estructura 4.4** to describe what these people are doing.

1. Fernán

2. los aficionados

3. yo

4. nosotros

5. la señora Vargas

6. el estudiante

 Practice more at **vhlcentral.com**.

Comunicación

4

Tu rutina In pairs, take turns asking each other these questions.

1. ¿Qué traes a clase?
2. ¿Quiénes traen un diccionario a clase? ¿Por qué traen un diccionario?
3. ¿A qué hora sales de tu residencia estudiantil o de tu casa por la mañana? ¿A qué hora sale tu compañero/a de cuarto?
4. ¿Dónde pones tus libros cuando regresas de clase? ¿Siempre (*Always*) pones tus cosas en su lugar?
5. ¿Qué prefieres hacer, oír la radio o ver la televisión?
6. ¿Oyes música cuando estudias?
7. ¿Ves películas en casa o prefieres ir al cine?
8. ¿Haces mucha tarea los fines de semana?
9. ¿Sales con tus amigos los fines de semana? ¿A qué hora? ¿Qué hacen?
10. ¿Te gusta ver deportes en la televisión o prefieres ver otros programas? ¿Cuáles?

5

Charadas In groups, play a game of charades. Each person should think of two phrases containing the verbs **hacer, oír, poner, salir, traer,** or **ver**. The first person to guess correctly acts out the next charade.

6

Entrevista You are doing a market research report on lifestyles. Interview a classmate to find out when he or she goes out with these people and what they do for entertainment.

▶ los/las amigos/as
▶ el/la novio/a
▶ el/la esposo/a
▶ la familia

Síntesis

7

Situación Imagine that you are speaking with your roommate. With a partner, prepare a conversation using these cues.

Estudiante 1	Estudiante 2
Ask your partner what he or she is doing. →	Tell your partner that you are watching TV.
Say what you suppose he or she is watching. →	Say that you like the show _____. Ask if he or she wants to watch.
Say no, because you are going out with friends, and tell where you are going. →	Say you think it's a good idea, and ask what your partner and his or her friends are doing there.
Say what you are going to do, and ask your partner whether he or she wants to come along. →	Say no and tell your partner what you prefer to do.

Recapitulación

(S) Diagnostics

Review the grammar concepts you have learned in this lesson by completing these activities.

1 **Completar** Complete the chart with the correct verb forms. **30 pts.**

Infinitive	yo	nosotros/as	ellos/as
	vuelvo		
comenzar		comenzamos	
		hacemos	hacen
ir			
	juego		
repetir			repiten

2 **Un día típico** Complete the paragraph with the appropriate forms of the verbs in the word list. Not all verbs will be used. Some may be used more than once. **20 pts.**

almorzar	ir	salir
cerrar	jugar	seguir
empezar	mostrar	ver
hacer	querer	volver

¡Hola! Me llamo Cecilia y vivo en Puerto Vallarta, México. ¿Cómo es un día típico en mi vida (*life*)? Por la mañana bebo café con mis padres y juntos (*together*) (1) _____ las noticias (*news*) en la televisión. A las siete y media, (*yo*) (2) _____ de mi casa y tomo el autobús. Me gusta llegar temprano (*early*) a la universidad porque siempre (*always*) (3) _____ a mis amigos en la cafetería. Tomamos café y planeamos lo que (4) _____ hacer cada (*each*) día. A las ocho y cuarto, mi amiga Sandra y yo (5) _____ al laboratorio de lenguas. La clase de francés (6) _____ a las ocho y media. ¡Es mi clase favorita! A las doce y media (*yo*) (7) _____ en la cafetería con mis amigos. Después (*Afterwards*), yo (8) _____ con mis clases. Por las tardes, mis amigos (9) _____ a sus casas, pero yo (10) _____ al vóleibol con mi amigo Tomás.

RESUMEN GRAMATICAL

4.1 **Present tense of ir** *p. 118*

yo	voy	nos.	vamos
tú	vas	vos.	vais
él	va	ellas	van

► ir a + [*infinitive*] = *to be going* + [*infinitive*]
► a + el = al
► vamos a + [*infinitive*] = *let's* (*do something*)

4.2 **Stem-changing verbs e:ie, o:ue, u:ue** *pp. 121–122*

	empezar	volver	jugar
yo	empiezo	vuelvo	juego
tú	empiezas	vuelves	juegas
él	empieza	vuelve	juega
nos.	empezamos	volvemos	jugamos
vos.	empezáis	volvéis	jugáis
ellas	empiezan	vuelven	juegan

► Other e:ie verbs: cerrar, comenzar, entender, pensar, perder, preferir, querer
► Other o:ue verbs: almorzar, contar, dormir, encontrar, mostrar, poder, recordar

4.3 **Stem-changing verbs e:i** *p. 125*

		pedir	
yo	pido	nos.	pedimos
tú	pides	vos.	pedís
él	pide	ellas	piden

► Other e:i verbs: conseguir, decir, repetir, seguir

4.4 **Verbs with irregular yo forms** *pp. 128–129*

hacer	poner	salir	suponer	traer
hago	pongo	salgo	supongo	traigo

► ver: veo, ves, ve, vemos, veis, ven
► oír: oigo, oyes, oye, oímos, oís, oyen

3

Oraciones Arrange the cues provided in the correct order to form complete sentences. Make all necessary changes. **14 pts.**

1. tarea / los / hacer / sábados / nosotros / la
   _____

2. en / pizza / Andrés / una / restaurante / el / pedir
   _____

3. a / ? / museo / ir / ¿ / el / (tú)
   _____

4. de / oír / amigos / bien / los / no / Elena
   _____

5. libros / traer / yo / clase / mis / a
   _____

6. película / ver / en / Jorge y Carlos / pensar / cine / una / el
   _____

7. unos / escribir / Mariana / electrónicos / querer / mensajes
   _____

4

Escribir Write a short paragraph about what you do on a typical day. Use at least six of the verbs you have learned in this lesson. You can use the paragraph on the opposite page (**Actividad 2**) as a model. **36 pts.**

Un día típico

Hola, me llamo Julia y vivo en Vancouver, Canadá. Por la mañana, yo...

5

Rima Complete the rhyme with the appropriate forms of the correct verbs from the list. **4 EXTRA points!**

contar	poder
oír	suponer

"Si no _____ dormir
y el sueño deseas,
lo vas a conseguir
si _____ ovejas°."

ovejas *sheep*

 Practice more at **vhlcentral.com.**

Lectura

Antes de leer

Estrategia

Predicting content from visuals

When you are reading in Spanish, be sure to look for visual clues that will orient you as to the content and purpose of what you are reading. Photos and illustrations, for example, will often give you a good idea of the main points that the reading covers. You may also encounter very helpful visuals that are used to summarize large amounts of data in a way that is easy to comprehend; these include bar graphs, pie charts, flow charts, lists of percentages, and other sorts of diagrams.

Examinar el texto

Take a quick look at the visual elements of the magazine article in order to generate a list of ideas about its content. Then compare your list with a classmate's. Are they the same or are they different? Discuss your lists and make any changes needed to produce a final list of ideas.

Contestar

Read the list of ideas you wrote in **Examinar el texto**, and look again at the visual elements of the magazine article. Then answer these questions:

1. Who is the woman in the photo, and what is her role?
2. What is the article about?
3. What is the subject of the pie chart?
4. What is the subject of the bar graph?

por María Úrsula Echevarría

El fútbol es el deporte más popular en el mundo° hispano, según° una encuesta° reciente realizada entre jóvenes universitarios. Mucha gente practica este deporte y tiene un equipo de fútbol favorito. Cada cuatro años se realiza la Copa Mundial°. Argentina y Uruguay han ganado° este campeonato° más de una vez°. Los aficionados siguen los partidos de fútbol en casa por tele y en muchos otros lugares como bares, restaurantes, estadios y clubes deportivos. Los jóvenes juegan al fútbol con sus amigos en parques y gimnasios.

Países hispanos en campeonatos mundiales de fútbol (1930–2014)

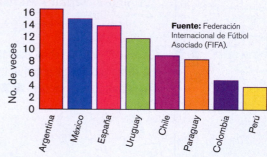

Fuente: Federación Internacional de Fútbol Asociado (FIFA).

Pero, por supuesto°, en los países de habla hispana también hay otros deportes populares. ¿Qué deporte sigue al fútbol en estos países? Bueno, ¡depende del país y de otros factores!

Después de leer

Evaluación y predicción

Which of the following sporting events would be most popular among the college students surveyed? Rate them from one (most popular) to five (least popular). Which would be the most popular at your college or university?

_____ 1. la Copa Mundial de Fútbol

_____ 2. los Juegos Olímpicos

_____ 3. el Campeonato de Wimbledon

_____ 4. la Serie Mundial de Béisbol

_____ 5. el Tour de Francia

No sólo el fútbol

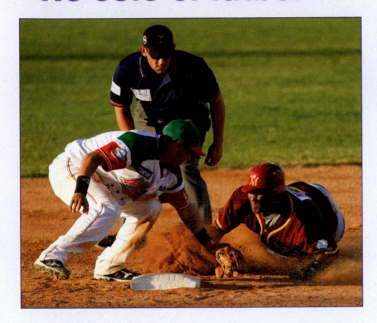

En Colombia, el béisbol también es muy popular después del fútbol, aunque° esto varía según la región del país. En la costa del norte de Colombia, el béisbol es una pasión. Y el ciclismo también es un deporte que los colombianos siguen con mucho interés.

Donde el béisbol es más popular

En los países del Caribe, el béisbol es el deporte predominante. Éste es el caso en Puerto Rico, Cuba y la República Dominicana. Los niños empiezan a jugar cuando son muy pequeños. En Puerto Rico y la República Dominicana, la gente también quiere participar en otros deportes, como el baloncesto, o ver los partidos en la tele. Y para los espectadores aficionados del Caribe, el boxeo es número dos.

Donde el fútbol es más popular

En México, el béisbol es el segundo° deporte más popular después° del fútbol. Pero en Argentina, después del fútbol, el rugby tiene mucha importancia. En Perú a la gente le gusta mucho ver partidos de vóleibol. ¿Y en España? Muchas personas prefieren el baloncesto, el tenis y el ciclismo.

Deportes más populares

Fútbol (69%)
Béisbol (10%)
Baloncesto (8%)
Ciclismo (4%)
Tenis (4%)
Boxeo (3%)
Vóleibol (2%)

---

mundo *world* **según** *according to* **encuesta** *survey* **se realiza la Copa Mundial** *the World Cup is held* **han ganado** *have won* **campeonato** *championship* **más de una vez** *more than once* **por supuesto** *of course* **segundo** *second* **después** *after* **aunque** *although*

¿Cierto o falso?

Indicate whether each sentence is **cierto** or **falso**, then correct the false statements.

	Cierto	Falso
1. El vóleibol es el segundo deporte más popular en México.	○	○
2. En España a la gente le gustan varios deportes como el baloncesto y el ciclismo.	○	○
3. En la costa del norte de Colombia, el tenis es una pasión.	○	○
4. En el Caribe, el deporte más popular es el béisbol.	○	○

Preguntas

Answer these questions in Spanish.

1. ¿Dónde ven el fútbol los aficionados? Y tú, ¿cómo ves tus deportes favoritos?
2. ¿Te gusta el fútbol? ¿Por qué?
3. ¿Miras la Copa Mundial en la televisión?
4. ¿Qué deportes miras en la televisión?
5. En tu opinión, ¿cuáles son los tres deportes más populares en tu universidad? ¿En tu comunidad? ¿En tu país?
6. ¿Practicas deportes en tus ratos libres?

México

El país en cifras

▶ **Área:** 1.972.550 km²
(761.603 millas²), *casi° tres veces°*
el área de Texas

La situación geográfica de México,
al sur° de los Estados Unidos, ha
influido en° la economía y la sociedad de los dos
países. Una de las consecuencias es la emigración
de la población mexicana al país vecino°. Hoy día,
más de 33 millones de personas de ascendencia
mexicana viven en los Estados Unidos.

▶ **Población:** 118.818.000

▶ **Capital:** México, D.F. (y su área
metropolitana)—19.319.000

▶ **Ciudades principales:** Guadalajara
—4.338.000, Monterrey—3.838.000,
Puebla—2.278.000,
Ciudad Juárez—1.321.000

▶ **Moneda:** peso mexicano

▶ **Idiomas:** español (oficial), náhuatl,
otras lenguas indígenas

Bandera de México

Mexicanos célebres

▶ **Benito Juárez,** héroe nacional (1806–1872)

▶ **Octavio Paz,** poeta (1914–1998)

▶ **Elena Poniatowska,** periodista y escritora
(1932–)

▶ **Mario Molina,** Premio Nobel de Química, 1995;
químico (1943–)

▶ **Paulina Rubio,** cantante (1971–)

casi *almost* veces *times* sur *south* ha influido en *has influenced*
vecino *neighboring* se llenan de luz *get filled with light* flores *flowers*
Muertos *Dead* se ríen *laugh* muerte *death* lo cual se refleja *which is*
reflected calaveras de azúcar *sugar skulls* pan *bread* huesos *bones*

Cabo San Lucas

ESTADOS UNIDOS

Autorretrato con mono,
1938, Frida Kahlo

Ciudad Juárez

Río Grande
Río Bravo del Norte
Golfo de California
Baja California
Sierra Madre Oriental
Sierra Madre Occidental

ESTADOS UNIDOS
MÉXICO
OCÉANO
ATLÁNTICO
OCÉANO
PACÍFICO
AMÉRICA DEL SUR

Monterrey

Océano Pacífico

Puerto
Vallarta

**Ciudad de
México**

Guadalajara

Puebla

Acapulco

Artesanías
en Taxco, Guerrero

recursos

WB pp. 47-48	VM pp. 37–38	vhlcentral.com Lección 4

Pirámide de Kukulcán
en Chichén Itzá

¡Increíble pero cierto!

Cada dos de noviembre los cementerios de
México se llenan de luz°, música y flores°. El Día
de Muertos° no es un evento triste; es una fiesta
en honor a las personas muertas. En ese día,
los mexicanos se ríen° de la muerte°, lo cual se
refleja° en detalles como las calaveras de azúcar°
y el pan° de muerto —pan en forma de huesos°.

Ciudades • México, D.F.

La Ciudad de México, fundada° en 1525, también se llama el D.F. o Distrito Federal. Muchos turistas e inmigrantes vienen a la ciudad porque es el centro cultural y económico del país. El crecimiento° de la población es de los más altos° del mundo. El D.F. tiene una población mayor que las de Nueva York, Madrid o París.

Artes • Diego Rivera y Frida Kahlo

Frida Kahlo y Diego Rivera eran° artistas mexicanos muy famosos. Se casaron° en 1929. Los dos se interesaron° en las condiciones sociales de la gente indígena de su país. Puedes ver algunas° de sus obras° en el Museo de Arte Moderno de la Ciudad de México.

Historia • Los aztecas

Los aztecas dominaron° en México del siglo° XIV al siglo XVI. Sus canales, puentes° y pirámides con templos religiosos eran muy importantes.
El fin del imperio azteca comenzó° con la llegada° de los españoles en 1519, pero la presencia azteca sigue hoy. La Ciudad de México está situada en la capital azteca de Tenochtitlán, y muchos turistas van a visitar sus ruinas.

Economía • La plata

México es el mayor productor de plata° del mundo°. Estados como Zacatecas y Durango tienen ciudades fundadas cerca de los más grandes yacimientos° de plata del país. Estas ciudades fueron° en la época colonial unas de las más ricas e importantes. Hoy en día, aún° conservan mucho de su encanto° y esplendor.

Golfo
de México

Península
de Yucatán

Bahía de
Campeche

Mérida
Cancún

Veracruz

Istmo de
Tehuantepec

BELICE

GUATEMALA

 ¿Qué aprendiste? Responde a cada pregunta con una oración completa.

1. ¿Qué lenguas hablan los mexicanos?

2. ¿Cómo es la población del D.F. en comparación con la de otras ciudades?

3. ¿En qué se interesaron Frida Kahlo y Diego Rivera?

4. Nombra algunas de las estructuras de la arquitectura azteca.

5. ¿Dónde está situada la capital de México?

6. ¿Qué estados de México tienen los mayores yacimientos de plata?

 Conexión Internet Investiga estos temas en **vhlcentral.com**.

 Practice more at **vhlcentral.com**.

1. Busca información sobre dos lugares de México. ¿Te gustaría (*Would you like*) vivir allí? ¿Por qué?

2. Busca información sobre dos artistas mexicanos. ¿Cómo se llaman sus obras más famosas?

fundada *founded* **crecimiento** *growth* **más altos** *highest* **eran** *were* **Se casaron** *They got married* **se interesaron** *were interested* **algunas** *some* **obras** *works* **dominaron** *dominated* **siglo** *century* **puentes** *bridges* **comenzó** *started* **llegada** *arrival* **plata** *silver* **mundo** *world* **yacimientos** *deposits* **fueron** *were* **aún** *still* **encanto** *charm*

Pasatiempos

andar en patineta	to skateboard
bucear	to scuba dive
escalar montañas (f., pl.)	to climb mountains
escribir una carta	to write a letter
escribir un mensaje electrónico	to write an e-mail
esquiar	to ski
ganar	to win
ir de excursión	to go on a hike
leer el correo electrónico	to read e-mail
leer un periódico	to read a newspaper
leer una revista	to read a magazine
nadar	to swim
pasear	to take a walk
pasear en bicicleta	to ride a bicycle
patinar (en línea)	to (inline) skate
practicar deportes (m., pl.)	to play sports
tomar el sol	to sunbathe
ver películas (f., pl.)	to watch movies
visitar monumentos (m., pl.)	to visit monuments
la diversión	fun activity; entertainment; recreation
el fin de semana	weekend
el pasatiempo	pastime; hobby
los ratos libres	spare (free) time
el videojuego	video game

Deportes

el baloncesto	basketball
el béisbol	baseball
el ciclismo	cycling
el equipo	team
el esquí (acuático)	(water) skiing
el fútbol	soccer
el fútbol americano	football
el golf	golf
el hockey	hockey
el/la jugador(a)	player
la natación	swimming
el partido	game; match
la pelota	ball
el tenis	tennis
el vóleibol	volleyball

Adjetivos

deportivo/a	sports-related
favorito/a	favorite

Lugares

el café	café
el centro	downtown
el cine	movie theater
el gimnasio	gymnasium
la iglesia	church
el lugar	place
el museo	museum
el parque	park
la piscina	swimming pool
la plaza	city or town square
el restaurante	restaurant

Verbos

almorzar (o:ue)	to have lunch
cerrar (e:ie)	to close
comenzar (e:ie)	to begin
conseguir (e:i)	to get; to obtain
contar (o:ue)	to count; to tell
decir (e:i)	to say; to tell
dormir (o:ue)	to sleep
empezar (e:ie)	to begin
encontrar (o:ue)	to find
entender (e:ie)	to understand
hacer	to do; to make
ir	to go
jugar (u:ue)	to play (a sport or a game)
mostrar (o:ue)	to show
oír	to hear
pedir (e:i)	to ask for; to request
pensar (e:ie)	to think
pensar (+ inf.)	to intend
pensar en	to think about
perder (e:ie)	to lose; to miss
poder (o:ue)	to be able to; can
poner	to put; to place
preferir (e:ie)	to prefer
querer (e:ie)	to want; to love
recordar (o:ue)	to remember
repetir (e:i)	to repeat
salir	to leave
seguir (e:i)	to follow; to continue
suponer	to suppose
traer	to bring
ver	to see
volver (o:ue)	to return

Decir expressions	See page 128.
Expresiones útiles	See page 113.

recursos

LM p. 24 · vhlcentral.com Lección 4

Vocabulary Tools

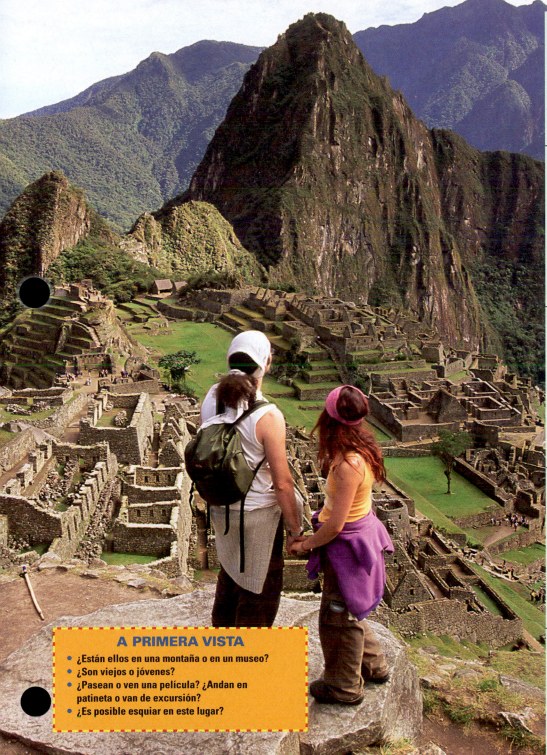

Las vacaciones

5

Communicative Goals

You will learn how to:

- Discuss and plan a vacation
- Describe a hotel
- Talk about how you feel
- Talk about the seasons and the weather

A PRIMERA VISTA
- ¿Están ellos en una montaña o en un museo?
- ¿Son viejos o jóvenes?
- ¿Pasean o ven una película? ¿Andan en patineta o van de excursión?
- ¿Es posible esquiar en este lugar?

Las vacaciones

la agente de viajes

el pasaporte

Confirma una reservación. (confirmar)

En la agencia de viajes

la habitación

el ascensor

el empleado

la llave

el huésped

la huésped

En el hotel

Saca/Toma fotos.
(sacar, tomar)

BIENVENIDOS

el avión

el viajero

la inspectora de aduanas

En el aeropuerto

Pesca.
(pescar)

Monta a caballo.
(montar)

Va en barco.
(ir)

el mar

Juegan a las cartas. (jugar)

la playa

En la playa

Práctica

1 **Escuchar** 🎧 Indicate who would probably make each statement you hear. Each answer is used twice.

a. el agente de viajes
b. el inspector de aduanas
c. un empleado del hotel

1. _____
2. _____
3. _____
4. _____
5. _____
6. _____

2 **¿Cierto o falso?** 🎧 Mario and his wife, Natalia, are planning their next vacation with a travel agent. Indicate whether each statement is **cierto** or **falso** according to what you hear in the conversation.

	Cierto	Falso
1. Mario y Natalia están en Puerto Rico.	○	○
2. Ellos quieren hacer un viaje a Puerto Rico.	○	○
3. Natalia prefiere ir a la montaña.	○	○
4. Mario quiere pescar en Puerto Rico.	○	○
5. La agente de viajes va a confirmar la reservación.	○	○

3 **Escoger** Choose the best answer for each sentence.

1. Un huésped es una persona que _____.
   a. toma fotos   b. está en un hotel   c. pesca en el mar
2. Abrimos la puerta con _____.
   a. una llave   b. un caballo   c. una llegada
3. Enrique tiene _____ porque va a viajar a otro (*another*) país.
   a. un pasaporte   b. una foto   c. una llegada
4. Antes de (*Before*) ir de vacaciones, hay que _____.
   a. pescar   b. ir en tren   c. hacer las maletas
5. Nosotros vamos en _____ al aeropuerto.
   a. autobús   b. pasaje   c. viajero
6. Me gusta mucho ir al campo. El _____ es increíble.
   a. paisaje   b. pasaje   c. equipaje

4 **Analogías** Complete the analogies using the words below. Two words will not be used.

auto	huésped	mar	sacar
empleado	llegada	pasaporte	tren

1. acampar → campo ⊜ pescar →
2. agencia de viajes → agente ⊜ hotel →
3. llave → habitación ⊜ pasaje →
4. estudiante → libro ⊜ turista →
5. aeropuerto → viajero ⊜ hotel →
6. maleta → hacer ⊜ foto →

Las estaciones y los meses del año

el invierno: diciembre, enero, febrero

la primavera: marzo, abril, mayo

el verano: junio, julio, agosto

el otoño: septiembre, octubre, noviembre

—**¿Cuál es la fecha de hoy?**   *What is today's date?*
—**Es el primero de octubre.**   *It's the first of October.*
—**Es el dos de marzo.**   *It's March 2nd.*
—**Es el diez de noviembre.**   *It's November 10th.*

El tiempo

—**¿Qué tiempo hace?**   *How's the weather?*
—**Hace buen/mal tiempo.**   *The weather is good/bad.*

Hace (mucho) calor.
It's (very) hot.

Hace (mucho) frío.
It's (very) cold.

Llueve. (llover o:ue)
It's raining.

Está lloviendo.
It's raining.

Nieva. (nevar e:ie)
It's snowing.

Está nevando.
It's snowing.

Más vocabulario

Está (muy) nublado.	*It's (very) cloudy.*
Hace fresco.	*It's cool.*
Hace (mucho) sol.	*It's (very) sunny.*
Hace (mucho) viento.	*It's (very) windy.*

5

El Hotel Regis Label the floors of the hotel.

Números ordinales	
primer (*before a masculine singular noun*), **primero/a**	*first*
segundo/a	*second*
tercer (*before a masculine singular noun*), **tercero/a**	*third*
cuarto/a	*fourth*
quinto/a	*fifth*
sexto/a	*sixth*
séptimo/a	*seventh*
octavo/a	*eighth*
noveno/a	*ninth*
décimo/a	*tenth*

a. _____ piso
b. _____ piso
c. _____ piso
d. _____ piso
e. _____ piso
f. _____ piso
g. _____ piso
h. _____ baja

6

Contestar Look at the illustrations of the months and seasons on the previous page. In pairs, take turns asking each other these questions.

> **modelo**
>
> **Estudiante 1:** *¿Cuál es el primer mes de la primavera?*
> **Estudiante 2:** *marzo*

1. ¿Cuál es el primer mes del invierno?
2. ¿Cuál es el segundo mes de la primavera?
3. ¿Cuál es el tercer mes del otoño?
4. ¿Cuál es el primer mes del año?
5. ¿Cuál es el quinto mes del año?
6. ¿Cuál es el octavo mes del año?
7. ¿Cuál es el décimo mes del año?
8. ¿Cuál es el segundo mes del verano?
9. ¿Cuál es el tercer mes del invierno?
10. ¿Cuál es el sexto mes del año?

7

Las estaciones Name the season that applies to the description.

1. Las clases terminan.
2. Vamos a la playa.
3. Acampamos.
4. Nieva mucho.
5. Las clases empiezan.
6. Hace mucho calor.
7. Llueve mucho.
8. Esquiamos.
9. el entrenamiento (*training*) de béisbol
10. el Día de Acción de Gracias (*Thanksgiving*)

8

¿Cuál es la fecha? Give the dates for these holidays.

> **modelo**
>
> el día de San Valentín   *14 de febrero*

1. el día de San Patricio
2. el día de Halloween
3. el primer día de verano
4. el Año Nuevo
5. mi cumpleaños (*birthday*)
6. mi día de fiesta favorito

9 **Seleccionar** Paco is talking about his family and friends. Choose the word or phrase that best completes each sentence.

1. A mis padres les gusta ir a Yucatán porque (hace sol, nieva).
2. Mi primo de Kansas dice que durante (*during*) un tornado, hace mucho (sol, viento).
3. Mis amigos van a esquiar si (nieva, está nublado).
4. Tomo el sol cuando (hace calor, llueve).
5. Nosotros vamos a ver una película si hace (buen, mal) tiempo.
6. Mi hermana prefiere correr cuando (hace mucho calor, hace fresco).
7. Mis tíos van de excursión si hace (buen, mal) tiempo.
8. Mi padre no quiere jugar al golf si (hace fresco, llueve).
9. Cuando hace mucho (sol, frío) no salgo de casa y tomo chocolate caliente (*hot*).
10. Hoy mi sobrino va al parque porque (está lloviendo, hace buen tiempo).

10 **El clima** With a partner, take turns asking and answering questions about the weather and temperatures in these cities. Use the model as a guide.

modelo

Estudiante 1: ¿Qué tiempo hace hoy en Nueva York?
Estudiante 2: Hace frío y hace viento.
Estudiante 1: ¿Cuál es la temperatura máxima?
Estudiante 2: Treinta y un grados (*degrees*).
Estudiante 1: ¿Y la temperatura mínima?
Estudiante 2: Diez grados.

soleado · lluvia · nieve · nublado · viento

Nueva York
Máx. 31°
Mín. 10°

Miami
Máx. 84°
Mín. 62°

Chicago
Máx. 23°
Mín. 5°

París
Máx. 38°
Mín. 26°

Madrid
Máx. 42°
Mín. 27°

Tokio
Máx. 49°
Mín. 34°

Montreal
Máx. 18°
Mín. 2°

México D.F.
Máx. 76°
Mín. 41°

Cozumel
Máx. 91°
Mín. 73°

Caracas
Máx. 80°
Mín. 72°

Quito
Máx. 60°
Mín. 51°

Buenos Aires
Máx. 85°
Mín. 59°

NOTA CULTURAL

In most Spanish-speaking countries, temperatures are given in degrees Celsius. Use these formulas to convert between **grados centígrados** and **grados Fahrenheit**.

degrees C × 9 ÷ 5 + 32 = degrees F

degrees F - 32 × 5 ÷ 9 = degrees C

11 **Completar** Complete these sentences with your own ideas.

1. Cuando hace sol, yo…
2. Cuando llueve, mis amigos y yo…
3. Cuando hace calor, mi familia…
4. Cuando hace viento, la gente…
5. Cuando hace frío, yo…
6. Cuando hace mal tiempo, mis amigos…
7. Cuando nieva, muchas personas…
8. Cuando está nublado, mis amigos y yo…
9. Cuando hace fresco, mis padres…
10. Cuando hace buen tiempo, mis amigos…

CONSULTA

Calor and **frío** can apply to both weather and people. Use **hacer** to describe weather conditions or climate.

(**Hace frío en Santiago**. *It's cold in Santiago*.)

Use **tener** to refer to people.

(**El viajero tiene frío**. *The traveler is cold*.)

See **Estructura 3.4**, p. 93.

 Practice more at **vhlcentral.com**.

Comunicación

12

Preguntas personales In pairs, ask each other these questions.

1. ¿Cuál es la fecha de hoy? ¿Qué estación es?
2. ¿Te gusta esta estación? ¿Por qué?
3. ¿Qué estación prefieres? ¿Por qué?
4. ¿Prefieres el mar o las montañas? ¿La playa o el campo? ¿Por qué?
5. Cuando haces un viaje, ¿qué te gusta hacer y ver?
6. ¿Piensas ir de vacaciones este verano? ¿Adónde quieres ir? ¿Por qué?
7. ¿Qué deseas ver y qué lugares quieres visitar?
8. ¿Cómo te gusta viajar? ¿En avión? ¿En motocicleta...?

13

Encuesta Your instructor will give you a worksheet. How does the weather affect what you do? Walk around the class and ask your classmates what they prefer or like to do in the weather conditions given. Note their responses on your worksheet. Make sure to personalize your survey by adding a few original questions to the list. Be prepared to report your findings to the class.

14

La reservación In pairs, imagine that one of you is a receptionist at a hotel and the other is a tourist calling to make a reservation. Read only the information that pertains to you. Then role-play the situation.

Turista

Vas a viajar a Yucatán con un amigo. Llegan a Cancún el 23 de febrero y necesitan una habitación con baño privado para cuatro noches. Ustedes quieren descansar y prefieren una habitación con vista (*view*) al mar. Averigua (*Find out*) toda la información que necesitas (el costo, cuántas camas, etc.) y decide si quieres hacer la reservación o no.

Empleado/a

Trabajas en la recepción del Hotel Oceanía en Cancún. Para el mes de febrero, sólo quedan (*remain*) dos habitaciones: una individual ($168/noche) en el primer piso y una doble ($134/noche) en el quinto piso que tiene descuento porque no hay ascensor. Todas las habitaciones tienen baño privado y vista (*view*) a la piscina.

15

Minidrama With two or three classmates, prepare a skit about people who are on vacation or are planning a vacation. The skit should take place in one of these locations.

- una agencia de viajes
- una casa
- un aeropuerto, una estación de tren/autobuses
- un hotel
- el campo o la playa

Síntesis

16

Un viaje You are planning a trip to Mexico and have many questions about your itinerary on which your partner, a travel agent, will advise you. Your instructor will give you and your partner each a sheet with different instructions for acting out the roles.

¡Vamos a la playa!

Los seis amigos hacen un viaje a la playa.

FELIPE

JUAN CARLOS

S : Video: *Fotonovela*

TÍA ANA MARÍA ¿Están listos para su viaje a la playa?

TODOS Sí.

TÍA ANA MARÍA Excelente... ¡A la estación de autobuses!

MARU ¿Dónde está Miguel?

FELIPE Yo lo traigo.

FELIPE No está nada mal el hotel, ¿verdad? Limpio, cómodo... ¡Oye, Miguel! ¿Todavía estás enojado conmigo? (*a Juan Carlos*) Miguel está de mal humor. No me habla.

JUAN CARLOS ¿Todavía?

(*se escucha un grito de Miguel*)

FELIPE Ya está listo. Y tal vez enojado. Ahorita vamos.

EMPLEADO Bienvenidas. ¿En qué puedo servirles?

MARU Hola. Tenemos una reservación para seis personas para esta noche.

EMPLEADO ¿A nombre de quién?

JIMENA ¿Díaz? ¿López? No estoy segura.

EMPLEADO No encuentro su nombre. Ah, no, ahora sí lo veo, aquí está. Díaz. Dos habitaciones en el primer piso para seis huéspedes.

EMPLEADO Aquí están las llaves de sus habitaciones.

MARU Gracias. Una cosa más. Mi novio y yo queremos hacer windsurf, pero no tenemos tablas.

EMPLEADO El botones las puede conseguir para ustedes.

MARISSA

JIMENA

MARU

MIGUEL

MAITE FUENTES

ANA MARÍA

EMPLEADO

7

JUAN CARLOS ¿Qué hace este libro aquí? ¿Estás estudiando en la playa?

JIMENA Sí, es que tengo un examen la próxima semana.

8

JUAN CARLOS Ay, Jimena. ¡No! ¿Vamos a nadar?

JIMENA Bueno, como estudiar es tan aburrido y el tiempo está tan bonito...

MARISSA Yo estoy un poco cansada. ¿Y tú? ¿Por qué no estás nadando?

FELIPE Es por causa de Miguel.

9

10

MARISSA Hmm, estoy confundida.

FELIPE Esta mañana. ¡Sigue enojado conmigo!

MARISSA No puede seguir enojado tanto tiempo.

recursos

VM
pp. 9–10

vhlcentral.com
Lección 5

Expresiones útiles

Talking with hotel personnel

¿En qué puedo servirles?
How can I help you?
Tenemos una reservación.
We have a reservation.
¿A nombre de quién?
In whose name?
¿Quizás López? ¿Tal vez Díaz?
Maybe López? Maybe Díaz?
Ahora lo veo, aquí está. Díaz.
Now I see it. Here it is. Díaz.
Dos habitaciones en el primer piso para seis huéspedes.
Two rooms on the first floor for six guests.
Aquí están las llaves.
Here are the keys.

Describing a hotel

No está nada mal el hotel.
The hotel isn't bad at all.
Todo está tan limpio y cómodo.
Everything is so clean and comfortable.
Es excelente/estupendo/fabuloso/ fenomenal/increíble/magnífico/ maravilloso/perfecto.
It's excellent/stupendous/fabulous/ phenomenal/incredible/magnificent/ marvelous/perfect.

Talking about how you feel

Yo estoy un poco cansado/a.
I am a little tired.
Estoy confundido/a. *I'm confused.*
Todavía estoy/Sigo enojado/a contigo.
I'm still angry with you.

Additional vocabulary

afuera *outside*
amable *nice; friendly*
el balde *bucket*
el/la botones *bellhop*
la crema de afeitar *shaving cream*
el frente (frío) *(cold) front*
el grito *scream*
la temporada *period of time*
entonces *so, then*
es igual *it's the same*

¿Qué pasó?

1

Completar Complete these sentences with the correct term from the word bank.

aburrido	botones	la llave
el aeropuerto	la estación de autobuses	montar a caballo
amable	habitaciones	reservación

1. Los amigos van a _____ para ir a la playa.
2. La _____ del hotel está a nombre de los Díaz.
3. Los amigos tienen dos _____ para seis personas.
4. El _____ puede conseguir tablas de windsurf para Maru.
5. Jimena dice que estudiar en vacaciones es muy _____.

CONSULTA

The meaning of some adjectives, such as **aburrido**, changes depending on whether they are used with **ser** or **estar**. See **Estructura 5.3**, pp. 158–159.

2

Identificar Identify the person who would make each statement.

EMPLEADO   **MARU**   **TÍA ANA MARÍA**   **FELIPE**   **JUAN CARLOS**

1. No lo encuentro, ¿a nombre de quién está su reservación?
2. ¿Por qué estás estudiando en la playa? ¡Mejor vamos a nadar!
3. Nuestra reservación es para seis personas en dos habitaciones.
4. El hotel es limpio y cómodo, pero estoy triste porque Miguel no me habla.
5. Suban al autobús y ¡buen viaje a la playa!

3

Ordenar Place these events in the correct order.

_____ a. El empleado busca la reservación.
_____ b. Marissa dice que está confundida.
_____ c. Los amigos están listos para ir a la playa.
_____ d. El empleado da (*gives*) las llaves de las habitaciones a las chicas.
_____ e. Miguel grita (*screams*).

4

Conversar With a partner, use these cues to create a conversation between a hotel employee and a guest in Mexico.

Huésped	**Empleado/a**
Say hi to the employee and ask for your reservation.	→ Tell the guest that you can't find his/her reservation.
Tell the employee that the reservation is in your name.	→ Tell him/her that you found the reservation and that it's for a double room.
Tell the employee that the hotel is very clean and comfortable.	→ Say that you agree with the guest, welcome him/her, and give him/her the keys.
Ask the employee to call the bellhop to help you with your luggage.	→ Call the bellhop to help the guest with his/her luggage.

 Practice more at **vhlcentral.com**.

Pronunciación Audio

Spanish **b** and **v**

bueno	**v**ólei**b**ol	**b**i**b**lioteca	**v**i**v**ir

There is no difference in pronunciation between the Spanish letters **b** and **v**. However, each letter can be pronounced two different ways, depending on which letters appear next to them.

bonito	**v**iajar	tam**b**ién	in**v**estigar

B and **v** are pronounced like the English hard *b* when they appear either as the first letter of a word, at the beginning of a phrase, or after **m** or **n**.

de**b**er	no**v**io	a**b**ril	cer**v**eza

In all other positions, **b** and **v** have a softer pronunciation, which has no equivalent in English. Unlike the hard **b**, which is produced by tightly closing the lips and stopping the flow of air, the soft **b** is produced by keeping the lips slightly open.

bola	**v**ela	Cari**b**e	decli**v**e

In both pronunciations, there is no difference in sound between **b** and **v**. The English *v* sound, produced by friction between the upper teeth and lower lip, does not exist in Spanish. Instead, the soft **b** comes from friction between the two lips.

Ve**r**ónica y su esposo canta**n** **b**oleros.

When **b** or **v** begins a word, its pronunciation depends on the previous word. At the beginning of a phrase or after a word that ends in **m** or **n**, it is pronounced as a hard **b**.

Benito   es de **B**oquerón   pero **v**ive   en **V**ictoria.

Words that begin with **b** or **v** are pronounced with a soft **b** if they appear immediately after a word that ends in a vowel or any consonant other than **m** or **n**.

Práctica Read these words aloud to practice the **b** and the **v**.

1. hablamos	4. van	7. doble	10. nublado
2. trabajar	5. contabilidad	8. novia	11. llave
3. botones	6. bien	9. béisbol	12. invierno

Oraciones Read these sentences aloud to practice the **b** and the **v**.

1. Vamos a Guaynabo en autobús.
2. Voy de vacaciones a la Isla Culebra.
3. Tengo una habitación individual en el octavo piso.
4. Víctor y Eva van en avión al Caribe.
5. La planta baja es bonita también.
6. ¿Qué vamos a ver en Bayamón?
7. Beatriz, la novia de Víctor, es de Arecibo, Puerto Rico.

Refranes Read these sayings aloud to practice the **b** and the **v**.

Hombre prevenido vale por dos.[2]

No hay mal que por bien no venga.[1]

recursos

LM p. 26

vhlcentral.com Lección 5

EN DETALLE

Video: *Flash cultura*

Las cataratas del Iguazú

Imagine the impressive and majestic Niagara Falls, the most powerful waterfall in North America. Now, if you can, imagine a waterfall four times as wide and almost twice as tall that caused Eleanor Roosevelt to exclaim "Poor Niagara!" upon seeing it for the first time. Welcome to **las cataratas del Iguazú!**

Iguazú is located in Iguazú National Park, an area of subtropical jungle where Argentina meets Brazil. Its name comes from the indigenous Guaraní word for "great water." A UNESCO World Heritage Site, **las cataratas del Iguazú** span three kilometers and comprise 275 cascades split into two main sections by San Martín Island. Most of the falls are about 82 meters (270 feet) high. The horseshoe-shaped cataract **Garganta del Diablo** (Devil's Throat) has the greatest water flow and is considered to be the most impressive; it also marks the border between Argentina and Brazil.

Each country offers different views and tourist options. Most visitors opt to use the numerous catwalks that are available on both sides; however, from the Argentinean side, tourists can get very close to the falls, whereas Brazil provides more panoramic views. If you don't mind getting wet, a jet boat tour is a good choice; those looking for wildlife—such as toucans, ocelots, butterflies, and jaguars—should head for San Martín Island. Brazil boasts less conventional ways to view the falls, such as helicopter rides and rappelling, while Argentina focuses on sustainability with its **Tren Ecológico de la Selva** (*Ecological Jungle Train*), an environmentally friendly way to reach the walkways.

No matter which way you choose to enjoy the falls, you are certain to be captivated.

Garganta del Diablo

Isla San Martín

Más cascadas° en Latinoamérica

Nombre	País	Altura°	Datos
Salto Ángel	Venezuela	979 metros	la más alta° del mundo°
Catarata del Gocta	Perú	771 metros	descubierta° en 2006
Piedra Volada	México	453 metros	la más alta de México

cascadas *waterfalls* Altura *Height* más alta *tallest* mundo *world* descubierta *discovered*

ACTIVIDADES

1 **¿Cierto o falso?** Indicate whether these statements are cierto or falso. Correct the false statements.

1. Iguazú Falls is located on the border of Argentina and Brazil.
2. Niagara Falls is four times as wide as Iguazú Falls.
3. Iguazú Falls has a few cascades, each about 82 meters.
4. Tourists visiting Iguazú can see exotic wildlife.

5. *Iguazú* is the Guaraní word for "blue water."
6. You can access the walkways by taking the **Garganta del Diablo**.
7. It is possible for tourists to visit Iguazú Falls by air.
8. **Salto Ángel** is the tallest waterfall in the world.
9. There are no waterfalls in Mexico.
10. For the best views of Iguazú Falls, tourists should visit the Brazilian side.

ASÍ SE DICE

Viajes y turismo

el asiento del medio, del pasillo, de la ventanilla	center, aisle, window seat
el itinerario	itinerary
media pensión	breakfast and one meal included
el ómnibus (Perú)	el autobús
pensión completa	all meals included
el puente	long weekend (lit., bridge)

EL MUNDO HISPANO

Destinos populares

- **Las playas del Parque Nacional Manuel Antonio** (Costa Rica) ofrecen° la oportunidad de nadar y luego caminar por el bosque tropical°.

- **Teotihuacán** (México) Desde antes de la época° de los aztecas, aquí se celebra el equinoccio de primavera en la Pirámide del Sol.

- **Puerto Chicama** (Perú), con sus olas° de cuatro kilómetros de largo°, es un destino para surfistas expertos.

- **Tikal** (Guatemala) Aquí puedes ver las maravillas de la selva° y ruinas de la civilización maya.

- **Las playas de Rincón** (Puerto Rico) Son ideales para descansar y observar ballenas°.

ofrecen *offer* bosque tropical *rainforest*
Desde antes de la época *Since before the time* olas *waves*
de largo *in length* selva *jungle* ballenas *whales*

PERFIL

Punta del Este

One of South America's largest and most fashionable beach resort towns is Uruguay's **Punta del Este**, a narrow strip of land containing twenty miles of pristine beaches. Its peninsular shape gives it two very different seascapes. **La Playa Mansa**, facing the bay and therefore the more protected side, has calm waters. Here, people practice water sports like swimming, water skiing, windsurfing, and diving. **La Playa Brava**, facing the east, receives the Atlantic Ocean's powerful, wave-producing winds, making it popular for surfing, body boarding, and kite surfing. Besides the beaches, posh shopping, and world-famous nightlife, **Punta** offers its 600,000 yearly visitors yacht and fishing clubs, golf courses, and excursions to observe sea lions at the **Isla de Lobos** nature reserve.

Conexión Internet

¿Cuáles son los sitios más populares para el turismo en Puerto Rico? — Go to **vhlcentral.com** to find more cultural information related to this **Cultura** section.

ACTIVIDADES

2 Comprensión Complete the sentences.

1. En las playas de Rincón puedes ver _____.
2. Cerca de 600.000 turistas visitan _____ cada año.
3. En el avión pides un _____ si te gusta ver el paisaje.
4. En Punta del Este, la gente prefiere nadar en la Playa _____.
5. El _____ es un medio de transporte en Perú.

3 De vacaciones Spring break is coming up, and you want to go on a short vacation with some friends. Working in a small group, decide which of the locations featured on these pages best suits the group's likes and interests. Come to an agreement about how you will get there, where you prefer to stay and for how long, and what each of you will do during free time. Present your trip to the class.

 Practice more at **vhlcentral.com**.

recursos

VM pp. 81–82
vhlcentral.com Lección 5

5.1 Estar with conditions and emotions

ANTE TODO As you learned in **Lecciones 1** and **2**, the verb **estar** is used to talk about how you feel and to say where people, places, and things are located. **Estar** is also used with adjectives to talk about certain emotional and physical conditions.

CONSULTA

To review the present tense of **estar**, see **Estructura 2.3**, p. 55.
• • •
To review the present tense of **ser**, see **Estructura 1.3**, p. 20.

▶ Use **estar** with adjectives to describe the physical condition of places and things.

La habitación **está** sucia.
The room is dirty.

La puerta **está** cerrada.
The door is closed.

▶ Use **estar** with adjectives to describe how people feel, both mentally and physically.

Yo estoy cansada.

¿Están listos para su viaje?

▶ **¡Atención!** Two important expressions with **estar** that you can use to talk about conditions and emotions are **estar de buen humor** (*to be in a good mood*) and **estar de mal humor** (*to be in a bad mood*).

Adjectives that describe emotions and conditions

abierto/a	*open*	**contento/a**	*content*	**listo/a**	*ready*
aburrido/a	*bored*	**desordenado/a**	*disorderly*	**nervioso/a**	*nervous*
alegre	*happy*	**enamorado/a (de)**	*in love (with)*	**ocupado/a**	*busy*
avergonzado/a	*embarrassed*	**enojado/a**	*angry*	**ordenado/a**	*orderly*
cansado/a	*tired*	**equivocado/a**	*wrong*	**preocupado/a (por)**	*worried (about)*
cerrado/a	*closed*	**feliz**	*happy*	**seguro/a**	*sure*
cómodo/a	*comfortable*	**limpio/a**	*clean*	**sucio/a**	*dirty*
confundido/a	*confused*			**triste**	*sad*

¡INTÉNTALO! Provide the present tense forms of **estar**, and choose which adjective best completes the sentence.

1. La biblioteca ___*está*___ (cerrada / nerviosa) los domingos por la noche. *cerrada*
2. Nosotros _____ muy (ocupados / equivocados) todos los lunes.
3. Ellas _____ (alegres / confundidas) porque tienen vacaciones.
4. Javier _____ (enamorado / ordenado) de Maribel.
5. Diana _____ (enojada / limpia) con su novio.
6. Yo _____ (nerviosa / abierta) por el viaje.
7. La habitación siempre _____ (ordenada / segura) cuando vienen sus padres.
8. Ustedes no comprenden; _____ (equivocados / tristes).

recursos

WB
pp. 51–52

LM
p. 27

vhlcentral.com
Lección 5

Práctica y Comunicación

1

¿Cómo están? Complete Martín's statements about how he and other people are feeling. In the first blank, fill in the correct form of **estar**. In the second blank, fill in the adjective that best fits the context.

1. Yo _____ un poco _____ porque tengo un examen mañana.
2. Mi hermana Patricia _____ muy _____ porque mañana va a hacer una excursión al campo.
3. Mis hermanos Juan y José salen de la casa a las cinco de la mañana. Por la noche, siempre _____ muy _____.
4. Mi amigo Ramiro _____ _____; su novia se llama Adela.
5. Mi papá y sus colegas _____ muy _____ hoy. ¡Hay mucho trabajo!
6. Patricia y yo _____ un poco _____ por ellos porque trabajan mucho.
7. Mi amiga Mónica _____ un poco _____ porque su novio no puede salir esta noche.
8. Esta clase no es muy interesante. ¿Tú _____ _____ también?

2

Describir Describe these people and places.

1. Anabela

2. Juan y Luisa

3. la habitación de Teresa

4. la habitación de César

3

Situaciones With a partner, use **estar** to talk about how you feel in these situations.

1. Cuando hace sol…
2. Cuando tomas un examen…
3. Cuando viajas en avión…
4. Cuando estás en la clase de español…
5. Cuando ves una película con tu actor/actriz favorito/a…

4

En la tele In small groups, imagine that you are a family that stars on a reality TV show. You are vacationing together, but the trip isn't going well for everyone. Write the script of a scene from the show and then act it out. Use at least six adjectives from the previous page and be creative!

> **modelo**
>
> **Papá:** ¿Por qué estás enojada, María Rosa? El hotel es muy bonito y las habitaciones están limpias.
>
> **Mamá:** ¡Pero mira, Roberto! Las maletas de Elisa están abiertas y, como siempre, sus cosas están muy desordenadas.

 Practice more at **vhlcentral.com**.

5.2 The present progressive Tutorial

ANTE TODO   Both Spanish and English use the present progressive, which consists of the present tense of the verb *to be* and the present participle of another verb (the *-ing* form in English).

Las chicas están hablando con el empleado del hotel.

¿Estás estudiando en la playa?

▶ Form the present progressive with the present tense of **estar** and a present participle.

FORM OF **ESTAR** **+** PRESENT PARTICIPLE	FORM OF **ESTAR** **+** PRESENT PARTICIPLE
Estoy **pescando.**	**Estamos** **comiendo.**
I am *fishing.*	*We are* *eating.*

▶ The present participle of regular **-ar**, **-er**, and **-ir** verbs is formed as follows:

INFINITIVE	STEM	ENDING	PRESENT PARTICIPLE
hablar	habl-	**-ando**	habl**ando**
comer	com-	**-iendo**	com**iendo**
escribir	escrib-	**-iendo**	escrib**iendo**

▶ **¡Atención!** When the stem of an **-er** or **-ir** verb ends in a vowel, the present participle ends in **-yendo**.

INFINITIVE	STEM	ENDING	PRESENT PARTICIPLE
leer	le-	**-yendo**	le**yendo**
oír	o-	**-yendo**	o**yendo**
traer	tra-	**-yendo**	tra**yendo**

▶ **Ir**, **poder**, and **venir** have irregular present participles (**yendo**, **pudiendo**, **viniendo**). Several other verbs have irregular present participles that you will need to learn.

▶ **-Ir** stem-changing verbs have a stem change in the present participle.

-ir stem-changing verbs

e:ie in the present tense	**e → i** in the present participle
preferir	pref**i**riendo

e:i in the present tense	**e → i** in the present participle
conseguir	consig**u**iendo

o:ue in the present tense	**o → u** in the present participle
dormir	d**u**rmiendo

COMPARE & CONTRAST

The use of the present progressive is much more restricted in Spanish than in English. In Spanish, the present progressive is mainly used to emphasize that an action is in progress at the time of speaking.

Maru **está escuchando** música latina **ahora mismo**.
Maru is listening to Latin music right now.

Felipe y su amigo **todavía están jugando** al fútbol.
Felipe and his friend are still playing soccer.

In English, the present progressive is often used to talk about situations and actions that occur over an extended period of time or in the future. In Spanish, the simple present tense is often used instead.

Xavier **estudia** computación este semestre.
Xavier is studying computer science this semester.

Marissa **sale** mañana para los Estados Unidos.
Marissa is leaving tomorrow for the United States.

¿Está pensando en su futuro?
Nosotros, sí.

BANCO 🏛 **CONGRESO** 🏛

Preparándolo para el mañana

¡INTÉNTALO! Create complete sentences by putting the verbs in the present progressive.

1. mis amigos / descansar en la playa _Mis amigos están descansando en la playa._
2. nosotros / practicar deportes _____
3. Carmen / comer en casa _____
4. nuestro equipo / ganar el partido _____
5. yo / leer el periódico _____
6. él / pensar comprar una bicicleta _____
7. ustedes / jugar a las cartas _____
8. José y Francisco / dormir _____
9. Marisa / leer el correo electrónico _____
10. yo / preparar sándwiches _____
11. Carlos / tomar fotos _____
12. ¿dormir / tú? _____

recursos

WB
p. 53

LM
p. 28

Ⓢ
vhlcentral.com
Lección 5

Práctica

1

Completar Alfredo's Spanish class is preparing to travel to Puerto Rico. Use the present progressive of the verb in parentheses to complete Alfredo's description of what everyone is doing.

1. Yo _____ (investigar) la situación política de la isla (*island*).
2. La esposa del profesor _____ (hacer) las maletas.
3. Marta y José Luis _____ (buscar) información sobre San Juan en Internet.
4. Enrique y yo _____ (leer) un correo electrónico de nuestro amigo puertorriqueño.
5. Javier _____ (aprender) mucho sobre la cultura puertorriqueña.
6. Y tú _____ (practicar) el español, ¿verdad?

2

¿Qué están haciendo? María and her friends are vacationing at a resort in San Juan, Puerto Rico. Complete her description of what everyone is doing right now.

CONSULTA

For more information about Puerto Rico, see **Panorama**, pp. 170–171.

1. Yo

2. Javier

3. Alejandro y Rebeca

4. Celia y yo   5. Samuel   6. Lorenzo

3

Personajes famosos Say what these celebrities are doing right now, using the cues provided.

> **modelo**
>
> Shakira
> *Shakira está cantando una canción ahora mismo.*

A		B	
Isabel Allende	Nelly Furtado	bailar	hacer
Rachael Ray	Dwight Howard	cantar	jugar
James Cameron	Las Rockettes de	correr	preparar
Venus y Serena	Nueva York	escribir	¿?
Williams	¿?	hablar	¿?
Joey Votto	¿?		

AYUDA

Isabel Allende: **novelas**

Rachael Ray: **televisión, negocios** (*business*)

James Cameron: **cine**

Venus y Serena Williams: **tenis**

Joey Votto: **béisbol**

Nelly Furtado: **canciones**

Dwight Howard: **baloncesto**

Las Rockettes de Nueva York: **baile**

Practice more at **vhlcentral.com**.

Comunicación

4

Preguntar With a partner, take turns asking each other what you are doing at these times.

> **modelo**
>
> 8:00 a.m.
> **Estudiante 1:** ¡Hola, Andrés! Son las ocho de la mañana. ¿Qué estás haciendo?
> **Estudiante 2:** Estoy desayunando.

1. 5:00 a.m.	3. 11:00 a.m.	5. 2:00 p.m.	7. 9:00 p.m.
2. 9:30 a.m.	4. 12:00 p.m.	6. 5:00 p.m.	8. 11:30 p.m.

5

Describir Work with a partner and use the present progressive to describe what is going on in this Spanish beach scene.

6

Conversar Imagine that you and a classmate are each babysitting a group of children. With a partner, prepare a telephone conversation using these cues. Be creative and add further comments.

Estudiante 1	**Estudiante 2**
Say hello and ask what the kids are doing.	Say hello and tell your partner that two of your kids are doing their homework. Then ask what the kids at his/her house are doing.
Tell your partner that two of your kids are running and dancing in the house.	Tell your partner that one of the kids is reading.
Tell your partner that you are tired and that two of your kids are watching TV and eating pizza.	Tell your partner that one of the kids is sleeping.
Tell your partner you have to go; the kids are playing soccer in the house.	Say goodbye and good luck (¡**Buena suerte!**).

Síntesis

7

¿Qué están haciendo? A group of classmates is traveling to San Juan, Puerto Rico, for a week-long Spanish immersion program. In order for the participants to be on time for their flight, you and your partner must locate them. Your instructor will give you each a handout to help you complete this task.

5.3   Ser and estar   Tutorial

ANTE TODO   You have already learned that **ser** and **estar** both mean *to be* but are used for different purposes. These charts summarize the key differences in usage between **ser** and **estar**.

Uses of ser

1. **Nationality and place of origin** . . . .   Juan Carlos **es** argentino.
   Es de Buenos Aires.

2. **Profession or occupation** . . . .   Adela **es** agente de viajes.
   Francisco **es** médico.

3. **Characteristics of people and things** . . .   José y Clara **son** simpáticos.
   El clima de Puerto Rico **es** agradable.

4. **Generalizations** . . . .   ¡**Es** fabuloso viajar!
   Es difícil estudiar a la una de la mañana.

5. **Possession** . . . .   **Es** la pluma de Jimena.
   Son las llaves del señor Díaz.

6. **What something is made of** . . . .   La bicicleta **es** de metal.
   Los pasajes **son** de papel.

7. **Time and date** . . . .   Hoy **es** martes. **Son** las dos.
   Hoy **es** el primero de julio.

8. **Where or when an event takes place** . .   El partido **es** en el estadio Santa Fe.
   La conferencia **es** a las siete.

¡ATENCIÓN!

Ser de expresses not only origin (**Es de Buenos Aires.**) and possession (**Es la pluma de Maru.**), but also what material something is made of (**La bicicleta es de metal.**).

> Miguel está enojado conmigo.

> Ellos son mis amigos.

Uses of estar

1. **Location or spatial relationships** . . . . .   El aeropuerto **está** lejos de la ciudad.
   Tu habitación **está** en el tercer piso.

2. **Health** . . . .   ¿Cómo **estás**?
   Estoy bien, gracias.

3. **Physical states and conditions** . . . .   El profesor **está** ocupado.
   Las ventanas **están** abiertas.

4. **Emotional states** . . . .   Marissa **está** feliz hoy.
   Estoy muy enojado con Maru.

5. **Certain weather expressions** . . . .   **Está** lloviendo.
   Está nublado.

6. **Ongoing actions (progressive tenses)** . .   **Estamos** estudiando para un examen.
   Ana **está** leyendo una novela.

Ser and estar with adjectives

▶ With many descriptive adjectives, **ser** and **estar** can both be used, but the meaning will change.

Juan **es** delgado.
Juan is thin.

Juan **está** más delgado hoy.
Juan looks thinner today.

Ana **es** nerviosa.
Ana is a nervous person.

Ana **está** nerviosa por el examen.
Ana is nervous because of the exam.

▶ In the examples above, the statements with **ser** are general observations about the inherent qualities of Juan and Ana. The statements with **estar** describe conditions that are variable.

▶ Here are some adjectives that change in meaning when used with **ser** and **estar**.

With ser	**With estar**
El chico **es listo**. *The boy is smart.*	El chico **está listo**. *The boy is ready.*
La profesora **es mala**. *The professor is bad.*	La profesora **está mala**. *The professor is sick.*
Jaime **es aburrido**. *Jaime is boring.*	Jaime **está aburrido**. *Jaime is bored.*
Las peras **son verdes**. *Pears are green.*	Las peras **están verdes**. *The pears are not ripe.*
El gato **es muy vivo**. *The cat is very clever.*	El gato **está vivo**. *The cat is alive.*
Iván **es un hombre seguro**. *Iván is a confident man.*	Iván no **está seguro**. *Iván is not sure.*

¡ATENCIÓN!

When referring to objects, **ser seguro/a** means *to be safe*.
El puente es seguro.
The bridge is safe.

 ¡INTÉNTALO!   Form complete sentences by using the correct form of **ser** or **estar** and making any other necessary changes.

1. Alejandra / cansado
   Alejandra está cansada.

2. ellos / pelirrojo

3. Carmen / alto

4. yo / la clase de español

5. película / a las once

6. hoy / viernes

7. nosotras / enojado

8. Antonio / médico

9. Romeo y Julieta / enamorado

10. libros / de Ana

11. Marisa y Juan / estudiando

12. partido de baloncesto / gimnasio

recursos

WB
pp. 54–55

LM
p. 29

S
vhlcentral.com
Lección 5

Práctica

1

¿Ser o estar? Indicate whether each adjective takes **ser** or **estar**. **¡Ojo!**
Three of them can take both verbs.

	ser	estar			ser	estar
1. delgada	○	○	5. seguro		○	○
2. canadiense	○	○	6. enojada		○	○
3. enamorado	○	○	7. importante		○	○
4. lista	○	○	8. avergonzada		○	○

2

Completar Complete this conversation with the appropriate forms of **ser** and **estar**.

EDUARDO ¡Hola, Ceci! ¿Cómo (1)_____?

CECILIA Hola, Eduardo. Bien, gracias. ¡Qué guapo (2)_____ hoy!

EDUARDO Gracias. (3)_____ muy amable. Oye, ¿qué (4)_____ haciendo?
(5)¿_____ ocupada?

CECILIA No, sólo le (6)_____ escribiendo una carta a mi prima Pilar.

EDUARDO ¿De dónde (7)_____ ella?

CECILIA Pilar (8)_____ de Ecuador. Su papá (9)_____ médico en Quito. Pero
ahora Pilar y su familia (10)_____ de vacaciones en Ponce, Puerto Rico.

EDUARDO Y… ¿cómo (11)_____ Pilar?

CECILIA (12)_____ muy lista. Y también (13)_____ alta, rubia y muy bonita.

3

En el parque With a partner, take turns describing the people in the drawing. Your descriptions
should answer the questions provided.

1. ¿Quiénes son?
2. ¿Dónde están?
3. ¿Cómo son?
4. ¿Cómo están?

5. ¿Qué están haciendo?
6. ¿Qué estación es?
7. ¿Qué tiempo hace?
8. ¿Quiénes están de vacaciones?

 Practice more at **vhlcentral.com.**

Comunicación

4

Describir With a classmate, take turns describing these people. Mention where they are from, what they are like, how they are feeling, and what they are doing right now.

> **modelo**
>
> tu compañero/a de cuarto
>
> *Mi compañera de cuarto es de San Juan, Puerto Rico. Es muy inteligente. Está cansada pero está estudiando porque tiene un examen.*

1. tu mejor (*best*) amigo/a
2. tu actor/actriz favorito/a
3. tu profesor(a) favorito/a
4. tu novio/a o esposo/a
5. tus abuelos
6. tus padres

5

Adivinar Get together with a partner and take turns describing a celebrity using these items as a guide. Don't mention the celebrity's name. Can your partner guess who you are describing?

- descripción física
- cómo está ahora
- origen
- dónde está ahora
- qué está haciendo ahora
- profesión u ocupación

6

En el aeropuerto In groups of three, take turns assuming the identity of a character from this drawing. Your partners will ask you questions using **ser** and **estar** until they figure out who you are.

> **modelo**
>
> **Estudiante 3:** *¿Dónde estás?*
> **Estudiante 1:** *Estoy cerca de la puerta.*
> **Estudiante 2:** *¿Qué estás haciendo?*
> **Estudiante 1:** *Estoy escuchando a otra persona.*
> **Estudiante 3:** *¿Eres uno de los pasajeros?*
> **Estudiante 1:** *No, soy empleado del aeropuerto.*
> **Estudiante 2:** *¿Eres Camilo?*

Síntesis

7

Conversación In pairs, imagine that you and your partner are two of the characters in the drawing in **Actividad 6**. After boarding, you are seated next to each other and strike up a conversation. Act out what you would say to your fellow passenger.

5.4 # Direct object nouns and pronouns **Tutorial**

SUBJECT	VERB	DIRECT OBJECT NOUN
Juan Carlos y Jimena	están tomando	fotos.
Juan Carlos and Jimena	*are taking*	*photos.*

▶ A direct object noun receives the action of the verb directly and generally follows the verb. In the example above, the direct object noun answers the question *What are Juan Carlos and Jimena taking?*

▶ When a direct object noun in Spanish is a person or a pet, it is preceded by the word **a**. This is called the personal **a**; there is no English equivalent for this construction.

Mariela mira **a** Carlos.   Mariela mira televisión.
Mariela is watching Carlos.   *Mariela is watching TV.*

▶ In the first sentence above, the personal **a** is required because the direct object is a person. In the second sentence, the personal **a** is not required because the direct object is a thing, not a person.

No tenemos tablas de windsurf.

Miguel no me perdona.

El botones las puede conseguir para ustedes.

▶ Direct object pronouns are words that replace direct object nouns. Like English, Spanish uses a direct object pronoun to avoid repeating a noun already mentioned.

	DIRECT OBJECT			DIRECT OBJECT PRONOUN	
Maribel hace	las maletas.	▶	Maribel	las	hace.
Felipe compra	el sombrero.		Felipe	lo	compra.
Vicky tiene	la llave.		Vicky	la	tiene.

Direct object pronouns

SINGULAR		PLURAL	
me	*me*	**nos**	*us*
te	*you* (fam.)	**os**	*you* (fam.)
lo	*you* (m., form.)	**los**	*you* (m.)
	him; it (m.)		*them* (m.)
la	*you* (f., form.)	**las**	*you* (f.)
	her; it (f.)		*them* (f.)

▶ In affirmative sentences, direct object pronouns generally appear before the conjugated verb. In negative sentences, the pronoun is placed between the word **no** and the verb.

Adela practica **el tenis.**	Gabriela no tiene **las llaves.**
Adela **lo** practica.	Gabriela **no las** tiene.
Carmen compra **los pasajes.**	Diego no hace **las maletas.**
Carmen **los** compra.	Diego **no las** hace.

▶ When the verb is an infinitive construction, such as **ir a** + [*infinitive*], the direct object pronoun can be placed before the conjugated form or attached to the infinitive.

Ellos van a escribir **unas postales.** ⟨ Ellos **las** van a escribir.
Ellos van a escribir**las.**

Lidia quiere ver **una película.** ⟨ Lidia **la** quiere ver.
Lidia quiere ver**la.**

▶ When the verb is in the present progressive, the direct object pronoun can be placed before the conjugated form or attached to the present participle. **¡Atención!** When a direct object pronoun is attached to the present participle, an accent mark is added to maintain the proper stress.

Gerardo está leyendo **la lección.** ⟨ Gerardo **la** está leyendo.
Gerardo está leyéndo**la.**

Toni está mirando **el partido.** ⟨ Toni **lo** está mirando.
Toni está mirándo**lo.**

CONSULTA

To learn more about accents, see **Lección 4**, **Pronunciación**, p. 115, **Lección 10**, **Ortografía**, p. 315, and **Lección 11**, **Ortografía**, p. 349.

 ¡INTÉNTALO!   Choose the correct direct object pronoun for each sentence.

1. Tienes el libro de español. *c*
   a. La tienes.   b. Los tienes.   c. Lo tienes.
2. Voy a ver el partido de baloncesto.
   a. Voy a verlo.   b. Voy a verte.   c. Voy a vernos.
3. El artista quiere dibujar a Luisa y a su mamá.
   a. Quiere dibujarme.   b. Quiere dibujarla.   c. Quiere dibujarlas.
4. Marcos busca la llave.
   a. Me busca.   b. La busca.   c. Las busca.
5. Rita me lleva al aeropuerto y también lleva a Tomás.
   a. Nos lleva.   b. Las lleva.   c. Te lleva.
6. Puedo oír a Gerardo y a Miguel.
   a. Puedo oírte.   b. Puedo oírlos.   c. Puedo oírlo.
7. Quieren estudiar la gramática.
   a. Quieren estudiarnos.   b. Quieren estudiarlo.   c. Quieren estudiarla.
8. ¿Practicas los verbos irregulares?
   a. ¿Los practicas?   b. ¿Las practicas?   c. ¿Lo practicas?
9. Ignacio ve la película.
   a. La ve.   b. Lo ve.   c. Las ve.
10. Sandra va a invitar a Mario a la excursión. También me va a invitar a mí.
   a. Los va a invitar.   b. Lo va a invitar.   c. Nos va a invitar.

recursos

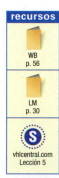

WB
p. 56

LM
p. 30

S

vhlcentral.com
Lección 5

Práctica

1

Simplificar Professor Vega's class is planning a trip to Costa Rica. Describe their preparations by changing the direct object nouns into direct object pronouns.

> **modelo**
>
> La profesora Vega tiene su pasaporte.
> *La profesora Vega lo tiene.*

1. Gustavo y Héctor confirman las reservaciones.
2. Nosotros leemos los folletos (*brochures*).
3. Ana María estudia el mapa.
4. Yo aprendo los nombres de los monumentos de San José.
5. Alicia escucha a la profesora.
6. Miguel escribe las instrucciones para ir al hotel.
7. Esteban busca el pasaje.
8. Nosotros planeamos una excursión.

¡LENGUA VIVA!

There are many Spanish words that correspond to *ticket*. **Billete** and **pasaje** usually refer to a ticket for travel, such as an airplane ticket. **Entrada** refers to a ticket to an event, such as a concert or a movie. **Boleto** can be used in either case.

2

Vacaciones Ramón is going to San Juan, Puerto Rico, with his friends, Javier and Marcos. Express his thoughts more succinctly using direct object pronouns.

> **modelo**
>
> Quiero hacer una excursión.
> *Quiero hacerla./La quiero hacer.*

1. Voy a hacer mi maleta.
2. Necesitamos llevar los pasaportes.
3. Marcos está pidiendo el folleto turístico.
4. Javier debe llamar a sus padres.
5. Ellos desean visitar el Viejo San Juan.
6. Puedo llamar a Javier por la mañana.
7. Prefiero llevar mi cámara.
8. No queremos perder nuestras reservaciones de hotel.

NOTA CULTURAL

Puerto Rico is a U.S. territory, so people do not need travel documents when traveling to and from Puerto Rico from the U.S. mainland. However, everyone must meet all requirements for entering the U.S. when traveling directly to Puerto Rico from abroad.

3

¿Quién? The Garza family is preparing to go on a vacation to Puerto Rico. Based on the clues, answer the questions. Use direct object pronouns in your answers.

> **modelo**
>
> ¿Quién hace las reservaciones para el hotel? (el Sr. Garza)
> *El Sr. Garza las hace.*

1. ¿Quién compra los pasajes para el vuelo (*flight*)? (la Sra. Garza)
2. ¿Quién tiene que hacer las maletas de los niños? (María)
3. ¿Quiénes buscan los pasaportes? (Antonio y María)
4. ¿Quién va a confirmar las reservaciones de hotel? (la Sra. Garza)
5. ¿Quién busca la cámara? (María)
6. ¿Quién compra un mapa de Puerto Rico? (Antonio)

Practice more at **vhlcentral.com**.

Comunicación

4

Entrevista Take turns asking and answering these questions with a classmate. Be sure to use direct object pronouns in your responses.

1. ¿Ves mucho la televisión?
2. ¿Cuándo vas a ver tu programa favorito?
3. ¿Quién prepara la comida (*food*) en tu casa?
4. ¿Te visita mucho tu familia?
5. ¿Visitas mucho a tus abuelos?
6. ¿Nos entienden nuestros padres a nosotros?
7. ¿Cuándo ves a tus amigos/as?
8. ¿Cuándo te llaman tus amigos/as?

5

Los pasajeros Get together with a partner and take turns asking each other questions about the drawing. Use the word bank and direct object pronouns.

AYUDA

For travel-related vocabulary, see **Contextos**, pp. 140–141.

> **modelo**
>
> **Estudiante 1:** ¿Quién está leyendo el libro?
> **Estudiante 2:** Susana lo está leyendo./Susana está leyéndolo.

| buscar | confirmar | escribir | leer | tener | vender |
| comprar | encontrar | escuchar | llevar | traer | ¿? |

Síntesis

6

Adivinanzas In pairs, take turns describing a person, place, or thing for your partner to guess. Each of you should give at least five descriptions.

> **modelo**
>
> **Estudiante 1:** Lo uso para (*I use it to*) escribir en mi cuaderno.
> No es muy grande y tiene borrador. ¿Qué es?
> **Estudiante 2:** ¿Es un lápiz?
> **Estudiante 1:** ¡Sí!

Recapitulación

Diagnostics

Review the grammar concepts you have learned in this lesson by completing these activities.

1 **Completar** Complete the chart with the correct present participle of these verbs. `16 pts.`

Infinitive	Present participle	Infinitive	Present participle
hacer		estar	
acampar		ser	
tener		vivir	
venir		estudiar	

2 **Vacaciones en París** Complete this paragraph about Julia's trip to Paris with the correct form of **ser** or **estar**. `24 pts.`

Hoy (1) _____ (es/está) el 3 de julio y voy a París por tres semanas. (Yo) (2) _____ (Soy/Estoy) muy feliz porque voy a ver a mi mejor amiga. Ella (3) _____ (es/está) de Puerto Rico, pero ahora (4) _____ (es/está) viviendo en París. También (yo) (5) _____ (soy/estoy) un poco nerviosa porque (6) _____ (es/está) mi primer viaje a Francia. El vuelo (*flight*) (7) _____ (es/está) hoy por la tarde, pero ahora (8) _____ (es/está) lloviendo. Por eso (9) _____ (somos/estamos) preocupadas, porque probablemente el avión va a salir tarde. Mi equipaje ya (10) _____ (es/está) listo. (11) _____ (Es/Está) tarde y me tengo que ir. ¡Va a (12) _____ (ser/estar) un viaje fenomenal!

3 **¿Qué hacen?** Respond to these questions by indicating what people do with the items mentioned. Use direct object pronouns. `10 pts.`

> **modelo**
> ¿Qué hacen ellos con la película? (ver)
> La **ven**.

1. ¿Qué haces tú con el libro de viajes? (leer) _____
2. ¿Qué hacen los turistas en la ciudad? (explorar) _____
3. ¿Qué hace el botones con el equipaje? (llevar) _____
4. ¿Qué hace la agente con las reservaciones? (confirmar) _____
5. ¿Qué hacen ustedes con los pasaportes? (mostrar) _____

RESUMEN GRAMATICAL

5.1 **Estar with conditions and emotions** *p. 152*

► Yo est**oy** aburrido/a, feliz, nervioso/a.

► El cuarto est**á** desordenado, limpio, ordenado.

► Estos libros est**án** abiertos, cerrados, sucios.

5.2 **The present progressive** *pp. 154–155*

► The present progressive is formed with the present tense of **estar** plus the present participle.

Forming the present participle

infinitive	stem	ending	present participle
hablar	habl-	-ando	habl**ando**
comer	com-	-iendo	com**iendo**
escribir	escrib-	-iendo	escrib**iendo**

-ir stem-changing verbs

	infinitive	present participle
e:ie	preferir	pref**i**riendo
e:i	conseguir	cons**i**guiendo
o:ue	dormir	d**u**rmiendo

► Irregular present participles: **yendo (ir), pudiendo (poder), viniendo (venir)**

5.3 **Ser and estar** *pp. 158–159*

► Uses of **ser**: nationality, origin, profession or occupation, characteristics, generalizations, possession, what something is made of, time and date, time and place of events

► Uses of **estar**: location, health, physical states and conditions, emotional states, weather expressions, ongoing actions

► Many adjectives can be used with both **ser** and **estar**, but the meaning of the adjectives will change.

Juan **es** delgado.   Juan **está** más delgado hoy.
Juan is thin.   *Juan looks thinner today.*

5.4 **Direct object nouns and pronouns** *pp. 162–163*

Direct object pronouns

Singular		Plural	
me	lo	nos	los
te	la	os	las

In affirmative sentences:
Adela practica **el tenis**. → Adela **lo** practica.

In negative sentences: Adela **no lo** practica.

With an infinitive:
Adela **lo** va a practicar./Adela va a practicar**lo**.

With the present progressive:
Adela **lo** está practicando./Adela está practicándo**lo**.

4 **Opuestos** Complete these sentences with the appropriate form of the verb **estar** and an antonym for the underlined adjective. **10 pts.**

> **modelo**
> Mis respuestas están <u>bien</u>, pero las de Susana *están mal*.

1. Las tiendas están <u>abiertas</u>, pero la agencia de viajes _____ _____.
2. No me gustan las habitaciones <u>desordenadas</u>. Incluso (*Even*) mi habitación de hotel _____ _____.
3. Nosotras estamos <u>tristes</u> cuando trabajamos. Hoy comienzan las vacaciones y _____ _____.
4. En esta ciudad los autobuses están <u>sucios</u>, pero los taxis _____ _____.
5. —El avión sale a las 5:30, ¿verdad? —No, estás <u>confundida</u>. Yo _____ _____ de que el avión sale a las 5:00.

5 **En la playa** Describe what these people are doing. Complete the sentences using the present progressive tense. **8 pts.**

1. El Sr. Camacho _____.
2. Felicia _____.
3. Leo _____.
4. Nosotros _____.

6 **Antes del viaje** Write a paragraph of at least six sentences describing the time right before you go on a trip. Say how you feel and what you are doing. You can use **Actividad 2** as a model. **32 pts.**

> **modelo**
> Hoy es viernes, 27 de octubre. Estoy en mi habitación...

7 **Refrán** Complete this Spanish saying by filling in the missing present participles. Refer to the translation and the drawing. **4 EXTRA points!**

¡LA CIUDAD ESTÁ MUY SUCIA!

"Se consigue más _____ que _____."

(You can accomplish more by doing than by saying.)

Practice more at **vhlcentral.com.**

Lectura

Antes de leer

Estrategia
Scanning

Scanning involves glancing over a document in search of specific information. For example, you can scan a document to identify its format, to find cognates, to locate visual clues about the document's content, or to find specific facts. Scanning allows you to learn a great deal about a text without having to read it word for word.

Examinar el texto

Scan the reading selection for cognates and write down a few of them.

1. _____   4. _____
2. _____   5. _____
3. _____   6. _____

Based on the cognates you found, what do you think this document is about?

_____

Preguntas

Read these questions. Then scan the document again to look for answers.

1. What is the format of the reading selection?
   _____

2. Which place is the document about?
   _____

3. What are some of the visual cues this document provides? What do they tell you about the content of the document?
   _____

4. Who produced the document, and what do you think it is for?
   _____

Turismo ecológico en Puerto Rico

Hotel Vistahermosa
~ Lajas, Puerto Rico ~

- 40 habitaciones individuales
- 15 habitaciones dobles
- Teléfono / TV por cable / Internet
- Aire acondicionado
- Restaurante (Bar)
- Piscina
- Área de juegos
- Cajero automático°

El hotel está situado en Playa Grande, un pequeño pueblo de pescadores del mar Caribe. Es el lugar perfecto para el viajero que viene de vacaciones. Las playas son seguras y limpias, ideales para tomar el sol, descansar, tomar fotografías y nadar. Está abierto los 365 días del año. Hay una rebaja° especial para estudiantes universitarios.

DIRECCIÓN: Playa Grande 406, Lajas, PR 00667, cerca del Parque Nacional Foresta.

Cajero automático *ATM* rebaja *discount*

Atracciones cercanas

Playa Grande ¿Busca la playa perfecta? Playa Grande es la playa que está buscando. Usted puede pescar, sacar fotos, nadar y pasear en bicicleta. Playa Grande es un paraíso para el turista que quiere practicar deportes acuáticos. El lugar es bonito e interesante y usted va a tener muchas oportunidades para descansar y disfrutar en familia.

Valle Niebla Ir de excursión, tomar café, montar a caballo, caminar, hacer picnics. Más de cien lugares para acampar.

Bahía Fosforescente Sacar fotos, salidas de noche, excursión en barco. Una maravillosa experiencia llena de luz°.

Arrecifes de Coral Sacar fotos, bucear, explorar. Es un lugar único en el Caribe.

Playa Vieja Tomar el sol, pasear en bicicleta, jugar a las cartas, escuchar música. Ideal para la familia.

Parque Nacional Foresta Sacar fotos, visitar el Museo de Arte Nativo. Reserva Mundial de la Biosfera.

Santuario de las Aves Sacar fotos, observar aves°, seguir rutas de excursión.

llena de luz *full of light* **aves** *birds*

Después de leer

Listas

Which amenities of Hotel Vistahermosa would most interest these potential guests? Explain your choices.

1. dos padres con un hijo de seis años y una hija de ocho años

   _____

2. un hombre y una mujer en su luna de miel (*honeymoon*)

   _____

3. una persona en un viaje de negocios (*business trip*)

   _____

Conversaciones

With a partner, take turns asking each other these questions.

1. ¿Quieres visitar el Hotel Vistahermosa? ¿Por qué?
2. Tienes tiempo de visitar sólo tres de las atracciones turísticas que están cerca del hotel. ¿Cuáles vas a visitar? ¿Por qué?
3. ¿Qué prefieres hacer en Valle Niebla? ¿En Playa Vieja? ¿En el Parque Nacional Foresta?

Situaciones

You have just arrived at Hotel Vistahermosa. Your partner is the concierge. Use the phrases below to express your interests and ask for suggestions about where to go.

1. montar a caballo
2. bucear
3. pasear en bicicleta
4. pescar
5. observar aves

Contestar

Answer these questions.

1. ¿Quieres visitar Puerto Rico? Explica tu respuesta.

   _____

2. ¿Adónde quieres ir de vacaciones el verano que viene? Explica tu respuesta.

   _____

Puerto Rico

El país en cifras

‣ **Área:** 8.959 km² (3.459 millas²)
  menor° que el área de Connecticut
‣ **Población:** 3.667.084
Puerto Rico es una de las islas más densamente pobladas° del mundo. Más de la mitad de la población vive en San Juan, la capital.
‣ **Capital:** San Juan—2.730.000
‣ **Ciudades principales:** Arecibo, Bayamón, Fajardo, Mayagüez, Ponce
‣ **Moneda:** dólar estadounidense
‣ **Idiomas:** español (oficial); inglés (oficial)
Aproximadamente la cuarta parte de la población puertorriqueña habla inglés, pero en las zonas turísticas este porcentaje es mucho más alto. El uso del inglés es obligatorio para documentos federales.

Bandera
de Puerto Rico

Puertorriqueños célebres

‣ **Raúl Juliá,** actor (1940–1994)
‣ **Roberto Clemente,** beisbolista (1934–1972)
‣ **Julia de Burgos,** escritora (1914–1953)
‣ **Benicio del Toro,** actor y productor (1967–)
‣ **Rosie Pérez,** actriz y bailarina (1964–)
‣ **José Rivera,** dramaturgo y guionista (1955–)

menor *less* pobladas *populated* río subterráneo *underground river* más largo *longest* cuevas *caves* bóveda *vault* fortaleza *fort* caber *fit*

Playa en San Juan

Faro en Arecibo

Océano Atlántico

Arecibo

San Juan

Bayamón

Río Grande de Añasco

Mayagüez

Cordillera Central

Sierra de Cayey

Ponce

Universidad de Puerto Rico
en Mayagüez

Mar Caribe

Iglesia en Ponce

recursos

WB
pp. 57–58

VM
pp. 39–40

vhlcentral.com
Lección 5

OCÉANO
ATLÁNTICO

PUERTO RICO

OCÉANO
PACÍFICO

¡Increíble pero cierto!

El río Camuy es el tercer río subterráneo° más largo° del mundo y tiene el sistema de cuevas° más grande del hemisferio occidental.
La Cueva de los Tres Pueblos es una gigantesca bóveda°, tan grande que toda la fortaleza° del Morro puede caber° en su interior.

Lugares • El Morro

El Morro es una fortaleza que se construyó para proteger° la bahía° de San Juan desde principios del siglo° XVI hasta principios del siglo XX. Hoy día muchos turistas visitan este lugar, convertido en un museo. Es el sitio más fotografiado de Puerto Rico. La arquitectura de la fortaleza es impresionante. Tiene misteriosos túneles, oscuras mazmorras° y vistas fabulosas de la bahía.

Artes • Salsa

La salsa, un estilo musical de origen puertorriqueño y cubano, nació° en el barrio latino de la ciudad de Nueva York. Dos de los músicos de salsa más famosos son Tito Puente y Willie Colón, los dos de Nueva York. Las estrellas° de la salsa en Puerto Rico son Felipe Rodríguez y Héctor Lavoe. Hoy en día, Puerto Rico es el centro internacional de este estilo musical. El Gran Combo de Puerto Rico es una de las orquestas de salsa más famosas del mundo°.

Isla de Culebra

Río Loíza

Fajardo

Isla de Vieques

Ciencias • El Observatorio de Arecibo

El Observatorio de Arecibo tiene uno de los radiotelescopios más grandes del mundo. Gracias a este telescopio, los científicos° pueden estudiar las propiedades de la Tierra°, la Luna° y otros cuerpos celestes. También pueden analizar fenómenos celestiales como los quasares y pulsares, y detectar emisiones de radio de otras galaxias, en busca de inteligencia extraterrestre.

Historia • Relación con los Estados Unidos

Puerto Rico pasó a ser° parte de los Estados Unidos después de° la guerra° de 1898 y se hizo° un estado libre asociado en 1952. Los puertorriqueños, ciudadanos° estadounidenses desde° 1917, tienen representación política en el Congreso, pero no votan en las elecciones presidenciales y no pagan impuestos° federales. Hay un debate entre los puertorriqueños: ¿debe la isla seguir como estado libre asociado, hacerse un estado como los otros° o volverse° independiente?

 ¿Qué aprendiste? Responde a las preguntas con una oración completa.

1. ¿Cuál es la moneda de Puerto Rico?
2. ¿Qué idiomas se hablan (*are spoken*) en Puerto Rico?
3. ¿Cuál es el sitio más fotografiado de Puerto Rico?
4. ¿Qué es el Gran Combo?
5. ¿Qué hacen los científicos en el Observatorio de Arecibo?

 Conexión Internet Investiga estos temas en **vhlcentral.com**.

 Practice more at **vhlcentral.com**.

1. Describe a dos puertorriqueños famosos. ¿Cómo son? ¿Qué hacen? ¿Dónde viven? ¿Por qué son célebres?
2. Busca información sobre lugares en los que se puede hacer ecoturismo en Puerto Rico. Luego presenta un informe a la clase.

proteger *protect* **bahía** *bay* **siglo** *century* **mazmorras** *dungeons* **nació** *was born* **estrellas** *stars* **mundo** *world* **científicos** *scientists* **Tierra** *Earth* **Luna** *Moon* **pasó a ser** *became* **después de** *after* **guerra** *war* **se hizo** *became* **ciudadanos** *citizens* **desde** *since* **pagan impuestos** *pay taxes* **otros** *others* **volverse** *to become*

Los viajes y las vacaciones

acampar	to camp
confirmar una reservación	to confirm a reservation
estar de vacaciones (f. pl.)	to be on vacation
hacer las maletas	to pack (one's suitcases)
hacer un viaje	to take a trip
hacer (wind)surf	to (wind)surf
ir de compras (f. pl.)	to go shopping
ir de vacaciones	to go on vacation
ir en autobús (m.), auto(móvil) (m.), avión (m.), barco (m.), moto(cicleta) (f.), taxi (m.)	to go by bus, car, plane, boat, motorcycle, taxi
jugar a las cartas	to play cards
montar a caballo (m.)	to ride a horse
pescar	to fish
sacar/tomar fotos (f. pl.)	to take photos
el/la agente de viajes	travel agent
el/la inspector(a) de aduanas	customs inspector
el/la viajero/a	traveler
el aeropuerto	airport
la agencia de viajes	travel agency
el campo	countryside
el equipaje	luggage
la estación de autobuses, del metro, de tren	bus, subway, train station
la llegada	arrival
el mar	sea
el paisaje	landscape
el pasaje (de ida y vuelta)	(round-trip) ticket
el pasaporte	passport
la playa	beach
la salida	departure; exit
la tabla de (wind)surf	surfboard/sailboard

El hotel

el ascensor	elevator
la cama	bed
el/la empleado/a	employee
la habitación individual, doble	single, double room
el hotel	hotel
el/la huésped	guest
la llave	key
el piso	floor (of a building)
la planta baja	ground floor

Adjetivos

abierto/a	open
aburrido/a	bored; boring
alegre	happy
amable	nice; friendly
avergonzado/a	embarrassed
cansado/a	tired
cerrado/a	closed
cómodo/a	comfortable
confundido/a	confused
contento/a	content
desordenado/a	disorderly
enamorado/a (de)	in love (with)
enojado/a	angry
equivocado/a	wrong
feliz	happy
limpio/a	clean
listo/a	ready; smart
nervioso/a	nervous
ocupado/a	busy
ordenado/a	orderly
preocupado/a (por)	worried (about)
seguro/a	sure; safe; confident
sucio/a	dirty
triste	sad

Los números ordinales

primer, primero/a	first
segundo/a	second
tercer, tercero/a	third
cuarto/a	fourth
quinto/a	fifth
sexto/a	sixth
séptimo/a	seventh
octavo/a	eighth
noveno/a	ninth
décimo/a	tenth

Palabras adicionales

ahora mismo	right now
el año	year
¿Cuál es la fecha (de hoy)?	What is the date (today)?
de buen/mal humor	in a good/bad mood
la estación	season
el mes	month
todavía	yet; still

Seasons, months, and dates	See page 142.
Weather expressions	See page 142.
Direct object pronouns	See page 162.
Expresiones útiles	See page 147.

¡De compras!

Communicative Goals

You will learn how to:

- **Talk about and describe clothing**
- **Express preferences in a store**
- **Negotiate and pay for items you buy**

A PRIMERA VISTA

- ¿Está buscando algo la chica?
- ¿Crees que busca una maleta o una blusa?
- ¿Está contenta o enojada?
- ¿Cómo es la chica?

¡De compras!

Más vocabulario

el abrigo	coat
los calcetines (el calcetín)	sock(s)
el cinturón	belt
las gafas (de sol)	(sun)glasses
los guantes	gloves
el impermeable	raincoat
la ropa	clothes
la ropa interior	underwear
las sandalias	sandals
el traje	suit
el vestido	dress
los zapatos de tenis	sneakers
el regalo	gift
el almacén	department store
el centro comercial	shopping mall
el mercado (al aire libre)	(open-air) market
el precio (fijo)	(fixed; set) price
la rebaja	sale
la tienda	store
costar (o:ue)	to cost
gastar	to spend (money)
pagar	to pay
regatear	to bargain
vender	to sell
hacer juego (con)	to match (with)
llevar	to wear; to take
usar	to wear; to use

Variación léxica

calcetines	⟷	medias (*Amér. L.*)
cinturón	⟷	correa (*Col., Venez.*)
gafas/lentes	⟷	espejuelos (*Cuba, P.R.*), anteojos (*Arg., Chile*)
zapatos de tenis	⟷	zapatillas de deporte (*Esp.*), zapatillas (*Arg., Perú*)

los pantalones cortos

el traje de baño

los pantalones

Damas

la camiseta

el dependiente/el vendedor

la clienta

la camisa

la blusa

el dinero en efectivo

la bolsa

el suéter

la falda

las medias

Práctica

el sombrero

Caballeros

un par de zapatos

los zapatos

la chaqueta

la caja

la cartera

la dependienta/la vendedora

la corbata

la tarjeta de crédito

los (blue)jeans

la bota

1 **Escuchar** 🎧 Listen to Juanita and Vicente talk about what they're packing for their vacations. Indicate who is packing each item. If both are packing an item, write both names. If neither is packing an item, write an **X**.

1. abrigo _____
2. zapatos de tenis _____
3. impermeable _____
4. chaqueta _____
5. sandalias _____
6. bluejeans _____
7. gafas de sol _____
8. camisetas _____
9. traje de baño _____
10. botas _____
11. pantalones cortos _____
12. suéter _____

2 **¿Lógico o ilógico?** 🎧 Listen to Guillermo and Ana talk about vacation destinations. Indicate whether each statement is **lógico** or **ilógico**.

1. _____
2. _____
3. _____
4. _____

3 **Completar** Anita is talking about going shopping. Complete each sentence with the correct word(s), adding definite or indefinite articles when necessary.

caja	medias	tarjeta de crédito
centro comercial	par	traje de baño
dependientas	ropa	vendedores

1. Hoy voy a ir de compras al _____.
2. Voy a ir a la tienda de ropa para mujeres. Siempre hay muchas rebajas y las _____ son muy simpáticas.
3. Necesito comprar _____ de zapatos.
4. Y tengo que comprar _____ porque el sábado voy a la playa con mis amigos.
5. También voy a comprar unas _____ para mi mamá.
6. Voy a pagar todo (*everything*) en _____.
7. Pero hoy no tengo dinero. Voy a tener que usar mi _____.
8. Mañana voy al mercado al aire libre. Me gusta regatear con los _____.

4 **Escoger** Choose the item in each group that does not belong.

1. almacén • centro comercial • mercado • sombrero
2. camisa • camiseta • blusa • botas
3. jeans • bolsa • falda • pantalones
4. abrigo • suéter • corbata • chaqueta
5. mercado • tienda • almacén • cartera
6. pagar • llevar • hacer juego (con) • usar
7. botas • sandalias • zapatos • traje
8. vender • regatear • ropa interior • gastar

Los colores

amarillo/a   anaranjado/a   azul

blanco/a   gris   marrón, café   morado/a   negro/a

rojo/a   rosado/a   verde

¡LENGUA VIVA!

The names of colors vary throughout the Spanish-speaking world. For example, in some countries, **anaranjado/a** may be referred to as **naranja**, **morado/a** as **púrpura**, and **rojo/a** as **colorado/a**.

Other terms that will prove helpful include **claro** (*light*) and **oscuro** (*dark*): **azul claro, azul oscuro.**

Adjetivos

barato/a	*cheap*
bueno/a	*good*
cada	*each*
caro/a	*expensive*
corto/a	*short (in length)*
elegante	*elegant*
hermoso/a	*beautiful*
largo/a	*long*
loco/a	*crazy*
nuevo/a	*new*
otro/a	*other; another*
pobre	*poor*
rico/a	*rich*

5

Contrastes Complete each phrase with the opposite of the underlined word.

1. una corbata <u>barata</u> • unas camisas…
2. unas vendedoras <u>malas</u> • unos dependientes…
3. un vestido <u>corto</u> • una falda…
4. un hombre muy <u>pobre</u> • una mujer muy…
5. una cartera <u>nueva</u> • un cinturón…
6. unos trajes <u>hermosos</u> • unos jeans…
7. un impermeable <u>caro</u> • unos suéteres…
8. unos calcetines <u>blancos</u> • unas medias…

CONSULTA

Like other adjectives you have seen, colors must agree in gender and number with the nouns they modify.

Ex: **las camisas verdes, el vestido amarillo.**

For a review of descriptive adjectives, see **Estructura 3.1,** pp. 80–81.

6

Preguntas Answer these questions with a classmate.

1. ¿De qué color es la rosa de Texas?
2. ¿De qué color es la bandera (*flag*) de Canadá?
3. ¿De qué color es la casa donde vive el presidente de los EE.UU.?
4. ¿De qué color es el océano Atlántico?
5. ¿De qué color es la nieve?
6. ¿De qué color es el café?
7. ¿De qué color es el dólar de los EE.UU.?
8. ¿De qué color es la cebra (*zebra)*?

 Practice more at **vhlcentral.com.**

Comunicación

Las maletas With a classmate, answer these questions about the drawings.

1. ¿Qué ropa hay al lado de la maleta de Carmela?

2. ¿Qué hay en la maleta?

3. ¿De qué color son las sandalias?

4. ¿Adónde va Carmela?

CONSULTA

To review weather, see **Lección 5, Contextos**, p. 142.

5. ¿Qué tiempo va a hacer?

6. ¿Qué hay al lado de la maleta de Pepe?

7. ¿Qué hay en la maleta?

NOTA CULTURAL

Bariloche is a popular resort for skiing in South America. Located in Argentina's Patagonia region, the town is also known for its chocolate factories and its beautiful lakes, mountains, and forests.

8. ¿De qué color es el suéter?

9. ¿Qué va a hacer Pepe en Bariloche?

10. ¿Qué tiempo va a hacer?

El viaje Get together with two classmates and imagine that the three of you are going on vacation. Pick a destination and then draw three suitcases. Write in each one what clothing each person is taking. Present your drawings to the rest of the class, answering these questions.

- ¿Adónde van?
- ¿Qué tiempo va a hacer allí?
- ¿Qué van a hacer allí?
- ¿Qué hay en sus maletas?
- ¿De qué color es la ropa que llevan?

Preferencias Take turns asking and answering these questions with a classmate.

1. ¿Adónde vas a comprar ropa? ¿Por qué?
2. ¿Qué tipo de ropa prefieres? ¿Por qué?
3. ¿Cuáles son tus colores favoritos?
4. En tu opinión, ¿es importante comprar ropa nueva frecuentemente? ¿Por qué?
5. ¿Gastas mucho dinero en ropa cada mes? ¿Buscas rebajas?
6. ¿Regateas cuando compras ropa? ¿Usas tarjetas de crédito?

En el mercado

Los chicos van de compras al mercado. ¿Quién hizo la mejor compra?

S Video: *Fotonovela*

MARISSA Oigan, vamos al mercado.

JUAN CARLOS ¡Sí! Los chicos en un equipo y las chicas en otro.

FELIPE Tenemos dos horas para ir de compras.

MARU Y don Guillermo decide quién gana.

JIMENA Esta falda azul es muy elegante.

MARISSA ¡Sí! Además, este color está de moda.

MARU Éste rojo es de algodón.

(*Las chicas encuentran unas bolsas.*)

VENDEDOR Ésta de rayas cuesta 190 pesos, ésta 120 pesos y ésta 220 pesos.

MARISSA ¿Me das aquella blusa rosada? Me parece que hace juego con esta falda, ¿no? ¿No tienen otras tallas?

JIMENA Sí, aquí. ¿Qué talla usas?

MARISSA Uso talla 4.

JIMENA La encontré. ¡Qué ropa más bonita!

(*En otra parte del mercado*)

FELIPE Juan Carlos compró una camisa de muy buena calidad.

MIGUEL (*a la vendedora*) ¿Puedo ver ésos, por favor?

VENDEDORA Sí, señor. Le doy un muy buen precio.

VENDEDOR Son 530 por las tres bolsas. Pero como ustedes son tan bonitas, son 500 pesos.

MARU Señor, no somos turistas ricas. Somos estudiantes pobres.

VENDEDOR Bueno, son 480 pesos.

MARISSA

JIMENA

MARU

MIGUEL

DON GUILLERMO

VENDEDORA

VENDEDOR

7

JUAN CARLOS Miren, mi nueva camisa. Elegante, ¿verdad?

FELIPE A ver, Juan Carlos... te queda bien.

8

MARU ¿Qué compraste?

MIGUEL Sólo esto.

MARU ¡Qué bonitos aretes! Gracias, mi amor.

9

JUAN CARLOS Y ustedes, ¿qué compraron?

JIMENA Bolsas.

MARU Acabamos de comprar tres bolsas por sólo 480 pesos. ¡Una ganga!

10

FELIPE Don Guillermo, usted tiene que decidir quién gana. ¿Los chicos o las chicas?

DON GUILLERMO El ganador es... Miguel. ¡Porque no compró nada para él, sino para su novia!

Expresiones útiles

Talking about clothing

¡Qué ropa más bonita!
What nice clothing!
Esta falda azul es muy elegante.
This blue skirt is very elegant.
Está de moda.
It's in style.
Éste rojo es de algodón/lana.
This red one is cotton/wool.
Ésta de rayas/lunares/cuadros es de seda.
This striped / polka-dotted / plaid one is silk.
Es de muy buena calidad.
It's very good quality.
¿Qué talla usas/llevas?
What size do you wear?
Uso/Llevo talla 4.
I wear a size 4.
¿Qué número calza?
What size shoe do you wear?
Yo calzo siete.
I wear a size seven.

Negotiating a price

¿Cuánto cuesta?
How much does it cost?
Demasiado caro/a.
Too expensive.
Es una ganga.
It's a bargain.

Saying what you bought

¿Qué compraste?/¿Qué compró usted?
What did you buy?
Sólo compré esto.
I only bought this.
¡Qué bonitos aretes!
What beautiful earrings!
Y ustedes, ¿qué compraron?
And you guys, what did you buy?

Additional vocabulary

híjole *wow*

recursos

VM
pp. 11–12

vhlcentral.com
Lección 6

¿Qué pasó?

1

¿Cierto o falso? Indicate whether each sentence is **cierto** or **falso**. Correct the false statements.

	Cierto	Falso
1. Jimena dice que la falda azul no es elegante.	○	○
2. Juan Carlos compra una camisa.	○	○
3. Marissa dice que el azul es un color que está de moda.	○	○
4. Miguel compra unas sandalias para Maru.	○	○

NOTA CULTURAL

Las guayaberas are a popular men's shirt worn in hot climates. They are usually made of cotton, linen, or silk and decorated with pleats, pockets, and sometimes embroidery. They can be worn instead of a jacket to formal occasions or as everyday clothing.

2

Identificar Provide the first initial of the person who would make each statement.

____ 1. ¿Te gusta cómo se me ven mis nuevos aretes?

____ 2. Juan Carlos compró una camisa de muy buena calidad.

____ 3. No podemos pagar 500, señor, eso es muy caro.

____ 4. Aquí tienen ropa de muchas tallas.

____ 5. Esta falda me gusta mucho, el color azul es muy elegante.

____ 6. Hay que darnos prisa, sólo tenemos dos horas para ir de compras.

MARU

FELIPE

JIMENA

3

Completar Answer the questions using the information in the **Fotonovela**.

1. ¿Qué talla es Marissa?
2. ¿Cuánto les pide el vendedor por las tres bolsas?
3. ¿Cuál es el precio que pagan las tres amigas por las bolsas?
4. ¿Qué dice Juan Carlos sobre su nueva camisa?
5. ¿Quién ganó al hacer las compras? ¿Por qué?

AYUDA

When discussing prices, it's important to keep in mind singular and plural forms of verbs.

La **camisa cuesta** diez dólares.

Las **botas cuestan** sesenta dólares.

El **precio** de las botas **es** sesenta dólares.

Los **precios** de la ropa **son** altos.

4

Conversar With a partner, role-play a conversation between a customer and a salesperson in an open-air market. Use these expressions and also look at **Expresiones útiles** on the previous page.

¿Qué desea?	Estoy buscando...	Prefiero el/la rojo/a.
What would you like?	*I'm looking for...*	*I prefer the red one.*

Cliente/a	Vendedor(a)
Say good afternoon.	Greet the customer and ask what he/she would like.
Explain that you are looking for a particular item of clothing.	Show him/her some items and ask what he/she prefers.
Discuss colors and sizes.	Discuss colors and sizes.
Ask for the price and begin bargaining.	Tell him/her a price. Negotiate a price.
Settle on a price and purchase the item.	Accept a price and say thank you.

 Practice more at **vhlcentral.com**.

Pronunciación Ⓢ Audio

The consonants d and t

¿Dónde?　　　**vender**　　　**nadar**　　　**verdad**

Like **b** and **v**, the Spanish **d** can have a hard sound or a soft sound, depending on which letters appear next to it.

Don　　　**dinero**　　　**tienda**　　　**falda**

At the beginning of a phrase and after **n** or **l**, the letter **d** is pronounced with a hard sound. This sound is similar to the English *d* in *dog*, but a little softer and duller. The tongue should touch the back of the upper teeth, not the roof of the mouth.

medias　　　**verde**　　　**vestido**　　　**huésped**

In all other positions, **d** has a soft sound. It is similar to the English *th* in *there*, but a little softer.

Don Diego no tiene el diccionario

When **d** begins a word, its pronunciation depends on the previous word. At the beginning of a phrase or after a word that ends in **n** or **l**, it is pronounced as a hard **d**.

Doña Dolores es de la capital

Words that begin with **d** are pronounced with a soft **d** if they appear immediately after a word that ends in a vowel or any consonant other than **n** or **l**.

traje　　　**pantalones**　　　**tarjeta**　　　**tienda**

When pronouncing the Spanish **t**, the tongue should touch the back of the upper teeth, not the roof of the mouth. Unlike the English *t*, no air is expelled from the mouth.

Práctica Read these phrases aloud to practice the **d** and the **t**.

1. Hasta pronto.
2. De nada.
3. Mucho gusto.
4. Lo siento.
5. No hay de qué.
6. ¿De dónde es usted?
7. ¡Todos a bordo!
8. No puedo.
9. Es estupendo.
10. No tengo computadora.
11. ¿Cuándo vienen?
12. Son las tres y media.

Oraciones Read these sentences aloud to practice the **d** and the **t**.

1. Don Teodoro tiene una tienda en un almacén en La Habana.
2. Don Teodoro vende muchos trajes, vestidos y zapatos todos los días.
3. Un día un turista, Federico Machado, entra en la tienda para comprar un par de botas.
4. Federico regatea con don Teodoro y compra las botas y también un par de sandalias.

Refranes Read these sayings aloud to practice the **d** and the **t**.

En la variedad está el gusto.[1]

Aunque la mona se vista de seda, mona se queda.[2]

1 Variety is the spice of life. 2 You can't make a silk purse out of a sow's ear.

EN DETALLE

Video: *Flash cultura*

Los mercados al aire libre

Mercados al aire libre are an integral part of commerce and culture in the Spanish-speaking world. Whether they take place daily or weekly, these markets are an important forum where tourists, locals, and vendors interact. People come to the marketplace to shop, socialize, taste local foods, and watch street performers. Wandering from one **puesto** (*stand*) to the next, one can browse for fresh fruits and vegetables, clothing, CDs and DVDs, and **artesanías** (*crafts*). Some markets offer a mix of products, while others specialize in food, fashion, or used merchandise, such as antiques and books.

When shoppers see an item they like, they can bargain with the vendor. Friendly bargaining is an expected ritual and may result in a significantly lower price. When selling food, vendors may give the customer a little extra of what they purchase; this free addition is known as **la ñapa**.

Many open-air markets are also tourist attractions. The market in Otavalo, Ecuador, is world-famous and has taken place every Saturday since pre-Incan times. This market is well-known for the colorful textiles woven by the **otavaleños**, the indigenous people of the area. One can also find leather goods and wood carvings from nearby

Mercado de Otavalo

towns. Another popular market is **El Rastro**, held every Sunday in Madrid, Spain. Sellers set up **puestos** along the streets to display their wares, which range from local artwork and antiques to inexpensive clothing and electronics.

mariscos *seafood* pescado *fish* verduras *vegetables* flores *flowers*

Otros mercados famosos

Mercado	Lugar	Productos
Feria Artesanal de Recoleta	Buenos Aires, Argentina	artesanías
Mercado Central	Santiago, Chile	mariscos°, pescado°, frutas, verduras°
Tianguis Cultural del Chopo	Ciudad de México, México	ropa, música, revistas, libros, arte, artesanías
El mercado de Chichicastenango	Chichicastenango, Guatemala	frutas y verduras, flores°, cerámica, textiles

ACTIVIDADES

1 **¿Cierto o falso?** Indicate whether these statements are **cierto** or **falso**. Correct the false statements.

1. Generally, open-air markets specialize in one type of goods.

2. Bargaining is commonplace at outdoor markets.

3. Only new goods can be found at open-air markets.

4. A Spaniard in search of antiques could search at **El Rastro**.

5. If you are in Guatemala and want to buy ceramics, you can go to Chichicastenango.

6. A **ñapa** is a tax on open-air market goods.

7. The **otavaleños** weave colorful textiles to sell on Saturdays.

8. Santiago's **Mercado Central** is known for books and music.

ASÍ SE DICE

La ropa

la chamarra (Méx.)	la chaqueta
de manga corta/larga	*short/long-sleeved*
los mahones (P. Rico); el pantalón de mezclilla (Méx.); los tejanos (Esp.); los vaqueros (Arg., Cuba, Esp., Uru.)	los bluejeans
la marca	*brand*
la playera (Méx.); la remera (Arg.)	la camiseta

EL MUNDO HISPANO

Diseñadores de moda

- **Adolfo Domínguez** (España) Su ropa tiene un estilo minimalista y práctico. Usa telas° naturales y cómodas en sus diseños.

- **Silvia Tcherassi** (Colombia) Los colores vivos y las líneas asimétricas de sus vestidos y trajes muestran influencias tropicales.

- **Óscar de la Renta** (República Dominicana) Diseñó ropa opulenta para la mujer clásica.

- **Narciso Rodríguez** (EE.UU.) En sus diseños delicados y finos predominan los colores blanco y negro. Hizo° el vestido de boda° de Carolyn Bessette Kennedy. También diseñó varios vestidos para Michelle Obama.

telas *fabrics* Hizo *He made* de boda *wedding*

PERFIL

Carolina Herrera

In 1980, at the urging of some friends, **Carolina Herrera** created a fashion collection as a "test." The Venezuelan designer received such a favorable response that within one year she moved her family from Caracas to New York City and created her own label, Carolina Herrera, Ltd.

"I love elegance and intricacy, but whether it is in a piece of clothing or a fragrance, the intricacy must appear as simplicity," Herrera once stated. She quickly found that many sophisticated women agreed; from the start,

her sleek and glamorous designs have been in constant demand. Over the years, Herrera has grown her brand into a veritable fashion empire that encompasses her fashion and bridal collections, cosmetics, perfume, and accessories that are sold around the globe.

Conexión Internet

¿Qué marcas de ropa son populares en el mundo hispano?

Go to **vhlcentral.com** to find more cultural information related to this **Cultura** section.

ACTIVIDADES

2 **Comprensión** Complete these sentences.

1. Adolfo Domínguez usa telas _____ y _____ en su ropa.
2. Si hace fresco en el D.F., puedes llevar una _____.
3. La diseñadora _____ hace ropa, perfumes y más.
4. La ropa de _____ muestra influencias tropicales.
5. Los _____ son una ropa casual en Puerto Rico.

3 **Mi ropa favorita** Write a brief description of your favorite article of clothing. Mention what store it is from, the brand, colors, fabric, style, and any other information. Then get together with a small group, collect the descriptions, and take turns reading them aloud at random. Can the rest of the group guess whose favorite piece of clothing is being described?

recursos

VM pp. 83–84

vhlcentral.com Lección 6

 Practice more at **vhlcentral.com**.

6.1 Saber and conocer Tutorial

ANTE TODO Spanish has two verbs that mean *to know*: **saber** and **conocer**. They cannot be used interchangeably. Note the irregular **yo** forms.

The verbs saber and conocer

		saber *(to know)*	conocer *(to know)*
SINGULAR FORMS	yo	sé	conozco
	tú	sabes	conoces
	Ud./él/ella	sabe	conoce
PLURAL FORMS	nosotros/as	sabemos	conocemos
	vosotros/as	sabéis	conocéis
	Uds./ellos/ellas	saben	conocen

▶ **Saber** means *to know a fact or piece(s) of information* or *to know how to do something*.

No **sé** tu número de teléfono.
I don't know your telephone number.

Mi hermana **sabe** hablar francés.
My sister knows how to speak French.

▶ **Conocer** means *to know* or *be familiar/acquainted* with a person, place, or thing.

¿**Conoces** la ciudad de Nueva York?
Do you know New York City?

No **conozco** a tu amigo Esteban.
I don't know your friend Esteban.

▶ When the direct object of **conocer** is a person or pet, the personal **a** is used.

¿Conoces La Habana?   *but*   ¿Conoces **a** Celia Cruz?
Do you know Havana?   *Do you know Celia Cruz?*

▶ **¡Atención!** **Parecer** *(to seem)* and **ofrecer** *(to offer)* are conjugated like **conocer**.

▶ **¡Atención!** **Conducir** *(to drive)* and **traducir** *(to translate)* also have an irregular **yo** form, but since they are **-ir** verbs, they are conjugated differently from **conocer**.

conducir	conduzco, conduces, conduce, conducimos, conducís, conducen
traducir	traduzco, traduces, traduce, traducimos, traducís, traducen

NOTA CULTURAL

Cuban singer **Celia Cruz** (1925–2003), known as the "Queen of Salsa," recorded many albums over her long career. Adored by her fans, she was famous for her colorful and lively on-stage performances.

¡INTÉNTALO! Provide the appropriate forms of these verbs.

saber

1. José no ___sabe___ la hora.
2. Sara y yo _____ jugar al tenis.
3. ¿Por qué no _____ tú estos verbos?
4. Mis padres _____ hablar japonés.
5. Yo _____ a qué hora es la clase.
6. Usted no _____ dónde vivo.
7. Mi hermano no _____ nadar.
8. Nosotros _____ muchas cosas.

conocer

1. Usted y yo ___conocemos___ bien Miami.
2. ¿Tú _____ a mi amigo Manuel?
3. Sergio y Taydé _____ mi pueblo.
4. Emiliano _____ a mis padres.
5. Yo _____ muy bien el centro.
6. ¿Ustedes _____ la tienda Gigante?
7. Nosotras _____ una playa hermosa.
8. ¿Usted _____ a mi profesora?

recursos

WB
p. 61

LM
p. 33

vhlcentral.com
Lección 6

Práctica y Comunicación

1

Completar Indicate the correct verb for each sentence.

1. Mis hermanos (conocen/saben) conducir, pero yo no (sé/conozco).
2. —¿(Conocen/Saben) ustedes dónde está el estadio? —No, no lo (conocemos/sabemos).
3. —¿(Conoces/Sabes) a Lady Gaga? —Bueno, (sé/conozco) quién es, pero no la (conozco/sé).
4. Mi profesora (sabe/conoce) Cuba y también (conoce/sabe) bailar salsa.

2

Combinar Combine elements from each column to create sentences.

A	B	C
Shakira	(no) conocer	Jimmy Fallon
los Yankees	(no) saber	cantar y bailar
el primer ministro		La Habana Vieja
de Canadá		muchas personas importantes
mis amigos y yo		hablar dos lenguas extranjeras
tú		jugar al béisbol

3

Preguntas In pairs, ask each other these questions. Answer with complete sentences.

1. ¿Conoces a un(a) cantante famoso/a? ¿Te gusta cómo canta?
2. En tu familia, ¿quién sabe cantar bien? ¿Tu opinión es objetiva?
3. Y tú, ¿conduces bien o mal? ¿Y tus amigos?
4. Si un(a) amigo/a no conduce muy bien, ¿le ofreces crítica constructiva?
5. ¿Cómo parece estar el/la profesor(a) hoy? ¿Y tus compañeros de clase?

4

Entrevista Jot down three things you know how to do, three people you know, and three places you are familiar with. Then, in a small group, find out what you have in common.

> **modelo**
>
> **Estudiante 1:** ¿Conocen ustedes a David Lomas?
> **Estudiante 2:** Sí, conozco a David. Vivimos en la misma residencia estudiantil.
> **Estudiante 3:** No, no lo conozco. ¿Cómo es?

5

Anuncio In groups, read the ad and answer these questions.

1. Busquen ejemplos de los verbos **saber** y **conocer**.
2. ¿Qué saben del Centro Comercial Málaga?
3. ¿Qué pueden hacer en el Centro Comercial Málaga?
4. ¿Conocen otros centros comerciales similares? ¿Cómo se llaman? ¿Dónde están?
5. ¿Conocen un centro comercial en otro país? ¿Cómo es?…

Él sabe dónde **comer** lo que más le gusta.

Él sabe cómo **jugar** cuatro horas seguidas.

Él sabe dónde está su **regalo** de cumpleaños.

Él sabe dónde **divertirse…**

… y usted sabe dónde puede encontrar un poco de todo. ¿Conoce algún otro lugar como éste?

CENTRO COMERCIAL **MÁLAGA** SABE LO QUE TE GUSTA.

 Practice more at **vhlcentral.com**.

6.2 Indirect object pronouns **Tutorial**

ANTE TODO   In **Lección 5**, you learned that a direct object receives the action of the verb directly. In contrast, an indirect object receives the action of the verb indirectly.

SUBJECT	I.O. PRONOUN	VERB	DIRECT OBJECT	INDIRECT OBJECT
Roberto	**le**	presta	cien pesos	**a Luisa**.
Roberto		*lends*	*100 pesos*	*to Luisa.*

An indirect object is a noun or pronoun that answers the question *to whom* or *for whom* an action is done. In the preceding example, the indirect object answers this question: **¿A quién le presta Roberto cien pesos?** *To whom does Roberto lend 100 pesos?*

Indirect object pronouns

Singular forms		Plural forms	
me	(to, for) *me*	**nos**	(to, for) *us*
te	(to, for) *you* (fam.)	**os**	(to, for) *you* (fam.)
le	(to, for) *you* (form.)	**les**	(to, for) *you*
	(to, for) *him; her*		(to, for) *them*

▶ **¡Atención!** The forms of indirect object pronouns for the first and second persons (**me**, **te**, **nos**, **os**) are the same as the direct object pronouns. Indirect object pronouns agree in number with the corresponding nouns, but not in gender.

Bueno, le doy un descuento.

Acabo de mostrarles que sí sabemos regatear.

Using indirect object pronouns

▶ Spanish speakers commonly use both an indirect object pronoun and the noun to which it refers in the same sentence. This is done to emphasize and clarify to whom the pronoun refers.

I.O. PRONOUN	INDIRECT OBJECT	I.O. PRONOUN	INDIRECT OBJECT
Ella **le** vende la ropa **a Elena**.		**Les** prestamos el dinero **a Inés y a Álex**.	

▶ Indirect object pronouns are also used without the indirect object noun when the person for whom the action is being done is known.

Ana **le** presta la falda **a Elena**.
Ana lends her skirt to Elena.

También **le** presta unos jeans.
She also lends her a pair of jeans.

▶ Indirect object pronouns are usually placed before the conjugated form of the verb. In negative sentences the pronoun is placed between **no** and the conjugated verb.

> Martín **me** compra un regalo.   Eva **no me** escribe cartas.
> *Martín is buying me a gift.*   *Eva doesn't write me letters.*

CONSULTA

For more information on accents, see **Lección 4, Pronunciación**, p. 115, **Lección 10, Ortografía**, p. 315, and **Lección 11, Ortografía**, p. 349.

▶ When a conjugated verb is followed by an infinitive or the present progressive, the indirect object pronoun may be placed before the conjugated verb or attached to the infinitive or present participle. **¡Atención!** When an indirect object pronoun is attached to a present participle, an accent mark is added to maintain the proper stress.

> Él no quiere **pagarte**./   Él está **escribiéndole** una postal a ella./
> Él no **te** quiere pagar.   Él **le** está escribiendo una postal a ella.
> *He does not want to pay you.*   *He is writing a postcard to her.*

▶ Because the indirect object pronouns **le** and **les** have multiple meanings, Spanish speakers often clarify to whom the pronouns refer with the preposition **a** + [*pronoun*] or **a** + [*noun*].

UNCLARIFIED STATEMENTS	CLARIFIED STATEMENTS
Yo **le** compro un abrigo.	Yo **le** compro un abrigo **a usted/él/ella**.
Ella **le** describe un libro.	Ella **le** describe un libro **a Juan**.

UNCLARIFIED STATEMENTS	CLARIFIED STATEMENTS
Él **les** vende unos sombreros.	Él **les** vende unos sombreros **a ustedes/ellos/ellas**.
Ellos **les** hablan muy claro.	Ellos **les** hablan muy claro **a los clientes**.

▶ The irregular verbs **dar** (*to give*) and **decir** (*to say; to tell*) are often used with indirect object pronouns.

The verbs dar and decir

| | **Singular forms** | | | **Plural forms** | |
	dar	**decir**		**dar**	**decir**
yo	**doy**	**digo**	nosotros/as	**damos**	**decimos**
tú	**das**	**dices**	vosotros/as	**dais**	**decís**
Ud./él/ella	**da**	**dice**	Uds./ellos/ellas	**dan**	**dicen**

> **Me dan** una fiesta cada año.   **Te digo** la verdad.
> *They give (throw) me a party every year.* *I'm telling you the truth.*
>
> Voy a **darle** consejos.   No **les digo** mentiras a mis padres.
> *I'm going to give her advice.*   *I don't tell lies to my parents.*

recursos

WB
pp. 62–63

LM
p. 34

vhlcentral.com
Lección 6

¡INTÉNTALO!   Use the cues in parentheses to provide the correct indirect object pronoun for each sentence.

1. Juan ____le____ quiere dar un regalo. (*to Elena*)
2. María _____ prepara un café. (*for us*)
3. Beatriz y Felipe _____ escriben desde (*from*) Cuba. (*to me*)
4. Marta y yo _____ compramos unos guantes. (*for them*)
5. Los vendedores _____ venden ropa. (*to you, fam. sing.*)
6. La dependienta _____ muestra los guantes. (*to us*)

Práctica

1 **Completar** Fill in the blanks with the correct pronouns to complete Mónica's description of her family's holiday shopping.

1. Juan y yo _____ damos una blusa a nuestra hermana Gisela.
2. Mi tía _____ da a nosotros una mesa para la casa.
3. Gisela _____ da dos corbatas a su novio.
4. A mi mamá yo _____ doy un par de guantes negros.
5. A mi profesora _____ doy dos libros de José Martí.
6. Juan _____ da un regalo a mis padres.
7. Mis padres _____ dan un traje nuevo a mí.
8. Y a ti, yo _____ doy un regalo también. ¿Quieres verlo?

NOTA CULTURAL

Cuban writer and patriot **José Martí** (1853–1895) was born in **La Habana Vieja**, the old colonial center of Havana. Founded by Spanish explorers in the early 1500s, Havana, along with San Juan, Puerto Rico, served as a major stopping point for Spaniards traveling to Mexico and South America.

2 **En La Habana** Describe what happens on Pascual's trip to Cuba based on the cues provided.

1. ellos / cantar / canción / (mí)

2. él / comprar / libros / (sus hijos) / Plaza de Armas

3. yo / preparar el almuerzo (*lunch*) / (ti)

4. él / explicar cómo llegar / (conductor)

5. mi novia / sacar / foto / (nosotros)

6. el guía (*guide*) / mostrar / catedral de San Cristóbal / (ustedes)

NOTA CULTURAL

La Habana Vieja, Cuba, is the site of another well-known outdoor market. Located in the **Plaza de la Catedral**, it is a place where Cuban painters, artists, and sculptors sell their work, and other vendors offer handmade crafts and clothing.

3 **Combinar** Use an item from each column and an indirect object pronoun to create logical sentences.

> **modelo**
>
> Mis padres les dan regalos a mis primos.

A	B	C	D
yo	comprar	mensajes electrónicos	mí
el dependiente	dar	corbata	ustedes
el profesor Arce	decir	dinero en efectivo	clienta
la vendedora	escribir	tarea	novia
mis padres	explicar	problemas	primos
tú	pagar	regalos	ti
nosotros/as	prestar	ropa	nosotros
¿?	vender	¿?	¿?

Comunicación

4 **Entrevista** In pairs, take turns asking and answering to or for whom you do these activities. Use the model as a guide.

> cantar canciones de amor (*love songs*)   escribir mensajes electrónicos
> comprar ropa   mostrar fotos de un viaje
> dar una fiesta   pedir dinero
> decir mentiras   preparar comida (*food*) mexicana

> **modelo**
> escribir mensajes electrónicos
> **Estudiante 1:** ¿A quién le escribes mensajes electrónicos?
> **Estudiante 2:** Le escribo mensajes electrónicos a mi hermano.

5 **¡Somos ricos!** You and your classmates chipped in on a lottery ticket and you won! Now you want to spend money on your loved ones. In groups of three, discuss what each person is buying for family and friends.

> **modelo**
> **Estudiante 1:** Quiero comprarle un vestido de Carolina Herrera a mi madre.
> **Estudiante 2:** Y yo voy a darles un automóvil nuevo a mis padres.
> **Estudiante 3:** Voy a comprarles una casa a mis padres, pero a mis amigos no les voy a dar nada.

6 **Entrevista** Use these questions to interview a classmate.

1. ¿Qué tiendas, almacenes o centros comerciales prefieres?
2. ¿A quién le compras regalos cuando hay rebajas?
3. ¿A quién le prestas dinero cuando lo necesita?
4. Quiero ir de compras. ¿Cuánto dinero me puedes prestar?
5. ¿Te dan tus padres su tarjeta de crédito cuando vas de compras?

Síntesis

7   **Minidrama** In groups of three, take turns playing the roles of two shoppers and a clerk in a clothing store. The shoppers should talk about the articles of clothing they are looking for and for whom they are buying the clothes. The clerk should recommend several items based on the shoppers' descriptions. Use these expressions and also look at **Expresiones útiles** on page 179.

> Me queda grande/pequeño.   ¿Está en rebaja?
> *It's big/small on me.*   *Is it on sale?*
> ¿Tiene otro color?   También estoy buscando...
> *Do you have another color?* *I'm also looking for...*

6.3 Preterite tense of regular verbs Tutorial

ANTE TODO In order to talk about events in the past, Spanish uses two simple tenses: the preterite and the imperfect. In this lesson, you will learn how to form the preterite tense, which is used to express actions or states completed in the past.

Preterite of regular -ar, -er, and -ir verbs

		-ar verbs comprar	**-er verbs** vender	**-ir verbs** escribir
SINGULAR FORMS	yo	compr**é** *I bought*	vend**í** *I sold*	escrib**í** *I wrote*
	tú	compr**aste**	vend**iste**	escrib**iste**
	Ud./él/ella	compr**ó**	vend**ió**	escrib**ió**
PLURAL FORMS	nosotros/as	compr**amos**	vend**imos**	escrib**imos**
	vosotros/as	compr**asteis**	vend**isteis**	escrib**isteis**
	Uds./ellos/ellas	compr**aron**	vend**ieron**	escrib**ieron**

▶ **¡Atención!** The **yo** and **Ud./él/ella** forms of all three conjugations have written accents on the last syllable to show that it is stressed.

▶ As the chart shows, the endings for regular **-er** and **-ir** verbs are identical in the preterite.

¿Qué compraste?

Compré estos aretes.

▶ Note that the **nosotros/as** forms of regular **-ar** and **-ir** verbs in the preterite are identical to the present tense forms. Context will help you determine which tense is being used.

En invierno **compramos** ropa.
In the winter, we buy clothes.

Anoche **compramos** unos zapatos.
Last night we bought some shoes.

▶ **-Ar** and **-er** verbs that have a stem change in the present tense are regular in the preterite. They do *not* have a stem change.

	PRESENT	**PRETERITE**
cerrar (e:ie)	La tienda **cierra** a las seis.	La tienda **cerró** a las seis.
volver (o:ue)	Carlitos **vuelve** tarde.	Carlitos **volvió** tarde.
jugar (u:ue)	Él **juega** al fútbol.	Él **jugó** al fútbol.

▶ **¡Atención!** **-Ir** verbs that have a stem change in the present tense also have a stem change in the preterite.

CONSULTA
There are a few high-frequency irregular verbs in the preterite. You will learn more about them in **Estructura 9.1**, p. 286.

CONSULTA
You will learn about the preterite of **-ir** stem-changing verbs in **Estructura 8.1**, p. 254.

▶ Verbs that end in **-car**, **-gar**, and **-zar** have a spelling change in the first person singular (**yo** form) in the preterite.

buscar	busc-	qu-	yo bus**qu**é
llegar	lleg-	gu-	yo lle**gu**é
empezar	empez-	c-	yo empe**c**é

▶ Except for the **yo** form, all other forms of **-car**, **-gar**, and **-zar** verbs are regular in the preterite.

▶ Three other verbs—**creer**, **leer**, and **oír**—have spelling changes in the preterite. The **i** of the verb endings of **creer**, **leer**, and **oír** carries an accent in the **yo**, **tú**, **nosotros/as**, and **vosotros/as** forms, and changes to **y** in the **Ud./él/ella** and **Uds./ellos/ellas** forms.

creer	cre-	creí, creíste, cre**y**ó, creímos, creísteis, cre**y**eron
leer	le-	leí, leíste, le**y**ó, leímos, leísteis, le**y**eron
oír	o-	oí, oíste, o**y**ó, oímos, oísteis, o**y**eron

▶ **Ver** is regular in the preterite, but none of its forms has an accent.

ver ⟶ vi, viste, vio, vimos, visteis, vieron

Words commonly used with the preterite

anoche	*last night*	**pasado/a** (*adj.*)	*last; past*
anteayer	*the day before yesterday*	**el año pasado**	*last year*
		la semana pasada	*last week*
ayer	*yesterday*	**una vez**	*once*
de repente	*suddenly*	**dos veces**	*twice*
desde... hasta...	*from... until...*	**ya**	*already*

Ayer llegué a Santiago de Cuba.
Yesterday I arrived in Santiago de Cuba.

Anoche oí un ruido extraño.
Last night I heard a strange noise.

▶ **Acabar de** + [*infinitive*] is used to say that something has just occurred. Note that **acabar** is in the present tense in this construction.

Acabo de comprar una falda.
I just bought a skirt.

Acabas de ir de compras.
You just went shopping.

recursos

WB
pp. 64–65

LM
p. 35

vhlcentral.com
Lección 6

¡INTÉNTALO! Provide the appropriate preterite forms of the verbs.

	comer	salir	comenzar	leer
1. ellas	comieron	salieron	comenzaron	leyeron
2. tú	_____	_____	_____	_____
3. usted	_____	_____	_____	_____
4. nosotros	_____	_____	_____	_____
5. yo	_____	_____	_____	_____

Práctica

1

Completar Andrea is talking about what happened last weekend. Complete each sentence by choosing the correct verb and putting it in the preterite.

1. El viernes a las cuatro de la tarde, la profesora Mora _____ (asistir, costar, usar) a una reunión (*meeting*) de profesores.
2. A la una, yo _____ (llegar, bucear, llevar) a la tienda con mis amigos.
3. Mis amigos y yo _____ (comprar, regatear, gastar) dos o tres cosas.
4. Yo _____ (costar, comprar, escribir) unos pantalones negros y mi amigo Mateo _____ (gastar, pasear, comprar) una camisa azul.
5. Después, nosotros _____ (llevar, vivir, comer) cerca de un mercado.
6. A las tres, Pepe _____ (hablar, pasear, nadar) con su novia por teléfono.
7. El sábado por la tarde, mi mamá _____ (escribir, beber, vivir) una carta.
8. El domingo mi tía _____ (decidir, salir, escribir) comprarme un traje.
9. A las cuatro de la tarde, mi tía _____ (beber, salir, encontrar) el traje y después nosotras _____ (acabar, ver, salir) una película.

2

Preguntas Imagine that you have a pesky friend who keeps asking you questions. Respond that you already did or have just done what he/she asks. Make sure you and your partner take turns playing the role of the pesky friend and responding to his/her questions.

> **modelo**
>
> leer la lección
> **Estudiante 1:** ¿Leíste la lección?
> **Estudiante 2:** Sí, ya la leí./Sí, acabo de leerla.

1. escribir el mensaje electrónico
2. lavar (*to wash*) la ropa
3. oír las noticias (*news*)
4. comprar pantalones cortos
5. practicar los verbos
6. pagar la cuenta (*bill*)
7. empezar la composición
8. ver la película *Diarios de motocicleta*

NOTA CULTURAL

Based on Ernesto "Che" Guevara's diaries, *Diarios de motocicleta* (2004) traces the road trip of Che (played by Gael García Bernal) with his friend Alberto Granado (played by Rodrigo de la Serna) through Argentina, Chile, Peru, Colombia, and Venezuela.

3

¿Cuándo? Use the time expressions from the word bank to talk about when you and others did the activities listed.

| anoche | anteayer | el mes pasado | una vez |
| ayer | la semana pasada | el año pasado | dos veces |

1. mi compañero/a de cuarto: llegar tarde a clase
2. mi mejor (*best*) amigo/a: salir con un(a) chico/a guapo/a
3. mis padres: ver una película
4. yo: llevar un traje/vestido
5. el presidente/primer ministro de mi país: asistir a una conferencia internacional
6. mis amigos y yo: comer en un restaurante
7. ¿?: comprar algo (*something*) bueno, bonito y barato

Comunicación

4

Ayer Jot down at what time you did these activities yesterday. Then get together with a classmate and find out at what time he or she did these activities. Be prepared to share your findings with the class.

1. desayunar
2. empezar la primera clase
3. almorzar

4. ver a un(a) amigo/a
5. salir de clase
6. volver a la residencia/casa

5

Las vacaciones Imagine that you took these photos on a vacation with friends. Get together with a partner and use the pictures to tell him or her about your trip.

6

El fin de semana Your instructor will give you and your partner different incomplete charts about what four employees at **Almacén Gigante** did last weekend. After you fill out the chart based on each other's information, you will fill out the final column about your partner.

Síntesis

7

Conversación Get together with a partner and have a conversation about what you did last week using verbs from the word bank. Don't forget to include school activities, shopping, and pastimes.

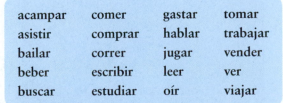

acampar	comer	gastar	tomar
asistir	comprar	hablar	trabajar
bailar	correr	jugar	vender
beber	escribir	leer	ver
buscar	estudiar	oír	viajar

6.4 Demonstrative adjectives and pronouns

Demonstrative adjectives **Tutorial**

ANTE TODO   In Spanish, as in English, demonstrative adjectives are words that "demonstrate" or "point out" nouns. Demonstrative adjectives precede the nouns they modify and, like other Spanish adjectives you have studied, agree with them in gender and number. Observe these examples and then study the chart below.

esta camisa	**ese** vendedor	**aquellos** zapatos
this shirt	*that salesman*	*those shoes (over there)*

Demonstrative adjectives

Singular		Plural		
MASCULINE	FEMININE	MASCULINE	FEMININE	
este	**esta**	**estos**	**estas**	*this; these*
ese	**esa**	**esos**	**esas**	*that; those*
aquel	**aquella**	**aquellos**	**aquellas**	*that; those (over there)*

▶ There are three sets of demonstrative adjectives. To determine which one to use, you must establish the relationship between the speaker and the noun(s) being pointed out.

▶ The demonstrative adjectives **este**, **esta**, **estos**, and **estas** are used to point out things that are close to the speaker and the listener.

Me gustan estos zapatos.

▶ The demonstrative adjectives **ese**, **esa**, **esos**, and **esas** are used to point out things that are not close in space and time to the speaker. They may, however, be close to the listener.

Prefiero esos zapatos.

▶ The demonstrative adjectives **aquel**, **aquella**, **aquellos**, and **aquellas** are used to point out things that are far away from the speaker and the listener.

Aquel auto es de mi hermana.

Demonstrative pronouns

▶ Demonstrative pronouns are identical to their corresponding demonstrative adjectives, with the exception that they traditionally carry an accent mark on the stressed vowel. The **Real Academia** no longer requires this accent, but it is still commonly used.

Demonstrative pronouns			
Singular		**Plural**	
MASCULINE	FEMININE	MASCULINE	FEMININE
éste	**ésta**	**éstos**	**éstas**
ése	**ésa**	**ésos**	**ésas**
aquél	**aquélla**	**aquéllos**	**aquéllas**

—¿Quieres comprar **este suéter**?
Do you want to buy this sweater?

—No, no quiero **éste**. Quiero **ése**.
No, I don't want this one. I want that one.

—¿Vas a leer **estas revistas**?
Are you going to read these magazines?

—Sí, voy a leer **éstas**. También voy a leer **aquéllas**.
Yes, I'm going to read these. I'll also read those (over there).

▶ **¡Atención!** Like demonstrative adjectives, demonstrative pronouns agree in gender and number with the corresponding noun.

Este libro es de Pablito.   **Éstos** son de Juana.

▶ There are three neuter demonstrative pronouns: **esto**, **eso**, and **aquello**. These forms refer to unidentified or unspecified things, situations, ideas, and concepts. They do not change in gender or number and never carry an accent mark.

—¿Qué es **esto**?
What's this?

—**Eso** es interesante.
That's interesting.

—**Aquello** es bonito.
That's pretty.

recursos

WB
pp. 66–68

LM
p. 36

S
vhlcentral.com
Lección 6

¡INTÉNTALO!   Provide the correct form of the demonstrative adjective for these nouns.

1. la falda / este _____esta falda_____
2. los estudiantes / este _____
3. los países / aquel _____
4. la ventana / ese _____

5. los periodistas / ese _____
6. el chico / aquel _____
7. las sandalias / este _____
8. las chicas / aquel _____

Práctica

1

Cambiar Make the singular sentences plural and the plural sentences singular.

> **modelo**
>
> Estas camisas son blancas.
> Esta camisa es blanca.

1. Aquellos sombreros son muy elegantes.
2. Ese abrigo es muy caro.
3. Estos cinturones son hermosos.
4. Esos precios son muy buenos.
5. Estas faldas son muy cortas.
6. ¿Quieres ir a aquel almacén?
7. Esas blusas son baratas.
8. Esta corbata hace juego con mi traje.

2

Completar Here are some things people might say while shopping. Complete the sentences with the correct demonstrative pronouns.

1. No me gustan esos zapatos. Voy a comprar _____. (*these*)
2. ¿Vas a comprar ese traje o _____? (*this one*)
3. Esta guayabera es bonita, pero prefiero _____. (*that one*)
4. Estas corbatas rojas son muy bonitas, pero _____ son fabulosas. (*those*)
5. Estos cinturones cuestan demasiado. Prefiero _____. (*those over there*)
6. ¿Te gustan esas botas o _____? (*these*)
7. Esa bolsa roja es bonita, pero prefiero _____. (*that one over there*)
8. No voy a comprar estas botas; voy a comprar _____. (*those over there*)
9. ¿Prefieres estos pantalones o _____? (*those*)
10. Me gusta este vestido, pero voy a comprar _____. (*that one*)
11. Me gusta ese almacén, pero _____ es mejor (*better*). (*that one over there*)
12. Esa blusa es bonita, pero cuesta demasiado. Voy a comprar _____. (*this one*)

3

Describir With your partner, look for two items in the classroom that are one of these colors: **amarillo**, **azul**, **blanco**, **marrón**, **negro**, **verde**, **rojo**. Take turns pointing them out to each other, first using demonstrative adjectives, and then demonstrative pronouns.

> **modelo**
>
> azul
>
> **Estudiante 1:** Esta silla es azul. Aquella mochila es azul.
> **Estudiante 2:** Ésta es azul. Aquélla es azul.

Now use demonstrative adjectives and pronouns to discuss the colors of your classmates' clothing. One of you can ask a question about an article of clothing, using the wrong color. Your partner will correct you and point out that color somewhere else in the room.

> **modelo**
>
> **Estudiante 1:** ¿Esa camisa es negra?
> **Estudiante 2:** No, ésa es azul. Aquélla es negra.

 Practice more at **vhlcentral.com**.

Comunicación

4

Conversación With a classmate, use demonstrative adjectives and pronouns to ask each other questions about the people around you. Use expressions from the word bank and/or your own ideas.

¿A qué hora…?	¿Cuántos años tiene(n)…?
¿Cómo es/son…?	¿De dónde es/son…?
¿Cómo se llama…?	¿De quién es/son…?
¿Cuándo…?	¿Qué clases toma(n)…?

modelo

Estudiante 1: ¿Cómo se llama esa chica?
Estudiante 2: Se llama Rebeca.
Estudiante 1: ¿A qué hora llegó aquel chico a la clase?
Estudiante 2: A las nueve.

5

En una tienda Imagine that you and a classmate are in Madrid shopping at Zara. Study the floor plan, then have a conversation about your surroundings. Use demonstrative adjectives and pronouns.

modelo

Estudiante 1: Me gusta este suéter azul.
Estudiante 2: Yo prefiero aquella chaqueta.

Zara is an international clothing company based in Spain. Its innovative processes take a product from the design room to the manufacturing shelves in less than a month. This means that the merchandise is constantly changing to keep up with the most current trends.

Hombres — chaquetas, suéteres, camisas, pantalones cortos, trajes de baño, botas, pantalones — **Estudiante 1**

Mujeres — blusas, chaquetas, pantalones cortos, trajes de baño, faldas, zapatos — **Estudiante 2**

Síntesis

6

Diferencias Your instructor will give you and a partner each a drawing of a store. They are almost identical, but not quite. Use demonstrative adjectives and pronouns to find seven differences.

modelo

Estudiante 1: Aquellas gafas de sol son feas, ¿verdad?
Estudiante 2: No. Aquellas gafas de sol son hermosas.

Recapitulación

 Diagnostics

Review the grammar concepts you have learned in this lesson by completing these activities.

1

Completar Complete the chart with the correct preterite or infinitive form of the verbs. **30 pts.**

Infinitive	yo	ella	ellos
			tomaron
		abrió	
comprender			
	leí		
pagar			

2

En la tienda Look at the drawing and complete the conversation with demonstrative adjectives and pronouns. **14 pts.**

CLIENTE Buenos días, señorita. Deseo comprar (1) _____ corbata.

VENDEDORA Muy bien, señor. ¿No le interesa mirar (2) _____ trajes que están allá? Hay unos que hacen juego con la corbata.

CLIENTE (3) _____ de allá son de lana, ¿no? Prefiero ver (4) _____ traje marrón que está detrás de usted.

VENDEDORA Estupendo. Como puede ver, es de seda. Cuesta seiscientos cincuenta dólares.

CLIENTE Ah… eh… no, creo que sólo voy a comprar la corbata, gracias.

VENDEDORA Bueno… si busca algo más económico, hay rebaja en (5) _____ sombreros. Cuestan sólo treinta dólares.

CLIENTE ¡Magnífico! Me gusta (6) _____, el blanco que está hasta arriba (*at the top*). Y quiero pagar todo con (7) _____ tarjeta.

VENDEDORA Sí, señor. Ahora mismo le traigo el sombrero.

RESUMEN GRAMATICAL

6.1   **Saber and conocer**   *p. 184*

saber	conocer
sé	conozco
sabes	conoces
sabe	conoce
sabemos	conocemos
sabéis	conocéis
saben	conocen

▶ **saber** = to know facts/how to do something

▶ **conocer** = to know a person, place, or thing

6.2   **Indirect object pronouns**   *pp. 186–187*

Indirect object pronouns

Singular	Plural
me	nos
te	os
le	les

▶ **dar** = **doy**, das, da, damos, dais, dan

▶ **decir (e:i)** = **digo**, dices, dice, decimos, decís, dicen

6.3   **Preterite tense of regular verbs**   *pp. 190–191*

comprar	vender	escribir
compré	vendí	escribí
compraste	vendiste	escribiste
compró	vendió	escribió
compramos	vendimos	escribimos
comprasteis	vendisteis	escribisteis
compraron	vendieron	escribieron

Verbs with spelling changes in the preterite

▶ **-car:** buscar → yo busqué

▶ **-gar:** llegar → yo llegué

▶ **-zar:** empezar → yo empecé

▶ **creer:** creí, creíste, creyó, creímos, creísteis, creyeron

▶ **leer:** leí, leíste, leyó, leímos, leísteis, leyeron

▶ **oír:** oí, oíste, oyó, oímos, oísteis, oyeron

▶ **ver:** vi, viste, vio, vimos, visteis, vieron

3 **¿Saber o conocer?** Complete each dialogue with the correct form of **saber** or **conocer**. 20 pts.

1. —¿Qué _____ hacer tú?
   —(Yo) _____ jugar al fútbol.
2. —¿_____ tú esta tienda de ropa?
   —No, (yo) no la _____. ¿Es buena?
3. —¿Tus padres no _____ a tu novio?
   —No, ¡ellos no _____ que tengo novio!
4. —Mi compañero de cuarto todavía no me
   _____ bien.
   —Y tú, ¿lo quieres _____ a él?
5. —¿_____ ustedes dónde está el mercado?
   —No, nosotros no _____ bien esta ciudad.

6.4 **Demonstrative adjectives and pronouns** *pp. 194–195*

Demonstrative adjectives

Singular		Plural	
Masc.	**Fem.**	**Masc.**	**Fem.**
este	esta	estos	estas
ese	esa	esos	esas
aquel	aquella	aquellos	aquellas

Demonstrative pronouns

Singular		Plural	
Masc.	**Fem.**	**Masc.**	**Fem.**
éste	ésta	éstos	éstas
ése	ésa	ésos	ésas
aquél	aquélla	aquéllos	aquéllas

4 **Oraciones** Form complete sentences using the information provided. Use indirect object pronouns and the present tense of the verbs. 10 pts.

1. Javier / prestar / el abrigo / a Maripili

   _____

2. nosotros / vender / ropa / a los clientes

   _____

3. el vendedor / traer / las camisetas / a mis amigos y a mí

   _____

4. yo / querer dar / consejos / a ti

   _____

5. ¿tú / ir a comprar / un regalo / a mí?

   _____

5 **Mi última compra** Write a short paragraph describing the last time you went shopping. Use at least four verbs in the preterite tense. 26 pts.

modelo

El viernes pasado, busqué unos zapatos en el centro comercial...

6 **Poema** Write the missing words to complete the excerpt from the poem *Romance sonámbulo* by Federico García Lorca. 4 EXTRA points!

❝Verde que _____ quiero verde.
Verde viento. Verdes ramas°.
El barco sobre la mar
y el caballo en la montaña, [...]
Verde que te quiero _____ (*green*).❞

ramas *branches*

Practice more at **vhlcentral.com**.

Lectura

Antes de leer

Estrategia

Skimming

Skimming involves quickly reading through a document to absorb its general meaning. This allows you to understand the main ideas without having to read word for word. When you skim a text, you might want to look at its title and subtitles. You might also want to read the first sentence of each paragraph.

Examinar el texto

Look at the format of the reading selection. How is it organized? What does the organization of the document tell you about its content?

Buscar cognados

Scan the reading selection to locate at least five cognates. Based on the cognates, what do you think the reading selection is about?

1. _____   4. _____
2. _____   5. _____
3. _____

The reading selection is about _____.

Impresiones generales

Now skim the reading selection to understand its general meaning. Jot down your impressions. What new information did you learn about the document by skimming it? Based on all the information you now have, answer these questions in Spanish.

1. Who created this document?
2. What is its purpose?
3. Who is its intended audience?

 Corona

http://corona.cl

¡Corona tiene las ofertas más locas del verano!

La tienda más elegante de la ciudad con precios increíbles

niños   **mujeres**   casa | baño | equipaje

Faldas largas
ROPA BONITA
Algodón. De distintos colores
Talla mediana
Precio especial: 8.000 pesos

Blusas de seda
BAMBÚ
De cuadros y de lunares
Ahora: 21.000 pesos
40% de rebaja

Vestido de algodón
PANAMÁ
Colores blanco, azul y verde
Ahora: 18.000 pesos
30% de rebaja

Accesorios
BELLEZA
Cinturones, gafas de sol, sombreros, medias
Diversos estilos
Todos con un 40% de rebaja

Carteras
ELEGANCIA
Colores anaranjado, blanco, rosado y amarillo
Ahora: 15.000 pesos
50% de rebaja

Sandalias de playa
GINO
Números del 35 al 38
A sólo 12.000 pesos
50% de descuento

Lunes a sábado de 9 a 21 horas.
Domingo de 10 a 14 horas.

Real° Liquidación°

¡La rebaja está de moda en Corona!

¡Grandes rebajas!

y con la tarjeta de crédito más conveniente del mercado.

bebé | **hombres** | jardín | joyas | electrónica

**Chaquetas
CASINO**
Microfibra. Colores negro, café y gris
Tallas: P, M, G, XG
Ahora: 22.500 pesos

**Traje inglés
GALES**
Modelos originales
Ahora: 105.000 pesos
30% de rebaja

**Pantalones
OCÉANO**
Colores negro, gris y café
Ahora: 11.500 pesos
30% de rebaja

**Accesorios
GUAPO**
Gafas de sol, corbatas, cinturones, calcetines
Diversos estilos
Todos con un 40% de rebaja

**Zapatos
COLOR**
Italianos y franceses
Números del 40 al 45
A sólo 20.000 pesos

**Ropa interior
ATLÁNTICO**
Tallas: P, M, G
Colores blanco, negro y gris
40% de rebaja

Real *Royal* Liquidación *Clearance sale*

Por la compra de 40.000 pesos, puede llevar un regalo gratis.
- Un hermoso cinturón de mujer
- Un par de calcetines
- Una corbata de seda
- Una bolsa para la playa
- Una mochila
- Unas medias

Después de leer

Completar

Complete this paragraph about the reading selection with the correct forms of the words from the word bank.

almacén	hacer juego	tarjeta de crédito
caro	increíble	tienda
dinero	pantalones	verano
falda	rebaja	zapato

En este anuncio, el _____ Corona anuncia la liquidación de _____ con grandes _____. Con muy poco _____ usted puede conseguir ropa fina y elegante. Si no tiene dinero en efectivo, puede utilizar su _____ y pagar luego. Para el caballero con gustos refinados, hay _____ importados de París y Roma. La señora elegante puede encontrar blusas de seda que _____ con todo tipo de _____ o _____. Los precios de esta liquidación son realmente _____.

¿Cierto o falso?

Indicate whether each statement is **cierto** or **falso**. Correct the false statements.

1. Hay sandalias de playa.
2. Las corbatas tienen una rebaja del 30%.
3. El almacén Corona tiene un departamento de zapatos.
4. Normalmente las sandalias cuestan 22.000 pesos.
5. Cuando gastas 30.000 pesos en la tienda, llevas un regalo gratis.
6. Tienen carteras amarillas.

Preguntas

In pairs, take turns asking and answering these questions.

1. Imagina que vas a ir a la tienda Corona. ¿Qué departamentos vas a visitar? ¿El departamento de ropa para señoras, el departamento de ropa para caballeros…?
2. ¿Qué vas a buscar en Corona?
3. ¿Hay tiendas similares a la tienda Corona en tu pueblo o ciudad? ¿Cómo se llaman? ¿Tienen muchas gangas?

Escritura

Estrategia

How to report an interview

There are several ways to prepare a written report about an interview. For example, you can transcribe the interview verbatim, you can simply summarize it, or you can summarize it but quote the speakers occasionally. In any event, the report should begin with an interesting title and a brief introduction, which may include the five Ws (*what, where, when, who, why*) and the H (*how*) of the interview. The report should end with an interesting conclusion. Note that when you transcribe dialogue in Spanish, you should pay careful attention to format and punctuation.

Writing dialogue in Spanish

- If you need to transcribe an interview verbatim, you can use speakers' names to indicate a change of speaker.

CARMELA   ¿Qué compraste? ¿Encontraste muchas gangas?

ROBERTO   Sí, muchas. Compré un suéter, una camisa y dos corbatas. Y tú, ¿qué compraste?

CARMELA   Una blusa y una falda muy bonitas. ¿Cuánto costó tu camisa?

ROBERTO   Sólo diez dólares. ¿Cuánto costó tu blusa?

CARMELA   Veinte dólares.

- You can also use a dash (*raya*) to mark the beginning of each speaker's words.

—¿Qué compraste?

—Un suéter y una camisa muy bonitos. Y tú, ¿encontraste muchas gangas?

—Sí... compré dos blusas, tres camisetas y un par de zapatos.

—¡A ver!

Tema

Escribe un informe

Write a report for the school newspaper about an interview you conducted with a student about his or her shopping habits and clothing preferences. First, brainstorm a list of interview questions. Then conduct the interview using the questions below as a guide, but feel free to ask other questions as they occur to you.

Examples of questions:

- ▶ ¿Cuándo vas de compras?
- ▶ ¿Adónde vas de compras?
- ▶ ¿Con quién vas de compras?
- ▶ ¿Qué tiendas, almacenes o centros comerciales prefieres?
- ▶ ¿Compras ropa de catálogos o por Internet?
- ▶ ¿Prefieres comprar ropa cara o barata? ¿Por qué? ¿Te gusta buscar gangas?
- ▶ ¿Qué ropa llevas cuando vas a clase?
- ▶ ¿Qué ropa llevas cuando sales a bailar?
- ▶ ¿Qué ropa llevas cuando practicas un deporte?
- ▶ ¿Cuáles son tus colores favoritos? ¿Compras mucha ropa de esos colores?
- ▶ ¿Les das ropa a tu familia o a tus amigos/as?

Escuchar Audio

Marisol

Alicia

Preparación

Based on the photograph, what do you think Marisol has recently done? What do you think Marisol and Alicia are talking about? What else can you guess about their conversation from the visual clues in the photograph?

Ahora escucha

Now you are going to hear Marisol and Alicia's conversation. Make a list of the clothing items that each person mentions. Then put a check mark after the item if the person actually purchased it.

Marisol	Alicia
1. _____	1. _____
2. _____	2. _____
3. _____	3. _____
4. _____	4. _____

Comprensión

¿Cierto o falso?

Indicate whether each statement is **cierto** or **falso**. Then correct the false statements.

1. Marisol y Alicia acaban de ir de compras juntas (*together*).
2. Marisol va a comprar unos pantalones y una blusa mañana.
3. Marisol compró una blusa de cuadros.
4. Alicia compró unos zapatos nuevos hoy.
5. Alicia y Marisol van a ir al café.
6. Marisol gastó todo el dinero de la semana en ropa nueva.

Preguntas

Discuss the following questions with a classmate. Be sure to explain your answers.

1. ¿Crees que Alicia y Marisol son buenas amigas? ¿Por qué?
2. ¿Cuál de las dos estudiantes es más ahorradora (*frugal*)? ¿Por qué?
3. ¿Crees que a Alicia le gusta la ropa que Marisol compró?
4. ¿Crees que la moda es importante para Alicia? ¿Para Marisol? ¿Por qué?
5. ¿Es importante para ti estar a la moda? ¿Por qué?

En pantalla

Anuncio

Grocery stores in Mexico make one-stop shopping easy! Similar to the concept of a *Super-Walmart* in the U.S., most **supermercados°** in Mexico sell appliances, clothing, medicine, gardening supplies, electronics, and toys in addition to groceries. Large chains, like **Comercial Mexicana**, and smaller grocery stores alike typically sell a variety of products, allowing customers to satisfy all of their routine weekly shopping needs in one trip. Watch the **En pantalla** videoclip to see how one customer takes advantage of one-stop shopping at his local supermarket.

Vocabulario útil	
con lo que ahorré	*with what I saved*
corazón	*sweetheart*
de peluche	*stuffed (toy)*
dragón	*dragon*
¿Me lo compras?	*Would you buy it for me?*

Comprensión

Indicate whether each statement is **cierto** or **falso**.

	Cierto	Falso
1. El niño quiere un elefante de peluche.	○	○
2. La señora usa zapatos negros.	○	○
3. El niño sigue a la señora hasta la caja.	○	○
4. La señora no es la mamá del niño.	○	○

Conversar

With a partner, use these cues to create a conversation in Spanish between two friends at a clothing store.

Estudiante 1: Would you buy me a(n)...?

Estudiante 2: No, because it costs...

Estudiante 1: Please! I always (**siempre**) buy you...

Estudiante 2: OK, I will buy you this... How much does it cost?

Estudiante 1: It's on sale! It only costs....

supermercados *supermarkets*

Comercial mexicana

¿Me lo compras?

No, corazón.

¿Me lo compras, me lo compras, me lo compras?

 Video: TV Clip

 Practice more at **vhlcentral.com**.

Cortometraje

The short film *Chicas day* takes place on a sunny afternoon. A woman and a girl enjoy some time together at the swimming pool of a big house. Pay attention to the things they share and joke about, and how they interact. When the father arrives, everything comes to an abrupt end. What kind of relationship did you think the girl and the woman had at the beginning of the film? What were your expectations about the ending?

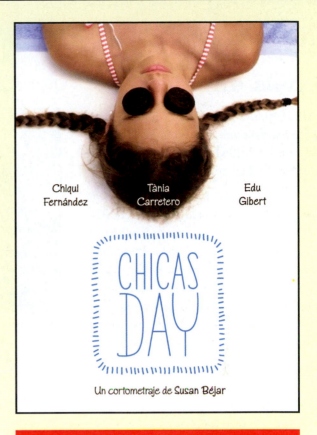

Chiqui Fernández   Tània Carretero   Edu Gibert

CHICAS DAY

Un cortometraje de Susan Béjar

Preparación

Answer the following questions.

1. ¿Te gusta disfrazarte (*to dress up*)? ¿Por qué?
2. ¿Cómo es un día ideal para ti?
3. ¿A quién admiras más? ¿Por qué?

Después de ver

Place these events in chronological order.

_____ a. La niña dice que está enferma.

_____ b. El padre llega a casa.

_____ c. La mujer se pone (*puts on*) el traje de baño.

_____ d. El padre habla por teléfono.

_____ e. La niña y la mujer nadan en la piscina.

_____ f. La mujer lleva gafas de sol.

_____ g. La niña baila.

Conversar

With a partner, imagine that you know the woman in this short film. Talk about her: what you know about her life, what her name is, what she likes to wear, her relationships, etc. Make a list of traits based on what you imagined and what you saw in the film. Compare your list with another pair.

Expresiones útiles

No seas pesada.	*Don't be a pain.*
cuando sea mayor	*when I grow up*
Me encuentro mal.	*I feel sick.*
¡Que sea la última vez!	*Let this be the last time!*
Ya era hora.	*It's about time.*
Pasa totalmente de la niña.	*She doesn't care about the girl at all.*

Para hablar del corto

el anillo	*ring*
la criada	*maid*
disfrazarse	*to dress up*
desatendido/a	*neglected*
fingir	*to pretend*
ocultar	*to hide*

Video: Short Film

Practice more at **vhlcentral.com**.

Cuba

El país en cifras

▶ **Área:** 110.860 km² (42.803 millas²), *aproximadamente el área de Pensilvania*

▶ **Población:** 11.061.886

▶ **Capital:** La Habana—2.116.000

La Habana Vieja fue declarada° Patrimonio° Cultural de la Humanidad por la UNESCO en 1982. Este distrito es uno de los lugares más fascinantes de Cuba. En La Plaza de Armas, se puede visitar el majestuoso Palacio de Capitanes Generales, que ahora es un museo. En la calle° Obispo, frecuentada por el autor Ernest Hemingway, hay hermosos cafés, clubes nocturnos y tiendas elegantes.

▶ **Ciudades principales:** Santiago de Cuba; Camagüey; Holguín; Guantánamo

▶ **Moneda:** peso cubano

▶ **Idiomas:** español (oficial)

Bandera de Cuba

Cubanos célebres

▶ **Carlos Finlay,** doctor y científico (1833–1915)

▶ **José Martí,** político y poeta (1853–1895)

▶ **Fidel Castro,** ex primer ministro, ex comandante en jefe° de las fuerzas armadas (1926–)

▶ **Zoé Valdés,** escritora (1959–)

▶ **Ibrahim Ferrer,** músico (1927–2005)

▶ **Carlos Acosta,** bailarín (1973–)

fue declarada *was declared* Patrimonio *Heritage* calle *street*
comandante en jefe *commander in chief* liviano *light*
colibrí abeja *bee hummingbird* ave *bird* mundo *world*
miden *measure* pesan *weigh*

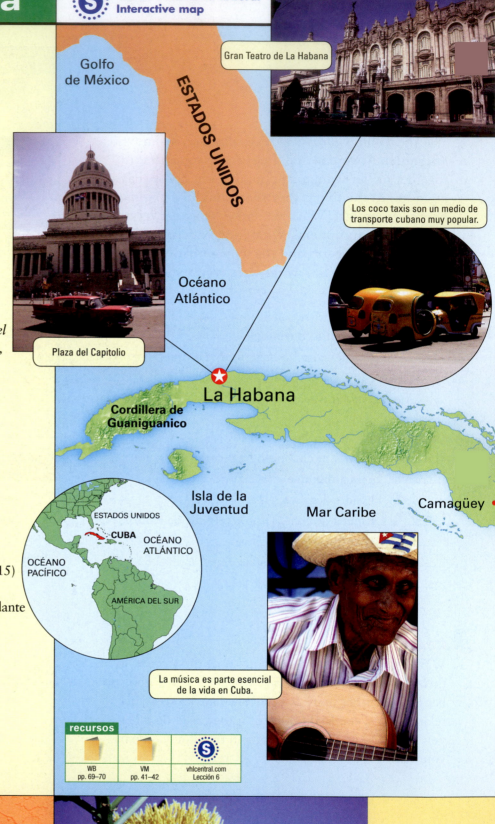

Gran Teatro de La Habana

Golfo de México

ESTADOS UNIDOS

Océano Atlántico

Los coco taxis son un medio de transporte cubano muy popular.

Plaza del Capitolio

★ La Habana

Cordillera de Guaniguanico

ESTADOS UNIDOS

CUBA

OCÉANO PACÍFICO

OCÉANO ATLÁNTICO

AMÉRICA DEL SUR

Isla de la Juventud

Mar Caribe

Camagüey •

La música es parte esencial de la vida en Cuba.

recursos

WB
pp. 69–70

VM
pp. 41–42

vhlcentral.com
Lección 6

¡Increíble pero cierto!

Pequeño y liviano°, el colibrí abeja° de Cuba es una de las más de 320 especies de colibrí y es también el ave° más pequeña del mundo°. Menores que muchos insectos, estas aves minúsculas miden° 5 centímetros y pesan° sólo 1,95 gramos.

Baile • Ballet Nacional de Cuba

La bailarina Alicia Alonso fundó el Ballet Nacional de Cuba en 1948, después de° convertirse en una estrella° internacional en el Ballet de Nueva York y en Broadway. El Ballet Nacional de Cuba es famoso en todo el mundo por su creatividad y perfección técnica.

Economía • La caña de azúcar y el tabaco

La caña de azúcar° es el producto agrícola° que más se cultiva en la isla y su exportación es muy importante para la economía del país. El tabaco, que se usa para fabricar los famosos puros° cubanos, es otro cultivo° de mucha importancia.

Gente • Población

La población cubana tiene raíces° muy heterogéneas. La inmigración a la isla fue determinante° desde la colonia hasta mediados° del siglo° XX. Los cubanos de hoy son descendientes de africanos, europeos, chinos y antillanos, entre otros.

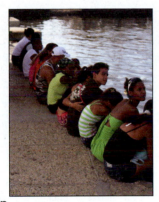

Música • Buena Vista Social Club

En 1997 nace° el fenómeno musical conocido como *Buena Vista Social Club*. Este proyecto reúne° a un grupo de importantes músicos de Cuba, la mayoría ya mayores, con una larga trayectoria interpretando canciones clásicas del son° cubano. Ese mismo año ganaron un *Grammy*. Hoy en día estos músicos son conocidos en todo el mundo, y personas de todas las edades bailan al ritmo° de su música.

Holguín

Santiago de Cuba
Guantánamo

Sierra Maestra

 ¿Qué aprendiste? Responde a las preguntas con una oración completa.
1. ¿Qué autor está asociado con la Habana Vieja?
2. ¿Por qué es famoso el Ballet Nacional de Cuba?
3. ¿Cuáles son los dos cultivos más importantes para la economía cubana?
4. ¿Qué fabrican los cubanos con la planta del tabaco?
5. ¿De dónde son muchos de los inmigrantes que llegaron a Cuba?
6. ¿En qué año ganó un *Grammy* el disco *Buena Vista Social Club*?

 Conexión Internet Investiga estos temas en **vhlcentral.com**.
1. Busca información sobre un(a) cubano/a célebre. ¿Por qué es célebre? ¿Qué hace? ¿Todavía vive en Cuba?
2. Busca información sobre una de las ciudades principales de Cuba. ¿Qué atracciones hay en esta ciudad?

Practice more at
vhlcentral.com.

después de *after* estrella *star* caña de azúcar *sugar cane* agrícola *farming* puros *cigars* cultivo *crop* raíces *roots* determinante *deciding* mediados *halfway through* siglo *century* nace *is born* reúne *gets together* son *Cuban musical genre* ritmo *rhythm*

La ropa

el abrigo	coat
los (blue)jeans	jeans
la blusa	blouse
la bolsa	purse; bag
la bota	boot
los calcetines (el calcetín)	sock(s)
la camisa	shirt
la camiseta	t-shirt
la cartera	wallet
la chaqueta	jacket
el cinturón	belt
la corbata	tie
la falda	skirt
las gafas (de sol)	(sun)glasses
los guantes	gloves
el impermeable	raincoat
las medias	pantyhose; stockings
los pantalones	pants
los pantalones cortos	shorts
la ropa	clothes
la ropa interior	underwear
las sandalias	sandals
el sombrero	hat
el suéter	sweater
el traje	suit
el traje de baño	bathing suit
el vestido	dress
los zapatos de tenis	sneakers

Verbos

conducir	to drive
conocer	to know; to be acquainted with
dar	to give
ofrecer	to offer
parecer	to seem
saber	to know; to know how
traducir	to translate

Ir de compras

el almacén	department store
la caja	cash register
el centro comercial	shopping mall
el/la cliente/a	customer
el/la dependiente/a	clerk
el dinero	money
(en) efectivo	cash
el mercado (al aire libre)	(open-air) market
un par (de zapatos)	a pair (of shoes)
el precio (fijo)	(fixed; set) price
la rebaja	sale
el regalo	gift
la tarjeta de crédito	credit card
la tienda	store
el/la vendedor(a)	salesperson
costar (o:ue)	to cost
gastar	to spend (money)
hacer juego (con)	to match (with)
llevar	to wear; to take
pagar	to pay
regatear	to bargain
usar	to wear; to use
vender	to sell

Adjetivos

barato/a	cheap
bueno/a	good
cada	each
caro/a	expensive
corto/a	short (in length)
elegante	elegant
hermoso/a	beautiful
largo/a	long
loco/a	crazy
nuevo/a	new
otro/a	other; another
pobre	poor
rico/a	rich

Los colores

el color	color
amarillo/a	yellow
anaranjado/a	orange
azul	blue
blanco/a	white
gris	gray
marrón, café	brown
morado/a	purple
negro/a	black
rojo/a	red
rosado/a	pink
verde	green

Palabras adicionales

acabar de (+ inf.)	to have just done something
anoche	last night
anteayer	the day before yesterday
ayer	yesterday
de repente	suddenly
desde	from
dos veces	twice
hasta	until
pasado/a (adj.)	last; past
el año pasado	last year
la semana pasada	last week
prestar	to lend; to loan
una vez	once
ya	already

Indirect object pronouns	See page 186.
Demonstrative adjectives and pronouns	See page 194.
Expresiones útiles	See page 179.

La rutina diaria

7

Communicative Goals

You will learn how to:
- Describe your daily routine
- Talk about personal hygiene
- Reassure someone

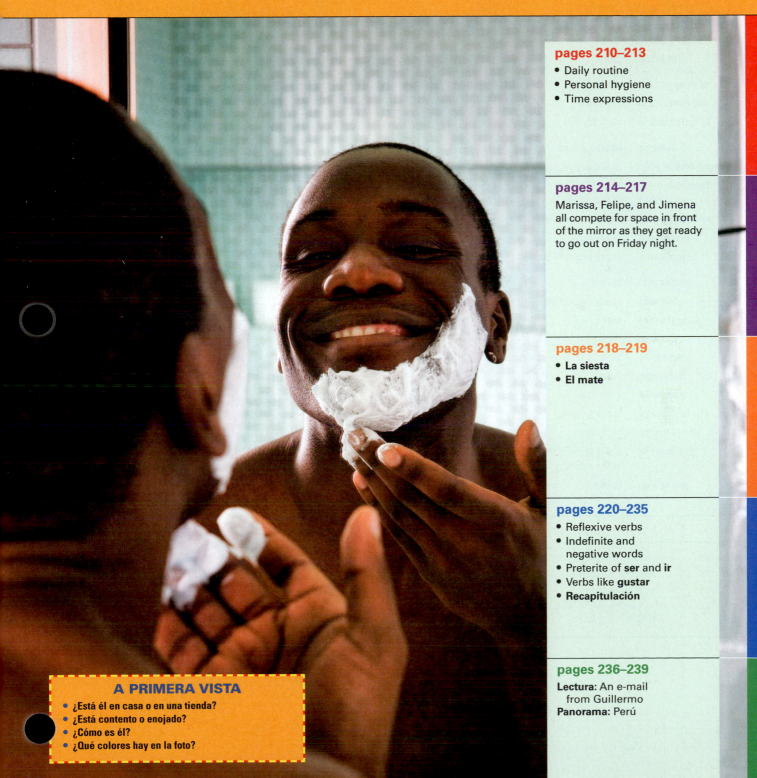

contextos

fotonovela

cultura

estructura

adelante

A PRIMERA VISTA
- ¿Está él en casa o en una tienda?
- ¿Está contento o enojado?
- ¿Cómo es él?
- ¿Qué colores hay en la foto?

La rutina diaria

Más vocabulario

el baño, el cuarto de baño	bathroom
el inodoro	toilet
el jabón	soap
el despertador	alarm clock
el maquillaje	makeup
la rutina diaria	daily routine
bañarse	to take a bath
cepillarse el pelo	to brush one's hair
dormirse (o:ue)	to go to sleep; to fall asleep
lavarse la cara	to wash one's face
levantarse	to get up
maquillarse	to put on makeup
antes (de)	before
después	afterwards; then
después (de)	after
durante	during
entonces	then
luego	then
más tarde	later (on)
por la mañana	in the morning
por la noche	at night
por la tarde	in the afternoon; in the evening
por último	finally

Variación léxica

afeitarse ⟷ rasurarse (*Méx., Amér. C.*)
ducha ⟷ regadera (*Col., Méx., Venez.*)
ducharse ⟷ bañarse (*Amér. L.*)
pantuflas ⟷ chancletas (*Méx., Col.*); zapatillas (*Esp.*)

En la habitación por la mañana

En el baño por la mañana

Se peina.
(peinarse)

Se acuesta.
(acostarse)

En la habitación por la noche

Se lava las manos.
(lavarse las manos)

Se cepilla los dientes.
(cepillarse los dientes)

la toalla

las pantuflas

la pasta de dientes

En el baño por la noche

Práctica

1 Escuchar Escucha las oraciones e indica si cada oración es **cierta** o **falsa**, según el dibujo.

1. _____
2. _____
3. _____
4. _____
5. _____

6. _____
7. _____
8. _____
9. _____
10. _____

2 Ordenar Escucha la rutina diaria de Marta. Después ordena los verbos según lo que escuchaste.

____ a. almorzar

____ b. ducharse

____ c. peinarse

____ d. ver la televisión

____ e. desayunar

____ f. dormirse

____ g. despertarse

____ h. estudiar en la biblioteca

3 Seleccionar Selecciona la palabra que no está relacionada con cada grupo.

1. lavabo • toalla • despertador • jabón _____
2. manos • antes de • después de • por último _____
3. acostarse • jabón • despertarse • dormirse _____
4. espejo • lavabo • despertador • entonces _____
5. dormirse • toalla • vestirse • levantarse _____
6. pelo • cara • manos • inodoro _____
7. espejo • champú • jabón • pasta de dientes _____
8. maquillarse • vestirse • peinarse • dientes _____
9. baño • dormirse • despertador • acostarse _____
10. ducharse • luego • bañarse • lavarse _____

4 Identificar Con un(a) compañero/a, identifica las cosas que cada persona necesita. Sigue el modelo.

modelo

Jorge / lavarse la cara

Estudiante 1: ¿Qué necesita Jorge para lavarse la cara?

Estudiante 2: Necesita jabón y una toalla.

1. Mariana / maquillarse
2. Gerardo / despertarse
3. Celia / bañarse
4. Gabriel / ducharse
5. Roberto / afeitarse
6. Sonia / lavarse el pelo
7. Vanesa / lavarse las manos
8. Manuel / vestirse
9. Simón / acostarse
10. Daniela / cepillarse los dientes

5 **La rutina de Andrés** Ordena esta rutina de una manera lógica.

  a. Se afeita después de cepillarse los dientes. _____

  b. Se acuesta a las once y media de la noche. _____

  c. Por último, se duerme. _____

  d. Después de afeitarse, sale para las clases. _____

  e. Asiste a todas sus clases y vuelve a su casa. _____

  f. Andrés se despierta a las seis y media de la mañana. _____

  g. Después de volver a casa, come un poco. Luego estudia en su habitación. _____

  h. Se viste y entonces se cepilla los dientes. _____

  i. Se cepilla los dientes antes de acostarse. _____

  j. Se ducha antes de vestirse. _____

6 **La rutina diaria** Con un(a) compañero/a, mira los dibujos y describe lo que hacen Ángel y Lupita.

1.

2.

3.

4.

5.

6.

7.

8.

Comunicación

7

La farmacia Lee el anuncio y responde a las preguntas con un(a) compañero/a.

LA FARMACIA NUEVO SOL tiene todo
lo que necesitas para la vida diaria.

Esta semana tenemos grandes rebajas.

Con poco dinero puedes comprar lo que necesitas para el cuarto de baño ideal.

Para los hombres ofrecemos…
Excelentes cremas de afeitar de Guapo y Máximo

Para las mujeres ofrecemos…
Nuevo maquillaje de Marisol y jabones de baño Ilusiones y Belleza

Y para todos tenemos los mejores jabones, pastas de dientes y cepillos de dientes.

¡Visita **LA FARMACIA NUEVO SOL!**
Tenemos los mejores precios. Visita nuestra tienda muy cerca de tu casa.

1. ¿Qué tipo de tienda es?
2. ¿Qué productos ofrecen para las mujeres?
3. ¿Qué productos ofrecen para los hombres?
4. Haz (*Make*) una lista de los verbos que asocias con los productos del anuncio.
5. ¿Dónde compras tus productos de higiene?
6. ¿Tienes una tienda favorita? ¿Cuál es?

8

Rutinas diarias Trabajen en parejas para describir la rutina diaria de dos o tres de estas personas. Pueden usar palabras de la lista.

antes (de)	entonces	primero
después (de)	luego	tarde
durante el día	por último	temprano

- un(a) profesor(a) de la universidad
- un(a) turista
- un hombre o una mujer de negocios (*businessman/woman*)
- un vigilante nocturno (*night watchman*)
- un(a) jubilado/a (*retired person*)
- el presidente/primer ministro de tu país
- un niño de cuatro años
- Daniel Espinosa

¡Necesito arreglarme!

Es viernes por la tarde y Marissa, Jimena y Felipe se preparan para salir.

S Video: *Fotonovela*

1

MARISSA ¿Hola? ¿Está ocupado?

JIMENA Sí. Me estoy lavando la cara.

MARISSA Necesito usar el baño.

MARISSA Tengo que terminar de arreglarme. Voy al cine esta noche.

JIMENA Yo también tengo que salir. ¿Te importa si me maquillo primero? Me voy a encontrar con mi amiga Elena en una hora.

2

JIMENA No te preocupes, Marissa. Llegaste primero. Entonces, te arreglas el pelo y después me maquillo.

FELIPE ¿Y yo? Tengo crema de afeitar en la cara. No me voy a ir. Estoy aquí y aquí me quedo.

3

JIMENA ¡Felipe! ¿Qué estás haciendo?

FELIPE Me estoy afeitando. ¿Hay algún problema?

JIMENA ¡Siempre haces lo mismo!

FELIPE Pues, yo no vi a nadie aquí.

5

6

JIMENA ¿Por qué no te afeitaste por la mañana?

FELIPE Porque cada vez que quiero usar el baño, una de ustedes está aquí. O bañándose o maquillándose.

4

MARISSA Tú ganas. ¿Adónde vas a ir esta noche, Felipe?

FELIPE Juan Carlos y yo vamos a ir a un café en el centro. Siempre hay música en vivo. (*Sale.*) Me siento guapísimo. Todavía me falta cambiarme la camisa.

FELIPE

7

MARISSA ¿Adónde vas esta noche?

JIMENA A la biblioteca.

MARISSA ¡Es viernes! ¡Nadie debe estudiar los viernes! Voy a ver una película de Pedro Almodóvar con unas amigas.

8

MARISSA ¿Por qué no vienen tú y Elena al cine con nosotras? Después, podemos ir a ese café y molestar a Felipe.

9

JIMENA No sé.

MARISSA ¿Cuándo fue la última vez que viste a Juan Carlos?

JIMENA Cuando fuimos a Mérida.

10

MARISSA A ti te gusta ese chico.

JIMENA No tengo idea de qué estás hablando. Si no te importa, nos vemos en el cine.

Expresiones útiles

Talking about getting ready

Necesito arreglarme.
I need to get ready.
Me estoy lavando la cara.
I'm washing my face.
¿Te importa si me maquillo primero?
Is it OK with you if I put on my makeup first?
Tú te arreglas el pelo y después yo me maquillo.
You fix your hair and then I'll put on my makeup.
Todavía me falta cambiarme la camisa.
I still have to change my shirt.

Reassuring someone

Tranquilo/a.
Relax.
No te preocupes.
Don't worry.

Talking about past actions

¿Cuándo fue la última vez que viste a Juan Carlos?
When was the last time you saw Juan Carlos?
Cuando fuimos a Mérida.
When we went to Mérida.

Talking about likes and dislikes

Me fascinan las películas de Almodóvar.
I love Almodóvar's movies.
Me encanta la música en vivo.
I love live music.
Me molesta compartir el baño.
It bothers me to share the bathroom.

Additional vocabulary

encontrarse con *to meet up with*
molestar *to bother*
nadie *no one*

recursos

VM
pp. 13–14

vhlcentral.com
Lección 7

¿Qué pasó?

1 **¿Cierto o falso?** Indica si lo que dicen estas oraciones es **cierto** o **falso**. Corrige las oraciones falsas.

1. Marissa va a ver una película de Pedro Almodóvar con unas amigas.

2. Jimena se va a encontrar con Elena en dos horas.

3. Felipe se siente muy feo después de afeitarse.

4. Jimena quiere maquillarse.

5. Marissa quiere ir al café para molestar a Juan Carlos.

2 **Identificar** Identifica quién puede decir estas oraciones. Puedes usar cada nombre más de una vez.

1. No puedo usar el baño porque siempre están aquí, o bañándose o maquillándose. _____

2. Quiero arreglarme el pelo porque voy al cine esta noche. _____

3. Hoy voy a ir a la biblioteca. _____

4. ¡Necesito arreglarme! _____

5. Te gusta Juan Carlos. _____

6. ¿Por qué quieres afeitarte cuando estamos en el baño? _____

MARISSA

FELIPE

JIMENA

3 **Ordenar** Ordena correctamente los planes que tiene Marissa.

_____ a. Voy al café.

_____ b. Me arreglo el pelo.

_____ c. Molesto a Felipe.

_____ d. Me encuentro con unas amigas.

_____ e. Entro al baño.

_____ f. Voy al cine.

4 **En el baño** Trabajen en parejas para representar los papeles de dos compañeros/as de cuarto que deben usar el baño al mismo tiempo para hacer su rutina diaria. Usen las instrucciones como guía.

Estudiante 1	Estudiante 2
Di (*Say*) que quieres arreglarte porque vas a ir al cine.	Di (*Say*) que necesitas arreglarte porque te vas a encontrar con tus amigos/as.
Pregunta si puedes secarte (*dry*) el pelo.	Responde que no porque necesitas lavarte la cara.
Di que puede lavarse la cara, pero que después necesitas secarte el pelo.	Di que puede secarse el pelo, pero que después necesitas peinarte.

Pronunciación 🎧 Ⓢ Audio

The consonant r

ropa	**rutina**	**rico**	**Ramón**

In Spanish, **r** has a strong trilled sound at the beginning of a word. No English words have a trill, but English speakers often produce a trill when they imitate the sound of a motor.

- -

gustar	**durante**	**primero**	**crema**

In any other position, **r** has a weak sound similar to the English *tt* in *better* or the English *dd* in *ladder*. In contrast to English, the tongue touches the roof of the mouth behind the teeth.

- -

pizarra	**corro**	**marrón**	**aburrido**

The letter combination **rr**, which only appears between vowels, always has a strong trilled sound.

- -

caro	**carro**	**pero**	**perro**

Between vowels, the difference between the strong trilled **rr** and the weak **r** is very important, as a mispronunciation could lead to confusion between two different words.

Ⓢ **Práctica** Lee las palabras en voz alta, prestando (*paying*) atención a la pronunciación de la **r** y la **rr**.

1. Perú	4. madre	7. rubio	10. tarde
2. Rosa	5. comprar	8. reloj	11. cerrar
3. borrador	6. favor	9. Arequipa	12. despertador

Ⓢ **Oraciones** Lee las oraciones en voz alta, prestando atención a la pronunciación de la **r** y la **rr**.

1. Ramón Robles Ruiz es programador. Su esposa Rosaura es artista.
2. A Rosaura Robles le encanta regatear en el mercado.
3. Ramón nunca regatea… le aburre regatear.
4. Rosaura siempre compra cosas baratas.
5. Ramón no es rico, pero prefiere comprar cosas muy caras.
6. ¡El martes Ramón compró un carro nuevo!

Ⓢ **Refranes** Lee en voz alta los refranes, prestando atención a la **r** y a la **rr**.

Perro que ladra no muerde.[1]

No se ganó Zamora en una hora.[2]

[1] A dog's bark is worse than its bite. [2] Rome wasn't built in a day.

recursos

LM p. 38

vhlcentral.com Lección 7

EN DETALLE

Ⓢ Video: *Flash cultura*

La siesta

¿Sientes cansancio° después de comer?

¿Te cuesta° volver al trabajo° o a clase después del almuerzo? Estas sensaciones son normales. A muchas personas les gusta relajarse° después de almorzar. Este momento de descanso es **la siesta**. La siesta es popular en los países hispanos y viene de una antigua costumbre° del área del Mediterráneo. La palabra *siesta* viene del latín, es una forma corta de decir "sexta hora". La sexta hora del día es después del mediodía, el momento de más calor. Debido al° calor y al cansancio, los habitantes de España, Italia, Grecia y Portugal tienen la costumbre de dormir la siesta desde hace° más de° dos mil años. Los españoles y los portugueses llevaron la costumbre a los países americanos.

Aunque° hoy día esta costumbre está desapareciendo° en las grandes ciudades, la siesta todavía es importante en la cultura hispana. En pueblos pequeños, por ejemplo, muchas oficinas° y tiendas tienen la costumbre de cerrar por dos o tres horas después del mediodía. Los empleados van a su casa, almuerzan con sus familias, duermen la siesta o hacen actividades, como ir al gimnasio, y luego regresan al trabajo entre las 2:30 y las 4:30 de la tarde.

Los estudios científicos explican que una siesta corta después de almorzar ayuda° a trabajar más y mejor° durante la tarde. Pero ¡cuidado! Esta siesta debe durar° sólo entre veinte y cuarenta minutos. Si dormimos más, entramos en la fase de sueño profundo y es difícil despertarse.

Hoy, algunas empresas° de los EE.UU., Canadá, Japón, Inglaterra y Alemania tienen salas° especiales donde los empleados pueden dormir la siesta.

¿Dónde duermen la siesta?

■ Costumbre antigua
■ Costumbre nueva

En los lugares donde la siesta es una costumbre antigua, las personas la duermen en su casa. En los países donde la siesta es una costumbre nueva, la gente duerme en sus lugares de trabajo o en centros de siesta.

Sientes cansancio *Do you feel tired* Te cuesta *Is it hard for you* trabajo *work* relajarse *to relax* antigua costumbre *old custom* Debido al *Because (of)* desde hace *for* más de *more than* Aunque *Although* está desapareciendo *is disappearing* oficinas *offices* ayuda *helps* mejor *better* durar *last* algunas empresas *some businesses* salas *rooms*

ACTIVIDADES

1 **¿Cierto o falso?** Indica si lo que dicen las oraciones es **cierto** o **falso**. Corrige la información falsa.

1. La costumbre de la siesta empezó en Asia.
2. La palabra *siesta* está relacionada con la sexta hora del día.
3. Los españoles y los portugueses llevaron la costumbre de la siesta a Latinoamérica.
4. La siesta ayuda a trabajar más y mejor durante la tarde.
5. Los horarios de trabajo de las grandes ciudades hispanas son los mismos que los pueblos pequeños.
6. Una siesta larga siempre es mejor que una siesta corta.
7. En los Estados Unidos, los empleados de algunas empresas pueden dormir la siesta en el trabajo.
8. Es fácil despertar de un sueño profundo.

EL MUNDO HISPANO

Costumbres especiales

- **México y El Salvador** Los vendedores pasan por las calles anunciando a gritos° su mercancía°: tanques de gas y flores° en México; pan y tortillas en El Salvador.

- **Costa Rica** Para encontrar las direcciones°, los costarricenses usan referencias a anécdotas, lugares o características geográficas. Por ejemplo: *200 metros norte de la iglesia Católica, frente al° supermercado Mi Mega.*

- **Argentina** En Tigre, una ciudad junto al Río° de la Plata, la gente usa barcos particulares°, barcos colectivos y barcos-taxi para ir de una isla a otra. Todas las mañanas, un barco colectivo recoge° a los niños y los lleva a la escuela.

gritos *shouts* mercancía *merchandise* flores *flowers* direcciones *addresses* frente al *opposite* Río *River* particulares *private* recoge *picks up*

PERFIL

El mate

El mate es una parte muy importante de la rutina diaria en muchos países. Es una bebida° muy similar al té que se consume en Argentina, Uruguay y Paraguay. Tradicionalmente se bebe caliente° con una *bombilla°* y en un recipiente° que también se llama *mate*. Por ser amarga°, algunos le agregan° azúcar para suavizar su sabor°. El mate se puede tomar a cualquier° hora y en cualquier lugar, aunque en Argentina las personas prefieren sentarse en círculo e ir pasando el mate de mano en mano mientras° conversan. Los uruguayos, por otra parte, acostumbran llevar el agua° caliente para el mate en un termo°

bajo el brazo° y lo beben mientras caminan. Si ves a una persona con un termo bajo el brazo y un mate en la mano, ¡es casi seguro que es de Uruguay!

bebida *drink* caliente *hot* bombilla *straw (in Argentina)* recipiente *container* amarga *bitter* agregan *add* suavizar su sabor *soften its flavor* cualquier *any* mientras *while* agua *water* termo *thermos* bajo el brazo *under their arm*

Conexión Internet

¿Qué costumbres son populares en los países hispanos?

Go to vhlcentral.com to find more cultural information related to this **Cultura** section.

ACTIVIDADES

2 **Comprensión** Completa las oraciones.

1. Uso _____ para limpiar (*to clean*) entre los dientes.
2. En _____ las personas compran pan y tortillas a los vendedores que pasan por la calle.
3. El _____ es una bebida similar al té.
4. Los uruguayos beben mate mientras _____.

3 **¿Qué costumbres tienes?** Escribe cuatro oraciones sobre una costumbre que compartes con tus amigos o con tu familia (por ejemplo: ir al cine, ir a eventos deportivos, leer, comer juntos, etc.). Explica qué haces, cuándo lo haces y con quién.

recursos

VM pp. 85–86

vhlcentral.com Lección 7

 Practice more at **vhlcentral.com**.

7.1 Reflexive verbs Tutorial

ANTE TODO A reflexive verb is used to indicate that the subject does something to or for himself or herself. In other words, it "reflects" the action of the verb back to the subject. Reflexive verbs always use reflexive pronouns.

SUBJECT → **REFLEXIVE VERB**

Joaquín **se ducha** por la mañana.

The verb lavarse (to wash oneself)

SINGULAR FORMS			
	yo	**me lavo**	*I wash (myself)*
	tú	**te lavas**	*you wash (yourself)*
	Ud.	**se lava**	*you wash (yourself)*
	él/ella	**se lava**	*he/she washes (himself/herself)*

PLURAL FORMS			
	nosotros/as	**nos lavamos**	*we wash (ourselves)*
	vosotros/as	**os laváis**	*you wash (yourselves)*
	Uds.	**se lavan**	*you wash (yourselves)*
	ellos/ellas	**se lavan**	*they wash (themselves)*

▶ The pronoun **se** attached to an infinitive identifies the verb as reflexive: **lavarse.**

▶ When a reflexive verb is conjugated, the reflexive pronoun agrees with the subject.

Me afeito. **Te despiertas** a las siete.

¿Te importa si me maquillo primero?

A las chicas les encanta maquillarse durante horas y horas.

▶ Like object pronouns, reflexive pronouns generally appear before a conjugated verb. With infinitives and present participles, they may be placed before the conjugated verb or attached to the infinitive or present participle.

Ellos **se** van a vestir.
Ellos van a vestir**se.**
They are going to get dressed.

Nos estamos lavando las manos.
Estamos lavándo**nos** las manos.
We are washing our hands.

▶ **¡Atención!** When a reflexive pronoun is attached to a present participle, an accent mark is added to maintain the original stress.

bañando ⟶ bañ**á**ndo**se**   durmiendo ⟶ durmi**é**ndo**se**

AYUDA

You have already learned several adjectives that can be used with **ponerse** when it means *to become*:

alegre, cómodo/a, contento/a, elegante, guapo/a, nervioso/a, rojo/a, and **triste**.

Common reflexive verbs

acordarse (de) (o:ue)	*to remember*	**llamarse**	*to be called; to be named*
acostarse (o:ue)	*to go to bed*		
afeitarse	*to shave*	**maquillarse**	*to put on makeup*
bañarse	*to take a bath*	**peinarse**	*to comb one's hair*
cepillarse	*to brush*	**ponerse**	*to put on*
despertarse (e:ie)	*to wake up*	**ponerse (+ adj.)**	*to become (+ adj.)*
dormirse (o:ue)	*to go to sleep; to fall asleep*	**preocuparse (por)**	*to worry (about)*
		probarse (o:ue)	*to try on*
ducharse	*to take a shower*	**quedarse**	*to stay*
enojarse (con)	*to get angry (with)*	**quitarse**	*to take off*
irse	*to go away; to leave*	**secarse**	*to dry (oneself)*
lavarse	*to wash (oneself)*	**sentarse** (e:ie)	*to sit down*
levantarse	*to get up*	**sentirse** (e:ie)	*to feel*
		vestirse (e:i)	*to get dressed*

COMPARE & CONTRAST

Unlike English, a number of verbs in Spanish can be reflexive or non-reflexive. If the verb acts upon the subject, the reflexive form is used. If the verb acts upon something other than the subject, the non-reflexive form is used. Compare these sentences.

Lola **lava** los platos.　　　　　Lola **se lava** la cara.

As the preceding sentences show, reflexive verbs sometimes have different meanings than their non-reflexive counterparts. For example, **lavar** means *to wash*, while **lavarse** means *to wash oneself, to wash up*.

▶ **¡Atención!** Parts of the body or clothing are generally not referred to with possessives, but with articles.

La niña se quitó **un** zapato.　　　　　Necesito cepillarme **los** dientes.

recursos

WB
pp. 75–76

LM
p. 39

ⓢ
vhlcentral.com
Lección 7

¡INTÉNTALO! Indica el presente de estos verbos reflexivos.

despertarse

1. Mis hermanos _se despiertan_ tarde.
2. Tú _____ tarde.
3. Nosotros _____ tarde.
4. Benito _____ tarde.
5. Yo _____ tarde.

ponerse

1. Él _se pone_ una chaqueta.
2. Yo _____ una chaqueta.
3. Usted _____ una chaqueta.
4. Nosotras _____ una chaqueta.
5. Las niñas _____ una chaqueta.

Práctica

1

Nuestra rutina La familia de Blanca sigue la misma rutina todos los días. Según Blanca, ¿qué hacen ellos?

> **modelo**
>
> mamá / despertarse a las 5:00
> **Mamá se despierta a las cinco.**

1. Roberto y yo / levantarse a las 7:00
2. papá / ducharse primero y / luego afeitarse
3. yo / lavarse la cara y / vestirse antes de tomar café
4. mamá / peinarse y / luego maquillarse
5. todos (nosotros) / sentarse a la mesa para comer
6. Roberto / cepillarse los dientes después de comer
7. yo / ponerse el abrigo antes de salir
8. nosotros / irse

2

La fiesta elegante Selecciona el verbo apropiado y completa las oraciones con la forma correcta.

1. Tú _____ (lavar / lavarse) el auto antes de ir a la fiesta.
2. Nosotros _____ (bañar / bañarse) antes de ir a la fiesta.
3. Para llegar a tiempo, Raúl y Marta _____ (acostar / acostarse) a los niños antes de salir.
4. Cecilia _____ (maquillar / maquillarse) antes de salir.
5. Mis amigos siempre _____ (vestir / vestirse) con ropa muy elegante.
6. Julia y Ana _____ (poner / ponerse) los vestidos nuevos.
7. Usted _____ (ir / irse) a llegar antes que (*before*) los demás invitados, ¿no?
8. En general, _____ (afeitar / afeitarse) yo mismo, pero hoy es un día especial y el barbero (*barber*) me _____ (afeitar / afeitarse). ¡Será una fiesta inolvidable!

3

Describir Mira los dibujos y describe lo que estas personas hacen.

1. el joven

2. Carmen

3. Juan

4. los pasajeros

5. Estrella

6. Toni

Comunicación

4

Preguntas personales En parejas, túrnense para hacerse estas preguntas.

1. ¿A qué hora te levantas durante la semana?
2. ¿A qué hora te levantas los fines de semana?
3. ¿Prefieres levantarte tarde o temprano? ¿Por qué?
4. ¿Te enojas frecuentemente con tus amigos?
5. ¿Te preocupas fácilmente? ¿Qué te preocupa?
6. ¿Qué te pone contento/a?
7. ¿Qué haces cuando te sientes triste?
8. ¿Y cuando te sientes alegre?
9. ¿Te acuestas tarde o temprano durante la semana?
10. ¿A qué hora te acuestas los fines de semana?

5

Charadas En grupos, jueguen a las charadas. Cada persona debe pensar en dos oraciones con verbos reflexivos. La primera persona que adivina la charada dramatiza la siguiente.

6

Debate En grupos, discutan este tema: ¿Quiénes necesitan más tiempo para arreglarse (*to get ready*) antes de salir, los hombres o las mujeres? Hagan una lista de las razones (*reasons*) que tienen para defender sus ideas e informen a la clase.

7

La coartada Hoy se cometió un crimen entre las 7 y las 11 de la mañana. En parejas, imaginen que uno de ustedes es un sospechoso y el otro un policía investigador. El policía le pregunta al sospechoso qué hace habitualmente a esas horas y el sospechoso responde. Luego, el policía presenta las respuestas del sospechoso ante el jurado (la clase) y entre todos deciden si es culpable o no.

Síntesis

8

La familia ocupada Tú y tu compañero/a asisten a un programa de verano en Lima, Perú. Viven con la familia Ramos. Tu profesor(a) te va a dar la rutina incompleta que la familia sigue en las mañanas. Trabaja con tu compañero/a para completarla.

> **modelo**
>
> **Estudiante 1:** *¿Qué hace el señor Ramos a las seis y cuarto?*
> **Estudiante 2:** *El señor Ramos se levanta.*

 Practice more at **vhlcentral.com**.

7.2 Indefinite and negative words **Tutorial**

ANTE TODO   Indefinite words refer to people and things that are not specific, for example, *someone* or *something*. Negative words deny the existence of people and things or contradict statements, for instance, *no one* or *nothing*. Spanish indefinite words have corresponding negative words, which are opposite in meaning.

Indefinite and negative words

Indefinite words		Negative words	
algo	*something; anything*	**nada**	*nothing; not anything*
alguien	*someone; somebody; anyone*	**nadie**	*no one; nobody; not anyone*
alguno/a(s), algún	*some; any*	**ninguno/a, ningún**	*no; none; not any*
o... o	*either... or*	**ni... ni**	*neither... nor*
siempre	*always*	**nunca, jamás**	*never, not ever*
también	*also; too*	**tampoco**	*neither; not either*

▶ There are two ways to form negative sentences in Spanish. You can place the negative word before the verb, or you can place **no** before the verb and the negative word after.

Nadie se levanta temprano.
No one gets up early.

No se levanta nadie temprano.
No one gets up early.

Ellos **nunca gritan**.
They never shout.

Ellos **no gritan nunca**.
They never shout.

¿Hay algún problema?

Siempre haces esto.

▶ Because they refer to people, **alguien** and **nadie** are often used with the personal **a**. The personal **a** is also used before **alguno/a, algunos/as,** and **ninguno/a** when these words refer to people and they are the direct object of the verb.

—Perdón, señor, ¿busca usted **a alguien**?
—No, gracias, señorita, no busco **a nadie**.

—Tomás, ¿buscas **a alguno** de tus hermanos?
—No, mamá, no busco **a ninguno**.

▶ **¡Atención!** Before a masculine singular noun, **alguno** and **ninguno** are shortened to **algún** and **ningún**.

—¿Tienen ustedes **algún** amigo peruano?

—No, no tenemos **ningún** amigo peruano.

AYUDA

Alguno/a, algunos/as are not always used in the same way English uses *some* or *any*. Often, **algún** is used where *a* would be used in English.

¿Tienes algún libro que hable de los incas?
Do you have a book that talks about the Incas?

Note that **ninguno/a** is rarely used in the plural.

—**¿Visitaste algunos museos?**
—**No, no visité ninguno.**

COMPARE & CONTRAST

In English, it is incorrect to use more than one negative word in a sentence. In Spanish, however, sentences frequently contain two or more negative words. Compare these Spanish and English sentences.

Nunca le escribo a **nadie**.
I never write to anyone.

No me preocupo **nunca** por **nada**.
I do not ever worry about anything.

As the preceding sentences show, once an English sentence contains one negative word (for example, *not* or *never*), no other negative word may be used. Instead, indefinite (or affirmative) words are used. In Spanish, however, once a sentence is negative, no other affirmative (that is, indefinite) word may be used. Instead, all indefinite ideas must be expressed in the negative.

▶ **Pero** is used to mean *but*. The meaning of **sino** is *but rather* or *on the contrary*. It is used when the first part of the sentence is negative and the second part contradicts it.

Los estudiantes no se acuestan temprano **sino** tarde.
The students don't go to bed early, but rather late.

Esas gafas son caras, **pero** bonitas.
Those glasses are expensive, but pretty.

María no habla francés **sino** español.
María doesn't speak French, but rather Spanish.

José es inteligente, **pero** no saca buenas notas.
José is intelligent but doesn't get good grades.

¡INTÉNTALO!   Cambia las oraciones para que sean negativas.

1. Siempre se viste bien.
   Nunca se viste bien.
   _No_ se viste bien _nunca_.

2. Alguien se ducha.
   _____ se ducha.
   _____ se ducha _____.

3. Ellas van también.
   Ellas _____ van.
   Ellas _____ van _____.

4. Alguien se pone nervioso.
   _____ se pone nervioso.
   _____ se pone nervioso _____.

5. Tú siempre te lavas las manos.
   Tú _____ te lavas las manos.
   Tú ____ te lavas las manos _____.

6. Voy a traer algo.
   _____ voy a traer _____.

7. Juan se afeita también.
   Juan _____ se afeita.
   Juan _____ se afeita _____.

8. Mis amigos viven en una residencia o en casa.
   Mis amigos _____ viven _____ en una residencia _____ en casa.

9. La profesora hace algo en su escritorio.
   La profesora _____ hace _____ en su escritorio.

10. Tú y yo vamos al mercado.
    _____ tú _____ yo vamos al mercado.

11. Tienen un espejo en su casa.
    _____ tienen _____ espejo en su casa.

12. Algunos niños se ponen los abrigos.
    _____ niño se pone el abrigo.

recursos

WB
pp. 77–78

LM
p. 40

Ⓢ
vhlcentral.com
Lección 7

Práctica

1

¿Pero o sino? Forma oraciones sobre estas personas usando **pero** o **sino**.

> **modelo**
>
> muchos estudiantes viven en residencias estudiantiles / muchos de ellos quieren vivir fuera del (*off*) campus
> *Muchos estudiantes viven en residencias estudiantiles, pero muchos de ellos quieren vivir fuera del campus.*

1. Marcos nunca se despierta temprano / siempre llega puntual a clase
2. Lisa y Katarina no se acuestan temprano / muy tarde
3. Alfonso es inteligente / algunas veces es antipático
4. los directores de la residencia no son ecuatorianos / peruanos
5. no nos acordamos de comprar champú / compramos jabón
6. Emilia no es estudiante / profesora
7. no quiero levantarme / tengo que ir a clase
8. Miguel no se afeita por la mañana / por la noche

2

Completar Completa esta conversación. Usa expresiones negativas en tus respuestas. Luego, dramatiza la conversación con un(a) compañero/a.

AURELIO   Ana María, ¿encontraste algún regalo para Eliana?
ANA MARÍA (1)_____
AURELIO   ¿Viste a alguna amiga en el centro comercial?
ANA MARÍA (2)_____
AURELIO   ¿Me llamó alguien?
ANA MARÍA (3)_____
AURELIO   ¿Quieres ir al teatro o al cine esta noche?
ANA MARÍA (4)_____
AURELIO   ¿No quieres salir a comer?
ANA MARÍA (5)_____
AURELIO   ¿Hay algo interesante en la televisión esta noche?
ANA MARÍA (6)_____
AURELIO   ¿Tienes algún problema?
ANA MARÍA (7)_____

 Practice more at **vhlcentral.com**.

Comunicación

3

Opiniones Completa estas oraciones de una manera lógica. Luego, compara tus respuestas con las de un(a) compañero/a.

1. Mi habitación es _____, pero _____.
2. Por la noche me gusta _____, pero _____.
3. Un(a) profesor(a) ideal no es _____, sino _____.
4. Mis amigos son _____, pero _____.

4

En el campus En parejas, háganse preguntas sobre qué hay en su universidad: residencias bonitas, departamento de ingeniería, cines, librerías baratas, estudiantes guapos/as, equipo de fútbol, playa, clases fáciles, museo, profesores/as estrictos/as. Sigan el modelo.

> **modelo**
>
> **Estudiante 1:** ¿Hay algunas residencias bonitas?
> **Estudiante 2:** Sí, hay una/algunas. Está(n) detrás del estadio.
> **Estudiante 1:** ¿Hay algún museo?
> **Estudiante 2:** No, no hay ninguno.

5

Quejas En parejas, hagan una lista de cinco quejas (*complaints*) comunes que tienen los estudiantes. Usen expresiones negativas.

> **modelo**
>
> Nadie me entiende.

Ahora hagan una lista de cinco quejas que los padres tienen de sus hijos.

> **modelo**
>
> Nunca limpian sus habitaciones.

6

Anuncios En parejas, lean el anuncio y contesten las preguntas.

1. ¿Es el anuncio positivo o negativo? ¿Por qué?
2. ¿Qué palabras indefinidas hay?
3. Escriban el texto del anuncio cambiando todo por expresiones negativas.

Ahora preparen su propio (*own*) anuncio usando expresiones indefinidas y negativas.

¿Buscas algún producto especial?

¡Siempre hay algo para todos en las tiendas García!

Síntesis

7

Encuesta Tu profesor(a) te va a dar una hoja de actividades para hacer una encuesta. Circula por la clase y pídeles a tus compañeros que comparen las actividades que hacen durante la semana con las que hacen durante los fines de semana. Escribe las respuestas.

7.3 Preterite of **ser** and **ir** Ⓢ Tutorial

ANTE TODO   In **Lección 6**, you learned how to form the preterite tense of regular **-ar**, **-er**, and **-ir** verbs. The following chart contains the preterite forms of **ser** (*to be*) and **ir** (*to go*). Since these forms are irregular, you will need to memorize them.

Preterite of ser and ir		
	ser *(to be)*	**ir** *(to go)*
SINGULAR FORMS yo	**fui**	**fui**
tú	**fuiste**	**fuiste**
Ud./él/ella	**fue**	**fue**
PLURAL FORMS nosotros/as	**fuimos**	**fuimos**
vosotros/as	**fuisteis**	**fuisteis**
Uds./ellos/ellas	**fueron**	**fueron**

> **AYUDA**
>
> Note that, whereas regular **-er** and **-ir** verbs have accent marks in the **yo** and **Ud./él/ella** forms of the preterite, **ser** and **ir** do not.

▶ Since the preterite forms of **ser** and **ir** are identical, context clarifies which of the two verbs is being used.

Él **fue** a comprar champú y jabón.
He went to buy shampoo and soap.

¿Cómo **fue** la película anoche?
How was the movie last night?

¿Cuándo fue la última vez que viste a Juan Carlos?

Cuando fuimos a Mérida.

Ⓢ **¡INTÉNTALO!**   Completa las oraciones usando el pretérito de **ser** e **ir**.

ir

1. Los viajeros _fueron_ a Perú.
2. Patricia _____ a Cuzco.
3. Tú _____ a Iquitos.
4. Gregorio y yo _____ a Lima.
5. Yo _____ a Trujillo.
6. Ustedes _____ a Arequipa.
7. Mi padre _____ a Lima.
8. Nosotras _____ a Cuzco.
9. Él _____ a Machu Picchu.
10. Usted _____ a Nazca.

ser

1. Usted _fue_ muy amable.
2. Yo _____ muy cordial.
3. Ellos _____ simpáticos.
4. Nosotros _____ muy tontos.
5. Ella _____ antipática.
6. Tú _____ muy generoso.
7. Ustedes _____ cordiales.
8. La gente _____ amable.
9. Tomás y yo _____ muy felices.
10. Los profesores _____ buenos.

Práctica y Comunicación

1 **Completar** Completa estas conversaciones con la forma correcta del pretérito de **ser** o **ir**. Indica el infinitivo de cada forma verbal.

Conversación 1

		ser	ir
RAÚL	¿Adónde (1)_____ ustedes de vacaciones?	○	○
PILAR	(2)_____ a Perú.	○	○
RAÚL	¿Cómo (3)_____ el viaje?	○	○
▶**PILAR**	¡(4)_____ estupendo! Machu Picchu y El Callao son increíbles.	○	○
RAÚL	¿(5)_____ caro el viaje?	○	○
PILAR	No, el precio (6)_____ muy bajo. Sólo costó tres mil dólares.	○	○

Conversación 2

		ser	ir
ISABEL	Tina y Vicente (7)_____ novios, ¿no?	○	○
LUCÍA	Sí, pero ahora no. Anoche Tina (8)_____ a comer con Gregorio	○	○
	y la semana pasada ellos (9)_____ al partido de fútbol.	○	○
ISABEL	¿Ah sí? Javier y yo (10)_____ al partido y no los vimos.	○	○

2 **Descripciones** Forma oraciones con estos elementos. Usa el pretérito.

A	B	C	D
yo	(no) ir	a un restaurante	ayer
tú	(no) ser	en autobús	anoche
mi compañero/a		estudiante	anteayer
nosotros		muy simpático/a	la semana pasada
mis amigos		a la playa	año pasado
ustedes		dependiente/a en una tienda	

3 **Preguntas** En parejas, túrnense para hacerse estas preguntas.

1. ¿Cuándo fuiste al cine por última vez? ¿Con quién fuiste?
2. ¿Fuiste en auto, en autobús o en metro? ¿Cómo fue el viaje?
3. ¿Cómo fue la película?
4. ¿Fue una película de terror, de acción o un drama?
5. ¿Fue una de las mejores películas que viste? ¿Por qué?
6. ¿Fueron buenos los actores o no? ¿Cuál fue el mejor?
7. ¿Adónde fuiste/fueron después?
8. ¿Fue una buena idea ir al cine?
9. ¿Fuiste feliz ese día?

4 **El viaje** En parejas, escriban un diálogo de un(a) viajero/a hablando con el/la agente de viajes sobre un viaje que hizo recientemente. Usen el pretérito de **ser** e **ir**.

> **modelo**
>
> **Agente:** *¿Cómo fue el viaje?*
> **Viajero:** *El viaje fue maravilloso/horrible...*

7.4   Verbs like gustar Tutorial

ANTE TODO   In **Lección 2**, you learned how to express preferences with **gustar**. You will now learn more about the verb **gustar** and other similar verbs. Observe these examples.

Me gusta ese champú.

> **ENGLISH EQUIVALENT**
> *I like that shampoo.*
> **LITERAL MEANING**
> *That shampoo is pleasing to me.*

¿Te gustaron las clases?

> **ENGLISH EQUIVALENT**
> *Did you like the classes?*
> **LITERAL MEANING**
> *Were the classes pleasing to you?*

▶ As the examples show, constructions with **gustar** do not have a direct equivalent in English. The literal meaning of this construction is *to be pleasing to* (*someone*), and it requires the use of an indirect object pronoun.

INDIRECT OBJECT PRONOUN	VERB	SUBJECT		SUBJECT	VERB	DIRECT OBJECT
Me	**gusta**	ese champú.		*I*	*like*	*that shampoo.*

▶ In the diagram above, observe how in the Spanish sentence the object being liked **(ese champú)** is really the subject of the sentence. The person who likes the object, in turn, is an indirect object because it answers the question: *To whom is the shampoo pleasing?*

¿Te gusta Juan Carlos?

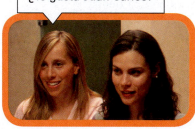

Me gustan los cafés que tienen música en vivo.

▶ Other verbs in Spanish are used in the same way as **gustar**. Here is a list of the most common ones.

Verbs like gustar

aburrir	to bore	**importar**	to be important to; to matter
encantar	to like very much; to love (inanimate objects)	**interesar**	to be interesting to; to interest
faltar	to lack; to need	**molestar**	to bother; to annoy
fascinar	to fascinate; to like very much	**quedar**	to be left over; to fit (clothing)

¡ATENCIÓN!

Faltar expresses what is lacking or missing. **Me falta una página.** *I'm missing one page.*

Quedar expresses how much of something is left. **Nos quedan tres pesos.** *We have three pesos left.*

• • •

Quedar also means *to fit*. It can be used to tell how something looks (on someone). **Estos zapatos me quedan bien.** *These shoes fit me well.*

Esa camisa te queda muy bien. *That shirt looks good on you.*

▶ The most commonly used verb forms of **gustar** and similar verbs are the third person (singular and plural). When the object or person being liked is singular, the singular form (**gusta**) is used. When two or more objects or persons are being liked, the plural form (**gustan**) is used. Observe the following diagram:

	SINGULAR	
me, te, le, nos, os, les	encanta / interesó	la película / el concierto
	PLURAL	
	importan / fascinaron	las vacaciones / los museos de Lima

▶ To express what someone likes or does not like to do, use an appropriate verb followed by an infinitive. The singular form is used even if there is more than one infinitive.

Nos molesta comer a las nueve.
It bothers us to eat at nine o'clock.

Les encanta bailar y **cantar** en las fiestas.
They love to dance and sing at parties.

AYUDA

Note that the **a** must be repeated if there is more than one person.
A Armando y a **Carmen** les molesta levantarse temprano.

▶ As you learned in **Lección 2**, the construction **a** + [*pronoun*] (**a mí, a ti, a usted, a él,** etc.) is used to clarify or to emphasize who is pleased, bored, etc. The construction **a** + [*noun*] can also be used before the indirect object pronoun to clarify or to emphasize who is pleased.

A los turistas les gustó mucho Machu Picchu.
The tourists liked Machu Picchu a lot.

A ti te gusta cenar en casa, pero **a mí** me aburre.
You like eating dinner at home, but I get bored.

▶ **¡Atención!** **Mí** (*me*) has an accent mark to distinguish it from the possessive adjective **mi** (*my*).

¡INTÉNTALO! Indica el pronombre de objeto indirecto y la forma del tiempo presente adecuados en cada oración.

fascinar

1. A él ___le fascina___ viajar.
2. A mí _____ bailar.
3. A nosotras _____ cantar.
4. A ustedes _____ leer.
5. A ti _____ correr y patinar.
6. A ellos _____ los aviones.
7. A mis padres _____ caminar.
8. A usted _____ jugar al tenis.
9. A mi esposo y a mí _____ dormir.
10. A Alberto _____ dibujar y pintar.
11. A todos _____ opinar.
12. A Pili _____ los sombreros.

aburrir

1. A ellos ___les aburren___ los deportes.
2. A ti _____ las películas.
3. A usted _____ los viajes.
4. A mí _____ las revistas.
5. A Jorge y a Luis _____ los perros.
6. A nosotros _____ las vacaciones.
7. A ustedes _____ el béisbol.
8. A Marcela _____ los libros.
9. A mis amigos _____ los museos.
10. A ella _____ el ciclismo.
11. A Omar _____ ir de compras.
12. A ti y a mí _____ el baile.

recursos

WB
pp. 80–82

LM
p. 42

S
vhlcentral.com
Lección 7

Práctica

1 **Completar** Completa las oraciones con todos los elementos necesarios.

1. _____ Adela _____ (encantar) la música de Tito "El Bambino".
2. A _____ me _____ (interesar) la música de otros países.
3. A mis amigos _____ (encantar) las canciones (*songs*) de Calle 13.
4. A Juan y _____ Rafael no les _____ (molestar) la música alta (*loud*).
5. _____ nosotros _____ (fascinar) los grupos de pop latino.
6. _____ señor Ruiz _____ (interesar) más la música clásica.
7. A _____ me _____ (aburrir) la música clásica.
8. ¿A _____ te _____ (faltar) dinero para el concierto de Carlos Santana?
9. No. Ya compré el boleto y _____ (quedar) cinco dólares.
10. ¿Cuánto dinero te _____ (quedar) a _____?

NOTA CULTURAL

Hoy día, la música latina es popular en los EE.UU. gracias a artistas como **Shakira**, de nacionalidad colombiana, y **Tito "El Bambino"**, puertorriqueño. Otros artistas, como **Carlos Santana** y **Gloria Estefan**, difundieron (*spread*) la música latina en los años 60, 70, 80 y 90.

2 **Describir** Mira los dibujos y describe lo que está pasando. Usa los verbos de la lista.

| aburrir | faltar | molestar |
| encantar | interesar | quedar |

1. a Ramón

2. a nosotros

3. a ti

LIBROS DE ARTE MODERNO

4. a Sara

3 **Gustos** Forma oraciones con los elementos de las columnas.

> **modelo**
> A ti te interesan las ruinas de Machu Picchu.

A	B	C
yo	aburrir	despertarse temprano
tú	encantar	mirarse en el espejo
mi mejor amigo/a	faltar	la música rock
mis amigos y yo	fascinar	las pantuflas rosadas
Bart y Homero Simpson	interesar	la pasta de dientes con menta (*mint*)
Shakira	molestar	las ruinas de Machu Picchu
Antonio Banderas		los zapatos caros

 Practice more at **vhlcentral.com**.

Comunicación

4

Preguntas En parejas, túrnense para hacer y contestar estas preguntas.

1. ¿Te gusta levantarte temprano o tarde? ¿Por qué? ¿Y a tu compañero/a de cuarto?
2. ¿Te gusta acostarte temprano o tarde? ¿Y a tu compañero/a de cuarto?
3. ¿Te gusta dormir la siesta?
4. ¿Te encanta acampar o prefieres quedarte en un hotel cuando estás de vacaciones?
5. ¿Qué te gusta hacer en el verano?
6. ¿Qué te fascina de esta universidad? ¿Qué te molesta?
7. ¿Te interesan más las ciencias o las humanidades? ¿Por qué?
8. ¿Qué cosas te aburren?

5

Completar Trabajen en parejas. Túrnense para completar estas frases de una manera lógica.

1. A mi novio/a le fascina(n)…
2. A mi mejor (*best*) amigo/a no le interesa(n)…
3. A mis padres les importa(n)…
4. A nosotros nos molesta(n)…
5. A mis hermanos les aburre(n)…
6. A mi compañero/a de cuarto le aburre(n)…
7. A los turistas les interesa(n)…
8. A los jugadores profesionales les encanta(n)…
9. A nuestro/a profesor(a) le molesta(n)…
10. A mí me importa(n)…

6

La residencia Tú y tu compañero/a de clase son los directores de una residencia estudiantil en Perú. Su profesor(a) les va a dar a cada uno de ustedes las descripciones de cinco estudiantes. Con la información tienen que escoger quiénes van a ser compañeros de cuarto. Después, completen la lista.

Síntesis

7

Situación Trabajen en parejas para representar los papeles de un(a) cliente/a y un(a) dependiente/a en una tienda de ropa. Usen las instrucciones como guía.

Dependiente/a	**Cliente/a**
Saluda al/a la cliente/a y pregúntale en qué le puedes servir.	Saluda al/a la dependiente/a y dile (*tell him/her*) qué quieres comprar y qué colores prefieres.
Pregúntale si le interesan los estilos modernos y empieza a mostrarle la ropa.	Explícale que los estilos modernos te interesan. Escoge las cosas que te interesan.
Habla de los gustos del/de la cliente/a.	Habla de la ropa (me queda(n) bien/mal, me encanta(n)…).
Da opiniones favorables al/a la cliente/a (las botas te quedan fantásticas…).	Decide cuáles son las cosas que te gustan y qué vas a comprar.

Recapitulación

Diagnostics

Completa estas actividades para repasar los conceptos de gramática que aprendiste en esta lección.

1   **Completar** Completa la tabla con la forma correcta de los verbos. **24 pts.**

yo	tú	nosotros	ellas
me levanto			
	te afeitas		
		nos vestimos	
			se secan

2   **Hoy y ayer** Cambia los verbos del presente al pretérito. **10 pts.**

1. Vamos de compras hoy. _____ de compras hoy.
2. Por último, voy a poner el despertador. Por último, _____ a poner el despertador.
3. Lalo es el primero en levantarse. Lalo _____ el primero en levantarse.
4. ¿Vas a tu habitación? ¿ _____ a tu habitación?
5. ¿Ustedes son profesores. Ustedes _____ profesores.

3   **Reflexivos** Completa cada conversación con la forma correcta de los verbos reflexivos. **22 pts.**

TOMÁS Yo siempre (1) _____ (bañarse) antes de (2) _____ (acostarse). Esto me relaja porque no (3) _____ (dormirse) fácilmente. Y así puedo (4) _____ (levantarse) más tarde. Y tú, ¿cuándo (5) _____ (ducharse)?

LETI Pues por la mañana, para poder (6) _____ (despertarse).

DAVID ¿Cómo (7) _____ (sentirse) Pepa hoy?

MARÍA Todavía está enojada.

DAVID ¿De verdad? Ella nunca (8) _____ (enojarse) con nadie.

BETO ¿(Nosotros) (9) _____ (Irse) de esta tienda? Estoy cansado.

SARA Pero antes vamos a (10) _____ (probarse) estos sombreros. Si quieres, después (nosotros) (11) _____ (sentarse) un rato.

RESUMEN GRAMATICAL

7.1 **Reflexive verbs** *pp. 220–221*

lavarse	
me lavo	nos lavamos
te lavas	os laváis
se lava	se lavan

7.2 **Indefinite and negative words** *pp. 224–225*

Indefinite words	Negative words
algo	nada
alguien	nadie
alguno/a(s), algún	ninguno/a, ningún
o... o	ni... ni
siempre	nunca, jamás
también	tampoco

7.3 **Preterite of ser and ir** *p. 228*

▶ The preterite of **ser** and **ir** are identical. Context will determine the meaning.

ser and ir	
fui	fuimos
fuiste	fuisteis
fue	fueron

7.4 **Verbs like gustar** *pp. 230–231*

aburrir	importar
encantar	interesar
faltar	molestar
fascinar	quedar

me, te, le, nos, os, les

SINGULAR
encanta   la película
interesó   el concierto

PLURAL
importan   las vacaciones
fascinaron   los museos

▶ Use the construction **a** + [*noun/pronoun*] to clarify the person in question.

A mí me encanta ver películas, ¿y a ti?

4 **Conversaciones** Completa cada conversación de manera lógica con palabras de la lista. No tienes que usar todas las palabras. **18 pts.**

algo	nada	ningún	siempre
alguien	nadie	nunca	también
algún	ni... ni	o... o	tampoco

1. —¿Tienes _____ plan para esta noche?

   —No, prefiero quedarme en casa. Hoy no quiero ver a _____.

   —Yo _____ me quedo. Estoy muy cansado.

2. —¿Puedo entrar? ¿Hay _____ en el cuarto de baño?

   —Sí. ¡Un momento! Ahora mismo salgo.

3. —¿Puedes prestarme _____ para peinarme? No encuentro _____ mi cepillo _____ mi peine.

   —Lo siento, yo _____ encuentro los míos (*mine*).

4. —¿Me prestas tu maquillaje?

   —Lo siento, no tengo. _____ me maquillo.

5 **Oraciones** Forma oraciones completas con los elementos dados (*given*). Usa el presente de los verbos. **8 pts.**

1. David y Juan / molestar / levantarse temprano
2. Lucía / encantar / las películas de terror
3. todos (nosotros) / importar / la educación
4. tú / aburrir / ver / la televisión.

6 **Rutinas** Escribe seis oraciones que describan las rutinas de dos personas que conoces. **18 pts.**

> **modelo**
> Mi tía se despierta temprano, pero mi primo...

7 **Adivinanza** Completa la adivinanza con las palabras que faltan y adivina la respuesta. **¡4 puntos EXTRA!**

❝Cuanto más° _____ (*it dries you*), más se moja°.❞
¿Qué es?_____

Cuanto más *The more* se moja *it gets wet*

Lectura

Antes de leer

Estrategia

Predicting content from the title

Prediction is an invaluable strategy in reading for comprehension. For example, we can usually predict the content of a newspaper article from its headline. We often decide whether to read the article based on its headline. Predicting content from the title will help you increase your reading comprehension in Spanish.

Examinar el texto

Lee el título de la lectura y haz tres predicciones sobre el contenido. Escribe tus predicciones en una hoja de papel.

Compartir

Comparte tus ideas con un(a) compañero/a de clase.

Cognados

Haz una lista de seis cognados que encuentres en la lectura.

1. _____
2. _____
3. _____
4. _____
5. _____
6. _____

¿Qué te dicen los cognados sobre el tema de la lectura?

De Guillermo Zamora

Para Lupe; Marcos; Sandra; Jorge

Asunto ¡Qué día!

Hola, chicos:

La semana pasada me di cuenta° de que necesito organizar mejor° mi rutina... pero especialmente debo prepararme mejor para los exámenes. Me falta disciplina, me molesta no tener control de mi tiempo y nunca deseo repetir los eventos de la semana pasada. 😞

El miércoles pasé todo el día y 😳 toda la noche estudiando para el examen de biología del jueves por la mañana. Me aburre la biología y no empecé a estudiar hasta el día antes del examen. El jueves a las 8, después de no dormir en toda la noche, fui exhausto al examen. Fue difícil, pero afortunadamente° me acordé de todo el material. Esa noche me acosté temprano y dormí mucho. 😴

Me desperté a las 7, y fue extraño° ver a mi compañero de cuarto, Andrés, preparándose para ir a dormir. Como° siempre se enferma°, tiene problemas para dormir y no hablamos mucho, no le comenté nada. Fui al baño a cepillarme los dientes para ir a clase. ¿Y Andrés? Él se acostó. "Debe estar enfermo°, ¡otra vez!", pensé. 😮

Marcar   Imprimir   Redactar   Bandeja entrada

Enviar

Mi clase es a las 8, y fue necesario hacer las cosas rápido. Todo empezó a ir mal... eso pasa siempre cuando uno tiene prisa. Cuando busqué mis cosas para el baño, no las encontré. Entonces me duché sin jabón, me cepillé los dientes sin cepillo de dientes y me peiné con las manos. Tampoco encontré ropa limpia y usé la sucia. Rápido, tomé mis libros. ¿Y Andrés? Roncando°... ¡a las 7:50!

Cuando salí corriendo para la clase, la prisa no me permitió ver el campus desierto. Cuando llegué a la clase, no vi a nadie. No vi al profesor ni a los estudiantes. Por último miré mi reloj, y vi la hora. Las 8 en punto... ¡de la noche!

¡Dormí 24 horas!

Guillermo

me di cuenta *I realized* mejor *better* afortunadamente *fortunately*
extraño *strange* Como *Since* se enferma *he gets sick* enfermo *sick*
Roncando *Snoring*

Después de leer

Seleccionar
Selecciona la respuesta correcta.
1. ¿Quién es el/la narrador(a)?
   a. Andrés
   b. una profesora
   c. Guillermo
2. ¿Qué le molesta al narrador?
   a. Le molestan los exámenes de biología.
   b. Le molesta no tener control de su tiempo.
   c. Le molesta mucho organizar su rutina.
3. ¿Por qué está exhausto?
   a. Porque fue a una fiesta la noche anterior.
   b. Porque no le gusta la biología.
   c. Porque pasó la noche anterior estudiando.
4. ¿Por qué no hay nadie en clase?
   a. Porque es de noche.
   b. Porque todos están de vacaciones.
   c. Porque el profesor canceló la clase.
5. ¿Cómo es la relación de Guillermo y Andrés?
   a. Son buenos amigos.
   b. No hablan mucho.
   c. Tienen una buena relación.

Ordenar
Ordena los sucesos de la narración. Utiliza los números del 1 al 9.
   a. Toma el examen de biología. ____
   b. No encuentra sus cosas para el baño. ____
   c. Andrés se duerme. ____
   d. Pasa todo el día y toda la noche estudiando para un examen. ____
   e. Se ducha sin jabón. ____
   f. Se acuesta temprano. ____
   g. Vuelve a su cuarto después de las 8 de la noche. ____
   h. Se despierta a las 7 y su compañero de cuarto se prepara para dormir. ____
   i. Va a clase y no hay nadie. ____

Contestar
Contesta estas preguntas.
1. ¿Cómo es tu rutina diaria? ¿Muy organizada?
2. ¿Cuándo empiezas a estudiar para los exámenes?
3. ¿Tienes compañero/a de cuarto? ¿Es tu amigo/a?
4. Para comunicarte con tus amigos/as, ¿prefieres el teléfono o el correo electrónico? ¿Por qué?

Perú

El país en cifras

► **Área:** 1.285.220 km² (496.224 millas²),
un poco menos que el área de Alaska
► **Población:** 30.147.000
► **Capital:** Lima —8.769.000
► **Ciudades principales:** Arequipa —778.000,
Trujillo, Chiclayo, Callao, Iquitos

*Iquitos es un puerto muy importante en el río
Amazonas. Desde Iquitos se envían° muchos
productos a otros lugares, incluyendo goma°,
nueces°, madera°, arroz°, café y tabaco. Iquitos
es también un destino popular para
los ecoturistas que visitan la selva°.*

► **Moneda:** nuevo sol
► **Idiomas:** español (oficial);
quechua, aimara y otras
lenguas indígenas (oficiales
en los territorios donde se usan)

Bandera de Perú

Peruanos célebres

► **Clorinda Matto de Turner,** escritora (1854–1909)
► **César Vallejo,** poeta (1892–1938)
► **Javier Pérez de Cuéllar,** diplomático (1920–)
► **Juan Diego Flórez,** cantante de ópera (1973–)
► **Mario Vargas Llosa,** escritor (1936–)

Mario Vargas Llosa, Premio
Nobel de Literatura 2010

se envían *are shipped* goma *rubber* nueces *nuts* madera *timber*
arroz *rice* selva *jungle* Hace más de *More than... ago*
grabó *engraved* tamaño *size*

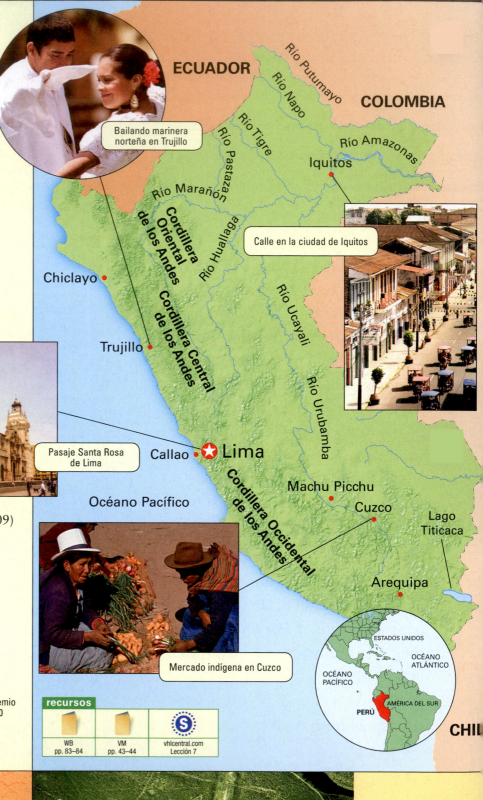

ECUADOR

COLOMBIA

Río Putumayo

Río Napo

Río Tigre

Río Pastaza

Río Amazonas

Iquitos

Río Marañón

Cordillera
Oriental
de los Andes

Río Huallaga

Calle en la ciudad de Iquitos

Chiclayo

Cordillera Central
de los Andes

Río Ucayali

Trujillo

Bailando marinera
norteña en Trujillo

Pasaje Santa Rosa
de Lima

Callao ⭐ Lima

Río Urubamba

Océano Pacífico

Cordillera Occidental
de los Andes

Machu Picchu

Cuzco

Lago
Titicaca

Arequipa

Mercado indígena en Cuzco

ESTADOS UNIDOS

OCÉANO
ATLÁNTICO

OCÉANO
PACÍFICO

PERÚ

AMÉRICA DEL SUR

CHI

recursos

WB
pp. 83–84

VM
pp. 43–44

Ⓢ
vhlcentral.com
Lección 7

¡Increíble pero cierto!

Hace más de° dos mil años la civilización nazca
de Perú grabó° más de dos mil kilómetros
de líneas en el desierto. Los dibujos sólo son
descifrables desde el aire. Uno de ellos es un
cóndor del tamaño° de un estadio. Las Líneas
de Nazca son uno de los grandes misterios de
la humanidad.

Lugares • Lima

Lima es una ciudad moderna y antigua° a la vez°. La Iglesia de San Francisco es notable por su arquitectura barroca colonial. También son fascinantes las exhibiciones sobre los incas en el Museo Oro del Perú y en el Museo Nacional de Antropología y Arqueología. Barranco, el barrio° bohemio de la ciudad, es famoso por su ambiente cultural y sus bares y restaurantes.

BRASIL

Historia • Machu Picchu

A 80 kilómetros al noroeste de Cuzco está Machu Picchu, una ciudad antigua del Imperio inca. Está a una altitud de 2.350 metros (7.710 pies), entre dos cimas° de los Andes. Cuando los españoles llegaron a Perú y recorrieron la región, nunca encontraron Machu Picchu. En 1911, el arqueólogo estadounidense Hiram Bingham la redescubrió. Todavía no se sabe ni cómo se construyó° una ciudad a esa altura, ni por qué los incas la abandonaron. Sin embargo°, esta ciudad situada en desniveles° naturales es el ejemplo más conocido de la arquitectura inca.

Artes • La música andina

Machu Picchu aún no existía° cuando se originó la música cautivadora° de las culturas indígenas de los Andes. Los ritmos actuales de la música andina tienen influencias españolas y africanas. Varios tipos de flauta°, entre ellos la quena y la zampoña, caracterizan esta música. En las décadas de los sesenta y los setenta se popularizó un movimiento para preservar la música andina, y hasta° Simon y Garfunkel incorporaron a su repertorio la canción *El cóndor pasa*.

Economía • Llamas y alpacas

Perú se conoce por sus llamas, alpacas, guanacos y vicuñas, todos ellos animales mamíferos° parientes del camello. Estos animales todavía tienen una enorme importancia en la economía del país. Dan lana para exportar a otros países y para hacer ropa, mantas°, bolsas y otros artículos artesanales. La llama se usa también para la carga y el transporte.

BOLIVIA

 ¿Qué aprendiste? Responde a las preguntas con una oración completa.

1. ¿Qué productos envía Iquitos a otros lugares?
2. ¿Cuáles son las lenguas oficiales de Perú?
3. ¿Por qué es notable la Iglesia de San Francisco en Lima?
4. ¿Qué información sobre Machu Picchu no se sabe todavía?
5. ¿Qué son la quena y la zampoña?
6. ¿Qué hacen los peruanos con la lana de sus llamas y alpacas?

 Conexión Internet Investiga estos temas en **vhlcentral.com**.

1. Investiga la cultura incaica. ¿Cuáles son algunos de los aspectos interesantes de su cultura?
2. Busca información sobre dos artistas, escritores o músicos peruanos y presenta un breve informe a tu clase.

 Practice more at **vhlcentral.com**.

antigua *old* **a la vez** *at the same time* **barrio** *neighborhood* **cimas** *summits* **se construyó** *was built* **Sin embargo** *However* **desniveles** *uneven pieces of land* **aún no existía** *didn't exist yet* **cautivadora** *captivating* **flauta** *flute* **hasta** *even* **mamíferos** *mammalian* **mantas** *blankets*

Los verbos reflexivos

acordarse (de) (o:ue)	to remember
acostarse (o:ue)	to go to bed
afeitarse	to shave
bañarse	to take a bath
cepillarse el pelo	to brush one's hair
cepillarse los dientes	to brush one's teeth
despertarse (e:ie)	to wake up
dormirse (o:ue)	to go to sleep; to fall asleep
ducharse	to take a shower
enojarse (con)	to get angry (with)
irse	to go away; to leave
lavarse la cara	to wash one's face
lavarse las manos	to wash one's hands
levantarse	to get up
llamarse	to be called; to be named
maquillarse	to put on makeup
peinarse	to comb one's hair
ponerse	to put on
ponerse (+ *adj.*)	to become (+ adj.)
preocuparse (por)	to worry (about)
probarse (o:ue)	to try on
quedarse	to stay
quitarse	to take off
secarse	to dry (oneself)
sentarse (e:ie)	to sit down
sentirse (e:ie)	to feel
vestirse (e:i)	to get dressed

Palabras de secuencia

antes (de)	before
después	afterwards; then
después (de)	after
durante	during
entonces	then
luego	then
más tarde	later (on)
por último	finally

Palabras indefinidas y negativas

algo	something; anything
alguien	someone; somebody; anyone
alguno/a(s), algún	some; any
jamás	never; not ever
nada	nothing; not anything
nadie	no one; nobody; not anyone
ni… ni	neither… nor
ninguno/a, ningún	no; none; not any
nunca	never; not ever
o… o	either… or
siempre	always
también	also; too
tampoco	neither; not either

Verbos similares a *gustar*

aburrir	to bore
encantar	to like very much; to love (inanimate objects)
faltar	to lack; to need
fascinar	to fascinate; to like very much
importar	to be important to; to matter
interesar	to be interesting to; to interest
molestar	to bother; to annoy
quedar	to be left over; to fit (clothing)

Palabras adicionales

el despertador	alarm clock
las pantuflas	slippers
la rutina diaria	daily routine
por la mañana	in the morning
por la noche	at night
por la tarde	in the afternoon; in the evening

Expresiones útiles	See page 215.

En el baño

el baño, el cuarto de baño	bathroom
el champú	shampoo
la crema de afeitar	shaving cream
la ducha	shower
el espejo	mirror
el inodoro	toilet
el jabón	soap
el lavabo	sink
el maquillaje	makeup
la pasta de dientes	toothpaste
la toalla	towel

recursos

LM p. 42 / vhlcentral.com Lección 7

  Vocabulary Tools

La comida

8

Communicative Goals

You will learn how to:
- Order food in a restaurant
- Talk about and describe food

A PRIMERA VISTA
- ¿Dónde está ella?
- ¿Qué hace?
- ¿Es parte de su rutina diaria?
- ¿Qué colores hay en la foto?

La comida

Más vocabulario

el/la camarero/a	waiter/waitress
la comida	food; meal
la cuenta	bill
el/la dueño/a	owner
los entremeses	appetizers
el menú	menu
el plato (principal)	(main) dish
la propina	tip
la sección de (no) fumar	(non) smoking section
el agua (mineral)	(mineral) water
la bebida	drink
la cerveza	beer
la leche	milk
el refresco	soft drink
el ajo	garlic
las arvejas	peas
los cereales	cereal; grains
los frijoles	beans
el melocotón	peach
el pollo (asado)	(roast) chicken
el queso	cheese
el sándwich	sandwich
el yogur	yogurt
el aceite	oil
la margarina	margarine
la mayonesa	mayonnaise
el vinagre	vinegar
delicioso/a	delicious
sabroso/a	tasty; delicious
saber (a)	to taste (like)

Variación léxica

camarones	←→ gambas (Esp.)
camarero	←→ mesero (Amér. L.), mesonero (Ven.), mozo (Arg., Chile, Urug., Perú)
refresco	←→ gaseosa (Amér. C., Amér. S.)

Las frutas

la pera
la banana
las uvas
la naranja
el limón

Las verduras

el maíz
la cebolla
la lechuga
el champiñón
la zanahoria
el tomate

recursos

| WB pp. 85–86 | LM p. 43 | vhlcentral.com Lección 8 |

Práctica

1 Escuchar Indica si las oraciones que vas a escuchar son **ciertas** o **falsas**, según el dibujo. Después, corrige las falsas.

1. _____   6. _____
2. _____   7. _____
3. _____   8. _____
4. _____   9. _____
5. _____   10. _____

2 Seleccionar Paulino y Pilar van a cenar a un restaurante. Escucha la conversación y selecciona la respuesta que mejor completa cada oración.

1. Paulino le pide el _____ (menú / plato) al camarero.
2. El plato del día es (atún / salmón) _____.
3. Pilar ordena _____ (leche / agua mineral) para beber.
4. Paulino quiere un refresco de _____ (naranja / limón).
5. Paulino hoy prefiere _____ (el salmón / la chuleta).
6. Dicen que la carne en ese restaurante es muy _____ (sabrosa / mala).
7. Pilar come salmón con _____ (zanahorias / champiñones).

3 Identificar Identifica la palabra que no está relacionada con cada grupo.

1. champiñón • cebolla • propina • zanahoria
2. camarones • ajo • atún • salmón
3. aceite • leche • refresco • agua mineral
4. jamón • chuleta de cerdo • vinagre • carne de res
5. cerveza • lechuga • arvejas • frijoles
6. carne • pescado • mariscos • camarero
7. pollo • naranja • limón • melocotón
8. maíz • queso • tomate • champiñón

4 Completar Completa las oraciones con las palabras más lógicas.

1. ¡Me gusta mucho este plato! Sabe _____.
   a. mal   b. delicioso   c. antipático
2. Camarero, ¿puedo ver el _____, por favor?
   a. aceite   b. maíz   c. menú
3. Carlos y yo bebemos siempre agua _____.
   a. cómoda   b. mineral   c. principal
4. El plato del día es _____.
   a. pollo asado b. mayonesa   c. ajo
5. Margarita es vegetariana. Ella come _____.
   a. frijoles   b. chuletas   c. jamón
6. Mi hermana le da _____ a su niña.
   a. ajo   b. vinagre   c. yogur

LAS CARNES

el pollo

el pavo

el jamón

la carne de res

Pescados y mariscos

el atún

la chuleta (de cerdo)

el salmón

los camarones (el camarón)

la langosta

el desayuno

el jugo (de fruta)

el café

el pan (tostado)

el azúcar

la mantequilla

la salchicha

el huevo

el almuerzo

el té helado

la manzana

la hamburguesa

el pan

las papas/patatas fritas

Más vocabulario

escoger	to choose
merendar (e:ie)	to snack
probar (o:ue)	to taste; to try
recomendar (e:ie)	to recommend
servir (e:i)	to serve
el té	tea
el vino blanco	white wine

la cena

la sal

el vino tinto

la pimienta

la sopa

el arroz

la ensalada

los espárragos

el bistec

5

Completar Trabaja con un(a) compañero/a de clase para relacionar cada producto con el grupo alimenticio (*food group*) correcto.

modelo

_____La carne_____ es del grupo uno.

el aceite	las bananas	los cereales	la leche
el arroz	el café	los espárragos	el pescado
el azúcar	la carne	los frijoles	el vino

1. _____ y el queso son del grupo cuatro.
2. _____ son del grupo ocho.
3. _____ y el pollo son del grupo tres.
4. _____ es del grupo cinco.
5. _____ es del grupo dos.
6. Las manzanas y _____ son del grupo siete.
7. _____ es del grupo seis.
8. _____ son del grupo diez.
9. _____ y los tomates son del grupo nueve.
10. El pan y _____ son del grupo diez.

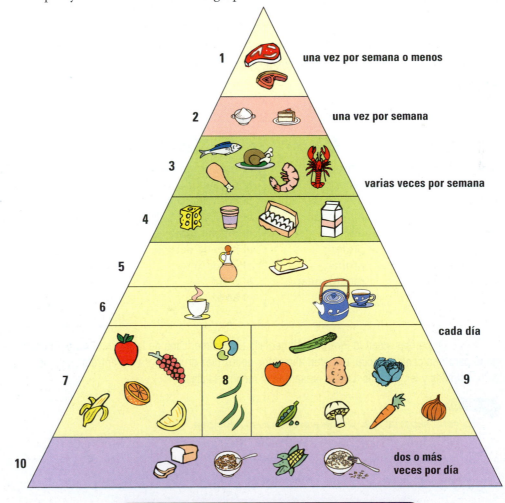

1 — una vez por semana o menos
2 — una vez por semana
3 — varias veces por semana
4
5
6
7   8   9 — cada día
10 — dos o más veces por día

La Pirámide Alimenticia Latinoamericana

6

¿Cierto o falso? Consulta la Pirámide Alimenticia Latinoamericana de la página 245 e indica si lo que dice cada oración es **cierto** o **falso**. Si la oración es falsa, escribe las comidas que sí están en el grupo indicado.

> **modelo**
>
> El queso está en el grupo diez.
> *Falso. En ese grupo están el maíz, el pan, los cereales y el arroz.*

1. La manzana, la banana, el limón y las arvejas están en el grupo siete.

2. En el grupo cuatro están los huevos, la leche y el aceite.

3. El azúcar está en el grupo dos.

4. En el grupo diez están el pan, el arroz y el maíz.

5. El pollo está en el grupo uno.

6. En el grupo nueve están la lechuga, el tomate, las arvejas, la naranja, la papa, los espárragos y la cebolla.

7. El café y el té están en el mismo grupo.

8. En el grupo cinco está el arroz.

9. El pescado, el yogur y el bistec están en el grupo tres.

7

Combinar Combina palabras de cada columna, en cualquier (*any*) orden, para formar diez oraciones lógicas sobre las comidas. Añade otras palabras si es necesario.

> **modelo**
>
> La camarera nos sirve la ensalada.

A	B	C
el/la camarero/a	almorzar	la sección de no fumar
el/la dueño/a	escoger	el desayuno
mi familia	gustar	la ensalada
mi novio/a	merendar	las uvas
mis amigos y yo	pedir	el restaurante
mis padres	preferir	el jugo de naranja
mi hermano/a	probar	el refresco
el/la médico/a	recomendar	el plato
yo	servir	el arroz

NOTA CULTURAL

El arroz es un alimento básico en el Caribe, Centroamérica y México, entre otros países. Aparece frecuentemente como acompañamiento del plato principal y muchas veces se sirve con frijoles. Un plato muy popular en varios países es **el arroz con pollo** (*chicken and rice casserole*).

8

Un menú En parejas, usen la Pirámide Alimenticia Latinoamericana de la página 245 para crear un menú para una cena especial. Incluyan alimentos de los diez grupos para los entremeses, los platos principales y las bebidas. Luego presenten el menú a la clase.

> **modelo**
>
> *La cena especial que vamos a preparar es deliciosa. Primero, hay dos entremeses: ensalada César y sopa de langosta. El plato principal es salmón con salsa de ajo y espárragos. También vamos a servir arroz…*

 Practice more at **vhlcentral.com**.

Comunicación

9

Conversación En parejas, túrnense para hacerse estas preguntas.

1. ¿Qué te gusta cenar?
2. ¿A qué hora, dónde y con quién almuerzas?
3. ¿Cuáles son las comidas más (*most*) típicas de tu almuerzo?
4. ¿Desayunas? ¿Qué comes y bebes por la mañana?
5. ¿Qué comida te gusta más? ¿Qué comida no conoces y quieres probar?
6. ¿Comes cada día alimentos de los diferentes grupos de la pirámide alimenticia? ¿Cuáles son las comidas y bebidas más frecuentes en tu dieta?
7. ¿Qué comida recomiendas a tus amigos? ¿Por qué?
8. ¿Eres vegetariano/a? ¿Crees que ser vegetariano/a es una buena idea? ¿Por qué?
9. ¿Te gusta cocinar (*to cook*)? ¿Qué comidas preparas para tus amigos? ¿Para tu familia?

10

Describir Con dos compañeros/as de clase, describe las dos fotos, contestando estas preguntas.

▶ ¿Quiénes están en las fotos?

▶ ¿Dónde están?

▶ ¿Qué hora es?

▶ ¿Qué comen y qué beben?

11

Crucigrama Tu profesor(a) les va a dar a ti y a tu compañero/a un crucigrama (*crossword puzzle*) incompleto. Tú tienes las palabras que necesita tu compañero/a y él/ella tiene las palabras que tú necesitas. Tienen que darse pistas (*clues*) para completarlo. No pueden decir la palabra; deben utilizar definiciones, ejemplos y frases.

> **modelo**
>
> **6 vertical:** Es un condimento que normalmente viene con la sal.
>
> **12 horizontal:** Es una fruta amarilla.

Una cena... romántica

Maru y Miguel quieren tener una cena romántica, pero les espera una sorpresa.

PERSONAJES   MARU   MIGUEL

MARU No sé qué pedir. ¿Qué me recomiendas?

MIGUEL No estoy seguro. Las chuletas de cerdo se ven muy buenas.

MARU ¿Vas a pedirlas?

MIGUEL No sé.

MIGUEL ¡Qué bonitos! ¿Quién te los dio?

MARU Me los compró un chico muy guapo e inteligente.

MIGUEL ¿Es tan guapo como yo?

MARU Sí, como tú, guapísimo.

MIGUEL Por nosotros.

MARU Dos años.

(El camarero llega a la mesa.)

CAMARERO ¿Les gustaría saber nuestras especialidades del día?

MARU Sí, por favor.

CAMARERO Para el entremés, tenemos ceviche de camarón. De plato principal ofrecemos bistec con verduras a la plancha.

MARU Voy a probar el jamón.

CAMARERO Perfecto. ¿Y para usted, caballero?

MIGUEL Pollo asado con champiñones y papas, por favor.

CAMARERO Excelente.

(en otra parte del restaurante)

JUAN CARLOS Disculpe. ¿Qué me puede contar del pollo? ¿Dónde lo consiguió el chef?

CAMARERO ¡Oiga! ¿Qué está haciendo?

CAMARERO   **JUAN CARLOS**   **FELIPE**   **GERENTE**

FELIPE Los espárragos están sabrosísimos esta noche. Usted pidió el pollo, señor. Estos champiñones saben a mantequilla.

GERENTE ¿Qué pasa aquí, Esteban?

CAMARERO Lo siento, señor. Me quitaron la comida.

GERENTE (*a Felipe*) Señor, ¿quién es usted? ¿Qué cree que está haciendo?

JUAN CARLOS Felipe y yo les servimos la comida a nuestros amigos. Pero desafortunadamente, salió todo mal.

FELIPE Soy el peor camarero del mundo. ¡Lo siento! Nosotros vamos a pagar la comida.

JUAN CARLOS ¿Nosotros?

FELIPE Todo esto fue idea tuya, Juan Carlos.

JUAN CARLOS ¿Mi idea? ¡Felipe! (*al gerente*) Señor, él es más responsable que yo.

GERENTE Tú y tú, vamos.

Expresiones útiles

Ordering food

¿Qué me recomiendas?
What do you recommend?
Las chuletas de cerdo se ven muy buenas.
The pork chops look good.
¿Les gustaría saber nuestras especialidades del día?
Would you like to hear our specials?
Para el entremés, tenemos ceviche de camarón.
For an appetizer, we have shrimp ceviche.
De plato principal ofrecemos bistec con verduras a la plancha.
For a main course, we have beef with grilled vegetables.
Voy a probar el jamón.
I am going to try the ham.

Describing people and things

¡Qué bonitos! ¿Quién te los dio?
How pretty! Who gave them to you?
Me los compró un chico muy guapo e inteligente.
A really handsome, intelligent guy bought them for me.
¿Es tan guapo como yo?
Is he as handsome as I am?
Sí, como tú, guapísimo.
Yes, like you, gorgeous.
Soy el peor camarero del mundo.
I am the worst waiter in the world.
Él es más responsable que yo.
He is more responsible than I am.

Additional vocabulary

el/la gerente *manager*
caballero *gentleman, sir*

recursos

VM pp. 15–16

vhlcentral.com Lección 8

¿Qué pasó?

NOTA CULTURAL

El **ceviche** es un plato típico de varios países hispanos como México, Perú y Costa Rica. En México, se prepara con pescado o mariscos frescos, jugo de limón, jitomate, cebolla, chile y cilantro. Se puede comer como plato fuerte, pero también como entremés o botana (*snack*). Casi siempre se sirve con tostadas (*fried tortillas*) o galletas saladas (*crackers*).

1

Escoger Escoge la respuesta que completa mejor cada oración.

1. Miguel lleva a Maru a un restaurante para _____.
   a. almorzar   b. desayunar   c. cenar
2. El camarero les ofrece _____ como plato principal.
   a. ceviche de camarón   b. bistec con verduras a la plancha
   c. pescado, arroz y ensalada
3. Miguel va a pedir _____.
   a. pollo asado con champiñones y papas
   b. langosta al horno   c. pescado con verduras a la mantequilla
4. Felipe les lleva la comida a sus amigos y prueba _____.
   a. el jamón y los vinos   b. el atún y la lechuga
   c. los espárragos y los champiñones

2

Identificar Indica quién puede decir estas oraciones.

1. ¡Qué desastre! Soy un camarero muy malo.
2. Les recomiendo el bistec con verduras a la plancha.
3. Tal vez escoja las chuletas de cerdo, creo que son muy sabrosas.
4. ¿Qué pasa aquí?
5. Dígame las especialidades del día, por favor.
6. No fue mi idea. Felipe es más responsable que yo.

FELIPE   **MARU**   **JUAN CARLOS**

CAMARERO   **MIGUEL**   **GERENTE**

3

Preguntas Contesta estas preguntas sobre la **Fotonovela.**

1. ¿Por qué fueron Maru y Miguel a un restaurante?
2. ¿Qué entremés es una de las especialidades del día?
3. ¿Qué pidió Maru?
4. ¿Quiénes van a pagar la cuenta?

4

En el restaurante

1. Prepara con un(a) compañero/a una conversación en la que le preguntas si conoce algún buen restaurante en tu comunidad. Tu compañero/a responde que él/ella sí conoce un restaurante que sirve una comida deliciosa. Lo/La invitas a cenar y tu compañero/a acepta. Determinan la hora para verse en el restaurante.

2. Trabaja con un(a) compañero/a para representar los papeles de un(a) cliente/a y un(a) camarero/a en un restaurante. El/La camarero/a te pregunta qué te puede servir y tú preguntas cuál es la especialidad de la casa. El/La camarero/a te dice cuál es la especialidad y te recomienda algunos platos del menú. Tú pides entremeses, un plato principal y escoges una bebida. El/La camarero/a te sirve la comida y tú le das las gracias.

CONSULTA

To review indefinite words like **algún**, see **Estructura 7.2**, p. 224.

Pronunciación   **S** Audio

ll, ñ, c, and z

poll**o**	**ll**ave	e**ll**a	cebo**ll**a

Most Spanish speakers pronounce **ll** like the *y* in *yes*.

ma**ñ**ana	se**ñ**or	ba**ñ**o	ni**ñ**a

The letter **ñ** is pronounced much like the *ny* in *canyon*.

café	**c**olombiano	**c**uando	ri**c**o

Before **a**, **o**, or **u**, the Spanish **c** is pronounced like the *c* in *car*.

cereales	deli**c**ioso	**c**ondu**c**ir	**c**ono**c**er

Before **e** or **i**, the Spanish **c** is pronounced like the *s* in *sit*. (In parts of Spain, **c** before **e** or **i** is pronounced like the *th* in *think*.)

zeta	**z**anahoria	almuer**z**o	cerve**z**a

The Spanish **z** is pronounced like the *s* in *sit*. (In parts of Spain, **z** is pronounced like the *th* in *think*.)

 Práctica Lee las palabras en voz alta.

1. mantequilla	5. español	9. quince
2. cuñado	6. cepillo	10. compañera
3. aceite	7. zapato	11. almorzar
4. manzana	8. azúcar	12. calle

 Oraciones Lee las oraciones en voz alta.

1. Mi compañero de cuarto se llama Toño Núñez. Su familia es de la ciudad de Guatemala y de Quetzaltenango.
2. Dice que la comida de su mamá es deliciosa, especialmente su pollo al champiñón y sus tortillas de maíz.
3. Creo que Toño tiene razón porque hoy cené en su casa y quiero volver mañana para cenar allí otra vez.

Refranes Lee los refranes en voz alta.

Panza llena, corazón contento.[2]

Las apariencias engañan.[1]

1 Looks can be deceiving.
2 A full belly makes a happy heart.

recursos

LM p. 44

vhlcentral.com Lección 8

Video: *Flash cultura*

Frutas y verduras de América

Imagínate una pizza sin salsa° de tomate o una hamburguesa sin papas fritas. Ahora piensa que quieres ver una película, pero las palomitas de maíz° y el chocolate no existen. ¡Qué mundo° tan insípido°! Muchas de las comidas más populares del mundo tienen ingredientes esenciales que son originarios del continente llamado Nuevo Mundo. Estas frutas y verduras no fueron introducidas en Europa sino hasta° el siglo° XVI.

El tomate, por ejemplo, era° usado como planta ornamental cuando llegó por primera vez a Europa porque pensaron que era venenoso°. El maíz, por su parte, era ya la base de la comida de muchos países latinoamericanos muchos siglos antes de la llegada de los españoles.

La papa fue un alimento° básico para los incas. Incluso consiguieron deshidratarla para almacenarla° por largos períodos de tiempo. El cacao (planta con la que se hace el chocolate) fue muy importante para los aztecas y los mayas. Ellos usaban sus semillas° como moneda° y como ingrediente de diversas salsas. También las molían° para preparar una bebida, mezclándolas° con agua ¡y con chile!

El aguacate°, la guayaba°, la papaya, la piña y el maracuyá (o fruta de la pasión) son otros ejemplos de frutas originarias de América que son hoy día conocidas en todo el mundo.

¿En qué alimentos encontramos estas frutas y verduras?

Tomate: pizza, ketchup, salsa de tomate, sopa de tomate

Maíz: palomitas de maíz, tamales, tortillas, arepas (Colombia y Venezuela), pan

Papa: papas fritas, frituras de papa°, puré de papas°, sopa de papas, tortilla de patatas (España)

Cacao: mole (México), chocolatinas°, cereales, helados°, tartas°

Aguacate: guacamole (México), coctel de camarones, sopa de aguacate, nachos, enchiladas hondureñas

Mole

salsa *sauce* palomitas de maíz *popcorn* mundo *world* insípido *flavorless* hasta *until* siglo *century* era *was* venenoso *poisonous* alimento *food* almacenarla *to store it* semillas *seeds* moneda *currency* las molían *they used to grind them* mezclándolas *mixing them* aguacate *avocado* guayaba *guava* frituras de papa *chips* puré de papas *mashed potatoes* chocolatinas *chocolate bars* helados *ice cream* tartas *cakes*

1 **¿Cierto o falso?** Indica si lo que dicen las oraciones es **cierto** o **falso**. Corrige la información falsa.

1. El tomate se introdujo a Europa como planta ornamental.

2. Los incas sólo consiguieron almacenar las papas por poco tiempo.

3. Los aztecas y los mayas usaron las papas como moneda.

4. El maíz era una comida poco popular en Latinoamérica.

5. El aguacate era el alimento básico de los incas.

6. En México se hace una salsa con chocolate.

7. El aguacate, la guayaba, la papaya, la piña y el maracuyá son originarios de América.

8. Las arepas se hacen con cacao.

9. El aguacate es un ingrediente del cóctel de camarones.

10. En España hacen una tortilla con papas.

La comida

el banano (Col.), el cambur (Ven.), el guineo (Nic.), el plátano (Amér. L., Esp.)	la banana
el choclo (Amér. S.), el elote (Méx.), el jojoto (Ven.), la mazorca (Esp.)	*corncob*
las caraotas (Ven.), los porotos (Amér. S.), las habichuelas (P. R.)	los frijoles
el durazno (Méx.)	el melocotón
el jitomate (Méx.)	el tomate

Algunos platos típicos

- **Ceviche peruano:** Es un plato de pescado crudo° que se marina° en jugo de limón, con sal, pimienta, cebolla y ají°. Se sirve con lechuga, maíz, camote° y papa amarilla.

- **Gazpacho andaluz:** Es una sopa fría típica del sur de España. Se hace con verduras crudas y molidas°: tomate, ají, pepino° y ajo. También lleva pan, sal, aceite y vinagre.

- **Sancocho colombiano:** Es una sopa de pollo, pescado o carne con plátano, maíz, zanahoria, yuca, papas, cebolla, cilantro y ajo. Se sirve con arroz blanco.

crudo *raw* se marina *gets marinated* ají *pepper*
camote *sweet potato* molidas *mashed* pepino *cucumber*

Ferran Adrià: arte en la cocina°

¿Qué haces si un amigo te invita a comer croquetas líquidas o paella de *Kellogg's*? ¿Piensas que es una broma°? ¡Cuidado! Puedes estar perdiendo la oportunidad de probar los platos de uno de los chefs más innovadores del mundo°: **Ferran Adrià.**

Este artista de la cocina basa su éxito° en la creatividad y en la química. Adrià modifica combinaciones de ingredientes y juega con contrastes de gustos y sensaciones: frío-caliente, crudo-cocido°, dulce°-salado°...

Aire de zanahorias

A partir de nuevas técnicas, altera la textura de los alimentos sin alterar su sabor°. Sus platos sorprendentes° y divertidos atraen a muchos nuevos chefs a su academia de cocina experimental. Quizás un día compraremos° en el supermercado té esférico°, carne líquida y espuma° de tomate.

cocina *kitchen* broma *joke* mundo *world* éxito *success* cocido *cooked*
dulce *sweet* salado *savory* sabor *taste* sorprendentes *surprising*
compraremos *we will buy* esférico *spheric* espuma *foam*

Conexión Internet

¿Qué platos comen los hispanos en los Estados Unidos?

Go to **vhlcentral.com** to find more cultural information related to this **Cultura** section.

2 **Comprensión** Empareja cada palabra con su definición.

1. fruta amarilla
2. sopa típica de Colombia
3. ingrediente del ceviche
4. chef español

a. gazpacho
b. Ferran Adrià
c. sancocho
d. guineo
e. pescado

3 **¿Qué plato especial hay en tu región?** Escribe cuatro oraciones sobre un plato típico de tu región. Explica los ingredientes que contiene y cómo se sirve

8.1 Preterite of stem-changing verbs (S) Tutorial

ANTE TODO As you learned in **Lección 6**, **–ar** and **–er** stem-changing verbs have no stem change in the preterite. **–Ir** stem-changing verbs, however, do have a stem change. Study the following chart and observe where the stem changes occur.

CONSULTA

There are a few high-frequency irregular verbs in the preterite. You will learn more about them in **Estructura 9.1**, p. 286.

Preterite of –ir stem-changing verbs		
	servir (to serve)	**dormir** (to sleep)
SINGULAR FORMS		
yo	serví	dormí
tú	serviste	dormiste
Ud./él/ella	s**i**rvió	d**u**rmió
PLURAL FORMS		
nosotros/as	servimos	dormimos
vosotros/as	servisteis	dormisteis
Uds./ellos/ellas	s**i**rvieron	d**u**rmieron

▶ Stem-changing **–ir** verbs, in the preterite only, have a stem change in the third-person singular and plural forms. The stem change consists of either **e** to **i** or **o** to **u**.

(e → i) pedir: p**i**dió, p**i**dieron   (o → u) morir (*to die*): m**u**rió, m**u**rieron

¿Quién pidió el jamón?

Yo lo pedí.

¡INTÉNTALO! Cambia cada infinitivo al pretérito.

1. Yo _____*serví, dormí, pedí...*_____. (servir, dormir, pedir, preferir, repetir, seguir)

2. Usted _____. (morir, conseguir, pedir, sentirse, servir, vestirse)

3. Tú _____. (conseguir, servir, morir, pedir, dormir, repetir)

4. Ellas _____. (repetir, dormir, seguir, preferir, morir, servir)

5. Nosotros _____. (seguir, preferir, servir, vestirse, pedir, dormirse)

6. Ustedes _____. (sentirse, vestirse, conseguir, pedir, repetir, dormirse)

7. Él _____. (dormir, morir, preferir, repetir, seguir, pedir)

recursos

WB
pp. 87–88

LM
p. 45

(S)
vhlcentral.com
Lección 8

Práctica

1 **Completar** Completa estas oraciones para describir lo que pasó anoche en el restaurante El Famoso.

▶ 1. Paula y Humberto Suárez llegaron al restaurante El Famoso a las ocho y _____ (seguir) al camarero a una mesa en la sección de no fumar.
2. El señor Suárez _____ (pedir) una chuleta de cerdo.
3. La señora Suárez _____ (preferir) probar los camarones.
4. De tomar, los dos _____ (pedir) vino tinto.
5. El camarero _____ (repetir) el pedido (*the order*) para confirmarlo.
6. La comida tardó mucho (*took a long time*) en llegar y los señores Suárez _____ (dormirse) esperando la comida.
7. A las nueve y media el camarero les _____ (servir) la comida.
8. Después de comer la chuleta, el señor Suárez _____ (sentirse) muy mal.
9. Pobre señor Suárez... ¿por qué no _____ (pedir) los camarones?

2 **El camarero loco** En el restaurante La Hermosa trabaja un camarero muy distraído que siempre comete muchos errores. Indica lo que los clientes pidieron y lo que el camarero les sirvió.

modelo

Armando / papas fritas
Armando pidió papas fritas, pero el camarero le sirvió maíz.

1. nosotros / jugo de naranja
2. Beatriz / queso
3. tú / arroz

4. Elena y Alejandro / atún
5. usted / agua mineral
6. yo / hamburguesa

 Practice more at **vhlcentral.com**.

Comunicación

3

El almuerzo Trabajen en parejas. Túrnense para completar las oraciones de César de una manera lógica.

> **modelo**
>
> Mi compañero de cuarto se despertó temprano, pero yo…
>
> *Mi compañero de cuarto se despertó temprano, pero yo me desperté tarde.*

1. Yo llegué al restaurante a tiempo, pero mis amigos…
2. Beatriz pidió la ensalada de frutas, pero yo…
3. Yolanda les recomendó el bistec, pero Eva y Paco…
4. Nosotros preferimos las papas fritas, pero Yolanda…
5. El camarero sirvió la carne, pero yo…
6. Beatriz y yo pedimos café, pero Yolanda y Paco…
7. Eva se sintió enferma, pero Paco y yo…
8. Nosotros repetimos postre (*dessert*), pero Eva…
9. Ellos salieron tarde, pero yo…
10. Yo me dormí temprano, pero mi compañero de cuarto…

¡LENGUA VIVA!

In Spanish, the verb **repetir** is used to express *to have a second helping (of something).*

Cuando mi mamá prepara sopa de champiñones, yo siempre repito.

When my mom makes mushroom soup, I always have a second helping.

4

Entrevista Trabajen en parejas y túrnense para entrevistar a su compañero/a.

1. ¿Te acostaste tarde o temprano anoche? ¿A qué hora te dormiste? ¿Dormiste bien?
2. ¿A qué hora te despertaste esta mañana? Y, ¿a qué hora te levantaste?
3. ¿A qué hora vas a acostarte esta noche?
4. ¿Qué almorzaste ayer? ¿Quién te sirvió el almuerzo?
5. ¿Qué cenaste ayer?
6. ¿Cenaste en un restaurante recientemente? ¿Con quién(es)?
7. ¿Qué pediste en el restaurante? ¿Qué pidieron los demás?
8. ¿Se durmió alguien en alguna de tus clases la semana pasada? ¿En qué clase?

Síntesis

5

Describir En grupos, estudien la foto y las preguntas. Luego, describan la primera (¿y la última?) cita de César y Libertad.

▶ ¿Adónde salieron a cenar?

▶ ¿Qué pidieron?

▶ ¿Les gustó la comida?

▶ ¿Quién prefirió una cena vegetariana? ¿Por qué?

▶ ¿Cómo se vistieron?

▶ ¿De qué hablaron? ¿Les gustó la conversación?

▶ ¿Van a volver a verse? ¿Por qué?

CONSULTA

To review words commonly associated with the preterite, such as **anoche**, see **Estructura 6.3**, p. 191.

8.2 Double object pronouns **Tutorial**

ANTE TODO In **Lecciones 5** and **6**, you learned that direct and indirect object pronouns replace nouns and that they often refer to nouns that have already been referenced. You will now learn how to use direct and indirect object pronouns together. Observe the following diagram.

Indirect Object Pronouns			Direct Object Pronouns	
me	nos	**+**	lo	los
te	os		la	las
le (se)	les (se)			

▶ When direct and indirect object pronouns are used together, the indirect object pronoun always precedes the direct object pronoun.

I.O. D.O.
La camarera **me** muestra **el menú**. → **DOUBLE OBJECT PRONOUNS** La camarera **me lo** muestra.
The waitress shows me the menu. *The waitress shows it to me.*

I.O. D.O.
Nos sirven **los platos**. → **DOUBLE OBJECT PRONOUNS** **Nos los** sirven.
They serve us the dishes. *They serve them to us.*

I.O. D.O.
Maribel **te** pidió **una hamburguesa**. → **DOUBLE OBJECT PRONOUNS** Maribel **te la** pidió.
Maribel ordered a hamburger for you. *Maribel ordered it for you.*

¿Quién te los dio?

Me los compró un chico muy guapo.

▶ In Spanish, two pronouns that begin with the letter **l** cannot be used together. Therefore, the indirect object pronouns **le** and **les** always change to **se** when they are used with **lo, los, la,** and **las**.

I.O. D.O.
Le escribí **la carta**. → **DOUBLE OBJECT PRONOUNS** **Se la** escribí.
I wrote him the letter. *I wrote it to him.*

I.O. D.O.
Les sirvió **los sándwiches**. → **DOUBLE OBJECT PRONOUNS** **Se los** sirvió.
He served them the sandwiches. *He served them to them.*

▶ Because **se** has multiple meanings, Spanish speakers often clarify to whom the pronoun refers by adding **a usted, a él, a ella, a ustedes, a ellos,** or **a ellas**.

¿El sombrero? Carlos **se** lo
vendió **a ella**.
The hat? Carlos sold it to her.

¿Las verduras? Ellos **se** las
compran **a usted**.
The vegetables? They are buying them for you.

▶ Double object pronouns are placed before a conjugated verb. With infinitives and present participles, they may be placed before the conjugated verb or attached to the end of the infinitive or present participle.

DOUBLE OBJECT
PRONOUNS
Te lo voy a mostrar.

DOUBLE OBJECT
PRONOUNS
Voy a mostrár**telo**.

DOUBLE OBJECT
PRONOUNS
Nos las están comprando.

DOUBLE OBJECT
PRONOUNS
Están comprándo**noslas**.

Mi abuelo **me lo** está leyendo.
Mi abuelo está leyéndo**melo**.

El camarero **se los** va a servir.
El camarero va a servír**selos**.

▶ As you can see above, when double object pronouns are attached to an infinitive or a present participle, an accent mark is added to maintain the original stress.

¡INTÉNTALO!   Escribe el pronombre de objeto directo o indirecto que falta en cada oración.

Objeto directo

1. ¿La ensalada? El camarero nos ____*la*____ sirvió.
2. ¿El salmón? La dueña me _____ recomienda.
3. ¿La comida? Voy a preparárte_____.
4. ¿Las bebidas? Estamos pidiéndose_____.
5. ¿Los refrescos? Te _____ puedo traer ahora.
6. ¿Los platos de arroz? Van a servírnos_____ después.

Objeto indirecto

1. ¿Puedes traerme tu plato? No, no ____*te*____ lo puedo traer.
2. ¿Quieres mostrarle la carta? Sí, voy a mostrár_____la ahora.
3. ¿Les serviste la carne? No, no _____ la serví.
4. ¿Vas a leerle el menú? No, no _____ lo voy a leer.
5. ¿Me recomiendas la langosta? Sí, _____ la recomiendo.
6. ¿Cuándo vas a prepararnos la cena? _____ la voy a preparar en una hora.

recursos

WB
pp. 89–90

LM
p. 46

S

vhlcentral.com
Lección 8

Práctica

1 **Responder** Imagínate que trabajas de camarero/a en un restaurante. Responde a los pedidos (*requests*) de estos clientes usando pronombres.

> **modelo**
>
> Sra. Gómez: Una ensalada, por favor.
> *Sí, señora. Enseguida (Right away) se la traigo.*

AYUDA

Here are some other useful expressions:

ahora mismo
right now

inmediatamente
immediately

¡A la orden!
At your service!

¡Ya voy!
I'm on my way!

1. Sres. López: La mantequilla, por favor.
2. Srta. Rivas: Los camarones, por favor.
3. Sra. Lugones: El pollo asado, por favor.
4. Tus compañeros/as de cuarto: Café, por favor.
5. Tu profesor(a) de español: Papas fritas, por favor.
6. Dra. González: La chuleta de cerdo, por favor.
7. Tu padre: Los champiñones, por favor.
8. Dr. Torres: La cuenta, por favor.

2 **¿Quién?** La señora Cevallos está planeando una cena. Se pregunta cómo va a resolver ciertas situaciones. En parejas, túrnense para decir lo que ella está pensando. Cambien los sustantivos subrayados por pronombres de objeto directo y hagan los otros cambios necesarios.

> **modelo**
>
> ¡No tengo carne! ¿Quién va a traerme la carne del supermercado? (mi esposo)
> *Mi esposo va a traérmela./Mi esposo me la va a traer.*

NOTA CULTURAL

Los vinos de Chile son conocidos internacionalmente. **Concha y Toro** es el productor y exportador más grande de vinos de Chile. Las zonas más productivas de vino están al norte de Santiago, en el Valle Central.

1. ¡Las invitaciones! ¿Quién les manda las invitaciones a los invitados (*guests*)? (mi hija)
2. No tengo tiempo de ir a la bodega. ¿Quién me puede comprar el vino? (mi hijo)
3. ¡Ay! No tengo suficientes platos (*plates*). ¿Quién puede prestarme los platos que necesito? (mi mamá)
4. Nos falta mantequilla. ¿Quién nos trae la mantequilla? (mi cuñada)
5. ¡Los entremeses! ¿Quién está preparándonos los entremeses? (Silvia y Renata)
6. No hay suficientes sillas. ¿Quién nos trae las sillas que faltan? (Héctor y Lorena)
7. No tengo tiempo de pedirle el aceite a Mónica. ¿Quién puede pedirle el aceite? (mi hijo)
8. ¿Quién va a servirles la cena a los invitados? (mis hijos)
9. Quiero poner buena música de fondo (*background*). ¿Quién me va a recomendar la música? (mi esposo)
10. ¡Los postres! ¿Quién va a preparar los postres para los invitados? (Sra. Villalba)

Comunicación

3

Contestar Trabajen en parejas. Túrnense para hacer preguntas, usando las palabras interrogativas **¿Quién?** o **¿Cuándo?**, y para responderlas. Sigan el modelo.

> **modelo**
>
> nos enseña español
>
> **Estudiante 1:** ¿Quién nos enseña español?
>
> **Estudiante 2:** La profesora Camacho nos lo enseña.

1. te puede explicar la tarea cuando no la entiendes
2. les vende el almuerzo a los estudiantes
3. vas a comprarme boletos (*tickets*) para un concierto
4. te escribe mensajes de texto
5. nos prepara los entremeses
6. me vas a prestar tu computadora
7. te compró esa bebida
8. nos va a recomendar el menú de la cafetería
9. le enseñó español al/a la profesor(a)
10. me vas a mostrar tu casa o apartamento

4

Preguntas En parejas, túrnense para hacerse estas preguntas.

> **modelo**
>
> **Estudiante 1:** ¿Les prestas tu casa a tus amigos? ¿Por qué?
>
> **Estudiante 2:** No, no se la presto a mis amigos porque no son muy responsables.

1. ¿Me prestas tu auto? ¿Ya le prestaste tu auto a otro/a amigo/a?
2. ¿Quién te presta dinero cuando lo necesitas?
3. ¿Les prestas dinero a tus amigos? ¿Por qué?
4. ¿Nos compras el almuerzo a mí y a los otros compañeros de clase?
5. ¿Les mandas correo electrónico a tus amigos? ¿Y a tu familia?
6. ¿Les das regalos a tus amigos? ¿Cuándo?
7. ¿Quién te va a preparar la cena esta noche?
8. ¿Quién te va a preparar el desayuno mañana?

Síntesis

5

Regalos de Navidad Tu profesor(a) te va a dar a ti y a un(a) compañero/a una parte de la lista de los regalos de Navidad (*Christmas*) que Berta pidió y los regalos que sus parientes le compraron. Conversen para completar sus listas.

> **modelo**
>
> **Estudiante 1:** ¿Qué le pidió Berta a su mamá?
>
> **Estudiante 2:** Le pidió una computadora. ¿Se la compró?
>
> **Estudiante 1:** Sí, se la compró.

NOTA CULTURAL

Las fiestas navideñas (*Christmas season*) en los países hispanos duran hasta enero. En muchos lugares celebran **la Navidad** (*Christmas*), pero no se dan los regalos hasta el seis de enero, **el Día de los Reyes Magos** (*Three Kings' Day/The Feast of the Epiphany*).

8.3 # Comparisons **Tutorial**

ANTE TODO Both Spanish and English use comparisons to indicate which of two people or things has a lesser, equal, or greater degree of a quality.

 Comparisons

menos interesante	**más grande**	**tan sabroso como**
less interesting	*bigger*	*as delicious as*

Comparisons of inequality

▶ Comparisons of inequality are formed by placing **más** (*more*) or **menos** (*less*) before adjectives, adverbs, and nouns and **que** (*than*) after them.

$$\textbf{más/menos} + \begin{bmatrix} \textit{adjective} \\ \textit{adverb} \\ \textit{noun} \end{bmatrix} + \textbf{que}$$

▶ **¡Atención!** Note that while English has a comparative form for short adjectives (*taller*), such forms do not exist in Spanish (**más** alto).

adjectives

Los bistecs son **más caros que** el pollo.	Estas uvas son **menos ricas que** esa pera.
Steaks are more expensive than chicken.	*These grapes are less tasty than that pear.*

adverbs

Me acuesto **más tarde que** tú.	Luis se despierta **menos temprano que** yo.
I go to bed later than you (do).	*Luis wakes up less early than I (do).*

nouns

Juan prepara **más platos que** José.	Susana come **menos carne que** Enrique.
Juan prepares more dishes than José (does).	*Susana eats less meat than Enrique (does).*

La ensalada es menos cara que la sopa.

¿El pollo es más rico que el jamón?

▶ When the comparison involves a numerical expression, **de** is used before the number instead of **que**.

Hay más **de** cincuenta naranjas.	Llego en menos **de** diez minutos.
There are more than fifty oranges.	*I'll be there in less than ten minutes.*

▶ With verbs, this construction is used to make comparisons of inequality.

$$\begin{bmatrix} \textit{verb} \end{bmatrix} + \textbf{más/menos que}$$

Mis hermanos **comen más que** yo.	Arturo **duerme menos que** su padre.
My brothers eat more than I (do).	*Arturo sleeps less than his father (does).*

Comparisons of equality

▶ This construction is used to make comparisons of equality.

tan + [*adjective* / *adverb*] + **como**   **tanto/a(s)** + [*singular noun* / *plural noun*] + **como**

> ¿Es tan guapo como yo?

> ¿Aquí vienen tantos mexicanos como extranjeros?

▶ **¡Atención!** Note that unlike **tan**, **tanto** acts as an adjective and therefore agrees in number and gender with the noun it modifies.

> Estas uvas son **tan ricas como** aquéllas.
> *These grapes are as tasty as those ones (are).*

> Yo probé **tantos platos como** él.
> *I tried as many dishes as he did.*

▶ **Tan** and **tanto** can also be used for emphasis, rather than to compare, with these meanings: **tan** *so*, **tanto** *so much*, **tantos/as** *so many*.

> ¡Tu almuerzo es **tan** grande!
> *Your lunch is so big!*

> ¡Comes **tantas** manzanas!
> *You eat so many apples!*

> ¡Comes **tanto**!
> *You eat so much!*

> ¡Preparan **tantos** platos!
> *They prepare so many dishes!*

▶ Comparisons of equality with verbs are formed by placing **tanto como** after the verb. Note that in this construction **tanto** does not change in number or gender.

[*verb*] + **tanto como**

> Tú viajas **tanto como** mi tía.
> *You travel as much as my aunt (does).*

> Ellos hablan **tanto como** mis hermanas.
> *They talk as much as my sisters.*

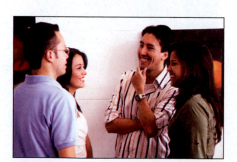

Sabemos **tanto como** ustedes.
We know as much as you (do).

No estudio **tanto como** Felipe.
I don't study as much as Felipe (does).

Irregular comparisons

▶ Some adjectives have irregular comparative forms.

Irregular comparative forms			
Adjective		**Comparative form**	
bueno/a	*good*	**mejor**	*better*
malo/a	*bad*	**peor**	*worse*
grande	*grown, adult*	**mayor**	*older*
pequeño/a	*young*	**menor**	*younger*
joven	*young*	**menor**	*younger*
viejo/a	*old*	**mayor**	*older*

CONSULTA

To review how descriptive adjectives like **bueno, malo**, and **grande** are shortened before nouns, see **Estructura 3.1**, p. 82.

▶ When **grande** and **pequeño/a** refer to age, the irregular comparative forms, **mayor** and **menor**, are used. However, when these adjectives refer to size, the regular forms, **más grande** and **más pequeño/a**, are used.

Yo soy **menor** que tú.
I'm younger than you.

Pedí un plato **más pequeño**.
I ordered a smaller dish.

Nuestro hijo es **mayor** que el hijo de los Andrade.
Our son is older than the Andrades' son.

La ensalada de Isabel es **más grande** que ésa.
Isabel's salad is bigger than that one.

▶ The adverbs **bien** and **mal** have the same irregular comparative forms as the adjectives **bueno/a** and **malo/a**.

Julio nada **mejor** que los otros chicos.
Julio swims better than the other boys.

Ellas cantan **peor** que las otras chicas.
They sing worse than the other girls.

¡INTÉNTALO! Escribe el equivalente de las palabras en inglés.

1. Ernesto mira más televisión ___que___ (*than*) Alberto.
2. Tú eres _____ (*less*) simpático que Federico.
3. La camarera sirve _____ (*as much*) carne como pescado.
4. Recibo _____ (*more*) propinas que tú.
5. No estudio _____ (*as much as*) tú.
6. ¿Sabes jugar al tenis tan bien _____ (*as*) tu hermana?
7. ¿Puedes beber _____ (*as many*) refrescos como yo?
8. Mis amigos parecen _____ (*as*) simpáticos como ustedes.

recursos

WB
pp. 91–92

LM
p. 47

S
vhlcentral.com
Lección 8

Práctica

1

Escoger Escoge la palabra correcta para comparar a dos hermanas muy diferentes. Haz los cambios necesarios.

1. Lucila es más alta y más bonita _____ Tita. (de, más, menos, que)

2. Tita es más delgada porque come _____ verduras que su hermana. (de, más, menos, que)

3. Lucila es más _____ que Tita porque es alegre. (listo, simpático, bajo)

4. A Tita le gusta comer en casa. Va a _____ restaurantes que su hermana. (más, menos, que) Es tímida, pero activa. Hace _____ ejercicio (*exercise*) que su hermana. (más, tanto, menos) Todos los días toma más _____ cinco vasos (*glasses*) de agua mineral. (que, tan, de)

5. Lucila come muchas papas fritas y se preocupa _____ que Tita por comer frutas. (de, más, menos) ¡Son _____ diferentes! Pero se llevan (*they get along*) muy bien. (como, tan, tanto)

2

Emparejar Compara a Mario y a Luis, los novios de Lucila y Tita, completando las oraciones de la columna A con las palabras o frases de la columna B.

A	B
1. Mario es _____ como Luis.	tantas
2. Mario viaja tanto _____ Luis.	diferencia
3. Luis toma _____ clases de cocina (*cooking*) como Mario.	tan interesante
4. Luis habla _____ tan bien como Mario.	amigos extranjeros
5. Mario tiene tantos _____ como Luis.	como
6. ¡Qué casualidad (*coincidence*)! Mario y Luis también son hermanos, pero no hay tanta _____ entre ellos como entre Lucila y Tita.	francés

3

Oraciones Combina elementos de las columnas A, B y C para hacer comparaciones. Escribe oraciones completas.

> **modelo**
> Chris Hemsworth tiene tantos autos como Jennifer Aniston.
> Jennifer Aniston es menos musculosa que Chris Hemsworth.

A	B	C
la comida japonesa	costar	la gente de Montreal
el fútbol	saber	la música *country*
Chris Hemsworth	ser	el brócoli
el pollo	tener	el presidente de los EE.UU.
la gente de Vancouver	¿?	la comida italiana
la primera dama (*lady*) de los EE.UU.		el hockey
las universidades privadas		Jennifer Aniston
las espinacas		las universidades públicas
la música rap		la carne de res

 Practice more at **vhlcentral.com**.

Comunicación

4

Intercambiar En parejas, hagan comparaciones sobre diferentes cosas. Pueden usar las sugerencias de la lista u otras ideas.

> **modelo**
>
> **Estudiante 1:** Los pollos de *Pollitos del Corral* son muy ricos.
> **Estudiante 2:** Pues yo creo que los pollos de *Rostipollos* son tan buenos como los pollos de *Pollitos del Corral*.
> **Estudiante 1:** Ummm... no tienen tanta mantequilla como los pollos de *Pollitos del Corral*. Tienes razón. Son muy sabrosos.

restaurantes en tu ciudad/pueblo
cafés en tu comunidad
tiendas en tu ciudad/pueblo

periódicos en tu ciudad/pueblo
revistas favoritas
libros favoritos

comidas favoritas
los profesores
los cursos que toman

5

Conversar En grupos, túrnense para hacer comparaciones entre ustedes mismos (*yourselves*) y una persona de cada categoría de la lista.

▶ una persona de tu familia

▶ un(a) amigo/a especial

▶ una persona famosa

Síntesis

6

La familia López En grupos, túrnense para hablar de Sara, Sabrina, Cristina, Ricardo y David y hacer comparaciones entre ellos.

> **modelo**
>
> **Estudiante 1:** Sara es tan alta como Sabrina.
> **Estudiante 2:** Sí, pero David es más alto que ellas.
> **Estudiante 3:** En mi opinión, él es guapo también.

8.4 Superlatives   Tutorial

ANTE TODO   Both English and Spanish use superlatives to express the highest or lowest degree of a quality.

el/la mejor	**el/la peor**	**el/la más alto/a**
the best	*the worst*	*the tallest*

▶ This construction is used to form superlatives. Note that the noun is always preceded by a definite article and that **de** is equivalent to the English *in* or *of*.

> **el/la/los/las** + [*noun*] + **más/menos** + [*adjective*] + **de**

▶ The noun can be omitted if the person, place, or thing referred to is clear.

¿El restaurante Las Delicias?
Es **el más elegante** de la ciudad.
The restaurant Las Delicias?
It's the most elegant (one) in the city.

Recomiendo el pollo asado.
Es **el más sabroso** del menú.
I recommend the roast chicken.
It's the most delicious on the menu.

▶ Here are some irregular superlative forms.

Irregular superlatives

Adjective		Superlative form	
bueno/a	*good*	**el/la mejor**	*(the) best*
malo/a	*bad*	**el/la peor**	*(the) worst*
grande	*grown, adult*	**el/la mayor**	*(the) oldest*
pequeño/a	*young*	**el/la menor**	*(the) youngest*
joven	*young*	**el/la menor**	*(the) youngest*
viejo/a	*old*	**el/la mayor**	*(the) oldest*

▶ The absolute superlative is equivalent to *extremely*, *super*, or *very*. To form the absolute superlative of most adjectives and adverbs, drop the final vowel, if there is one, and add **-ísimo/a(s)**.

malo → **mal-** → **malísimo**   **mucho** → **much-** → **muchísimo**

¡El bistec está **malísimo**!   Comes **muchísimo**.

▶ Note these spelling changes.

rico → **riquísimo**   **largo** → **larguísimo**   **feliz** → **felicísimo**

fácil → **facilísimo**   **joven** → **jovencísimo**   **trabajador** → **trabajadorcísimo**

¡INTÉNTALO!   Escribe el equivalente de las palabras en inglés.

1. Marisa es <u>la más inteligente</u> (*the most intelligent*) de todas.
2. Ricardo y Tomás son _____ (*the least boring*) de la fiesta.
3. Miguel y Antonio son _____ (*the worst*) estudiantes de la clase.
4. Mi profesor de biología es _____ (*the oldest*) de la universidad.

¡ATENCIÓN!

While **más** alone means *more*, after **el**, **la**, **los**, or **las**, it means *most*. Likewise, **menos** can mean *less* or *least*.

Es **el café más rico del** país.
It's the most delicious coffee in the country.

Es **el menú menos caro de** todos éstos.
It is the least expensive menu of all of these.

CONSULTA

The rule you learned in **Estructura 8.3** (p. 263) regarding the use of **mayor/menor** with age, but not with size, is also true with superlative forms.

recursos

WB
pp. 93–94

LM
p. 48

vhlcentral.com
Lección 8

Práctica y Comunicación

1 **El más...** Responde a las preguntas afirmativamente. Usa las palabras entre paréntesis.

> **modelo**
>
> El cuarto está sucísimo, ¿no? (residencia)
>
> Sí, es el más sucio de la residencia.

1. El almacén Velasco es buenísimo, ¿no? (centro comercial)
2. La silla de tu madre es comodísima, ¿no? (casa)
3. Ángela y Julia están nerviosísimas por el examen, ¿no? (clase)
4. Jorge es jovencísimo, ¿no? (mis amigos)

2 **Completar** Tu profesor(a) te va a dar una hoja de actividades con descripciones de José Valenzuela Carranza y Ana Orozco Hoffman. Completa las oraciones con las palabras de la lista.

altísima	del	mayor	peor
atlética	guapísimo	mejor	periodista
bajo	la	menor	trabajadorcísimo
de	más	Orozco	Valenzuela

1. José tiene 22 años; es el _____ y el más _____ de su familia. Es _____ y _____. Es el mejor _____ de la ciudad y el _____ jugador de baloncesto.
2. Ana es la más _____ y _____ mejor jugadora de baloncesto del estado. Es la _____ de sus hermanos (tiene 28 años) y es _____. Estudió la profesión _____ difícil _____ todas: medicina.
3. Jorge es el _____ jugador de videojuegos de su familia.
4. Mauricio es el menor de la familia _____.
5. El abuelo es el _____ de todos los miembros de la familia Valenzuela.
6. Fifí es la perra más antipática _____ mundo.

3 **Superlativos** Trabajen en parejas para hacer comparaciones. Usen los superlativos.

> **modelo**
>
> Angelina Jolie, Bill Gates, Jimmy Carter
>
> **Estudiante 1:** Bill Gates es el más rico de los tres.
>
> **Estudiante 2:** Sí, ¡es riquísimo! Y Jimmy Carter es el mayor de los tres.

1. Guatemala, Argentina, España
2. Jaguar, Prius, Smart
3. la comida mexicana, la comida francesa, la comida árabe
4. Amy Adams, Meryl Streep, Jennifer Lawrence
5. Ciudad de México, Buenos Aires, Nueva York
6. *Don Quijote de la Mancha*, *Cien años de soledad*, *Como agua para chocolate*
7. el fútbol americano, el golf, el béisbol
8. las películas románticas, las películas de acción, las películas cómicas

Practice more at **vhlcentral.com**.

Recapitulación

 Diagnostics

Completa estas actividades para repasar los conceptos de gramática que aprendiste en esta lección.

1 **Completar** Completa la tabla con la forma correcta del pretérito. `18 pts.`

Infinitive	yo	usted	ellos
dormir			
servir			
vestirse			

2 **La cena** Completa la conversación con el pretérito de los verbos. `14 pts.`

PAULA ¡Hola, Daniel! ¿Qué tal el fin de semana?

DANIEL Muy bien. Marta y yo (1) _____ (conseguir) hacer muchas cosas, pero lo mejor fue la cena del sábado.

PAULA Ah, ¿sí? ¿Adónde fueron?

DANIEL Al restaurante Vistahermosa. Es elegante, así que (nosotros) (2) _____ (vestirse) bien.

PAULA Y, ¿qué platos (3) _____ (pedir, ustedes)?

DANIEL Yo (4) _____ (pedir) camarones y Marta (5) _____ (preferir) el pollo. Y al final, el camarero nos (6) _____ (servir) flan.

PAULA ¡Qué rico!

DANIEL Sí. Pero después de la cena Marta no (7) _____ (sentirse) bien.

3 **Camareros** Genaro y Úrsula son camareros en un restaurante. Completa la conversación que tienen con su jefe usando pronombres. `8 pts.`

JEFE Úrsula, ¿le ofreciste agua fría al cliente de la mesa 22?

ÚRSULA Sí, (1) _____ de inmediato.

JEFE Genaro, ¿los clientes de la mesa 5 te pidieron ensaladas?

GENARO Sí, (2) _____.

ÚRSULA Genaro, ¿recuerdas si ya me mostraste los vinos nuevos?

GENARO Sí, ya (3) _____.

JEFE Genaro, ¿van a pagarte la cuenta los clientes de la mesa 5?

GENARO Sí, (4) _____ ahora mismo.

RESUMEN GRAMATICAL

8.1 **Preterite of stem-changing verbs** *p. 254*

servir	dormir
serví	dormí
serviste	dormiste
s**i**rvió	d**u**rmió
servimos	dormimos
servisteis	dormisteis
s**i**rvieron	d**u**rmieron

8.2 **Double object pronouns** *pp. 257–258*

Indirect Object Pronouns: me, te, le (se), nos, os, les (se)

Direct Object Pronouns: lo, la, los, las

Le escribí **la carta**. ➔ **Se la** escribí.
Nos van a servir **los platos**. ➔ **Nos los** van a servir./
Van a servír**noslos**.

8.3 **Comparisons** *pp. 261–263*

Comparisons of inequality		
más/menos +	*adj., adv., n.*	**+ que**
verb + **más/menos** + **que**		

Comparisons of equality		
tan +	*adj., adv.,*	**+ como**
tanto/a(s) +	*noun*	**+ como**
verb + **tanto como**		

Irregular comparative forms	
bueno/a	mejor
malo/a	peor
grande	mayor
pequeño/a	menor
joven	menor
viejo/a	mayor

8.4   **Superlatives**   *p. 266*

el/la/ los/las +	noun	+ más/ menos +	adjective	+ de

► Irregular superlatives follow the same pattern as irregular comparatives.

4

El menú Observa el menú y sus características. Completa las oraciones basándote en los elementos dados. Usa comparativos y superlativos.   **14 pts.**

Ensaladas	Precio	Calorías
Ensalada de tomates	$9.00	170
Ensalada de mariscos	$12.99	325
Ensalada de zanahorias	$9.00	200

Platos principales		
Pollo con champiñones	$13.00	495
Cerdo con papas	$10.50	725
Atún con espárragos	$18.95	495

1. ensalada de mariscos / otras ensaladas / costar
   La ensalada de mariscos _____ las otras ensaladas.
2. pollo con champiñones / cerdo con papas / calorías
   El pollo con champiñones tiene _____ el cerdo con papas.
3. atún con espárragos / pollo con champiñones / calorías
   El atún con espárragos tiene _____ el pollo con champiñones.
4. ensalada de tomates / ensalada de zanahorias / caro
   La ensalada de tomates es _____ la ensalada de zanahorias.
5. cerdo con papas / platos principales / caro
   El cerdo con papas es _____ los platos principales.
6. ensalada de zanahorias / ensalada de tomates / costar
   La ensalada de zanahorias _____ la ensalada de tomates.
7. ensalada de mariscos / ensaladas / caro
   La ensalada de mariscos es _____ las ensaladas.

5

Dos restaurantes ¿Cuál es el mejor restaurante que conoces? ¿Y el peor? Escribe un párrafo de por lo menos (*at least*) seis oraciones donde expliques por qué piensas así. Puedes hablar de la calidad de la comida, el ambiente, los precios, el servicio, etc.   **46 pts.**

6

Adivinanza Completa la adivinanza y adivina la respuesta.   **¡4 puntos EXTRA!**

   66 En el campo yo nací°,
mis hermanos son
los _____ (*garlic, pl.*),
y aquél que llora° por mí
me está partiendo°
en pedazos°. 99
¿Quién soy? _____

nací *was born*   llora *cries*   partiendo *cutting*   pedazos *pieces*

 Practice more at **vhlcentral.com**.

Lectura

Antes de leer

Estrategia
Reading for the main idea

As you know, you can learn a great deal about a reading selection by looking at the format and looking for cognates, titles, and subtitles. You can skim to get the gist of the reading selection and scan it for specific information. Reading for the main idea is another useful strategy; it involves locating the topic sentences of each paragraph to determine the author's purpose for writing a particular piece. Topic sentences can provide clues about the content of each paragraph, as well as the general organization of the reading. Your choice of which reading strategies to use will depend on the style and format of each reading selection.

Examinar el texto

En esta sección tenemos dos textos diferentes. ¿Qué estrategias puedes usar para leer la crítica culinaria°? ¿Cuáles son las apropiadas para familiarizarte con el menú? Utiliza las estrategias más eficaces° para cada texto. ¿Qué tienen en común? ¿Qué tipo de comida sirven en el restaurante?

Identificar la idea principal

Lee la primera oración de cada párrafo de la crítica culinaria del restaurante **La feria del maíz**. Apunta° el tema principal de cada párrafo. Luego lee todo el primer párrafo. ¿Crees que el restaurante le gustó al autor de la crítica culinaria? ¿Por qué? Ahora lee la crítica entera. En tu opinión, ¿cuál es la idea principal de la crítica? ¿Por qué la escribió el autor? Compara tus opiniones con las de un(a) compañero/a.

crítica culinaria *restaurant review* eficaces *effective*
Apunta *Jot down*

M E N Ú

Entremeses
Tortilla servida con
• Ajiaceite (chile, aceite) • Ajicomino (chile, comino)

Pan tostado servido con
• Queso frito a la pimienta • Salsa de ajo y mayonesa

Sopas
• Tomate • Cebolla • Verduras • Pollo y huevo
• Carne de res • Mariscos

Entradas
Tomaticán
(tomate, papas, maíz, chile, arvejas y zanahorias)

Tamales
(maíz, azúcar, ajo, cebolla)

Frijoles enchilados
(frijoles negros, carne de cerdo o de res, arroz, chile)

Chilaquil
(tortilla de maíz, queso, hierbas y chile)

Tacos
(tortillas, pollo, verduras y salsa)

Cóctel de mariscos
(camarones, langosta, vinagre, sal, pimienta, aceite)

Postres°
• Plátanos caribeños • Cóctel de frutas al ron°
• Uvate (uvas, azúcar de caña y ron) • Flan napolitano
• Helado° de piña y naranja • Pastel° de yogur

Después de leer

Preguntas

En parejas, contesten estas preguntas sobre la crítica culinaria de **La feria del maíz.**

1. ¿Quién es el dueño y chef de **La feria del maíz**?

2. ¿Qué tipo de comida se sirve en el restaurante?

3. ¿Cuál es el problema con el servicio?

4. ¿Cómo es el ambiente del restaurante?

5. ¿Qué comidas probó el autor?

6. ¿Quieren ir ustedes al restaurante **La feria del maíz**? ¿Por qué?

23F

Gastronomía

Por Eduardo Fernández

La feria del maíz

Sobresaliente°. En el nuevo restaurante **La feria del maíz** va a encontrar la perfecta combinación entre la comida tradicional y el encanto° de la vieja ciudad de Antigua. Ernesto Sandoval, antiguo jefe de cocina° del famoso restaurante **El fogón**, está teniendo mucho éxito° en su nueva aventura culinaria.

El gerente°, el experimentado José Sierra, controla a la perfección la calidad del servicio. El camarero que me atendió esa noche fue muy amable en todo momento. Sólo hay que comentar que,

La feria del maíz
13 calle 4-41 Zona 1
La Antigua, Guatemala
2329912

lunes a sábado
10:30am-11:30pm
domingo 10:00am-10:00pm

Comida 🍴🍴🍴🍴🍴

Servicio 🍴🍴🍴

Ambiente 🍴🍴🍴🍴

Precio 🍴🍴🍴

debido al éxito inmediato de **La feria del maíz**, se necesitan más camareros para atender a los clientes de una forma más eficaz. En esta ocasión, el mesero se

tomó unos veinte minutos en traerme la bebida.

Afortunadamente, no me importó mucho la espera entre plato y plato, pues el ambiente es tan agradable que me sentí como en casa. El restaurante mantiene el estilo colonial de Antigua. Por dentro°, es elegante y rústico a la vez. Cuando el tiempo lo permite, se puede comer también en el patio, donde hay muchas flores.

El servicio de camareros y el ambiente agradable del local pasan a un segundo plano cuando llega la comida, de una calidad extraordinaria. Las tortillas de casa se sirven con un ajiaceite delicioso. La sopa

de mariscos es excelente y los tamales, pues, tengo que confesar que son mejores que los de mi abuelita. También recomiendo los tacos de pollo, servidos con un mole buenísimo. De postre, don Ernesto me preparó su especialidad, unos plátanos caribeños sabrosísimos.

Los precios pueden parecer altos° para una comida tradicional, pero la calidad de los productos con que se cocinan los platos y el exquisito ambiente de **La feria del maíz** garantizan° una experiencia inolvidable°.

Bebidas

• Cerveza negra • Chilate (bebida de maíz, chile y cacao)
• Jugos de fruta • Agua mineral • Té helado
• Vino tinto/blanco • Ron

Postres *Desserts* **ron** *rum* **Helado** *Ice cream* **Pastel** *Cake* **Sobresaliente** *Outstanding* **encanto** *charm* **jefe de cocina** *head chef* **éxito** *success* **gerente** *manager* **Por dentro** *Inside* **altos** *high* **garantizan** *guarantee* **inolvidable** *unforgettable*

Un(a) guía turístico/a

Tú eres un(a) guía turístico/a en Guatemala. Estás en el restaurante **La feria del maíz** con un grupo de turistas norteamericanos. Ellos no hablan español y quieren pedir de comer, pero necesitan tu ayuda. Lee nuevamente el menú e indica qué error comete cada turista.

1. La señora Johnson es diabética y no puede comer azúcar. Pide sopa de verduras y tamales. No pide nada de postre.

2. Los señores Petit son vegetarianos y piden sopa de tomate, frijoles enchilados y plátanos caribeños.

3. El señor Smith, que es alérgico al chocolate, pide tortilla servida con ajiaceite, chilaquil y chilate para beber.

4. La adorable hija del señor Smith tiene sólo cuatro años y le gustan mucho las verduras y las frutas naturales. Su papá le pide tomaticán y un cóctel de frutas.

5. La señorita Jackson está a dieta y pide uvate, flan napolitano y helado.

Guatemala

El país en cifras

▶ **Área:** 108.890 km² (42.042 millas²), *un poco más pequeño que Tennessee*

▶ **Población:** 14.647.000

▶ **Capital:** Ciudad de Guatemala—1.075.000

▶ **Ciudades principales:** Quetzaltenango, Escuintla, Mazatenango, Puerto Barrios

▶ **Moneda:** quetzal

▶ **Idiomas:** español (oficial), lenguas mayas, xinca, garífuna

El español es la lengua de un 60 por ciento° de la población; el otro 40 por ciento tiene como lengua materna el xinca, el garífuna o, en su mayoría°, una de las lenguas mayas (cakchiquel, quiché y kekchícomo, entre otras). Una palabra que las lenguas mayas tienen en común es ixim, *que significa 'maíz', un cultivo° de mucha importancia en estas culturas.*

Bandera de Guatemala

Guatemaltecos célebres

▶ **Carlos Mérida,** pintor (1891–1984)

▶ **Miguel Ángel Asturias,** escritor (1899–1974)

▶ **Margarita Carrera,** poeta y ensayista (1929–)

▶ **Rigoberta Menchú Tum,** activista (1959–), Premio Nobel de la Paz° en 1992

▶ **Jaime Viñals Massanet,** montañista (1966–)

por ciento *percent* en su mayoría *most of them* cultivo *crop* Paz *Peace* telas *fabrics* tinte *dye* aplastados *crushed* hace... destiñan *keeps the colors from running*

ESTADOS UNIDOS

OCÉANO ATLÁNTICO

GUATEMALA

OCÉANO PACÍFICO

AMÉRICA DEL SUR

Palacio Nacional de la Cultura en la Ciudad de Guatemala

MÉXICO

Sierra de Lacandón

Río Usumacinta

Lago Petén Itzá

Río de la Pasión

BELICE

Mujeres indígenas limpiando cebollas

Lago de Izabal

Quetzaltenango

Sierra Madre

Lago de Atitlán

Sierra de las Minas

Río Motagua

⭐ Guatemala

Antigua Guatemala

Mazatenango

Escuintla

Iglesia de la Merced en Antigua Guatemala

EL SALVADOR

Océano Pacífico

recursos

WB pp. 95–96

VM pp. 45–46

vhlcentral.com Lección 8

¡Increíble pero cierto!

¿Qué "ingrediente" secreto se encuentra en las telas° tradicionales de Guatemala? ¡El mosquito! El excepcional tinte° de estas telas es producto de una combinación de flores y de mosquitos aplastados°. El insecto hace que los colores no se destiñan°. Quizás es por esto que los artesanos representan la figura del mosquito en muchas de sus telas.

Ciudades • Antigua Guatemala

Antigua Guatemala fue fundada en 1543. Fue una capital de gran importancia hasta 1773, cuando un terremoto° la destruyó. Sin embargo, conserva el carácter original de su arquitectura y hoy es uno de los centros turísticos del país. Su celebración de la Semana Santa° es, para muchas personas, la más importante del hemisferio.

Naturaleza • El quetzal

El quetzal simbolizó la libertad para los antiguos° mayas porque creían° que este pájaro° no podía° vivir en cautiverio°. Hoy el quetzal es el símbolo nacional. El pájaro da su nombre a la moneda nacional y aparece también en los billetes° del país. Desafortunadamente, está en peligro° de extinción. Para su protección, el gobierno mantiene una reserva ecológica especial.

Mar Caribe

Historia • Los mayas

Desde 1500 a.C. hasta 900 d.C., los mayas habitaron gran parte de lo que ahora es Guatemala. Su civilización fue muy avanzada. Los mayas fueron arquitectos y constructores de pirámides, templos y observatorios. También descubrieron° y usaron el cero antes que los europeos, e inventaron un calendario complejo° y preciso.

Golfo de
Honduras

Artesanía • La ropa tradicional

La ropa tradicional de los guatemaltecos se llama *huipil* y muestra el amor° de la cultura maya por la naturaleza. Ellos se inspiran en las flores°, plantas y animales para crear sus diseños° de colores vivos° y formas geométricas. El diseño y los colores de cada *huipil* indican el pueblo de origen y a veces también el sexo y la edad° de la persona que lo lleva.

Puerto
Barríos

¿Qué aprendiste? Responde a cada pregunta con una oración completa.

1. ¿Qué significa la palabra *ixim*?
2. ¿Quién es Rigoberta Menchú?
3. ¿Qué pájaro representa a Guatemala?
4. ¿Qué simbolizó el quetzal para los mayas?
5. ¿Cuál es la moneda nacional de Guatemala?
6. ¿De qué fueron arquitectos los mayas?

7. ¿Qué celebración de la Antigua Guatemala es la más importante del hemisferio para muchas personas?
8. ¿Qué descubrieron los mayas antes que los europeos?
9. ¿Qué muestra la ropa tradicional de los guatemaltecos?
10. ¿Qué indica un *huipil* con su diseño y sus colores?

HONDURAS

Conexión Internet Investiga estos temas en **vhlcentral.com**.

1. Busca información sobre Rigoberta Menchú. ¿De dónde es? ¿Qué libros publicó? ¿Por qué es famosa?
2. Estudia un sitio arqueológico de Guatemala para aprender más sobre los mayas y prepara un breve informe para tu clase.

 Practice more at **vhlcentral.com**.

terremoto *earthquake* Semana Santa *Holy Week* antiguos *ancient* creían *they believed* pájaro *bird* no podía *couldn't* cautiverio *captivity* los billetes *bills* peligro *danger* descubrieron *they discovered* complejo *complex* amor *love* flores *flowers* diseños *designs* vivos *bright* edad *age*

Las comidas

el/la camarero/a	waiter/waitress
la comida	food; meal
la cuenta	bill
el/la dueño/a	owner
el menú	menu
la propina	tip
la sección de (no) fumar	(non) smoking section
el almuerzo	lunch
la cena	dinner
el desayuno	breakfast
los entremeses	appetizers
el plato (principal)	(main) dish
delicioso/a	delicious
rico/a	tasty; delicious
sabroso/a	tasty; delicious

Las frutas

la banana	banana
las frutas	fruits
el limón	lemon
la manzana	apple
el melocotón	peach
la naranja	orange
la pera	pear
la uva	grape

Las verduras

las arvejas	peas
la cebolla	onion
el champiñón	mushroom
la ensalada	salad
los espárragos	asparagus
los frijoles	beans
la lechuga	lettuce
el maíz	corn
las papas/patatas (fritas)	(fried) potatoes; French fries
el tomate	tomato
las verduras	vegetables
la zanahoria	carrot

La carne y el pescado

el atún	tuna
el bistec	steak
los camarones	shrimp
la carne	meat
la carne de res	beef
la chuleta (de cerdo)	(pork) chop
la hamburguesa	hamburger
el jamón	ham
la langosta	lobster
los mariscos	shellfish
el pavo	turkey
el pescado	fish
el pollo (asado)	(roast) chicken
la salchicha	sausage
el salmón	salmon

Otras comidas

el aceite	oil
el ajo	garlic
el arroz	rice
el azúcar	sugar
los cereales	cereal; grains
el huevo	egg
la mantequilla	butter
la margarina	margarine
la mayonesa	mayonnaise
el pan (tostado)	(toasted) bread
la pimienta	black pepper
el queso	cheese
la sal	salt
el sándwich	sandwich
la sopa	soup
el vinagre	vinegar
el yogur	yogurt

Las bebidas

el agua (mineral)	(mineral) water
la bebida	drink
el café	coffee
la cerveza	beer
el jugo (de fruta)	(fruit) juice
la leche	milk
el refresco	soft drink
el té (helado)	(iced) tea
el vino (blanco/tinto)	(white/red) wine

Verbos

escoger	to choose
merendar (e:ie)	to snack
morir (o:ue)	to die
pedir (e:i)	to order (food)
probar (o:ue)	to taste; to try
recomendar (e:ie)	to recommend
saber (a)	to taste (like)
servir (e:i)	to serve

Las comparaciones

como	like; as
más de (+ number)	more than
más... que	more... than
menos de (+ number)	fewer than
menos... que	less... than
tan... como	as... as
tantos/as... como	as many... as
tanto... como	as much... as
el/la mayor	the oldest
el/la mejor	the best
el/la menor	the youngest
el/la peor	the worst
mejor	better
peor	worse

Expresiones útiles	See page 249.

recursos

LM
p. 48

vhlcentral.com
Lección 8

Vocabulary Tools

Las fiestas

Communicative Goals

You will learn how to:

- **Express congratulations**
- **Express gratitude**
- **Ask for and pay the bill at a restaurant**

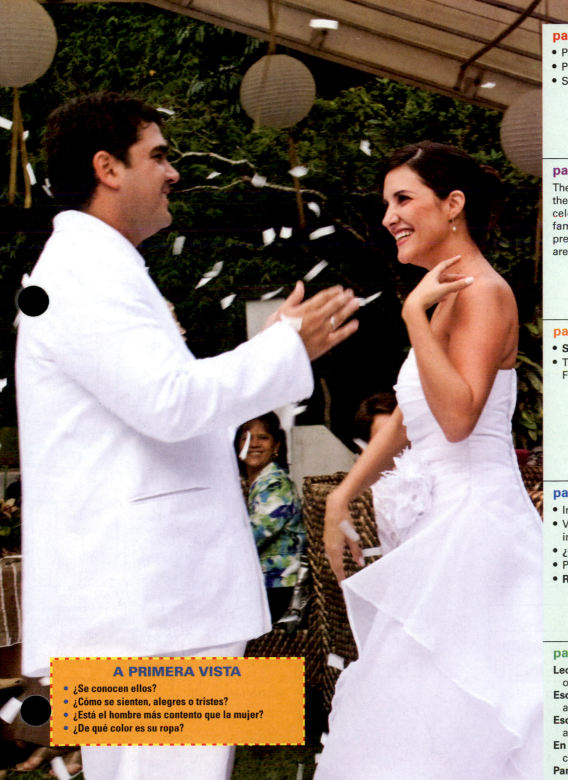

A PRIMERA VISTA
- ¿Se conocen ellos?
- ¿Cómo se sienten, alegres o tristes?
- ¿Está el hombre más contento que la mujer?
- ¿De qué color es su ropa?

Las fiestas

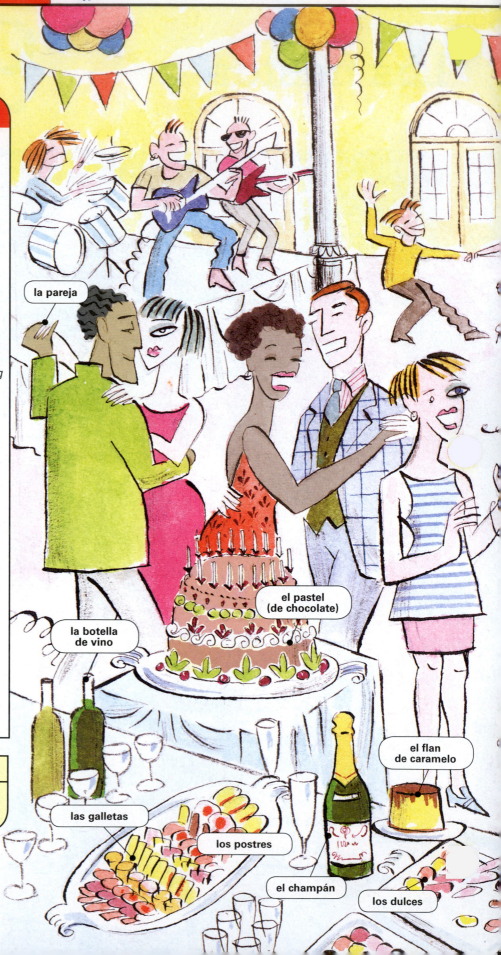

la pareja

el pastel (de chocolate)

la botella de vino

el flan de caramelo

las galletas

los postres

el champán

los dulces

Práctica

brindar

el invitado

regalar

el helado

Relaciones personales

casarse (con)	*to get married (to)*
comprometerse (con)	*to get engaged (to)*
divorciarse (de)	*to get divorced (from)*
enamorarse (de)	*to fall in love (with)*
llevarse bien/mal (con)	*to get along well/ badly (with)*
romper (con)	*to break up (with)*
salir (con)	*to go out (with); to date*
separarse (de)	*to separate (from)*
tener una cita	*to have a date; to have an appointment*

1 **Escuchar** Escucha la conversación e indica si las oraciones son **ciertas** o **falsas**.

1. A Silvia no le gusta mucho el chocolate.
2. Silvia sabe que sus amigos le van a hacer una fiesta.
3. Los amigos de Silvia le compraron un pastel de chocolate.
4. Los amigos brindan por Silvia con refrescos.
5. Silvia y sus amigos van a comer helado.
6. Los amigos de Silvia le van a servir flan y galletas.

2 **Ordenar** Escucha la narración y ordena las oraciones de acuerdo con los eventos de la vida de Beatriz.

_____ a. Beatriz se compromete con Roberto.

_____ b. Beatriz se gradúa.

_____ c. Beatriz sale con Emilio.

_____ d. Sus padres le hacen una gran fiesta.

_____ e. La pareja se casa.

_____ f. Beatriz nace en Montevideo.

3 **Emparejar** Indica la letra de la frase que mejor completa cada oración.

a. **cambió de**	d. **nos divertimos**	g. **se llevan bien**
b. **lo pasaron mal**	e. **se casaron**	h. **sonrió**
c. **nació**	f. **se jubiló**	i. **tenemos una cita**

1. María y sus compañeras de cuarto _____. Son buenas amigas.
2. Pablo y yo _____ en la fiesta. Bailamos y comimos mucho.
3. Manuel y Felipe _____ en el cine. La película fue muy mala.
4. ¡Tengo una nueva sobrina! Ella _____ ayer por la mañana.
5. Mi madre _____ profesión. Ahora es artista.
6. Mi padre _____ el año pasado. Ahora no trabaja.
7. Jorge y yo _____ esta noche. Vamos a ir a un restaurante muy elegante.
8. Jaime y Laura _____ el septiembre pasado. La boda fue maravillosa.

4 **Definiciones** En parejas, definan las palabras y escriban una oración para cada ejemplo.

modelo

romper (con) *una pareja termina la relación*
Marta rompió con su novio.

1. regalar
2. helado
3. pareja
4. invitado
5. casarse
6. pasarlo bien
7. sorpresa
8. amistad

Las etapas de la vida de Sergio

el nacimiento   la niñez   la adolescencia

la juventud   la madurez   la vejez

Más vocabulario	
la edad	*age*
el estado civil	*marital status*
las etapas de la vida	*the stages of life*
la muerte	*death*
casado/a	*married*
divorciado/a	*divorced*
separado/a	*separated*
soltero/a	*single*
viudo/a	*widower/widow*

5 **Las etapas de la vida** Identifica las etapas de la vida que se describen en estas oraciones.

1. Mi abuela se jubiló y se mudó (*moved*) a Viña del Mar.
2. Mi padre trabaja para una compañía grande en Santiago.
3. ¿Viste a mi nuevo sobrino en el hospital? Es precioso y ¡tan pequeño!
4. Mi abuelo murió este año.
5. Mi hermana celebró su fiesta de quince años.
6. Mi hermana pequeña juega con muñecas (*dolls*).

6 **Cambiar** En parejas, imaginen que son dos hermanos/as de diferentes edades. Cada vez que el/la hermano/a menor dice algo, se equivoca. El/La hermano/a mayor lo/la corrige (*corrects him/her*), cambiando las expresiones subrayadas (*underlined*). Túrnense para ser mayor y menor, decir algo equivocado y corregir.

> **modelo**
> **Estudiante 1:** La <u>niñez</u> es cuando trabajamos mucho.
> **Estudiante 2:** No, te equivocas (*you're wrong*). La madurez es cuando trabajamos mucho.

1. <u>El nacimiento</u> es el fin de la vida.
2. <u>La juventud</u> es la etapa cuando nos jubilamos.
3. A los sesenta y cinco años, muchas personas <u>comienzan a trabajar.</u>
4. Julián y nuestra prima <u>se divorcian</u> mañana.
5. Mamá <u>odia</u> a su hermana.
6. El abuelo murió, por eso la abuela es <u>separada</u>.
7. Cuando te gradúas de la universidad, estás en la etapa de <u>la adolescencia</u>.
8. Mi tío nunca se casó; es <u>viudo</u>.

 Practice more at **vhlcentral.com**.

NOTA CULTURAL

Viña del Mar es una ciudad en la costa de Chile, situada al oeste de Santiago. Tiene playas hermosas, excelentes hoteles, casinos y buenos restaurantes. El poeta Pablo Neruda pasó muchos años allí.

¡LENGUA VIVA!

The term **quinceañera** refers to a girl who is celebrating her 15th birthday. The party is called **la fiesta de quince años**.

AYUDA

Other ways to contradict someone:
No es verdad.
It's not true.
Creo que no.
I don't think so.
¡Claro que no!
Of course not!
¡Qué va!
No way!

Comunicación

7

Una fiesta Trabaja con un(a) compañero/a para planear una fiesta. Recuerda incluir la siguiente información.

1. ¿Qué tipo de fiesta es? ¿Dónde va a ser? ¿Cuándo va a ser?
2. ¿A quiénes van a invitar?
3. ¿Qué van a comer? ¿Quiénes van a llevar o a preparar la comida?
4. ¿Qué van a beber? ¿Quiénes van a traer las bebidas?
5. ¿Cómo planean entretener a los invitados? ¿Van a bailar o a jugar algún juego?
6. Después de la fiesta, ¿quiénes van a limpiar (*to clean*)?

8

Encuesta Tu profesor(a) va a darte una hoja de actividades. Haz las preguntas de la hoja a dos o tres compañeros/as de clase para saber qué actitudes tienen en sus relaciones personales. Luego comparte los resultados de la encuesta con la clase y comenta tus conclusiones.

Preguntas	Nombres	Actitudes
1. ¿Te importa la amistad? ¿Por qué?		
2. ¿Es mejor tener un(a) buen(a) amigo/a o muchos/as amigos/as?		
3. ¿Cuáles son las características que buscas en tus amigos/as?		
4. ¿Tienes novio/a? ¿A qué edad es posible enamorarse?		
5. ¿Deben las parejas hacer todo juntos? ¿Deben tener las mismas opiniones? ¿Por qué?		

9

Minidrama En parejas, consulten la ilustración de la página 278 y luego, usando las palabras de la lista, preparen un minidrama para representar las etapas de la vida de Sergio. Pueden inventar más información sobre su vida.

amor	celebrar	enamorarse	romper
boda	comprometerse	graduarse	salir
cambiar	cumpleaños	jubilarse	separarse
casarse	divorciarse	nacer	tener una cita

El Día de Muertos

La familia Díaz conmemora el Día de Muertos.

PERSONAJES

 MARISSA

 JIMENA

 FELIPE

 JUAN CARLOS

S **Video:** *Fotonovela*

MAITE FUENTES El Día de Muertos se celebra en México el primero y el segundo de noviembre. Como pueden ver, hay calaveras de azúcar, flores, música y comida por todas partes. Ésta es una fiesta única que todos deben ver por lo menos una vez en la vida.

MARISSA *Holy moley!* ¡Está delicioso!

TÍA ANA MARÍA Mi mamá me enseñó a prepararlo. El mole siempre fue el plato favorito de mi papá. Mi hijo Eduardo nació el día de su cumpleaños. Por eso le pusimos su nombre.

MARISSA ¿Cómo se conocieron?

TÍA ANA MARÍA En la fiesta de un amigo. Fue amor a primera vista.

MARISSA (*Señala la foto.*) La voy a llevar al altar.

TÍO RAMÓN ¿Dónde están mis hermanos?

JIMENA Mi papá y Felipe están en el otro cuarto. Esos dos antipáticos no quieren decirnos qué están haciendo. Y la tía Ana María...

TÍO RAMÓN ... está en la cocina.

TÍA ANA MARÍA Marissa, ¿le puedes llevar esa foto que está ahí a Carolina? La necesita para el altar.

MARISSA Sí. ¿Son sus padres?

TÍA ANA MARÍA Sí, el día de su boda.

TÍA ANA MARÍA Ramón, ¿cómo estás?

TÍO RAMÓN Bien, gracias. ¿Y Mateo? ¿No vino contigo?

TÍA ANA MARÍA No. Ya sabes que me casé con un doctor y, pues, trabaja muchísimo.

SRA. DÍAZ   **SR. DÍAZ**   **TÍA ANA MARÍA**   **TÍO RAMÓN**   **TÍA NAYELI**   **DON DIEGO**   **MARTA**   **VALENTINA**   **MAITE FUENTES**

7

SR. DÍAZ Familia Díaz, deben prepararse...

FELIPE ... ¡para la sorpresa de sus vidas!

8

JUAN CARLOS Gracias por invitarme.

SR. DÍAZ Juan Carlos, como eres nuestro amigo, ya eres parte de la familia.

9

(*En el cementerio*)

JIMENA Yo hice las galletas y el pastel. ¿Dónde los puse?

MARTA Postres... ¿Cuál prefiero? ¿Galletas? ¿Pastel? ¡Dulces!

VALENTINA Me gustan las galletas.

10

SR. DÍAZ Brindamos por ustedes, mamá y papá.

TÍO RAMÓN Todas las otras noches estamos separados. Pero esta noche estamos juntos.

TÍA ANA MARÍA Con gratitud y amor.

Expresiones útiles

Discussing family history

El mole siempre fue el plato favorito de mi papá.
Mole was always my dad's favorite dish.
Mi hijo Eduardo nació el día de su cumpleaños.
My son Eduardo was born on his birthday.
Por eso le pusimos su nombre.
That's why we named him after him (after my father).
¿Cómo se conocieron sus padres?
How did your parents meet?
En la fiesta de un amigo. Fue amor a primera vista.
At a friend's party. It was love at first sight.

Talking about a party/celebration

Ésta es una fiesta única que todos deben ver por lo menos una vez.
This is a unique celebration that everyone should see at least once.
Gracias por invitarme.
Thanks for inviting me.
Brindamos por ustedes.
A toast to you.

Additional vocabulary

alma *soul*
altar *altar*
ángel *angel*
calavera de azúcar
skull made out of sugar
cementerio *cemetery*
cocina *kitchen*
disfraz *costume*

recursos

VM
pp. 17–18

vhlcentral.com
Lección 9

¿Qué pasó?

1

Completar Completa las oraciones con la información correcta, según la **Fotonovela**.

1. El Día de Muertos es una _____ única que todos deben ver.
2. La tía Ana María preparó _____ para celebrar.
3. Marissa lleva la _____ al altar.
4. Jimena hizo las _____ y el _____.
5. Marta no sabe qué _____ prefiere.

2

Identificar Identifica quién puede decir estas oraciones. Vas a usar un nombre dos veces.

1. Mis padres se conocieron en la fiesta de un amigo.
2. El Día de Muertos se celebra con flores, calaveras de azúcar, música y comida.
3. Gracias por invitarme a celebrar este Día de Muertos.
4. Los de la foto son mis padres el día de su boda.
5. A mí me gustan mucho las galletas.
6. ¡Qué bueno que estás aquí, Juan Carlos! Eres uno más de la familia.

SR. DÍAZ   **MAITE FUENTES**

JUAN CARLOS   **VALENTINA**

TÍA ANA MARÍA

3

Seleccionar Selecciona algunas de las opciones de la lista para completar las oraciones.

amor	días de fiesta	pasarlo bien	salieron
el champán	divorciarse	postres	se enamoraron
cumpleaños	flan	la quinceañera	una sorpresa

1. El Sr. Díaz y Felipe prepararon _____ para la familia.
2. Los _____, como el Día de Muertos, se celebran con la familia.
3. Eduardo, el hijo de Ana María, nació el día del _____ de su abuelo.
4. La tía Ana María siente gratitud y _____ hacia (*toward*) sus padres.
5. Los días de fiesta también son para _____ con los amigos.
6. El Día de Muertos se hacen muchos _____.
7. Los padres de la tía Ana María _____ a primera vista.

4

Una cena Trabajen en grupos para representar una conversación en una cena de Año Nuevo.

- Una persona brinda por el año que está por comenzar y por estar con su familia y amigos.
- Cada persona del grupo habla de cuál es su comida favorita en año nuevo.
- Después de la cena, una persona del grupo dice que es hora de (*it's time to*) comer las uvas.
- Cada persona del grupo dice qué desea para el año que empieza.
- Después, cada persona del grupo debe desear Feliz Año Nuevo a las demás.

Practice more at **vhlcentral.com**.

> **NOTA CULTURAL**
>
> Comer doce uvas a las doce de la noche del 31 de diciembre de cada año es una costumbre que nació en España y que también se observa en varios países de Latinoamérica. Se debe comer una uva por cada una de las 12 campanadas (*strokes*) del reloj y se cree que (*it's believed that*) quien lo hace va a tener un año próspero.

Pronunciación 🎧 Ⓢ Audio

The letters h, j, and g

helado	**h**ombre	**h**ola	**h**ermosa

The Spanish **h** is always silent.

José	**j**ubilarse	de**j**ar	pare**j**a

The letter **j** is pronounced much like the English *h* in *his*.

a**g**encia	**g**eneral	**G**il	**G**isela

The letter **g** can be pronounced three different ways. Before **e** or **i**, the letter **g** is pronounced much like the English *h*.

Gustavo, **g**racias por llamar el domi**ng**o.

At the beginning of a phrase or after the letter **n**, the Spanish **g** is pronounced like the English *g* in *girl*.

Me **g**radué en a**g**osto.

In any other position, the Spanish **g** has a somewhat softer sound.

Gu**e**rra	conse**gui**r	**gu**antes	a**gu**a

In the combinations **gue** and **gui**, the **g** has a hard sound and the **u** is silent. In the combination **gua**, the **g** has a hard sound and the **u** is pronounced like the English *w*.

Práctica Lee las palabras en voz alta, prestando atención a la **h**, la **j** y la **g**.

1. hamburguesa	5. geografía	9. seguir	13. Jorge
2. jugar	6. magnífico	10. gracias	14. tengo
3. oreja	7. espejo	11. hijo	15. ahora
4. guapa	8. hago	12. galleta	16. guantes

Oraciones Lee las oraciones en voz alta, prestando atención a la **h**, la **j** y la **g**.

1. Hola. Me llamo Gustavo Hinojosa Lugones y vivo en Santiago de Chile.
2. Tengo una familia grande; somos tres hermanos y tres hermanas.
3. Voy a graduarme en mayo.
4. Para celebrar mi graduación, mis padres van a regalarme un viaje a Egipto.
5. ¡Qué generosos son!

Refranes Lee los refranes en voz alta, prestando atención a la **h**, la **j** y la **g**.

A la larga, lo más dulce amarga.[1]

El hábito no hace al monje.[2]

1 *Too much of a good thing.* 2 *The clothes don't make the man.*

recursos

LM p. 50

vhlcentral.com Lección 9

Video: *Flash cultura*

Semana Santa: vacaciones y tradición

¿Te imaginas pasar veinticuatro horas tocando un tambor° entre miles de personas? Así es como mucha gente celebra el Viernes Santo° en el pequeño pueblo de **Calanda**, España.

De todas las celebraciones hispanas, la Semana Santa° es una de las más espectaculares y únicas.

Procesión en Sevilla, España

Semana Santa es la semana antes de Pascua°, una celebración religiosa que conmemora la Pasión de Jesucristo. Generalmente, la gente tiene unos días de vacaciones en esta semana. Algunas personas aprovechan° estos días para viajar, pero otras prefieren participar en las tradicionales celebraciones religiosas en las calles. En **Antigua**, Guatemala, hacen alfombras° de flores° y altares; también organizan Vía Crucis° y danzas. En las famosas procesiones y desfiles° religiosos de **Sevilla**, España, los fieles°

sacan a las calles imágenes religiosas. Las imágenes van encima de plataformas ricamente decoradas con abundantes flores y velas°. En la procesión, los penitentes llevan túnicas y unos sombreros cónicos que les cubren° la cara°. En sus manos llevan faroles° o velas encendidas.

Si visitas algún país hispano durante la Semana Santa, debes asistir a un desfile. Las playas y las discotecas pueden esperar hasta la semana siguiente.

Alfombra de flores en Antigua, Guatemala

Otras celebraciones famosas

Ayacucho, Perú: Además de alfombras de flores y procesiones, aquí hay una antigua tradición llamada "quema de la chamiza"°.

Iztapalapa, Ciudad de México: Es famoso el Vía Crucis del cerro° de la Estrella. Es una representación del recorrido° de Jesucristo con la cruz°.

Popayán, Colombia: En las procesiones "chiquitas" los niños llevan imágenes que son copias pequeñas de las que llevan los mayores.

tocando un tambor *playing a drum* Viernes Santo *Good Friday* Semana Santa *Holy Week* Pascua *Easter Sunday* aprovechan *take advantage of* alfombras *carpets* flores *flowers* Vía Crucis *Stations of the Cross* desfiles *parades* fieles *faithful* velas *candles* cubren *cover* cara *face* faroles *lamps* quema de la chamiza *burning of brushwood* cerro *hill* recorrido *route* cruz *cross*

ACTIVIDADES

1 **¿Cierto o falso?** Indica si lo que dicen las oraciones sobre Semana Santa en países hispanos es **cierto** o **falso**. Corrige las falsas.

1. La Semana Santa se celebra después de Pascua.

2. Las personas tienen días libres durante la Semana Santa.

3. Todas las personas asisten a las celebraciones religiosas.

4. En los países hispanos, las celebraciones se hacen en las calles.

5. En Antigua y en Ayacucho es típico hacer alfombras de flores.

6. En Sevilla, sacan imágenes religiosas a las calles.

7. En Sevilla, las túnicas cubren la cara.

8. En la procesión en Sevilla algunas personas llevan flores en sus manos.

9. El Vía Crucis de Iztapalapa es en el interior de una iglesia.

10. Las procesiones "chiquitas" son famosas en Sevilla, España.

ASÍ SE DICE

Fiestas y celebraciones

la despedida de soltero/a	*bachelor(ette) party*
el día feriado/festivo	el día de fiesta
disfrutar	*to enjoy*
festejar	celebrar
los fuegos artificiales	*fireworks*
pasarlo en grande	divertirse mucho
la vela	*candle*

EL MUNDO HISPANO

Celebraciones latinoamericanas

- **Oruro, Bolivia** Durante el carnaval de Oruro se realiza la famosa Diablada, una antigua danza° que muestra la lucha° entre el Bien y el Mal: ángeles contra° demonios.

- **Panchimalco, El Salvador** La primera semana de mayo, Panchimalco se cubre de flores y de color. También hacen el Desfile de las palmas° y bailan danzas antiguas.

- **Quito, Ecuador** El mes de agosto es el Mes de las Artes. Danza, teatro, música, cine, artesanías° y otros eventos culturales inundan la ciudad.

- **San Pedro Sula, Honduras** En junio se celebra la Feria Juniana. Hay comida típica, bailes, desfiles, conciertos, rodeos, exposiciones ganaderas° y eventos deportivos y culturales.

danza *dance* lucha *fight* contra *versus* palmas *palm leaves* artesanías *handcrafts* exposiciones ganaderas *cattle shows*

PERFIL

Festival de Viña del Mar

En 1959 unos estudiantes de **Viña del Mar**, Chile, celebraron una fiesta en una casa de campo conocida como la Quinta Vergara donde hubo° un espectáculo° musical. En 1960 repitieron el evento. Asistió tanta gente que muchos vieron el espectáculo parados° o sentados en el suelo°. Algunos se subieron a los árboles°.

Años después, se convirtió en el **Festival Internacional de la Canción**. Este evento se celebra en febrero, en el mismo lugar donde empezó. ¡Pero ahora nadie necesita subirse a un árbol para verlo! Hay un anfiteatro con capacidad para quince mil personas.

Nelly Furtado

En el festival hay concursos° musicales y conciertos de artistas famosos como Calle 13 y Nelly Furtado.

hubo *there was* espectáculo *show* parados *standing* suelo *floor* se subieron a los árboles *climbed trees* concursos *competitions*

Conexión Internet

¿Qué celebraciones hispanas hay en los Estados Unidos y Canadá?

Go to **vhlcentral.com** to find more cultural information related to this **Cultura** section.

ACTIVIDADES

2 Comprensión Responde a las preguntas.
1. ¿Cuántas personas por día pueden asistir al Festival de Viña del Mar?
2. ¿Qué es la Diablada?
3. ¿Qué celebran en Quito en agosto?
4. Nombra dos atracciones en la Feria Juniana de San Pedro Sula.
5. ¿Qué es la Quinta Vergara?

3 ¿Cuál es tu celebración favorita? Escribe un pequeño párrafo sobre la celebración que más te gusta de tu comunidad. Explica cómo se llama, cuándo ocurre y cómo es.

  Practice more at **vhlcentral.com**.

recursos
VM pp. 89–90
vhlcentral.com Lección 9

9.1 Irregular preterites Tutorial

ANTE TODO You already know that the verbs **ir** and **ser** are irregular in the preterite. You will now learn other verbs whose preterite forms are also irregular.

Preterite of tener, venir, and decir

		tener (u-stem)	venir (i-stem)	decir (j-stem)
SINGULAR FORMS	yo	tuve	vine	dije
	tú	tuviste	viniste	dijiste
	Ud./él/ella	tuvo	vino	dijo
PLURAL FORMS	nosotros/as	tuvimos	vinimos	dijimos
	vosotros/as	tuvisteis	vinisteis	dijisteis
	Uds./ellos/ellas	tuvieron	vinieron	dijeron

▶ **¡Atención!** The endings of these verbs are the regular preterite endings of **-er/-ir** verbs, except for the **yo** and **usted/él/ella** forms. Note that these two endings are unaccented.

▶ These verbs observe similar stem changes to **tener, venir,** and **decir.**

INFINITIVE	U-STEM	PRETERITE FORMS
poder	pud-	pude, pudiste, pudo, pudimos, pudisteis, pudieron
poner	pus-	puse, pusiste, puso, pusimos, pusisteis, pusieron
saber	sup-	supe, supiste, supo, supimos, supisteis, supieron
estar	estuv-	estuve, estuviste, estuvo, estuvimos, estuvisteis, estuvieron

INFINITIVE	I-STEM	PRETERITE FORMS
querer	quis-	quise, quisiste, quiso, quisimos, quisisteis, quisieron
hacer	hic-	hice, hiciste, hizo, hicimos, hicisteis, hicieron

INFINITIVE	J-STEM	PRETERITE FORMS
traer	traj-	traje, trajiste, trajo, trajimos, trajisteis, trajeron
conducir	conduj-	conduje, condujiste, condujo, condujimos, condujisteis, condujeron
traducir	traduj-	traduje, tradujiste, tradujo, tradujimos, tradujisteis, tradujeron

¡ATENCIÓN!
Note the **c → z** spelling change in the third-person singular form of **hacer**: **hizo**.

▶ **¡Atención!** Most verbs that end in **-cir** are **j**-stem verbs in the preterite. For example, **producir → produje, produjiste,** etc.

Produjimos un documental sobre los accidentes en la casa.
We produced a documentary about accidents in the home.

▶ Notice that the preterites with **j**-stems omit the letter **i** in the **ustedes/ellos/ellas** form.

Mis amigos **trajeron** comida a la fiesta.
My friends brought food to the party.

Ellos **dijeron** la verdad.
They told the truth.

The preterite of **dar**

SINGULAR FORMS		PLURAL FORMS	
yo	d**i**	nosotros/as	d**imos**
tú	d**iste**	vosotros/as	d**isteis**
Ud./él/ella	d**io**	Uds./ellos/ellas	d**ieron**

▶ The endings for **dar** are the same as the regular preterite endings for **-er** and **-ir** verbs, except that there are no accent marks.

La camarera me **dio** el menú.
The waitress gave me the menu.

Los invitados le **dieron** un regalo.
The guests gave him/her a gift.

Le **di** a Juan algunos consejos.
I gave Juan some advice.

Nosotros **dimos** una gran fiesta.
We gave a great party.

▶ The preterite of **hay** (*inf.* **haber**) is **hubo** (*there was; there were*).

CONSULTA

Note that there are other ways to say *there was* or *there were* in Spanish. See **Estructura 10.1**, p. 318.

Marissa le dio la foto a la Sra. Díaz.

Hubo una celebración en casa de los Díaz.

¡INTÉNTALO!   Escribe la forma correcta del pretérito de cada verbo que está entre paréntesis.

1. (querer) tú ___quisiste___
2. (decir) usted _____
3. (hacer) nosotras _____
4. (traer) yo _____
5. (conducir) ellas _____
6. (estar) ella _____
7. (tener) tú _____
8. (dar) ella y yo _____
9. (traducir) yo _____
10. (haber) ayer _____
11. (saber) usted _____
12. (poner) ellos _____

13. (venir) yo _____
14. (poder) tú _____
15. (querer) ustedes _____
16. (estar) nosotros _____
17. (decir) tú _____
18. (saber) ellos _____
19. (hacer) él _____
20. (poner) yo _____
21. (traer) nosotras _____
22. (tener) yo _____
23. (dar) tú _____
24. (poder) ustedes _____

recursos

WB
pp. 99–100

LM
p. 51

vhlcentral.com
Lección 9

Práctica

1

Completar Completa estas oraciones con el pretérito de los verbos entre paréntesis.

1. El sábado _____ (haber) una fiesta sorpresa para Elsa en mi casa.
2. Sofía _____ (hacer) un pastel para la fiesta y Miguel _____ (traer) un flan.
3. Los amigos y parientes de Elsa _____ (venir) y _____ (traer) regalos.
4. El hermano de Elsa no _____ (venir) porque _____ (tener) que trabajar.
5. Su tía María Dolores tampoco _____ (poder) venir.
6. Cuando Elsa abrió la puerta, todos gritaron: "¡Feliz cumpleaños!" y su esposo le _____ (dar) un beso.
7. Elsa no _____ (saber) cómo reaccionar (*react*). _____ (Estar) un poco nerviosa al principio, pero pronto sus amigos _____ (poner) música y ella _____ (poder) relajarse bailando con su esposo.
8. Al final de la noche, todos _____ (decir) que se divirtieron mucho.

NOTA CULTURAL

El **flan** es un postre muy popular en los países de habla hispana. Se prepara con huevos, leche y azúcar y se sirve con salsa de caramelo. Existen variedades deliciosas como el flan de chocolate o el flan de coco.

2

Describir En parejas, usen verbos de la lista para describir lo que estas personas hicieron. Deben dar por lo menos dos oraciones por cada dibujo.

dar	hacer	tener	traer
estar	poner	traducir	venir

1. el señor López

2. Norma

3. anoche nosotros

4. Roberto y Elena

Practice more at **vhlcentral.com**.

Comunicación

3

Preguntas En parejas, túrnense para hacerse y responder a estas preguntas.

1. ¿Fuiste a una fiesta de cumpleaños el año pasado? ¿De quién?
2. ¿Quiénes fueron a la fiesta?
3. ¿Quién condujo el auto?
4. ¿Cómo estuvo el ambiente de la fiesta?
5. ¿Quién llevó regalos, bebidas o comida? ¿Llevaste algo especial?
6. ¿Hubo comida? ¿Quién la hizo? ¿Hubo champán?
7. ¿Qué regalo hiciste tú? ¿Qué otros regalos trajeron los invitados?
8. ¿Cuántos invitados hubo en la fiesta?
9. ¿Qué tipo de música hubo?
10. ¿Qué te dijeron algunos invitados de la fiesta?

4

Encuesta Tu profesor(a) va a darte una hoja de actividades. Para cada una de las actividades de la lista, encuentra a alguien que hizo esa actividad.

> **modelo**
>
> traer dulces a clase
> **Estudiante 1:** ¿Trajiste dulces a clase?
> **Estudiante 2:** Sí, traje galletas y helado a la fiesta del fin del semestre.

Actividades · Nombres

1. ponerse un disfraz (*costume*) de Halloween
2. traer dulces a clase
3. conducir su auto a clase
4. estar en la biblioteca ayer
5. dar un regalo a alguien ayer
6. poder levantarse temprano esta mañana
7. hacer un viaje a un país hispano en el verano
8. tener una cita anoche
9. ir a una fiesta el fin de semana pasado
10. tener que trabajar el sábado pasado

Síntesis

5

Conversación En parejas, preparen una conversación en la que uno/a de ustedes va a visitar a su hermano/a para explicarle por qué no fue a su fiesta de graduación y para saber cómo estuvo la fiesta. Incluyan esta información en la conversación:

- cuál fue el menú
- quiénes vinieron a la fiesta y quiénes no pudieron venir
- quiénes prepararon la comida o trajeron algo
- si él/ella tuvo que preparar algo
- lo que la gente hizo antes y después de comer
- cómo lo pasaron, bien o mal

9.2 Verbs that change meaning in the preterite

ANTE TODO   The verbs **conocer, saber, poder,** and **querer** change meanings when used in the preterite. Because of this, each of them corresponds to more than one verb in English, depending on its tense.

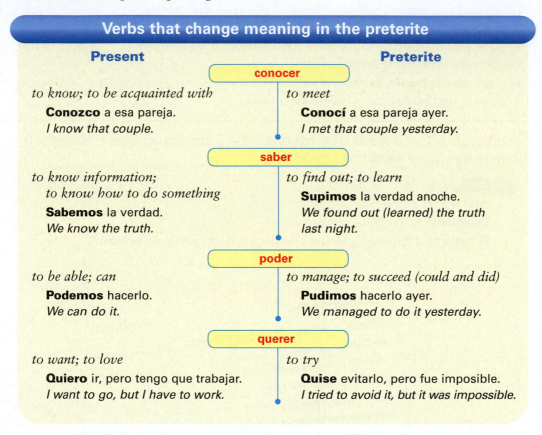

Verbs that change meaning in the preterite	
Present	**Preterite**
conocer	
to know; to be acquainted with	to meet
Conozco a esa pareja. *I know that couple.*	**Conocí** a esa pareja ayer. *I met that couple yesterday.*
saber	
to know information; to know how to do something	to find out; to learn
Sabemos la verdad. *We know the truth.*	**Supimos** la verdad anoche. *We found out (learned) the truth last night.*
poder	
to be able; can	to manage; to succeed (could and did)
Podemos hacerlo. *We can do it.*	**Pudimos** hacerlo ayer. *We managed to do it yesterday.*
querer	
to want; to love	to try
Quiero ir, pero tengo que trabajar. *I want to go, but I have to work.*	**Quise** evitarlo, pero fue imposible. *I tried to avoid it, but it was impossible.*

¡ATENCIÓN!

In the preterite, the verbs **poder** and **querer** have different meanings, depending on whether they are used in affirmative or negative sentences.

pude *I succeeded*
no pude *I failed (to)*
quise *I tried (to)*
no quise *I refused (to)*

¡INTÉNTALO!   Elige la respuesta más lógica.

1. Yo no hice lo que me pidieron mis padres. ¡Tengo mis principios!
   a. No quise hacerlo.   b. No supe hacerlo.

2. Hablamos por primera vez con Nuria y Ana en la boda.
   a. Las conocimos en la boda.   b. Les dijimos en la boda.

3. Por fin hablé con mi hermano después de llamarlo siete veces.
   a. No quise hablar con él.   b. Pude hablar con él.

4. Josefina se acostó para relajarse. Se durmió inmediatamente.
   a. Pudo relajarse.   b. No pudo relajarse.

5. Después de mucho buscar, encontraste la definición en el diccionario.
   a. No supiste la respuesta.   b. Supiste la respuesta.

6. Las chicas fueron a la fiesta. Cantaron y bailaron mucho.
   a. Ellas pudieron divertirse.   b. Ellas no supieron divertirse.

recursos

WB
p. 101

LM
p. 52

vhlcentral.com
Lección 9

Práctica y Comunicación

1

Carlos y Eva Forma oraciones con los siguientes elementos. Usa el pretérito y haz todos los cambios necesarios. Al final, inventa la razón del divorcio de Carlos y Eva.

1. anoche / mi esposa y yo / saber / que / Carlos y Eva / divorciarse

▶ 2. los / conocer / viaje / isla de Pascua

3. no / poder / hablar / mucho / con / ellos / ese día

4. pero / ellos / ser / simpático / y / nosotros / hacer planes / vernos / con más / frecuencia

5. yo / poder / encontrar / su / número / teléfono / páginas / amarillo

6. (yo) querer / llamar / los / ese día / pero / no / tener / tiempo

7. cuando / los / llamar / nosotros / poder / hablar / Eva

8. nosotros / saber / razón / divorcio / después / hablar / ella

9. _____

NOTA CULTURAL

La isla de Pascua es un remoto territorio chileno situado en el océano Pacífico Sur. Sus inmensas estatuas son uno de los mayores misterios del mundo: nadie sabe cómo o por qué se crearon. Para más información, véase **Panorama**, p. 305.

2

Completar Completa estas frases de una manera lógica.

1. Ayer mi compañero/a de cuarto supo…
2. Esta mañana no pude…
3. Conocí a mi mejor amigo/a en…
4. Mis padres no quisieron…
5. Mi mejor amigo/a no pudo…
6. Mi novio/a y yo nos conocimos en…
7. La semana pasada supe…
8. Ayer mis amigos quisieron…

3

Telenovela En parejas, escriban el diálogo para una escena de una telenovela (*soap opera*). La escena trata de una situación amorosa entre tres personas: Mirta, Daniel y Raúl. Usen el pretérito de **conocer, poder, querer** y **saber** en su diálogo.

PASIÓN — AVENTURA
SUSPENSO — VENGANZA
LA MUJER DOBLE

Síntesis

4

Conversación En una hoja de papel, escribe dos listas: las cosas que hiciste durante el fin de semana y las cosas que quisiste hacer, pero no pudiste. Luego, compara tu lista con la de un(a) compañero/a, y expliquen ambos por qué no pudieron hacer esas cosas.

  Practice more at **vhlcentral.com**.

¿Qué? and ¿cuál? **Tutorial**

ANTE TODO You've already learned how to use interrogative words and phrases. As you know, **¿qué?** and **¿cuál?** or **¿cuáles?** mean *what?* or *which?* However, they are not interchangeable.

▶ **¿Qué?** is used to ask for a definition or an explanation.

¿Qué es el flan?
What is flan?

¿Qué estudias?
What do you study?

▶ **¿Cuál(es)?** is used when there is more than one possibility to choose from.

¿Cuál de los dos prefieres,
el vino o el champán?
*Which of these (two) do you prefer,
wine or champagne?*

¿Cuáles son tus medias,
las negras o las blancas?
*Which ones are your socks,
the black ones or the white ones?*

▶ **¿Cuál?** should not be used before a noun; in this case, **¿qué?** is used.

¿Qué sorpresa te dieron tus amigos?
What surprise did your friends give you?

¿Qué colores te gustan?
What colors do you like?

▶ **¿Qué?** used before a noun has the same meaning as **¿cuál?**

¿Qué regalo te gusta?
What (Which) gift do you like?

¿Qué dulces quieren ustedes?
What (Which) sweets do you want?

Review of interrogative words and phrases

¿a qué hora?	at what time?	¿cuántos/as?	how many?
¿adónde?	(to) where?	¿de dónde?	from where?
¿cómo?	how?	¿dónde?	where?
¿cuál(es)?	what?; which?	¿por qué?	why?
¿cuándo?	when?	¿qué?	what?; which?
¿cuánto/a?	how much?	¿quién(es)?	who?

¡INTÉNTALO! Completa las preguntas con **¿qué?** o **¿cuál(es)?**, según el contexto.

1. ¿ _Cuál_ de los dos te gusta más?
2. ¿ _____ es tu teléfono?
3. ¿ _____ tipo de pastel pediste?
4. ¿ _____ es una galleta?
5. ¿ _____ haces ahora?
6. ¿ _____ son tus platos favoritos?
7. ¿ _____ bebidas te gustan más?
8. ¿ _____ es esto?
9. ¿ _____ es el mejor?
10. ¿ _____ es tu opinión?

11. ¿ _____ fiestas celebras tú?
12. ¿ _____ botella de vino prefieres?
13. ¿ _____ es tu helado favorito?
14. ¿ _____ pones en la mesa?
15. ¿ _____ restaurante prefieres?
16. ¿ _____ estudiantes estudian más?
17. ¿ _____ quieres comer esta noche?
18. ¿ _____ es la sorpresa mañana?
19. ¿ _____ postre prefieres?
20. ¿ _____ opinas?

Práctica y Comunicación

1

Completar Tu clase de español va a crear un sitio web. Completa estas preguntas con alguna(s) palabra(s) interrogativa(s). Luego, con un(a) compañero/a, hagan y contesten las preguntas para obtener la información para el sitio web.

1. ¿_____ es la fecha de tu cumpleaños?
2. ¿_____ naciste?
3. ¿_____ es tu estado civil?
4. ¿_____ te relajas?
5. ¿_____ es tu mejor amigo/a?
6. ¿_____ cosas te hacen reír?
7. ¿_____ postres te gustan? ¿_____ te gusta más?
8. ¿_____ problemas tuviste en la primera cita con alguien?

2

Una invitación En parejas, lean esta invitación. Luego, túrnense para hacer y contestar preguntas con **qué** y **cuál** basadas en la información de la invitación.

> **modelo**
>
> **Estudiante 1:** ¿Cuál es el nombre del padre de la novia?
> **Estudiante 2:** Su nombre es Fernando Sandoval Valera.

¡LENGUA VIVA!

The word **invitar** is not always used exactly like *invite*. Sometimes, if you say **Te invito un café**, it means that you are offering to buy that person a coffee.

> Fernando Sandoval Valera   Lorenzo Vásquez Amaral
> Isabel Arzipe de Sandoval   Elena Soto de Vásquez
>
> tienen el agrado de invitarlos
> a la boda de sus hijos
>
> María Luisa y José Antonio
>
> La ceremonia religiosa tendrá lugar
> el sábado 10 de junio a las dos de la tarde
> en el Templo de Santo Domingo
> (Calle Santo Domingo, 961).
>
> Después de la ceremonia, sírvanse pasar a la recepción en el salón
> de baile del Hotel Metrópoli (Sotero del Río, 465).

3

Quinceañera Trabaja con un(a) compañero/a. Uno/a de ustedes es el/la director(a) del salón de fiestas "Renacimiento". La otra persona es el padre/la madre de Sandra, quien quiere hacer la fiesta de quince años de su hija gastando menos de $25 por invitado. Su profesor(a) va a darles la información necesaria para confirmar la reservación.

> **modelo**
>
> **Estudiante 1:** ¿Cuánto cuestan los entremeses?
> **Estudiante 2:** Depende. Puede escoger champiñones por 50 centavos o camarones por dos dólares.
> **Estudiante 1:** ¡Uf! A mi hija le gustan los camarones, pero son muy caros.
> **Estudiante 2:** Bueno, también puede escoger quesos por un dólar por invitado.

 Practice more at **vhlcentral.com**.

9.4   # Pronouns after prepositions   **Tutorial**

ANTE TODO   In Spanish, as in English, the object of a preposition is the noun or pronoun that follows a preposition. Observe the following diagram.

PREPOSITION	NOUN	PREPOSITION	PRONOUN
La sopa es para	Alicia	y para	él.

Prepositional pronouns

	Singular			Plural	
	mí	me		**nosotros/as**	us
	ti	you (fam.)		**vosotros/as**	you (fam.)
preposition +	**Ud.**	you (form.)		**Uds.**	you
	él	him		**ellos**	them (m.)
	ella	her		**ellas**	them (f.)

▶ Note that, except for **mí** and **ti,** these pronouns are the same as the subject pronouns. **¡Atención!** **Mí** (*me*) has an accent mark to distinguish it from the possessive adjective **mi** (*my*).

▶ The preposition **con** combines with **mí** and **ti** to form **conmigo** and **contigo**, respectively.

—¿Quieres venir **conmigo** a Concepción?   —Sí, gracias, me gustaría ir **contigo**.
Do you want to come with me to Concepción?   *Yes, thanks, I would like to go with you.*

▶ The preposition **entre** is followed by **tú** and **yo** instead of **ti** and **mí**.

Papá va a sentarse **entre tú y yo**.
Dad is going to sit between you and me.

CONSULTA

For more prepositions, refer to **Estructura 2.3,** p. 56.

¡INTÉNTALO!   Completa estas oraciones con las preposiciones y los pronombres apropiados.

1. (*with him*) No quiero ir ___con él___.
2. (*for her*) Las galletas son _____.
3. (*for me*) Los mariscos son _____.
4. (*with you*, pl.) Preferimos estar _____.
5. (*with you*, sing. fam.) Me gusta salir _____.
6. (*with me*) ¿Por qué no quieres tener una cita _____?
7. (*for her*) La cuenta es _____.
8. (*for them*, m.) La habitación es muy pequeña _____.
9. (*with them*, f.) Anoche celebré la Navidad _____.
10. (*for you*, sing. fam.) Este beso es _____.
11. (*with you*, sing. fam.) Nunca me aburro _____.
12. (*with you*, pl.) ¡Qué bien que vamos _____!
13. (*for you*, sing. fam.) _____ la vida es muy fácil.
14. (*for them*, f.) _____ no hay sorpresas.

recursos

WB
pp. 103–104

LM
p. 54

vhlcentral.com
Lección 9

Práctica y Comunicación

1

Completar David sale con sus amigos a comer. Para saber quién come qué, lee el mensaje electrónico que David le envió (*sent*) a Cecilia dos días después y completa el diálogo en el restaurante con los pronombres apropiados.

> **modelo**
>
> **Camarero:** Los camarones en salsa verde, ¿para quién son?
> **David:** Son para _____ella_____.

Para: Cecilia	Asunto: El menú

Hola, Cecilia:

¿Recuerdas la comida del viernes? Quiero repetir el menú en mi casa el miércoles. Ahora voy a escribir lo que comimos, luego me dices si falta algún plato. Yo pedí el filete de pescado y Maribel camarones en salsa verde. Tatiana pidió un plato grandísimo de machas a la parmesana. Diana y Silvia pidieron langostas, ¿te acuerdas? Y tú, ¿qué pediste? Ah, sí, un bistec grande con papas. Héctor también pidió un bistec, pero más pequeño. Miguel pidió pollo y vino tinto para todos. Y la profesora comió ensalada verde porque está a dieta. ¿Falta algo? Espero tu mensaje. Hasta pronto. David.

CAMARERO El filete de pescado, ¿para quién es?

DAVID Es para (1)_____.

CAMARERO Aquí está. ¿Y las machas a la parmesana y las langostas?

DAVID Las machas son para (2)_____.

SILVIA Y DIANA Las langostas son para (3)_____.

CAMARERO Tengo un bistec grande...

DAVID Cecilia, es para (4)_____, ¿no es cierto? Y el bistec más pequeño es para (5)_____.

CAMARERO ¿Y la botella de vino?

MIGUEL Es para todos (6)_____, y el pollo es para (7)_____.

CAMARERO (*a la profesora*) Entonces la ensalada verde es para (8)_____.

2

Compartir Tu profesor(a) va a darte una hoja de actividades en la que hay un dibujo. En parejas, hagan preguntas para saber dónde está cada una de las personas en el dibujo. Ustedes tienen dos versiones diferentes de la ilustración. Al final deben saber dónde está cada persona.

> **modelo**
>
> **Estudiante 1:** ¿Quién está al lado de Óscar?
> **Estudiante 2:** Alfredo está al lado de él.

Alfredo	Dolores	Graciela	Raúl
Sra. Blanco	Enrique	Leonor	Rubén
Carlos	Sra. Gómez	Óscar	Yolanda

Recapitulación

S   **Diagnostics**

Completa estas actividades para repasar los conceptos de gramática que aprendiste en esta lección.

1   **Completar**   Completa la tabla con el pretérito de los verbos.   **18 pts.**

Infinitive	yo	ella	nosotros
conducir			
hacer			
saber			

2   **Mi fiesta**   Completa este mensaje electrónico con el pretérito de los verbos de la lista. Vas a usar cada verbo sólo una vez.   **20 pts.**

dar	haber	tener
decir	hacer	traer
estar	poder	venir
	poner	

Hola, Omar:

Como tú no (1) _____ venir a mi fiesta de cumpleaños,

quiero contarte cómo fue. El día de mi cumpleaños, muy

temprano por la mañana, mis hermanos me (2) _____

una gran sorpresa: ellos (3) _____ un regalo delante de la

puerta de mi habitación: ¡una bicicleta roja preciosa! Mi madre

nos preparó un desayuno riquísimo. Después de desayunar, mis

hermanos y yo (4) _____ que limpiar toda la casa, así que

(*therefore*) no (5) _____ más celebración hasta la tarde. A las

seis y media (nosotros) (6) _____ una barbacoa en el patio

de la casa. Todos los invitados (7) _____ bebidas y regalos.

(8) _____ todos mis amigos, excepto tú, ¡qué pena! :-(

La fiesta (9) _____ muy animada hasta las diez de la noche,

cuando mis padres (10) _____ que los vecinos (*neighbors*)

iban a (*were going to*) protestar y entonces todos se fueron a

sus casas.

9.1   **Irregular preterites**   *pp. 286–287*

u-stem	estar poder poner saber tener	estuv- pud- pus- sup- tuv-	
i-stem	hacer querer venir	hic- quis- vin-	-e, -iste, -o, -imos, -isteis, -(i)eron
j-stem	conducir decir traducir traer	conduj- dij- traduj- traj-	

► Preterite of **dar: di, diste, dio, dimos, disteis, dieron**

► Preterite of **hay** (*inf.* **haber**): **hubo**

9.2   **Verbs that change meaning in the preterite**   *p. 290*

Present	Preterite
conocer	
to know; to be acquainted with	to meet
saber	
to know info.; to know how to do something	to find out; to learn
poder	
to be able; can	to manage; to succeed
querer	
to want; to love	to try

9.3   **¿Qué? and ¿cuál?**   *p. 292*

► Use **¿qué?** to ask for a definition or an explanation.

► Use **¿cuál(es)?** when there is more than one possibility to choose from.

► **¿Cuál?** should not be used before a noun; use **¿qué?** instead.

► **¿Qué?** used before a noun has the same meaning as **¿cuál?**

9.4 **Pronouns after prepositions**   *p. 294*

Prepositional pronouns

	Singular	Plural
Preposition +	mí ti Ud. él ella	nosotros/as vosotros/as Uds. ellos ellas

► Exceptions: **conmigo, contigo, entre tú y yo**

3 **¿Presente o pretérito?** Escoge la forma correcta de los verbos en paréntesis. **12 pts.**

1. Después de muchos intentos (*tries*), (podemos/ pudimos) hacer una piñata.
2. —¿Conoces a Pepe?
   —Sí, lo (conozco/ conocí) en tu fiesta.
3. Como no es de aquí, Cristina no (sabe/supo) mucho de las celebraciones locales.
4. Yo no (quiero/quise) ir a un restaurante grande, pero tú decides.
5. Ellos (quieren/quisieron) darme una sorpresa, pero Nina me lo dijo todo.
6. Mañana se terminan las vacaciones; por fin (podemos/pudimos) volver a la escuela.

4 **Preguntas** Escribe una pregunta para cada respuesta con los elementos dados. Empieza con **qué, cuál** o **cuáles** de acuerdo con el contexto y haz los cambios necesarios. **8 pts.**

1. —¿? / pastel / querer —Quiero el pastel de chocolate.
2. —¿? / ser / sangría —La sangría es una bebida típica española.
3. —¿? / ser / restaurante favorito —Mis restaurantes favoritos son Dalí y Jaleo.
4. —¿? / ser / dirección electrónica —Mi dirección electrónica es paco@email.com.

5 **¿Dónde me siento?** Completa la conversación con los pronombres apropiados. **14 pts.**

JUAN A ver, te voy a decir dónde te vas a sentar. Manuel, ¿ves esa silla? Es para _____. Y esa otra silla es para tu novia, que todavía no está aquí.

MANUEL Muy bien, yo la reservo para _____.

HUGO ¿Y esta silla es para _____ (*me*)?

JUAN No, Hugo. No es para _____. Es para Carmina, que viene con Julio.

HUGO No, Carmina y Julio no pueden venir. Hablé con _____ y me avisaron.

JUAN Pues ellos se lo pierden (*it's their loss*). ¡Más comida para _____(*us*)!

CAMARERO Aquí tienen el menú. Les doy un minuto y enseguida estoy con _____.

6 **Cumpleaños feliz** Escribe cinco oraciones que describan cómo celebraste tu último cumpleaños. Usa el pretérito y los pronombres que aprendiste en esta lección. **28 pts.**

7 **Poema** Completa este fragmento del poema *Elegía nocturna* de Carlos Pellicer con el pretérito de los verbos entre paréntesis. **¡4 puntos EXTRA!**

"Ay de mi corazón° que nadie _____ (querer) tomar de entre mis manos desoladas. Tú _____ (venir) a mirar sus llamaradas° y le miraste arder° claro° y sereno."

corazón *heart* llamaradas *flames* arder *to burn* claro *clear*

Practice more at vhlcentral.com.

Lectura

Antes de leer

Estrategia
Recognizing word families

Recognizing root words can help you guess the meaning of words in context, ensuring better comprehension of a reading selection. Using this strategy will enrich your Spanish vocabulary as you will see below.

Examinar el texto

Familiarízate con el texto usando las estrategias de lectura más efectivas para ti. ¿Qué tipo de documento es? ¿De qué tratan° las cuatro secciones del documento? Explica tus respuestas.

Raíces°

Completa el siguiente cuadro° para ampliar tu vocabulario. Usa palabras de la lectura de esta lección y vocabulario de las lecciones anteriores. ¿Qué significan las palabras que escribiste en el cuadro?

Verbos	Sustantivos	Otras formas
1. agradecer *to thank, to be grateful for*	*agradecimiento/ gracias gratitude/thanks*	*agradecido grateful, thankful*
2. estudiar	_____	_____
3. _____	_____	celebrado
4. _____	baile	_____
5. bautizar	_____	_____

Vida social

Matrimonio
Espinoza Álvarez- Reyes Salazar

El día sábado 17 de junio a las 19 horas, se celebró el matrimonio de Silvia Reyes y Carlos Espinoza en la catedral de Santiago. La ceremonia fue oficiada por el pastor Federico Salas y participaron los padres de los novios, el señor Jorge Espinoza y señora y el señor José Alfredo Reyes y señora. Después de la ceremonia, los padres de los recién casados ofrecieron una fiesta bailable en el restaurante La Misión.

Bautismo
José María recibió el bautismo el 26 de junio.

Sus padres, don Roberto Lagos Moreno y doña María Angélica Sánchez, compartieron la alegría de la fiesta con todos sus parientes y amigos. La ceremonia religiosa tuvo lugar° en la catedral de Aguas Blancas. Después de la ceremonia, padres, parientes y amigos celebraron una fiesta en la residencia de la familia Lagos.

¿De qué tratan...? *What are... about?* Raíces *Roots* cuadro *chart*

Fiesta de quince años

32B

El doctor don Amador Larenas Fernández y la señora Felisa Vera de Larenas celebraron los quince años de su hija Ana Ester junto a sus parientes y amigos. La quinceañera reside en la ciudad de Valparaíso y es estudiante del Colegio Francés. La fiesta de presentación en sociedad de la señorita Ana Ester fue el día viernes 2 de mayo a las 19 horas en el Club Español. Entre los invitados especiales asistieron el alcalde° de la ciudad, don Pedro Castedo, y su esposa. La música estuvo a cargo de la Orquesta Americana. ¡Feliz cumpleaños, le deseamos a la señorita Ana Ester en su fiesta bailable!

Expresión de gracias
Carmen Godoy Tapia

Agradecemos° sinceramente a todas las personas que nos acompañaron en el último adiós a nuestra apreciada esposa, madre, abuela y tía, la señora Carmen Godoy Tapia. El funeral tuvo lugar el día 28 de junio en la ciudad de Viña del Mar. La vida de Carmen Godoy fue un ejemplo de trabajo, amistad, alegría y amor para todos nosotros. Su esposo, hijos y familia agradecen de todo corazón° su asistencia° al funeral a todos los parientes y amigos.

tuvo lugar *took place* **alcalde** *mayor* **Agradecemos** *We thank*
de todo corazón *sincerely* **asistencia** *attendance*

Después de leer

Corregir
Escribe estos comentarios otra vez para corregir la información errónea.

1. El alcalde y su esposa asistieron a la boda de Silvia y Carlos.

2. Todos los anuncios (*announcements*) describen eventos felices.

3. Felisa Vera de Larenas cumple quince años.

4. Roberto Lagos y María Angélica Sánchez son hermanos.

5. Carmen Godoy Tapia les dio las gracias a las personas que asistieron al funeral.

Identificar
Escribe el nombre de la(s) persona(s) descrita(s) (*described*).

1. Dejó viudo a su esposo el 28 de junio.

2. Sus padres y todos los invitados brindaron por él, pero él no entendió por qué.

3. El Club Español les presentó una cuenta considerable.

4. Unió a los novios en santo matrimonio.

5. Su fiesta de cumpleaños se celebró en Valparaíso.

Un anuncio
Trabajen en grupos pequeños para inventar un anuncio breve sobre una celebración importante. Puede ser una graduación, un matrimonio o una gran fiesta en la que ustedes participan. Incluyan la siguiente información.

1. nombres de los participantes

2. la fecha, la hora y el lugar

3. qué se celebra

4. otros detalles de interés

Escritura

Estrategia

Planning and writing a comparative analysis

Writing any kind of comparative analysis requires careful planning. Venn diagrams are useful for organizing your ideas visually before comparing and contrasting people, places, objects, events, or issues. To create a Venn diagram, draw two circles that overlap one another and label the top of each circle. List the differences between the two elements in the outer rings of the two circles, then list their similarities where the two circles overlap. Review the following example.

Diferencias y similitudes

Boda de Silvia Reyes y Carlos Espinoza

Fiesta de quince años de Ana Ester Larenas Vera

Diferencias:
1. Primero hay una celebración religiosa.
2. Se celebra en un restaurante.

Similitudes:
1. Las dos fiestas se celebran por la noche.
2. Las dos fiestas son bailables.

Diferencias:
1. Se celebra en un club.
2. Vienen invitados especiales.

La lista de palabras y expresiones a la derecha puede ayudarte a escribir este tipo de ensayo (*essay*).

Tema

Escribir una composición

Compara una celebración familiar (como una boda, una fiesta de cumpleaños o una graduación) a la que tú asististe recientemente con otro tipo de celebración. Utiliza palabras y expresiones de esta lista.

Para expresar similitudes	
además; también	*in addition; also*
al igual que	*the same as*
como	*as; like*
de la misma manera	*in the same manner (way)*
del mismo modo	*in the same manner (way)*
tan + [*adjetivo*] + como	*as + [adjective] + as*
tanto/a(s) + [*sustantivo*] + como	*as many/much + [noun] + as*

Para expresar diferencias	
a diferencia de	*unlike*
a pesar de	*in spite of*
aunque	*although*
en cambio	*on the other hand*
más/menos… que	*more/less . . . than*
no obstante	*nevertheless; however*
por el contrario	*on the contrary*
por otro lado	*on the other hand*
sin embargo	*nevertheless; however*

Escuchar Audio

Estrategia

Guessing the meaning of words through context

When you hear an unfamiliar word, you can often guess its meaning by listening to the words and phrases around it.

 To practice this strategy, you will now listen to a paragraph. Jot down the unfamiliar words that you hear. Then listen to the paragraph again and jot down the word or words that give the most useful clues to the meaning of each unfamiliar word.

Preparación

Lee la invitación. ¿De qué crees que van a hablar Rosa y Josefina?

Ahora escucha

Ahora escucha la conversación entre Josefina y Rosa. Cuando oigas una de las palabras de la columna A, usa el contexto para identificar el sinónimo o la definición en la columna B.

A	B
_____ 1. festejar	a. conmemoración religiosa de una muerte
_____ 2. dicha	b. tolera
_____ 3. bien parecido	c. suerte
_____ 4. finge (fingir)	d. celebrar
_____ 5. soporta (soportar)	e. me divertí
_____ 6. yo lo disfruté (disfrutar)	f. horror
	g. crea una ficción
	h. guapo

(Invitación)

Margarita Robles de García
y Roberto García Olmos

Piden su presencia en la celebración
del décimo aniversario de bodas
el día 13 de marzo
con una misa en la Iglesia Virgen del Coromoto
a las 6:30

seguida por cena y baile
en el restaurante El Campanero,
Calle Principal, Las Mercedes
a las 8:30

Comprensión

¿Cierto o falso?

Lee cada oración e indica si lo que dice es **cierto** o **falso**. Corrige las oraciones falsas.

1. No invitaron a mucha gente a la fiesta de Margarita y Roberto porque ellos no conocen a muchas personas.

2. Algunos fueron a la fiesta con pareja y otros fueron sin compañero/a.

3. Margarita y Roberto decidieron celebrar el décimo aniversario porque no hicieron una fiesta el día de su boda.

4. Rafael les parece interesante a Rosa y a Josefina.

5. Josefina se divirtió mucho en la fiesta porque bailó toda la noche con Rafael.

Preguntas

Responde a estas preguntas con oraciones completas.

1. ¿Son solteras Rosa y Josefina? ¿Cómo lo sabes?

2. ¿Tienen las chicas una amistad de mucho tiempo con la pareja que celebra su aniversario? ¿Cómo lo sabes?

Practice more at **vhlcentral.com**.

En pantalla

Anuncio

Desfiles°, música, asados°, fuegos artificiales° y baile son los elementos de una buena fiesta. ¿Celebrar durante toda una semana? ¡Eso sí que es una fiesta espectacular! El 18 de septiembre Chile conmemora su independencia de España y los chilenos demuestran su orgullo° nacional durante una semana llena de celebraciones. Durante las Fiestas Patrias° casi todas las oficinas° y escuelas se cierran para que la gente se reúna° a festejar. Desfiles y rodeos representan la tradición de los vaqueros° del país, y la gente baila cueca, el baile nacional. Las familias y los amigos se reúnen para preparar y comer platos tradicionales como las empanadas y asados. Otra de las tradiciones de estas fiestas es hacer volar cometas°, llamadas volantines. Mira el video para descubrir cómo se celebran otras fiestas en Chile.

Vocabulario útil	
conejo	*bunny*
disfraces	*costumes*
mariscal	*traditional Chilean soup with raw seafood*
sustos	*frights*
vieja (Chi.)	*mother*

Seleccionar

Selecciona la palabra que no está relacionada con cada grupo.

1. disfraces • noviembre • arbolito • sustos
2. volantines • arbolito • regalos • diciembre
3. conejo • enero • huevitos • chocolates
4. septiembre • volantines • disfraces • asado

Fiesta

Trabajen en grupos de tres. Imaginen que van a organizar una fiesta para celebrar el 4 de julio. Escriban una invitación electrónica para invitar a sus parientes y amigos a la fiesta. Describan los planes que tienen para la fiesta y díganles a sus amigos qué tiene que traer cada uno.

Desfiles/Paradas *Parades* asados *barbecues* fuegos artificiales *fireworks*
orgullo *pride* Fiestas Patrias *Independence Day celebrations* oficinas *offices*
se reúna *would get together* vaqueros *cowboys* cometas/volantines *kites*

FIESTAS PATRIAS
CHILE**VISION**

Noviembre: disfraces, dulces...

Mayo: besito, tarjeta, tecito con la mamá...

Septiembre... Septiembre: familia, parada militar...

Video: TV Clip

Practice more at **vhlcentral.com**.

Cortometraje

Para Iker, cada persona se parece a un animal. Por ejemplo, su papá es un oso°. A Iker le habría gustado° ser un oso también, pero él es otro animal. Y eso es algo que nadie sabe en la escuela. ¿Qué puede pasar si° sus compañeros descubren el secreto de Iker?

Escrito y Dirigido por:
Sandra García Velten

 ## Preparación

En parejas, túrnense para hacerse estas preguntas.

1. ¿Tienes rasgos particulares? ¿Cuáles son de tu apariencia física? ¿Cuáles son de tu personalidad?
2. ¿Cuáles de tus rasgos son buenos? ¿Cuáles son malos? ¿Cómo determinas que son buenos o malos?
3. ¿Qué rasgos te hacen una persona única?
4. ¿Es común alguno de esos rasgos en tu familia? ¿Cuál?
5. ¿Qué animal crees que serías (*you would be*) según (*according to*) tus rasgos? Explica tu respuesta.

Después de ver

Escoge la opción que completa mejor cada oración.

1. En la familia de Iker, _____ el mismo rasgo.
   a. no hay dos personas con
   b. él y su abuelo comparten
   c. el abuelo y Tito tienen
2. Para Iker, su _____ es un perico.
   a. hermana   b. mamá   c. maestra (*teacher*)
3. Iker se sintió _____ cuando su compañero le dijo que le gustaba su peinado.
   a. aliviado (*relieved*) b. cohibido   c. enojado
4. Al final, Iker estaba _____ de mostrar su pelo tal y como es.
   a. avergonzado   b. nervioso   c. orgulloso

Conversar

En parejas, respondan a estas preguntas con oraciones completas.

1. ¿Se han sentido ustedes cohibidos/as alguna vez? ¿Qué pasó?
2. ¿Cuáles son las ventajas (*advantages*) de presentarse ante el mundo tal y como son?
3. ¿Creen que la percepción que tienen de ustedes mismos/as influye en (*influences*) la manera en que ven a los demás? Expliquen su respuesta.

Expresiones útiles	
devolver	*to return, to give back*
disimular	*to hide, to disguise*
me hubiera gustado	*I would have liked*
meter	*to put (something) in, to introduce*
el peinado	*hairstyle*
salir (igual) a	*to take after*
si supieran	*if they knew*
tieso/a	*stiff*

Para hablar del corto	
burlarse (de)	*to make fun (of)*
esconder(se)	*to hide (oneself)*
la fuerza	*strength*
orgulloso/a	*proud*
pelear(se)	*to fight (with one another)*
el rasgo	*feature, characteristic*
sentirse cohibido/a	*to feel self-conscious*

 Video: Short Film

oso *bear* **le habría gustado** *he would have liked* **si** *if*

 Practice more at **vhlcentral.com**.

Chile

El país en cifras

- ▶ **Área:** 756.950 km² (292.259 millas²), *dos veces el área de Montana*
- ▶ **Población:** 17.363.000 *Aproximadamente el 80 por ciento de la población del país es urbana.*
- ▶ **Capital:** Santiago de Chile—6.034.000
- ▶ **Ciudades principales:** Valparaíso— 865.000, Concepción, Viña del Mar, Temuco
- ▶ **Moneda:** peso chileno
- ▶ **Idiomas:** español (oficial), mapuche

Bandera de Chile

Chilenos célebres

- ▶ **Bernardo O'Higgins,** militar° y héroe nacional (1778–1842)
- ▶ **Gabriela Mistral,** Premio Nobel de Literatura, 1945; poeta y diplomática (1889–1957)
- ▶ **Pablo Neruda,** Premio Nobel de Literatura, 1971; poeta (1904–1973)
- ▶ **Isabel Allende,** novelista (1942–)
- ▶ **Ana Tijoux,** cantante (1977–)

Pablo Neruda

militar *soldier* desierto *desert* el más seco *the driest* mundo *world* han tenido *have had* ha sido usado *has been used* Marte *Mars*

PERÚ

Pampa del Tamarugal

La costa de Viña del Mar

BOLIVIA

Cordillera de los Andes

El puerto de Valparaíso

Edificio antiguo en Santiago

Océano Pacífico

Viña del Mar
Valparaíso

Santiago de Chile

ARGENTINA

Concepción

Temuco

Torres del Paine

Una celebración en Temuco

Lago Buenos Aires

Océano Atlántico

Punta Arenas

Estrecho de Magallanes

recursos

WB pp. 105–106

VM pp. 47–48

vhlcentral.com Lección 9

Isla Grande de Tierra del Fuego

¡Increíble pero cierto!

El desierto° de Atacama, en el norte de Chile, es el más seco° del mundo°. Con más de cien mil km² de superficie, algunas zonas de este desierto nunca han tenido° lluvia. Atacama ha sido usado° como escenario para representar a Marte° en películas y series de televisión.

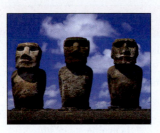

Lugares • La isla de Pascua

La isla de Pascua° recibió ese nombre porque los exploradores holandeses° llegaron a la isla por primera vez el día de Pascua de 1722. Ahora es parte del territorio de Chile. La isla de Pascua es famosa por los *moái*, estatuas enormes que representan personas con rasgos° muy exagerados. Estas estatuas las construyeron los *rapa nui*, los antiguos habitantes de la zona. Todavía no se sabe mucho sobre los *rapa nui*, ni tampoco se sabe por qué decidieron abandonar la isla.

Deportes • Los deportes de invierno

Hay muchos lugares para practicar deportes de invierno en Chile porque las montañas nevadas de los Andes ocupan gran parte del país. El Parque Nacional Villarrica, por ejemplo, situado al pie de un volcán y junto a° un lago, es un sitio popular para el esquí y el *snowboard*. Para los que prefieren deportes más extremos, el centro de esquí Valle Nevado organiza excursiones para practicar heliesquí.

Ciencias • Astronomía

Los observatorios chilenos, situados en los Andes, son lugares excelentes para las observaciones astronómicas. Científicos° de todo el mundo van a Chile para estudiar las estrellas° y otros cuerpos celestes. Hoy día Chile está construyendo nuevos observatorios y telescopios para mejorar las imágenes del universo.

Economía • El vino

La producción de vino comenzó en Chile en el siglo° XVI. Ahora la industria del vino constituye una parte importante de la actividad agrícola del país y la exportación de sus productos está aumentando° cada vez más. Los vinos chilenos son muy apreciados internacionalmente por su gran variedad, sus ricos y complejos sabores° y su precio moderado. Los más conocidos son los vinos de Aconcagua y del valle del Maipo.

 ¿Qué aprendiste? Responde a cada pregunta con una oración completa.

1. ¿Qué porcentaje (*percentage*) de la población chilena es urbana?

2. ¿Qué son los *moái*? ¿Dónde están?

3. ¿Qué deporte extremo ofrece el centro de esquí Valle Nevado?

4. ¿Por qué van a Chile científicos de todo el mundo?

5. ¿Cuándo comenzó la producción de vino en Chile?

6. ¿Por qué son apreciados internacionalmente los vinos chilenos?

 Conexión Internet Investiga estos temas en **vhlcentral.com**.

1. Busca información sobre Pablo Neruda e Isabel Allende. ¿Dónde y cuándo nacieron? ¿Cuáles son algunas de sus obras (*works*)? ¿Cuáles son algunos de los temas de sus obras?

2. Busca información sobre sitios donde los chilenos y los turistas practican deportes de invierno en Chile. Selecciona un sitio y descríbeselo a tu clase.

 Practice more at **vhlcentral.com**.

La isla de Pascua *Easter Island* holandeses *Dutch* rasgos *features* junto a *beside* Científicos *Scientists* estrellas *stars* siglo *century* aumentando *increasing* complejos sabores *complex flavors*

Las celebraciones

el aniversario (de bodas)	*(wedding) anniversary*
la boda	*wedding*
el cumpleaños	*birthday*
el día de fiesta	*holiday*
la fiesta	*party*
el/la invitado/a	*guest*
la Navidad	*Christmas*
la quinceañera	*young woman celebrating her fifteenth birthday*
la sorpresa	*surprise*
brindar	*to toast* (drink)
celebrar	*to celebrate*
divertirse (e:ie)	*to have fun*
invitar	*to invite*
pasarlo bien/mal	*to have a good/bad time*
regalar	*to give* (a gift)
reírse (e:i)	*to laugh*
relajarse	*to relax*
sonreír (e:i)	*to smile*
sorprender	*to surprise*

Los postres y otras comidas

la botella (de vino)	*bottle (of wine)*
el champán	*champagne*
los dulces	*sweets; candy*
el flan (de caramelo)	*baked (caramel) custard*
la galleta	*cookie*
el helado	*ice cream*
el pastel (de chocolate)	*(chocolate) cake; pie*
el postre	*dessert*

Las relaciones personales

la amistad	*friendship*
el amor	*love*
el divorcio	*divorce*
el estado civil	*marital status*
el matrimonio	*marriage*
la pareja	*(married) couple; partner*
el/la recién casado/a	*newlywed*
casarse (con)	*to get married (to)*
comprometerse (con)	*to get engaged (to)*
divorciarse (de)	*to get divorced (from)*
enamorarse (de)	*to fall in love (with)*
llevarse bien/mal (con)	*to get along well/ badly (with)*
odiar	*to hate*
romper (con)	*to break up (with)*
salir (con)	*to go out (with); to date*
separarse (de)	*to separate (from)*
tener una cita	*to have a date; to have an appointment*
casado/a	*married*
divorciado/a	*divorced*
juntos/as	*together*
separado/a	*separated*
soltero/a	*single*
viudo/a	*widower/widow*

Las etapas de la vida

la adolescencia	*adolescence*
la edad	*age*
las etapas de la vida	*the stages of life*
la juventud	*youth*
la madurez	*maturity; middle age*
la muerte	*death*
el nacimiento	*birth*
la niñez	*childhood*
la vejez	*old age*
cambiar (de)	*to change*
graduarse (de/en)	*to graduate (from/in)*
jubilarse	*to retire (from work)*
nacer	*to be born*

Palabras adicionales

la alegría	*happiness*
el beso	*kiss*
conmigo	*with me*
contigo	*with you*
¡Felicidades!/ ¡Felicitaciones!	*Congratulations!*
¡Feliz cumpleaños!	*Happy birthday!*

Expresiones útiles	*See page 281.*

Vocabulary Tools

En el consultorio 10

A PRIMERA VISTA

- ¿Están en una farmacia o en un hospital?
- ¿La mujer es médica o dentista?
- ¿Qué hace ella, una operación o un examen médico?
- ¿Crees que la paciente está nerviosa?

En el consultorio

Más vocabulario

la clínica	clinic
el consultorio	doctor's office
el/la dentista	dentist
el examen médico	physical exam
la farmacia	pharmacy
el hospital	hospital
la operación	operation
la sala de emergencia(s)	emergency room
el cuerpo	body
el oído	(sense of) hearing; inner ear
el accidente	accident
la salud	health
el síntoma	symptom
caerse	to fall (down)
darse con	to bump into; to run into
doler (o:ue)	to hurt
enfermarse	to get sick
estar enfermo/a	to be sick
lastimarse (el pie)	to injure (one's foot)
poner una inyección	to give an injection
recetar	to prescribe
romperse (la pierna)	to break (one's leg)
sacar(se) un diente	to have a tooth removed
sufrir una enfermedad	to suffer an illness
torcerse (o:ue) (el tobillo)	to sprain (one's ankle)
toser	to cough

Variación léxica

gripe	⟷	gripa (*Col., Gua., Méx.*)
resfriado	⟷	catarro (*Cuba, Esp., Gua.*)
sala de emergencia(s)	⟷	sala de urgencias (*Arg., Col., Esp., Méx.*)
romperse	⟷	quebrarse (*Arg., Gua.*)

recursos

WB pp. 109–110 | LM p. 55 | Ⓢ vhlcentral.com Lección 10

el corazón

el paciente

SALIDA

el ojo

la nariz

la cabeza

la doctora

la oreja

el cuello

la boca

la garganta

el estómago

el dedo

la rodilla

el dedo del pie

Síntomas y condiciones médicas

el dolor (de cabeza)	(head)ache; pain
la gripe	flu
la infección	infection
el resfriado	cold
la tos	cough
congestionado/a	congested
embarazada	pregnant
grave	grave; serious
mareado/a	dizzy; nauseated
médico/a	medical
saludable	healthy
sano/a	healthy
ser alérgico/a (a)	to be allergic (to)
tener dolor (m.)	to have pain
tener fiebre (f.)	to have a fever

la radiografía

el hueso

la enfermera

la paciente

Estornuda.

Toma la temperatura.

el brazo

la pierna

el tobillo

La medicina

el antibiótico	*antibiotic*
la aspirina	*aspirin*
el medicamento	*medication*
la pastilla	*pill*
la receta	*prescription*

Práctica

1 **Escuchar** 🎧 Escucha las preguntas y selecciona la respuesta más adecuada.

a. Tengo dolor de cabeza y fiebre.
b. No fui a la clase porque estaba (*I was*) enfermo.
c. Me caí la semana pasada jugando al tenis.
d. Debes ir a la farmacia.
e. Porque tengo gripe.
f. Sí, tengo mucha tos por las noches.
g. Lo llevaron directamente a la sala de emergencia.
h. No sé. Todavía tienen que tomarme la temperatura.

1. _____   3. _____   5. _____   7. _____
2. _____   4. _____   6. _____   8. _____

2 **Seleccionar** 🎧 Escucha la conversación entre Daniel y su doctor y selecciona la respuesta que mejor complete cada oración.

1. Daniel cree que tiene ____.
   a. gripe   b. un resfriado   c. la temperatura alta
2. A Daniel le duele la cabeza, estornuda, tose y ____.
   a. se cae   b. tiene fiebre   c. está congestionado
3. El doctor le ____.
   a. pone una inyección   b. toma la temperatura
   c. mira el oído
4. A Daniel no le gustan ____.
   a. las inyecciones   b. los antibióticos   c. las visitas al doctor
5. El doctor dice que Daniel tiene ____.
   a. gripe   b. un resfriado   c. fiebre
6. Después de la consulta Daniel va a ____.
   a. la sala de emergencia   b. la clínica   c. la farmacia

3 **Completar** Completa las oraciones con una palabra de la misma familia de la palabra subrayada. Usa la forma correcta de cada palabra.

1. Cuando <u>oyes</u> algo, usas el _____.
2. Cuando te <u>enfermas</u>, te sientes _____ y necesitas ir al consultorio para ver a la _____.
3. ¿Alguien _____? Creo que oí un <u>estornudo</u> (*sneeze*).
4. No puedo <u>arrodillarme</u> (*kneel down*) porque me lastimé la _____ en un accidente de coche.
5. ¿Vas al _____ para <u>consultar</u> al médico?
6. Si te rompes un <u>diente</u>, vas al _____.

4 **Contestar** Mira el dibujo y contesta las preguntas.

1. ¿Qué hace la doctora?
2. ¿Qué hay en la pared (*wall*)?
3. ¿Qué hace la enfermera?
4. ¿Qué hace el paciente?
5. ¿A quién le duele la garganta?
6. ¿Qué tiene la paciente?

5

Asociaciones Trabajen en parejas para identificar las partes del cuerpo que ustedes asocian con estas actividades. Sigan el modelo.

> **modelo**
>
> nadar
>
> **Estudiante 1:** Usamos los brazos para nadar.
> **Estudiante 2:** Usamos las piernas también.

1. hablar por teléfono
2. tocar el piano
3. correr en el parque
4. escuchar música
5. ver una película

6. toser
7. llevar zapatos
8. comprar perfume
9. estudiar biología
10. comer pollo asado

> **AYUDA**
>
> Remember that in Spanish, parts of the body are usually referred to with an article and not a possessive adjective: **Me duelen los pies.** The indirect object pronoun **me** is used to express the concept of *my*.

6

Cuestionario Contesta el cuestionario seleccionando las respuestas que reflejen mejor tus experiencias. Suma (*Add*) los puntos de cada respuesta y anota el resultado. Después, con el resto de la clase, compara y analiza los resultados del cuestionario y comenta lo que dicen de la salud y de los hábitos de todo el grupo.

¿Tienes buena salud?

27–30 puntos	Salud y hábitos excelentes
23–26 puntos	Salud y hábitos buenos
22 puntos o menos	Salud y hábitos problemáticos

1. ¿Con qué frecuencia te enfermas? (resfriados, gripe, etc.)
Cuatro veces por año o más. (1 punto)
Dos o tres veces por año. (2 puntos)
Casi nunca. (3 puntos)

2. ¿Con qué frecuencia tienes dolores de estómago o problemas digestivos?
Con mucha frecuencia. (1 punto)
A veces. (2 puntos)
Casi nunca. (3 puntos)

3. ¿Con qué frecuencia sufres de dolores de cabeza?
Frecuentemente. (1 punto)
A veces. (2 puntos)
Casi nunca. (3 puntos)

4. ¿Comes verduras y frutas?
No, casi nunca como verduras ni frutas. (1 punto)
Sí, a veces. (2 puntos)
Sí, todos los días. (3 puntos)

5. ¿Eres alérgico/a a algo?
Sí, a muchas cosas. (1 punto)
Sí, a algunas cosas. (2 puntos)
No. (3 puntos)

6. ¿Haces ejercicios aeróbicos?
No, casi nunca hago ejercicios aeróbicos. (1 punto)
Sí, a veces. (2 puntos)
Sí, con frecuencia. (3 puntos)

7. ¿Con qué frecuencia te haces un examen médico?
Nunca o casi nunca. (1 punto)
Cada dos años. (2 puntos)
Cada año y/o antes de empezar a practicar un deporte. (3 puntos)

8. ¿Con qué frecuencia vas al dentista?
Nunca voy al dentista. (1 punto)
Sólo cuando me duele un diente. (2 puntos)
Por lo menos una vez por año. (3 puntos)

9. ¿Qué comes normalmente por la mañana?
No como nada por la mañana. (1 punto)
Tomo una bebida dietética. (2 puntos)
Como cereal y fruta. (3 puntos)

10. ¿Con qué frecuencia te sientes mareado/a?
Frecuentemente. (1 punto)
A veces. (2 puntos)
Casi nunca. (3 puntos)

Comunicación

7

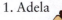

¿Qué les pasó? Trabajen en un grupo de dos o tres personas. Hablen de lo que les pasó y de cómo se sienten las personas que aparecen en los dibujos.

1. Adela

2. Francisco

3. Pilar

4. Pedro

5. Cristina

6. Félix

8

Un accidente Cuéntale a un(a) compañero/a de un accidente o una enfermedad que tuviste. Incluye información que conteste estas preguntas.

✔ ¿Qué ocurrió?

✔ ¿Dónde ocurrió?

✔ ¿Cuándo ocurrió?

✔ ¿Cómo ocurrió?

✔ ¿Quién te ayudó y cómo?

✔ ¿Tuviste algún problema después del accidente o después de la enfermedad?

✔ ¿Cuánto tiempo tuviste el problema?

9

Crucigrama Tu profesor(a) les va a dar a ti y a un(a) compañero/a un crucigrama (*crossword*) incompleto. Tú tienes las palabras que necesita tu compañero/a y él/ella tiene las palabras que tú necesitas. Tienen que darse pistas para completarlo. No pueden decir la palabra necesaria; deben utilizar definiciones, ejemplos y frases.

modelo

10 horizontal: La usamos para hablar.

14 vertical: Es el médico que examina los dientes.

¡Qué dolor!

Jimena no se siente bien y tiene que ir al doctor.

S Video: *Fotonovela*

ELENA ¿Cómo te sientes?

JIMENA Me duele un poco la garganta. Pero no tengo fiebre.

ELENA Creo que tienes un resfriado. Te voy a llevar a casa.

JIMENA Hola, don Diego. Gracias por venir.

DON DIEGO Fui a la farmacia. Aquí están las pastillas para el resfriado. Se debe tomar una cada seis horas con las comidas. Y no se deben tomar más de seis pastillas al día.

ELENA ¿Don Diego ya fue a la farmacia? ¿Cuánto tiempo hace que lo llamaste?

JIMENA Hace media hora. Ay, qué cosas, de niña apenas me enfermaba. No perdí ni un solo día de clases.

ELENA Yo tampoco.

ELENA Nunca tenía resfriados, pero me rompí el brazo dos veces. Mi hermana y yo estábamos paseando en bicicleta y casi me di con un señor que caminaba por la calle. Me caí y me rompí el brazo.

JIMENA ¿Qué es esto?

ELENA Es té de jengibre. Cuando me dolía el estómago, mi mamá siempre me hacía tomarlo. Se dice que es bueno para el dolor de estómago.

JIMENA Pero no me duele el estómago.

(*La Sra. Díaz llama a Jimena.*)

JIMENA Hola, mamá. Don Diego me trajo los medicamentos... ¿Al doctor? ¿Estás segura? Allá nos vemos. (*A Elena*) Mi mamá ya hizo una cita para mí con el Dr. Meléndez.

DON DIEGO   **SRA. DÍAZ**   **DR. MELÉNDEZ**

SRA. DÍAZ ¿Te pusiste un suéter anoche?

JIMENA No, mamá. Se me olvidó.

SRA. DÍAZ Doctor, esta jovencita salió anoche, se le olvidó ponerse un suéter y parece que le dio un resfriado.

DR. MELÉNDEZ Jimena, ¿cuáles son tus síntomas?

JIMENA Toso con frecuencia y me duele la garganta.

DR. MELÉNDEZ ¿Cuánto tiempo hace que tienes estos síntomas?

JIMENA Hace dos días que me duele la garganta.

DR. MELÉNDEZ Muy bien. Aquí no tienes infección. No tienes fiebre. Te voy a mandar algo para la garganta. Puedes ir por los medicamentos inmediatamente a la farmacia.

SRA. DÍAZ Doctor, ¿cómo está? ¿Es grave?

DR. MELÉNDEZ No, no es nada grave. Jimena, la próxima vez, escucha a tu mamá. ¡Tienes que usar suéter!

recursos

VM
pp. 19–20

vhlcentral.com
Lección 10

Expresiones útiles

Discussing medical conditions

¿Cómo te sientes?
How do you feel?
Me duele un poco la garganta.
My throat hurts a little.
No me duele el estómago.
My stomach doesn't hurt.
De niño/a apenas me enfermaba.
As a child, I rarely got sick.
¡Soy alérgico/a a chile!
I'm allergic to chili powder!

Discussing remedies

Se dice que el té de jengibre es bueno para el dolor de estómago.
They say ginger tea is good for stomachaches.
Aquí están las pastillas para el resfriado.
Here are the pills for your cold.
Se debe tomar una cada seis horas.
You should take one every six hours.

Expressions with **hacer**

Hace + [*period of time*] **que** + [*present /preterite*]
¿Cuánto tiempo hace que tienes estos síntomas?
How long have you had these symptoms?
Hace dos días que me duele la garganta.
My throat has been hurting for two days.
¿Cuánto tiempo hace que lo llamaste?
How long has it been since you called him?
Hace media hora.
It's been a half hour (since I called).

Additional vocabulary

canela *cinnamon*
miel *honey*
terco *stubborn*

¿Qué pasó?

1

¿Cierto o falso? Decide si lo que dicen estas oraciones sobre Jimena es **cierto** o **falso**. Corrige las oraciones falsas.

	Cierto	Falso
1. Dice que de niña apenas se enfermaba.	○	○
2. Tiene dolor de garganta y fiebre.	○	○
3. Olvidó ponerse un suéter anoche.	○	○
4. Hace tres días que le duele la garganta.	○	○
5. El doctor le dice que tiene una infección.	○	○

2

Identificar Identifica quién puede decir estas oraciones.

1. Como dice tu mamá, tienes que usar suéter.
2. Por pasear en bicicleta me rompí el brazo dos veces.
3. ¿Cuánto tiempo hace que toses y te duele la garganta?
4. Tengo cita con el Dr. Meléndez.
5. Dicen que el té de jengibre es muy bueno para los dolores de estómago.
6. Nunca perdí un día de clases porque apenas me enfermaba.

DR. MELÉNDEZ

ELENA

JIMENA

3

Ordenar Pon estos sucesos en el orden correcto.

a. Jimena va a ver al doctor. _____
b. El doctor le dice a la Sra. Díaz que no es nada serio. _____
c. Elena le habla a Jimena de cuando se rompió el brazo. _____
d. El doctor le receta medicamentos. _____
e. Jimena le dice a Elena que le duele la garganta. _____
f. Don Diego le trae a Jimena las pastillas para el resfriado. _____

4

En el consultorio Trabajen en parejas para representar los papeles de un(a) médico/a y su paciente. Usen las instrucciones como guía. ◄

AYUDA

Here are some useful expressions:
¿Cómo se lastimó...?
¿Qué le pasó?
¿Cuánto tiempo hace que...?
Tengo...
Estoy...
¿Es usted alérgico/a a algún medicamento?
Usted debe...

El/La médico/a	El/La paciente
Pregúntale al / a la paciente qué le pasó.	→ Dile que te caíste en casa. Describe tu dolor.
Pregúntale cuánto tiempo hace que se cayó.	→ Describe la situación. Piensas que te rompiste el dedo.
Mira el dedo. Debes recomendar un tratamiento (*treatment*) al / a la paciente.	→ Debes hacer preguntas al / a la médico/a sobre el tratamiento (*treatment*).

Ortografía

 Audio

El acento y las sílabas fuertes

In Spanish, written accent marks are used on many words. Here is a review of some of the principles governing word stress and the use of written accents.

as-pi-ri-na   **gri-pe**   **to-man**   **an-tes**

In Spanish, when a word ends in a vowel, **-n**, or **-s**, the spoken stress usually falls on the next-to-last syllable. Words of this type are very common and do not need a written accent.

a-sí   **in-glés**   **in-fec-ción**   **hé-ro-e**

When a word ends in a vowel, **-n**, or **-s**, and the spoken stress does *not* fall on the next-to-last syllable, then a written accent is needed.

hos-pi-tal   **na-riz**   **re-ce-tar**   **to-ser**

When a word ends in any consonant *other* than **-n** or **-s**, the spoken stress usually falls on the last syllable. Words of this type are very common and do not need a written accent.

lá-piz   **fút-bol**   **hués-ped**   **sué-ter**

When a word ends in any consonant *other* than **-n** or **-s** and the spoken stress does *not* fall on the last syllable, then a written accent is needed.

far-ma-cia   **bio-lo-gí-a**   **su-cio**   **frí-o**

Diphthongs (two weak vowels or a strong and weak vowel together) are normally pronounced as a single syllable. A written accent is needed when a diphthong is broken into two syllables.

sol   **pan**   **mar**   **tos**

Spanish words of only one syllable do not usually carry a written accent (unless it is to distinguish meaning: **se** and **sé**).

CONSULTA

In Spanish, **a**, **e**, and **o** are considered strong vowels while **i** and **u** are weak vowels. To review this concept, see **Lección 3**, **Pronunciación**, p. 77.

Práctica Busca las palabras que necesitan acento escrito y escribe su forma correcta.

1. sal-mon
2. ins-pec-tor
3. nu-me-ro
4. fa-cil
5. ju-go
6. a-bri-go
7. ra-pi-do
8. sa-ba-do
9. vez
10. me-nu
11. o-pe-ra-cion
12. im-per-me-a-ble
13. a-de-mas
14. re-ga-te-ar
15. an-ti-pa-ti-co
16. far-ma-cia
17. es-qui
18. pen-sion
19. pa-is
20. per-don

El ahorcado Juega al ahorcado (*hangman*) para adivinar las palabras.

1. __ l __ __ __ __ __ a   Vas allí cuando estás enfermo.
2. __ __ __ __ e __ c __ __ n   Se usa para poner una vacuna (*vaccination*).
3. __ __ d __ o __ __ __ __ __ a   Permite ver los huesos.
4. __ __ __ i __ o   Trabaja en un hospital.
5. a __ __ __ b __ __ __ __ __ __   Es una medicina.

Video: *Flash cultura*

Servicios de salud

¿Sabías que en los países hispanos no necesitas pagar por los servicios de salud? Ésta es una de las diferencias que hay entre países como los Estados Unidos y los países hispanos.

En la mayor parte de estos países, el gobierno ofrece servicios médicos muy baratos o gratuitos° a sus ciudadanos°. Los turistas y extranjeros también pueden tener acceso a los servicios médicos a bajo° costo. La Seguridad Social y organizaciones similares son las responsables de gestionar° estos servicios.

Naturalmente, esto no funciona igual° en todos los países. En Ecuador, México y Perú, la situación varía según las regiones. Los habitantes de las ciudades y pueblos grandes tienen acceso a más servicios médicos, mientras que quienes viven en pueblos remotos sólo cuentan con° pequeñas clínicas.

Por su parte, Costa Rica, Colombia, Cuba y España tienen sistemas de salud muy desarrollados°.

Cruz verde de farmacia en Madrid, España

En España, por ejemplo, la mayoría de la gente tiene acceso a ellos y en muchos casos son completamente gratuitos. Según un informe de la Organización Mundial de la Salud, el sistema de salud español ocupa uno de los primeros diez lugares del mundo. Esto se debe no sólo al buen funcionamiento° del sistema, sino también al nivel de salud general de la población. Impresionante, ¿no?

Consulta médica en la República Dominicana

Las farmacias

Farmacia de guardia: Las farmacias generalmente tienen un horario comercial. Sin embargo°, en cada barrio° hay una farmacia de guardia que abre las veinticuatro horas del día.

Productos farmacéuticos: Todavía hay muchas farmacias tradicionales que están más especializadas en medicinas y productos farmacéuticos. No venden una gran variedad de productos.

Recetas: Muchos medicamentos se venden sin receta médica. Los farmacéuticos aconsejan° a las personas sobre problemas de salud y les dan las medicinas.

Cruz° verde: En muchos países, las farmacias tienen como símbolo una cruz verde. Cuando la cruz verde está encendida°, la farmacia está abierta.

gratuitos *free (of charge)* **ciudadanos** *citizens* **bajo** *low*
gestionar *to manage* **igual** *in the same way* **cuentan con** *have*
desarrollados *developed* **funcionamiento** *operation*
Sin embargo *However* **barrio** *neighborhood* **aconsejan** *advise*
Cruz *Cross* **encendida** *lit (up)*

ACTIVIDADES

1 **¿Cierto o falso?** Indica si lo que dicen las oraciones es cierto o falso. Corrige la información falsa.

1. En los países hispanos los gobiernos ofrecen servicios de salud accesibles a sus ciudadanos.

2. En los países hispanos los extranjeros tienen que pagar mucho dinero por los servicios médicos.

3. El sistema de salud español es uno de los mejores del mundo.

4. Las farmacias de guardia abren sólo los sábados y domingos.

5. En los países hispanos las farmacias venden una gran variedad de productos.

6. Los farmacéuticos de los países hispanos aconsejan a los enfermos y venden algunas medicinas sin necesidad de receta.

7. En México y otros países, los pueblos remotos cuentan con grandes centros médicos.

8. Muchas farmacias usan una cruz verde como símbolo.

La salud

el chequeo (Esp., Méx.)	el examen médico
la droguería (Col.)	la farmacia
la herida	*injury; wound*
la píldora	la pastilla
los primeros auxilios	*first aid*
la sangre	*blood*

Remedios caseros° y plantas medicinales

- **Achiote°** En Suramérica se usa para curar inflamaciones de garganta. Las hojas° de achiote se cuecen° en agua, se cuelan° y se hacen gárgaras° con esa agua.

- **Ají** En Perú se usan cataplasmas° de las semillas° de ají para aliviar los dolores reumáticos y la tortícolis°.

- **Azúcar** En Nicaragua y otros países centroamericanos se usa el azúcar para detener° la sangre en pequeñas heridas.

- **Sábila (aloe vera)** En Latinoamérica, el jugo de las hojas de sábila se usa para reducir cicatrices°. Se recomienda aplicarlo sobre la cicatriz dos veces al día, durante varios meses.

Remedios caseros *Home remedies* Achiote *Annatto* hojas *leaves* se cuecen *are cooked* se cuelan *they are drained* gárgaras *gargles* cataplasmas *pastes* semillas *seeds* tortícolis *stiff neck* detener *to stop* cicatrices *scars*

Curanderos° y chamanes

¿Quieres ser doctor(a), juez(a)°, político/a o psicólogo/a? En algunas sociedades de las Américas **los curanderos** y **los chamanes** no tienen que escoger entre estas profesiones porque ellos son mediadores de conflictos y dan consejos a la comunidad. Su opinión es muy respetada.

Códice Florentino, México, siglo XVI

Desde las culturas antiguas° de las Américas muchas personas piensan que la salud del cuerpo y de la mente sólo puede existir si hay un equilibrio entre el ser humano y la naturaleza. Los curanderos y los chamanes son quienes cuidan este equilibrio.

Los curanderos se especializan más en enfermedades físicas, mientras que los chamanes están más

Cuzco, Perú

relacionados con los males° de la mente y el alma°. Ambos° usan plantas, masajes y rituales y sus conocimientos se basan en la tradición, la experiencia, la observación y la intuición.

Curanderos *Healers* juez(a) *judge* antiguas *ancient* males *illnesses* alma *soul* Ambos *Both*

Conexión Internet

¿Cuáles son algunos hospitales importantes del mundo hispano?

Go to vhlcentral.com to find more cultural information related to this **Cultura** section.

2 **Comprensión** Contesta las preguntas.
1. ¿Cómo se les llama a las farmacias en Colombia?
2. ¿Qué parte del achiote se usa para curar la garganta?
3. ¿Cómo se aplica la sábila para reducir cicatrices?
4. En algunas partes de las Américas, ¿quiénes mantienen el equilibrio entre el ser humano y la naturaleza?
5. ¿Qué usan los curanderos y chamanes para curar?

3 **¿Qué haces cuando tienes gripe?** Escribe cuatro oraciones sobre las cosas que haces cuando tienes gripe. Explica si vas al médico, si tomas medicamentos o si sigues alguna dieta especial. Después, comparte tu texto con un(a) compañero/a.

Practice more at **vhlcentral.com**.

recursos
VM pp. 91–92 | vhlcentral.com Lección 10

10.1 The imperfect tense Tutorial

ANTE TODO In **Lecciones 6–9,** you learned the preterite tense. You will now learn the imperfect, which describes past activities in a different way.

The imperfect of regular verbs

		cantar	beber	escribir
SINGULAR FORMS	yo	cant**aba**	beb**ía**	escrib**ía**
	tú	cant**abas**	beb**ías**	escrib**ías**
	Ud./él/ella	cant**aba**	beb**ía**	escrib**ía**
PLURAL FORMS	nosotros/as	cant**ábamos**	beb**íamos**	escrib**íamos**
	vosotros/as	cant**abais**	beb**íais**	escrib**íais**
	Uds./ellos/ellas	cant**aban**	beb**ían**	escrib**ían**

De niña apenas me enfermaba.

Cuando me dolía el estómago, mi mamá me daba té de jengibre.

▶ There are no stem changes in the imperfect.

entender (e:ie)

servir (e:i)

doler (o:ue)

Entendíamos japonés.
We used to understand Japanese.
El camarero les **servía** el café.
The waiter was serving them coffee.
A Javier le **dolía** el tobillo.
Javier's ankle was hurting.

▶ The imperfect form of **hay** is **había** *(there was; there were; there used to be).*

▶ **¡Atención! Ir, ser,** and **ver** are the only verbs that are irregular in the imperfect.

The imperfect of irregular verbs

		ir	ser	ver
SINGULAR FORMS	yo	**iba**	**era**	**veía**
	tú	**ibas**	**eras**	**veías**
	Ud./él/ella	**iba**	**era**	**veía**
PLURAL FORMS	nosotros/as	**íbamos**	**éramos**	**veíamos**
	vosotros/as	**ibais**	**erais**	**veíais**
	Uds./ellos/ellas	**iban**	**eran**	**veían**

Uses of the imperfect

CONSULTA

You will learn more about the contrast between the preterite and the imperfect in **Estructura 10.2**, pp. 322–323.

▶ As a general rule, the imperfect is used to describe actions that are seen by the speaker as incomplete or "continuing," while the preterite is used to describe actions that have been completed. The imperfect expresses what was happening at a certain time or how things used to be. The preterite, in contrast, expresses a completed action.

—¿Qué te **pasó**?
What happened to you?

—Me **torcí** el tobillo.
I sprained my ankle.

—¿Dónde **vivías** de niño?
Where did you live as a child?

—**Vivía** en San José.
I lived in San José.

▶ These expressions are often used with the imperfect because they express habitual or repeated actions: **de niño/a** (*as a child*), **todos los días** (*every day*), **mientras** (*while*).

Uses of the imperfect

1. **Habitual or repeated actions** . . . .   **Íbamos** al parque los domingos.
   We used to go to the park on Sundays.

2. **Events or actions that were in progress**   Yo **leía** mientras él **estudiaba**.
   I was reading while he was studying.

3. **Physical characteristics** . . . .   **Era** alto y guapo.
   He was tall and handsome.

4. **Mental or emotional states** . . . .   **Quería** mucho a su familia.
   He loved his family very much.

5. **Telling time** . . . .   **Eran** las tres y media.
   It was 3:30.

6. **Age** . . . .   Los niños **tenían** seis años.
   The children were six years old.

¡INTÉNTALO!   Indica la forma correcta de cada verbo en el imperfecto.

1. Mis hermanos _____veían_____ (ver) televisión todas las tardes.
2. Yo _____ (viajar) en el tren de las 3:30.
3. ¿Dónde _____ (vivir) Samuel de niño?
4. Tú _____ (hablar) con Javier.
5. Leonardo y yo _____ (correr) por el parque.
6. Ustedes _____ (ir) a la clínica.
7. Nadia _____ (bailar) merengue.
8. ¿Cuándo _____ (asistir) tú a clase de español?
9. Yo _____ (ser) muy feliz.
10. Nosotras _____ (comprender) las preguntas.

recursos

WB
pp. 111–112

LM
p. 57

vhlcentral.com
Lección 10

Práctica

1 **Completar** Primero, completa las oraciones con el imperfecto de los verbos. Luego, pon las oraciones en orden lógico y compáralas con las de un(a) compañero/a.

   a. El doctor dijo que no _____ (ser) nada grave. _____

   b. El doctor _____ (querer) ver la nariz del niño. _____

   c. Su mamá _____ (estar) dibujando cuando Miguelito entró llorando. _____

   d. Miguelito _____ (tener) la nariz hinchada (*swollen*). Fueron al hospital. _____

   e. Miguelito no _____ (ir) a jugar más. Ahora quería ir a casa a descansar. _____

   f. Miguelito y sus amigos _____ (jugar) al béisbol en el patio. _____

   g. _____ (Ser) las dos de la tarde. _____

   h. Miguelito le dijo a la enfermera que _____ (dolerle) la nariz. _____

2 **Transformar** Forma oraciones completas para describir lo que hacían Julieta y César. Usa las formas correctas del imperfecto y añade todas las palabras necesarias.

   1. Julieta y César / ser / paramédicos

   2. trabajar / juntos y / llevarse / muy bien

   3. cuando / haber / accidente, / siempre / analizar / situación / con cuidado

   4. preocuparse / mucho / por / pacientes

   5. si / paciente / tener / mucho / dolor, / ponerle / inyección

3 **En la escuela de medicina** Usa los verbos de la lista para completar las oraciones con las formas correctas del imperfecto. Algunos verbos se usan más de una vez.

caerse	enfermarse	ir	querer	tener
comprender	estornudar	pensar	sentirse	tomar
doler	hacer	poder	ser	toser

   1. Cuando Javier y Victoria _____ estudiantes de medicina, siempre _____ que ir al médico.

   2. Cada vez que él _____ un examen, a Javier le _____ mucho la cabeza.

   3. Cuando Victoria _____ ejercicios aeróbicos, siempre _____ mareada.

   4. Todas las primaveras, Javier _____ mucho porque es alérgico al polen.

   5. Victoria también _____ de su bicicleta camino a la escuela.

   6. Después de comer en la cafetería, a Victoria siempre le _____ el estómago.

   7. Javier _____ ser médico para ayudar a los demás.

   8. Pero no _____ por qué él _____ con tanta frecuencia.

   9. Cuando Victoria _____ fiebre, no _____ ni leer el termómetro.

  10. A Javier _____ los dientes, pero nunca _____ ir al dentista.

  11. Victoria _____ mucho cuando _____ congestionada.

  12. Javier y Victoria _____ que nunca _____ a graduarse.

Practice more at **vhlcentral.com**.

Comunicación

4 **Entrevista** Trabajen en parejas. Un(a) estudiante usa estas preguntas para entrevistar a su compañero/a. Luego compartan los resultados de la entrevista con la clase.

1. Cuando eras estudiante de primaria, ¿te gustaban tus profesores/as?
2. ¿Veías mucha televisión cuando eras niño/a?
3. Cuando tenías diez años, ¿cuál era tu programa de televisión favorito?
4. Cuando eras niño/a, ¿qué hacía tu familia durante las vacaciones?
5. ¿Cuántos años tenías en 2010?
6. Cuando estabas en el quinto año escolar, ¿qué hacías con tus amigos/as?
7. Cuando tenías once años, ¿cuál era tu grupo musical favorito?
8. Antes de tomar esta clase, ¿sabías hablar español?

5 **Describir** En parejas, túrnense para describir cómo eran sus vidas cuando eran niños. Pueden usar las sugerencias de la lista u otras ideas. Luego informen a la clase sobre la vida de su compañero/a.

modelo

De niña, mi familia y yo siempre íbamos a Tortuguero. Tomábamos un barco desde Limón, y por las noches mirábamos las tortugas (*turtles*) en la playa. Algunas veces teníamos suerte, porque las tortugas venían a poner (*lay*) huevos. Otras veces, volvíamos al hotel sin ver ninguna tortuga.

- las vacaciones
- ocasiones especiales
- qué hacías durante el verano
- celebraciones con tus amigos/as
- celebraciones con tu familia
- cómo era tu escuela
- cómo eran tus amigos/as
- los viajes que hacías
- a qué jugabas
- qué hacías cuando te sentías enfermo/a

Síntesis

6 **En el consultorio** Tu profesor(a) te va a dar una lista incompleta con los pacientes que fueron al consultorio del doctor Donoso ayer. En parejas, conversen para completar sus listas y saber a qué hora llegaron las personas al consultorio y cuáles eran sus problemas.

10.2 # The preterite and the imperfect **Tutorial**

ANTE TODO Now that you have learned the forms of the preterite and the imperfect, you will learn more about how they are used. The preterite and the imperfect are not interchangeable. In Spanish, the choice between these two tenses depends on the context and on the point of view of the speaker.

> Me rompí el brazo cuando estaba paseando en bicicleta.

> Tenía dolor de cabeza, pero me tomé una aspirina y se me fue.

COMPARE & CONTRAST

Use the preterite to...

1. Express actions that are viewed by the speaker as completed

   Sandra **se rompió** la pierna.
   Sandra broke her leg.

   Fueron a Buenos Aires ayer.
   They went to Buenos Aires yesterday.

2. Express the beginning or end of a past action

   La película **empezó** a las nueve.
   The movie began at nine o'clock.

   Ayer **terminé** el proyecto para la clase de química.
   Yesterday I finished the project for chemistry class.

3. Narrate a series of past actions or events

   La doctora me **miró** los oídos, me **hizo** unas preguntas y **escribió** la receta.
   The doctor looked in my ears, asked me some questions, and wrote the prescription.

   Me di con la mesa, **me caí** y **me lastimé** el pie.
   I bumped into the table, I fell, and I injured my foot.

Use the imperfect to...

1. Describe an ongoing past action with no reference to its beginning or end

   Sandra **esperaba** al doctor.
   Sandra was waiting for the doctor.

   El médico **se preocupaba** por sus pacientes.
   The doctor worried about his patients.

2. Express habitual past actions and events

   Cuando **era** joven, **jugaba** al tenis.
   When I was young, I used to play tennis.

   De niño, Eduardo **se enfermaba** con mucha frecuencia.
   As a child, Eduardo used to get sick very frequently.

3. Describe physical and emotional states or characteristics

   La chica **quería** descansar. **Se sentía** mal y **tenía** dolor de cabeza.
   The girl wanted to rest. She felt ill and had a headache.

   Ellos **eran** altos y **tenían** ojos verdes.
   They were tall and had green eyes.

   Estábamos felices de ver a la familia.
   We were happy to see our family.

AYUDA

These words and expressions, as well as similar ones, commonly occur with the preterite: **ayer, anteayer, una vez, dos veces, tres veces, el año pasado, de repente**.
They usually imply that an action has happened at a specific point in time. For a review, see **Estructura 6.3**, p. 191.

AYUDA

These words and expressions, as well as similar ones, commonly occur with the imperfect: **de niño/a, todos los días, mientras, siempre, con frecuencia, todas las semanas**.
They usually express habitual or repeated actions in the past.

▶ The preterite and the imperfect often appear in the same sentence. In such cases, the imperfect describes what *was happening*, while the preterite describes the action that "interrupted" the ongoing activity.

Miraba la tele cuando **sonó** el teléfono.
I was watching TV when the phone rang.

Felicia **leía** el periódico cuando **llegó** Ramiro.
Felicia was reading the newspaper when Ramiro arrived.

▶ You will also see the preterite and the imperfect together in narratives such as fiction, news, and the retelling of events. The imperfect provides background information, such as time, weather, and location, while the preterite indicates the specific events that occurred.

Eran las dos de la mañana y el detective ya no **podía** mantenerse despierto. **Se bajó** lentamente del coche, **estiró** las piernas y **levantó** los brazos hacia el cielo oscuro.
It was two in the morning, and the detective could no longer stay awake. He slowly stepped out of the car, stretched his legs, and raised his arms toward the dark sky.

La luna **estaba** llena y no **había** en el cielo ni una sola nube. De repente, el detective **escuchó** un grito espeluznante proveniente del parque.
The moon was full and there wasn't a single cloud in the sky. Suddenly, the detective heard a piercing scream coming from the park.

Un médico colombiano desarrolló una vacuna contra la malaria

En 1986, el doctor colombiano Manuel Elkin Patarroyo creó la primera vacuna sintética para combatir la malaria. Esta enfermedad parecía haberse erradicado hacía décadas en muchas partes del mundo. Sin embargo, justo cuando Patarroyo terminó de elaborar la inmunización, los casos de malaria empezaban a aumentar de nuevo. En mayo de 1993, el doctor colombiano cedió la patente de la vacuna a la Organización Mundial de la Salud en nombre de Colombia. Los grandes laboratorios farmacéuticos presionaron a la OMS porque querían la vacuna. Las presiones no tuvieron éxito y, en 1995, el doctor Patarroyo y la OMS pactaron continuar con el acuerdo inicial: la vacuna seguía siendo propiedad de la OMS.

¡INTÉNTALO! Elige el pretérito o el imperfecto para completar la historia. Explica por qué se usa ese tiempo verbal en cada ocasión.

1. _____Eran_____ (Fueron/Eran) las doce.
2. _____ (Hubo/Había) mucha gente en la calle.
3. A las doce y media, Tomás y yo _____ (entramos/entrábamos) en el restaurante Tárcoles.
4. Todos los días yo _____ (almorcé/almorzaba) con Tomás al mediodía.
5. El camarero _____ (llegó/llegaba) inmediatamente con el menú.
6. Nosotros _____ (empezamos/empezábamos) a leerlo.
7. Yo _____ (pedí/pedía) el pescado.
8. De repente, el camarero _____ (volvió/volvía) a nuestra mesa.
9. Y nos _____ (dio/daba) una mala noticia.
10. Desafortunadamente, no _____ (tuvieron/tenían) más pescado.
11. Por eso Tomás y yo _____ (decidimos/decidíamos) comer en otro lugar.
12. _____ (Llovió/Llovía) mucho cuando _____ (salimos/salíamos) del restaurante.
13. Así que _____ (regresamos/regresábamos) al restaurante Tárcoles.
14. Esta vez, _____ (pedí/pedía) arroz con pollo.

recursos

WB
pp. 113–116

LM
p. 58

S
vhlcentral.com
Lección 10

Práctica

1

En el periódico Completa esta noticia con las formas correctas del pretérito o el imperfecto.

Un accidente trágico

Ayer temprano por la mañana (1)_____ (haber) un trágico accidente en el centro de San José cuando el conductor de un autobús no (2)_____ (ver) venir un carro. La mujer que (3)_____ (manejar) el carro (4)_____ (morir) al instante y los paramédicos (5)_____ (tener) que llevar al pasajero al hospital porque (6)_____ (sufrir) varias fracturas. El conductor del autobús (7)_____ (decir) que no (8)_____ (ver) el carro hasta el último momento porque (9)_____ (estar) muy nublado y (10)_____ (llover). Él (11)_____ (intentar) (*to attempt*) dar un viraje brusco (*to swerve*), pero (12)_____ (perder) el control del autobús y no (13)_____ (poder) evitar (*to avoid*) el accidente. Según nos informaron, no (14)_____ (lastimarse) ningún pasajero del autobús.

AYUDA

Reading Spanish-language newspapers is a good way to practice verb tenses. You will find that both the imperfect and the preterite occur with great regularity. Many newsstands carry international papers, and many Spanish-language newspapers (such as Spain's *El País*, Mexico's *Reforma*, and Argentina's *Clarín*) are on the Web.

2

Seleccionar Utiliza el tiempo verbal adecuado, según el contexto.

1. La semana pasada, Manolo y Aurora _____ (querer) dar una fiesta. _____ (Decidir) invitar a seis amigos y servirles mucha comida.

2. Manolo y Aurora _____ (estar) preparando la comida cuando Elena _____ (llamar). Como siempre, _____ (tener) que estudiar para un examen.

3. A las seis, _____ (volver) a sonar el teléfono. Su amigo Francisco tampoco _____ (poder) ir a la fiesta, porque _____ (tener) fiebre. Manolo y Aurora _____ (sentirse) muy tristes, pero _____ (tener) que preparar la comida.

4. Después de otros quince minutos, _____ (sonar) el teléfono. Sus amigos, los señores Vega, _____ (estar) en camino (*en route*) al hospital: a su hijo le _____ (doler) mucho el estómago. Sólo dos de los amigos _____ (poder) ir a la cena.

5. Por supuesto, _____ (ir) a tener demasiada comida. Finalmente, cinco minutos antes de las ocho, _____ (llamar) Ramón y Javier. Ellos _____ (pensar) que la fiesta _____ (ser) la próxima semana.

6. Tristes, Manolo y Aurora _____ (sentarse) a comer solos. Mientras _____ (comer), pronto _____ (llegar) a la conclusión de que _____ (ser) mejor estar solos: ¡La comida _____ (estar) malísima!

3

Completar Completa las frases de una manera lógica. Usa el pretérito o el imperfecto. En parejas, comparen sus respuestas.

1. De niño/a, yo...
2. Yo conducía el auto mientras...
3. Anoche mi novio/a...
4. Ayer el/la profesor(a)...
5. La semana pasada un(a) amigo/a...
6. Con frecuencia mis padres...
7. Esta mañana en la cafetería...
8. Hablábamos con el doctor cuando...

Comunicación

4

Entrevista Usa estas preguntas para entrevistar a un(a) compañero/a acerca de su primer(a) novio/a. Si quieres, puedes añadir otras preguntas.

1. ¿Quién fue tu primer(a) novio/a?
2. ¿Cuántos años tenías cuando lo/la conociste?
3. ¿Cómo era él/ella?
4. ¿Qué le gustaba hacer? ¿Tenían ustedes los mismos pasatiempos?
5. ¿Por cuánto tiempo salieron ustedes?
6. ¿Adónde iban cuando salían?
7. ¿Pensaban casarse?
8. ¿Cuándo y por qué rompieron?

5

La sala de emergencias En parejas, miren la lista e inventen qué les pasó a estas personas que están en la sala de emergencias.

modelo

> Eran las tres de la tarde. Como todos los días, Pablo jugaba al fútbol con sus amigos. Estaba muy contento. De repente, se cayó y se rompió el brazo. Entonces fue a la sala de emergencias.

Paciente	Edad	Hora	Estado
1. Pablo Romero	9 años	15:20	hueso roto (el brazo)
2. Estela Rodríguez	45 años	15:25	tobillo torcido
3. Lupe Quintana	29 años	15:37	embarazada, dolores
4. Manuel López	52 años	15:45	infección de garganta
5. Marta Díaz	3 años	16:00	congestión, fiebre
6. Roberto Salazar	32 años	16:06	dolor de oído
7. Marco Brito	18 años	16:18	daño en el cuello, posible fractura
8. Ana María Ortiz	66 años	16:29	reacción alérgica a un medicamento

6

Situación Anoche alguien robó (*stole*) el examen de la **Lección 10** de la oficina de tu profesor(a) y tú tienes que averiguar quién lo hizo. Pregúntales a tres compañeros dónde estaban, con quién estaban y qué hicieron entre las ocho y las doce de la noche.

Síntesis

7

La primera vez En grupos, cuéntense cómo fue la primera vez que les pusieron una inyección, se rompieron un hueso, pasaron la noche en un hospital, estuvieron mareados/as, etc. Incluyan estos datos en su conversación: una descripción del tiempo que hacía, sus edades, qué pasó y cómo se sentían.

10.3   Constructions with se Tutorial

ANTE TODO   In **Lección 7,** you learned how to use **se** as the third person reflexive pronoun (**Él se despierta. Ellos se visten. Ella se baña.**). **Se** can also be used to form constructions in which the person performing the action is not expressed or is de-emphasized.

Impersonal constructions with se

▶ In Spanish, verbs that are not reflexive can be used with **se** to form impersonal constructions. These are statements in which the person performing the action is not defined.

Se habla español en Costa Rica.   **Se puede leer** en la sala de espera.
Spanish is spoken in Costa Rica.   *You can read in the waiting room.*

Se hacen operaciones aquí.   **Se necesitan** medicinas enseguida.
They perform operations here.   *They need medicine right away.*

▶ **¡Atención!** Note that the third person singular verb form is used with singular nouns and the third person plural form is used with plural nouns.

Se vende ropa.   **Se venden** camisas.

▶ You often see the impersonal **se** in signs, advertisements, and directions.

SE PROHÍBE NADAR

Se necesitan programadores
Grupo Tecno
Tel. 778-34-34

ENTRADA

Se entra por la izquierda

Se for unplanned events

¿Te pusiste un suéter anoche?

No, mamá. Se me olvidó.

▶ **Se** also describes accidental or unplanned events. In this construction, the person who performs the action is de-emphasized, implying that the accident or unplanned event is not his or her direct responsibility. Note this construction.

se + [**INDIRECT OBJECT PRONOUN**] + [**VERB**] + [**SUBJECT**]

Se   me   cayó   la pluma.

▶ In this type of construction, what would normally be the direct object of the sentence becomes the subject, and it agrees with the verb, not with the indirect object pronoun.

I.O. PRONOUN	VERB		SUBJECT
Se	me, te, le, nos, os, les	quedó / cayó / dañó → SINGULAR	la receta. / la taza. / el radio.
		rompieron / olvidaron / perdieron → PLURAL	las botellas. / las pastillas. / las llaves.

▶ These verbs are the ones most frequently used with **se** to describe unplanned events.

Verbs commonly used with se

caer	to fall; to drop	perder (e:ie)	to lose
dañar	to damage; to break down	quedar	to be left behind
olvidar	to forget	romper	to break

Se me perdió el teléfono de la farmacia.
I lost the pharmacy's phone number.

Se nos olvidaron los pasajes.
We forgot the tickets.

▶ **¡Atención!** While Spanish has a verb for *to fall* (**caer**), there is no direct translation for *to drop*. **Dejar caer** (*To let fall*) or a **se** construction is often used to mean *to drop*.

El médico **dejó caer** la aspirina.
The doctor dropped the aspirin.

A mí **se me cayeron** los cuadernos.
I dropped the notebooks.

CONSULTA

For an explanation of prepositional pronouns, refer to **Estructura 9.4**, p. 294.

▶ To clarify or emphasize who the person involved in the action is, this construction commonly begins with the preposition **a** + [*noun*] or **a** + [*prepositional pronoun*].

Al paciente se le perdió la receta.
The patient lost his prescription.

A ustedes se les quedaron los libros en casa.
You left the books at home.

 ¡INTÉNTALO!   Completa las oraciones con **se** impersonal y los verbos en presente.

A

1. <u>Se enseñan</u>   (enseñar) cinco lenguas en esta universidad.
2. _____ (comer) muy bien en Las Delicias.
3. _____ (vender) muchas camisetas allí.
4. _____ (servir) platos exquisitos cada noche.

Completa las oraciones con **se** y los verbos en pretérito.

B

1. <u>Se me rompieron</u> (*I broke*) las gafas.
2. _____ (*You* (fam., sing.) *dropped*) las pastillas.
3. _____ (*They lost*) la receta.
4. _____ (*You* (form., sing.) *left*) aquí la radiografía.

recursos

WB
pp. 117–118

LM
p. 59

S
vhlcentral.com
Lección 10

Práctica

1   **¿Cierto o falso?** Lee estas oraciones sobre la vida en 1901. Indica si lo que dice cada oración es **cierto** o **falso**. Luego corrige las oraciones falsas.

1. Se veía mucha televisión.
2. Se escribían muchos libros.
3. Se viajaba mucho en tren.
4. Se montaba a caballo.
5. Se mandaba correo electrónico.
6. Se preparaban comidas en casa.
7. Se llevaban minifaldas.
8. Se pasaba mucho tiempo con la familia.

2   **Traducir** Traduce estos letreros (*signs*) y anuncios al español.

1. Nurses needed
2. Eating and drinking prohibited
3. Programmers sought
4. English is spoken
5. Computers sold
6. No talking
7. Teacher needed
8. Books sold
9. Do not enter
10. Spanish is spoken

3   **¿Qué pasó?** Mira los dibujos e indica lo que pasó en cada uno.

1. camarero / pastel

2. Sr. Álvarez / espejo

3. Arturo / tarea

4. Sra. Domínguez / llaves

5. Carla y Lupe / botellas de vino

6. Juana / platos

 Practice more at **vhlcentral.com**.

Comunicación

4

¿Distraído/a yo? Trabajen en parejas y usen estas preguntas para averiguar cuál de los/las dos es más distraído/a (*absentminded*).

¿Alguna vez…

1. se te olvidó invitar a alguien a una fiesta o comida? ¿A quién?
2. se te quedó algo importante en la casa? ¿Qué?
3. se te perdió algo importante durante un viaje? ¿Qué?
4. se te rompió algo muy caro? ¿Qué?

¿Sabes...

5. si se permite el ingreso (*admission*) de perros al parque cercano a la universidad?
6. si en el supermercado se aceptan cheques?
7. dónde se arreglan zapatos y botas?
8. qué se sirve en la cafetería de la universidad los lunes?

5

Opiniones En parejas, terminen cada oración con ideas originales. Después, comparen los resultados con la clase para ver qué pareja tuvo las mejores ideas.

1. No se tiene que dejar propina cuando…
2. Antes de viajar, se debe…
3. Si se come bien, …
4. Para tener una vida sana, se debe...
5. Se sirve la mejor comida en…
6. Se hablan muchas lenguas en…

Síntesis

6

Anuncios En grupos, preparen dos anuncios de televisión para presentar a la clase. Usen el imperfecto y por lo menos dos construcciones con **se** en cada uno.

modelo

Se me cayeron unos libros en el pie y me dolía mucho. Pero ahora no, gracias a SuperAspirina 500. ¡Dos pastillas y se me fue el dolor! Se puede comprar SuperAspirina 500 en todas las farmacias Recetamax.

10.4 Adverbs Tutorial

ANTE TODO Adverbs are words that describe how, when, and where actions take place. They can modify verbs, adjectives, and even other adverbs. In previous lessons, you have already learned many Spanish adverbs, such as the ones below.

aquí	hoy	nunca
ayer	mal	siempre
bien	muy	temprano

▶ The most common adverbs end in **-mente**, equivalent to the English ending *-ly*.

verdaderamente *truly, really*   **generalmente** *generally*   **simplemente** *simply*

▶ To form these adverbs, add **-mente** to the feminine form of the adjective. If the adjective does not have a special feminine form, just add **-mente** to the standard form. **¡Atención!** Adjectives do not lose their accents when adding **-mente**.

ADJECTIVE	FEMININE FORM	SUFFIX	ADVERB
seguro	segura	-mente	seguramente
fabuloso	fabulosa	-mente	fabulosamente
enorme		-mente	enormemente
fácil		-mente	fácilmente

▶ Adverbs that end in **-mente** generally follow the verb, while adverbs that modify an adjective or another adverb precede the word they modify.

Maira dibuja **maravillosamente**.
Maira draws wonderfully.

Sergio está **casi siempre** ocupado.
Sergio is almost always busy.

Common adverbs and adverbial expressions

a menudo	*often*	**así**	*like this; so*	**menos**	*less*
a tiempo	*on time*	**bastante**	*enough; rather*	**muchas veces**	*a lot; many times*
a veces	*sometimes*	**casi**	*almost*		
además (de)	*furthermore; besides*	**con frecuencia**	*frequently*	**poco**	*little*
				por lo menos	*at least*
apenas	*hardly; scarcely*	**de vez en cuando**	*from time to time*	**pronto**	*soon*
		despacio	*slowly*	**rápido**	*quickly*

¡ATENCIÓN!

When a sentence contains two or more adverbs in sequence, the suffix **-mente** is dropped from all but the last adverb.

Ex: **El médico nos habló simple y abiertamente.** *The doctor spoke to us simply and openly.*

¡ATENCIÓN!

Rápido functions as an adjective (**Ella tiene una computadora rápida.**) as well as an adverb (**Ellas corren rápido.**). Note that as an adverb, **rápido** does not need to agree with any other word in the sentence. You can also use the adverb **rápidamente** (**Ella corre rápidamente.**).

¡INTÉNTALO! Transforma los adjetivos en adverbios.

1. alegre _alegremente_
2. constante _____
3. gradual _____
4. perfecto _____
5. real _____
6. frecuente _____
7. tranquilo _____
8. regular _____
9. maravilloso _____
10. normal _____
11. básico _____
12. afortunado _____

recursos

WB
pp. 119–120

LM
p. 60

vhlcentral.com
Lección 10

Práctica

1

Escoger Completa la historia con los adverbios adecuados.

1. La cita era a las dos, pero llegamos _____. (menos, nunca, tarde)
2. El problema fue que _____ se nos dañó el despertador. (aquí, ayer, despacio)
3. La recepcionista no se enojó porque sabe que normalmente llego _____. (a veces, a tiempo, poco)
4. _____ el doctor estaba listo. (Por lo menos, Muchas veces, Casi)
5. _____ tuvimos que esperar cinco minutos. (Así, Además, Apenas)
6. El doctor dijo que nuestra hija Irene necesitaba cambiar su rutina diaria _____. (temprano, menos, inmediatamente)
▶ 7. El doctor nos explicó _____ las recomendaciones del Cirujano General (*Surgeon General*) sobre la salud de los jóvenes. (de vez en cuando, bien, apenas)
8. _____ nos dijo que Irene estaba bien, pero tenía que hacer más ejercicio y comer mejor. (Bastante, Afortunadamente, A menudo)

NOTA CULTURAL

La doctora Antonia Novello, de Puerto Rico, fue la primera mujer y la primera hispana en tomar el cargo de **Cirujana General** de los Estados Unidos (1990–1993).

Comunicación

2

Aspirina Lee el anuncio y responde a las preguntas con un(a) compañero/a.

No hay tiempo para el dolor de cabeza.

Si tienes prisa, o simplemente quieres que tu dolor de cabeza se vaya muy pronto, piensa en Capalivia. Se asimila mejor y actúa rápidamente. Ya no se puede perder tiempo por un dolor de cabeza.

ASPIRINA masticable

1. ¿Cuáles son los adverbios que aparecen en el anuncio?
2. Según el anuncio, ¿cuáles son las ventajas (*advantages*) de este tipo de aspirina?
3. ¿Tienen ustedes dolores de cabeza? ¿Qué toman para curarlos?
4. ¿Qué medicamentos ven con frecuencia en los anuncios de televisión? Escriban descripciones de varios de estos anuncios. Usen adverbios en sus descripciones.

 Practice more at **vhlcentral.com**.

Recapitulación

S **Diagnostics**

Completa estas actividades para repasar los conceptos de gramática que aprendiste en esta lección.

1 **Completar** Completa el cuadro con la forma correcta del imperfecto. **24 pts.**

yo/Ud./él/ella	tú	nosotros	Uds./ellos/ellas
era			
	cantabas		
		veníamos	
			querían

2 **Adverbios** Escoge el adverbio correcto de la lista para completar estas oraciones. Lee con cuidado las oraciones; los adverbios sólo se usan una vez. No vas a usar uno de los adverbios. **16 pts.**

a menudo	apenas	fácilmente
a tiempo	casi	maravillosamente
además	despacio	por lo menos

1. Pablito se cae _____; un promedio (*average*) de cuatro veces por semana.

2. No me duele nada y no sufro de ninguna enfermedad; me siento _____ bien.

3. —Doctor, ¿cómo supo que tuve una operación de garganta?
   —Muy _____, lo leí en su historial médico (*medical history*).

4. ¿Le duele mucho la espalda (*back*)? Entonces tiene que levantarse _____.

5. Ya te sientes mucho mejor, ¿verdad? Mañana puedes volver al trabajo; tu temperatura es _____ normal.

6. Es importante hacer ejercicio con regularidad, _____ tres veces a la semana.

7. El examen médico no comenzó ni tarde ni temprano. Comenzó _____, a las tres de la tarde.

8. Parece que ya te estás curando del resfriado. _____ estás congestionada.

RESUMEN GRAMATICAL

10.1 **The imperfect tense** *pp. 318–319*

The imperfect of regular verbs

cantar	beber	escribir
cantaba	bebía	escribía
cantabas	bebías	escribías
cantaba	bebía	escribía
cantábamos	bebíamos	escribíamos
cantabais	bebíais	escribíais
cantaban	bebían	escribían

► There are no stem changes in the imperfect:
entender (e:ie) → entendía; servir (e:i) → servía; doler (o:ue) → dolía

► The imperfect of **hay** is **había**.

► Only three verbs are irregular in the imperfect.
ir: iba, ibas, iba, íbamos, ibais, iban
ser: era, eras, era, éramos, erais, eran
ver: veía, veías, veía, veíamos, veíais, veían

10.2 **The preterite and the imperfect** *pp. 322–323*

Preterite	Imperfect
1. Completed actions **Fueron** a Buenos Aires ayer.	1. Ongoing past action Usted **miraba** el fútbol.
2. Beginning or end of past action La película **empezó** a las nueve.	2. Habitual past actions Todos los domingos yo **visitaba** a mi abuela.
3. Series of past actions or events **Me caí** y **me lastimé** el pie.	3. Description of states or characteristics Ella **era** alta. **Quería** descansar.

10.3 **Constructions with se** *pp. 326–327*

Impersonal constructions with se

Se	prohíbe fumar.
	habla español.
	hablan varios idiomas.

3 **Un accidente** Escoge el imperfecto o el pretérito según el contexto para completar esta conversación. **20 pts.**

NURIA Hola, Felipe. ¿Estás bien? ¿Qué es eso? ¿(1) (Te lastimaste/Te lastimabas) el pie?

FELIPE Ayer (2) (tuve/tenía) un pequeño accidente.

NURIA Cuéntame. ¿Cómo (3) (pasó/pasaba)?

FELIPE Bueno, (4) (fueron/eran) las cinco de la tarde y (5) (llovió/llovía) mucho cuando (6) (salí/salía) de la casa en mi bicicleta. No (7) (vi/veía) a una chica que (8) (caminó/caminaba) en mi dirección, y los dos (9) (nos caímos/nos caíamos) al suelo (*ground*).

NURIA Y la chica, ¿está bien ella?

FELIPE Sí. Cuando llegamos al hospital, ella sólo (10) (tuvo/tenía) dolor de cabeza.

Se for unplanned events		
Se	me, te, le, nos, os, les	cayó la taza.
		dañó el radio.
		rompieron las botellas.
		olvidaron las llaves.

10.4 **Adverbs** *p. 330*

Formation of adverbs		
fácil	→	fácilmente
seguro	→	seguramente
verdadero	→	verdaderamente

4 **Oraciones** Escribe oraciones con **se** a partir de los elementos dados (*given*). Usa el tiempo especificado entre paréntesis y añade pronombres cuando sea necesario. **10 pts.**

> **modelo**
> Carlos / quedar / la tarea en casa (pretérito)
> A Carlos se le quedó la tarea en casa.

1. en la farmacia / vender / medicamentos (presente)

2. ¿(tú) / olvidar / las llaves / otra vez? (pretérito)

3. (yo) / dañar / la computadora (pretérito)

4. en esta clase / prohibir / hablar inglés (presente)

5. ellos / romper / las gafas / en el accidente (pretérito)

5 **En la consulta** Escribe al menos cinco oraciones sobre tu última visita al médico. Incluye cinco verbos en pretérito y cinco en imperfecto. Habla de qué te pasó, cómo te sentías, cómo era el/la doctor(a), qué te dijo, etc. Usa tu imaginación. **30 pts.**

6 **Refrán** Completa el refrán con las palabras que faltan. **¡4 puntos EXTRA!**

❝Lo que _____ (*well*) se aprende, nunca _____ pierde.❞

 Practice more at **vhlcentral.com.**

Lectura

Antes de leer

Estrategia

Activating background knowledge

Using what you already know about a particular subject will often help you better understand a reading selection. For example, if you read an article about a recent medical discovery, you might think about what you already know about health in order to understand unfamiliar words or concepts.

Examinar el texto

Utiliza las estrategias de lectura que tú consideras más efectivas para hacer algunas observaciones preliminares acerca del texto. Después trabajen en parejas para comparar sus observaciones acerca del texto. Luego contesten estas preguntas:

- Analicen el formato del texto: ¿Qué tipo de texto es? ¿Dónde creen que se publicó este artículo?
- ¿Quiénes son Carla Baron y Tomás Monterrey?
- Miren la foto del libro. ¿Qué sugiere el título del libro sobre su contenido?

Conocimiento previo

Ahora piensen en su conocimiento previo° sobre el cuidado de la salud en los viajes. Consideren estas preguntas:

- ¿Viajaron alguna vez a otro estado o a otro país?
- ¿Tuvieron problemas durante sus viajes con el agua, la comida o el clima del lugar?
- ¿Olvidaron poner en su maleta algún medicamento que después necesitaron?
- Imaginen que su compañero/a se va de viaje. Díganle por lo menos cinco cosas que debe hacer para prevenir cualquier problema de salud.

conocimiento previo *background knowledge*

Libro de la semana

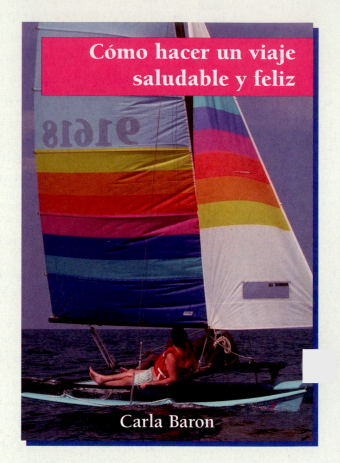

Cómo hacer un viaje saludable y feliz

Carla Baron

Después de leer

Correspondencias

Busca las correspondencias entre los problemas y las recomendaciones.

Problemas

1. el agua _____
2. el sol _____
3. la comida _____
4. la identificación _____
5. el clima _____

Recomendaciones

a. Hay que adaptarse a los ingredientes desconocidos (*unknown*).
b. Toma sólo productos purificados (*purified*).
c. Es importante llevar ropa adecuada cuando viajas.
d. Lleva loción o crema con alta protección solar.
e. Lleva tu pasaporte.

Entrevista a Carla Baron
por Tomás Monterrey

Tomás: ¿Por qué escribió su libro *Cómo hacer un viaje saludable y feliz*?

Carla: Me encanta viajar, conocer otras culturas y escribir. Mi primer viaje lo hice cuando era estudiante universitaria. Todavía recuerdo el día en que llegamos a San Juan, Puerto Rico. Era el panorama ideal para unas vacaciones maravillosas, pero al llegar a la habitación del hotel, bebí mucha agua de la llave° y luego pedí un jugo de frutas con mucho hielo°. El clima en San Juan es tropical y yo tenía mucha sed y calor. Los síntomas llegaron en menos de media hora: pasé dos días con dolor de estómago y corriendo al cuarto de baño cada diez minutos. Desde entonces, siempre que viajo sólo bebo agua mineral y llevo un pequeño bolso con medicinas necesarias, como pastillas para el dolor y también bloqueador solar, una crema repelente de mosquitos y un desinfectante.

Tomás: ¿Son reales° las situaciones que se narran en su libro?

Carla: Sí, son reales y son mis propias° historias°. A menudo los autores crean caricaturas divertidas de un turista en dificultades. ¡En mi libro la turista en dificultades soy yo!

Tomás: ¿Qué recomendaciones puede encontrar el lector en su libro?

Carla: Bueno, mi libro es anecdótico y humorístico, pero el tema de la salud se trata° de manera seria. En general, se dan recomendaciones sobre ropa adecuada para cada sitio, consejos para protegerse del sol, y comidas y bebidas adecuadas para el turista que viaja al Caribe o Suramérica.

Tomás: ¿Tiene algún consejo para las personas que se enferman cuando viajan?

Carla: Muchas veces los turistas toman el avión sin saber nada acerca del país que van a visitar. Ponen toda su ropa en la maleta, toman el pasaporte, la cámara fotográfica y ¡a volar°! Es necesario tomar precauciones porque nuestro cuerpo necesita adaptarse al clima, al sol, a la humedad, al agua y a la comida. Se trata de° viajar, admirar las maravillas del mundo y regresar a casa con hermosos recuerdos. En resumen, el secreto es "prevenir en vez de° curar".

llave *faucet* **hielo** *ice* **reales** *true* **propias** *own* **historias** *stories*
se trata *is treated* **¡a volar!** *Off they go!* **Se trata de** *It's a question of*
en vez de *instead of*

Seleccionar

Selecciona la respuesta correcta.

1. El tema principal de este libro es _____.
   a. Puerto Rico   b. la salud y el agua   c. otras culturas
   d. el cuidado de la salud en los viajes
2. Las situaciones narradas en el libro son _____.
   a. autobiográficas   b. inventadas   c. ficticias
   d. imaginarias
3. ¿Qué recomendaciones no vas a encontrar en este libro? _____
   a. cómo vestirse adecuadamente
   b. cómo prevenir las quemaduras solares
   c. consejos sobre la comida y la bebida
   d. cómo dar propina en los países del Caribe
      o de Suramérica
4. En opinión de la señorita Baron, _____.
   a. es bueno tomar agua de la llave y beber jugo de frutas
      con mucho hielo
   b. es mejor tomar solamente agua embotellada (*bottled*)
   c. los minerales son buenos para el dolor abdominal
   d. es importante visitar el cuarto de baño cada
      diez minutos
5. ¿Cuál de estos productos no lleva la autora cuando
   viaja a otros países? _____
   a. desinfectante
   b. crema repelente
   c. detergente
   d. pastillas medicinales

Video: *Panorama cultural*
Interactive map

Costa Rica

El país en cifras

▶ **Área:** 51.100 km² (19.730 millas²), *aproximadamente el área de Virginia Occidental°*

▶ **Población:** 4.755.000

Costa Rica es el país de Centroamérica con la población más homogénea. El 94% de sus habitantes es blanco y mestizo°. Más del 50% de la población es de ascendencia° española y un alto porcentaje tiene sus orígenes en otros países europeos.

▶ **Capital:** San José —1.515.000

▶ **Ciudades principales:** Alajuela, Cartago, Puntarenas, Heredia

▶ **Moneda:** colón costarricense

▶ **Idioma:** español (oficial)

Bandera de Costa Rica

Costarricenses célebres

▶ **Carmen Lyra,** escritora (1888–1949)

▶ **Chavela Vargas,** cantante (1919–2012)

▶ **Óscar Arias Sánchez,** ex presidente de Costa Rica (1941–)

▶ **Laura Chinchilla Miranda,** ex presidenta de Costa Rica (1959–)

▶ **Claudia Poll,** nadadora° olímpica (1972–)

Óscar Arias recibió el Premio Nobel de la Paz en 1987.

Virginia Occidental *West Virginia* mestizo *of indigenous and white parentage* ascendencia *descent* nadadora *swimmer* ejército *army* gastos *expenditures* invertir *to invest* cuartel *barracks*

Mercado Central en San José

Vista del volcán Arenal

NICARAGUA

Río Tempisque

Río San Juan

Cordillera de Guanacaste

Cordillera Central

Cordillera de Tilarán

Volcán Arenal

Alajuela

Puntarenas

Río Grande de Tárcoles

Heredia

Volcán Irazú

San José

Cartago

Cordillera de

Océano Pacífico

Edificio Metálico en San José

ESTADOS UNIDOS

OCÉANO ATLÁNTICO

COSTA RICA

OCÉANO PACÍFICO

AMÉRICA DEL SUR

Basílica de Nuestra Señora de los Ángeles en Cartago

recursos

| WB pp. 121–122 | VM pp. 49–50 | vhlcentral.com Lección 10 |

¡Increíble pero cierto!

Costa Rica no tiene ejército°. Sin gastos° militares, el gobierno puede invertir° más dinero en la educación y las artes. En la foto aparece el Museo Nacional de Costa Rica, antiguo cuartel° del ejército.

Lugares • Los parques nacionales

El sistema de parques nacionales de Costa Rica ocupa aproximadamente el 12% de su territorio y fue establecido° para la protección de su biodiversidad. En los parques, los ecoturistas pueden admirar montañas, cataratas° y una gran variedad de plantas exóticas. Algunos ofrecen también la oportunidad de ver quetzales°, monos°, jaguares, armadillos y mariposas° en su hábitat natural.

Economía • Las plantaciones de café

Mar Caribe

Costa Rica fue el primer país centroamericano en desarrollar° la industria del café. En el siglo° XIX, los costarricenses empezaron a exportar esta semilla a Inglaterra°, lo que significó una contribución importante a la economía de la nación. Actualmente, más de 50.000 costarricenses trabajan en el cultivo del café. Este producto representa cerca del 15% de sus exportaciones anuales.

• Limón

Sociedad • Una nación progresista

Costa Rica es un país progresista. Tiene un nivel de alfabetización° del 96%, uno de los más altos de Latinoamérica. En 1871, esta nación centroamericana abolió la pena de muerte° y en 1948 eliminó el ejército e hizo obligatoria y gratuita° la educación para todos sus ciudadanos.

Talamanca

PANAMÁ

¿Qué aprendiste? Contesta las preguntas con oraciones completas.

1. ¿Cómo se llama la capital de Costa Rica?

2. ¿Quién es Claudia Poll?

3. ¿Qué porcentaje del territorio de Costa Rica ocupan los parques nacionales?

4. ¿Para qué se establecieron los parques nacionales?

5. ¿Qué pueden ver los turistas en los parques nacionales?

6. ¿Cuántos costarricenses trabajan en las plantaciones de café hoy día?

7. ¿Cuándo eliminó Costa Rica la pena de muerte?

Parque Morazán
en San José

Conexión Internet Investiga estos temas en **vhlcentral.com**.

Practice more at
vhlcentral.com.

1. Busca información sobre Óscar Arias Sánchez. ¿Quién es? ¿Por qué se le considera (*is he considered*) un costarricense célebre?

2. Busca información sobre los artistas de Costa Rica. ¿Qué artista, escritor o cantante te interesa más? ¿Por qué?

....

establecido *established* **cataratas** *waterfalls* **quetzales** *type of tropical bird* **monos** *monkeys* **mariposas** *butterflies*
en desarrollar *to develop* **siglo** *century* **Inglaterra** *England* **nivel de alfabetización** *literacy rate* **pena de muerte** *death*
penalty **gratuita** *free*

Nicaragua

El país en cifras

▶ **Área:** 129.494 km² (49.998 millas²),
aproximadamente el área de Nueva York.
Nicaragua es el país más grande de
Centroamérica. Su terreno es muy
variado e incluye bosques tropicales,
montañas, sabanas° y marismas°, además
de unos 40 volcanes.

▶ **Población:** 5.848.000

▶ **Capital:** Managua—934.000
Managua está en una región de una notable
inestabilidad geográfica, con muchos
volcanes y terremotos°. En décadas
recientes, los nicaragüenses han
decidido° que no vale la pena° construir
rascacielos° porque no resisten los terremotos.

▶ **Ciudades principales:** León, Masaya, Granada

▶ **Moneda:** córdoba

▶ **Idiomas:** español (oficial); lenguas indígenas y
criollas (oficiales); inglés

Bandera de Nicaragua

Nicaragüenses célebres

▶ **Rubén Darío,** poeta (1867–1916)

▶ **Violeta Barrios de Chamorro,** política
y expresidenta (1929–)

▶ **Daniel Ortega,** político y presidente (1945–)

▶ **Gioconda Belli,** poeta (1948–)

▶ **Luis Enrique,** cantante y compositor (1962–)

sabanas *grasslands* marismas *marshes* terremotos *earthquakes*
han decidido *have decided* no vale la pena *it's not worthwhile*
rascacielos *skyscrapers* agua dulce *fresh water* Surgió *Emerged*
maravillas *wonders*

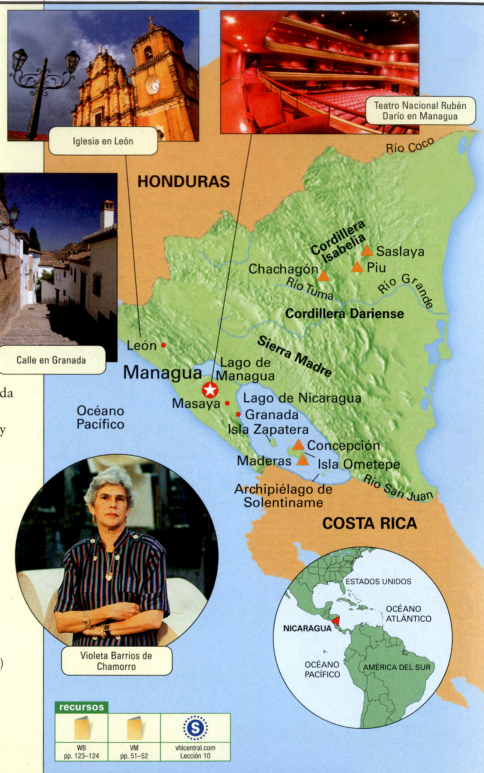

Iglesia en León

Teatro Nacional Rubén Darío en Managua

Calle en Granada

Río Coco

HONDURAS

Cordillera Isabelia

Saslaya

Chachagón   Piu

Río Tuma   Río Grande

Cordillera Dariense

Sierra Madre

León

Lago de Managua

Managua

Masaya   Lago de Nicaragua

Granada

Isla Zapatera

Océano Pacífico

Concepción

Maderas   Isla Ometepe

Archipiélago de Solentiname   Río San Juan

COSTA RICA

ESTADOS UNIDOS

OCÉANO ATLÁNTICO

NICARAGUA

OCÉANO PACÍFICO   AMÉRICA DEL SUR

Violeta Barrios de Chamorro

recursos

WB
pp. 123–124

VM
pp. 51–52

vhlcentral.com
Lección 10

¡Increíble pero cierto!

Ometepe, que en náhuatl significa "dos
montañas", es la isla más grande del mundo
en un lago de agua dulce°. Surgió° en el lago
de Nicaragua por la actividad de los volcanes
Maderas y Concepción. Por su valor natural
y arqueológico, fue nominada para las siete
nuevas maravillas° del mundo en 2009.

Historia • Las huellas° de Acahualinca

La región de Managua se caracteriza por tener un gran número de sitios prehistóricos. Las huellas de Acahualinca son uno de los restos° más famosos y antiguos°. Se formaron hace más de 6.000 años, a orillas° del lago de Managua. Las huellas, tanto de humanos como de animales, se dirigen° hacia una misma dirección, hacia el lago.

Artes • Ernesto Cardenal (1925–)

Ernesto Cardenal, poeta, escultor y sacerdote° católico, es uno de los escritores más famosos de Nicaragua, país conocido° por sus grandes poetas. Ha escrito° más de 35 libros y es considerado uno de los principales autores de Latinoamérica. Desde joven creyó en el poder de la poesía para mejorar la sociedad y trabajó por establecer la igualdad° y la justicia en su país. En los años 60, Cardenal estableció la comunidad artística del archipiélago de Solentiname en el lago de Nicaragua. Fue ministro de cultura del país desde 1979 hasta 1988 y participó en la fundación de Casa de los Tres Mundos, una organización creada para el intercambio cultural internacional.

Naturaleza • El lago de Nicaragua

El lago de Nicaragua, con un área de más de 8.000 km² (3.100 millas²), es el lago más grande de Centroamérica. Tiene más de 400 islas e islotes° de origen volcánico, entre ellas la isla Zapatera. Allí se han encontrado° numerosos objetos de cerámica y estatuas prehispánicas. Se cree que la isla era un centro ceremonial indígena.

 ¿Qué aprendiste? Responde a cada pregunta con una oración completa.

1. ¿Por qué no hay muchos rascacielos en Managua?

2. Nombra dos poetas de Nicaragua.

3. Qué significa Ometepe en náhuatl?

4. ¿Cuándo y dónde se formaron las huellas de Acahualinca?

5. ¿Por qué es famoso el archipiélago de Solentiname?

6. ¿Qué cree Ernesto Cardenal acerca de la poesía?

7. ¿Cómo se formaron las islas del lago de Nicaragua?

8. ¿Qué hay de interés arqueológico en la isla Zapatera?

 Conexión Internet Investiga estos temas en **vhlcentral.com.**

1. ¿Dónde se habla inglés en Nicaragua y por qué?

2. ¿Qué información hay ahora sobre la economía y/o los derechos humanos en Nicaragua?

 Practice more at **vhlcentral.com**.

....

huellas *footprints* restos *remains* antiguos *ancient* orillas *shores* se dirigen *are headed* sacerdote *priest* conocido *known*
Ha escrito *He has written* igualdad *equality* islotes *islets* se han encontrado *have been found*

El cuerpo

la boca	mouth
el brazo	arm
la cabeza	head
el corazón	heart
el cuello	neck
el cuerpo	body
el dedo	finger
el dedo del pie	toe
el estómago	stomach
la garganta	throat
el hueso	bone
la nariz	nose
el oído	(sense of) hearing; inner ear
el ojo	eye
la oreja	(outer) ear
el pie	foot
la pierna	leg
la rodilla	knee
el tobillo	ankle

La salud

el accidente	accident
el antibiótico	antibiotic
la aspirina	aspirin
la clínica	clinic
el consultorio	doctor's office
el/la dentista	dentist
el/la doctor(a)	doctor
el dolor (de cabeza)	(head)ache; pain
el/la enfermero/a	nurse
el examen médico	physical exam
la farmacia	pharmacy
la gripe	flu
el hospital	hospital
la infección	infection
el medicamento	medication
la medicina	medicine
la operación	operation
el/la paciente	patient
la pastilla	pill
la radiografía	X-ray
la receta	prescription
el resfriado	cold (illness)
la sala de emergencia(s)	emergency room
la salud	health
el síntoma	symptom
la tos	cough

Verbos

caerse	to fall (down)
dañar	to damage; to break down
darse con	to bump into; to run into
doler (o:ue)	to hurt
enfermarse	to get sick
estar enfermo/a	to be sick
estornudar	to sneeze
lastimarse (el pie)	to injure (one's foot)
olvidar	to forget
poner una inyección	to give an injection
prohibir	to prohibit
recetar	to prescribe
romper	to break
romperse (la pierna)	to break (one's leg)
sacar(se) un diente	to have a tooth removed
ser alérgico/a (a)	to be allergic (to)
sufrir una enfermedad	to suffer an illness
tener dolor (m.)	to have pain
tener fiebre (f.)	to have a fever
tomar la temperatura	to take someone's temperature
torcerse (o:ue) (el tobillo)	to sprain (one's ankle)
toser	to cough

Adjetivos

congestionado/a	congested
embarazada	pregnant
grave	grave; serious
mareado/a	dizzy; nauseated
médico/a	medical
saludable	healthy
sano/a	healthy

Adverbios

a menudo	often
a tiempo	on time
a veces	sometimes
además (de)	furthermore; besides
apenas	hardly; scarcely
así	like this; so
bastante	enough; rather
casi	almost
con frecuencia	frequently
de niño/a	as a child
de vez en cuando	from time to time
despacio	slowly
menos	less
muchas veces	a lot; many times
poco	little
por lo menos	at least
pronto	soon
rápido	quickly
todos los días	every day

Conjunción

mientras	while

Expresiones útiles	See page 313.

Vocabulary Tools

recursos

LM p. 60

vhlcentral.com Lección 10

La tecnología

11

A PRIMERA VISTA

- ¿Qué hacen las chicas?
- ¿Crees que usan sus teléfonos con frecuencia?
- ¿Son unas chicas saludables?
- ¿Qué partes del cuerpo se ven en la foto?

Vocabulary Tools

La tecnología

Más vocabulario

la cámara digital/de video	digital/video camera
el canal	(TV) channel
el cargador	charger
el correo de voz	voice mail
el estéreo	stereo
el reproductor de CD	CD player
la aplicación	app
el archivo	file
la arroba	@ symbol
el blog	blog
el buscador	browser
la conexión inalámbrica	wireless connection
la dirección electrónica	e-mail address
Internet	Internet
el mensaje de texto	text message
la página principal	home page
el programa de computación	software
la red	network; Web
el sitio web	website
apagar	to turn off
borrar	to erase
chatear	to chat
descargar	to download
escanear	to scan
funcionar	to work
grabar	to record
guardar	to save
imprimir	to print
llamar	to call
navegar (en Internet)	to surf (the Internet)
poner, prender	to turn on
sonar (o:ue)	to ring
descompuesto/a	not working; out of order
lento/a	slow
lleno/a	full

Variación léxica

computadora ←→ ordenador (*Esp.*), computador (*Col.*)

descargar ←→ bajar (*Arg., Col., Esp., Ven.*)

el televisor

la pantalla

el reproductor de DVD

la impresora

la computadora (portátil)

el monitor

el (teléfono) celular

el ratón

el teclado

el control remoto

el reproductor
de MP3

el disco compacto

Práctica

1 Escuchar 🎧 Escucha la conversación entre dos amigas. Después completa las oraciones.

1. María y Ana están en _____.
   a. una tienda   b. un cibercafé   c. un restaurante
2. A María le encantan _____.
   a. los celulares   b. las cámaras digitales   c. los cibercafés
3. Ana y María _____ las fotos.
   a. escanean   b. borran   c. imprimen
4. María quiere tomar un café y _____.
   a. poner la computadora b. sacar fotos digitales
   c. navegar en Internet
5. Ana paga por el café y _____.
   a. el uso de Internet b. la impresora c. la cámara

2 ¿Cierto o falso? 🎧 Escucha las oraciones e indica si lo que dice cada una es **cierto** o **falso**, según el dibujo.

1. _____   5. _____
2. _____   6. _____
3. _____   7. _____
4. _____   8. _____

3 Oraciones Escribe oraciones usando estos elementos. Usa el pretérito y añade las palabras necesarias.

1. yo / descargar / fotos / Internet

2. tú / apagar / televisor / diez / noche

3. Daniel y su esposa / comprar / computadora portátil / ayer

4. Sara y yo / ir / cibercafé / para / navegar en Internet

5. Jaime / decidir / comprar / reproductor de MP3

6. teléfono celular / sonar / pero / yo / no contestar

4 Preguntas Mira el dibujo y contesta las preguntas.

1. ¿Qué tipo de café es?
2. ¿Cuántas impresoras hay? ¿Cuántos ratones?
3. ¿Por qué vinieron estas personas al café?
4. ¿Qué hace el camarero?
5. ¿Qué hace la mujer en la computadora? ¿Y el hombre?
6. ¿Qué máquinas están cerca del televisor?
7. ¿Dónde hay un cibercafé en tu comunidad?
8. ¿Por qué puedes tú necesitar un cibercafé?

Más vocabulario

la autopista	*highway*
la calle	*street*
la carretera	*highway; (main) road*
la circulación, el tráfico	*traffic*
el garaje, el taller (mecánico)	*garage; (mechanic's) repair shop*
la licencia de conducir	*driver's license*
el/la mecánico/a	*mechanic*
la policía	*police (force)*
la velocidad máxima	*speed limit*
arrancar	*to start*
arreglar	*to fix; to arrange*
bajar(se) de	*to get off of/out of (a vehicle)*
conducir, manejar	*to drive*
estacionar	*to park*
parar	*to stop*
subir(se) a	*to get on/into (a vehicle)*

En la gasolinera

Labels in image: el capó, el cofre · Revisa el aceite. (revisar) · el carro, el coche · el parabrisas · Llena el tanque. (llenar) · el radio · la gasolina · el navegador GPS · el baúl · el volante · la llanta

---

5   **Completar** Completa estas oraciones con las palabras correctas.

1. Para poder conducir legalmente, necesitas…
2. Puedes poner las maletas en…
3. Si tu carro no funciona, debes llevarlo a…
4. Para llenar el tanque de tu coche, necesitas ir a…
5. Antes de un viaje largo, es importante revisar…
6. Otra palabra para autopista es…
7. Mientras hablas por teléfono celular, no es buena idea…
8. Otra palabra para coche es…

¡LENGUA VIVA!

Aunque **carro** es el término que se usa en la mayoría de países hispanos, no es el único. En España, por ejemplo, se dice **coche**, y en Argentina, Chile y Uruguay se dice **auto**.

6   **Conversación** Completa la conversación con las palabras de la lista.

el aceite	la gasolina	llenar	el parabrisas	el taller
el baúl	las llantas	manejar	revisar	el volante

EMPLEADO   Bienvenido al (1) _____ mecánico *Óscar*. ¿En qué le puedo servir?

JUAN   Buenos días. Quiero (2) _____ el tanque y revisar (3) _____, por favor.

EMPLEADO   Con mucho gusto. Si quiere, también le limpio (4) _____.

JUAN   Sí, gracias. Está un poquito sucio. La próxima semana tengo que (5) _____ hasta Buenos Aires. ¿Puede cambiar (6) _____? Están gastadas (*worn*).

EMPLEADO   Claro que sí, pero voy a tardar (*it will take me*) un par de horas.

JUAN   Mejor regreso mañana. Ahora no tengo tiempo. ¿Cuánto le debo por (7) _____?

EMPLEADO   Sesenta pesos. Y veinticinco por (8) _____ y cambiar el aceite.

CONSULTA

For more information about **Buenos Aires**, see **Panorama**, p. 370.

Practice more at **vhlcentral.com**.

Comunicación

7

Preguntas Trabajen en parejas y túrnense para contestar estas preguntas. Después compartan sus respuestas con la clase.

1. a. ¿Tienes un teléfono celular? ¿Para qué lo usas?
   b. ¿Qué utilizas más: el teléfono o el correo electrónico? ¿Por qué?
   c. En tu opinión, ¿cuáles son las ventajas (*advantages*) y desventajas de los diferentes modos de comunicación?

2. a. ¿Con qué frecuencia usas la computadora?
   b. ¿Para qué usas Internet?
   ▶ c. ¿Tienes tu propio blog? ¿Cómo es?

3. a. ¿Miras la televisión con frecuencia? ¿Qué programas ves?
   b. ¿Dónde miras tus programas favoritos, en la tele o en la computadora?
   c. ¿Ves películas en la computadora? ¿Cuál es tu película favorita de todos los tiempos (*of all time*)?
   d. ¿A través de (*By*) qué medio escuchas música? ¿Radio, estéreo, reproductor de MP3 o computadora?

4. a. ¿Tienes licencia de conducir?
   b. ¿Tienes carro? Descríbelo.

NOTA CULTURAL

Algunos sitios web utilizan códigos para identificar su país de origen. Éstos son los códigos para algunos países hispanohablantes:

Argentina   .ar
Colombia   .co
España   .es
México   .mx
Venezuela   .ve

8

Postal En parejas, lean la tarjeta postal. Después contesten las preguntas.

19 julio de 1979

Hola, Paco:

¡Saludos! Estamos de viaje por unas semanas. La Costa del Sol es muy bonita. No hemos encontrado (*we haven't found*) a tus amigos porque nunca están en casa cuando llamamos. El teléfono suena y suena y nadie contesta. Vamos a seguir llamando.

Sacamos muchas fotos muy divertidas. Cuando regresemos y las revelemos (*get them developed*), te las voy a enseñar. Las playas son preciosas. Hasta ahora el único problema fue que la oficina en la cual reservamos un carro perdió nuestros papeles y tuvimos que esperar mucho tiempo.

También tuvimos un pequeño problema con el hotel. La agencia de viajes nos reservó una habitación en un hotel que está muy lejos de todo. No podemos cambiarla, pero no me importa mucho. A pesar de eso, estamos contentos.

Tu hermana, Gabriela

Francisco Jiménez
San Lorenzo 3250
Rosario, Argentina 2000

1. ¿Cuáles son los problemas que ocurren en el viaje de Gabriela?
2. Con la tecnología de hoy, ¿existen los mismos problemas cuando se viaja? ¿Por qué?
3. Hagan una comparación entre la tecnología de los años 70 y 80 y la de hoy.
4. Imaginen que la hija de Gabriela escribe un mensaje electrónico sobre el mismo tema con fecha de hoy. Escriban ese mensaje, incorporando la tecnología actual (teléfonos celulares, Internet, cámaras digitales, etc.). Inventen nuevos problemas.

En el taller

El coche de Miguel está descompuesto y Maru tiene problemas con su computadora.

PERSONAJES **MIGUEL** **JORGE**

Video: Fotonovela

MIGUEL ¿Cómo lo ves?

JORGE Creo que puedo arreglarlo. ¿Me pasas la llave?

JORGE ¿Y dónde está Maru?

MIGUEL Acaba de enviarme un mensaje de texto: "Última noticia sobre la computadora portátil: todavía está descompuesta. Moni intenta arreglarla. Voy para allá".

MARU Buenos días, Jorge.

JORGE ¡Qué gusto verte, Maru! ¿Cómo está la computadora?

MARU Mi amiga Mónica recuperó muchos archivos, pero muchos otros se borraron.

JORGE ¿Está descompuesta tu computadora?

MIGUEL No, la mía no, la suya. Una amiga la está ayudando.

JORGE Un mal día para la tecnología, ¿no?

MIGUEL Ella está preparando un proyecto para ver si puede hacer sus prácticas profesionales en el Museo de Antropología.

JORGE ¿Y todo está en la computadora?

MIGUEL Y claro.

MARU Estamos en una triste situación. Yo necesito una computadora nueva, y Miguel necesita otro coche.

JORGE Y un televisor nuevo para mí, por favor.

MARU

MARU ¿Qué vamos a hacer, Miguel?

MIGUEL Tranquila, cariño. Por eso tenemos amigos como Jorge y Mónica. Nos ayudamos los unos a los otros.

JORGE ¿No te sientes afortunada, Maru? No te preocupes. Sube.

MIGUEL ¡Por fin!

MARU Gracias, Jorge. Eres el mejor mecánico de la ciudad.

MIGUEL ¿Cuánto te debo por el trabajo?

JORGE Hombre, no es nada. Guárdalo para el coche nuevo. Eso sí, recomiéndame con tus amigos.

MIGUEL Gracias, Jorge.

JORGE No manejes en carretera. Revisa el aceite cada 1.500 kilómetros y asegúrate de llenarle el tanque... No manejes con el cofre abierto. Nos vemos.

Expresiones útiles

Giving instructions to a friend

¿Me pasas la llave?
Can you pass me the wrench?
No lo manejes en carretera.
Don't drive it on the highway.
Revisa el aceite cada 1.500 kilómetros.
Check the oil every 1,500 kilometers.
Asegúrate de llenar el tanque.
Make sure to fill up the tank.
No manejes con el cofre abierto.
Don't drive with the hood open.
Recomiéndame con tus amigos.
Recommend me to your friends.

Taking a phone call

Aló./Bueno./Diga.
Hello.
¿Quién habla?/¿De parte de quién?
Who is speaking/calling?
Con él/ella habla.
Speaking.
¿Puedo dejar un recado?
May I leave a message?

Reassuring someone

Tranquilo/a, cariño.
Relax, sweetie.
Nos ayudamos los unos a los otros.
We help each other out.
No te preocupes.
Don't worry.

Additional vocabulary

entregar *to hand in*
el intento *attempt*
la noticia *news*
el proyecto *project*
recuperar *to recover*

¿Qué pasó?

1 **Seleccionar** Selecciona las respuestas que completan correctamente estas oraciones.

1. Jorge intenta arreglar _____.
   a. la computadora de Maru   b. el coche de Miguel   c. el teléfono celular de Felipe
2. Maru dice que se borraron muchos _____ de su computadora.
   a. archivos   b. sitios web   c. mensajes de texto
3. Jorge dice que necesita un _____.
   a. navegador GPS   b. reproductor de DVD   c. televisor
4. Maru dice que Jorge es el mejor _____.
   a. mecánico de la ciudad   b. amigo del mundo   c. compañero de la clase
5. Jorge le dice a Miguel que no maneje su coche en _____.
   a. el tráfico   b. el centro de la ciudad   c. la carretera

2 **Identificar** Identifica quién puede decir estas oraciones.

1. Cómprate un coche nuevo y recomiéndame con tus amigos.
2. El mensaje de texto de Maru dice que su computadora todavía está descompuesta.
3. Mi amiga Mónica me ayudó a recuperar muchos archivos, pero necesito una computadora nueva.
4. No conduzcas con el cofre abierto y recuerda que el tanque debe estar lleno.
5. Muchos de los archivos de mi computadora se borraron.

MARU

MIGUEL

JORGE

3 **Problema mecánico** Trabajen en parejas para representar los papeles de un(a) mecánico/a y un(a) cliente/a que está llamando al taller porque su carro está descompuesto. Usen las instrucciones como guía.

Mecánico/a	**Cliente/a**
Contesta el teléfono con un saludo y el nombre del taller.	Saluda y explica que tu carro está descompuesto.
Pregunta qué tipo de problema tiene exactamente.	Explica que tu carro no arranca cuando hace frío.
Di que debe traer el carro al taller.	Pregunta cuándo puedes llevarlo.
Ofrece una hora para revisar el carro.	Acepta la hora que ofrece el/la mecánico/a.

Ahora cambien los papeles y representen otra conversación. Ustedes son un(a) técnico/a y un(a) cliente/a. Usen estas ideas:

el celular no guarda mensajes   la impresora imprime muy lentamente
la computadora no descarga fotos   el reproductor de DVD está descompuesto

Ortografía

Audio

La acentuación de palabras similares

Although accent marks usually indicate which syllable in a word is stressed, they are also used to distinguish between words that have the same or similar spellings.

Él maneja **el** coche.   **Sí**, voy **si** quieres.

Although one-syllable words do not usually carry written accents, some *do* have accent marks to distinguish them from words that have the same spelling but different meanings.

Sé cocinar.   **Se** baña.   ¿Tomas **té**?   **Te** duermes.

Sé (*I know*) and **té** (*tea*) have accent marks to distinguish them from the pronouns **se** and **te**.

para mí   **mi** cámara   **Tú** lees.   **tu** estéreo

Mí (*Me*) and **tú** (*you*) have accent marks to distinguish them from the possessive adjectives **mi** and **tu**.

¿Por qué vas?   **Voy porque** quiero.

Several words of more than one syllable also have accent marks to distinguish them from words that have the same or similar spellings.

Éste es rápido.   **Este** tren es rápido.

Demonstrative pronouns may have accent marks to distinguish them from demonstrative adjectives.

¿Cuándo fuiste?   **Fui cuando** me llamó.
¿Dónde trabajas?   **Voy al taller donde** trabajo.

Adverbs have accent marks when they are used to convey a question.

 Práctica Marca los acentos en las palabras que los necesitan.

ANA Alo, soy Ana. ¿Que tal?
JUAN Hola, pero... ¿por que me llamas tan tarde?
ANA Porque mañana tienes que llevarme a la universidad. Mi auto esta dañado.
JUAN ¿Como se daño?
ANA Se daño el sabado. Un vecino (*neighbor*) choco con (*crashed into*) el.

 Crucigrama Utiliza las siguientes pistas (*clues*) para completar el crucigrama. ¡Ojo con los acentos!

Horizontales
1. Él _____ levanta.
4. No voy _____ no puedo.
7. Tú _____ acuestas.
9. ¿ _____ es el examen?
10. Quiero este video y _____.

Verticales
2. ¿Cómo _____ usted?
3. Eres _____ mi hermano.
5. ¿ _____ tal?
6. Me gusta _____ suéter.
8. Navego _____ la red.

recursos

LM
p. 62

vhlcentral.com
Lección 11

Video: *Flash cultura*

Las redes sociales

¿Cómo te comunicas con tu familia y con tus amigos? Al igual que° en los Estados Unidos, en los países hispanohablantes las redes sociales han tenido° un gran impacto en los últimos años. Los usos básicos de los teléfonos celulares ya no son las llamadas° y los mensajes de texto, sino el contacto entre amigos y familiares por medio de° redes sociales y de aplicaciones como Facebook, Twitter, Tuenti o Instagram.

La mayoría de los hispanos tiene un perfil° en Facebook o en Twitter, pero el método de comunicación más popular en los países hispanohablantes es Whatsapp. Por medio de esta aplicación de mensajería los usuarios° pueden crear grupos y enviarse° un número ilimitado de imágenes, videos y mensajes de texto y de audio. Su popularidad se debe a que es una forma rápida y prácticamente gratuita° de comunicarse.

Hoy en día, los teléfonos inteligentes y los contratos telefónicos son más asequibles°, por lo que la mayoría de los hispanos disfruta de estos celulares y de sus ventajas tecnológicas. Gracias a las redes sociales y a las aplicaciones, las personas pueden estar en constante comunicación con sus seres queridos° más lejanos°. La inevitable pregunta es: ¿Qué ocurre con los seres queridos que están cerca? La influencia que tienen las redes sociales en las relaciones humanas es cada vez un tema más polémico.

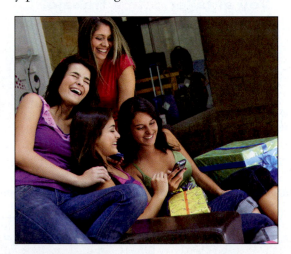

El español en las redes sociales

- El español es la tercera lengua más utilizada en las redes sociales.

- El español es la segunda lengua más usada en Twitter, con un crecimiento° de más de 800% en los últimos diez años.

- Facebook tiene 80 millones de usuarios hispanohablantes.

- Sólo en España, Whatsapp tiene 20 millones de usuarios que usan la aplicación un promedio° de 150 veces al día.

Al igual que *Like* **han tenido** *have had* **llamadas** *calls* **por medio de** *through* **perfil** *profile* **usuarios** *users* **enviarse** *send each other* **gratuita** *free* **asequibles** *affordable* **seres queridos** *loved ones* **lejanos** *distant* **crecimiento** *growth* **promedio** *average*

1 **¿Cierto o falso?** Indica si lo que dicen estas oraciones es **cierto** o **falso**. Corrige la información falsa.

1. Los hispanos prefieren las llamadas para comunicarse con sus familias y con sus amigos.

2. Twitter no se usa en Latinoamérica.

3. Whatsapp es un método de comunicación muy común en los países hispanos.

4. Whatsapp permite enviar fotos a los contactos del celular.

5. Pocos hispanos pueden comprar un teléfono inteligente.

6. Una ventaja de las redes sociales es el contacto con las personas que están lejos.

7. El español es la segunda lengua más utilizada en las redes sociales.

8. Los españoles visitan constantemente la aplicación de Whatsapp.

ASÍ SE DICE

La tecnología

los audífonos (Méx., Col.), los auriculares (Arg.), los cascos (Esp.)	*headset; earphones*
el móvil (Esp.)	**el celular**
el manos libres (Amér. S.)	*hands-free system*
la memoria	*memory*
mensajear (Méx.)	**enviar y recibir mensajes de texto**

EL MUNDO HISPANO

Las bicimotos

- **Argentina** El *ciclomotor* se usa mayormente° para repartir a domicilio° comidas y medicinas.

- **Perú** La *motito* se usa mucho para el reparto a domicilio de pan fresco todos los días.

- **México** La *Vespa* se usa para evitar° el tráfico en grandes ciudades.

- **España** La población usa el *Vespino* para ir y volver al trabajo cada día.

- **Puerto Rico** Una *scooter* es el medio de transporte favorito en las zonas rurales.

- **República Dominicana** Las *moto-taxis* son el medio de transporte más económico, ¡pero no olvides el casco°!

mayormente *mainly* repartir a domicilio *home delivery of* evitar *to avoid* casco *helmet*

PERFIL

Los mensajes de texto

¿Qué tienen en común un **mensaje de texto** y un telegrama?: la necesidad de decir lo máximo en el menor espacio posible —y rápidamente—. Así como los abuelos se las arreglaron° para hacer más baratos sus telegramas, que se cobraban° por número de palabras, ahora los jóvenes buscan ahorrar° espacio, tiempo y dinero, en sus mensajes de texto. Esta economía del lenguaje dio origen al **lenguaje chat**,

una forma de escritura muy creativa y compacta. Olvídate de la gramática, la puntuación y la ortografía: es tan flexible que evoluciona° todos los días con el uso que cada quien° le da, aunque° hay muchas palabras y expresiones ya establecidas°. Fácilmente encontrarás° abreviaturas (**xq?**, "¿Por qué?"; **tkm**, "Te quiero mucho."), sustitución de sonidos por números (**a2**, "Adiós."; **5mntrios**, "Sin comentarios."), símbolos (**ad+**, "además") y omisión de vocales y acentos (**tb**, "también"; **k tl?**, "¿Qué tal?"). Ahora que lo sabes, si un amigo te envía: **cont xfa, m dbs $!**°, puedes responderle: **ntp, ns vms + trd**°.

se las arreglaron *they managed to* se cobraban *were charged* ahorrar *to save* evoluciona *evolves* cada quien *each person* aunque *although* establecidas *fixed* encontrarás *you will find* cont xfa, m dbs $! Contesta, por favor, ¡me debes dinero! ntp, ns vms +trd No te preocupes, nos vemos más tarde.

Conexión Internet

¿Qué sitios web son populares entre los jóvenes hispanos?

Go to **vhlcentral.com** to find more cultural information related to this **Cultura** section.

ACTIVIDADES

2 **Comprensión** Responde a las preguntas.
1. ¿Cuáles son tres formas de decir *headset*?
2. ¿Para qué se usan las bicimotos en Argentina?
3. ¿Qué dio origen al "lenguaje chat"?
4. ¿Es importante escribir los acentos en los mensajes de texto?

3 **¿Cómo te comunicas?** Escribe un párrafo breve en donde expliques qué utilizas para comunicarte con tus amigos/as (correo electrónico, redes sociales, teléfono, etc.) y de qué hablan cuando se llaman por teléfono.

recursos

VM
pp. 93–94

vhlcentral.com
Lección 11

 Practice more at **vhlcentral.com.**

11.1 Familiar commands **Tutorial**

ANTE TODO In Spanish, the command forms are used to give orders or advice. You use **tú** commands (**mandatos familiares**) when you want to give an order or advice to someone you normally address with the familiar **tú**.

Affirmative tú commands

Infinitive	Present tense él/ella form	Affirmative tú command
hablar	habla	**habla** (tú)
guardar	guarda	**guarda** (tú)
prender	prende	**prende** (tú)
volver	vuelve	**vuelve** (tú)
pedir	pide	**pide** (tú)
imprimir	imprime	**imprime** (tú)

▶ Affirmative **tú** commands usually have the same form as the **él/ella** form of the present indicative.

Guarda el documento antes de cerrarlo.
Save the document before closing it.

Imprime tu tarea para la clase de inglés.
Print your homework for English class.

▶ The following verbs have irregular affirmative **tú** commands.

Irregular affirmative tú commands

decir	**di**	salir	**sal**
hacer	**haz**	ser	**sé**
ir	**ve**	tener	**ten**
poner	**pon**	venir	**ven**

¡**Sal** ahora mismo!
Leave at once!

Haz los ejercicios.
Do the exercises.

▶ Since **ir** and **ver** have the same **tú** command (**ve**), context will determine the meaning.

Ve al cibercafé con Yolanda.
Go to the cybercafé with Yolanda.

Ve ese programa... es muy interesante.
See that program... it's very interesting.

Súbete al coche y préndelo.

No lo manejes en la carretera.

▶ The negative **tú** commands are formed by dropping the final **-o** of the **yo** form of the present tense. For **-ar** verbs, add **-es**. For **-er** and **-ir** verbs, add **-as**.

Negative **tú** commands

Infinitive	Present tense yo form	Negative tú command
hablar	hablo	**no hables** (tú)
guardar	guardo	**no guardes** (tú)
prender	prendo	**no prendas** (tú)
volver	vuelvo	**no vuelvas** (tú)
pedir	pido	**no pidas** (tú)

Héctor, **no pares** el carro aquí.
Héctor, don't stop the car here.

No prendas la computadora todavía.
Don't turn on the computer yet.

▶ Verbs with irregular **yo** forms maintain the same irregularity in their negative **tú** commands. These verbs include **conducir, conocer, decir, hacer, ofrecer, oír, poner, salir, tener, traducir, traer, venir,** and **ver**.

No pongas el disco en la computadora.
Don't put the disk in the computer.

No conduzcas tan rápido.
Don't drive so fast.

▶ Note also that stem-changing verbs keep their stem changes in negative **tú** commands.

No p**ie**rdas tu celular.
Don't lose your cell phone.

No v**ue**lvas a esa gasolinera.
Don't go back to that gas station.

No rep**i**tas las instrucciones.
Don't repeat the instructions.

▶ Verbs ending in **-car**, **-gar**, and **-zar** have a spelling change in the negative **tú** commands.

sa**car**	c ⟶ **qu**	no sa**qu**es
apa**gar**	g ⟶ **gu**	no apa**gu**es
almor**zar**	z ⟶ **c**	no almuer**c**es

▶ The following verbs have irregular negative **tú** commands.

Irregular negative **tú** commands

dar	**no des**
estar	**no estés**
ir	**no vayas**
saber	**no sepas**
ser	**no seas**

recursos

WB
pp. 127–128

LM
p. 63

S
vhlcentral.com
Lección 11

¡INTÉNTALO! Indica los mandatos familiares afirmativos y negativos de estos verbos.

1. correr	___*Corre*___ más rápido.	No ___*corras*___ más rápido.
2. llenar	_____ el tanque.	No _____ el tanque.
3. salir	_____ ahora.	No _____ ahora.
4. descargar	_____ ese documento.	No _____ ese documento.
5. levantarse	_____ temprano.	No _____ temprano.
6. hacerlo	_____ ya.	No _____ ahora.

Práctica

1 **Completar** Tu mejor amigo no entiende nada de tecnología y te pide ayuda. Completa los comentarios de tu amigo con el mandato de cada verbo.

1. No _____ en una hora. _____ ahora mismo. (venir)
2. _____ tu tarea después. No la _____ ahora. (hacer)
3. No _____ a la tienda a comprar papel para la impresora. _____ a la cafetería a comprarme algo de comer. (ir)
4. No _____ que no puedes abrir un archivo. _____ que el programa de computación funciona sin problemas. (decirme)
5. _____ generoso con tu tiempo y no _____ antipático si no entiendo fácilmente. (ser)
6. _____ mucha paciencia y no _____ prisa. (tener)
7. _____ tu teléfono celular, pero no _____ la computadora. (apagar)

2 **Cambiar** Pedro y Marina no pueden ponerse de acuerdo (*agree*) cuando viajan en su carro. Cuando Pedro dice que algo es necesario, Marina expresa una opinión diferente. Usa la información entre paréntesis para formar las órdenes que Marina le da a Pedro.

> **modelo**
>
> **Pedro:** Necesito revisar el aceite del carro. (seguir hasta el próximo pueblo)
> **Marina:** *No revises el aceite del carro. Sigue hasta el próximo pueblo.*

1. Necesito conducir más rápido. (parar el carro)
2. Necesito poner el radio. (hablarme)
3. Necesito almorzar ahora. (comer más tarde)
4. Necesito sacar los discos compactos. (manejar con cuidado)
5. Necesito estacionar el carro en esta calle. (pensar en otra opción)
6. Necesito volver a esa gasolinera. (arreglar el carro en un taller)
7. Necesito leer el mapa. (pedirle ayuda a aquella señora)
8. Necesito dormir en el carro. (acostarse en una cama)

3 **Problemas** Tú y tu compañero/a trabajan en el centro de computadoras de la universidad. Muchos estudiantes están llamando con problemas. Denles órdenes para ayudarlos a resolverlos.

> **modelo**
>
> **Problema:** *No veo nada en la pantalla.*
> **Tu respuesta:** *Prende la pantalla de tu computadora.*

apagar…	descargar…	grabar…	imprimir…	prender…
borrar…	funcionar…	guardar…	navegar…	volver…

1. No me gusta este programa de computación.
2. Tengo miedo de perder mi documento.
3. Prefiero leer este sitio web en papel.
4. Mi correo electrónico funciona muy lentamente.
5. Busco información sobre los gauchos de Argentina.
6. Tengo demasiados archivos en mi computadora.
7. Mi computadora se congeló (*froze*).
8. Quiero ver las fotos del cumpleaños de mi hermana.

Practice more at **vhlcentral.com**.

NOTA CULTURAL

Los gauchos (*nomadic cowboys*), conocidos por su habilidad (*skill*) para montar a caballo y utilizar el lazo, viven en la Región Pampeana, una llanura muy extensa ubicada en el centro de Argentina y dedicada a la agricultura (*agriculture*).

Comunicación

4

Órdenes Intercambia mandatos negativos y afirmativos con tu compañero/a. Debes seguir las órdenes que él o ella te da o reaccionar apropiadamente.

> **modelo**
>
> **Estudiante 1:** Dame todo tu dinero.
> **Estudiante 2:** No, no quiero dártelo. Muéstrame tu cuaderno.
> **Estudiante 1:** Aquí está.
> **Estudiante 2:** Ve a la pizarra y escribe tu nombre.
> **Estudiante 1:** No quiero. Hazlo tú.

5

Anuncios Miren este anuncio. Luego, en grupos pequeños, preparen tres anuncios adicionales para tres escuelas que compiten (*compete*) con ésta.

INFORMÁTICA ARGENTINA

Toma nuestros cursos y aprende a usar la computadora

abre y lee tus archivos

imprime tus documentos

entra al campo de la tecnología

¡Ponte en contacto con nosotros llamando al **11-4-129-1508 HOY!**

Síntesis

6

¡**Tanto que hacer!** Tu profesor(a) te va a dar una lista de diligencias (*errands*). Algunas las hiciste tú y algunas las hizo tu compañero/a. Las diligencias que ya hicieron tienen esta marca ✔. Pero quedan cuatro diligencias por hacer. Dale órdenes a tu compañero/a y él/ella responde para confirmar si hay que hacerla o si ya la hizo.

> **modelo**
>
> **Estudiante 1:** Llena el tanque.
> **Estudiante 2:** Ya llené el tanque. / ¡Ay, no! Tenemos que llenar el tanque.

11.2 Por and para   (S) Tutorial

ANTE TODO   Unlike English, Spanish has two words that mean *for*: **por** and **para**. These two prepositions are not interchangeable. Study the following charts to see how they are used.

▶ **Por** and **para** are most commonly used to describe aspects of movement, time, and action, but in different circumstances.

Por	Para
Movement	
Through or by a place	**Toward a destination**
La excursión nos llevó **por** el centro.	Mis amigos van **para** el estadio.
The tour took us through downtown.	*My friends are going to the stadium.*
Time	
Duration of an event	**Action deadline**
Ana navegó la red **por** dos horas.	Tengo que escribir un ensayo **para** mañana.
Ana surfed the net for two hours.	*I have to write an essay by tomorrow.*
Action	
Reason or motive for an action or circumstance	**Indication of for whom something is intended or done**
Llegué a casa tarde **por** el tráfico.	Estoy preparando una sorpresa **para** Eduardo.
I got home late because of the traffic.	*I'm preparing a surprise for Eduardo.*

▶ Here is a list of the uses of **por** and **para**.

Por is used to indicate...

1. **Movement: Motion or a general location** . . (*around, through, along, by*)

   Pasamos **por** el parque y **por** el río.
   We passed by the park and along the river.

2. **Time: Duration of an action** . . . . (*for, during, in*)

   Estuve en la Patagonia **por** un mes.
   I was in Patagonia for a month.

3. **Action: Reason or motive for an action** . . (*because of, on account of, on behalf of*)

   Lo hizo **por** su familia.
   She did it on behalf of her family.

4. **Object of a search** . . . . (*for, in search of*)

   Vengo **por** ti a las ocho.
   I'm coming for you at eight.
   Manuel fue **por** su cámara digital.
   Manuel went in search of his digital camera.

5. **Means by which something is done** . . . (*by, by way of, by means of*)

   Ellos viajan **por** la autopista.
   They travel by (by way of) the highway.

6. **Exchange or substitution** . . . . (*for, in exchange for*)

   Le di dinero **por** el reproductor de MP3.
   I gave him money for the MP3 player.

7. **Unit of measure** . . . . (*per, by*)

   José manejaba a 120 kilómetros **por** hora.
   José was driving 120 kilometers per hour.

¡ATENCIÓN!

Por is also used in several idiomatic expressions, including:
por aquí *around here*
por ejemplo *for example*
por eso *that's why; therefore*
por fin *finally*

AYUDA

Remember that when giving an exact time, **de** is used instead of **por** before **la mañana**, **la tarde**, or **la noche**.
La clase empieza a las nueve **de** la mañana.

• • •

In addition to **por**, **durante** is also commonly used to mean *for* when referring to time.
Esperé al mecánico **durante** cincuenta minutos.

Para is used to indicate...

1. **Movement: Destination** . . . . (*toward, in the direction of*)	Salimos **para** Córdoba el sábado. *We are leaving for Córdoba on Saturday.*
2. **Time: Deadline or a specific time in the future** . . . . (*by, for*)	Él va a arreglar el carro **para** el viernes. *He will fix the car by Friday.*
3. **Action: Purpose or goal** + [*infinitive*] . . . . (*in order to*)	Juan estudia **para** (ser) mecánico. *Juan is studying to be a mechanic.*
4. **Purpose** + [*noun*] . . . . (*for, used for*)	Es una llanta **para** el carro. *It's a tire for the car.*
5. **The recipient of something** . . . . (*for*)	Compré una impresora **para** mi hijo. *I bought a printer for my son.*
6. **Comparison with others or an opinion** . . (*for, considering*)	**Para** un joven, es demasiado serio. *For a young person, he is too serious.* **Para** mí, esta lección no es difícil. *For me, this lesson isn't difficult.*
7. **In the employment of** . . . . (*for*)	Sara trabaja **para** Telecom Argentina. *Sara works for Telecom Argentina.*

▶ In many cases it is grammatically correct to use either **por** or **para** in a sentence. The meaning of the sentence is different, however, depending on which preposition is used.

Caminé **por** el parque.   Caminé **para** el parque.
I walked through the park.   *I walked to (toward) the park.*

Trabajó **por** su padre.   Trabajó **para** su padre.
He worked for (in place of) his father.   *He worked for his father('s company).*

¡INTÉNTALO!   Completa estas oraciones con las preposiciones **por** o **para**.

1. Fuimos al cibercafé ___por___ la tarde.
2. Necesitas un navegador GPS _____ encontrar la casa de Luis.
3. Entraron _____ la puerta.
4. Quiero un pasaje _____ Buenos Aires.
5. _____ arrancar el carro, necesito la llave.
6. Arreglé el televisor _____ mi amigo.
7. Estuvieron nerviosos _____ el examen.
8. ¿No hay una gasolinera _____ aquí?
9. El reproductor de MP3 es _____ usted.
10. Juan está enfermo. Tengo que trabajar _____ él.
11. Estuvimos en Canadá _____ dos meses.
12. _____ mí, el español es fácil.
13. Tengo que estudiar la lección _____ el lunes.
14. Voy a ir _____ la carretera.
15. Compré dulces _____ mi novia.
16. Compramos el auto _____ un buen precio.

recursos

WB
pp. 129–130

LM
p. 64

S
vhlcentral.com
Lección 11

Práctica

1 **Completar** Completa este párrafo con las preposiciones **por** o **para**.

El mes pasado mi esposo y yo hicimos un viaje a Buenos Aires y sólo pagamos dos mil dólares (1)_____ los pasajes. Estuvimos en Buenos Aires (2)_____ una semana y paseamos por toda la ciudad. Durante el día caminamos (3)_____ la plaza San Martín, el microcentro y el barrio de La Boca, donde viven muchos artistas. (4)_____ la noche fuimos a una tanguería, que es una especie de teatro, (5)_____ mirar a la gente bailar tango. Dos días después decidimos hacer una excursión (6)_____ las pampas (7)_____ ver el paisaje y un rodeo con gauchos. Alquilamos (*We rented*) un carro y manejamos (8)_____ todas partes y pasamos unos días muy agradables. El último día que estuvimos en Buenos Aires fuimos a Galerías Pacífico (9)_____ comprar recuerdos (*souvenirs*) (10)_____ nuestros hijos y nietos. Compramos tantos regalos que tuvimos que pagar impuestos (*duties*) en la aduana al regresar.

2 **Oraciones** Crea oraciones originales con los elementos de las columnas. Une los elementos usando **por** o **para**.

> **modelo**
> Fuimos a Mar del Plata por razones de salud para visitar a un especialista.

(no) fue al mercado	por/para	comprar frutas	por/para	¿?
(no) fuimos a las montañas	por/para	tres días	por/para	¿?
(no) fuiste a Mar del Plata	por/para	razones de salud	por/para	¿?
(no) fueron a Buenos Aires	por/para	tomar el sol	por/para	¿?

3 **Describir** Usa **por** o **para** y el tiempo presente para describir estos dibujos.

1. _____ 2. _____ 3. _____

4. _____ 5. _____ 6. _____

 Practice more at **vhlcentral.com**.

Comunicación

4

Descripciones Usa **por** o **para** y completa estas frases de manera lógica. Luego, compara tus respuestas con las de un(a) compañero/a.

1. En casa, hablo con mis amigos…
2. Mi padre/madre trabaja…
3. Ayer fui al taller…
4. Los miércoles tengo clases…
5. A veces voy a la biblioteca…
6. Esta noche tengo que estudiar…
7. Necesito… dólares…
8. Compré un regalo…
9. Mi mejor amigo/a estudia…
10. Necesito hacer la tarea…

5

Situación En parejas, dramaticen esta situación. Utilicen muchos ejemplos de **por** y **para.**

Hijo/a	**Padre/Madre**
Pídele dinero a tu padre/madre.	→ Pregúntale a tu hijo/a para qué lo necesita.
Dile que quieres comprar un carro.	→ Pregúntale por qué necesita un carro.
Explica tres razones por las que necesitas un carro.	→ Explica por qué sus razones son buenas o malas.
Dile que por no tener un carro tu vida es muy difícil.	→ Decide si vas a darle el dinero y explica por qué.

Síntesis

6

Una subasta (*auction*) Cada estudiante debe traer a la clase un objeto o una foto del objeto para vender. En grupos, túrnense para ser el/la vendedor(a) y los postores (*bidders*). Para empezar, el/la vendedor(a) describe el objeto y explica para qué se usa y por qué alguien debe comprarlo.

modelo

Vendedora: Aquí tengo un reproductor de CD. Pueden usarlo para escuchar su música favorita o para escuchar canciones en español. Sólo hace un año que lo compré y todavía funciona perfectamente. ¿Quién ofrece $1.500 para empezar?

Postor(a) 1: Pero los reproductores de CD son anticuados. Te doy $20.

Vendedora: Ah, pero éste es muy especial porque viene con el CD que grabé cuando quería ser cantante de ópera.

Postor(a) 2: Ah, ¡entonces te doy $100!

11.3 Reciprocal reflexives Tutorial

ANTE TODO In **Lección 7**, you learned that reflexive verbs indicate that the subject of a sentence does the action to itself. Reciprocal reflexives, on the other hand, express a shared or reciprocal action between two or more people or things. In this context, the pronoun means *(to) each other* or *(to) one another*.

Luis y Marta **se** miran en el espejo.
Luis and Marta look at themselves in the mirror.

Luis y Marta **se** miran.
Luis and Marta look at each other.

▶ Only the plural forms of the reflexive pronouns (**nos**, **os**, **se**) are used to express reciprocal actions because the action must involve more than one person or thing.

Cuando **nos vimos** en la calle, **nos abrazamos**.
When we saw each other on the street, we hugged (one another).

Nos **ayudamos** cuando usamos la computadora.
We help each other when we use the computer.

Ustedes **se** van a **encontrar** en el cibercafé, ¿no?
You are meeting (each other) at the cybercafé, right?

Las amigas **se saludaron** y **se besaron**.
The friends greeted each other and kissed (one another).

 ¡INTÉNTALO! Indica el reflexivo recíproco adecuado de estos verbos en el presente o el pretérito.

presente

1. (escribir) Los novios _se escriben_.
   Nosotros _____.
   Ana y Ernesto _____.
2. (escuchar) Mis tíos _____.
   Nosotros _____.
   Ellos _____.
3. (ver) Nosotros _____.
   Fernando y Tomás _____.
   Ustedes _____.
4. (llamar) Ellas _____.
   Mis hermanos _____.
   Pepa y yo _____.

pretérito

1. (saludar) Nicolás y tú _se saludaron_.
   Nuestros vecinos _____.
   Nosotros _____.
2. (hablar) Los amigos _____.
   Elena y yo _____.
   Ustedes _____.
3. (conocer) Alberto y yo _____.
   Ustedes _____.
   Ellos _____.
4. (encontrar) Ana y Javier _____.
   Los primos _____.
   Mi hermana y yo _____.

Práctica y Comunicación

1

Un amor recíproco Describe a Laura y a Elián usando los verbos recíprocos.

> **modelo**
>
> Laura veía a Elián todos los días. Elián veía a Laura todos los días.
> *Laura y Elián se veían todos los días.*

1. Laura conocía bien a Elián. Elián conocía bien a Laura.

2. Laura miraba a Elián con amor. Elián la miraba con amor también.

3. Laura entendía bien a Elián. Elián entendía bien a Laura.

4. Laura hablaba con Elián todas las noches por teléfono. Elián hablaba con Laura todas las noches por teléfono.

5. Laura ayudaba a Elián con sus problemas. Elián la ayudaba también con sus problemas.

2

Describir Mira los dibujos y describe lo que estas personas hicieron.

1. Las hermanas _____.

2. Ellos _____.

3. Gilberto y Mercedes _____ / _____ / _____.

4. Tú y yo _____ / _____.

3

Preguntas En parejas, túrnense para hacerse estas preguntas.

1. ¿Se vieron tú y tu mejor amigo/a ayer? ¿Cuándo se ven ustedes normalmente?
2. ¿Dónde se encuentran tú y tus amigos?
3. ¿Se ayudan tú y tu mejor amigo/a con sus problemas?
4. ¿Se entienden bien tus compañeros de clase?
5. ¿Dónde se conocieron tú y tu mejor amigo/a? ¿Cuánto tiempo hace que se conocen ustedes?
6. ¿Cuándo se dan regalos tú y tu novio/a?
7. ¿Se escriben tú y tus amigos mensajes de texto o prefieren llamarse por teléfono?
8. ¿Siempre se llevan bien tú y tu compañero/a de cuarto? Explica.

 Practice more at **vhlcentral.com**.

11.4
Stressed possessive adjectives and pronouns Ⓢ Tutorial

ANTE TODO Spanish has two types of possessive adjectives: the unstressed (or short) forms you learned in **Lección 3** and the stressed (or long) forms. The stressed forms are used for emphasis or to express *of mine*, *of yours*, and so on.

Stressed possessive adjectives				
Masculine singular	**Feminine singular**	**Masculine plural**	**Feminine plural**	
mío	**mía**	**míos**	**mías**	*my; (of) mine*
tuyo	**tuya**	**tuyos**	**tuyas**	*your; (of) yours* (fam.)
suyo	**suya**	**suyos**	**suyas**	*your; (of) yours* (form.); *his;*
				(of) his; her; (of) hers; its
nuestro	**nuestra**	**nuestros**	**nuestras**	*our; (of) ours*
vuestro	**vuestra**	**vuestros**	**vuestras**	*your; (of) yours* (fam.)
suyo	**suya**	**suyos**	**suyas**	*your; (of) yours;*
				their; (of) theirs

▶ **¡Atención!** Used with **un/una**, these possessives are similar in meaning to the English expression *of mine/yours/*etc.

> Juancho es **un** amigo **mío**.
> *Juancho is a friend of mine.*

> Ella es **una** compañera **nuestra**.
> *She is a classmate of ours.*

▶ Stressed possessive adjectives agree in gender and number with the nouns they modify. While unstressed possessive adjectives are placed before the noun, stressed possessive adjectives are placed after the noun they modify.

> **su** impresora
> *her printer*

> la impresora **suya**
> *her printer*

> **nuestros** televisores
> *our television sets*

> los televisores **nuestros**
> *our television sets*

▶ A definite article, an indefinite article, or a demonstrative adjective usually precedes a noun modified by a stressed possessive adjective.

Me encantan {
unos discos compactos **tuyos**. *I love some of your CDs.*
los discos compactos **tuyos**. *I love your CDs.*
estos discos compactos **tuyos**. *I love these CDs of yours.*

▶ Since **suyo, suya, suyos,** and **suyas** have more than one meaning, you can avoid confusion by using the construction: [*article*] + [*noun*] + **de** + [*subject pronoun*].

> **el** teclado **suyo**

> el teclado **de él/ella/usted**
> el teclado **de ustedes/ellos/ellas**

CONSULTA

This is the same construction you learned in **Lección 3** for clarifying **su** and **sus**. To review unstressed possessive adjectives, see **Estructura 3.2**, p. 85.

Possessive pronouns

▶ Possessive pronouns are used to replace a noun + [*possessive adjective*]. In Spanish, the possessive pronouns have the same forms as the stressed possessive adjectives, but they are preceded by a definite article.

la cámara **nuestra**	**la nuestra**
el navegador GPS **tuyo**	**el tuyo**
los archivos **suyos**	**los suyos**

▶ A possessive pronoun agrees in number and gender with the noun it replaces.

—Aquí está **mi coche**. ¿Dónde está **el tuyo**?
Here's my car. Where is yours?

—**El mío** está en el taller de mi hermano.
Mine is at my brother's garage.

—¿Tienes **las revistas** de Carlos?
Do you have Carlos' magazines?

—No, pero tengo **las nuestras**.
No, but I have ours.

¿También está descompuesta tu computadora?

No, la mía no, la suya.

¡INTÉNTALO! Indica las formas tónicas (*stressed*) de estos adjetivos posesivos y los pronombres posesivos correspondientes.

	adjetivos	pronombres
1. su cámara digital	la cámara digital suya	la suya
2. mi televisor		
3. nuestros discos compactos		
4. tus aplicaciones		
5. su monitor		
6. mis videos		
7. nuestra impresora		
8. tu estéreo		
9. nuestro blog		
10. mi computadora		

Práctica

1

Oraciones Forma oraciones con estas palabras. Usa el presente y haz los cambios necesarios.

1. un / amiga / suyo / vivir / Mendoza
2. ¿me / prestar / calculadora / tuyo?
3. el / coche / suyo / nunca / funcionar / bien
4. no / nos / interesar / problemas / suyo
5. yo / querer / cámara digital / mío / ahora mismo
6. un / amigos / nuestro / manejar / como / loco

2

¿Es suyo? Un policía ha capturado (*has captured*) al hombre que robó (*robbed*) en tu casa. Ahora quiere saber qué cosas son tuyas. Túrnate con un(a) compañero/a para hacer el papel del policía y usa las pistas (*clues*) para contestar las preguntas.

> **modelo**
>
> no/viejo
>
> **Policía:** Esta impresora, ¿es suya?
> **Estudiante:** No, no es mía. La mía era más vieja.

1. sí

2. no/pequeño

3. sí

4. sí

5. no/grande

6. no/caro

3

Conversaciones Completa estas conversaciones con las formas adecuadas de los pronombres posesivos.

1. —La casa de ellos estaba en la Avenida Alvear. ¿Dónde estaba la casa de ustedes?
   —_____ estaba en la calle Bolívar.
2. —A Carmen le encanta su monitor nuevo.
   —¿Sí? A José no le gusta _____.
3. —Puse mis discos aquí. ¿Dónde pusiste _____, Alfonso?
   —Puse _____ en el escritorio.
4. —Se me olvidó traer mis llaves. ¿Trajeron ustedes _____?
   —No, dejamos _____ en casa.
5. —Yo compré mi computadora en una tienda y Marta compró _____ en Internet. Y _____, ¿dónde la compraste?
   —_____ es de Cíbermax.

 Practice more at **vhlcentral.com**.

Comunicación

4

Vendedores competitivos Trabajen en grupos de tres. Uno/a de ustedes va a una tienda a comprar un aparato tecnológico (reproductor de MP3, computadora portátil, monitor, etc.). Los/Las otros/as dos son empleados/as de dos marcas rivales y compiten para convencer al/a la cliente/a de que compre su producto. Usen los adjetivos posesivos y túrnense para comprar y vender. ¿Quién es el/la mejor vendedor/a?

> **modelo**
>
> **Estudiante 1:** Buenos días, quiero comprar un reproductor de MP3.
>
> **Estudiante 2:** Tengo lo que necesita. El mío, tiene capacidad para 500 canciones.
>
> **Estudiante 3:** El tuyo es muy viejo, con el mío también puedes ver videos…

5

Comparar Trabajen en parejas. Intenta (*Try to*) convencer a tu compañero/a de que algo que tú tienes es mejor que lo que él/ella tiene. Pueden hablar de sus carros, reproductores de MP3, teléfonos celulares, clases, horarios o trabajos.

> **modelo**
>
> **Estudiante 1:** Mi computadora tiene una pantalla de quince pulgadas (*inches*). ¿Y la tuya?
>
> **Estudiante 2:** La mía es mejor porque tiene una pantalla de diecisiete pulgadas.
>
> **Estudiante 1:** Pues la mía…

Síntesis

6

Inventos locos En grupos pequeños, imaginen que construyeron un aparato tecnológico revolucionario. Dibujen su invento y descríbanlo contestando estas preguntas. Incluyan todos los detalles que crean (*that you believe*) necesarios. Luego, compártanlo con la clase. Utilicen los posesivos, **por** y **para** y el vocabulario de **Contextos**.

> **modelo**
>
> Nuestro aparato se usa para cocinar huevos y funciona de una manera muy fácil…

- ¿Para qué se usa?
- ¿Cómo es?
- ¿Cuánto cuesta?

- ¿Qué personas van a comprar este aparato?

Recapitulación

 Diagnostics

Completa estas actividades para repasar los conceptos de gramática que aprendiste en esta lección.

1 **Completar** Completa la tabla con las formas de los mandatos familiares. `16 pts.`

Infinitivo	Mandato	
	Afirmativo	**Negativo**
comer	come	no comas
hacer		
sacar		
venir		
ir		

2 **Por y para** Completa el diálogo con **por** o **para**. `20 pts.`

MARIO Hola, yo trabajo (1) _____ el periódico de la universidad. ¿Puedo hacerte unas preguntas?

INÉS Sí, claro.

MARIO ¿Navegas mucho (2) _____ la red?

INÉS Sí, todos los días me conecto a Internet (3) _____ leer mi correo y navego (4) _____ una hora. También me gusta hablar (5) _____ *Skype* con mis amigos. Es muy bueno y, (6) _____ mí, es divertido.

MARIO ¿Y qué piensas sobre hacer la tarea en la computadora?

INÉS En general, me parece bien, pero (7) _____ ejemplo, anoche hice unos ejercicios (8) _____ la clase de álgebra y al final me dolieron los ojos. (9) _____ eso a veces prefiero hacer la tarea a mano.

MARIO Muy bien. Muchas gracias (10) _____ tu tiempo.

3 **Posesivos** Completa las oraciones y confirma de quién son las cosas. `12 pts.`

1. —¿Éste es mi video? —Sí, es el _____ (*fam.*).
2. —¿Ésta es la cámara de tu papá? —Sí, es la _____.
3. —¿Ese teléfono es de Pilar? —Sí, es el _____.
4. —¿Éstos son los cargadores de ustedes? —No, no son _____.
5. —¿Ésta es tu computadora portátil? —No, no es _____.
6. —¿Ésas son mis fotos? —Sí, son las _____ (*form.*).

11.1 **Familiar commands** *pp. 352–353*

tú commands		
Infinitive	**Affirmative**	**Negative**
guardar	guard**a**	no guard**es**
volver	vuelv**e**	no vuelv**as**
imprimir	imprim**e**	no imprim**as**

▶ Irregular **tú** command forms

dar → **no des**	saber → **no sepas**
decir → **di**	salir → **sal**
estar → **no estés**	ser → **sé, no seas**
hacer → **haz**	tener → **ten**
ir → **ve, no vayas**	venir → **ven**
poner → **pon**	

▶ Verbs ending in **-car, -gar, -zar** have a spelling change in the negative **tú** commands:

sacar → no sa**qu**es
apagar → no apa**gu**es
almorzar → no almuer**c**es

11.2 **Por and para** *pp. 356–357*

▶ Uses of **por:**

motion or general location; duration; reason or motive; object of a search; means by which something is done; exchange or substitution; unit of measure

▶ Uses of **para:**

destination; deadline; purpose or goal; recipient of something; comparison or opinion; in the employment of

11.3 **Reciprocal reflexives** *p. 360*

▶ Reciprocal reflexives express a shared or reciprocal action between two or more people or things. Only the plural forms (**nos, os, se**) are used.

Cuando **nos vimos** en la calle, **nos abrazamos.**

▶ Common verbs that can express reciprocal actions:

abrazar(se), ayudar(se), besar(se), conocer(se), encontrar(se), escribir(se), escuchar(se), hablar(se), llamar(se), mirar(se), saludar(se), ver(se)

11.4 Stressed possessive adjectives and pronouns

pp. 362–363

Stressed possessive adjectives	
Masculine	**Feminine**
mío(s)	mía(s)
tuyo(s)	tuya(s)
suyo(s)	suya(s)
nuestro(s)	nuestra(s)
vuestro(s)	vuestra(s)
suyo(s)	suya(s)

la impresora **suya** ➔ **la suya**

las llaves **mías** ➔ **las mías**

4 **Ángel y diablito** A Juan le gusta pedir consejos a su ángel y a su diablito imaginarios. Completa las respuestas con mandatos familiares desde las dos perspectivas. **16 pts.**

1. Estoy manejando. ¿Voy más rápido?
   Á No, no _____ más rápido.
   D Sí, _____ más rápido.
2. Es el reproductor de MP3 de mi hermana. ¿Lo pongo en mi mochila?
   Á No, no _____ en tu mochila.
   D Sí, _____ en tu mochila.
3. Necesito estirar (*to stretch*) las piernas. ¿Doy un paseo?
   Á Sí, _____ un paseo.
   D No, no _____ un paseo.
4. Mi amigo necesita imprimir algo. ¿Apago la impresora?
   Á No, no _____ la impresora.
   D Sí, _____ la impresora.

5 **Oraciones** Forma oraciones para expresar acciones recíprocas con el tiempo indicado. **12 pts.**

> tú y yo / conocer / bien (presente) *Tú y yo nos conocemos bien.*

1. José y Paco / llamar / una vez por semana (imperfecto)
2. mi novia y yo / ver / todos los días (presente)
3. los compañeros de clase / ayudar / con la tarea (pretérito)
4. tú y tu mamá / escribir / por correo electrónico / cada semana (imperfecto)
5. mis hermanas y yo / entender / perfectamente (presente)
6. los profesores / saludar / con mucho respeto (pretérito)

6 **La tecnología** Escribe al menos seis oraciones diciéndole a un(a) amigo/a qué hacer para tener "una buena relación" con la tecnología. Usa mandatos familiares afirmativos y negativos. **24 pts.**

7 **Saber compartir** Completa la expresión con los dos pronombres posesivos que faltan.
¡4 puntos EXTRA!

"Lo que° es _____ es _____."

Lo que *What*

Practice more at **vhlcentral.com**.

Lectura

Antes de leer

Estrategia

Recognizing borrowed words

One way languages grow is by borrowing words from each other. English words that relate to technology often are borrowed by Spanish and other languages throughout the world. Sometimes the words are modified slightly to fit the sounds of the languages that borrow them. When reading in Spanish, you can often increase your understanding by looking for words borrowed from English or other languages you know.

Examinar el texto

Observa la tira cómica°. ¿De qué trata°? ¿Cómo lo sabes?

Buscar

Esta lectura contiene una palabra tomada° del inglés. Trabaja con un(a) compañero/a para encontrarla.

_____

Repasa° las palabras nuevas relacionadas con la tecnología que aprendiste en **Contextos** y expande la lista de palabras tomadas del inglés.

_____   _____

_____   _____

_____   _____

Sobre el autor

Juan Matías Loiseau (1974–). Más conocido como Tute, este artista nació en Buenos Aires, Argentina. Estudió diseño gráfico, humorismo y cine. Sus tiras cómicas se publican en Estados Unidos, Francia y toda Latinoamérica.

tira cómica *comic strip* ¿De qué trata? *What is it about?*
tomada *taken* Repasa *Review*

Después de leer

Comprensión

Indica si las oraciones son **ciertas** o **falsas**. Corrige las falsas.

Cierto	Falso	
_____	_____	1. Hay tres personajes en la tira cómica: un usuario de teléfono, un amigo y un empleado de la empresa (*company*) telefónica.
_____	_____	2. El nuevo servicio de teléfono incluye las llamadas telefónicas únicamente.
_____	_____	3. El empleado duerme en su casa.
_____	_____	4. El contrato de teléfono dura (*lasts*) un año.
_____	_____	5. El usuario y el amigo están trabajando (*working*).

Preguntas

Responde a estas preguntas con oraciones completas. Usa el pretérito y el imperfecto.

1. ¿Al usuario le gustaba usar el teléfono celular todo el tiempo?
   _____

2. ¿Por qué el usuario decidió tirar el teléfono al mar?
   _____

3. Según el amigo, ¿para qué tenía el usuario que tirar el teléfono celular al mar?
   _____

4. ¿Qué ocurrió cuando el usuario tiró el teléfono?
   _____

5. ¿Qué le dijo el empleado al usuario cuando salió del mar?
   _____

Conversar

En grupos pequeños, hablen de estos temas.

1. ¿Se sienten identificados/as con el usuario de teléfono de la tira cómica? ¿Por qué?
2. ¿Cuáles son los aspectos positivos y los negativos de tener teléfono celular?
3. ¿Cuál es para ustedes el límite que debe tener la tecnología en nuestras vidas?

te viene *comes with* tipo *guy, dude* te avisa *alerts you* escuchás *listen (Arg.)*
distraídos *careless* piso *floor* bolsa de dormir *sleeping bag* darle de baja *to suspend*
harto *fed up* revolear *throw it away with energy (S. America)* bien hecho *well done*
llamada perdida *missed call*

Argentina

El país en cifras

▶ **Área:** 2.780.400 km² (1.074.000 millas²)
Argentina es el país de habla española más grande del mundo. Su territorio es dos veces el tamaño° de Alaska.

▶ **Población:** 43.024.000

▶ **Capital:** Buenos Aires (y su área metropolitana) —13.528.000
En el gran Buenos Aires vive más del treinta por ciento de la población total del país. La ciudad es conocida° como el "París de Suramérica" por su estilo parisino°.

Buenos Aires

▶ **Ciudades principales:**
Córdoba —1.493.000, Rosario —1.231.000, Mendoza —917.000

▶ **Moneda:** peso argentino

▶ **Idiomas:** español (oficial), lenguas indígenas

Bandera de Argentina

Argentinos célebres

▶ **Jorge Luis Borges,** escritor (1899–1986)

▶ **María Eva Duarte de Perón ("Evita"),** primera dama° (1919–1952)

▶ **Mercedes Sosa,** cantante (1935–2009)

▶ **Leandro "Gato" Barbieri,** saxofonista (1932–)

▶ **Adolfo Pérez Esquivel,** activista (1931–), Premio Nobel de la Paz en 1980

tamaño *size* conocida *known* parisino *Parisian* primera dama *First Lady* anchas *wide* mide *it measures* campo *field*

Gaucho de las pampas

BOLIVIA

PARAGUAY

Las cataratas del Iguazú

ESTADOS UNIDOS

OCÉANO ATLÁNTICO

OCÉANO PACÍFICO

AMÉRICA DEL SUR

ARGENTINA

San Miguel de Tucumán

La Cordillera de los Andes

Córdoba

CHILE

▲ Aconcagua
Mendoza

Rosario

Río Paraná

URUGUAY

Buenos Aires

La Pampa

Mar del Plata

San Carlos de Bariloche

Océano Atlántico

Monte Fitz Roy (Chaltén)

Patagonia

Vista de San Carlos de Bariloche

Tierra del Fuego

recursos

| WB pp. 135–136 | VM pp. 53–54 | vhlcentral.com Lección 11 |

¡Increíble pero cierto!

La Avenida 9 de Julio en Buenos Aires es una de las calles más anchas° del mundo. De lado a lado mide° cerca de 140 metros, lo que es equivalente a un campo° y medio de fútbol. Su nombre conmemora el Día de la Independencia de Argentina.

BRASIL

Historia • Inmigración europea

Se dice que Argentina es el país más "europeo" de toda Latinoamérica. Después del año 1880, inmigrantes italianos, alemanes, españoles e ingleses llegaron para establecerse en esta nación. Esta diversidad cultural ha dejado° una profunda huella° en la música, el cine y la arquitectura argentinos.

Artes • El tango

El tango es uno de los símbolos culturales más importantes de Argentina. Este género° musical es una mezcla de ritmos de origen africano, italiano y español, y se originó a finales del siglo XIX entre los porteños°. Poco después se hizo popular entre el resto de los argentinos y su fama llegó hasta París. Como baile, el tango en un principio° era provocativo y violento, pero se hizo más romántico durante los años 30. Hoy día, este estilo musical tiene adeptos° en muchas partes del mundo°.

Lugares • Las cataratas del Iguazú

Las famosas cataratas° del Iguazú se encuentran entre las fronteras de Argentina, Paraguay y Brasil, al norte de Buenos Aires. Cerca de ellas confluyen° los ríos Iguazú y Paraná. Estas extensas caídas de agua tienen hasta 80 metros (262 pies) de altura° y en época° de lluvias llegan a medir 4 kilómetros (2,5 millas) de ancho. Situadas en el Parque Nacional Iguazú, las cataratas son un destino° turístico muy visitado.

 ¿Qué aprendiste? Responde a cada pregunta con una oración completa.

1. ¿Qué porcentaje de la población de Argentina vive en el gran Buenos Aires?

2. ¿Quién era Mercedes Sosa?

3. Se dice que Argentina es el país más europeo de Latinoamérica. ¿Por qué?

4. ¿Qué tipo de baile es uno de los símbolos culturales más importantes de Argentina?

5. ¿Dónde y cuándo se originó el tango?

6. ¿Cómo era el baile del tango originalmente?

7. ¿En qué parque nacional están las cataratas del Iguazú?

Artesano en Buenos Aires

 Conexión Internet Investiga estos temas en **vhlcentral.com**.

1. Busca información sobre el tango. ¿Te gustan los ritmos y sonidos del tango? ¿Por qué? ¿Se baila el tango en tu comunidad?

2. ¿Quiénes fueron Juan y Eva Perón y qué importancia tienen en la historia de Argentina?

Practice more at vhlcentral.com.

ha dejado *has left* huella *mark* género *genre* porteños *people of Buenos Aires* en un principio *at first* adeptos *followers*
mundo *world* cataratas *waterfalls* confluyen *converge* altura *height* época *season* destino *destination*

Uruguay

El país en cifras

▸ **Área:** 176.220 km² (68.039 millas²), *el tamaño° del estado de Washington*
▸ **Población:** 3.332.000
▸ **Capital:** Montevideo—1.672.000

Casi la mitad° de la población de Uruguay vive en Montevideo. Situada en la desembocadura° del famoso Río de la Plata, esta ciudad cosmopolita e intelectual es también un destino popular para las vacaciones, debido a sus numerosas playas de arena° blanca que se extienden hasta la ciudad de Punta del Este.

▸ **Ciudades principales:** Salto, Paysandú, Las Piedras, Rivera
▸ **Moneda:** peso uruguayo
▸ **Idiomas:** español (oficial)

Bandera de Uruguay

Uruguayos célebres

▸ **Horacio Quiroga,** escritor (1878–1937)
▸ **Juana de Ibarbourou,** escritora (1892–1979)
▸ **Mario Benedetti,** escritor (1920–2009)
▸ **Cristina Peri Rossi,** escritora y profesora (1941–)
▸ **Jorge Drexler,** cantante y compositor (1964–)

tamaño *size* mitad *half* desembocadura *mouth* arena *sand*
avestruz *ostrich* no voladora *flightless* medir *measure* cotizado *valued*

Gaucho uruguayo

BRASIL

Río Arapey · Rivera
Salto
Río Uruguay
Paysandú
Cuchilla de Haedo
Río Negro
Embalse del Río Negro
Río Negro
Cuchilla Grande
Laguna Merín
Río Yí
Cuchilla Grande Inferior
Colonia
Río de la Plata
Las Piedras
★ Montevideo
Punta del Este

Entrada a la Ciudad Vieja, Colonia del Sacramento

ESTADOS UNIDOS
OCÉANO PACÍFICO
OCÉANO ATLÁNTICO
AMÉRICA DEL SUR
URUGUAY

recursos

WB pp. 137–138 | VM pp. 55–56 | vhlcentral.com Lección 11

¡Increíble pero cierto!

En Uruguay hay muchos animales curiosos, entre ellos el ñandú. De la misma familia del avestruz°, el ñandú es el ave no voladora° más grande del hemisferio occidental. Puede llegar a medir° dos metros. Normalmente, va en grupos de veinte o treinta y vive en el campo. Es muy cotizado° por su carne, sus plumas y sus huevos.

Costumbres • La carne y el mate

En Uruguay y Argentina, la carne es un elemento esencial de la dieta diaria. Algunos platillos representativos de estas naciones son el asado°, la parrillada° y el chivito°. El mate, una infusión similar al té, también es típico de la región. Esta bebida de origen indígena está muy presente en la vida social y familiar de estos países aunque, curiosamente, no se puede consumir en bares o restaurantes.

Deportes • El fútbol

El fútbol es el deporte nacional de Uruguay. El primer equipo de balompié uruguayo se formó en 1891 y en 1930 el país suramericano fue la sede° de la primera Copa Mundial de esta disciplina. El equipo nacional ha conseguido grandes éxitos° a lo largo de los años: dos campeonatos olímpicos, en 1923 y 1928, y dos campeonatos mundiales, en 1930 y 1950. De hecho, Uruguay y Argentina han presentado su candidatura binacional para que la Copa Mundial de Fútbol de 2030 se celebre en sus países.

Costumbres • El Carnaval

El Carnaval de Montevideo es el de mayor duración en el mundo. A lo largo de 40 días, los uruguayos disfrutan de° los desfiles° y la música que inundan las calles de su capital. La celebración más conocida es el Desfile de Llamadas, en el que participan bailarines al ritmo del candombe, una danza de tradición africana.

Edificio del Parlamento
en Montevideo

¿Qué aprendiste? Contesta cada pregunta con una oración completa.

1. ¿Qué tienen en común cuatro de los uruguayos célebres mencionados en la página anterior (*previous*)?

2. ¿Cuál es el elemento esencial de la dieta uruguaya?

3. ¿Qué es el ñandú?

4. ¿Qué es el mate?

5. ¿Cuándo se formó el primer equipo uruguayo de fútbol?

6. ¿Cuándo se celebró la primera Copa Mundial de fútbol?

7. ¿Cómo se llama la celebración más conocida del Carnaval de Montevideo?

8. ¿Cuántos días dura el Carnaval de Montevideo?

Conexión Internet Investiga estos temas en **vhlcentral.com**.

1. Uruguay es conocido como un país de muchos escritores. Busca información sobre uno de ellos y escribe una biografía.

2. Investiga cuáles son las comidas y bebidas favoritas de los uruguayos. Descríbelas e indica cuáles te gustaría probar y por qué.

 Practice more at **vhlcentral.com**.

asado *barbecued beef* **parrillada** *barbecue* **chivito** *goat in Argentina; steak sandwich in Uruguay* **sede** *site* **éxitos** *successes* **disfrutan de** *enjoy* **desfiles** *parades*

La tecnología

la aplicación	app
la cámara digital/ de video	digital/video camera
el canal	(TV) channel
el cargador	charger
el cibercafé	cybercafé
el control remoto	remote control
el correo de voz	voice mail
el disco compacto	CD
el estéreo	stereo
el radio	radio (set)
el reproductor de CD	CD player
el reproductor de MP3	MP3 player
el (teléfono) celular	(cell) phone
el televisor	television set
apagar	to turn off
funcionar	to work
llamar	to call
poner, prender	to turn on
sonar (o:ue)	to ring
descompuesto/a	not working; out of order
lento/a	slow
lleno/a	full

Verbos

abrazar(se)	to hug; to embrace (each other)
ayudar(se)	to help (each other)
besar(se)	to kiss (each other)
encontrar(se) (o:ue)	to meet (each other); to run into (each other)
saludar(se)	to greet (each other)

La computadora

el archivo	file
la arroba	@ symbol
el blog	blog
el buscador	browser
la computadora (portátil)	(portable) computer; (laptop)
la conexión inalámbrica	wireless connection
la dirección electrónica	e-mail address
la impresora	printer
Internet	Internet
el mensaje de texto	text message
el monitor	(computer) monitor
la página principal	home page
la pantalla	screen
el programa de computación	software
el ratón	mouse
la red	network; Web
el reproductor de DVD	DVD player
el sitio web	website
el teclado	keyboard
borrar	to erase
chatear	to chat
descargar	to download
escanear	to scan
grabar	to record
guardar	to save
imprimir	to print
navegar (en Internet)	to surf (the Internet)

El carro

la autopista	highway
el baúl	trunk
la calle	street
la carretera	highway; (main) road
el capó, el cofre	hood
el carro, el coche	car
la circulación, el tráfico	traffic
el garaje, el taller (mecánico)	garage; (mechanic's) repair shop
la gasolina	gasoline
la gasolinera	gas station
la licencia de conducir	driver's license
la llanta	tire
el/la mecánico/a	mechanic
el navegador GPS	GPS
el parabrisas	windshield
la policía	police (force)
la velocidad máxima	speed limit
el volante	steering wheel
arrancar	to start
arreglar	to fix; to arrange
bajar(se) de	to get off of/out of (a vehicle)
conducir, manejar	to drive
estacionar	to park
llenar (el tanque)	to fill (the tank)
parar	to stop
revisar (el aceite)	to check (the oil)
subir(se) a	to get on/into (a vehicle)

Otras palabras y expresiones

por aquí	around here
por ejemplo	for example
por eso	that's why; therefore
por fin	finally

Por and **para**	See pages 356–357.
Stressed possessive adjectives and pronouns	See pages 362–363.
Expresiones útiles	See page 347.

  Vocabulary Tools

La vivienda

12

Communicative Goals

You will learn how to:
- **Welcome people to your home**
- **Describe your house or apartment**
- **Talk about household chores**
- **Give instructions**

A PRIMERA VISTA
- ¿Están los chicos en casa?
- ¿Viven en una casa o en un apartamento?
- ¿Ya comieron o van a comer?
- ¿Están de buen humor o de mal humor?

La vivienda

Más vocabulario

las afueras	suburbs; outskirts
el alquiler	rent (payment)
el ama (m., f.) de casa	housekeeper; caretaker
el barrio	neighborhood
el edificio de apartamentos	apartment building
el/la vecino/a	neighbor
la vivienda	housing
el balcón	balcony
la entrada	entrance
la escalera	stairs
el garaje	garage
el jardín	garden; yard
el patio	patio; yard
el pasillo	hallway
el sótano	basement
la cafetera	coffee maker
el electrodoméstico	electrical appliance
el horno (de microondas)	(microwave) oven
la lavadora	washing machine
la luz	light; electricity
la secadora	clothes dryer
la tostadora	toaster
el cartel	poster
la mesita de noche	night stand
los muebles	furniture
alquilar	to rent
mudarse	to move (from one house to another)

Variación léxica

dormitorio	⟷	alcoba (Arg.); aposento (Rep. Dom.); recámara (Méx.)
apartamento	⟷	departamento (Arg., Chile, Méx.); piso (Esp.)
lavar los platos	⟷	lavar/fregar los trastes (Amér. C., Rep. Dom.)

recursos

WB pp. 139–140

LM p. 67

vhlcentral.com Lección 12

el altillo

el dormitorio

la cómoda

el armario

el cuadro/ la pintura

Hace la cama. (hacer)

la almohada

la manta

Los quehaceres domésticos

arreglar	to straighten up
barrer el suelo	to sweep the floor
cocinar	to cook
ensuciar	to get (something) dirty
hacer quehaceres domésticos	to do household chores
lavar (el suelo, los platos)	to wash (the floor, the dishes)
limpiar la casa	to clean the house
planchar la ropa	to iron the clothes
quitar la mesa	to clear the table
quitar el polvo	to dust

la sala

las cortinas

la lámpara

la mesita

el sofá

Pasa la aspiradora. (pasar)

la alfombra

la oficina

el sillón

la pared

el estante

Sacude los muebles.
(sacudir)

la cocina

el refrigerador

el congelador

la cocina, la estufa

el horno

el lavaplatos

Saca la basura.
(sacar)

Práctica

1 **Escuchar** 🎧 Escucha la conversación y completa las oraciones.

1. Pedro va a limpiar primero _____.
2. Paula va a comenzar en _____.
3. Pedro va a _____ en el sótano.
4. Pedro también va a limpiar _____.
5. Ellos están limpiando la casa porque

_____.

2 **Respuestas** 🎧 Escucha las preguntas y selecciona la respuesta más adecuada. Una respuesta no se va a usar.

____ a. Sí, la alfombra estaba muy sucia.

____ b. No, porque todavía se están mudando.

____ c. Sí, sacudí la mesa y el estante.

____ d. Sí, puse el pollo en el horno.

____ e. Hice la cama, pero no limpié los muebles.

____ f. Sí, después de sacarla de la secadora.

3 **Escoger** Escoge la letra de la respuesta correcta.

1. Cuando quieres tener una lámpara y un despertador
cerca de tu cama, puedes ponerlos en _____.
a. el barrio　　b. el cuadro　　c. la mesita de noche

2. Si no quieres vivir en el centro de la ciudad, puedes
mudarte _____.
a. al alquiler　　b. a las afueras　　c. a la vivienda

3. Guardamos (*We keep*) los pantalones, las camisas y
los zapatos en _____.
a. la secadora　　b. el armario　　c. el patio

4. Para subir de la planta baja al primer piso, usas _____.
a. la entrada　　b. el cartel　　c. la escalera

5. Ponemos cuadros y pinturas en _____.
a. las paredes　　b. los quehaceres　　c. los jardines

4 **Definiciones** En parejas, identifiquen cada cosa que se describe.
Luego inventen sus propias descripciones de algunas palabras y
expresiones de **Contextos**.

modelo

Estudiante 1: Es donde pones los libros.
Estudiante 2: el estante

1. Es donde pones la cabeza cuando duermes.
2. Es el quehacer doméstico que haces después de comer.
3. Algunos de ellos son las cómodas y los sillones.
4. Son las personas que viven en tu barrio.
5. _____
6. _____

la taza

el vaso

la copa

Pone la mesa. (poner)

la cuchara

la servilleta

el plato

el tenedor

el cuchillo

el comedor

5

Completar Completa estas frases con las palabras más adecuadas.

1. Para tomar vino necesitas…
2. Para comer una ensalada necesitas…
3. Para tomar café necesitas…
4. Para poner la comida en la mesa necesitas…
5. Para limpiarte la boca después de comer necesitas…
6. Para cortar (*to cut*) un bistec necesitas…
7. Para tomar agua necesitas…
8. Para tomar sopa necesitas…

6

Los quehaceres Trabajen en grupos para indicar quién hace estos quehaceres domésticos en sus casas. Luego contesten las preguntas.

barrer el suelo	lavar los platos	planchar la ropa
cocinar	lavar la ropa	sacar la basura
hacer las camas	pasar la aspiradora	sacudir los muebles

modelo

Estudiante 1: ¿Quién pasa la aspiradora en tu casa?
Estudiante 2: Mi hermano y yo pasamos la aspiradora.

1. ¿Quién hace más quehaceres, tú o tus compañeros/as?
2. ¿Quiénes hacen la mayoría de los quehaceres, los hombres o las mujeres?
3. ¿Piensas que debes hacer más quehaceres? ¿Por qué?

 Practice more at **vhlcentral.com**.

Comunicación

7

La vida doméstica En parejas, describan las habitaciones que ven en estas fotos. Identifiquen y describan cinco muebles o adornos (*accessories*) de cada foto y digan dos quehaceres que se pueden hacer en cada habitación.

8

Mi apartamento Dibuja el plano (*floor plan*) de un apartamento amueblado (*furnished*) imaginario y escribe los nombres de las habitaciones y de los muebles. En parejas, siéntense espalda contra espalda (*sit back to back*). Uno/a de ustedes describe su apartamento mientras su compañero/a lo dibuja según la descripción. Cuando terminen, miren el segundo dibujo. ¿Es similar al dibujo original? Hablen de los cambios que se necesitan hacer para mejorar el dibujo. Repitan la actividad intercambiando papeles.

CONSULTA

To review bathroom-related vocabulary, see **Lección 7, Contextos,** p. 210.

9

¡Corre, corre! Tu profesor(a) va a darte una serie incompleta de dibujos que forman una historia. Tú y tu compañero/a tienen dos series diferentes. Descríbanse los dibujos para completar la historia.

modelo

Estudiante 1: Marta quita la mesa.
Estudiante 2: Francisco...

Los quehaceres

Jimena y Felipe deben limpiar el apartamento para poder ir de viaje con Marissa.

PERSONAJES

 JIMENA   FELIPE

 Video: *Fotonovela*

SR. DÍAZ Quieren ir a Yucatán con Marissa, ¿verdad?

SRA. DÍAZ Entonces, les sugiero que arreglen este apartamento. Regresamos más tarde.

SR. DÍAZ Les aconsejo que preparen la cena para las 8:30.

MARISSA ¿Qué pasa?

JIMENA Nuestros papás quieren que Felipe y yo arreglemos toda la casa.

FELIPE Y que, además, preparemos la cena.

MARISSA ¡Pues, yo les ayudo!

(*Don Diego llega a ayudar a los chicos.*)

FELIPE Tenemos que limpiar la casa hoy.

JIMENA ¿Nos ayuda, don Diego?

DON DIEGO Claro. Recomiendo que se organicen en equipos para limpiar.

MARISSA Mis padres siempre quieren que mis hermanos y yo ayudemos con los quehaceres. No me molesta ayudar. Pero odio limpiar el baño.

JIMENA Lo que más odio yo es sacar la basura.

JUAN CARLOS Hola, Jimena. ¿Está Felipe? (*a Felipe*) Te olvidaste del partido de fútbol.

FELIPE Juan Carlos, ¿verdad que mi papá te considera como de la familia?

JUAN CARLOS Sí.

MARISSA Yo lleno el lavaplatos... después de vaciarlo.

DON DIEGO Juan Carlos, ¿por qué no terminas de pasar la aspiradora? Y Felipe, tú limpia el polvo. ¡Ya casi acaban!

SRA. DÍAZ

SR. DÍAZ

MARISSA

JUAN CARLOS

DON DIEGO

7

(Los chicos preparan la cena y ponen la mesa.)

JUAN CARLOS ¿Dónde están los tenedores?

JIMENA Allá.

JUAN CARLOS ¿Y las servilletas?

MARISSA Aquí están.

8

FELIPE La sala está tan limpia. Le pasamos la aspiradora al sillón y a las cortinas. ¡Y también a las almohadas!

JIMENA Yucatán, ¡ya casi llegamos!

9

(Papá y mamá regresan a casa.)

SRA. DÍAZ ¡Qué bonita está la casa!

SR. DÍAZ Buen trabajo, muchachos. ¿Qué hay para cenar?

JIMENA Quesadillas. Vengan.

10

SRA. DÍAZ Don Diego, quédese a cenar con nosotros. Venga.

SR. DÍAZ Sí, don Diego. Pase.

DON DIEGO Gracias.

Expresiones útiles

Making recommendations

Le(s) sugiero que arregle(n) este apartamento.
I suggest you tidy up this apartment.
Le(s) aconsejo que prepare(n) la cena para las ocho y media.
I recommend that you have dinner ready for eight thirty.

Organizing work

Recomiendo que se organicen en equipos para limpiar.
I recommend that you divide yourselves into teams to clean.
Yo lleno el lavaplatos... después de vaciarlo.
I'll fill the dishwasher... after I empty it.
¿Por qué no terminas de pasar la aspiradora?
Why don't you finish vacuuming?
¡Ya casi acaban!
You're almost finished!
Felipe, tú quita el polvo.
Felipe, you dust.

Making polite requests

Don Diego, quédese a cenar con nosotros.
Don Diego, stay and have dinner with us.
Venga.
Come on.
Don Diego, pase.
Don Diego, come in.

Additional vocabulary

el plumero *duster*

recursos

VM
pp. 23–24

vhlcentral.com
Lección 12

¿Qué pasó?

1

¿Cierto o falso? Indica si lo que dicen estas oraciones es **cierto** o **falso**. Corrige las oraciones falsas.

	Cierto	Falso
1. Felipe y Jimena tienen que preparar el desayuno.	○	○
2. Don Diego ayuda a los chicos organizando los quehaceres domésticos.	○	○
3. Jimena le dice a Juan Carlos dónde están los tenedores.	○	○
4. A Marissa no le molesta limpiar el baño.	○	○
5. Juan Carlos termina de lavar los platos.	○	○

2

Identificar Identifica quién puede decir estas oraciones.

1. Yo les ayudo, no me molesta hacer quehaceres domésticos.

2. No me gusta sacar la basura, pero es necesario hacerlo.

3. Es importante que termines de pasar la aspiradora, Juan Carlos.

4. ¡La casa está muy limpia! ¡Qué bueno que pasamos la aspiradora!

5. ¡Buen trabajo, chicos! ¿Qué vamos a cenar?

 JIMENA
 DON DIEGO
 FELIPE
SR. DÍAZ
 MARISSA

3

Completar Los chicos y don Diego están haciendo los quehaceres. Adivina en qué cuarto está cada uno de ellos.

1. Jimena limpia el congelador. Jimena está en _____.

2. Don Diego limpia el escritorio. Don Diego está en _____.

3. Felipe pasa la aspiradora debajo de la mesa y las sillas. Felipe está en _____.

4. Juan Carlos sacude el sillón. Juan Carlos está en _____.

5. Marissa hace la cama. Marissa está en _____.

4

Mi casa Dibuja el plano de una casa o de un apartamento. Puede ser el plano de la casa o del apartamento donde vives o de donde te gustaría (*you would like*) vivir. Después, trabajen en parejas y describan lo que se hace en cuatro de las habitaciones. Para terminar, pídanse (*ask for*) ayuda para hacer dos quehaceres domésticos. Pueden usar estas frases en su conversación.

Quiero mostrarte…	Al fondo hay…
Ésta es (la cocina).	Quiero que me ayudes a (sacar la basura).
Allí yo (preparo la comida).	Por favor, ayúdame con…

 Practice more at **vhlcentral.com**.

Ortografía Audio

Mayúsculas y minúsculas

Here are some of the rules that govern the use of capital letters (**mayúsculas**) and lowercase letters (**minúsculas**) in Spanish.

**Los estudiantes llegaron al aeropuerto a las dos.
Luego fueron al hotel.**

In both Spanish and English, the first letter of every sentence is capitalized.

Rubén Blades   Panamá   Colón   los Andes

The first letter of all proper nouns (names of people, countries, cities, geographical features, etc.) is capitalized.

*Cien años de soledad   Don Quijote de la Mancha
El País   Muy Interesante*

The first letter of the first word in titles of books, films, and works of art is generally capitalized, as well as the first letter of any proper names. In newspaper and magazine titles, as well as other short titles, the initial letter of each word is often capitalized.

**la señora Ramos   don Francisco
el presidente   Sra. Vives**

Titles associated with people are *not* capitalized unless they appear as the first word in a sentence. Note, however, that the first letter of an abbreviated title is capitalized.

Último   Álex   MENÚ   PERDÓN

Accent marks should be retained on capital letters. In practice, however, this rule is often ignored.

lunes   viernes   marzo   primavera

The first letter of days, months, and seasons is <u>not</u> capitalized.

español   estadounidense   japonés   panameños

The first letter of nationalities and languages is <u>not</u> capitalized.

Profesor Herrera, ¿es cierto que somos venenosas°?

Sí, Pepito. ¿Por qué lloras?

Práctica Corrige las mayúsculas y minúsculas incorrectas.

1. soy lourdes romero. Soy Colombiana.
2. éste Es mi Hermano álex.
3. somos De panamá.
4. ¿es ud. La sra. benavides?
5. ud. Llegó el Lunes, ¿no?

Palabras desordenadas Lee el diálogo de las serpientes. Ordena las letras para saber de qué palabras se trata. Después escribe las letras indicadas para descubrir por qué llora Pepito.

m n a a P á ☐☐☐☐☐☐☐
s t e m r a ☐☐☐☐☐☐☐
i g s l é n ☐☐☐☐☐☐
y a U r u g u ☐☐☐☐☐☐☐☐
r o ñ e s a ☐☐☐☐☐☐

¡ ☐orque ☐e acabo de morder° la ☐en☐u☐ !

*Respuestas: Panamá, martes, inglés, Uruguay, señora.
¡Porque me acabo de morder la lengua!*

venenosas *venomous* **morder** *to bite*

recursos

LM
p. 68

vhlcentral.com
Lección 12

S Video: *Flash cultura*

El patio central

En las tardes cálidas° de Oaxaca, México; Córdoba, España, o Popayán, Colombia, es un placer sentarse en **el patio central** de una casa y tomar un refresco disfrutando de° una buena conversación. De influencia árabe, esta característica arquitectónica° fue traída° a las Américas por los españoles. En la época° colonial, se construyeron casas, palacios, monasterios, hospitales y escuelas con patio central. Éste es un espacio privado e íntimo en donde se puede disfrutar del sol y de la brisa° estando aislado° de la calle.

El centro del patio es un espacio abierto. Alrededor de° él, separado por columnas, hay un pasillo cubierto°. Así, en el patio hay zonas de sol y de sombra°. El patio es una parte importante de la vivienda familiar y su decoración se cuida° mucho. En el centro del patio muchas veces hay una fuente°, plantas e incluso árboles°. El agua es un elemento muy importante en la cultura islámica porque

simboliza la purificación del cuerpo y del alma°. Por esta razón y para disminuir° la temperatura, el agua en estas construcciones es muy importante. El agua y la vegetación ayudan a mantener la temperatura fresca y el patio proporciona° luz y ventilación a todas las habitaciones.

La distribución

Las casas con patio central eran usualmente las viviendas de familias adineradas°. Son casas de dos o tres pisos. Los cuartos de la planta baja son las áreas comunes: cocina, comedor, sala, etc., y tienen puertas al patio. En los pisos superiores están las habitaciones privadas de la familia.

cálidas *hot* **disfrutando de** *enjoying* **arquitectónica** *architectural* **traída** *brought* **época** *era* **brisa** *breeze* **aislado** *isolated* **Alrededor de** *Surrounding* **cubierto** *covered* **sombra** *shade* **se cuida** *is looked after* **fuente** *fountain* **árboles** *trees* **alma** *soul* **disminuir** *lower* **proporciona** *provides* **adineradas** *wealthy*

1 **¿Cierto o falso?** Indica si lo que dicen las oraciones es **cierto o falso**. Corrige las falsas.

1. Los patios centrales de Latinoamérica tienen su origen en la tradición indígena.
2. Los españoles llevaron a América el concepto del patio.
3. En la época colonial las casas eran las únicas construcciones con patio central.
4. El patio es una parte importante en estas construcciones, y es por eso que se le presta atención a su decoración.
5. El patio central es un lugar de descanso que da luz y ventilación a las habitaciones.
6. Las fuentes en los patios tienen importancia por razones culturales y porque bajan la temperatura.
7. En la cultura española el agua simboliza salud y bienestar del cuerpo y del alma.
8. Las casas con patio central eran para personas adineradas.
9. Los cuartos de la planta baja son privados.
10. Los dormitorios están en los pisos superiores.

La vivienda

el ático, el desván	el altillo
la cobija (Col., Méx.), la frazada (Arg., Cuba, Ven.)	la manta
el escaparate (Cuba, Ven.), el ropero (Méx.)	el armario
el fregadero	*kitchen sink*
el frigidaire (Perú); el frigorífico (Esp.), la nevera	el refrigerador
el lavavajillas (Arg., Esp., Méx.)	el lavaplatos

EL MUNDO HISPANO

Los muebles

- **Mecedora°** La mecedora es un mueble típico de Latinoamérica, especialmente de la zona del Caribe. A las personas les gusta relajarse mientras se mecen° en el patio.

- **Mesa camilla** Era un mueble popular en España hasta hace algunos años. Es una mesa con un bastidor° en la parte inferior° para poner un brasero°. En invierno, las personas se sentaban alrededor de la mesa camilla para conversar, jugar a las cartas o tomar café.

- **Hamaca** Se cree que los taínos hicieron las primeras hamacas con fibras vegetales. Su uso es muy popular en toda Latinoamérica para dormir y descansar.

Mecedora *Rocking chair* se mecen *they rock themselves* bastidor *frame* inferior *bottom* brasero *container for hot coals*

PERFIL

Las islas flotantes del lago Titicaca

Bolivia y Perú comparten el **lago Titicaca**, donde viven **los uros**, uno de los pueblos indígenas más antiguos de América. Hace muchos años, los uros fueron a vivir al lago escapando de **los incas.** Hoy en día, siguen viviendo allí en **islas flotantes** que ellos mismos hacen con unos juncos° llamados **totora**. Primero tejen° grandes plataformas. Luego, con el mismo material, construyen sus casas sobre las plataformas. La totora es resistente, pero con el tiempo el agua la pudre°. Los habitantes de las islas necesitan renovar continuamente las plataformas y las casas. Sus muebles y sus barcos también están hechos° de juncos. Los uros viven de la pesca y del turismo; en las islas hay unas tiendas donde venden artesanías° hechas con totora.

juncos *reeds* tejen *they weave* la pudre *rots it* hechos *made* artesanías *handcrafts*

Conexión Internet

¿Cómo son las casas modernas en los países hispanos?

Go to **vhlcentral.com** to find more cultural information related to this **Cultura** section.

ACTIVIDADES

2 Comprensión Responde a las preguntas.
1. Tu amigo mexicano te dice: "La **cobija** azul está en el **ropero**". ¿Qué quiere decir?
2. ¿Quiénes hicieron las primeras hamacas? ¿Qué material usaron?
3. ¿Qué grupo indígena vive en el lago Titicaca?
4. ¿Qué pueden comprar los turistas en las islas flotantes del lago Titicaca?

3 Viviendas tradicionales Escribe cuatro oraciones sobre una vivienda tradicional que conoces. Explica en qué lugar se encuentra, de qué materiales está hecha y cómo es.

 Practice more at **vhlcentral.com**.

12.1 Relative pronouns Tutorial

ANTE TODO In both English and Spanish, relative pronouns are used to combine two sentences or clauses that share a common element, such as a noun or pronoun. Study this diagram.

> Mis padres me regalaron **la aspiradora**.
> *My parents gave me the vacuum cleaner.*

> **La aspiradora** funciona muy bien.
> *The vacuum cleaner works really well.*

> La aspiradora **que** mis padres me regalaron funciona muy bien.
> *The vacuum cleaner that my parents gave me works really well.*

> **Lourdes** es muy inteligente.
> *Lourdes is very intelligent.*

> **Lourdes** estudia español.
> *Lourdes is studying Spanish.*

> Lourdes, **quien** estudia español, es muy inteligente.
> *Lourdes, who studies Spanish, is very intelligent.*

> Eso fue todo lo que dijimos.

> Mi papá se lleva bien con Juan Carlos, quien es como mi hermano.

▶ Spanish has three frequently used relative pronouns. **¡Atención!** Even though interrogative words (**qué**, **quién**, etc.) always carry an accent, relative pronouns never carry a written accent.

que	*that; which; who*
quien(es)	*who; whom; that*
lo que	*that which; what*

▶ **Que** is the most frequently used relative pronoun. It can refer to things or to people. Unlike its English counterpart, *that*, **que** is never omitted.

> ¿Dónde está la cafetera **que** compré?
> *Where is the coffee maker (that) I bought?*

> El hombre **que** limpia es Pedro.
> *The man who is cleaning is Pedro.*

▶ The relative pronoun **quien** refers only to people, and is often used after a preposition or the personal **a**. **Quien** has only two forms: **quien** (singular) and **quienes** (plural).

> ¿Son las chicas **de quienes** me hablaste la semana pasada?
> *Are they the girls (that) you told me about last week?*

> Eva, **a quien** conocí anoche, es mi nueva vecina.
> *Eva, whom I met last night, is my new neighbor.*

¡LENGUA VIVA!

In English, it is generally recommended that *who(m)* be used to refer to people, and that *that* and *which* be used to refer to things. In Spanish, however, it is perfectly acceptable to use **que** when referring to people.

▶ **Quien(es)** is occasionally used instead of **que** in clauses set off by commas.

Lola, **quien** es cubana, es médica.
Lola, who is Cuban, is a doctor.

Su tía, **que** es alemana, ya llegó.
His aunt, who is German, already arrived.

▶ Unlike **que** and **quien(es)**, **lo que** doesn't refer to a specific noun. It refers to an idea, a situation, or a past event and means *what*, *that which*, or *the thing that*.

Lo que me molesta es el calor.
What bothers me is the heat.

Lo que quiero es una casa.
What I want is a house.

Este supermercado tiene todo **lo que** necesito.

A Samuel no le gustó **lo que** le dijo Violeta.

¡INTÉNTALO!   Completa estas oraciones con pronombres relativos.

1. Voy a utilizar los platos _____que_____ me regaló mi abuela.
2. Ana comparte un apartamento con la chica a _____ conocimos en la fiesta de Jorge.
3. Esta oficina tiene todo _____ necesitamos.
4. Puedes estudiar en el dormitorio _____ está a la derecha de la cocina.
5. Los señores _____ viven en esa casa acaban de llegar de Centroamérica.
6. Los niños a _____ viste en nuestro jardín son mis sobrinos.
7. La piscina _____ ves desde la ventana es la piscina de mis vecinos.
8. Úrsula, _____ ayudó a mamá a limpiar el refrigerador, es muy simpática.
9. El hombre de _____ hablo es mi padre.
10. _____ te dijo Pablo no es cierto.
11. Tengo que sacudir los muebles _____ están en el altillo una vez al mes.
12. No entiendo por qué no lavaste los vasos _____ te dije.
13. La mujer a _____ saludaste vive en las afueras.
14. ¿Sabes _____ necesita este dormitorio? ¡Unas cortinas!
15. No quiero volver a hacer _____ hice ayer.
16. No me gusta vivir con personas a _____ no conozco.

recursos

WB
pp. 141–142

LM
p. 69

vhlcentral.com
Lección 12

Práctica

1

Combinar Combina elementos de la columna A y la columna B para formar oraciones lógicas.

A

1. Ése es el hombre _____.
2. Rubén Blades, _____.
3. No traje _____.
4. ¿Te gusta la manta _____?
5. ¿Cómo se llama el programa _____?
6. La mujer _____.

B

a. con quien bailaba es mi vecina
b. que te compró Cecilia
c. quien es de Panamá, es un cantante muy bueno
d. que arregló mi lavadora
e. lo que necesito para la clase de matemáticas
f. que comiste en el restaurante
g. que escuchaste en la radio anoche

 NOTA CULTURAL

Rubén Blades es un cantante, compositor y actor panameño muy famoso. Este versátil abogado fue también Ministro de Turismo en su país (2004–2009) y fue nombrado Embajador contra el racismo por las Naciones Unidas en el 2000.

2

Completar Completa la historia sobre la casa que Jaime y Tina quieren comprar, usando los pronombres relativos **que, quien, quienes** o **lo que**.

1. Jaime y Tina son los chicos a _____ conocí la semana pasada.
2. Quieren comprar una casa _____ está en las afueras de la ciudad.
3. Es una casa _____ era de una artista famosa.
4. La artista, a _____ yo conocía, murió el año pasado y no tenía hijos.
5. Ahora se vende la casa con todos los muebles _____ ella tenía.
6. La sala tiene una alfombra _____ ella trajo de Kuwait.
7. La casa tiene muchos estantes, _____ a Tina le encanta.

3

Oraciones Javier y Ana acaban de casarse y han comprado (*they have bought*) una casa y muchas otras cosas. Combina sus declaraciones para formar una sola oración con los pronombres relativos **que, quien(es)** y **lo que**.

modelo
Vamos a usar los vasos nuevos mañana. Los pusimos en el comedor.
Mañana vamos a usar los vasos nuevos que pusimos en el comedor.

1. Tenemos una cafetera nueva. Mi prima nos la regaló.

2. Tenemos una cómoda nueva. Es bueno porque no hay espacio en el armario.

3. Esos platos no nos costaron mucho. Están encima del horno.

4. Esas copas me las regaló mi amiga Amalia. Ella viene a visitarme mañana.

5. La lavadora está casi nueva. Nos la regalaron mis suegros.

6. La vecina nos dio una manta de lana. Ella la compró en México.

Comunicación

4

Entrevista En parejas, túrnense para hacerse estas preguntas.

1. ¿Qué es lo que más te gusta de vivir en las afueras o en la ciudad?
2. ¿Cómo son las personas que viven en tu barrio?
3. ¿Cuál es el quehacer doméstico que pagarías (*you would pay*) por no hacer?
4. ¿Quién es la persona que hace los quehaceres domésticos en tu casa?
5. ¿Hay vecinos que te caen bien? ¿Quiénes?
6. ¿De qué vecino es el coche que más te gusta?
7. ¿Cuál es el barrio de tu ciudad que más te gusta y por qué?
8. ¿Quién es la persona a quien le pedirías (*you would ask*) que te ayude con los quehaceres?
9. ¿Cuál es el lugar de la casa donde te sientes más cómodo/a? ¿Por qué?
10. ¿Qué es lo que más te gusta de tu barrio?
11. ¿Qué hace el vecino que más llama la atención?
12. ¿Qué es lo que menos te gusta de tu barrio?

5

Adivinanza En grupos, túrnense para describir distintas partes de una vivienda usando pronombres relativos. Los demás compañeros tienen que hacer preguntas hasta que adivinen (*they guess*) la palabra.

> **modelo**
>
> **Estudiante 1:** Es lo que tenemos en el dormitorio.
> **Estudiante 2:** ¿Es el mueble que usamos para dormir?
> **Estudiante 1:** No. Es lo que usamos para guardar la ropa.
> **Estudiante 3:** Lo sé. Es la cómoda.

Síntesis

6

Definir En parejas, definan las palabras. Usen los pronombres relativos **que, quien(es)** y **lo que**. Luego compartan sus definiciones con la clase.

alquiler	flan	patio	tenedor
amigos	guantes	postre	termómetro
aspiradora	jabón	sillón	vaso
enfermera	manta	sótano	vecino

AYUDA

Remember that **de,** followed by the name of a material, means *made of.*

Es de algodón.
It's made of cotton.

• • •

Es un tipo de means
It's a kind/sort of…

Es un tipo de flor.
It's a kind of flower.

> **modelo**
>
> lavadora Es lo que se usa para lavar la ropa.
> pastel Es un postre que comes en tu cumpleaños.

12.2 Formal (usted/ustedes) commands Ⓢ Tutorial

ANTE TODO As you learned in **Lección 11**, the command forms are used to give orders or advice. Formal commands are used with people you address as **usted** or **ustedes**. Observe these examples, then study the chart.

Hable con ellos, don Francisco.
Talk with them, Don Francisco.

Laven los platos ahora mismo.
Wash the dishes right now.

Coma frutas y verduras.
Eat fruits and vegetables.

Beban menos té y café.
Drink less tea and coffee.

AYUDA

By learning formal commands, it will be easier for you to learn the subjunctive forms that are presented in **Estructura 12.3**, p. 394.

Formal commands (Ud. and Uds.)

Infinitive	Present tense yo form	Ud. command	Uds. command
limpiar	limpi**o**	limpi**e**	limpi**en**
barrer	barr**o**	barr**a**	barr**an**
sacudir	sacud**o**	sacud**a**	sacud**an**
decir (e:i)	dig**o**	dig**a**	dig**an**
pensar (e:ie)	piens**o**	piens**e**	piens**en**
volver (o:ue)	vuelv**o**	vuelv**a**	vuelv**an**
servir (e:i)	sirv**o**	sirv**a**	sirv**an**

▶ The **usted** and **ustedes** commands, like the negative **tú** commands, are formed by dropping the final **-o** of the **yo** form of the present tense. For **-ar** verbs, add **-e** or **-en**. For **-er** and **-ir** verbs, add **-a** or **-an**.

Don Diego, quédese a cenar con nosotros.

No se preocupen, yo los ayudo.

▶ Verbs with irregular **yo** forms maintain the same irregularity in their formal commands. These verbs include **conducir, conocer, decir, hacer, ofrecer, oír, poner, salir, tener, traducir, traer, venir,** and **ver**.

Oiga, don Manolo...
Listen, Don Manolo...

Ponga la mesa, por favor.
Set the table, please.

¡Salga inmediatamente!
Leave immediately!

Hagan la cama antes de salir.
Make the bed before leaving.

▶ Note also that verbs maintain their stem changes in **usted** and **ustedes** commands.

e:ie	o:ue	e:i
No **pierda** la llave.	**Vuelva** temprano, joven.	**Sirva** la sopa, por favor.
Cierren la puerta.	**Duerman** bien, chicos.	**Repitan** las frases.

AYUDA

These spelling changes are necessary to ensure that the words are pronounced correctly. See **Lección 8, Pronunciación,** p. 251, and **Lección 9, Pronunciación,** p. 283.

•••

It may help you to study the following series of syllables. Note that, within each series, the consonant sound doesn't change.

ca que qui co cu

za ce ci zo zu

ga gue gui go gu

ja ge gi jo ju

▶ Verbs ending in **-car**, **-gar**, and **-zar** have a spelling change in the command forms.

sa**car**	c → qu	sa**que**, sa**quen**
ju**gar**	g → gu	jue**gue**, jue**guen**
almor**zar**	z → c	almuer**ce**, almuer**cen**

▶ These verbs have irregular formal commands.

Infinitive	Ud. command	Uds. command
dar	**dé**	**den**
estar	**esté**	**estén**
ir	**vaya**	**vayan**
saber	**sepa**	**sepan**
ser	**sea**	**sean**

▶ To make a formal command negative, simply place **no** before the verb.

No ponga las maletas en la cama.
Don't put the suitcases on the bed.

No ensucien los sillones.
Don't dirty the armchairs.

▶ In affirmative commands, reflexive, indirect, and direct object pronouns are always attached to the end of the verb.

Siénten**se**, por favor.
Síga**me**, Laura.

Acuésten**se** ahora.
Póngan**las** en el suelo, por favor.

▶ **¡Atención!** When a pronoun is attached to an affirmative command that has two or more syllables, an accent mark is added to maintain the original stress.

limpie → **límpielo**
diga → **dígamelo**

lean → **léanlo**
sacudan → **sacúdanlos**

▶ In negative commands, these pronouns always precede the verb.

No **se** preocupe.
No **me lo** dé.

No **los** ensucien.
No **nos las** traigan.

▶ **Usted** and **ustedes** can be used with the command forms to strike a more formal tone. In such instances, they follow the command form.

Muéstrele usted la foto a su amigo.
Show the photo to your friend.

Tomen ustedes esta mesa.
Take this table.

recursos

WB
pp. 143–144

LM
p. 70

vhlcentral.com
Lección 12

¡INTÉNTALO! Indica los mandatos (*commands*) afirmativos y negativos correspondientes.

1. escucharlo (Ud.) _____ *Escúchelo* _____ . _____ *No lo escuche* _____ .
2. decírmelo (Uds.) _____ . _____ .
3. salir (Ud.) _____ . _____ .
4. servírnoslo (Uds.) _____ . _____ .
5. barrerla (Ud.) _____ . _____ .
6. hacerlo (Ud.) _____ . _____ .

Práctica

1

Completar La señora González quiere mudarse de casa. Ayúdala a organizarse. Indica el mandato formal de cada verbo.

1. _____ los anuncios del periódico y _____. (Leer, guardarlos)
2. _____ personalmente y _____ las casas usted misma. (Ir, ver)
3. Decida qué casa quiere y _____ al agente. _____ un contrato de alquiler. (llamar, Pedirle)
4. _____ un camión (*truck*) para ese día y _____ la hora exacta de llegada. (Contratar, preguntarles)
5. El día de la mudanza (*On moving day*) _____ tranquila. _____ a revisar su lista para completar todo lo que tiene que hacer. (estar, Volver)
6. Primero, _____ a todos en casa que usted va a estar ocupada. No _____ que usted va a hacerlo todo. (decirles, decirles)
7. _____ tiempo para hacer las maletas tranquilamente. No _____ las maletas a los niños más grandes. (Sacar, hacerles)
8. No _____. _____ que todo va a salir bien. (preocuparse, Saber)

2

¿Qué dicen? Mira los dibujos y escribe un mandato lógico para cada uno. Usa palabras que aprendiste en **Contextos**.

1. _____

2. _____

3. _____

4. _____

5. _____

6. _____

Comunicación

3

Solucionar Trabajen en parejas. Un(a) estudiante presenta los problemas de la columna A y el/la otro/a los de la columna B. Usen mandatos formales y túrnense para ofrecer soluciones.

modelo

Estudiante 1: Vilma se torció un tobillo jugando al tenis. Es la tercera vez.

Estudiante 2: *No juegue más al tenis. / Vaya a ver a un especialista.*

A

1. Se me perdió el libro de español con todas mis notas.
2. A Vicente se le cayó la botella de vino para la cena.
3. ¿Cómo? ¿Se le olvidó traer el traje de baño a la playa?
4. Se nos quedaron los pasaportes en la casa. El avión sale en una hora.

B

1. Mis hijas no se levantan temprano. Siempre llegan tarde a la escuela.
2. A mi abuela le robaron (*stole*) las maletas. Era su primer día de vacaciones.
3. Nuestra casa es demasiado pequeña para nuestra familia.
4. Me preocupo constantemente por Roberto. Trabaja demasiado.

4

Conversaciones En parejas, escojan dos situaciones y preparen conversaciones para presentar a la clase. Usen mandatos formales.

modelo

Lupita: Señor Ramírez, siento mucho llegar tan tarde. Mi niño se enfermó. ¿Qué debo hacer?

Sr. Ramírez: *No se preocupe. Siéntese y descanse un poco.*

SITUACIÓN 1 Profesor Rosado, no vine la semana pasada porque el equipo jugaba en Boquete. ¿Qué debo hacer para ponerme al día (*catch up*)?

SITUACIÓN 2 Los invitados de la boda llegan a las cuatro de la tarde, las mesas están sin poner y el champán sin servir. Son las tres de la tarde y los camareros apenas están llegando. ¿Qué deben hacer los camareros?

SITUACIÓN 3 Mi novio es un poco aburrido. No le gustan ni el cine, ni los deportes, ni salir a comer. Tampoco habla mucho. ¿Qué puedo hacer?

▶ **SITUACIÓN 4** Tengo que preparar una presentación para mañana sobre el Canal de Panamá. ¿Por dónde comienzo?

NOTA CULTURAL

El 31 de diciembre de 1999, los Estados Unidos cedió el control del **Canal de Panamá** al gobierno de Panamá, terminando así con casi cien años de administración estadounidense.

Síntesis

5

Presentar En grupos, preparen un anuncio de televisión para presentar a la clase. El anuncio debe tratar de un detergente, un electrodoméstico o una agencia inmobiliaria (*real estate agency*). Usen mandatos, los pronombres relativos (**que, quien(es)** o **lo que**) y el **se** impersonal.

modelo

Compre el lavaplatos Destellos. Tiene todo lo que usted desea. Es el lavaplatos que mejor funciona. Venga a verlo ahora mismo… No pierda ni un minuto más. Se aceptan tarjetas de crédito.

12.3 The present subjunctive Tutorial

ANTE TODO With the exception of commands, all the verb forms you have been using have been in the indicative mood. The indicative is used to state facts and to express actions or states that the speaker considers to be real and definite. In contrast, the subjunctive mood expresses the speaker's attitudes toward events, as well as actions or states the speaker views as uncertain or hypothetical.

> Por favor, quiten los platos de la mesa.

> Les aconsejo que preparen la cena.

▶ The present subjunctive is formed very much like **usted**, **ustedes**, and *negative* **tú** commands. From the **yo** form of the present indicative, drop the **-o** ending, and replace it with the subjunctive endings.

INFINITIVE	PRESENT INDICATIVE	VERB STEM	PRESENT SUBJUNCTIVE
hablar	hablo	habl-	hable
comer	como	com-	coma
escribir	escribo	escrib-	escriba

▶ The present subjunctive endings are:

-ar verbs	
-e	-emos
-es	-éis
-e	-en

-er and -ir verbs	
-a	-amos
-as	-áis
-a	-an

Present subjunctive of regular verbs

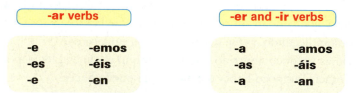

		hablar	comer	escribir
SINGULAR FORMS	yo	hable	coma	escriba
	tú	hables	comas	escribas
	Ud./él/ella	hable	coma	escriba
PLURAL FORMS	nosotros/as	hablemos	comamos	escribamos
	vosotros/as	habléis	comáis	escribáis
	Uds./ellos/ellas	hablen	coman	escriban

AYUDA

Note that, in the present subjunctive, **-ar** verbs use endings normally associated with present tense **-er** and **-ir** verbs. Likewise, **-er** and **-ir** verbs in the present subjunctive use endings normally associated with **-ar** verbs in the present tense. Note also that, in the present subjunctive, the **yo** form is the same as the **Ud./él/ella** form.

¡LENGUA VIVA!

You may think that English has no subjunctive, but it does! While once common, it now survives mostly in set expressions such as *If I were you...* and *Be that as it may...*

▶ Verbs with irregular **yo** forms show the same irregularity in all forms of the present subjunctive.

Infinitive	Present indicative	Verb stem	Present subjunctive
conducir	conduzco	**conduzc-**	**conduzca**
conocer	conozco	**conozc-**	**conozca**
decir	digo	**dig-**	**diga**
hacer	hago	**hag-**	**haga**
ofrecer	ofrezco	**ofrezc-**	**ofrezca**
oír	oigo	**oig-**	**oiga**
parecer	parezco	**parezc-**	**parezca**
poner	pongo	**pong-**	**ponga**
tener	tengo	**teng-**	**tenga**
traducir	traduzco	**traduzc-**	**traduzca**
traer	traigo	**traig-**	**traiga**
venir	vengo	**veng-**	**venga**
ver	veo	**ve-**	**vea**

▶ To maintain the **c, g,** and **z** sounds, verbs ending in **-car, -gar,** and **-zar** have a spelling change in all forms of the present subjunctive.

sacar:	sa**qu**e, sa**qu**es, sa**qu**e, sa**qu**emos, sa**qu**éis, sa**qu**en
jugar:	jue**gu**e, jue**gu**es, jue**gu**e, ju**gu**emos, ju**gu**éis, jue**gu**en
almorzar:	almuer**c**e, almuer**c**es, almuer**c**e, almor**c**emos, almor**c**éis, almuer**c**en

Present subjunctive of stem-changing verbs

▶ **-Ar** and **-er** stem-changing verbs have the same stem changes in the subjunctive as they do in the present indicative.

pensar (e:ie):	p**ie**nse, p**ie**nses, p**ie**nse, pensemos, penséis, p**ie**nsen
mostrar (o:ue):	m**ue**stre, m**ue**stres, m**ue**stre, mostremos, mostréis, m**ue**stren
entender (e:ie):	ent**ie**nda, ent**ie**ndas, ent**ie**nda, entendamos, entendáis, ent**ie**ndan
volver (o:ue):	v**ue**lva, v**ue**lvas, v**ue**lva, volvamos, volváis, v**ue**lvan

▶ **-Ir** stem-changing verbs have the same stem changes in the subjunctive as they do in the present indicative, but in addition, the **nosotros/as** and **vosotros/as** forms undergo a stem change. The unstressed **e** changes to **i,** while the unstressed **o** changes to **u.**

pedir (e:i):	p**i**da, p**i**das, p**i**da, p**i**damos, p**i**dáis, p**i**dan
sentir (e:ie):	s**ie**nta, s**ie**ntas, s**ie**nta, s**i**ntamos, s**i**ntáis, s**ie**ntan
dormir (o:ue):	d**ue**rma, d**ue**rmas, d**ue**rma, d**u**rmamos, d**u**rmáis, d**ue**rman

AYUDA

Note that stem-changing verbs and verbs that have a spelling change have the same ending as regular verbs in the present subjunctive.

Irregular verbs in the present subjunctive

▶ These five verbs are irregular in the present subjunctive.

Irregular verbs in the present subjunctive					
	dar	**estar**	**ir**	**saber**	**ser**
SINGULAR FORMS					
yo	**dé**	**esté**	**vaya**	**sepa**	**sea**
tú	**des**	**estés**	**vayas**	**sepas**	**seas**
Ud./él/ella	**dé**	**esté**	**vaya**	**sepa**	**sea**
PLURAL FORMS					
nosotros/as	**demos**	**estemos**	**vayamos**	**sepamos**	**seamos**
vosotros/as	**deis**	**estéis**	**vayáis**	**sepáis**	**seáis**
Uds./ellos/ellas	**den**	**estén**	**vayan**	**sepan**	**sean**

▶ **¡Atención!** The subjunctive form of **hay** (*there is, there are*) is also irregular: **haya**.

General uses of the subjunctive

▶ The subjunctive is mainly used to express: 1) will and influence, 2) emotion, 3) doubt, disbelief, and denial, and 4) indefiniteness and nonexistence.

▶ The subjunctive is most often used in sentences that consist of a main clause and a subordinate clause. The main clause contains a verb or expression that triggers the use of the subjunctive. The conjunction **que** connects the subordinate clause to the main clause.

Main clause	Connector	Subordinate clause
Es muy importante	que	**vayas** al hotel ahora mismo.

▶ These impersonal expressions are always followed by clauses in the subjunctive:

Es bueno que...	**Es mejor que...**	**Es malo que...**
It's good that...	*It's better that...*	*It's bad that...*
Es importante que...	**Es necesario que...**	**Es urgente que...**
It's important that...	*It's necessary that...*	*It's urgent that...*

¡INTÉNTALO!   Indica el presente de subjuntivo de estos verbos.

1. (alquilar, beber, vivir)   que yo ___alquile, beba, viva___
2. (estudiar, aprender, asistir)   que tú _____
3. (encontrar, poder, tener)   que él _____
4. (hacer, pedir, dormir)   que nosotras _____
5. (dar, hablar, escribir)   que ellos _____
6. (pagar, empezar, buscar)   que ustedes _____
7. (ser, ir, saber)   que yo _____
8. (estar, dar, oír)   que tú _____

recursos

WB
pp. 145–146

LM
p. 71

vhlcentral.com
Lección 12

Práctica y Comunicación

1

Completar Completa las oraciones con el presente de subjuntivo de los verbos entre paréntesis. Luego empareja las oraciones del primer grupo con las del segundo grupo.

A

1. Es mejor que _____ en casa. (nosotros, cenar) _____
2. Es importante que _____ las casas colgadas de Cuenca. (tú, visitar) _____
3. Señora, es urgente que le _____ el diente. Tiene una infección. (yo, sacar) _____
4. Es malo que Ana les _____ tantos dulces a los niños. (dar) _____
5. Es necesario que _____ a la una de la tarde. (ustedes, llegar) _____
6. Es importante que _____ temprano. (nosotros, acostarse) _____

NOTA CULTURAL

Las casas colgadas (*hanging*) de Cuenca, España, son muy famosas. Situadas en un acantilado (*cliff*), forman parte del paisaje de la ciudad.

B

a. Es importante que _____ más verduras. (ellos, comer)
b. No, es mejor que _____ a comer. (nosotros, salir)
c. Y yo creo que es bueno que _____ a Madrid después. (yo, ir)
d. En mi opinión, no es necesario que _____ tanto. (nosotros, dormir)
e. ¿Ah, sí? ¿Es necesario que me _____ un antibiótico también? (yo, tomar)
f. Para llegar a tiempo, es necesario que _____ temprano. (nosotros, almorzar)

2

Minidiálogos En parejas, completen los minidiálogos con expresiones impersonales de una manera lógica.

modelo

Miguelito: Mamá, no quiero arreglar mi cuarto.
Sra. Casas: *Es necesario que lo arregles. Y es importante que sacudas los muebles también.*

1. **MIGUELITO** Mamá, no quiero estudiar. Quiero salir a jugar con mis amigos.
   SRA. CASAS _____

2. **MIGUELITO** Mamá, es que no me gustan las verduras. Prefiero comer pasteles.
   SRA. CASAS _____

3. **MIGUELITO** ¿Tengo que poner la mesa, mamá?
   SRA. CASAS _____

4. **MIGUELITO** No me siento bien, mamá. Me duele todo el cuerpo y tengo fiebre.
   SRA. CASAS _____

3

Entrevista Trabajen en parejas. Entrevístense usando estas preguntas. Expliquen sus respuestas.

1. ¿Es importante que las personas sepan una segunda lengua? ¿Por qué?
2. ¿Es urgente que los norteamericanos aprendan otras lenguas?
3. Si un(a) norteamericano/a quiere aprender francés, ¿es mejor que lo aprenda en Francia?
4. ¿Es necesario que una persona sepa decir "te amo" en la lengua nativa de su pareja?
5. ¿Es importante que un cantante de ópera entienda italiano?

 Practice more at **vhlcentral.com**.

12.4 Subjunctive with verbs of will and influence   Ⓢ Tutorial

ANTE TODO   You will now learn how to use the subjunctive with verbs and expressions of will and influence.

Quiero que tengas dientes más blancos.

▶ Verbs of will and influence are often used when someone wants to affect the actions or behavior of other people.

> Enrique **quiere** que salgamos a cenar.
> *Enrique wants us to go out to dinner.*

> Paola **prefiere** que cenemos en casa.
> *Paola prefers that we have dinner at home.*

▶ Here is a list of widely used verbs of will and influence.

Verbs of will and influence			
aconsejar	*to advise*	**pedir** (e:i)	*to ask (for)*
desear	*to wish; to desire*	**preferir** (e:ie)	*to prefer*
importar	*to be important; to matter*	**prohibir**	*to prohibit*
		querer (e:ie)	*to want*
insistir (en)	*to insist (on)*	**recomendar** (e:ie)	*to recommend*
mandar	*to order*	**rogar** (o:ue)	*to beg*
necesitar	*to need*	**sugerir** (e:ie)	*to suggest*

▶ Some impersonal expressions, such as **es necesario que, es importante que, es mejor que,** and **es urgente que,** are considered expressions of will or influence.

▶ When the main clause contains an expression of will or influence, the subjunctive is required in the subordinate clause, provided that the two clauses have different subjects.

Main clause	Connector	Subordinate clause
VERB OF WILL		SUBJUNCTIVE

Mi mamá **prefiere** que yo **saque** la basura.

Les sugiero que arreglen este apartamento.

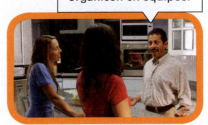

Recomiendo que se organicen en equipos.

▶ Indirect object pronouns are often used with the verbs **aconsejar, importar, mandar, pedir, prohibir, recomendar, rogar,** and **sugerir**.

Te aconsejo que estudies.
I advise you to study.

Le sugiero que vaya a casa.
I suggest that he go home.

Les recomiendo que barran el suelo.
I recommend that you sweep the floor.

Le ruego que no venga.
I'm begging you not to come.

▶ Note that all the forms of **prohibir** in the present tense carry a written accent, except for the **nosotros/as** form: **prohíbo, prohíbes, prohíbe, prohibimos, prohibís, prohíben**.

Ella les **prohíbe** que miren la televisión.
She prohibits them from watching TV.

Nos **prohíben** que nademos en la piscina.
They prohibit us from swimming in the swimming pool.

▶ The infinitive is used with words or expressions of will and influence if there is no change of subject in the sentence.

No quiero **sacudir** los muebles.
I don't want to dust the furniture.

Paco prefiere **descansar**.
Paco prefers to rest.

Es importante **sacar** la basura.
It's important to take out the trash.

No es necesario **quitar** la mesa.
It's not necessary to clear the table.

¡INTÉNTALO! Completa cada oración con la forma correcta del verbo entre paréntesis.

1. Te sugiero que ___vayas___ (ir) con ella al supermercado.
2. Él necesita que yo le _____ (prestar) dinero.
3. No queremos que tú _____ (hacer) nada especial para nosotros.
4. Mis papás quieren que yo _____ (limpiar) mi cuarto.
5. Nos piden que la _____ (ayudar) a preparar la comida.
6. Quieren que tú _____ (sacar) la basura todos los días.
7. Quiero _____ (descansar) esta noche.
8. Es importante que ustedes _____ (limpiar) los estantes.
9. Su tía les manda que _____ (poner) la mesa.
10. Te aconsejo que no _____ (salir) con él.
11. Mi tío insiste en que mi prima _____ (hacer) la cama.
12. Prefiero _____ (ir) al cine.
13. Es necesario _____ (estudiar).
14. Recomiendo que ustedes _____ (pasar) la aspiradora.

Práctica

1

Completar Completa el diálogo con verbos de la lista.

cocina	haga	quiere	sea
comas	ponga	saber	ser
diga	prohíbe	sé	vaya

IRENE Tengo problemas con Vilma. Sé que debo hablar con ella. ¿Qué me recomiendas que le (1)_____?

JULIA Pues, necesito (2)_____ más antes de darte consejos.

IRENE Bueno, para empezar me (3)_____ que traiga dulces a la casa.

JULIA Pero chica, tiene razón. Es mejor que tú no (4)_____ cosas dulces.

IRENE Sí, ya lo sé. Pero quiero que (5)_____ más flexible. Además, insiste en que yo (6)_____ todo en la casa.

JULIA Yo (7)_____ que Vilma (8)_____ y hace los quehaceres todos los días.

IRENE Sí, pero siempre que hay fiesta me pide que (9)_____ los cubiertos (*silverware*) y las copas en la mesa y que (10)_____ al sótano por las servilletas y los platos. ¡Es lo que más odio: ir al sótano!

JULIA Mujer, ¡Vilma sólo (11)_____ que ayudes en la casa!

2

Aconsejar En parejas, lean lo que dice cada persona. Luego den consejos lógicos usando verbos como **aconsejar, recomendar** y **prohibir**. Sus consejos deben ser diferentes de lo que la persona quiere hacer.

modelo

Isabel: Quiero conseguir un comedor con los muebles más caros del mundo.

Consejo: *Te aconsejamos que consigas unos muebles menos caros.*

1. **DAVID** Pienso poner el cuadro del lago de Maracaibo en la cocina.
2. **SARA** Voy en bicicleta a comprar unas copas de cristal.
3. **SR. ALARCÓN** Insisto en comenzar a arreglar el jardín en marzo.
4. **SRA. VILLA** Quiero ver las tazas y los platos de la tienda El Ama de Casa Feliz.
5. **DOLORES** Voy a poner servilletas de tela (*cloth*) para los cuarenta invitados.
6. **SR. PARDO** Pienso poner todos mis muebles nuevos en el altillo.
7. **SRA. GONZÁLEZ** Hay una fiesta en casa esta noche, pero no quiero limpiarla.
8. **CARLITOS** Hoy no tengo ganas de hacer las camas ni de quitar la mesa.

◀ **NOTA CULTURAL**

En el **lago de Maracaibo,** en Venezuela, hay casas suspendidas sobre el agua que se llaman **palafitos**. Este tipo de construcciones les recordó a los conquistadores la ciudad de Venecia, Italia, de donde viene el nombre "Venezuela", que significa "pequeña Venecia".

3

Preguntas En parejas, túrnense para contestar las preguntas. Usen el subjuntivo.

1. ¿Te dan consejos tus amigos/as? ¿Qué te aconsejan? ¿Aceptas sus consejos? ¿Por qué?
2. ¿Qué te sugieren tus profesores que hagas antes de terminar los cursos que tomas?
3. ¿Insisten tus amigos/as en que salgas mucho con ellos?
4. ¿Qué quieres que te regalen tu familia y tus amigos/as en tu cumpleaños?
5. ¿Qué le recomiendas tú a un(a) amigo/a que no quiere salir los sábados con su novio/a?
6. ¿Qué les aconsejas a los nuevos estudiantes de tu universidad?

Comunicación

4

Inventar En parejas, preparen una lista de seis personas famosas. Un(a) estudiante da el nombre de una persona famosa y el/la otro/a le da un consejo.

modelo

Estudiante 1: Judge Judy.
Estudiante 2: Le recomiendo que sea más simpática con la gente.
Estudiante 2: Bradley Cooper.
Estudiante 1: Le aconsejo que haga más películas.

5

Hablar En parejas, miren la ilustración. Imaginen que Gerardo es su hermano y necesita ayuda para arreglar su casa y resolver sus problemas románticos y económicos. Usen expresiones impersonales y verbos como **aconsejar**, **sugerir** y **recomendar**.

modelo

Es mejor que arregles el apartamento más a menudo.
Te aconsejo que no dejes para mañana lo que puedes hacer hoy.

Síntesis

6

La doctora Salvamórez Hernán tiene problemas con su novia y le escribe a la doctora Salvamórez, columnista del periódico *Panamá y su gente*. Ella responde a las cartas de personas con problemas románticos. En parejas, lean el mensaje de Hernán y después usen el subjuntivo para escribir los consejos de la doctora.

Estimada doctora Salvamórez:

Mi novia nunca quiere que yo salga de casa. No le molesta que vengan mis amigos a visitarme. Pero insiste en que nosotros sólo miremos los programas de televisión que ella quiere. Necesita saber dónde estoy en cada momento, y yo necesito que ella me dé un poco de independencia. ¿Qué hago?

Hernán

Recapitulación

SUBJECT
Javier
CONJUGATED FORM
empiezo
Main clause
Dudan

 Diagnostics

Completa estas actividades para repasar los conceptos de gramática que aprendiste en esta lección.

1 **Completar** Completa el cuadro con la forma correspondiente del presente de subjuntivo. **24 pts.**

yo/él/ella	tú	nosotros/as	Uds./ellos/ellas
limpie			
	vengas		
		queramos	
			ofrezcan

2 **El apartamento ideal** Completa este folleto (*brochure*) informativo con la forma correcta del presente de subjuntivo. **16 pts.**

> ## ¿Eres joven y buscas tu primera vivienda? Te ofrezco estos consejos:
>
> ■ Te sugiero que primero (tú) (1) _____ (escribir) una lista de las cosas que quieres en un apartamento.
>
> ■ Quiero que después (2) _____ (pensar) muy bien cuáles son tus prioridades. Es necesario que cada persona (3) _____ (tener) sus prioridades claras, porque el hogar (*home*) perfecto no existe.
>
> ■ Antes de decidir en qué área quieren vivir, les aconsejo a ti y a tu futuro/a compañero/a de apartamento que (4) _____ (salir) a ver la ciudad y que (5) _____ (conocer) los distintos barrios y las afueras.
>
> ■ Pidan que el agente les (6) _____ (mostrar) todas las partes de cada casa.
>
> ■ Finalmente, como consumidores, es importante que nosotros (7) _____ (saber) bien nuestros derechos (*rights*); por eso, deben insistir en que todos los puntos del contrato (8) _____ (estar) muy claros antes de firmarlo (*signing it*).
>
> ### ¡Buena suerte!

12.1 **Relative pronouns** *pp. 386–387*

Relative pronouns	
que	*that; which; who*
quien(es)	*who; whom; that*
lo que	*that which; what*

12.2 **Formal commands** *pp. 390–391*

Formal commands (**Ud.** and **Uds.**)		
Infinitive	Present tense **yo** form	**Ud(s).** command
limpiar	limpi**o**	limpi**e(n)**
barrer	barr**o**	barr**a(n)**
sacudir	sacud**o**	sacud**a(n)**

▶ Verbs with stem changes or irregular **yo** forms maintain the same irregularity in the formal commands:

hacer: yo ha**g**o → Ha**g**an la cama.

Irregular formal commands	
dar	**dé (Ud.); den (Uds.)**
estar	**esté(n)**
ir	**vaya(n)**
saber	**sepa(n)**
ser	**sea(n)**

12.3 **The present subjunctive** *pp. 394–396*

Present subjunctive of regular verbs		
hablar	**comer**	**escribir**
habl**e**	com**a**	escrib**a**
habl**es**	com**as**	escrib**as**
habl**e**	com**a**	escrib**a**
habl**emos**	com**amos**	escrib**amos**
habl**éis**	com**áis**	escrib**áis**
habl**en**	com**an**	escrib**an**

3 **Relativos** Completa las oraciones con **lo que**, **que** o **quien(es)**. `16 pts.`

1. Me encanta la alfombra _____ está en el comedor.
2. Mi amiga Tere, con _____ trabajo, me regaló ese cuadro.
3. Todas las cosas _____ tenemos vienen de la casa de mis abuelos.
4. Hija, no compres más cosas. _____ debes hacer ahora es organizarlo todo.
5. La agencia de decoración de _____ le hablé se llama Casabella.
6. Esas flores las dejaron en la puerta mis nuevos vecinos, a _____ aún (*yet*) no conozco.
7. Leonor no compró nada, porque _____ le gustaba era muy caro.
8. Mi amigo Aldo, a _____ visité ayer, es un cocinero excelente.

Irregular verbs in the present subjunctive		
dar		dé, des, dé, demos, deis, den
estar	est- +	-é, -és, -é, -emos, -éis, -én
ir	vay- +	
saber	sep- +	-a, -as, -a, -amos, -áis, -an
ser	se- +	

12.4 **Subjunctive with verbs of will and influence**

pp. 398–399

► Verbs of will and influence: **aconsejar, desear, importar, insistir (en), mandar, necesitar, pedir** (e:i), **preferir** (e:ie), **prohibir, querer** (e:ie), **recomendar** (e:ie), **rogar** (o:ue), **sugerir** (e:ie)

4 **Preparando la casa** Martín y Ángela van a hacer un curso de verano en Costa Rica y una vecina va a cuidarles (*take care of*) la casa mientras ellos no están. Completa las instrucciones de la vecina con mandatos formales. Usa cada verbo una sola vez y agrega pronombres de objeto directo o indirecto si es necesario. `20 pts.`

arreglar	dejar	hacer	pedir	sacudir
barrer	ensuciar	limpiar	poner	tener

Primero, (1) _____ ustedes las maletas. Las cosas que no se llevan a Costa Rica, (2) _____ en el altillo. Ángela, (3) _____ las habitaciones y Martín, (4) _____ usted la cocina y el baño. Después, los dos (5) _____ el suelo y (6) _____ los muebles de toda la casa. Ángela, no (7) _____ sus joyas (*jewelry*) en el apartamento. (8) _____ cuidado ¡y no (9) _____ nada antes de irse! Por último, (10) _____ a alguien que recoja (*pick up*) su correo.

5 **Los quehaceres** A tu compañero/a de cuarto no le gusta ayudar con los quehaceres. Escribe al menos seis oraciones dándole consejos para hacer más divertidos los quehaceres. `24 pts.`

> **modelo**
> Te sugiero que pongas música mientras lavas los platos…

6 **El circo** Completa esta famosa frase que tiene su origen en el circo (*circus*). `¡4 puntos EXTRA!`

" ¡_____ (Pasar) ustedes y _____ (ver)! El espectáculo va a comenzar. "

Practice more at **vhlcentral.com**.

Lectura

Antes de leer

Estrategia

Locating the main parts of a sentence

Did you know that a text written in Spanish is an average of 15% longer than the same text written in English? Since the Spanish language tends to use more words to express ideas, you will often encounter long sentences when reading in Spanish. Of course, the length of sentences varies with genre and with authors' individual styles. To help you understand long sentences, identify the main parts of the sentence before trying to read it in its entirety. First locate the main verb of the sentence, along with its subject, ignoring any words or phrases set off by commas. Then reread the sentence, adding details like direct and indirect objects, transitional words, and prepositional phrases.

Examinar el texto

Mira el formato de la lectura. ¿Qué tipo de documento es? ¿Qué cognados encuentras en la lectura? ¿Qué te dicen sobre el tema de la selección?

¿Probable o improbable?

Mira brevemente el texto e indica si estas oraciones son probables o improbables.

1. Este folleto° es de interés turístico.
2. Describe un edificio moderno cubano.
3. Incluye algunas explicaciones de arquitectura.
4. Espera atraer° a visitantes al lugar.

Oraciones largas

Mira el texto y busca algunas oraciones largas. Con un(a) compañero/a, identifiquen las partes principales de la oración y después examinen las descripciones adicionales. ¿Qué significan las oraciones?

Bienvenidos al
Palacio de las Garzas

El palacio está abierto de martes a domingo.
Para más información,
llame al teléfono 507-226-7000.
También puede solicitar° un folleto
a la casilla° 3467,
Ciudad de Panamá, Panamá.

Después de leer

Ordenar

Pon estos eventos en el orden cronológico adecuado.

_____ El palacio se convirtió en residencia presidencial.

_____ Durante diferentes épocas°, maestros, médicos y banqueros ejercieron su profesión en el palacio.

_____ El Dr. Belisario Porras ocupó el palacio por primera vez.

_____ Los españoles construyeron el palacio.

_____ Se renovó el palacio.

_____ Los turistas pueden visitar el palacio de martes a domingo.

folleto *brochure* **atraer** *to attract* **épocas** *time periods*

 Practice more at **vhlcentral.com**.

El Palacio de las Garzas° es la residencia oficial del Presidente de Panamá desde 1903. Fue construido en 1673 para ser la casa de un gobernador español. Con el paso de los años fue almacén, escuela, hospital, aduana, banco y por último, palacio presidencial.

En la actualidad el edificio tiene tres pisos, pero los planos originales muestran una construcción de un piso con un gran patio en el centro. La restauración del palacio comenzó en el año 1922 y los trabajos fueron realizados por el arquitecto Villanueva-Meyer y el pintor Roberto Lewis. El palacio, un monumento al estilo colonial, todavía conserva su elegancia y buen gusto, y es una de las principales atracciones turísticas del barrio Casco Viejo°.

Planta baja

EL PATIO DE LAS GARZAS

Una antigua puerta de hierro° recibe a los visitantes. El patio interior todavía conserva los elementos originales de la construcción: piso de mármol°, columnas cubiertas° de nácar° y una magnífica fuente° de agua en el centro. Aquí están las nueve garzas que le dan el nombre al palacio y que representan las nueve provincias de Panamá.

Primer piso

EL SALÓN AMARILLO

Aquí el turista puede visitar una galería de cuarenta y un retratos° de gobernadores y personajes ilustres de Panamá. La principal atracción de este salón es el sillón presidencial, que se usa especialmente cuando hay cambio de presidente. Otros atractivos de esta área son el comedor Los Tamarindos, que se destaca° por la elegancia de sus muebles y sus lámparas de cristal, y el Patio Andaluz, con sus coloridos mosaicos que representan la unión de la cultura indígena y la española.

EL SALÓN DR. BELISARIO PORRAS

Este elegante y majestuoso salón es uno de los lugares más importantes del Palacio de las Garzas. Lleva su nombre en honor al Dr. Belisario Porras, quien fue tres veces presidente de Panamá (1912–1916, 1918–1920 y 1920–1924).

Segundo piso

Es el área residencial del palacio y el visitante no tiene acceso a ella. Los armarios, las cómodas y los espejos de la alcoba fueron comprados en Italia y Francia por el presidente Porras, mientras que las alfombras, cortinas y frazadas° son originarias de España.

solicitar *request* casilla *post office box* **Garzas** *Herons* **Casco Viejo** *Old Quarter*
hierro *iron* **mármol** *marble* **cubiertas** *covered* **nácar** *mother-of-pearl*
fuente *fountain* **retratos** *portraits* **se destaca** *stands out* **frazadas** *blankets*

Preguntas

Contesta las preguntas.

1. ¿Qué sala es notable por sus muebles elegantes y sus lámparas de cristal?

2. ¿En qué parte del palacio se encuentra la residencia del presidente?

3. ¿Dónde empiezan los turistas su visita al palacio?

4. ¿En qué lugar se representa artísticamente la rica herencia cultural de Panamá?

5. ¿Qué salón honra la memoria de un gran panameño?

6. ¿Qué partes del palacio te gustaría (*would you like*) visitar? ¿Por qué? Explica tu respuesta.

Conversación

En grupos de tres o cuatro estudiantes, hablen sobre lo siguiente:

1. ¿Qué tiene en común el Palacio de las Garzas con otras residencias presidenciales u otras casas muy grandes?

2. ¿Te gustaría vivir en el Palacio de las Garzas? ¿Por qué?

3. Imagina que puedes diseñar tu palacio ideal. Describe los planos para cada piso del palacio.

Escritura

Estrategia

Using linking words

You can make your writing sound more sophisticated by using linking words to connect simple sentences or ideas and create more complex sentences. Consider these passages, which illustrate this effect:

Without linking words

En la actualidad el edificio tiene tres pisos. Los planos originales muestran una construcción de un piso con un gran patio en el centro. La restauración del palacio comenzó en el año 1922. Los trabajos fueron realizados por el arquitecto Villanueva-Meyer y el pintor Roberto Lewis.

With linking words

En la actualidad el edificio tiene tres pisos, pero los planos originales muestran una construcción de un piso con un gran patio en el centro. La restauración del palacio comenzó en el año 1922 y los trabajos fueron realizados por el arquitecto Villanueva-Meyer y el pintor Roberto Lewis.

Linking words

cuando	when
mientras	while
o	or
pero	but
porque	because
pues	since
que	that; who; which
quien(es)	who
sino	but (rather)
y	and

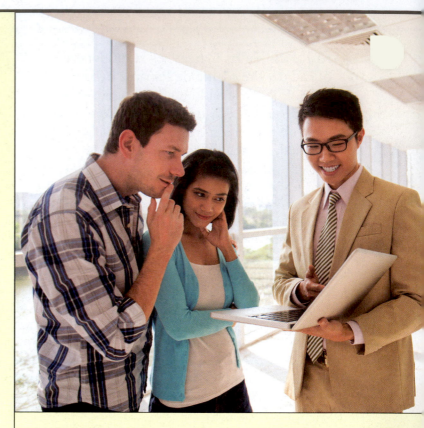

Tema

Escribir un contrato de arrendamiento°

Eres el/la administrador(a)° de un edificio de apartamentos. Prepara un contrato de arrendamiento para los nuevos inquilinos°. El contrato debe incluir estos detalles:

▶ la dirección° del apartamento y del/de la administrador(a)
▶ las fechas del contrato
▶ el precio del alquiler y el día que se debe pagar
▶ el precio del depósito
▶ información y reglas° acerca de:
    la basura
    el correo
    los animales domésticos
    el ruido°
    los servicios de electricidad y agua
    el uso de electrodomésticos
▶ otros aspectos importantes de la vida comunitaria

contrato de arrendamiento *lease* administrador(a) *manager* inquilinos *tenants*
dirección *address* reglas *rules* ruido *noise*

Escuchar Audio

Preparación

Mira el dibujo. ¿Qué pistas te da para comprender la conversación que vas a escuchar? ¿Qué significa *bienes raíces*?

Ahora escucha

Mira los anuncios de esta página y escucha la conversación entre el señor Núñez, Adriana y Felipe. Luego indica si cada descripción se refiere a la casa ideal de Adriana y Felipe, a la casa del anuncio o al apartamento del anuncio.

Oraciones	La casa ideal	La casa del anuncio	El apartamento del anuncio
Es barato.	____	____	____
Tiene cuatro dormitorios.	____	____	____
Tiene una oficina.	____	____	____
Tiene un balcón.	____	____	____
Tiene una cocina moderna.	____	____	____
Tiene un jardín muy grande.	____	____	____
Tiene un patio.	____	____	____

18G

Bienes raíces

Se vende.
4 dormitorios,
3 baños, cocina
moderna, jardín
con árboles frutales.
B/. 225.000

Se alquila.
2 dormitorios,
1 baño.
Balcón.
Urbanización
Las Brisas. B/. 525

Comprensión

Preguntas

1. ¿Cuál es la relación entre el señor Núñez, Adriana y Felipe? ¿Cómo lo sabes?

2. ¿Qué diferencia de opinión hay entre Adriana y Felipe sobre dónde quieren vivir?

3. Usa la información de los dibujos y la conversación para entender lo que dice Adriana al final. ¿Qué significa "todo a su debido tiempo"?

Conversación

En parejas, túrnense para hacer y contestar las preguntas.

1. ¿Qué tienen en común el apartamento y la casa del anuncio con el lugar donde tú vives?

2. ¿Qué piensas de la recomendación del señor Núñez?

3. ¿Qué tipo de sugerencias te da tu familia sobre dónde vivir?

4. ¿Dónde prefieres vivir tú, en un apartamento o en una casa? Explica por qué.

 Practice more at **vhlcentral.com**.

En pantalla

Anuncio

La crisis económica que vive España desde el año 2008 ha repercutido° notablemente en el estilo de vida de los españoles, y sobre todo en la cesta de la compra°, la que se ha visto reducida a productos básicos y de bajo precio. Con este anuncio, la cadena° de supermercados Carrefour promueve° que es posible ahorrar° y mantener el estilo al mismo tiempo, sin tener que prescindir de° productos de calidad a buen precio. Carrefour utiliza el humor y el optimismo ante el duro° tema de la crisis, haciendo que el cliente se sienta identificado y valorado.

Vocabulario útil	
conjunto	*outfit*
cuidar	*to take care of*
prêt-à-porter (*Fr.*)	*ready-to-wear*
suavizante	*fabric softener*

Preparación

¿Lavas tu propia ropa? ¿Tienes lavadora y secadora en casa? ¿Utilizas algún producto especial, como suavizante? ¿Qué importancia tiene para ti el cuidado de la ropa?

Ordenar

Pon en orden lo que ves en el anuncio de televisión. No vas a usar dos elementos.

_____ a. medias   _____ e. cortinas

_____ b. alfombra   _____ f. secadoras

_____ c. copas   _____ g. maquillaje

_____ d. tazas   _____ h. cuadros

Consejos

En parejas, preparen una lista de un mínimo de seis consejos para economizar en los siguientes quehaceres domésticos u otros. Utilicen el imperativo y el subjuntivo. Compartan sus consejos con la clase.

- lavar ropa
- cocinar
- limpiar la casa
- lavar los platos

ha repercutido *has had an effect* cesta de la compra *shopping basket* cadena *chain* promueve *promotes* ahorrar *to save (money)* prescindir de *to do without* duro *tough* bajamos *we lower* viene bien *is just right*

Anuncio de Carrefour

La Asociación de mujeres que [...] quieren cuidar su ropa...

Le dicena "no" a la crisis y "sí" a Carrefour.

Porque bajamos° los precios [...], Carrefour te viene bien°.

S Video: TV Clip

Practice more at **vhlcentral.com.**

Cortometraje

La burocracia puede ser complicada y frustrante, con sus reglasº y su jerarquía impenetrables. En *036* vemos cómo una chica española llega a una oficina del gobierno preparada para presentarº todos los documentos necesarios para hacerse trabajadora autónoma. La chica "se bate en dueloº" con el oficinistaº como si se tratara deº una película del Lejano Oesteº. Él cree que ella no tiene todos los documentos, pero la chica sabe lo que hace.

Carolina Bang   Tomás del Estal

036

un corto de Juan Fernando Andrés Parrilla y Esteban Roel García Vázquez

 Preparación

En parejas, contesten estas preguntas.

1. ¿Qué es la burocracia?
2. ¿En qué tipo de oficinas es común?
3. ¿En qué circunstancias es necesario presentar documentos?

Después de ver

Completa cada oración con una palabra de la lista.

un café	ganas	el impreso
la determinación	una grapadora	la oficina

1. Cuando llega la chica a _____, un chico sale frustrado.
2. El oficinista se sirve _____ antes de dejarla hablar.
3. El oficinista no tiene _____ de ayudarla.
4. _____ de la chica es más fuerte que la del oficinista.
5. Al final la chica sorprende a todos cuando saca _____.

 Conversar

Entrevista a un(a) compañero/a y pregúntale cuándo tuvo que confrontarse con la burocracia. ¿Qué sucedió? Comparen sus experiencias con la de la chica del cortometraje.

Expresiones útiles

la casilla	*box (on a form)*
cumplimentar	*to fill out*
el DNI	Documento Nacional de Identidad
darse de alta	*to register*
grapado/a	*stapled*
la Hacienda	*IRS equivalent in Spain*
el impreso	*form*
el/la trabajador(a) autónomo/a	*self-employed worker*

Para hablar del corto

desafiar	*to challenge*
la grapadora	*stapler*
perseverar	*to persevere*
sellar	*to stamp*
terco/a	*stubborn*

 Video: *Short Film*

 Practice more at **vhlcentral.com**.

---

reglas *rules* presentar *submit* se bate en duelo *fights a duel* oficinista *office worker* como si se tratara de *as if it were* Lejano Oeste *Wild West*

Panamá

El país en cifras

▶ **Área:** 75.420 km² (29.119 millas²), *aproximadamente el área de Carolina del Sur*

▶ **Población:** 3.608.000

▶ **Capital:** La Ciudad de Panamá —1.346.000

▶ **Ciudades principales:** Colón, David

▶ **Moneda:** balboa; es equivalente al dólar estadounidense.

En Panamá circulan los billetes de dólar estadounidense. El país centroamericano, sin embargo, acuña° su propia moneda. "El peso" es una moneda grande equivalente a cincuenta centavos°. La moneda de cinco centavos es llamada frecuentemente "real".

▶ **Idiomas:** español (oficial), lenguas indígenas, inglés
Muchos panameños son bilingües. La lengua materna del 14% de los panameños es el inglés.

Bandera de Panamá

Panameños célebres

▶ **Mariano Rivera,** beisbolista (1969–)

▶ **Mireya Moscoso,** política (1946–)

▶ **Rubén Blades,** músico y político (1948–)

▶ **Danilo Pérez,** pianista (1966–)

▶ **Jorge Cham,** caricaturista (1976–)

acuña *mints* centavos *cents*
promedio *average* peaje *toll*

Un turista disfruta del bosque tropical colgado de un cable.

Mujer kuna lavando una mola

Ruinas de un fuerte panameño

COSTA RICA

Lago Gatún

Canal de Panamá

Islas San Blas

Bocas del Toro

Mar Caribe

Colón

Cordillera de San Blas

Río Chepo

Serranía de Tabasará

David

Ciudad de Panamá

Río Cobre

Isla del Rey

Océano Pacífico

Golfo de Panamá

Isla de Coiba

ESTADOS UNIDOS

OCÉANO ATLÁNTICO

PANAMÁ

AMÉRICA DEL SUR

recursos

WB
pp. 149–150

VM
pp. 57–58

vhlcentral.com
Lección 12

Increíble pero cierto!

¿Conocías estos datos sobre el Canal de Panamá?

• Gracias al Canal de Panamá, el viaje en barco de Nueva York a Tokio es 3.000 millas más corto.

• Su construcción costó 639 millones de dólares.

• Hoy lo usan en promedio° 39 barcos al día.

• El peaje° promedio cuesta 54.000 dólares.

Tokio

Nueva York

PANAMÁ

Lugares • El Canal de Panamá

El Canal de Panamá conecta el océano Pacífico con el océano Atlántico. La construcción de este cauce° artificial empezó en 1903 y concluyó diez años después. Es una de las principales fuentes° de ingresos° del país, gracias al dinero que aportan los más de 14.000 buques° que transitan anualmente por esta ruta y a las actividades comerciales que se han desarrollado° en torno a° ella.

Artes • La mola

La mola es una forma de arte textil de los kunas, una tribu indígena que vive principalmente en las islas San Blas. Esta pieza artesanal se confecciona con fragmentos de tela° de colores vivos. Algunos de sus diseños son abstractos, inspirados en las formas del coral, y otros son geométricos, como en las molas más tradicionales. Antiguamente, estos tejidos se usaban sólo como ropa, pero hoy día también sirven para decorar las casas.

Naturaleza • El mar

Panamá, cuyo° nombre significa "lugar de muchos peces°", es un país muy frecuentado por los aficionados del buceo y la pesca. El territorio panameño cuenta con una gran variedad de playas en los dos lados del istmo°, con el mar Caribe a un lado y el océano Pacífico al otro. Algunas zonas costeras están destinadas al turismo. Otras están protegidas por la diversidad de su fauna marina, en la que abundan los arrecifes° de coral, como el Parque Nacional Marino Isla Bastimentos.

COLOMBIA

Vista de la Ciudad de Panamá

¿Qué aprendiste? Contesta cada pregunta con una oración completa.

1. ¿Cuál es la lengua materna del catorce por ciento de los panameños?
2. ¿A qué unidad monetaria (*monetary unit*) es equivalente el balboa?
3. ¿Qué océanos une el Canal de Panamá?
4. ¿Quién es Mariano Rivera?
5. ¿Qué son las molas?
6. ¿Cómo son los diseños de las molas?
7. ¿Para qué se usan las molas?
8. ¿Cómo son las playas de Panamá?
9. ¿Qué significa "Panamá"?

Conexión Internet Investiga estos temas en **vhlcentral.com**.

1. Investiga la historia de las relaciones entre Panamá y los Estados Unidos y la decisión de devolver (*give back*) el Canal de Panamá. ¿Estás de acuerdo con la decisión? Explica tu opinión.
2. Investiga sobre los kunas u otro grupo indígena de Panamá. ¿En qué partes del país viven? ¿Qué lenguas hablan? ¿Cómo es su cultura?

 Practice more at **vhlcentral.com**.

cauce *channel* fuentes *sources* ingresos *income* buques *ships* han desarrollado *have developed* en torno a *around* tela *fabric*
cuyo *whose* peces *fish* istmo *isthmus* arrecifes *reefs*

El Salvador

El país en cifras

▶ **Área:** 21.040 km² (8.124 millas²),
el tamaño° de Massachusetts

▶ **Población:** 6.125.000

El Salvador es el país centroamericano más pequeño y el más densamente poblado°. Su población, al igual que la de Honduras, es muy homogénea: casi el 90 por ciento es mestiza.

▶ **Capital:** San Salvador—1.605.000

▶ **Ciudades principales:** Soyapango, Santa Ana, San Miguel, Mejicanos

▶ **Moneda:** dólar estadounidense

▶ **Idiomas:** español (oficial), náhuatl, lenca

Bandera de El Salvador

Salvadoreños célebres

▶ **Óscar Romero,** arzobispo° y activista por los derechos humanos° (1917–1980)

▶ **Claribel Alegría,** poeta, novelista y cuentista (1924–)

▶ **Roque Dalton,** poeta, ensayista y novelista (1935–1975)

▶ **María Eugenia Brizuela,** política (1956–)

▶ **Francesca Miranda,** diseñadora (1957–)

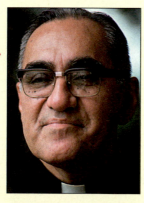

Óscar Romero

tamaño *size* arzobispo *archbishop* derechos humanos *human rights*
laguna *lagoon* poblado *populated* sirena *mermaid*

Ruinas de Tazumal

Catedral Metropolitana
de San Salvador

GUATEMALA

Lago de Guija

Río de la Paz

Santa Ana

Río Lempa

Ilobasco

HONDURAS

Mejicanos

San Salvador

Río Torola

Río Goascorán

Volcán de San Salvador

Soyapango

Volcán de San Vicente

La Libertad

Río Lempa

Volcán de San Miguel

San Miguel

Océano Pacífico

Golfo de Fonseca

Chorros de la Calera
en Juayúa

ESTADOS UNIDOS

OCÉANO ATLÁNTICO

EL SALVADOR

OCÉANO PACÍFICO

AMÉRICA DEL SUR

recursos

WB
pp. 151–152

VM
pp. 59–60

vhlcentral.com
Lección 12

¡Increíble pero cierto!

El rico folclor salvadoreño se basa sobre todo en sus extraordinarios recursos naturales. Por ejemplo, según una leyenda, las muertes que se producen en la laguna° de Alegría tienen su explicación en la existencia de una sirena° solitaria que vive en el lago y captura a los jóvenes atractivos.

Deportes • El surfing

El Salvador es uno de los destinos favoritos en Latinoamérica para la práctica del surfing. Cuenta con 300 kilómetros de costa a lo largo del océano Pacífico y sus olas° altas son ideales para quienes practican este deporte. De sus playas, La Libertad es la más visitada por surfistas de todo el mundo, gracias a que está muy cerca de la capital salvadoreña. Sin embargo, los fines de semana muchos visitantes prefieren viajar a la Costa del Bálsamo, donde se concentra menos gente.

Naturaleza • El Parque Nacional Montecristo

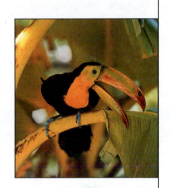

El Parque Nacional Montecristo se encuentra en la región norte del país. Se le conoce también como El Trifinio porque se ubica° en el punto donde se unen las fronteras de Guatemala, Honduras y El Salvador. Este bosque reúne a muchas especies vegetales y animales, como orquídeas, monos araña°, pumas, quetzales y tucanes. Además, las copas° de sus enormes árboles forman una bóveda° que impide° el paso de la luz solar. Este espacio natural se encuentra a una altitud de 2.400 metros (7.900 pies) sobre el nivel del mar y recibe 200 centímetros (80 pulgadas°) de lluvia al año.

Artes • La artesanía de Ilobasco

Ilobasco es un pueblo conocido por sus artesanías. En él se elaboran objetos con arcilla° y cerámica pintada a mano, como juguetes°, adornos° y utensilios de cocina. Además, son famosas sus "sorpresas", que son pequeñas piezas° de cerámica en cuyo interior se representan escenas de la vida diaria. Los turistas realizan excursiones para ver la elaboración, paso a paso°, de estos productos.

 ¿Qué aprendiste? Contesta cada pregunta con una oración completa.

1. ¿Qué tienen en común las poblaciones de El Salvador y Honduras?
2. ¿Qué es el náhuatl?
3. ¿Quién es María Eugenia Brizuela?
4. Hay muchos lugares ideales para el surfing en El Salvador. ¿Por qué?
5. ¿A qué altitud se encuentra el Parque Nacional Montecristo?
6. ¿Cuáles son algunos de los animales y las plantas que viven en este parque?
7. ¿Por qué se le llama El Trifinio al Parque Nacional Montecristo?
8. ¿Por qué es famoso el pueblo de Ilobasco?
9. ¿Qué se puede ver en un viaje a Ilobasco?
10. ¿Qué son las "sorpresas" de Ilobasco?

 Conexión Internet Investiga estos temas en **vhlcentral.com**.

1. El Parque Nacional Montecristo es una reserva natural; busca información sobre otros parques o zonas protegidas en El Salvador. ¿Cómo son estos lugares? ¿Qué tipos de plantas y animales se encuentran allí?
2. Busca información sobre museos u otros lugares turísticos en San Salvador (u otra ciudad de El Salvador).

 Practice more at **vhlcentral.com**.

olas *waves* se ubica *it is located* monos araña *spider monkeys* copas *tops* bóveda *cap* impide *blocks* pulgadas *inches* arcilla *clay* juguetes *toys* adornos *ornaments* piezas *pieces* paso a paso *step by step*

Las viviendas

las afueras	suburbs; outskirts
el alquiler	rent (payment)
el ama (*m., f.*) de casa	housekeeper; caretaker
el barrio	neighborhood
el edificio de apartamentos	apartment building
el/la vecino/a	neighbor
la vivienda	housing
alquilar	to rent
mudarse	to move (from one house to another)

Los cuartos y otros lugares

el altillo	attic
el balcón	balcony
la cocina	kitchen
el comedor	dining room
el dormitorio	bedroom
la entrada	entrance
la escalera	stairs
el garaje	garage
el jardín	garden; yard
la oficina	office
el pasillo	hallway
el patio	patio; yard
la sala	living room
el sótano	basement

Los muebles y otras cosas

la alfombra	carpet; rug
la almohada	pillow
el armario	closet
el cartel	poster
la cómoda	chest of drawers
las cortinas	curtains
el cuadro	picture
el estante	bookcase; bookshelves
la lámpara	lamp
la luz	light; electricity
la manta	blanket
la mesita	end table
la mesita de noche	night stand
los muebles	furniture
la pared	wall
la pintura	painting; picture
el sillón	armchair
el sofá	sofa

Los electrodomésticos

la cafetera	coffee maker
la cocina, la estufa	stove
el congelador	freezer
el electrodoméstico	electric appliance
el horno (de microondas)	(microwave) oven
la lavadora	washing machine
el lavaplatos	dishwasher
el refrigerador	refrigerator
la secadora	clothes dryer
la tostadora	toaster

La mesa

la copa	wineglass
la cuchara	(table or large) spoon
el cuchillo	knife
el plato	plate
la servilleta	napkin
la taza	cup
el tenedor	fork
el vaso	glass

Los quehaceres domésticos

arreglar	to straighten up
barrer el suelo	to sweep the floor
cocinar	to cook
ensuciar	to get (something) dirty
hacer la cama	to make the bed
hacer quehaceres domésticos	to do household chores
lavar (el suelo, los platos)	to wash (the floor, the dishes)
limpiar la casa	to clean the house
pasar la aspiradora	to vacuum
planchar la ropa	to iron the clothes
poner la mesa	to set the table
quitar la mesa	to clear the table
quitar el polvo	to dust
sacar la basura	to take out the trash
sacudir los muebles	to dust the furniture

Verbos y expresiones verbales

aconsejar	to advise
insistir (en)	to insist (on)
mandar	to order
recomendar (e:ie)	to recommend
rogar (o:ue)	to beg
sugerir (e:ie)	to suggest
Es bueno que…	It's good that…
Es importante que…	It's important that…
Es malo que…	It's bad that…
Es mejor que…	It's better that…
Es necesario que…	It's necessary that…
Es urgente que…	It's urgent that…

Relative pronouns	See page 386.
Expresiones útiles	See page 381.

recursos

LM p. 72 | vhlcentral.com Lección 12

Vocabulary Tools

La naturaleza

13

A PRIMERA VISTA
- ¿Está mareada esta mujer?
- ¿Es importante que use ropa cómoda?
- ¿Es necesario que tenga cuidado?
- ¿Le interesa la naturaleza?

La naturaleza

Más vocabulario

el bosque (tropical)	(tropical; rain) forest
el desierto	desert
la naturaleza	nature
la planta	plant
la selva, la jungla	jungle
la tierra	land; soil
el cielo	sky
la estrella	star
la luna	moon
el calentamiento global	global warming
el cambio climático	climate change
la conservación	conservation
la contaminación (del aire; del agua)	(air; water) pollution
la deforestación	deforestation
la ecología	ecology
el/la ecologista	ecologist
el ecoturismo	ecotourism
la energía (nuclear; solar)	(nuclear; solar) energy
la extinción	extinction
la fábrica	factory
el medio ambiente	environment
el peligro	danger
el recurso natural	natural resource
la solución	solution
el gobierno	government
la ley	law
la (sobre)población	(over)population
ecológico/a	ecological
puro/a	pure
renovable	renewable

Variación léxica

hierba ⟷ pasto (*Perú*); grama (*Venez., Col.*); zacate (*Méx.*)

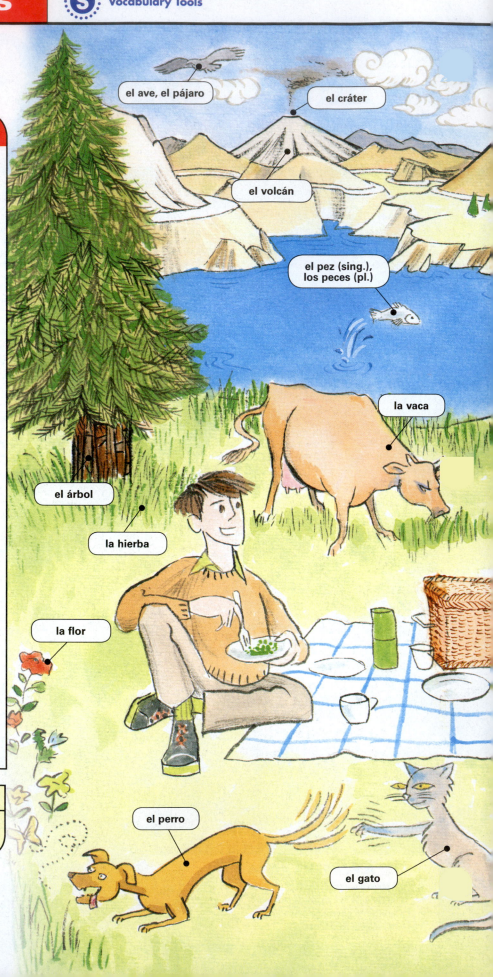

el ave, el pájaro
el cráter
el volcán
el pez (sing.), los peces (pl.)
la vaca
el árbol
la hierba
la flor
el perro
el gato

la nube

el sol

el valle

el sendero

el lago

la piedra

el río

Más vocabulario

el animal	animal
la ballena	whale
el mono	monkey
la tortuga (marina)	(sea) turtle

Práctica

1 **Escuchar** Mientras escuchas estas oraciones, anota los sustantivos (*nouns*) que se refieren a las plantas, los animales, la tierra y el cielo.

Plantas	Animales	Tierra	Cielo
_____	_____	_____	_____
_____	_____	_____	_____
_____	_____	_____	_____

2 **¿Cierto o falso?** Escucha las oraciones e indica si lo que dice cada una es **cierto** o **falso**, según el dibujo.

1. _____   4. _____
2. _____   5. _____
3. _____   6. _____

3 **Seleccionar** Selecciona la palabra que no está relacionada.

1. estrella • gobierno • luna • sol
2. lago • río • mar • peligro
3. vaca • ballena • pájaro • población
4. cielo • cráter • aire • nube
5. desierto • solución • selva • bosque
6. flor • hierba • renovable • árbol

4 **Definir** Trabaja con un(a) compañero/a para definir o describir cada palabra. Sigue el modelo.

> **modelo**
> **Estudiante 1:** ¿Qué es el cielo?
> **Estudiante 2:** El cielo está sobre la tierra y tiene nubes.

1. la población
2. un mono
3. el calentamiento global
4. la naturaleza
5. un desierto
6. la extinción
7. la ecología
8. un sendero

5 **Describir** Trabajen en parejas para describir estas fotos.

Recicla la lata de aluminio. (reciclar)

el envase de plástico

Recoge la botella de vidrio. (recoger)

El reciclaje

Más vocabulario

cazar	*to hunt*
conservar	*to conserve*
contaminar	*to pollute*
controlar	*to control*
cuidar	*to take care of*
dejar de (+ *inf.*)	*to stop (doing something)*
desarrollar	*to develop*
descubrir	*to discover*
destruir	*to destroy*
estar afectado/a (por)	*to be affected (by)*
estar contaminado/a	*to be polluted*
evitar	*to avoid*
mejorar	*to improve*
proteger	*to protect*
reducir	*to reduce*
resolver (o:ue)	*to resolve; to solve*
respirar	*to breathe*

6

Completar Selecciona la palabra o la expresión adecuada para completar cada oración.

contaminar	destruyen	reciclamos
controlan	están afectadas	recoger
cuidan	mejoramos	resolver
descubrir	proteger	se desarrollaron

1. Si vemos basura en las calles, la debemos _____.
2. Los científicos trabajan para _____ nuevas soluciones.
3. Es necesario que todos trabajemos juntos para _____ los problemas del medio ambiente.
4. Debemos _____ el medio ambiente porque hoy día está en peligro.
5. Muchas leyes nuevas _____ el nivel de emisiones que producen las fábricas.
6. Las primeras civilizaciones _____ cerca de los ríos y los mares.
7. Todas las personas _____ por la contaminación.
8. Los turistas deben tener cuidado de no _____ los lugares que visitan.
9. Podemos conservar los recursos si _____ el aluminio, el vidrio y el plástico.
10. La contaminación y la deforestación _____ el medio ambiente.

 Practice more at **vhlcentral.com**.

Comunicación

7

¿Es importante? En parejas, lean este párrafo y contesten las preguntas.

Los problemas del medio ambiente

importantísimo

muy importante

importante

poco importante

no es importante

| la deforestación | los animales en peligro de extinción | la contaminación del aire | la contaminación del agua | la basura en las ciudades |

Para celebrar El día de la Tierra, una estación de radio colombiana hizo una pequeña encuesta entre estudiantes universitarios, donde les preguntaron sobre los problemas del medio ambiente. Se les preguntó cuáles creían que eran los cinco problemas más importantes del medio ambiente. Ellos también tenían que decidir el orden de importancia de estos problemas, del uno al cinco.

Los resultados probaron (*proved*) que la mayoría de los estudiantes están preocupados por la contaminación del aire. Muchos mencionaron que no hay aire puro en las ciudades. El problema número dos para los estudiantes es que los ríos y los lagos están afectados por la contaminación. La deforestación quedó como el problema número tres, la basura en las ciudades como el número cuatro y los animales en peligro de extinción como el cinco.

1. Según la encuesta, ¿qué problema consideran más grave? ¿Qué problema consideran menos grave?

2. ¿Cómo creen ustedes que se puede evitar o resolver el problema más importante?

3. ¿Es necesario resolver el problema menos importante? ¿Por qué?

4. ¿Consideran ustedes que existen los mismos problemas en su comunidad? Den algunos ejemplos.

8

Situaciones Trabajen en grupos pequeños para representar estas situaciones.

1. Unos/as representantes de una agencia ambiental (*environmental*) hablan con el/la presidente/a de una fábrica que está contaminando el aire o el río de la zona.

2. Un(a) guía de ecoturismo habla con un grupo sobre cómo disfrutar (*enjoy*) de la naturaleza y conservar el medio ambiente.

3. Un(a) representante de la universidad habla con un grupo de nuevos estudiantes sobre la campaña (*campaign*) ambiental de la universidad y trata de reclutar (*tries to recruit*) miembros para un club que trabaja para la protección del medio ambiente.

9

Escribir una carta Trabajen en parejas para escribir una carta a una fábrica real o imaginaria que esté contaminando el medio ambiente. Expliquen las consecuencias que sus acciones van a tener para el medio ambiente. Sugiéranle algunas ideas para que solucione el problema. Utilicen por lo menos diez palabras de **Contextos**.

Aventuras en la naturaleza

Las chicas visitan un santuario de tortugas, mientras los chicos pasean por la selva.

PERSONAJES

 MARISSA

 JIMENA

 Video: *Fotonovela*

MARISSA Querida tía Ana María, lo estoy pasando muy bien. Es maravilloso que México tenga tantos programas estupendos para proteger a las tortugas. Hoy estamos en Tulum, y ¡el paisaje es espectacular! Con cariño, Marissa.

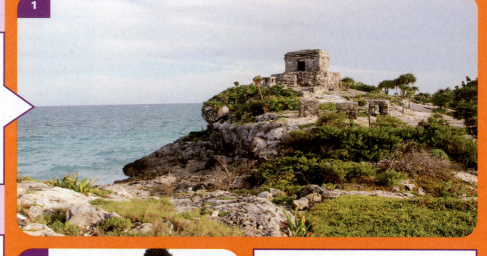

MARISSA Estoy tan feliz de que estés aquí conmigo.

JIMENA Es mucho más divertido cuando se viaja con amigos.

(*Llegan Felipe y Juan Carlos*)

JIMENA ¿Qué pasó?

JUAN CARLOS No lo van a creer.

FELIPE Juan Carlos encontró al grupo. ¡Yo esperaba encontrarlos también! ¡Pero nunca vinieron por mí! Yo estaba asustado. Regresé al lugar de donde salimos y esperé. Me perdí todo el recorrido.

GUÍA A menos que protejamos a los animales de la contaminación y la deforestación, en poco tiempo muchos de ellos van a estar extintos. Por favor, síganme y eviten pisar las plantas.

FELIPE Nos retrasamos sólo cinco minutos... Qué extraño. Estaban aquí hace unos minutos.

JUAN CARLOS ¿Adónde se fueron?

FELIPE No creo que puedan ir muy lejos.

(*Se separan para buscar al grupo.*)

FELIPE Decidí seguir un río y...

MARISSA No es posible que un guía continúe el recorrido cuando hay dos personas perdidas.

JIMENA Vamos a ver, chicos, ¿qué pasó? Dígannos la verdad.

JUAN CARLOS

FELIPE

GUÍA

7

JUAN CARLOS Felipe se cayó. Él no quería contarles.

JIMENA ¡Lo sabía!

8

FELIPE Y ustedes, ¿qué hicieron hoy?

JIMENA Marissa y yo fuimos al santuario de las tortugas.

9

MARISSA Aprendimos sobre las normas que existen para proteger a las tortugas marinas.

JIMENA Pero no cabe duda de que necesitamos aprobar más leyes para mantenerlas protegidas.

MARISSA Fue muy divertido verlas tan cerca.

10

JUAN CARLOS Entonces se divirtieron. ¡Qué bien!

JIMENA Gracias, y tú, pobrecito, pasaste todo el día con mi hermano. Siempre te mete en problemas.

recursos

VM
pp. 25–26

vhlcentral.com
Lección 13

Expresiones útiles

Talking about the environment

Aprendimos sobre las normas que existen para proteger a las tortugas marinas.
We learned about the regulations that exist to protect sea turtles.

Afortunadamente, ahora la población está aumentando.
Fortunately, the population is now growing.

No cabe duda de que necesitamos aprobar más leyes para mantenerlas protegidas.
There is no doubt that we need to pass more laws to keep them protected.

Es maravilloso que México tenga tantos programas estupendos para proteger a las tortugas.
It's marvelous that Mexico has so many wonderful programs to protect the turtles.

A menos que protejamos a los animales de la contaminación y la deforestación, en poco tiempo muchos de ellos van a estar extintos.
Unless we protect animals from pollution and habitat loss, soon many of them will be extinct.

Additional vocabulary

aumentar
to grow; to get bigger
meterse en problemas
to get into trouble
perdido/a
lost
el recorrido
tour
sobre todo
above all

¿Qué pasó?

1   **Seleccionar** Selecciona la respuesta más lógica para completar cada oración.

1. México tiene muchos programas para _____ a las tortugas.
   a. destruir   b. reciclar   c. proteger

2. Según la guía, muchos animales van a estar en peligro de _____ si no los protegemos.
   a. reciclaje   b. extinción   c. deforestación

3. La guía les pide a los visitantes que eviten pisar _____.
   a. las plantas   b. las piedras   c. la tierra

4. Felipe no quería contarles a las chicas que se _____.
   a. divirtió   b. alegró   c. cayó

5. Jimena dice que debe haber más _____ para proteger a las tortugas.
   a. playas   b. leyes   c. gobiernos

2   **Identificar** Identifica quién puede decir estas oraciones. Puedes usar algunos nombres más de una vez.

FELIPE   MARISSA

JIMENA

GUÍA   JUAN CARLOS

1. Fue divertido ver a las tortugas y aprender las normas para protegerlas.
2. Tenemos que evitar la contaminación y la deforestación.
3. Estoy feliz de estar aquí, Tulum es maravilloso.
4. Es una lástima que me pierda el recorrido.
5. No es posible que esa historia que nos dices sea verdad.
6. No van a creer lo que le sucedió a Felipe.
7. Tenemos que cuidar las plantas y los animales.
8. Ojalá que mi hermano no se meta en más problemas.

NOTA CULTURAL

Tulum es una importante zona arqueológica que se localiza en la costa del estado de Quintana Roo, México. La ciudad amurallada (*walled*), construida (*built*) por los mayas, es famosa por su ubicación (*location*) dramática en un acantilado (*cliff*) frente al mar.

3   **Preguntas** Contesta estas preguntas usando la información de **Fotonovela**.

1. ¿Qué lugar visitan Marissa y Jimena?
2. ¿Adónde fueron Juan Carlos y Felipe?
3. Según la guía, ¿por qué muchos animales están en peligro de extinción?
4. ¿Por qué Jimena y Marissa no creen la historia de Felipe?
5. ¿Qué esperaba Felipe cuando se perdió?

4   **El medio ambiente** En parejas, discutan algunos problemas ambientales y sus posibles soluciones. Usen estas preguntas y frases en su conversación.

- ¿Hay problemas de contaminación donde vives?
- Tenemos un problema muy grave de contaminación de...
- ¿Cómo podemos resolver los problemas de la contaminación?

Ortografía **Audio**

Los signos de puntuación

In Spanish, as in English, punctuation marks are important because they help you express your ideas in a clear, organized way.

> **No podía ver las llaves. Las buscó por los estantes, las mesas, las sillas, el suelo; minutos después, decidió mirar por la ventana. Allí estaban…**

The **punto y coma (;)**, the **tres puntos (…)**, and the **punto (.)** are used in very similar ways in Spanish and English.

> **Argentina, Brasil, Paraguay y Uruguay son miembros de Mercosur.**

In Spanish, the **coma (,)** is not used before **y** or **o** in a series.

| 13,5% | 29,2° | 3.000.000 | $2.999,99 |

In numbers, Spanish uses a **coma** where English uses a decimal point and a **punto** where English uses a comma.

 Cómo te llamas   **¿Dónde está?**   **¡Ven aquí!**   **Hola**

Questions in Spanish are preceded and followed by **signos de interrogación (¿ ?)**, and exclamations are preceded and followed by **signos de exclamación (¡ !)**.

Práctica Lee el párrafo e indica los signos de puntuación necesarios.

Ayer recibí la invitación de boda de Marta mi amiga colombiana inmediatamente empecé a pensar en un posible regalo fui al almacén donde Marta y su novio tenían una lista de regalos había de todo copas cafeteras tostadoras finalmente decidí regalarles un perro ya sé que es un regalo extraño pero espero que les guste a los dos

¿Palabras de amor? El siguiente diálogo tiene diferentes significados (*meanings*) dependiendo de los signos de puntuación que utilices y el lugar donde los pongas. Intenta encontrar los diferentes significados.

JULIÁN	me quieres
MARISOL	no puedo vivir sin ti
JULIÁN	me quieres dejar
MARISOL	no me parece mala idea
JULIÁN	no eres feliz conmigo
MARISOL	no soy feliz

recursos

LM
p. 74

vhlcentral.com
Lección 13

Video: *Flash cultura*

¡Los Andes se mueven!

Los Andes, la cadena° de montañas más extensa de América, son conocidos como "la espina dorsal° de Suramérica". Sus 7.240 kilómetros (4.500 millas) van desde el norte° de la región entre Venezuela y Colombia, hasta el extremo sur°, entre Argentina y Chile, y pasan por casi todos los países suramericanos. La cordillera° de los Andes, formada hace 27 millones de años, es la segunda más alta del mundo, después de la del Himalaya (aunque° esta última es mucho más "joven", ya que se formó hace apenas cinco millones de años).

Para poder atravesar° de un lado a otro de los Andes, existen varios pasos o puertos° de montaña. Situados a grandes alturas°, son generalmente estrechos° y peligrosos. En algunos de ellos hay, también, vías ferroviarias°.

De acuerdo con° varias instituciones científicas, la cordillera de los Andes se eleva° y se hace más angosta° cada año. La capital de Chile se acerca° a la capital de Argentina a un ritmo° de 19,4 milímetros por año. Si ese ritmo se mantiene°, Santiago y Buenos Aires podrían unirse° en unos... 63 millones de años, ¡casi el mismo tiempo que ha transcurrido° desde la extinción de los dinosaurios!

Los Andes en números

3 Cordilleras que forman los Andes: Las cordilleras Central, Occidental y Oriental

900 (A.C.°) Año aproximado en que empezó el desarrollo° de la cultura chavín, en los Andes peruanos

600 Número aproximado de volcanes que hay en los Andes

6.960 Metros (22.835 pies) de altura del Aconcagua (Argentina), el pico° más alto de los Andes

Arequipa, Perú

cadena *range* espina dorsal *spine* norte *north* sur *south* cordillera *mountain range* aunque *although* atravesar *to cross* puertos *passes* alturas *heights* estrechos *narrow* vías ferroviarias *railroad tracks* De acuerdo con *According to* se eleva *rises* angosta *narrow* se acerca *gets closer* ritmo *rate* se mantiene *keeps going* podrían unirse *could join together* ha transcurrido *has gone by* A.C. *Before Christ* desarrollo *development* pico *peak*

1 **Escoger** Escoge la opción que completa mejor cada oración.

1. Los Andes son la cadena montañosa más extensa del...
   a. mundo.   b. continente americano.   c. hemisferio norte.

2. "La espina dorsal de Suramérica" es...
   a. los Andes.   b. el Himalaya.   c. el Aconcagua.

3. La cordillera de los Andes se extiende...
   a. de este a oeste.   b. de sur a oeste.   c. de norte a sur.

4. El Himalaya y los Andes tienen...
   a. diferente altura.   b. la misma altura.   c. el mismo color.

5. Es posible atravesar los Andes por medio de...
   a. montañas   b. puertos   c. metro

6. En algunos de los puertos de montaña de los Andes hay...
   a. puertas.   b. vías ferroviarias.   c. cordilleras.

7. En 63 millones de años, Buenos Aires y Santiago podrían...
   a. separarse.   b. desarrollarse.   c. unirse.

8. El Aconcagua es...
   a. una montaña.   b. un grupo indígena.   c. un volcán.

La naturaleza

el arco iris	*rainbow*
la cascada; la catarata	*waterfall*
el cerro; la colina; la loma	*hill, hillock*
la cima; la cumbre; el tope (Col.)	*summit; mountaintop*
la maleza; los rastrojos (Col.); la yerba mala (Cuba); los hierbajos (Méx.); los yuyos (Arg.)	*weeds*
la niebla	*fog*

Cuerpos° de agua

- **Lago de Maracaibo** es el lago natural más grande de Suramérica y tiene una conexión directa y natural con el mar.

- **Lago Titicaca** es el lago navegable más alto del mundo. Se encuentra a más de 3.800 metros de altitud.

- **Bahía Mosquito** es una bahía bioluminiscente. En sus aguas viven unos microorganismos que emiten luz° cuando sienten que algo agita° el agua.

Cuerpos *Bodies* emiten luz *emit light* agita *shakes*

La Sierra Nevada de Santa Marta

La Sierra Nevada de Santa Marta es una cadena de montañas en la costa norte de Colombia. Se eleva abruptamente desde las costas del mar Caribe y en apenas 42 kilómetros llega a una altura de 5.775 metros

(18.947 pies) en sus picos nevados°. Tiene las montañas más altas de Colombia y es la formación montañosa costera° más alta del mundo.

Los pueblos indígenas que habitan allí lograron° mantener los frágiles ecosistemas de estas montañas a través de° un sofisticado sistema de terrazas° y senderos empedrados° que permitieron° el control de las aguas en una región de

muchas lluvias, evitando así la erosión de la tierra. La Sierra fue nombrada Reserva de la Biosfera por la UNESCO en 1979.

nevados *snowcapped* costera *coastal* lograron *managed* a través de *by means of* terrazas *terraces* empedrados *cobblestone* permitieron *allowed*

Conexión Internet

¿Dónde se puede hacer ecoturismo en Latinoamérica?

Go to **vhlcentral.com** to find more cultural information related to this **Cultura** section.

2 **Comprensión** Indica si lo que dice cada oración es **cierto** o **falso**. Corrige la información falsa.

1. En Colombia, *weeds* se dice **hierbajos**.
2. El lago Titicaca es el más grande del mundo.
3. La Sierra Nevada de Santa Marta es la formación montañosa costera más alta del mundo.
4. Los indígenas destruyeron el ecosistema de Santa Marta.

3 **Maravillas de la naturaleza** Escribe un párrafo breve donde describas alguna maravilla de la naturaleza que has (*you have*) visitado y que te impresionó. Puede ser cualquier (*any*) sitio natural: un río, una montaña, una selva, etc.

 Practice more at **vhlcentral.com**.

recursos

VM
pp. 97–98

vhlcentral.com
Lección 13

13.1 The subjunctive with verbs of emotion (S) Tutorial

ANTE TODO In the previous lesson, you learned how to use the subjunctive with expressions of will and influence. You will now learn how to use the subjunctive with verbs and expressions of emotion.

Main clause		Subordinate clause

Marta **espera** (que) yo **vaya** al lago este fin de semana.

▶ When the verb in the main clause of a sentence expresses an emotion or feeling, such as hope, fear, joy, pity, or surprise, the subjunctive is required in the subordinate clause.

Nos alegramos de que te **gusten** las flores.
We are happy that you like the flowers.

Siento que tú no **puedas** venir mañana.
I'm sorry that you can't come tomorrow.

Temo que Ana no **pueda** ir mañana con nosotros.
I'm afraid that Ana won't be able to go with us tomorrow.

Le **sorprende** que Juan **sea** tan joven.
It surprises him that Juan is so young.

Es una lástima que ellos no estén aquí con nosotros.

Me alegro de que te diviertas.

Common verbs and expressions of emotion

alegrarse (de)	*to be happy*	**tener miedo (de)**	*to be afraid (of)*
esperar	*to hope; to wish*	**es extraño**	*it's strange*
gustar	*to like*	**es una lástima**	*it's a shame*
molestar	*to bother*	**es ridículo**	*it's ridiculous*
sentir (e:ie)	*to be sorry; to regret*	**es terrible**	*it's terrible*
sorprender	*to surprise*	**es triste**	*it's sad*
temer	*to be afraid*	**ojalá (que)**	*I hope (that); I wish (that)*

CONSULTA

Certain verbs of emotion, like **gustar, molestar,** and **sorprender,** require indirect object pronouns. For more examples, see **Estructura 7.4,** pp. 230–231.

Me molesta que la gente no **recicle** el plástico.
It bothers me that people don't recycle plastic.

Es triste que **tengamos** problemas como el cambio climático.
It's sad that we have problems like climate change.

▶ As with expressions of will and influence, the infinitive, not the subjunctive, is used after an expression of emotion when there is no change of subject. Compare these sentences.

Temo **llegar** tarde.
I'm afraid I'll arrive late.

Temo que mi novio **llegue** tarde.
I'm afraid my boyfriend will arrive late.

▶ The expression **ojalá (que)** means *I hope* or *I wish,* and it is always followed by the subjunctive. Note that the use of **que** with this expression is optional.

Ojalá (que) se conserven nuestros recursos naturales.
I hope (that) our natural resources will be conserved.

Ojalá (que) recojan la basura hoy.
I hope (that) they collect the garbage today.

Ojalá que su aseguradora escuche sus necesidades con la misma atención.

COLMENA
salud - medicina
Con su familia, por su futuro.

Por fin usted se puede poner en manos de una compañía confiable.

¡INTÉNTALO! Completa las oraciones con las formas correctas de los verbos.

1. Ojalá que ellos _descubran_ (descubrir) nuevas formas de energía.
2. Espero que Ana nos _____ (ayudar) a recoger la basura en la carretera.
3. Es una lástima que la gente no _____ (reciclar) más.
4. Esperamos _____ (proteger) a las tortugas marinas que llegan a esta playa.
5. Me alegro de que mis amigos _____ (querer) conservar la naturaleza.
6. Espero que tú _____ (venir) a la reunión (*meeting*) del Club de Ecología.
7. Es malo _____ (contaminar) el medio ambiente.
8. A mis padres les gusta que nosotros _____ (participar) en la reunión.
9. Es terrible que nuestras ciudades _____ (estar) afectadas por la contaminación.
10. Ojalá que yo _____ (poder) hacer algo para reducir el calentamiento global.

Práctica

1 **Completar** Completa el diálogo con palabras de la lista. Compara tus respuestas con las de un(a) compañero/a.

Bogotá, Colombia

alegro	molesta	salga
encuentren	ojalá	tengo miedo de
estén	puedan	vayan
lleguen	reduzcan	visitar

OLGA Me alegro de que Adriana y Raquel (1)_____ a Colombia. ¿Van a estudiar?

SARA Sí. Es una lástima que (2)_____ una semana tarde. Ojalá que la universidad las ayude a buscar casa. (3)_____ que no consigan dónde vivir.

OLGA Me (4)_____ que seas tan pesimista, pero sí, yo también espero que (5)_____ gente simpática y que hablen mucho español.

SARA Sí, ojalá. Van a hacer un estudio sobre la deforestación en las costas. Es triste que en tantos países los recursos naturales (6)_____ en peligro.

OLGA Pues, me (7)_____ de que no se queden mucho en la capital por la contaminación. (8)_____ tengan tiempo de viajar por el país.

SARA Sí, espero que (9)_____ ir a Medellín. Sé que también quieren (10)_____ la Catedral de Sal de Zipaquirá.

NOTA CULTURAL

Los principales factores que determinan la temperatura de **Bogotá, Colombia,** son su proximidad al ecuador y su altitud, 2.640 metros (8.660 pies) sobre el nivel (*level*) del mar. Con un promedio (*average*) de 13° C (56° F), Bogotá disfruta de un clima templado (*mild*) durante la mayor parte del año. Hay, sin embargo, variaciones considerables entre el día (18° C) y la noche (7° C).

2 **Transformar** Transforma estos elementos en oraciones completas para formar un diálogo entre Juan y la madre de Raquel. Añade palabras si es necesario. Luego, con un(a) compañero/a, presenta el diálogo a la clase.

1. Juan, / esperar / (tú) escribirle / Raquel. / Ser / tu / novia. / Ojalá / no / sentirse / sola

2. molestarme / (usted) decirme / lo que / tener / hacer. / Ahora / mismo / le / estar / escribiendo

3. alegrarme / oírte / decir / eso. / Ser / terrible / estar / lejos / cuando / nadie / recordarte

4. señora, / ¡yo / tener / miedo de / (ella) no recordarme / mí! / Ser / triste / estar / sin / novia

5. ser / ridículo / (tú) sentirte / así. / Tú / saber / ella / querer / casarse / contigo

6. ridículo / o / no, / sorprenderme / (todos) preocuparse / ella / y / (nadie) acordarse de / mí

Comunicación

3   **Comentar** En parejas, túrnense para formar oraciones sobre su comunidad, sus clases, su gobierno o algún otro tema, usando expresiones como **me alegro de que**, **temo que** y **es extraño que**. Luego, reaccionen a los comentarios de su compañero/a.

> **modelo**
>
> **Estudiante 1:** *Me alegro de que vayan a limpiar el río.*
> **Estudiante 2:** *Yo también. Me preocupa que el agua del río esté tan sucia.*

4   **Contestar** Lee el mensaje electrónico que Raquel le escribió a su novio, Juan. Luego, en parejas, contesten el mensaje usando expresiones como **me sorprende que**, **me molesta que** y **es una lástima que**.

De:	Raquel
Para:	Juan
Asunto:	¡Hola!

Hola, Juan:

Mi amor, siento no escribirte más frecuentemente. La verdad es que estoy muy ocupada todo el tiempo. No sabes cuánto me estoy divirtiendo en Colombia. Me sorprende haber podido adaptarme tan bien. Es bueno tener tanto trabajo. Aprendo mucho más aquí que en el laboratorio de la universidad. Me encanta que me den responsabilidades y que compartan sus muchos conocimientos conmigo. Ay, pero pienso mucho en ti. Qué triste es que no podamos estar juntos por tanto tiempo. Ojalá que los días pasen rápido. Bueno, querido, es todo por ahora. Escríbeme pronto.

Te quiero y te extraño mucho,

Raquel

AYUDA

Echar de menos (a alguien) and **extrañar (a alguien)** are two ways of saying *to miss* (*someone*).

Síntesis

5   **No te preocupes** Estás muy preocupado/a por los problemas del medio ambiente y le comentas a tu compañero/a todas tus preocupaciones. Él/Ella va a darte la solución adecuada para tus preocupaciones. Su profesor(a) les va a dar una hoja distinta a cada uno/a con la información necesaria para completar la actividad.

> **modelo**
>
> **Estudiante 1:** *Me molesta que las personas tiren basura en las calles.*
> **Estudiante 2:** *Por eso es muy importante que los políticos hagan leyes para conservar las ciudades limpias.*

13.2 The subjunctive with doubt, disbelief, and denial

 Tutorial

ANTE TODO Just as the subjunctive is required with expressions of emotion, influence, and will, it is also used with expressions of doubt, disbelief, and denial.

Main clause		**Subordinate clause**
Dudan	que	su hijo les **diga** la verdad.

▶ The subjunctive is always used in a subordinate clause when there is a change of subject and the expression in the main clause implies negation or uncertainty.

No creo que puedan ir muy lejos.

No es posible que el guía continúe el recorrido sin ustedes.

▶ Here is a list of some common expressions of doubt, disbelief, or denial.

Expressions of doubt, disbelief, or denial

dudar	to doubt	**no es seguro**	it's not certain
negar (e:ie)	to deny	**no es verdad**	it's not true
no creer	not to believe	**es imposible**	it's impossible
no estar seguro/a (de)	not to be sure	**es improbable**	it's improbable
no es cierto	it's not true; it's not certain	**(no) es posible**	it's (not) possible
		(no) es probable	it's (not) probable

El gobierno **niega** que el agua **esté** contaminada.
The government denies that the water is contaminated.

Dudo que el gobierno **resuelva** el problema.
I doubt that the government will solve the problem.

Es probable que **haya** menos bosques y selvas en el futuro.
It's probable that there will be fewer forests and jungles in the future.

No es verdad que mi hermano **estudie** ecología.
It's not true that my brother studies ecology.

▶ The indicative is used in a subordinate clause when there is no doubt or uncertainty in the main clause. Here is a list of some expressions of certainty.

Expressions of certainty

no dudar	*not to doubt*	**estar seguro/a (de)**	*to be sure*
no cabe duda de	*there is no doubt*	**es cierto**	*it's true; it's certain*
no hay duda de	*there is no doubt*	**es seguro**	*it's certain*
no negar (e:ie)	*not to deny*	**es verdad**	*it's true*
creer	*to believe*	**es obvio**	*it's obvious*

No negamos que **hay** demasiados carros en las carreteras.
We don't deny that there are too many cars on the highways.

No hay duda de que el Amazonas **es** uno de los ríos más largos.
There is no doubt that the Amazon is one of the longest rivers.

Es verdad que Colombia **es** un país bonito.
It's true that Colombia is a beautiful country.

Es obvio que las ballenas **están** en peligro de extinción.
It's obvious that whales are in danger of extinction.

▶ In affirmative sentences, the verb **creer** expresses belief or certainty, so it is followed by the indicative. In negative sentences, however, when doubt is implied, **creer** is followed by the subjunctive.

Creo que **debemos** usar exclusivamente la energía solar.
I believe we should use solar energy exclusively.

No creo que **haya** vida en el planeta Marte.
I don't believe that there is life on the planet Mars.

▶ The expressions **quizás** and **tal vez** are usually followed by the subjunctive because they imply doubt about something.

Quizás haga sol mañana.
Perhaps it will be sunny tomorrow.

Tal vez veamos la luna esta noche.
Perhaps we will see the moon tonight.

¡INTÉNTALO! Completa estas oraciones con la forma correcta del verbo.

recursos

WB
pp. 159–160

LM
p. 76

vhlcentral.com
Lección 13

1. Dudo que ellos _trabajen_ (trabajar).
2. Es cierto que él _____ (comer) mucho.
3. Es imposible que ellos _____ (salir).
4. Es probable que ustedes _____ (ganar).
5. No creo que ella _____ (volver).
6. Es posible que nosotros _____ (ir).
7. Dudamos que tú _____ (reciclar).
8. Creo que ellos _____ (jugar) al fútbol.
9. No niego que ustedes _____ (estudiar).
10. Es posible que ella no _____ (venir) a casa.
11. Es probable que Lucio y Carmen _____ (dormir).
12. Es posible que mi prima Marta _____ (llamar).
13. Tal vez Juan no nos _____ (oír).
14. No es cierto que Paco y Daniel nos _____ (ayudar).

Práctica

1

Escoger Escoge las respuestas correctas para completar el diálogo. Luego dramatiza el diálogo con un(a) compañero/a.

RAÚL Ustedes dudan que yo realmente (1)_____ (estudio/estudie). No niego que a veces me (2)_____ (divierto/divierta) demasiado, pero no cabe duda de que (3)_____ (tomo/tome) mis estudios en serio. Estoy seguro de que cuando me vean graduarme van a pensar de manera diferente. Creo que no (4)_____ (tienen/tengan) razón con sus críticas.

PAPÁ Es posible que tu mamá y yo no (5)_____ (tenemos/tengamos) razón. Es cierto que a veces (6)_____ (dudamos/dudemos) de ti. Pero no hay duda de que te (7)_____ (pasas/pases) toda la noche en Internet y oyendo música. No es nada seguro que (8)_____ (estás/estés) estudiando.

RAÚL Es verdad que (9)_____ (uso/use) mucho la computadora pero, ¡piensen! ¿No es posible que (10)_____ (es/sea) para buscar información para mis clases? ¡No hay duda de que Internet (11)_____ (es/sea) el mejor recurso del mundo! Es obvio que ustedes (12)_____ (piensan/piensen) que no hago nada, pero no es cierto.

PAPÁ No dudo que esta conversación nos (13)_____ (va/vaya) a ayudar. Pero tal vez esta noche (14)_____ (puedes/puedas) trabajar sin música. ¿Está bien?

2

Dudas Carolina es una chica que siempre miente. Expresa tus dudas sobre lo que Carolina está diciendo ahora. Usa las expresiones entre paréntesis para tus respuestas.

> **modelo**
> El próximo año Marta y yo vamos de vacaciones por diez meses. (dudar)
> *¡Ja! Dudo que vayan de vacaciones por ese tiempo. ¡Ustedes no son ricas!*

1. Estoy escribiendo una novela en español. (no creer)

2. Mi tía es la directora de PETA. (no ser verdad)

3. Dos profesores míos juegan para los Osos (*Bears*) de Chicago. (ser imposible)

4. Mi mejor amiga conoce al chef Guy Fieri. (no ser cierto)

5. Mi padre es dueño del Centro Rockefeller. (no ser posible)

6. Yo ya tengo un doctorado (*doctorate*) en lenguas. (ser improbable)

AYUDA

Here are some useful expressions to say that you don't believe someone.
¡Qué va!
¡Imposible!
¡No te creo!
¡Es mentira!

Comunicación

3

Entrevista En parejas, imaginen que trabajan para un periódico y que tienen que hacerle una entrevista a la ecologista Mary Axtmann, quien colaboró en la fundación de la organización Ciudadanos Pro Bosque San Patricio, en Puerto Rico. Escriban seis preguntas para la entrevista después de leer las declaraciones de Mary Axtmann. Al final, inventen las respuestas de Axtmann.

Declaraciones de Mary Axtmann:

"... que el bosque es un recurso ecológico educativo para la comunidad."

"El Bosque San Patricio es un pulmón (*lung*) que produce oxígeno para la ciudad."

"El Bosque San Patricio está en medio de la ciudad de San Juan. Por eso digo que este bosque es una esmeralda (*emerald*) en un mar de concreto."

"El bosque pertenece (*belongs*) a la comunidad."

"Nosotros salvamos este bosque mediante la propuesta (*proposal*) y no la protesta."

4

Adivinar Escribe cinco oraciones sobre tu vida presente y futura. Cuatro deben ser falsas y sólo una debe ser cierta. Presenta tus oraciones al grupo. El grupo adivina cuál es la oración cierta y expresa sus dudas sobre las oraciones falsas.

> **modelo**
>
> **Estudiante 1:** Quiero irme un año a la selva a trabajar.
> **Estudiante 2:** Dudo que te guste vivir en la selva.
> **Estudiante 3:** En cinco años voy a ser presidente de los Estados Unidos.
> **Estudiante 2:** No creo que seas presidente de los Estados Unidos en cinco años. ¡Tal vez en treinta!

Síntesis

5

Intercambiar En grupos, escriban un párrafo sobre los problemas del medio ambiente en su estado o en su comunidad. Compartan su párrafo con otro grupo, que va a ofrecer opiniones y soluciones. Luego presenten su párrafo, con las opiniones y soluciones del otro grupo, a la clase.

13.3 The subjunctive with conjunctions Tutorial

ANTE TODO Conjunctions are words or phrases that connect other words and clauses in sentences. Certain conjunctions commonly introduce adverbial clauses, which describe *how, why, when,* and *where* an action takes place.

Main clause	Conjunction	Adverbial clause
Vamos a visitar a Carlos	**antes de que**	**regrese** a California.

> Muchos animales van a estar en peligro de extinción, a menos que los protejamos.

> Marissa habla con Jimena antes de que lleguen los chicos.

▶ With certain conjunctions, the subjunctive is used to express a hypothetical situation, uncertainty as to whether an action or event will take place, or a condition that may or may not be fulfilled.

Voy a dejar un recado **en caso de que Gustavo me llame**.
I'm going to leave a message in case Gustavo calls me.

Voy al supermercado **para que tengas** algo de comer.
I'm going to the store so that you'll have something to eat.

▶ Here is a list of the conjunctions that always require the subjunctive.

Conjunctions that require the subjunctive

a menos que	*unless*	**en caso (de) que**	*in case (that)*
antes (de) que	*before*	**para que**	*so that*
con tal (de) que	*provided that*	**sin que**	*without*

Algunos animales van a morir **a menos que** haya leyes para protegerlos.
Some animals are going to die unless there are laws to protect them.

Ellos nos llevan a la selva **para que** veamos las plantas tropicales.
They are taking us to the jungle so that we may see the tropical plants.

▶ The infinitive, not **que** + [*subjunctive*], is used after the prepositions **antes de, para**, and **sin** when there is no change of subject. **¡Atención!** While you may use a present participle with the English equivalent of these phrases, in Spanish you cannot.

Te llamamos **antes de salir** de la casa.
We will call you before leaving the house.

Te llamamos mañana **antes de que salgas**.
We will call you tomorrow before you leave.

Conjunctions with subjunctive or indicative

Voy a formar un club de ecología tan pronto como vuelva al D.F.

Cuando veo basura, la recojo.

Conjunctions used with subjunctive or indicative

cuando	*when*	**hasta que**	*until*
después de que	*after*	**tan pronto como**	*as soon as*
en cuanto	*as soon as*		

▶ With the conjunctions above, use the subjunctive in the subordinate clause if the main clause expresses a future action or command.

Vamos a resolver el problema **cuando desarrollemos** nuevas tecnologías.
We are going to solve the problem when we develop new technologies.

Después de que ustedes **tomen** sus refrescos, reciclen las botellas.
After you drink your soft drinks, recycle the bottles.

▶ With these conjunctions, the indicative is used in the subordinate clause if the verb in the main clause expresses an action that habitually happens, or that happened in the past.

Contaminan los ríos **cuando construyen** nuevos edificios.
They pollute the rivers when they build new buildings.

Contaminaron el río **cuando construyeron** ese edificio.
They polluted the river when they built that building.

 ¡INTÉNTALO! Completa las oraciones con las formas correctas de los verbos.

1. Voy a estudiar ecología cuando ___vuelva___ (volver) a la universidad.
2. No podemos evitar el cambio climático, a menos que todos _____ (trabajar) juntos.
3. No podemos conducir sin _____ (contaminar) el aire.
4. Siempre recogemos mucha basura cuando _____ (ir) al parque.
5. Elisa habló con el presidente del Club de Ecología después de que _____ (terminar) la reunión.
6. Vamos de excursión para _____ (observar) los animales y las plantas.
7. La contaminación va a ser un problema muy serio hasta que nosotros _____ (cambiar) nuestros sistemas de producción y transporte.
8. El gobierno debe crear más parques nacionales antes de que los bosques y ríos _____ (estar) completamente contaminados.
9. La gente recicla con tal de que no _____ (ser) difícil.

recursos

WB
pp. 161–162

LM
p. 77

vhlcentral.com
Lección 13

Práctica

1 **Completar** La señora Montero habla de una excursión que quiere hacer con su familia. Completa las oraciones con la forma correcta de cada verbo.

1. Voy a llevar a mis hijos al parque para que _____ (aprender) sobre la naturaleza.
2. Voy a pasar todo el día allí a menos que _____ (hacer) mucho frío.
3. Podemos explorar el parque en bicicleta sin _____ (caminar) demasiado.
4. Vamos a bajar al cráter con tal de que no se _____ (prohibir).
5. Siempre llevamos al perro cuando _____ (ir) al parque.
6. No pensamos ir muy lejos en caso de que _____ (llover).
7. Vamos a almorzar a la orilla (*shore*) del río cuando nosotros _____ (terminar) de preparar la comida.
8. Mis hijos van a dejar todo limpio antes de _____ (salir) del parque.

2 **Frases** Completa estas frases de una manera lógica.

1. No podemos controlar la contaminación del aire a menos que…
2. Voy a reciclar los productos de papel y de vidrio en cuanto…
3. Debemos comprar coches eléctricos tan pronto como…
4. Protegemos los animales en peligro de extinción para que…
5. Mis amigos y yo vamos a recoger la basura de la universidad después de que…
6. No podemos desarrollar nuevas fuentes (*sources*) de energía sin…
7. Hay que eliminar la contaminación del agua para…
8. No podemos proteger la naturaleza sin que…

3 **Organizaciones colombianas** En parejas, lean las descripciones de las organizaciones de conservación. Luego expresen en sus propias (*own*) palabras las opiniones de cada organización.

Organización:
Fundación Río Orinoco

Problema:
La destrucción de los ríos

Solución:
Programa para limpiar las orillas de los ríos y reducir la erosión y así proteger los ríos

Organización:
Oficina de Turismo Internacional

Problema:
Necesidad de mejorar la imagen del país en el mercado turístico internacional

Solución:
Plan para promover el ecoturismo en los 54 parques nacionales, usando agencias de publicidad e implementando un plan agresivo de conservación

Organización:
Asociación Nabusimake-Pico Colón

Problema:
Un lugar turístico popular en la Sierra Nevada de Santa Marta necesita mejor mantenimiento

Solución:
Programa de voluntarios para limpiar y mejorar los senderos

 Practice more at **vhlcentral.com**.

Comunicación

4

Preguntas En parejas, túrnense para hacerse estas preguntas.

1. ¿Qué haces cada noche antes de acostarte?
2. ¿Qué haces después de salir de la universidad?
3. ¿Qué hace tu familia para que puedas asistir a la universidad?
4. ¿Qué piensas hacer tan pronto como te gradúes?
5. ¿Qué quieres hacer mañana, a menos que haga mal tiempo?
6. ¿Qué haces en tus clases sin que los profesores lo sepan?

5

Comparar En parejas, comparen una actividad rutinaria que ustedes hacen con algo que van a hacer en el futuro. Usen palabras de la lista.

antes de	después de que	hasta que	sin (que)
antes de que	en caso de que	para (que)	tan pronto como

modelo

Estudiante 1: El sábado vamos al lago. Tan pronto como volvamos, vamos a estudiar para el examen.

Estudiante 2: Todos los sábados llevo a mi primo al parque para que juegue. Pero el sábado que viene, con tal de que no llueva, lo voy a llevar a las montañas.

Síntesis

6

Tres en raya (*Tic-Tac-Toe*) Formen dos equipos. Con el vocabulario de esta lección, una persona comienza una frase y otra persona de su equipo la termina usando palabras de la gráfica. El primer equipo que forme tres oraciones seguidas (*in a row*) gana el tres en raya. Hay que usar la ▶ conjunción o la preposición y el verbo correctamente. Si no, ¡no cuenta!

modelo

Equipo 1
Estudiante 1: Dudo que podamos eliminar la deforestación…
Estudiante 2: sin que nos ayude el gobierno.
Equipo 2
Estudiante 1: Creo que podemos conservar nuestros recursos naturales…
Estudiante 2: con tal de que todos hagamos algo para ayudar.

cuando	con tal de que	para que
antes de que	para	sin que
hasta que	en caso de que	antes de

13.4 # Past participles used as adjectives

ANTE TODO In **Lección 5**, you learned about present participles (**estudiando**). Both Spanish and English have past participles. The past participles of English verbs often end in **–ed** (*to turn* → *turned*), but many are also irregular (*to buy* → *bought; to drive* → *driven*).

▶ In Spanish, regular **–ar** verbs form the past participle with **–ado.** Regular **–er** and **–ir** verbs form the past participle with **–ido.**

INFINITIVE	STEM	PAST PARTICIPLE
bailar	bail-	**bailado**
comer	com-	**comido**
vivir	viv-	**vivido**

▶ **¡Atención!** The past participles of **–er** and **–ir** verbs whose stems end in **–a, –e,** or **–o** carry a written accent mark on the **i** of the **–ido** ending.

caer	**caído**	reír	**reído**
creer	**creído**	sonreír	**sonreído**
leer	**leído**	traer	**traído**
oír	**oído**		

Irregular past participles

abrir	**abierto**	morir	**muerto**
decir	**dicho**	poner	**puesto**
describir	**descrito**	resolver	**resuelto**
descubrir	**descubierto**	romper	**roto**
escribir	**escrito**	ver	**visto**
hacer	**hecho**	volver	**vuelto**

▶ In Spanish, as in English, past participles can be used as adjectives. They are often used with the verb **estar** to describe a condition or state that results from an action. Like other Spanish adjectives, they must agree in gender and number with the nouns they modify.

Me gusta usar papel **reciclado.**
I like to use recycled paper.

La mesa está **puesta** y la cena está **servida.**
The table is set and dinner is served.

AYUDA

You already know several past participles used as adjectives: **aburrido, interesado, nublado, perdido,** etc.

• • •

Note that all irregular past participles except **dicho** and **hecho** end in **–to.**

¡INTÉNTALO! Indica la forma correcta del participio pasado de estos verbos.

1. hablar ___hablado___
2. beber _____
3. decidir _____
4. romper _____

5. escribir _____
6. cantar _____
7. oír _____
8. traer _____

9. correr _____
10. leer _____
11. ver _____
12. hacer _____

recursos

WB pp. 163-164

LM p. 78

vhlcentral.com
Lección 13

Práctica

1

Completar Completa las oraciones con la forma adecuada del participio pasado del verbo que está entre paréntesis.

1. Nuestra excursión a la selva ya está _____ (preparar).
2. Todos los detalles están _____ (escribir) en español.
3. Tenemos que comprar los pasajes, pero Sara no encuentra el mapa. ¡Ay no! Creo que estamos _____ (perder).
4. Sabemos que la agencia de viajes está en una plaza muy _____ (conocer), la Plaza Bolívar. Está _____ (abrir) de nueve a tres.
5. El nombre de la agencia está _____ (escribir) en la entrada y en la acera (*sidewalk*).
6. Pero ya son las tres y diez... qué mala suerte. Seguramente la oficina ya está _____ (cerrar).

2

Preparativos Tú y tu compañero/a van a hacer un viaje. Túrnense para hacerse estas preguntas sobre los preparativos (*preparations*). Usen el participio pasado en sus respuestas.

> **modelo**
>
> **Estudiante 1:** *¿Compraste los pasajes de avión?*
> **Estudiante 2:** *Sí, los pasajes ya están comprados.*

1. ¿Hiciste las maletas?
2. ¿Confirmaste las reservaciones para el hotel?
3. ¿Compraste tus medicinas?
4. ¿Lavaste la ropa?
5. ¿Apagaste todas las luces?
6. ¿Cerraste bien la puerta?

Comunicación

3

Describir Tú y un(a) compañero/a son agentes de policía y tienen que investigar un crimen. Miren el dibujo y describan lo que encontraron en la habitación del señor Villalonga. Usen el participio pasado en la descripción. Luego, comparen su descripción con la de otra pareja.

> **modelo**
>
> *La puerta del baño no estaba cerrada.*

Recapitulación

 Diagnostics

Completa estas actividades para repasar los conceptos de gramática que aprendiste en esta lección.

1 **Completar** Completa la tabla con la forma correcta de los verbos. `12 pts.`

Infinitivo	Participio (f.)	Infinitivo	Participio (m.)
completar	completada	hacer	
cubrir		pagar	pagado
decir		perder	
escribir		poner	

2 **Subjuntivo con conjunciones** Escoge la forma correcta del verbo para completar las oraciones. `12 pts.`

1. En cuanto (empiecen/empiezan) las vacaciones, vamos a viajar.
2. Por favor, llámeme a las siete y media en caso de que no (me despierto/me despierte).
3. Toni va a usar su bicicleta hasta que los coches híbridos (cuesten/cuestan) menos dinero.
4. Estudiantes, pueden entrar al parque natural con tal de que (van/vayan) todos juntos.
5. Debemos conservar el agua antes de que no (queda/quede) nada para beber.
6. Siempre quiero vender mi coche cuando (yo) (piense/pienso) en la contaminación.

3 **Creer o no creer** Completa esta conversación con la forma correcta del presente de indicativo o de subjuntivo, según el contexto. `12 pts.`

CAROLA Creo que (1) _____ (nosotras, deber) escribir nuestra presentación sobre el reciclaje.

MÓNICA Hmm, no estoy segura de que el reciclaje (2) _____ (ser) un buen tema. No hay duda de que la gente ya (3) _____ (saber) reciclar.

CAROLA Sí, pero dudo que todos lo (4) _____ (practicar).

MÓNICA ¿Sabes, Néstor? El sábado vamos a ir a limpiar la playa con un grupo de voluntarios. ¿Quieres ir?

NÉSTOR No creo que (5) _____ (yo, poder) ir, tengo que estudiar.

CAROLA ¿Estás seguro? ¡Es imposible que (6) _____ (tú, ir) a estudiar todo el fin de semana!

NÉSTOR Bueno, sí, tengo un par de horas en la tarde para ir a la playa...

RESUMEN GRAMATICAL

13.1 **The subjunctive with verbs of emotion**
pp. 426-427

Verbs and expressions of emotion	
alegrarse (de)	tener miedo (de)
esperar	es extraño
gustar	es una lástima
molestar	es ridículo
sentir (e:ie)	es terrible
sorprender	es triste
temer	ojalá (que)

Main clause		Subordinate clause
Marta **espera**	**que**	yo **vaya** al lago mañana.
Ojalá		**comamos** en casa.

13.2 **The subjunctive with doubt, disbelief, and denial**
pp. 430-431

Expressions of doubt, disbelief, or denial (used with subjunctive)	
dudar	no es verdad
negar (e:ie)	es imposible
no creer	es improbable
no estar seguro/a (de)	(no) es posible
no es cierto	(no) es probable
no es seguro	

Expressions of certainty (used with indicative)	
no dudar	estar seguro/a (de)
no cabe duda de	es cierto
no hay duda de	es seguro
no negar (e:ie)	es verdad
creer	es obvio

► The infinitive is used after these expressions when there is no change of subject.

13.3 **The subjunctive with conjunctions**
pp. 434-435

Conjunctions that require the subjunctive	
a menos que	en caso (de) que
antes (de) que	para que
con tal (de) que	sin que

4   **Oraciones** Escribe oraciones con estos elementos. Usa el subjuntivo y el participio pasado cuando sea necesario. **20 pts.**

1. ser ridículo / los coches / contaminar tanto

2. el gobierno / ir a proteger / las ciudades / afectar / por los tornados

3. no caber duda de / tú y yo / poder / hacer mucho más

4. los ecologistas / temer / no conservarse / los recursos naturales

5. (yo) no estar seguro / los niños / poder ir / porque / el parque / estar / cerrar

6. (yo) alegrarse de / en mi ciudad / reciclarse / el plástico y el vidrio

7. (nosotros) no creer que / la casa / estar / abrir

8. estar prohibido / tocar o dar de comer a / estos animales / proteger

9. es improbable / existir / leyes / contra la deforestación

10. ojalá que / la situación / mejorar / día a día

► The infinitive is used after the prepositions **antes de**, **para**, and **sin** when there is no change of subject.

Te llamamos **antes de salir** de casa.

Te llamamos mañana **antes de que salgas**.

Conjunctions used with subjunctive or indicative	
cuando después de que en cuanto	hasta que tan pronto como

13.4   **Past participles used as adjectives**   *p. 438*

Past participles		
Infinitive	Stem	Past participle
bailar	bail-	bail**ado**
comer	com-	com**ido**
vivir	viv-	viv**ido**

Irregular past participles			
abrir	**abierto**	morir	**muerto**
decir	**dicho**	poner	**puesto**
describir	**descrito**	resolver	**resuelto**
descubrir	**descubierto**	romper	**roto**
escribir	**escrito**	ver	**visto**
hacer	**hecho**	volver	**vuelto**

► Like common adjectives, past participles must agree with the noun they modify.

Hay unas postales **escritas** en español.

5   **Escribir** Escribe un diálogo de al menos seis oraciones en el que un(a) amigo/a hace comentarios pesimistas sobre la situación del medio ambiente en tu ciudad o región y tú respondes con comentarios y reacciones optimistas. Usa verbos y expresiones de esta lección. **44 pts.**

6   **Canción** Completa estos versos de una canción de Juan Luis Guerra. **¡4 puntos EXTRA!**

   ❝Ojalá que _____ (llover) café en el campo. Pa'° que todos los niños _____ (cantar) en el campo.❞

Pa' *short for* Para

Practice more at **vhlcentral.com.**

Lectura

Antes de leer

> ### Estrategia
>
> **Recognizing the purpose of a text**
>
> When you are faced with an unfamiliar text, it is important to determine the writer's purpose. If you are reading an editorial in a newspaper, for example, you know that the journalist's objective is to persuade you of his or her point of view. Identifying the purpose of a text will help you better comprehend its meaning.

Examinar los textos

Primero, utiliza la estrategia de lectura para familiarizarte con los textos. Después contesta estas preguntas y compara tus respuestas con las de un(a) compañero/a.

- ¿De qué tratan los textos?°
- ¿Son fábulas°, poemas, artículos de periódico…?
- ¿Cómo lo sabes?

Predicciones

Lee estas predicciones sobre la lectura e indica si estás de acuerdo° con ellas. Después compara tus opiniones con las de un(a) compañero/a.

1. Los textos son del género° de ficción.
2. Los personajes son animales.
3. La acción de los textos tiene lugar en un zoológico.
4. Hay alguna moraleja°.

Determinar el propósito

Con un(a) compañero/a, hablen de los posibles propósitos° de los textos. Consideren estas preguntas:

- ¿Qué te dice el género de los textos sobre los posibles propósitos de los textos?
- ¿Piensas que los textos pueden tener más de un propósito? ¿Por qué?

¿**De qué tratan los textos?** *What are the texts about?*
fábulas *fables* **estás de acuerdo** *you agree*
género *genre* **moraleja** *moral* **propósitos** *purposes*

Sobre los autores

Félix María Samaniego (1745–1801) nació en España y escribió las *Fábulas morales* que ilustran de manera humorística el carácter humano. Los protagonistas de muchas de sus fábulas son animales que hablan.

El perro y el cocodrilo

Bebiendo un perro en el Nilo°,
al mismo tiempo corría.
"Bebe quieto°", le decía
un taimado° cocodrilo.

Díjole° el perro prudente:
"Dañoso° es beber y andar°;
pero ¿es sano el aguardar
a que me claves el diente°?"

¡Oh qué docto° perro viejo!
Yo venero° su sentir°
en esto de no seguir
del enemigo el consejo.

Tomás de Iriarte (1750–1791) nació en las islas Canarias y tuvo gran éxito° con su libro *Fábulas literarias*. Su tendencia a representar la lógica a través de° símbolos de la naturaleza fue de gran influencia para muchos autores de su época°.

El pato° y la serpiente

A orillas° de un estanque°,
diciendo estaba un pato:
"¿A qué animal dio el cielo°
los dones que me ha dado°?

"Soy de agua, tierra y aire:
cuando de andar me canso°,
si se me antoja, vuelo°;
si se me antoja, nado".

Una serpiente astuta
que le estaba escuchando,
le llamó con un silbo°,
y le dijo "¡Seo° guapo!

"No hay que echar tantas plantas°;
pues ni anda como el gamo°,
ni vuela como el sacre°,
ni nada como el barbo°,

"y así tenga sabido
que lo importante y raro°
no es entender de todo,
sino ser diestro° en algo".

Nilo *Nile* quieto *in peace* taimado *sly* Díjole *Said to him* Dañoso *Harmful* andar *to walk* ¿es sano... diente? *Is it good for me to wait for you to sink your teeth into me?* docto *wise* venero *revere* sentir *wisdom* éxito *success* a través de *through* época *time* pato *duck* orillas *banks* estanque *pond* cielo *heaven* los dones... dado *the gifts that it has given me* me canso *I get tired* si se... vuelo *if I feel like it, I fly* silbo *hiss* Seo *Señor* No hay... plantas *There's no reason to boast* gamo *deer* sacre *falcon* barbo *barbel (a type of fish)* raro *rare* diestro *skillful*

Después de leer

Comprensión

Escoge la mejor opción para completar cada oración.

1. El cocodrilo _____ perro.
   a. está preocupado por el   b. quiere comerse al
   c. tiene miedo del

2. El perro _____ cocodrilo.
   a. tiene miedo del   b. es amigo del
   c. quiere quedarse con el

3. El pato cree que es un animal _____.
   a. muy famoso   b. muy hermoso
   c. de muchos talentos

4. La serpiente cree que el pato es _____.
   a. muy inteligente   b. muy tonto   c. muy feo

Preguntas

Contesta las preguntas.

1. ¿Qué representa el cocodrilo?
   _____

2. ¿Qué representa el pato?
   _____

3. ¿Cuál es la moraleja (*moral*) de "El perro y el cocodrilo"?
   _____

4. ¿Cuál es la moraleja de "El pato y la serpiente"?
   _____

Coméntalo

En parejas, túrnense para hacerse estas preguntas. ¿Estás de acuerdo con las moralejas de estas fábulas? ¿Por qué? ¿Cuál de estas fábulas te gusta más? ¿Por qué? ¿Conoces otras fábulas? ¿Cuál es su propósito?

Escribir

Escribe una fábula para compartir con la clase. Puedes escoger algunos animales de la lista o escoger otros. ¿Qué características deben tener estos animales?

- una abeja (*bee*)
- un gato
- un mono
- un burro
- un perro
- una tortuga
- un águila (*eagle*)
- un pavo real (*peacock*)

Colombia

El país en cifras

▶ **Área:** 1.138.910 km² (439.734 millas²),
tres veces el área de Montana

▶ **Población:** 46.245.000

*De todos los países de habla hispana, sólo México
tiene más habitantes que Colombia. Casi toda la
población colombiana vive en las áreas montañosas
y la costa occidental° del país. Aproximadamente el
55% de la superficie° del país está sin poblar°.*

▶ **Capital:** Bogotá —8.744.000

▶ **Ciudades principales:** Medellín —3.497.000,
Cali —2.352.000, Barranquilla —1.836.000,
Cartagena —978.600

Medellín

▶ **Moneda:** peso colombiano

▶ **Idiomas:** español (oficial); lenguas indígenas,
criollas y gitanas

Bandera de Colombia

Colombianos célebres

▶ **Édgar Negret,** escultor°, pintor (1920–2012)

▶ **Juan Pablo Montoya,** automovilista (1975–)

▶ **Fernando Botero,** pintor, escultor (1932–)

▶ **Shakira,** cantante (1977–)

▶ **Sofía Vergara,** actriz (1972–)

occidental *western* superficie *surface* sin poblar *unpopulated*
escultor *sculptor* dioses *gods* arrojaban *threw* oro *gold*
cacique *chief* llevó *led*

Palacio de
San Francisco, Bogotá

Desfile en Cartagena

Barranquilla

Cartagena

Mar Caribe

PANAMÁ

Sierra Nevada
de Santa Marta

VENEZUELA

Río Magdalena

Medellín

Río Meta

ESTADOS UNIDOS

OCÉANO
ATLÁNTICO

COLOMBIA

OCÉANO
PACÍFICO

AMÉRICA DEL SUR

Cali

Volcán
Nevado
del Huila

Bogotá

Cordillera Occidental de los Andes

Cordillera Central de los Andes

Cordillera Oriental
de los Andes

Océano
Pacífico

Feria de Cali

ECUADOR

PERÚ

recursos

WB
pp. 165–166

VM
pp. 61–62

vhlcentral.com
Lección 13

¡Increíble pero cierto!

En el siglo XVI los exploradores españoles oyeron
la leyenda de El Dorado. Esta leyenda cuenta que
los indios, como parte de un ritual en honor a los
dioses°, arrojaban° oro° a la laguna de Guatavita
y el cacique° se sumergía en sus aguas cubierto
de oro. Aunque esto era cierto, muy pronto la
exageración llevó° al mito de una ciudad de oro.

Laguna de Guatavita

Lugares • El Museo del Oro

El famoso Museo del Oro del Banco de la República fue fundado° en Bogotá en 1939 para preservar las piezas de orfebrería° de la época precolombina. Tiene más de 30.000 piezas de oro y otros materiales; en él se pueden ver joyas°, ornamentos religiosos y figuras que representaban ídolos. El cuidado con el que se hicieron los objetos de oro refleja la creencia° de las tribus indígenas de que el oro era la expresión física de la energía creadora° de los dioses.

Literatura • Gabriel García Márquez (1927–2014)

Gabriel García Márquez, ganador del Premio Nobel de Literatura en 1982, es considerado uno de los escritores más importantes de la literatura universal. García Márquez publicó su primer cuento° en 1947, cuando era estudiante universitario. Su libro más conocido, *Cien años de soledad,* está escrito en el estilo° literario llamado "realismo mágico", un estilo que mezcla° la realidad con lo irreal y lo mítico°.

Historia • Cartagena de Indias

Los españoles fundaron la ciudad de Cartagena de Indias en 1533 y construyeron a su lado la fortaleza° más grande de las Américas, el Castillo de San Felipe de Barajas. En la ciudad de Cartagena se conservan muchos edificios de la época colonial, como iglesias, monasterios, palacios y mansiones. Cartagena es conocida también por el Festival Internacional de Música y su prestigioso Festival Internacional de Cine.

Costumbres • El Carnaval

Durante el Carnaval de Barranquilla, la ciudad vive casi exclusivamente para esta fiesta. Este festival es una fusión de las culturas que han llegado° a las costas caribeñas de Colombia y de sus grupos autóctonos°. El evento más importante es la Batalla° de Flores, un desfile° de carrozas° decoradas con flores. En 2003, la UNESCO declaró este carnaval como Patrimonio de la Humanidad°.

BRASIL

 ¿Qué aprendiste? Contesta cada pregunta con una oración completa.

1. ¿Cuáles son las principales ciudades de Colombia?
2. ¿Qué país de habla hispana tiene más habitantes que Colombia?
3. ¿Quién era Édgar Negret?
4. ¿Cuándo oyeron los españoles la leyenda de El Dorado?
5. ¿Para qué fue fundado el Museo del Oro?
6. ¿Quién ganó el Premio Nobel de Literatura en 1982?
7. ¿Qué construyeron los españoles al lado de la ciudad de Cartagena de Indias?
8. ¿Cuál es el evento más importante del Carnaval de Barranquilla?

 Conexión Internet Investiga estos temas en **vhlcentral.com**.

Practice more at **vhlcentral.com**.

1. Busca información sobre las ciudades más grandes de Colombia. ¿Qué lugares de interés hay en estas ciudades? ¿Qué puede hacer un(a) turista en estas ciudades?

2. Busca información sobre pintores y escultores colombianos como Édgar Negret, Débora Arango o Fernando Botero. ¿Cuáles son algunas de sus obras más conocidas? ¿Cuáles son sus temas?

fundado *founded* **orfebrería** *goldsmithing* **joyas** *jewelry* **creencia** *belief* **creadora** *creative* **cuento** *story* **estilo** *style* **mezcla** *mixes* **mítico** *mythical* **fortaleza** *fortress* **han llegado** *have arrived* **autóctonos** *indigenous* **Batalla** *Battle* **desfile** *parade* **carrozas** *floats* **Patrimonio de la Humanidad** *World Heritage*

Honduras

El país en cifras

▶ **Área:** 112.492 km² (43.870 millas²), *un poco más grande que Tennessee*

▶ **Población:** 8.598.000

Cerca del 90 por ciento de la población de Honduras es mestiza. Todavía hay pequeños grupos indígenas como los jicaque, los misquito y los paya, que han mantenido su cultura sin influencias exteriores y que no hablan español.

▶ **Capital:** Tegucigalpa—1.088.000

Tegucigalpa

▶ **Ciudades principales:** San Pedro Sula, El Progreso, La Ceiba

▶ **Moneda:** lempira

▶ **Idiomas:** español (oficial), lenguas indígenas, inglés

Bandera de Honduras

Hondureños célebres

▶ **José Antonio Velásquez,** pintor (1906–1983)

▶ **Argentina Díaz Lozano,** escritora (1912–1999)

▶ **Carlos Roberto Reina**, juez° y presidente del país (1926–2003)

▶ **Roberto Sosa,** escritor (1930–2011)

▶ **Salvador Moncada,** científico (1944–)

juez *judge* presos *prisoners* madera *wood* hamacas *hammocks*

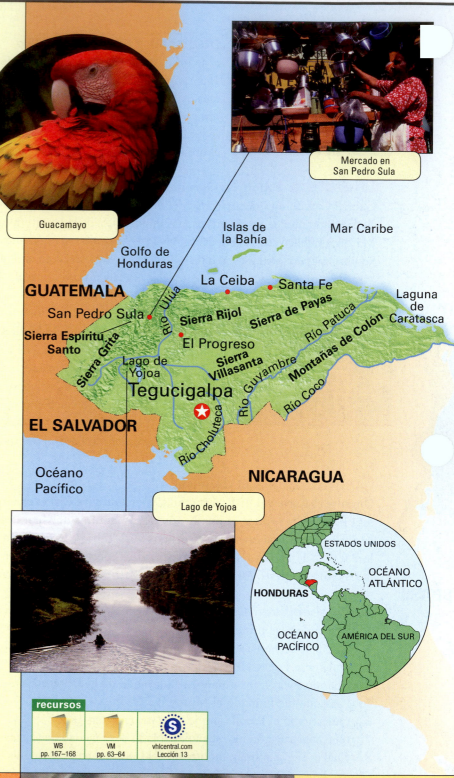

Guacamayo

Mercado en San Pedro Sula

Mar Caribe

Islas de la Bahía

Golfo de Honduras

GUATEMALA

La Ceiba · Santa Fe

San Pedro Sula · Río Ulúa · **Sierra Rijol** **Sierra de Payas**

Laguna de Caratasca

Sierra Espíritu Santo · Sierra Grita · El Progreso · **Sierra Villasanta** · Río Patuca · **Montañas de Colón**

Lago de Yojoa · Río Guvambre

Tegucigalpa

Río Coco

EL SALVADOR

Río Choluteca

Océano Pacífico

NICARAGUA

Lago de Yojoa

ESTADOS UNIDOS

OCÉANO ATLÁNTICO

HONDURAS

OCÉANO PACÍFICO · AMÉRICA DEL SUR

recursos

WB pp. 167–168 | VM pp. 63–64 | vhlcentral.com Lección 13

¡Increíble pero cierto!

¿Irías de compras a una prisión? Hace un tiempo, cuando la Penitenciaría Central de Tegucigalpa aún funcionaba, los presos° hacían objetos de madera°, hamacas° y hasta instrumentos musicales y los vendían en una tienda dentro de la prisión. Allí, los turistas podían regatear con este especial grupo de artesanos.

Lugares • Copán

Copán es una zona arqueológica muy importante de Honduras. Fue construida por los mayas y se calcula que en el año 400 d. C. albergaba° a una ciudad con más de 150 edificios y una gran cantidad de plazas, patios, templos y canchas° para el juego de pelota°. Las ruinas más famosas del lugar son los edificios adornados con esculturas pintadas a mano, los cetros° ceremoniales de piedra y el templo Rosalila.

Economía • Las plantaciones de bananas

Desde hace más de cien años, las bananas son la exportación principal de Honduras y han tenido un papel fundamental en su historia. En 1899, la Standard Fruit Company empezó a exportar bananas del país centroamericano hacia Nueva Orleans. Esta fruta resultó tan popular en los Estados Unidos que generó grandes beneficios° para esta compañía y para la United Fruit Company, otra empresa norteamericana. Estas trasnacionales intervinieron muchas veces en la política hondureña debido° al enorme poder° económico que alcanzaron° en la nación.

Artes • José Antonio Velásquez (1906–1983)

San Antonio de Oriente, 1957,
José Antonio Velásquez

José Antonio Velásquez fue un famoso pintor hondureño. Es catalogado como primitivista° porque sus obras° representan aspectos de la vida cotidiana. En la pintura° de Velásquez es notorio el énfasis en los detalles°, la falta casi total de los juegos de perspectiva y la pureza en el uso del color. Por todo ello, el artista ha sido comparado con importantes pintores europeos del mismo género° como Paul Gauguin o Emil Nolde.

 ¿Qué aprendiste? Contesta cada pregunta con una oración completa.

1. ¿Qué es el lempira?

2. ¿Por qué es famoso Copán?

3. ¿Dónde está el templo Rosalila?

4. ¿Cuál es la exportación principal de Honduras?

5. ¿Qué fue la Standard Fruit Company?

6. ¿Cómo es el estilo de José Antonio Velásquez?

7. ¿Qué temas trataba Velásquez en su pintura?

 Conexión Internet Investiga estos temas en **vhlcentral.com.**

1. ¿Cuáles son algunas de las exportaciones principales de Honduras, además de las bananas? ¿A qué países exporta Honduras sus productos?

2. Busca información sobre Copán u otro sitio arqueológico en Honduras. En tu opinión, ¿cuáles son los aspectos más interesantes del sitio?

 Practice more at **vhlcentral.com.**

albergaba *housed* canchas *courts* juego de pelota *pre-Columbian ceremonial ball game* cetros *scepters* beneficios *profits*
debido a *due to* poder *power* alcanzaron *reached* primitivista *primitivist* obras *works* pintura *painting* detalles *details* género *genre*

La naturaleza

el árbol	tree
el bosque (tropical)	(tropical; rain) forest
el cielo	sky
el cráter	crater
el desierto	desert
la estrella	star
la flor	flower
la hierba	grass
el lago	lake
la luna	moon
la naturaleza	nature
la nube	cloud
la piedra	stone
la planta	plant
el río	river
la selva, la jungla	jungle
el sendero	trail; path
el sol	sun
la tierra	land; soil
el valle	valley
el volcán	volcano

Los animales

el animal	animal
el ave, el pájaro	bird
la ballena	whale
el gato	cat
el mono	monkey
el perro	dog
el pez (sing.), los peces (pl.)	fish
la tortuga (marina)	(sea) turtle
la vaca	cow

El medio ambiente

el calentamiento global	global warming
el cambio climático	climate change
la conservación	conservation
la contaminación (del aire; del agua)	(air; water) pollution
la deforestación	deforestation
la ecología	ecology
el/la ecologista	ecologist
el ecoturismo	ecotourism
la energía (nuclear, solar)	(nuclear, solar) energy
el envase	container
la extinción	extinction
la fábrica	factory
el gobierno	government
la lata	(tin) can
la ley	law
el medio ambiente	environment
el peligro	danger
la (sobre)población	(over)population
el reciclaje	recycling
el recurso natural	natural resource
la solución	solution
cazar	to hunt
conservar	to conserve
contaminar	to pollute
controlar	to control
cuidar	to take care of
dejar de (+ inf.)	to stop (doing something)
desarrollar	to develop
descubrir	to discover
destruir	to destroy
estar afectado/a (por)	to be affected (by)
estar contaminado/a	to be polluted
evitar	to avoid
mejorar	to improve
proteger	to protect
reciclar	to recycle
recoger	to pick up
reducir	to reduce
resolver (o:ue)	to resolve; to solve
respirar	to breathe
de aluminio	(made) of aluminum
de plástico	(made) of plastic
de vidrio	(made) of glass
ecológico/a	ecological
puro/a	pure
renovable	renewable

Las emociones

alegrarse (de)	to be happy
esperar	to hope; to wish
sentir (e:ie)	to be sorry; to regret
temer	to be afraid
es extraño	it's strange
es una lástima	it's a shame
es ridículo	it's ridiculous
es terrible	it's terrible
es triste	it's sad
ojalá (que)	I hope (that); I wish (that)

Las dudas y certezas

(no) creer	(not) to believe
(no) dudar	(not) to doubt
(no) negar (e:ie)	(not) to deny
es imposible	it's impossible
es improbable	it's improbable
es obvio	it's obvious
no cabe duda de	there is no doubt that
no hay duda de	there is no doubt that
(no) es cierto	it's (not) certain
(no) es posible	it's (not) possible
(no) es probable	it's (not) probable
(no) es seguro	it's (not) certain
(no) es verdad	it's (not) true

Conjunciones

a menos que	unless
antes (de) que	before
con tal (de) que	provided (that)
cuando	when
después de que	after
en caso (de) que	in case (that)
en cuanto	as soon as
hasta que	until
para que	so that
sin que	without
tan pronto como	as soon as

Past participles used as adjectives	See page 438.
Expresiones útiles	See page 421.

Vocabulary Tools

recursos

LM
p. 78

vhlcentral.com
Lección 13

En la ciudad

14

Communicative Goals

You will learn how to:

- **Give advice to others**
- **Give and receive directions**
- **Discuss daily errands and city life**

A PRIMERA VISTA

- ¿Viven estas personas en un bosque, un pueblo o una ciudad?
- ¿Dónde están, en una calle o en un sendero?
- ¿Es posible que estén afectadas por la contaminación? ¿Por qué?
- ¿Está limpio o sucio el lugar donde están?

Vocabulary Tools

En la ciudad

Más vocabulario

la frutería	*fruit store*
la heladería	*ice cream shop*
la pastelería	*pastry shop*
la pescadería	*fish market*
la cuadra	*(city) block*
la dirección	*address*
la esquina	*corner*
el estacionamiento	*parking lot*
derecho	*straight (ahead)*
enfrente de	*opposite; facing*
hacia	*toward*
cruzar	*to cross*
doblar	*to turn*
hacer diligencias	*to run errands*
quedar	*to be located*
el cheque (de viajero)	*(traveler's) check*
la cuenta corriente	*checking account*
la cuenta de ahorros	*savings account*
ahorrar	*to save (money)*
cobrar	*to cash (a check)*
depositar	*to deposit*
firmar	*to sign*
llenar (un formulario)	*to fill out (a form)*
pagar a plazos	*to pay in installments*
pagar al contado/ en efectivo	*to pay in cash*
pedir prestado/a	*to borrow*
pedir un préstamo	*to apply for a loan*
ser gratis	*to be free of charge*

Variación léxica

cuadra	⟷	manzana (*Esp.*)
estacionamiento	⟷	aparcamiento (*Esp.*)
doblar	⟷	girar; virar; dar vuelta
hacer diligencias	⟷	hacer mandados

recursos

| WB pp. 169–170 | LM p. 79 | vhlcentral.com Lección 14 |

la peluquería, el salón de belleza

el banco

el supermercado

la panadería

la joyería

el cajero automático

Indica cómo llegar. (indicar)

Está perdida. (estar)

Práctica

1 **Escuchar** Mira el dibujo. Luego escucha las oraciones e indica si lo que dice cada una es **cierto** o **falso**.

	Cierto	Falso		Cierto	Falso
1.	○	○	6.	○	○
2.	○	○	7.	○	○
3.	○	○	8.	○	○
4.	○	○	9.	○	○
5.	○	○	10.	○	○

2 **¿Quién la hizo?** Escucha la conversación entre Telma y Armando. Escribe el nombre de la persona que hizo cada diligencia o una X si nadie la hizo. Una diligencia la hicieron los dos.

1. abrir una cuenta corriente
2. abrir una cuenta de ahorros
3. ir al banco
4. ir a la panadería
5. ir a la peluquería
6. ir al supermercado

3 **Seleccionar** Indica dónde haces estas diligencias.

banco	joyería	pescadería
carnicería	lavandería	salón de belleza
frutería	pastelería	zapatería

1. comprar galletas
2. comprar manzanas
3. lavar la ropa
4. comprar mariscos
5. comprar pollo
6. comprar sandalias

4 **Completar** Completa las oraciones con las palabras más adecuadas.

1. El banco me regaló un reloj. Fue _____.
2. Me gusta _____ dinero, pero no me molesta gastarlo.
3. La cajera me dijo que tenía que _____ el cheque en el dorso (*on the back*) para cobrarlo.
4. Para pagar con un cheque, necesito tener dinero en mi _____.
5. Mi madre va a un _____ para obtener dinero en efectivo cuando el banco está cerrado.
6. Cada viernes, Julio lleva su cheque al banco y lo _____ para tener dinero en efectivo.
7. Ana _____ su cheque en su cuenta de ahorros.
8. Cuando viajas, es buena idea llevar cheques _____.

Manda/Envía un paquete. (mandar, enviar)

la estampilla, el sello

Hacen cola. (hacer)

SELLOS

el cartero

el correo

Echa una carta al buzón. (echar)

el sobre

En el correo

5

Conversación Completa la conversación entre Juanita y el cartero con las palabras más adecuadas.

CARTERO Buenas tardes, ¿es usted la señorita Ramírez? Le traigo un (1) _____.

JUANITA Sí, soy yo. ¿Quién lo envía?

CARTERO La señora Brito. Y también tiene dos (2) _____.

JUANITA Ay, pero ¡ninguna es de mi novio! ¿No llegó nada de Manuel Fuentes?

CARTERO Sí, pero él echó la carta al (3) _____ sin poner un (4) _____ en el sobre.

JUANITA Entonces, ¿qué recomienda usted que haga?

CARTERO Sugiero que vaya al (5) _____. Con tal de que pague el costo del sello, se le puede dar la carta sin ningún problema.

JUANITA Uy, otra diligencia, y no tengo mucho tiempo esta tarde para (6) _____ cola en el correo, pero voy enseguida. ¡Ojalá que sea una carta de amor!

6

En el banco Tú eres un(a) empleado/a de banco y tu compañero/a es un(a) estudiante universitario/a que necesita abrir una cuenta corriente. En parejas, hagan una lista de las palabras que pueden necesitar para la conversación. Después lean estas situaciones y modifiquen su lista original según la situación.

- una pareja de recién casados quiere pedir un préstamo para comprar una casa
- una persona quiere información de los servicios que ofrece el banco
- un(a) estudiante va a estudiar al extranjero (*abroad*) y quiere saber qué tiene que hacer para llevar su dinero de una forma segura
- una persona acaba de ganar 50 millones de dólares en la lotería y quiere saber cómo invertirlos (*invest them*)

Ahora, escojan una de las cuatro situaciones y represéntenla para la clase.

Comunicación

7

Diligencias En parejas, decidan quién va a hacer cada diligencia y cuál es la manera más rápida de llegar a los diferentes lugares desde el campus.

AYUDA

Note these different meanings:

quedar *to be located; to be left over; to fit*

quedarse *to stay, to remain*

> **modelo**
>
> cobrar unos cheques
>
> **Estudiante 1:** *Yo voy a cobrar unos cheques. ¿Cómo llego al banco?*
>
> **Estudiante 2:** *Conduce hacia el norte hasta cruzar la calle Oak.*
>
> *El banco queda en la esquina a la izquierda.*

1. enviar un paquete
2. comprar botas nuevas
3. comprar un pastel de cumpleaños
4. lavar unas camisas
5. comprar helado
6. cortarse (*to cut*) el pelo

8

El Hatillo Trabajen en parejas para representar los papeles de un(a) turista que está perdido/a en El Hatillo y de un(a) residente de la ciudad que quiere ayudarlo/la.

NOTA CULTURAL

El Hatillo es un municipio del área metropolitana de Caracas. Forma parte del Patrimonio Cultural de Venezuela y es muy popular por su arquitectura pintoresca, sus restaurantes y sus tiendas de artesanía.

> **modelo**
>
> Plaza Sucre, café Primavera
>
> **Estudiante 1:** *Perdón, ¿por dónde queda la Plaza Sucre?*
>
> **Estudiante 2:** *Del café Primavera, camine derecho por la calle Sucre*
>
> *hasta cruzar la calle Comercio…*

1. Plaza Bolívar, farmacia
2. Casa de la Cultura, Plaza Sucre
3. banco, terminal
4. estacionamiento (este), escuela
5. Plaza Sucre, estacionamiento (oeste)
6. joyería, banco
7. farmacia, joyería
8. zapatería, iglesia

9

Cómo llegar En grupos, escriban un minidrama en el que unos/as turistas están preguntando cómo llegar a diferentes sitios de la comunidad en la que ustedes viven.

Corriendo por la ciudad

Maru necesita entregar unos documentos en el Museo de Antropología.

PERSONAJES   **MARU**   **MIGUEL**

 Video: *Fotonovela*

MARU Miguel, ¿estás seguro de que tu coche está estacionado en la calle de Independencia? Estoy en la esquina de Zaragoza y Francisco Sosa. OK. Estoy enfrente del salón de belleza.

MIGUEL Dobla a la avenida Hidalgo. Luego cruza la calle Independencia y dobla a la derecha. El coche está enfrente de la pastelería.

MARU ¡Ahí está! Gracias, cariño. Hablaremos luego.

MARU Vamos, arranca. Pensé que podías aguantar unos kilómetros más. Necesito un coche que funcione bien. (*en el teléfono*) Miguel, tu coche está descompuesto. Voy a pasar al banco porque necesito dinero, y luego me iré en taxi al museo.

MARU Hola, Moni. Lo siento, tengo que ir a entregar un paquete y todavía tengo que ir a un cajero.

MÓNICA ¡Uf! Y la cola está súper larga.

MARU ¿Me puedes prestar algo de dinero?

MÓNICA Déjame ver cuánto tengo. Estoy haciendo diligencias, y me gasté casi todo el efectivo en la carnicería y en la panadería y en la frutería.

MÓNICA ¿Estás bien? Te ves pálida. Sentémonos un minuto.

MARU ¡No tengo tiempo! Tengo que llegar al Museo de Antropología. Necesito entregar...

MÓNICA ¡Ah, sí, tu proyecto!

MÓNICA

MÓNICA ¿Puedes mandarlo por correo? El correo está muy cerca de aquí.

MARU El plazo para mandarlo por correo se venció la semana pasada. Tengo que entregarlo personalmente.

MARU ¿Me podrías prestar tu coche?

MÓNICA Estás muy nerviosa para manejar con este tráfico. Te acompaño. ¡No!, mejor, yo te llevo. Mi coche está en el estacionamiento de la calle Constitución.

MARU En esta esquina dobla a la derecha. En el semáforo, a la izquierda y sigue derecho.

MÓNICA Hay demasiado tráfico. No sé si podemos...

MARU Hola, Miguel. No, no hubo más problemas. Lo entregué justo a tiempo. Nos vemos más tarde. (*a Mónica*) ¡Vamos a celebrar!

recursos

VM
pp. 27–28

vhlcentral.com
Lección 14

Expresiones útiles

Getting/giving directions

Estoy en la esquina de Zaragoza y Francisco Sosa.
I'm at the corner of Zaragoza and Francisco Sosa.
Dobla a la avenida Hidalgo.
Turn on Hidalgo Avenue.
Luego cruza la calle Independencia y dobla a la derecha.
Then cross Independencia Street and turn right.
El coche está enfrente de la pastelería.
The car is in front of the bakery.
En el semáforo, a la izquierda y sigue derecho.
Left at the light, then straight ahead.

Talking about errands

Voy a pasar al banco porque necesito dinero.
I'm going to the bank because I need money.
No tengo tiempo.
I don't have time.
Estoy haciendo diligencias, y me gasté casi todo el efectivo.
I'm running errands, and I spent most of my cash.

Asking for a favor

¿Me puedes prestar algo de dinero?
Could you lend me some money?
¿Me podrías prestar tu coche?
Could I borrow your car?

Talking about deadlines

Tengo que entregar mi proyecto.
I have to turn in my project.
El plazo para mandarlo por correo se venció la semana pasada.
The deadline to mail it in passed last week.

Additional vocabulary

acompañar *to accompany*
aguantar *to endure, to hold up*
ándale *come on*
pálido/a *pale*
¿Qué onda? *What's up?*

¿Qué pasó?

1 ¿Cierto o falso? Decide si lo que dicen estas oraciones es **cierto** o **falso**. Corrige las oraciones falsas.

	Cierto	Falso
1. Miguel dice que su coche está estacionado enfrente de la carnicería.	○	○
2. Maru necesita pasar al banco porque necesita dinero.	○	○
3. Mónica gastó el efectivo en la joyería y el supermercado.	○	○
4. Maru puede mandar el paquete por correo.	○	○

2 **Ordenar** Pon los sucesos de la **Fotonovela** en el orden correcto.

a. Maru le pide dinero prestado a Mónica. _____

b. Maru entregó el paquete justo a tiempo (*just in time*). _____

c. Mónica dice que hay una cola súper larga en el banco. _____

d. Mónica lleva a Maru en su coche. _____

e. Maru dice que se irá en taxi al museo. _____

f. Maru le dice a Mónica que doble a la derecha en la esquina. _____

3 **Otras diligencias** En parejas, hagan una lista de las diligencias que Miguel, Maru y Mónica necesitan hacer para completar estas actividades.

1. enviar un paquete por correo
2. pedir una beca (*scholarship*)
3. visitar una nueva ciudad
4. abrir una cuenta corriente
5. celebrar el cumpleaños de Mónica
6. comprar una nueva computadora portátil

MARU

MIGUEL

MÓNICA

4 **Conversación** Un(a) compañero/a y tú son vecinos/as. Uno/a de ustedes acaba de mudarse y necesita ayuda porque no conoce la ciudad. Los/Las dos tienen que hacer algunas diligencias y deciden hacerlas juntos/as. Preparen una conversación breve incluyendo planes para ir a estos lugares.

> **modelo**
>
> **Estudiante 1:** Necesito lavar mi ropa. ¿Sabes dónde queda una lavandería?
> **Estudiante 2:** Sí. Aquí a dos cuadras hay una. También tengo que lavar mi ropa. ¿Qué te parece si vamos juntos?

▶ un banco

▶ una lavandería

▶ un supermercado

▶ una heladería

▶ una panadería

 Practice more at **vhlcentral.com.**

Ortografía **Audio**

Las abreviaturas

In Spanish, as in English, abbreviations are often used in order to save space and time while writing. Here are some of the most commonly used abbreviations in Spanish.

---

usted ⟶ **Ud.**   ustedes ⟶ **Uds.**

As you have already learned, the subject pronouns **usted** and **ustedes** are often abbreviated

---

don ⟶ **D.**   doña ⟶ **Dña.**   doctor(a) ⟶ **Dr(a).**

señor ⟶ **Sr.**   señora ⟶ **Sra.**   señorita ⟶ **Srta.**

These titles are frequently abbreviated.

---

centímetro ⟶ **cm**   metro ⟶ **m**   kilómetro ⟶ **km**

litro ⟶ **l**   gramo ⟶ **g**   kilogramo ⟶ **kg**

The abbreviations for these units of measurement are often used, but without periods.

---

por ejemplo ⟶ **p. ej.**   página(s) ⟶ **pág(s).**

These abbreviations are often seen in books.

---

derecha ⟶ **dcha.**   izquierda ⟶ **izq., izqda.**

código postal ⟶ **C.P.**   número ⟶ **n.°**

These abbreviations are often used in mailing addresses.

Sra. Emilia F. Bazán
Cía. Romero, S.A.
3336
Calle Lozano, n.° 37
Caracas, Venezuela

Banco ⟶ **Bco.**   Compañía ⟶ **Cía.**

cuenta corriente ⟶ **c/c.** Sociedad Anónima (*Inc.*) ⟶ **S.A.**

These abbreviations are frequently used in the business world.

Práctica Escribe otra vez esta información usando las abreviaturas adecuadas.

1. doña María
2. señora Pérez
3. Compañía Mexicana de Inversiones
4. usted
5. Banco de Santander
6. doctor Medina
7. Código Postal 03697
8. cuenta corriente número 20-453

Emparejar En la tabla hay nueve abreviaturas. Empareja los cuadros necesarios para formarlas.

S.	c.	C.	c	co.	U
B	c/	Sr	A.	D	dc
ta.	P.	ña.	ha.	m	d.

recursos

LM
p. 80

vhlcentral.com
Lección 14

Video: *Flash cultura*

Paseando en metro

Hoy es el primer día de Teresa en la Ciudad de México. Debe tomar el metro para ir del centro de la ciudad a Coyoacán, en el sur. Llega a la estación Zócalo y compra un pasaje por el equivalente a treinta y nueve centavos° de dólar, ¡qué ganga! Con este pasaje puede ir a cualquier° parte de la ciudad o del área metropolitana.

No sólo en México, sino también en ciudades de Venezuela, Chile, Argentina y España, hay sistemas de transporte público eficientes y

muy económicos. También suele haber° varios tipos de transporte: autobús, metro, tranvía°, microbús y tren. Generalmente se pueden comprar abonos° de uno o varios días para un determinado tipo de transporte. En algunas ciudades también existen abonos de transporte combinados que permiten usar, por ejemplo, el metro y el autobús o el autobús y el tren. En estas ciudades, los metros, autobuses y trenes pasan con mucha frecuencia. Las paradas° y estaciones están bien señalizadas°.

Vaya°, Teresa ya está llegando a Coyoacán. Con lo que ahorró en el pasaje del metro, puede comprarse un helado de mango y unos esquites° en el jardín Centenario.

El metro

El primer metro de Suramérica que se abrió al público fue el de Buenos Aires, Argentina (1913); el último, el de Lima, Perú (2011).

Ciudad	Pasajeros/Día (aprox.)
México D.F., México	5.200.000
Madrid, España	2.500.000
Santiago, Chile	2.400.000
Caracas, Venezuela	1.800.000
Buenos Aires, Argentina	1.000.000
Medellín, Colombia	770.000
Guadalajara, México	206.000

centavos *cents* cualquier *any* suele haber *there usually are* tranvía *streetcar* abonos *passes* paradas *stops* señalizadas *labeled* Vaya *Well* esquites *toasted corn kernels*

1 **¿Cierto o falso?** Indica si lo que dice cada oración es cierto o falso. Corrige la información falsa.

1. En la Ciudad de México, el pasaje de metro cuesta 39 dólares.
2. En México, un pasaje se puede usar sólo para ir al centro de la ciudad.
3. En Chile hay varios tipos de transporte público.
4. En ningún caso los abonos de transporte sirven para más de un tipo de transporte.
5. Los trenes, autobuses y metros pasan con mucha frecuencia.
6. Hay pocos letreros en las paradas y estaciones.
7. Los servicios de metro de México y España son los que mayor cantidad de viajeros transporta cada día.
8. La ciudad de Buenos Aires tiene el sistema de metro más viejo de Latinoamérica.
9. El metro que lleva menos tiempo en servicio es el de la ciudad de Medellín, Colombia.

En la ciudad

el parqueadero (Col., Pan.) el parqueo (Bol., Cuba, Amér. C.)	el estacionamiento
dar un aventón (Méx.); dar botella (Cuba)	*to give (someone) a ride*
el subterráneo, el subte (Arg.)	el metro

Apodos de ciudades

Así como Nueva York es la Gran Manzana, muchas ciudades hispanas tienen un apodo°.

- **La tacita de plata**° A Cádiz, España, se le llama así por sus edificios blancos de estilo árabe.

- **Ciudad de la eterna primavera** Arica, Chile; Cuernavaca, México, y Medellín, Colombia, llevan este sobrenombre por su clima templado° durante todo el año.

- **La docta**° Así se conoce a la ciudad argentina de Córdoba por su gran tradición universitaria.

- **La ciudad de los reyes** Así se conoce Lima, Perú, porque fue la capital del Virreinato° del Perú y allí vivían los virreyes°.

- **La arenosa** Barranquilla, Colombia, se le llama así por sus orillas del río cubiertas° de arena.

apodo *nickname* plata *silver* templado *mild* docta *erudite* Virreinato *Viceroyalty* virreyes *viceroys* cubiertas *covered*

Luis Barragán: arquitectura y emoción

Para el arquitecto mexicano **Luis Barragán** (1902–1988) los sentimientos° y emociones que despiertan sus diseños eran muy importantes. Afirmaba° que la arquitectura tiene una dimensión espiritual. Para él, era belleza, inspiración, magia°, serenidad, misterio, silencio, privacidad, asombro°...

Las obras de Barragán muestran un suave° equilibrio entre la naturaleza y la creación humana. Su estilo también combina la arquitectura tradicional mexicana con conceptos modernos. Una característica de sus casas son las paredes

Casa Barragán, Ciudad de México, 1947-1948

envolventes° de diferentes colores con muy pocas ventanas.

En 1980, Barragán obtuvo° el Premio Pritzker, algo así como el Premio Nobel de Arquitectura. Está claro que este artista logró° que sus casas transmitieran sentimientos especiales.

sentimientos *feelings* Afirmaba *He stated* magia *magic* asombro *amazement* suave *smooth* envolventes *enveloping* obtuvo *received* logró *managed*

Conexión Internet

¿Qué otros arquitectos combinan las construcciones con la naturaleza?

Go to **vhlcentral.com** to find more cultural information related to this **Cultura** section.

2 **Comprensión** Contesta las preguntas.

1. ¿En qué país estás si te dicen "Dame botella al parqueo"?
2. ¿Qué ciudades tienen clima templado todo el año?
3. ¿Qué es más importante en los diseños de Barragán: la naturaleza o la creación humana?
4. ¿Qué premio obtuvo Barragán y cuándo?

3 **¿Qué ciudad te gusta?** Escribe un párrafo breve sobre el sentimiento que despiertan las construcciones que hay en una ciudad o un pueblo que te guste mucho. Explica cómo es y cómo te sientes cuando estás allí. Inventa un apodo para este lugar.

 Practice more at **vhlcentral.com**.

recursos

| VM pp. 99–100 | vhlcentral.com Lección 14 |

14.1 The subjunctive in adjective clauses

Tutorial

ANTE TODO In **Lección 13**, you learned that the subjunctive is used in adverbial clauses after certain conjunctions. You will now learn how the subjunctive can be used in adjective clauses to express that the existence of someone or something is uncertain or indefinite.

¿Conoces una joyería que esté cerca?

No, no conozco ninguna joyería que esté cerca de aquí.

▶ The subjunctive is used in an adjective (or subordinate) clause that refers to a person, place, thing, or idea that either does not exist or whose existence is uncertain or indefinite. In the examples below, compare the differences in meaning between the statements using the indicative and those using the subjunctive.

Indicative	**Subjunctive**
Necesito **el libro** que **tiene** información sobre Venezuela. *I need **the book** that has information about Venezuela.*	Necesito **un libro** que **tenga** información sobre Venezuela. *I need **a book** that has information about Venezuela.*
Quiero vivir en **esta casa** que **tiene** jardín. *I want to live in **this house** that has a garden.*	Quiero vivir en **una casa** que **tenga** jardín. *I want to live in **a house** that has a garden.*
En mi barrio, hay **una heladería** que **vende** helado de mango. *In my neighborhood, **there's an ice cream shop** that sells mango ice cream.*	En mi barrio no hay **ninguna heladería** que **venda** helado de mango. *In my neighborhood, **there is no ice cream shop** that sells mango ice cream.*

▶ When the adjective clause refers to a person, place, thing, or idea that is clearly known, certain, or definite, the indicative is used.

Quiero ir **al supermercado** que **vende** productos venezolanos.
I want to go to the supermarket that sells Venezuelan products.

Busco **al profesor** que **enseña** japonés.
I'm looking for the professor who teaches Japanese.

Conozco **a alguien** que **va** a esa peluquería.
I know someone who goes to that beauty salon.

Tengo **un amigo** que **vive** cerca de mi casa.
I have a friend who lives near my house.

▶ The personal **a** is not used with direct objects that are hypothetical people. However, as you learned in **Lección 7**, **alguien** and **nadie** are always preceded by the personal **a** when they function as direct objects.

Necesitamos **un empleado** que **sepa** usar computadoras. *We need an employee who knows how to use computers.*	Necesitamos **al empleado** que **sabe** usar computadoras. *We need the employee who knows how to use computers.*
Buscamos **a alguien** que **pueda** cocinar. *We're looking for someone who can cook.*	No conocemos **a nadie** que **pueda** cocinar. *We don't know anyone who can cook.*

▶ The subjunctive is commonly used in questions with adjective clauses when the speaker is trying to find out information about which he or she is uncertain. However, if the person who responds to the question knows the information, the indicative is used.

—¿Hay un parque que **esté** cerca de nuestro hotel? *Is there a park that's near our hotel?*	—Sí, hay un parque que **está** muy cerca del hotel. *Yes, there's a park that's very near the hotel.*

▶ **¡Atención!** Here are some verbs that are commonly followed by adjective clauses in the subjunctive:

Verbs commonly used with subjunctive

buscar	haber
conocer	necesitar
encontrar	querer

SECCIÓN AMARILLA

Busque cualquier información que necesite.

recursos

WB pp. 171–172

LM p. 81

vhlcentral.com Lección 14

¡INTÉNTALO! Escoge entre el subjuntivo y el indicativo para completar cada oración.

1. Necesito una persona que ___*pueda*___ (puede/pueda) cantar bien.
2. Buscamos a alguien que _____ (tiene/tenga) paciencia.
3. ¿Hay restaurantes aquí que _____ (sirven/sirvan) comida japonesa?
4. Tengo una amiga que _____ (saca/saque) fotografías muy bonitas.
5. Hay una carnicería que _____ (está/esté) cerca de aquí.
6. No vemos ningún apartamento que nos _____ (interesa/interese).
7. Conozco a un estudiante que _____ (come/coma) hamburguesas todos los días.
8. ¿Hay alguien que _____ (dice/diga) la verdad?

Práctica

1

Completar Completa estas oraciones con la forma correcta del indicativo o del subjuntivo de los verbos entre paréntesis.

1. Buscamos un hotel que _____ (tener) piscina.
2. ¿Sabe usted dónde _____ (quedar) el Correo Central?
3. ¿Hay algún buzón por aquí donde yo _____ (poder) echar una carta?
4. Ana quiere ir a la carnicería que _____ (estar) en la avenida Lecuna.
5. Encontramos un restaurante que _____ (servir) comida típica venezolana.
6. ¿Conoces a alguien que _____ (saber) mandar un *fax* por computadora?
7. Llamas al empleado que _____ (entender) este nuevo programa de computación.
8. No hay nada en este mundo que _____ (ser) gratis.

2

Oraciones Marta está haciendo diligencias en Caracas con una amiga. Forma oraciones con estos elementos, usando el presente de indicativo o de subjuntivo. Haz los cambios que sean necesarios.

1. yo / conocer / un / panadería / que / vender / pan / cubano

2. ¿hay / alguien / que / saber / dirección / de / un / buen / carnicería?

3. yo / querer / comprarle / mi / hija / un / zapatos / que / gustar

4. ella / no / encontrar / nada / que / gustar / en / ese / zapatería

5. ¿tener / dependientas / algo / que / ser / más / barato?

6. ¿conocer / tú / alguno / banco / que / ofrecer / cuentas / corrientes / gratis?

7. nosotras / no / conocer / nadie / que / hacer / tanto / diligencias / como / nosotras

8. nosotras / necesitar / un / línea / de / metro / que / nos / llevar / a / casa ◀

3

Anuncios clasificados En parejas, lean estos anuncios y luego describan el tipo de persona u objeto que se busca.

CLASIFICADOS

VENDEDOR(A) Se necesita persona dinámica y responsable con buena presencia. Experiencia mínima de un año. Horario de trabajo flexible. Llamar a Joyería Aurora de 10 a 13h y de 16 a 18h. Tel: 263-7553

PELUQUERÍA UNISEX Se busca persona con experiencia en peluquería y maquillaje para trabajar tiempo completo. Llamar de 9 a 13: 30h. Tel: 261-3548

COMPARTIR APARTAMENTO Se necesita compañera para compartir apartamento de 2 dormitorios en el Chaco. Alquiler $500 por mes. No fumar. Llamar al 951-3642 entre 19 y 22h.

CLASES DE INGLÉS Profesor de Inglaterra con diez años de experiencia ofrece clases para grupos o instrucción privada para individuos. Llamar al 933-4110 de 16:30 a 18:30.

SE BUSCA CONDOMINIO Se busca condominio en Sabana Grande con 3 dormitorios, 2 baños, sala, comedor y aire acondicionado. Tel: 977-2018.

EJECUTIVO DE CUENTAS Se requiere joven profesional con al menos dos años de experiencia en el sector financiero. Se ofrecen beneficios excelentes. Enviar currículum vitae al Banco Unión, Avda. Urdaneta 263, Caracas.

Comunicación

4

Subjuntivo Completa estas frases de una manera lógica. Luego, con un(a) compañero/a, túrnense para comparar sus respuestas.

> **modelo**
>
> **Estudiante 1:** Tengo una novia que sabe bailar tango. ¿Y tú?
> **Estudiante 2:** Yo tengo un novio que habla alemán.

1. Deseo un trabajo (*job*) que...
2. Algún día espero tener un apartamento/una casa que...
3. Mis padres buscan un carro que..., pero yo quiero un carro que...
4. Tengo un(a) novio/a que...
5. Un(a) consejero/a (*advisor*) debe ser una persona que...
6. Me gustaría (*I would like*) conocer a alguien que...
7. En esta clase no hay nadie que...
8. No tengo ningún profesor que...

5

Encuesta Tu profesor(a) va a darte una hoja de actividades. Circula por la clase y pregúntales a tus compañeros/as si conocen a alguien que haga cada actividad de la lista. Si responden que sí, pregúntales quién es y anota sus respuestas. Luego informa a la clase de los resultados de tu encuesta.

6

¿Compatibles? Vas a mudarte a un apartamento con dos dormitorios. Como no quieres pagar el alquiler tú solo/a, estás buscando a un(a) compañero/a para que viva contigo. Escribe un anuncio buscando a alguien con cuatro características que consideres importantes y pégalo en la pared de la clase. Puedes usar algunas de estas opciones u otras en tu anuncio y no olvides usar el subjuntivo.

- cocinar
- escuchar hip-hop
- estar informado/a
- gustarle la política/el arte/los deportes
- llevarse bien con los animales
- ser vegetariano/a / limpio/a / optimista
- tener paciencia

> **modelo**
>
> Busco a alguien a quien no le guste el fútbol, que sea vegetariano, juegue videojuegos y le fascine la ciencia ficción.

Luego lee los anuncios de tus compañeros/as. ¿Con quién(es) podrías compartir tu apartamento? Busca tres candidatos/as y entrevístalos/las en dos minutos. Túrnate para entrevistar y ser entrevistado. ¿Encontraste a la persona ideal para que viva contigo?

Síntesis

7

Busca los cuatro Tu profesor(a) te va a dar una hoja con ocho anuncios clasificados y a tu compañero/a otra hoja con ocho anuncios distintos a los tuyos. Háganse preguntas para encontrar los cuatro anuncios de cada hoja que tienen su respuesta en la otra.

 Practice more at **vhlcentral.com**.

14.2 Nosotros/as commands Tutorial

ANTE TODO You have already learned familiar (**tú**) commands and formal (**usted/ustedes**) commands. You will now learn **nosotros/as** commands, which are used to give orders or suggestions that include yourself and other people.

▶ **Nosotros/as** commands correspond to the English *Let's*.

Nosotros/as commands

Infinitive	Nosotros/as form of present subjunctive	Nosotros/as command
cruzar	crucemos	**(no) crucemos**
comer	comamos	**(no) comamos**
escribir	escribamos	**(no) escribamos**
pedir	pidamos	**(no) pidamos**
salir	salgamos	**(no) salgamos**
volver	volvamos	**(no) volvamos**

▶ As the chart shows, both affirmative and negative **nosotros/as** commands are generally formed by using the first-person plural form of the present subjunctive.

Crucemos la calle.
Let's cross the street.

No crucemos la calle.
Let's not cross the street.

▶ The affirmative *Let's* + [*verb*] command may also be expressed with **vamos a** + [*infinitive*]. Remember, however, that **vamos a** + [*infinitive*] can also mean *we are going to (do something)*. Context and tone of voice determine which meaning is being expressed.

Vamos a cruzar la calle.
Let's cross the street.

Vamos a trabajar mucho.
We're going to work a lot.

▶ To express *Let's go*, the present indicative form of **ir** (**vamos**) is used, not the subjunctive. For the negative command, however, the subjunctive is used.

Vamos a la pescadería.
Let's go to the fish market.

No **vayamos** a la pescadería.
Let's not go to the fish market.

CONSULTA

Remember that stem-changing –**ir** verbs have an additional stem change in the **nosotros/as** and **vosotros/as** forms of the present subjunctive. To review these forms, see **Estructura 12.3**, p. 395.

Pensemos, ¿adónde fuiste hoy?

¡Eso es! ¡El carro de Miguel! Vamos.

▶ Object pronouns are always attached to affirmative **nosotros/as** commands. A written accent is added to maintain the original stress.

Firmemos el cheque. ──────▶ **Firmémoslo.**
Let's sign the check.   *Let's sign it.*

Escribamos a Ana y Raúl. ──────▶ **Escribámosles.**
Let's write Ana and Raúl.   *Let's write them.*

▶ Object pronouns are placed in front of negative **nosotros/as** commands.

No **les paguemos** el préstamo.   No **se lo digamos** a ellos.
Let's not pay them the loan.   *Let's not tell them.*

No **lo compremos.**   No **se la presentemos.**
Let's not buy it.   *Let's not introduce her to him.*

▶ When **nos** or **se** is attached to an affirmative **nosotros/as** command, the final **–s** is dropped from the verb ending.

Sentémonos allí.   **Démoselo** a ella.
Let's sit there.   *Let's give it to her.*

▶ The **nosotros/as** command form of **irse** is **vámonos**. Its negative form is **no nos vayamos**.

¡Vámonos de vacaciones!   **No nos vayamos** de aquí.
Let's go away on vacation!   *Let's not go away from here.*

¡Hagamos un viaje!
¡Pidamos un préstamo!
¡Compremos un caballo!

BANCOSUR. LLÁMANOS.

¡INTÉNTALO! Indica los mandatos afirmativos y negativos de la primera persona del plural (**nosotros/as**) de estos verbos.

1. estudiar *estudiemos, no estudiemos*
2. cenar _____
3. leer _____
4. decidir _____
5. decir _____
6. cerrar _____

7. levantarse _____
8. irse _____
9. depositar _____
10. quedarse _____
11. pedir _____
12. vestirse _____

Práctica

1 **Completar** Completa esta conversación con mandatos de **nosotros/as.** Luego, representa la conversación con un(a) compañero/a.

MARÍA Sergio, ¿quieres hacer diligencias ahora o por la tarde?

SERGIO No (1)_____ (dejarlas) para más tarde. (2)_____ (Hacerlas) ahora. ¿Qué tenemos que hacer?

MARÍA Necesito comprar sellos.

SERGIO Yo también. (3)_____ (Ir) al correo.

MARÍA Pues, antes de ir al correo, necesito sacar dinero de mi cuenta corriente.

SERGIO Bueno, (4)_____ (buscar) un cajero automático.

MARÍA ¿Tienes hambre?

SERGIO Sí. (5)_____ (Cruzar) la calle y (6)_____ (entrar) en ese café.

MARÍA Buena idea.

SERGIO ¿Nos sentamos aquí?

MARÍA No, no (7)_____ (sentarse) aquí; (8)_____ (sentarse) enfrente de la ventana.

SERGIO ¿Qué pedimos?

MARÍA (9)_____ (Pedir) café y pan dulce.

2 **Responder** Responde a cada mandato de **nosotros/as** según las indicaciones entre paréntesis. Sustituye los sustantivos por los objetos directos e indirectos.

> **modelo**
>
> Vamos a vender el carro.
>
> *Sí, vendámoslo./No, no lo vendamos.*

1. Vamos a levantarnos a las seis. (sí)

2. Vamos a enviar los paquetes. (no)

3. Vamos a depositar el cheque. (sí)

4. Vamos al supermercado. (no)

5. Vamos a mandar esta postal a nuestros amigos. (no)

6. Vamos a limpiar la habitación. (sí)

7. Vamos a mirar la televisión. (no)

8. Vamos a bailar. (sí)

9. Vamos a pintar la sala. (no)

10. Vamos a comprar estampillas. (sí)

Comunicación

3

Preguntar Tú y tu compañero/a están de vacaciones en Caracas y se hacen sugerencias para resolver las situaciones que se presentan. Inventen mandatos afirmativos o negativos de **nosotros/as.**

 modelo

Se nos olvidaron las tarjetas de crédito.

Paguemos en efectivo./No compremos más regalos.

A

1. El museo está a sólo una cuadra de aquí.
2. Tenemos hambre.
3. Hay una cola larga en el cine.

B

1. Tenemos muchos cheques de viajero.
2. Tenemos prisa para llegar al cine.
3. Estamos cansados y queremos dormir.

4

Decisiones Trabajen en grupos pequeños. Ustedes están en Caracas por dos días. Lean esta página de una guía turística sobre la ciudad y decidan qué van a hacer hoy por la mañana, por la tarde y por la noche. Hagan oraciones con mandatos afirmativos o negativos de **nosotros/as.**

 modelo

Visitemos el Museo de Arte Contemporáneo de Caracas esta tarde. Quiero ver las esculturas de Jesús Rafael Soto.

GUÍA DE Caracas

MUSEOS

- **Museo de Arte Colonial** Avenida Panteón
- **Museo de Arte Contemporáneo de Caracas** Parque Central. Esculturas de Jesús Rafael Soto y pinturas de Miró, Chagall y Picasso.
- **Galería de Arte Nacional** Parque Central. Colección de más de 4.000 obras de arte venezolano.

SITIOS DE INTERÉS

- **Plaza Bolívar**
- **Jardín Botánico** Avenida Interna UCV. De 8:00 a 5:00.
- **Parque del Este** Avenida Francisco de Miranda. Parque más grande de la ciudad con terrario.
- **Casa Natal de Simón Bolívar** Esquina de Sociedad de la avenida Universitaria. Casa colonial donde nació El Libertador.

RESTAURANTES

- **El Barquero** Avenida Luis Roche
- **Restaurante El Coyuco** Avenida Urdaneta
- **Restaurante Sorrento** Avenida Francisco Solano
- **Café Tonino** Avenida Andrés Bello

Síntesis

5

Situación Tú y un(a) compañero/a viven juntos/as en un apartamento y tienen problemas económicos. Describan los problemas y sugieran algunas soluciones. Hagan oraciones con mandatos afirmativos o negativos de **nosotros/as.**

 modelo

Hagamos un presupuesto (budget). No gastemos tanto dinero.

14.3 The future Tutorial

 ANTE TODO You have already learned ways of expressing the near future in Spanish. You will now learn how to form and use the future tense. Compare the different ways of expressing the future in Spanish and English.

Present indicative	Present subjunctive
Voy al cine mañana.	Ojalá **vaya al cine** mañana.
I'm going to the movies tomorrow.	*I hope I go to the movies tomorrow.*

ir a + [*infinitive*]	Future
Voy a ir al cine.	**Iré** al cine.
I'm going to go to the movies.	*I will go to the movies.*

CONSULTA

To review **ir a** + [*infinitive*], see **Estructura 4.1**, p. 118.

▶ In Spanish, the future is a simple tense that consists of one word, whereas in English it is made up of the auxiliary verb *will* or *shall,* and the main verb.

Future tense

		estudiar	aprender	recibir
SINGULAR FORMS	yo	estudiar**é**	aprender**é**	recibir**é**
	tú	estudiar**ás**	aprender**ás**	recibir**ás**
	Ud./él/ella	estudiar**á**	aprender**á**	recibir**á**
PLURAL FORMS	nosotros/as	estudiar**emos**	aprender**emos**	recibir**emos**
	vosotros/as	estudiar**éis**	aprender**éis**	recibir**éis**
	Uds./ellos/ellas	estudiar**án**	aprender**án**	recibir**án**

¡ATENCIÓN!

Note that **-ar, -er,** and **-ir** verbs all have the same endings in the future tense.

▶ **¡Atención!** Note that all of the future endings have a written accent except the **nosotros/as** form.

¿Cuándo **recibirás** la carta?   Mañana **aprenderemos** más.
When will you receive the letter?   *Tomorrow we will learn more.*

▶ The future endings are the same for regular and irregular verbs. For regular verbs, simply add the endings to the infinitive. For irregular verbs, add the endings to the irregular stem.

Irregular verbs in the future

INFINITIVE	STEM	FUTURE FORMS
decir	dir-	dir**é**
hacer	har-	har**é**
poder	podr-	podr**é**
poner	pondr-	pondr**é**
querer	querr-	querr**é**
saber	sabr-	sabr**é**
salir	saldr-	saldr**é**
tener	tendr-	tendr**é**
venir	vendr-	vendr**é**

▶ The future of **hay** (*inf.* **haber**) is **habrá** (*there will be*).

La próxima semana **habrá** | **Habrá** más formularios en
un nuevo director. | el correo.
Next week there will be | *There will be more forms at*
a new director. | *the post office.*

▶ Although the English word *will* can refer to future time, it also refers to someone's willingness to do something. In this case, Spanish uses **querer** + [*infinitive*], not the future tense.

¿Quieres llamarme, | **¿Quieren ustedes escucharnos**,
por favor? | por favor?
Will you please call me? | *Will you please listen to us?*

COMPARE & CONTRAST

In Spanish, the future tense has an additional use: expressing conjecture or probability. English sentences involving expressions such as *I wonder, I bet, must be, may, might,* and *probably* are often translated into Spanish using the *future of probability*.

—¿Dónde **estarán** mis llaves? | —¿Qué hora **será**?
I wonder where my keys are. | *What time can it be? (I wonder*
  | *what time it is.)*

—**Estarán** en la cocina. | —**Serán** las once o las doce.
They're probably in the kitchen. | *It must be (It's probably) eleven*
  | *or twelve.*

Note that although the future tense is used, these verbs express conjecture about *present* conditions, events, or actions.

CONSULTA

To review these conjunctions of time, see **Estructura 13.3,** p. 435.

▶ The future may also be used in the main clause of sentences in which the present subjunctive follows a conjunction of time such as **cuando, después (de) que, en cuanto, hasta que,** and **tan pronto como.**

Cuando llegues a casa, | **Nos verás en cuanto entres**
hablaremos. | en la cafetería.
When you get home, | *You'll see us as soon as you enter*
we will talk. | *the cafeteria.*

¡INTÉNTALO!   Conjuga los verbos entre paréntesis en futuro.

1. (dejar, correr, pedir) yo _____ *dejaré, correré, pediré* _____
2. (cobrar, beber, vivir) tú _____
3. (hacer, poner, venir) Lola _____
4. (tener, decir, querer) nosotros _____
5. (ir, ser, estar) ustedes _____
6. (firmar, comer, repetir) usted _____
7. (saber, salir, poder) yo _____
8. (encontrar, jugar, servir) tú _____

recursos

WB
pp. 175–176

LM
p. 83

S
vhlcentral.com
Lección 14

Práctica

 1 **Planes** Celia está hablando de sus planes. Repite lo que dice, usando el tiempo futuro.

> **modelo**
>
> Hoy voy a hacer unas compras.
>
> *Hoy haré unas compras.*

1. Voy a pasar por el banco a cobrar un cheque.
2. Mi hermana va a venir conmigo al supermercado.
3. Vamos a buscar las mejores rebajas.
4. Voy a comprarme unas botas.
5. Después voy a volver a casa y me voy a duchar.
6. Seguramente mis amigos me van a llamar para salir esta noche.

2 **¿Quién será?** En parejas, imaginen que están en un café y ven entrar a un hombre o una mujer. Imaginen cómo será su vida y utilicen el futuro de probabilidad en su conversación. Usen estas preguntas como guía y después lean su conversación delante de la clase.

> **modelo**
>
> **Estudiante 1:** *¿Será simpático?*
>
> **Estudiante 2:** *Creo que no, está muy serio. Será antipático.*

- ¿Estará soltero/a?
- ¿Cuántos años tendrá?
- ¿Vivirá por aquí cerca?
- ¿Será famoso/a?
- ¿Será de otro país?
- ¿Con quién vivirá?
- ¿Estará esperando a alguien? ¿A quién?

3 **¿Qué pasará?** Imagina que tienes que adivinar (*to predict*) el futuro de tu compañero/a. Túrnense para hablar sobre cada una de estas categorías usando el futuro.

> **modelo**
>
> **Estudiante 1:** *¿Seré rico? ¿Tendré una casa grande?*
>
> **Estudiante 2:** *Mmm... tendrás muy poco dinero durante los próximos cinco años, pero después serás muy, muy rico con una casa enorme. Luego te mudarás a una isla desierta donde conocerás a...*

- ▶ amor
- ▶ dinero
- ▶ salud
- ▶ trabajo
- ▶ vivienda

Comunicación

4

Conversar Tú y tu compañero/a viajarán a la República Dominicana por siete días. Indiquen lo que harán y no harán. Digan dónde, cómo, con quién o en qué fechas lo harán, usando el anuncio (*ad*) como guía. Pueden usar sus propias ideas también.

modelo

Estudiante 1: ¿Qué haremos el martes?
Estudiante 2: Visitaremos el Jardín Botánico.
Estudiante 1: Pues, tú visitarás el Jardín Botánico y yo caminaré por el Mercado Modelo.

¡Bienvenido a la República Dominicana!

Se divertirá desde el momento en que llegue al **Aeropuerto Internacional de las Américas**.

• Visite la ciudad colonial de **Santo Domingo** con su interesante arquitectura.
• Vaya al **Jardín Botánico** y disfrute de nuestra abundante naturaleza.
• En el **Mercado Modelo** no va a poder resistir la tentación de comprar artesanías.
• No deje de escalar el **Pico Duarte** (se recomiendan 3 días).
• ¿Le gusta bucear? **Cabarete** tiene todo el equipo que usted necesita.
• ¿Desea nadar? **Punta Cana** le ofrece hermosas playas.

5

Planear En parejas, hagan planes para empezar un negocio (*business*). Elijan una de las opciones y usen las preguntas como guía. Finalmente, presenten su plan a la clase.

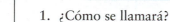 un supermercado   un salón de belleza   una heladería

1. ¿Cómo se llamará?
2. ¿Cuánta gente trabajará en este lugar? ¿Qué hará cada persona?
3. ¿En qué parte de la ciudad estará? ¿Cómo llegará la gente?
4. ¿Quién será el/la director(a)? ¿Por qué?
5. ¿Van a necesitar un préstamo? ¿Cómo lo pedirán?
6. Este/a supermercado / salón de belleza / heladería será el/la mejor de la ciudad porque...

Síntesis

6

El futuro de Cristina Tu profesor(a) va a darte una serie incompleta de dibujos sobre el futuro de Cristina. Tú y tu compañero/a tienen dos series diferentes. Háganse preguntas y respondan de acuerdo a los dibujos para completar la historia.

modelo

Estudiante 1: ¿Qué hará Cristina en el año 2025?
Estudiante 2: Ella se graduará en el año 2025.

Recapitulación

 Diagnostics

Completa estas actividades para repasar los conceptos de gramática que aprendiste en esta lección.

1

Completar Completa el cuadro con la forma correspondiente del futuro.

20 pts.

Infinitive	yo	ella	nosotros
ahorrar	ahorraré		
decir		dirá	
poner			pondremos
querer	querré		
salir		saldrá	

2

Los novios Completa este diálogo entre dos novios con mandatos en la forma de **nosotros/as**. **20 pts.**

SIMÓN ¿Quieres ir al cine mañana?

CARLA Sí, ¡qué buena idea! (1) _____ (Comprar) los boletos (*tickets*) por teléfono.

SIMÓN No, mejor (2) _____ (pedírselos) gratis a mi prima, quien trabaja en el cine.

CARLA ¡Fantástico!

SIMÓN Y también quiero visitar la nueva galería de arte el fin de semana que viene.

CARLA ¿Por qué esperar? (3) _____ (Visitarla) esta tarde.

SIMÓN Bueno, pero primero tengo que limpiar mi apartamento.

CARLA No hay problema. (4) _____ (Limpiarlo) juntos.

SIMÓN Muy bien. ¿Y tú no tienes que hacer diligencias hoy? (5) _____ (Hacerlas) también.

CARLA Sí, tengo que ir al correo y al banco. (6) _____ (Ir) al banco hoy, pero no (7) _____ (ir) al correo todavía. Antes tengo que escribir una carta.

SIMÓN ¿Una carta misteriosa? (8) _____ (Escribirla) ahora.

CARLA No, mejor no (9) _____ (escribirla) hasta que regresemos de la galería donde venden un papel reciclado muy lindo (*cute*).

SIMÓN ¿Papel lindo? ¿Pues para quién es la carta?

CARLA No importa. (10) _____ (Empezar) a limpiar.

14.1 **The subjunctive in adjective clauses**
pp. 460–461

► When adjective clauses refer to something that is known, certain, or definite, the indicative is used.

Necesito **el libro** que **tiene** fotos.

► When adjective clauses refer to something that is uncertain or indefinite, the subjunctive is used.

Necesito **un libro** que **tenga** fotos.

14.2 **Nosotros/as commands**   *pp. 464–465*

► Same as **nosotros/as** form of present subjunctive.

Affirmative	Negative
Démosle un libro a Lola.	No le demos un libro a Lola.
Démoselo.	No se lo demos.

► While the subjunctive form of the verb **ir** is used for the negative **nosotros/as** command, the indicative is used for the affirmative command.

No **vayamos** a la plaza.   **Vamos** a la plaza.

14.3 **The future**   *pp. 468–469*

Future tense of **estudiar***	
estudiar**é**	estudiar**emos**
estudiar**ás**	estudiar**éis**
estudiar**á**	estudiar**án**

*Same ending for **-ar**, **-er**, and **-ir** verbs.

► The future of **hay** is **habrá** (*there will be*).

► The future can also express conjecture or probability.

3 **Frases** Escribe oraciones con los elementos que se dan. Usa el tiempo futuro. **10 pts.**

1. Lorenzo y yo / ir / al banco / mañana / y / pedir / un préstamo

2. la empleada del banco / hacernos / muchas preguntas / y / también / darnos / un formulario

3. Lorenzo / llenar / el formulario / y / yo / firmarlo

4. nosotros / salir / del banco / contentos / porque el dinero / llegar / a nuestra cuenta / muy pronto

5. los dos / tener / que trabajar mucho / para pagar el préstamo / pero nuestros padres / ayudarnos

Irregular verbs in the future		
Infinitive	**Stem**	**Future forms**
decir	**dir-**	diré
hacer	**har-**	haré
poder	**podr-**	podré
poner	**pondr-**	pondré
querer	**querr-**	querré
saber	**sabr-**	sabré
salir	**saldr-**	saldré
tener	**tendr-**	tendré
venir	**vendr-**	vendré

4 **Verbos** Escribe los verbos en el presente de indicativo o de subjuntivo. **20 pts.**

1. —¿Sabes dónde hay un restaurante donde nosotros (1) _____ (poder) comer paella valenciana? —No, no conozco ninguno que (2) _____ (servir) paella, pero conozco uno que (3) _____ (especializarse) en tapas españolas.

2. Busco vendedores que (4) _____ (ser) educados. No estoy seguro de conocer a alguien que (5) _____ (tener) esa característica. Pero ahora que lo pienso, ¡sí! Tengo dos amigos que (6) _____ (trabajar) en el almacén Excelencia. Los voy a llamar. Y debo decirles que necesitamos que (ellos) (7) _____ (saber) hablar inglés.

3. Se busca apartamento que (8) _____ (estar) bien situado, que (9) _____ (costar) menos de $800 al mes y que (10) _____ (permitir) tener perros.

5 **La ciudad ideal** Escribe un párrafo de al menos cinco oraciones describiendo cómo es la comunidad ideal donde te gustaría (*you would like*) vivir en el futuro y compárala con la comunidad donde vives ahora. Usa cláusulas adjetivas y el vocabulario de esta lección. **30 pts.**

6 **Adivinanza** Completa la adivinanza y adivina la respuesta. **¡4 puntos EXTRA!**

❝ Me llegan las cartas y no sé _____ (*to read*) **y, aunque° me las como, no mancho° el papel. ❞** **¿Quién soy?** _____

aunque *although* no mancho *I don't stain*

Lectura

Antes de leer

Estrategia

Identifying point of view

You can understand a narrative more completely if you identify the point of view of the narrator. You can do this by simply asking yourself from whose perspective the story is being told. Some stories are narrated in the first person. That is, the narrator is a character in the story, and everything you read is filtered through that person's thoughts, emotions, and opinions. Other stories have an omniscient narrator who is not one of the story's characters and who reports the thoughts and actions of all the characters.

Examinar el texto

Lee brevemente este cuento escrito por Marco Denevi. ¿Crees que se narra en primera persona o tiene un narrador omnisciente? ¿Cómo lo sabes?

_____

_____

Punto de vista

Éstos son fragmentos de *Esquina peligrosa* en los que se cambió el punto de vista° a primera persona. Completa cada oración de manera lógica.

1. Le _____ a mi chofer que me condujese hasta aquel barrio...

2. Al doblar la esquina _____ el almacén, el mismo viejo y sombrío almacén donde _____ había trabajado como dependiente...

3. El recuerdo de _____ niñez me puso nostálgico. Se _____ humedecieron los ojos.

4. Yo _____ la canasta de mimbre, _____ llenándola con paquetes [...] y _____ a hacer el reparto.

punto de vista *point of view*

Marco Denevi (1922–1998) fue un escritor y dramaturgo argentino. Estudió derecho y más tarde se convirtió en escritor. Algunas de sus obras, como *Rosaura a las diez*, han sido° llevadas al cine. Denevi se caracteriza por su gran creatividad e ingenio, que jamás dejan de sorprender al lector°.

Esquina peligrosa

Marco Denevi

El señor Epidídimus, el magnate de las finanzas°, uno de los hombres más ricos del mundo, sintió un día el vehemente deseo de visitar el barrio donde había vivido cuando era niño y trabajaba como dependiente de almacén.

Le ordenó a su chofer que lo condujese hasta aquel barrio humilde° y remoto. Pero el barrio estaba tan cambiado que el señor Epidídimus no lo reconoció. En lugar de calles de tierra había bulevares asfaltados°, y las míseras casitas de antaño° habían sido reemplazadas por torres de departamentos°.

Al doblar una esquina vio el almacén, el mismo viejo y sombrío° almacén donde él había trabajado como dependiente cuando tenía doce años.

—Deténgase aquí—le dijo al chofer. Descendió del automóvil y entró en el almacén. Todo se conservaba igual que en la época de su infancia: las estanterías, la anticuada caja registradora°, la balanza de pesas° y, alrededor, el mudo asedio° de la mercadería.

El señor Epidídimus percibió el mismo olor de sesenta años atrás: un olor picante y agridulce a jabón

han sido *have been* lector *reader* finanzas *finance* humilde
humble, modest asfaltados *paved with asphalt* antaño
yesteryear torres de departamentos *apartment buildings*
sombrío *somber* anticuada caja registradora *old-fashioned
cash register* balanza de pesas *scale* mudo asedio *silent
siege* aserrín *sawdust* acaroína *pesticide* penumbra del
fondo *half-light from the back* reparto *delivery* lodazal *bog*

amarillo, a aserrín° húmedo, a vinagre, a aceitunas, a
acaroína°. El recuerdo de su niñez lo puso nostálgico.
Se le humedecieron los ojos. Le pareció que retrocedía en
el tiempo.

Desde la penumbra del fondo° le llegó la voz
ruda del patrón:

—¿Estas son horas de venir? Te quedaste dormido,
como siempre.

El señor Epidídimus tomó la canasta de mimbre, fue
llenándola con paquetes de azúcar, de yerba y de fideos, y
salió a hacer el reparto°.

La noche anterior había llovido y las calles de tierra
estaban convertidas en un lodazal°.

(1974)

© Denevi, Marco, Cartas peligrosas y otros cuentos. Obras Completas, Tomo 5,
Buenos Aires, Corregidor, L999, págs. L92–L93.

Después de leer

Comprensión

Indica si las oraciones son **ciertas** o **falsas**. Corrige las falsas.

Cierto **Falso**

____ ____ 1. El señor Epidídimus tiene una tienda con
la que gana poco dinero.

____ ____ 2. Epidídimus vivía en un barrio humilde
cuando era pequeño.

____ ____ 3. Epidídimus le ordenó al chofer que
lo llevara a un barrio de gente con
poco dinero.

____ ____ 4. Cuando Epidídimus entró al almacén
se acordó de experiencias pasadas.

____ ____ 5. Epidídimus les dio órdenes a los
empleados del almacén.

Interpretación

Contesta estas preguntas con oraciones completas.

1. ¿Es rico o pobre Epidídimus? ¿Cómo lo sabes?
   _____

2. ¿Por qué Epidídimus va al almacén?
   _____

3. ¿De quién es la voz "ruda" que Epidídimus escucha?
   ¿Qué orden crees que le dio a Epidídimus?
   _____

4. ¿Qué hace Epidídimus al final?
   _____

Coméntalo

En parejas, hablen de sus impresiones y conclusiones. Tomen
como guía estas preguntas.

- ¿Te sorprendió el final de este cuento? ¿Por qué?
- ¿Qué va a hacer Epidídimus el resto del día?
- ¿Crees que Epidídimus niño estaba soñando o Epidídimus
  adulto estaba recordando?
- ¿Por qué crees que el cuento se llama *Esquina peligrosa*?

Video: *Panorama cultural*
Interactive map

Venezuela

El país en cifras

▶ **Área:** 912.050 km² (352.144 millas²),
aproximadamente dos veces el área de California

▶ **Población:** 28.868.000

▶ **Capital:** Caracas —3.051.000

▶ **Ciudades principales:** Maracaibo —2.153.000,
Valencia —1.738.000, Barquisimeto
—1.159.000, Maracay —1.040.000

▶ **Moneda:** bolívar

▶ **Idiomas:** español (oficial), lenguas
indígenas (oficiales)

*El yanomami es uno de los idiomas indígenas
que se habla en Venezuela. La cultura de los
yanomami tiene su centro en el sur de Venezuela,
en el bosque tropical. Son cazadores° y agricultores
y viven en comunidades de hasta 400 miembros.*

Bandera de Venezuela

Venezolanos célebres

▶ **Teresa Carreño,** compositora y pianista
(1853–1917)

▶ **Rómulo Gallegos,** escritor y político
(1884–1969)

▶ **Andrés Eloy Blanco,** poeta (1896–1955)

▶ **Gustavo Dudamel,** director de orquesta (1981–)

▶ **Baruj Benacerraf,** científico (1920–2011)

*En 1980, Baruj Benacerraf, junto con dos de
sus colegas, recibió el Premio Nobel por sus
investigaciones en el campo° de la inmunología y
las enfermedades autoinmunes. Nacido en Caracas,
Benacerraf también vivió en París y los
Estados Unidos.*

cazadores *hunters* campo *field* caída *drop* Salto Ángel *Angel Falls*
catarata *waterfall* la dio a conocer *made it known*

Isla Margarita

Maracaibo

Lago de
Maracaibo

Valencia

⭐ Caracas

**Cordillera Central
de la Costa**

Río Orinoco

**Macizo de las
Guayanas**

GUYAN

Río Orinoco

BRASIL

Vista de Caracas

ESTADOS UNIDOS

OCÉANO
ATLÁNTICO

VENEZUELA

OCÉANO
PACÍFICO

Una piragua

recursos

WB
pp. 177–178

VM
pp. 65–66

vhlcentral.com
Lección 14

¡Increíble pero cierto!

Con una caída° de 979 metros (3.212 pies)
desde la meseta de Auyan Tepuy, Salto Ángel°,
en Venezuela, es la catarata° más alta del
mundo, ¡diecisiete veces más alta que las
cataratas del Niágara! James C. Angel la dio a
conocer° en 1935. Los indígenas de la zona la
denominan "Kerepakupai Merú".

Economía • **El petróleo**

La industria petrolera° es muy importante para la economía venezolana. La mayor concentración de petróleo del país se encuentra debajo del lago Maracaibo. En 1976 se nacionalizaron las empresas° petroleras y pasaron a ser propiedad° del estado con el nombre de *Petróleos de Venezuela*. Este producto representa más del 90% de las exportaciones del país, siendo los Estados Unidos su principal comprador°.

Actualidades • **Caracas**

El *boom* petrolero de los años cincuenta transformó a Caracas en una ciudad cosmopolita. Sus rascacielos° y excelentes sistemas de transporte la hacen una de las ciudades más modernas de Latinoamérica. El metro, construido en 1983, es uno de los más modernos del mundo y sus extensas carreteras y autopistas conectan la ciudad con el interior del país. El corazón de la capital es el Parque Central, una zona de centros comerciales, tiendas, restaurantes y clubes.

Historia • **Simón Bolívar (1783–1830)**

A principios del siglo° XIX, el territorio de la actual Venezuela, al igual que gran parte de América, todavía estaba bajo el dominio de la Corona° española. El general Simón Bolívar, nacido en Caracas, es llamado "El Libertador" porque fue el líder del movimiento independentista suramericano en el área que hoy es Venezuela, Colombia, Ecuador, Perú y Bolivia.

 ¿Qué aprendiste? Contesta cada pregunta con una oración completa.

1. ¿Cuál es la moneda de Venezuela?

2. ¿Quién fue Rómulo Gallegos?

3. ¿Cuándo se dio a conocer el Salto Ángel?

4. ¿Cuál es el producto más exportado de Venezuela?

5. ¿Qué ocurrió en 1976 con las empresas petroleras?

6. ¿Cómo se llama la capital de Venezuela?

7. ¿Qué hay en el Parque Central de Caracas?

8. ¿Por qué es conocido Simón Bolívar como "El Libertador"?

Sombreros y hamacas
en Ciudad Bolívar

 Conexión Internet Investiga estos temas en **vhlcentral.com**.

1. Busca información sobre Simón Bolívar. ¿Cuáles son algunos de los episodios más importantes de su vida? ¿Crees que Bolívar fue un estadista (*statesman*) de primera categoría? ¿Por qué?

2. Prepara un plan para un viaje de ecoturismo por el Orinoco. ¿Qué quieres ver y hacer durante la excursión?

 Practice more at **vhlcentral.com**.

industria petrolera *oil industry* empresas *companies* propiedad *property* comprador *buyer* rascacielos *skyscrapers* siglo *century* **Corona** *Crown*

La República Dominicana

El país en cifras

▶ **Área:** 48.730 km² (18.815 millas²), *el área combinada de New Hampshire y Vermont*

▶ **Población:** 10.349.000

La isla La Española, llamada así tras° el primer viaje de Cristóbal Colón, estuvo bajo el completo dominio de la corona° española hasta 1697, cuando la parte oeste de la isla pasó a ser propiedad° francesa. Hoy día está dividida políticamente en dos países, la República Dominicana en la zona este y Haití en el oeste.

▶ **Capital:** Santo Domingo—2.191.000

▶ **Ciudades principales:** Santiago de los Caballeros, La Vega, Puerto Plata, San Pedro de Macorís

▶ **Moneda:** peso dominicano

▶ **Idiomas:** español (oficial), criollo haitiano

Bandera de la
República Dominicana

Dominicanos célebres

▶ **Juan Pablo Duarte,** político y padre de la patria° (1813–1876)

▶ **Celeste Woss y Gil,** pintora (1891–1985)

▶ **Juan Luis Guerra,** compositor y cantante de merengue (1957–)

▶ **Pedro Martínez,** beisbolista (1971–)

▶ **Marcos Díaz,** nadador de ultradistancia (1975–)

tras *after* corona *crown* propiedad *property*
padre de la patria *founding father* restos *remains*
tumbas *graves* navegante *sailor* reemplazó *replaced*

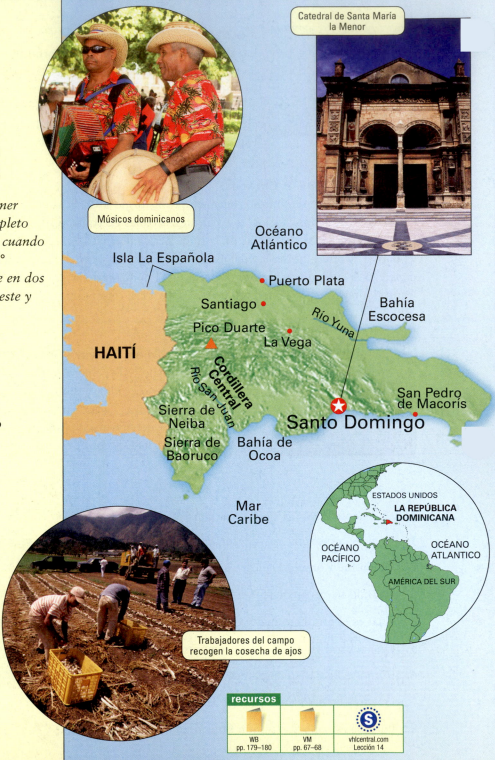

Músicos dominicanos

Catedral de Santa María la Menor

Océano Atlántico

Isla La Española

Puerto Plata

Santiago

Bahía Escocesa

Río Yuna

Pico Duarte

La Vega

HAITÍ

Cordillera Central

Río San Juan

Sierra de Neiba

San Pedro de Macorís

Sierra de Baoruco

Bahía de Ocoa

⭐ Santo Domingo

Mar Caribe

ESTADOS UNIDOS

LA REPÚBLICA DOMINICANA

OCÉANO PACÍFICO

OCÉANO ATLÁNTICO

AMÉRICA DEL SUR

Trabajadores del campo recogen la cosecha de ajos

recursos

WB
pp. 179–180

VM
pp. 67–68

vhlcentral.com
Lección 14

¡Increíble pero cierto!

Los restos° de Cristóbal Colón pasaron por varias ciudades desde su muerte en el siglo XVI hasta el siglo XIX. Por esto, se conocen dos tumbas° de este navegante°: una en la Catedral de Sevilla, España y otra en el Museo Faro a Colón en Santo Domingo, que reemplazó° la tumba inicial en la catedral de la capital dominicana.

Ciudades • Santo Domingo

La zona colonial de Santo Domingo, ciudad fundada en 1496, posee° algunas de las construcciones más antiguas del hemisferio. Gracias a las restauraciones°, la arquitectura de la ciudad es famosa no sólo por su belleza sino también por el buen estado de sus edificios. Entre sus sitios más visitados se cuentan° la Calle de las Damas, llamada así porque allí paseaban las señoras de la corte del Virrey; el Alcázar de Colón, un palacio construido entre 1510 y 1514 por Diego Colón, hijo de Cristóbal; y la Fortaleza Ozama, la más vieja de las Américas, construida entre 1502 y 1508.

Deportes • El béisbol

El béisbol es un deporte muy practicado en el Caribe. Los primeros países hispanos en tener una liga fueron Cuba y México, donde se empezó a jugar al béisbol en el siglo° XIX. Hoy día este deporte es una afición° nacional en la República Dominicana. Albert Pujols (foto, derecha), Carlos Gómez y David Ortiz son sólo tres de los muchísimos beisbolistas dominicanos que han alcanzado° enorme éxito° e inmensa popularidad entre los aficionados.

Artes • El merengue

El merengue, un ritmo originario de la República Dominicana, tiene sus raíces° en el campo. Tradicionalmente las canciones hablaban de los problemas sociales de los campesinos°. Sus instrumentos eran la guitarra, el acordeón, el guayano° y la tambora, un tambor° característico del lugar. Entre 1930 y 1960, el merengue se popularizó en las ciudades; adoptó un tono más urbano, en el que se incorporaron instrumentos como el saxofón y el bajo°, y empezaron a formarse grandes orquestas. Uno de los cantantes y compositores de merengue más famosos es Juan Luis Guerra.

 ¿Qué aprendiste? Responde a cada pregunta con una oración completa.

1. ¿Quién es Juan Luis Guerra?

2. ¿Cuándo se fundó la ciudad de Santo Domingo?

3. ¿Qué es el Alcázar de Colón?

4. Nombra dos beisbolistas famosos de la República Dominicana.

5. ¿De qué hablaban las canciones de merengue tradicionales?

6. ¿Qué instrumentos se utilizaban para tocar (*play*) el merengue?

7. ¿Cuándo se transformó el merengue en un estilo urbano?

8. ¿Qué cantante ha ayudado a internacionalizar el merengue?

 Conexión Internet Investiga estos temas en **vhlcentral.com**.

 Practice more at **vhlcentral.com**.

1. Busca más información sobre la isla La Española. ¿Cómo son las relaciones entre la República Dominicana y Haití?

2. Busca más información sobre la zona colonial de Santo Domingo: la Catedral de Santa María, la Casa de Bastidas o el Panteón Nacional. ¿Cómo son estos edificios? ¿Te gustan? Explica tus respuestas.

posee *possesses* restauraciones *restorations* se cuentan *are included* siglo *century* afición *pastime* han alcanzado *have reached* éxito *success* raíces *roots* campesinos *rural people* guayano *metal scraper* tambor *drum* bajo *bass*

En la ciudad

el banco	bank
la carnicería	butcher shop
el correo	post office
el estacionamiento	parking lot
la frutería	fruit store
la heladería	ice cream shop
la joyería	jewelry store
la lavandería	laundromat
la panadería	bakery
la pastelería	pastry shop
la peluquería, el salón de belleza	beauty salon
la pescadería	fish market
el supermercado	supermarket
la zapatería	shoe store
hacer cola	to stand in line
hacer diligencias	to run errands

En el banco

el cajero automático	ATM
el cheque (de viajero)	(traveler's) check
la cuenta corriente	checking account
la cuenta de ahorros	savings account
ahorrar	to save (money)
cobrar	to cash (a check)
depositar	to deposit
firmar	to sign
llenar (un formulario)	to fill out (a form)
pagar a plazos	to pay in installments
pagar al contado/ en efectivo	to pay in cash
pedir prestado/a	to borrow
pedir un préstamo	to apply for a loan
ser gratis	to be free of charge

Cómo llegar

la cuadra	(city) block
la dirección	address
la esquina	corner
el letrero	sign
cruzar	to cross
doblar	to turn
estar perdido/a	to be lost
indicar cómo llegar	to give directions
quedar	to be located
(al) este	(to the) east
(al) norte	(to the) north
(al) oeste	(to the) west
(al) sur	(to the) south
derecho	straight (ahead)
enfrente de	opposite; facing
hacia	toward

Expresiones útiles	See page 455.

En el correo

el cartero	mail carrier
el correo	mail; post office
la estampilla, el sello	stamp
el paquete	package
el sobre	envelope
echar (una carta) al buzón	to put (a letter) in the mailbox; to mail
enviar, mandar	to send; to mail

Vocabulary Tools

El bienestar

15

Communicative Goals

You will learn how to:

- **Talk about health, well-being, and nutrition**
- **Talk about physical activities**

contextos

fotonovela

cultura

estructura

adelante

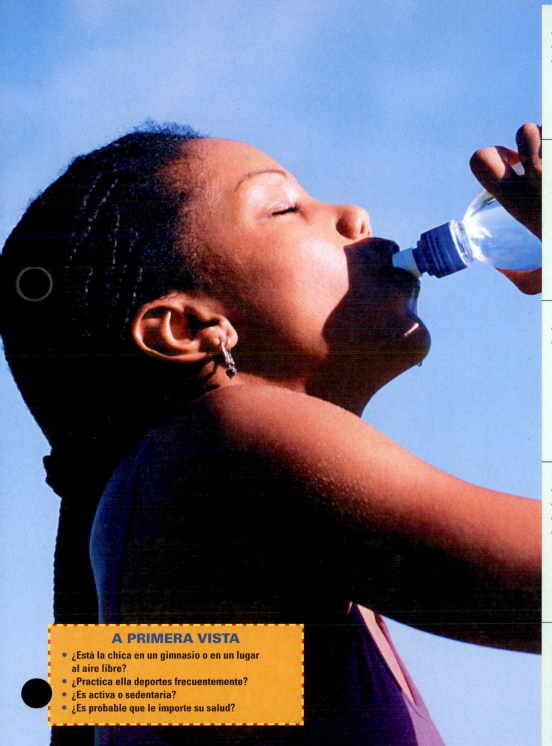

A PRIMERA VISTA
- ¿Está la chica en un gimnasio o en un lugar al aire libre?
- ¿Practica ella deportes frecuentemente?
- ¿Es activa o sedentaria?
- ¿Es probable que le importe su salud?

El bienestar

el teleadicto

Hace ejercicios de estiramiento. (hacer)

la clase de ejercicios aeróbicos

Suda. (sudar)

Hace ejercicio. (hacer)

el entrenador

el músculo

la cinta caminadora

el masaje

No fumar.

Hacen ejercicios aeróbicos.
(hacer)

Levanta pesas.
(levantar)

Práctica

1 **Escuchar** 🎧 Mira el dibujo. Luego escucha las oraciones e indica si lo que se dice en cada oración es **cierto** o **falso.**

	Cierto	Falso			Cierto	Falso
1.	○	○		6.	○	○
2.	○	○		7.	○	○
3.	○	○		8.	○	○
4.	○	○		9.	○	○
5.	○	○		10.	○	○

2 **Seleccionar** 🎧 Escucha el anuncio del gimnasio Sucre. Marca con una **X** los servicios que se ofrecen.

_____ 1. dietas para adelgazar

_____ 2. programa para aumentar de peso

_____ 3. clases de gimnasia

_____ 4. entrenador personal

_____ 5. masajes

_____ 6. programa para dejar de fumar

3 **Identificar** Identifica el antónimo (*antonym*) de cada palabra.

apurarse	fuerte
disfrutar	mantenerse en forma
engordar	sedentario
estar enfermo	sufrir muchas presiones
flexible	tranquilo

1. activo
2. adelgazar
3. aliviar el estrés
4. débil

5. ir despacio
6. estar sano
7. nervioso
8. ser teleadicto

4 **Combinar** Combina elementos de cada columna para formar ocho oraciones lógicas sobre el bienestar.

1. David levanta pesas

2. Estás en buena forma

3. Felipe se lastimó

4. José y Rafael

5. Mi hermano

6. Sara hace ejercicios de

7. Mis primas están a dieta

8. Para llevar una vida sana,

a. aumentó de peso.

b. estiramiento.

c. porque quieren adelgazar.

d. porque haces ejercicio.

e. sudan mucho en el gimnasio.

f. un músculo de la pierna.

g. no se debe fumar.

h. y corre mucho.

la proteína

la grasa

el colesterol

los minerales

las vitaminas

La nutrición

Más vocabulario

la bebida alcohólica	alcoholic beverage
la cafeína	caffeine
la caloría	calorie
la merienda	afternoon snack
la nutrición	nutrition
el/la nutricionista	nutritionist
comer una dieta equilibrada	to eat a balanced diet
consumir alcohol	to consume alcohol
descafeinado/a	decaffeinated

5

Completar Completa cada oración con la palabra adecuada.

1. Después de hacer ejercicio, como pollo o bistec porque contienen _____.
   a. drogas   b. proteínas   c. grasa

2. Para _____, es necesario consumir comidas de todos los grupos alimenticios (*nutrition groups*).
   a. aliviar el estrés   b. correr   c. comer una dieta equilibrada

3. Mis primas _____ una buena comida.
   a. disfrutan de   b. tratan de   c. sudan

4. Mi entrenador no come queso ni papas fritas porque contienen _____.
   a. dietas   b. vitaminas   c. mucha grasa

5. Mi padre no come mantequilla porque él necesita reducir _____.
   a. la nutrición   b. el colesterol   c. el bienestar

6. Mi novio cuenta _____ porque está a dieta.
   a. las pesas   b. los músculos   c. las calorías

CONSULTA

To review what you have learned about nutrition and food groups, see **Contextos**, **Lección 8**, pp. 242–245.

6

La nutrición En parejas, hablen de los tipos de comida que comen y las consecuencias que tienen para su salud. Luego compartan la información con la clase.

1. ¿Cuántas comidas con mucha grasa comes regularmente? ¿Piensas que debes comer menos comidas de este tipo? ¿Por qué?

2. ¿Compras comidas con muchos minerales y vitaminas? ¿Necesitas consumir más comidas que los contienen? ¿Por qué?

3. ¿Algún miembro de tu familia tiene problemas con el colesterol? ¿Qué haces para evitar problemas con el colesterol?

4. ¿Eres vegetariano/a? ¿Conoces a alguien que sea vegetariano/a? ¿Qué piensas de la idea de no comer carne u otros productos animales? ¿Es posible comer una dieta equilibrada sin comer carne? Explica.

5. ¿Tomas cafeína en exceso? ¿Qué ventajas (*advantages*) y desventajas tiene la cafeína? Da ejemplos de productos que contienen cafeína y de productos descafeinados.

6. ¿Llevas una vida sana? ¿Y tus amigos? ¿Crees que, en general, los estudiantes llevan una vida sana? ¿Por qué?

AYUDA

Some useful words:
sano = saludable
en general = por lo general
estricto
normalmente
muchas veces
a veces
de vez en cuando

 Practice more at **vhlcentral.com**.

Comunicación

7

Un anuncio En grupos de cuatro, imaginen que son dueños/as de un gimnasio con un equipo (*equipment*) moderno, entrenadores cualificados y un(a) nutricionista. Preparen y presenten un anuncio para la televisión que hable del gimnasio y atraiga (*attracts*) a una gran variedad de nuevos clientes. No se olviden de presentar esta información:

- ▶ las ventajas de estar en buena forma
- ▶ el equipo que tienen
- ▶ los servicios y clases que ofrecen
- ▶ las características únicas
- ▶ la dirección y el teléfono
- ▶ el precio para los socios (*members*)

8

Recomendaciones para la salud En parejas, imaginen que están preocupados/as por los malos hábitos de un(a) amigo/a que no está bien últimamente (*lately*). Escriban y representen una conversación en la cual hablen de lo que está pasando en la vida de su amigo/a y los cambios que necesita hacer para llevar una vida sana.

9

El teleadicto Con un(a) compañero/a, representen los papeles de un(a) nutricionista y un(a) teleadicto/a. La persona sedentaria habla de sus malos hábitos para la comida y de que no hace ejercicio. También dice que toma demasiado café y que siente mucho estrés. El/La nutricionista le sugiere una dieta equilibrada con bebidas descafeinadas y una rutina para mantenerse en forma. El/La teleadicto/a le da las gracias por su ayuda.

10

El gimnasio perfecto Tú y tu compañero/a quieren encontrar el gimnasio perfecto. Su profesor(a) les va a dar a cada uno/a de ustedes el anuncio de un gimnasio. Túrnense para hacerse preguntas sobre las actividades que se ofrecen en cada uno. Al final, decidan cuál es el mejor gimnasio y compartan su decisión con la clase.

11

¿Quién es? Trabajen en grupos. Cada uno/a de ustedes va a elegir a una persona famosa por temas de salud y bienestar. Los demás miembros del grupo deben hacer preguntas hasta descubrir a quién eligió cada quien. Recuerden usar el vocabulario de la lección.

modelo

Estudiante 1: ¿Haces ejercicio todos los días?

Estudiante 2: Sí, hago gimnasia y juego al baloncesto.

Estudiante 3: ¿Comes una dieta equilibrada?

Estudiante 2: Sí, y perdí más de 80 libras (*pounds*) de peso.

Estudiante 1: ¡Ya sé! ¡Eres Jennifer Hudson!

Chichén Itzá

Los chicos exploran Chichén Itzá y se relajan en un spa.

MARISSA

FELIPE

S Video: *Fotonovela*

MARISSA ¡Chichén Itzá es impresionante! Qué lástima que Maru y Miguel no estén con nosotros. Sobre todo Maru.

FELIPE Ha estado bajo mucha presión.

MARISSA Podría quedarme aquí para siempre. ¿Ustedes ya habían venido antes?

FELIPE Sí. Nuestros papás nos trajeron cuando éramos niños.

FELIPE El otro día le gané a Juan Carlos en el parque.

JUAN CARLOS Estaba mirando hacia otro lado, cuando me di cuenta, Felipe ya había empezado a correr.

(en otro lugar de las ruinas)

JUAN CARLOS ¡Hace calor!

JIMENA ¡Sí! Hay que estar en buena forma para recorrer las ruinas.

JUAN CARLOS Siempre había llevado una vida sana antes de entrar a la universidad.

JIMENA Tienes razón. La universidad hace que seamos muy sedentarios.

JUAN CARLOS ¡Busquemos a Felipe y a Marissa!

FELIPE ¡Gané!

JIMENA Qué calor. Tengo una idea. Vamos.

JUAN CARLOS

JIMENA

EMPLEADA

7

EMPLEADA Ofrecemos varios servicios para aliviar el estrés: masajes, saunas...

8

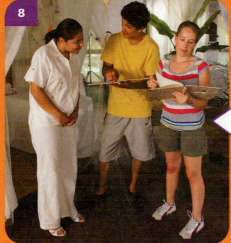

FELIPE Me gustaría un masaje.

MARISSA Yo prefiero un baño mineral.

JUAN CARLOS ¿Crees que tendrías un poco de tiempo libre la semana que viene? Me gustaría invitarte a salir.

JIMENA ¿Sin Felipe?

JUAN CARLOS Sin Felipe.

9

10

EMPLEADA ¿Ya tomaron una decisión?

JIMENA Sí.

Expresiones útiles

Wishing a friend were with you

Qué lástima que no estén con nosotros.
What a shame that they aren't with us.
Sobre todo Maru.
Especially Maru.
Él/Ella ha estado bajo mucha presión.
He/She has been under a lot of pressure.
Creo que ellos ya habían venido antes.
I think they had already come (here) before.

Talking about trips

¿Ustedes ya habían venido antes?
Had you been (here) before?
Sí. He querido regresar desde que leí el *Chilam Balam*.
Yes. I have wanted to come back ever since I read the Chilam Balam.
¿Recuerdas cuando nos trajo papá?
Remember when Dad brought us?
Al llegar a la cima, comenzaste a llorar.
When we got to the top, you started to cry.

Talking about well-being

Siempre había llevado una vida sana antes de entrar a la universidad.
I had always maintained a healthy lifestyle before starting college.
Ofrecemos varios servicios para aliviar el estrés.
We offer many services to relieve stress.
Me gustaría un masaje.
I would like a massage.

Additional vocabulary

la cima *top, peak*
el escalón *step*
el muro *wall*
tomar una decisión *to make a decision*

recursos

VM pp. 29–30

vhlcentral.com Lección 15

¿Qué pasó?

1

Seleccionar Selecciona la respuesta que completa mejor cada oración.

1. Felipe y Marissa piensan que Maru _____.
   a. debe hacer ejercicio   b. aumentó de peso   c. ha estado bajo mucha presión
2. Felipe y Jimena visitaron Chichén Itzá _____.
   a. para aliviar el estrés   b. cuando eran niños   c. para llevar una vida sana
3. Jimena dice que la universidad hace a los estudiantes _____.
   a. comer una dieta equilibrada   b. ser sedentarios   c. levantar pesas
4. En el spa ofrecen servicios para _____.
   a. sudar   b. aliviar el estrés   c. ser flexibles
5. Felipe elige que le den un _____.
   a. baño mineral   b. almuerzo   c. masaje

2

Identificar Identifica quién puede decir estas oraciones.

1. No me di cuenta (*I didn't realize*) de que habías empezado a correr, por eso ganaste.
2. Miguel y Maru no visitaron Chichén Itzá, ¡qué lástima que no estén con nosotros!
3. Se necesita estar en buena forma para visitar este tipo de lugares.
4. Los masajes, saunas y baños minerales que ofrecemos alivian la tensión.
5. Si salimos, no invites a Felipe.
6. Yo corro más rápido que Juan Carlos.

MARISSA   **FELIPE**

JIMENA

JUAN CARLOS   **EMPLEADA**

3

Inventar En parejas, hagan descripciones de los personajes de la **Fotonovela**. Utilicen las oraciones, la lista de palabras y otras expresiones que sepan.

aliviar el estrés	hacer ejercicios de estiramiento	masaje
bienestar	llevar una vida sana	teleadicto/a
grasa	mantenerse en forma	vitamina

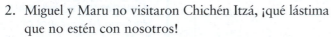

modelo

Estudiante 1: Felipe es activo, flexible y fuerte.
Estudiante 2: Marissa siempre hace ejercicios de estiramiento. Está en buena forma y lleva una vida muy sana...

1. A Juan Carlos le duelen los músculos después de hacer gimnasia.
2. Maru a veces sufre presiones y estrés en la universidad.
3. A Jimena le encanta salir con amigos o leer un buen libro.
4. Felipe trata de comer una dieta equilibrada.
5. Juan Carlos no es muy flexible.

 Practice more at **vhlcentral.com**.

Ortografía Audio

Las letras b y v

Since there is no difference in pronunciation between the Spanish letters **b** and **v**, spelling words that contain these letters can be tricky. Here are some tips.

nom**b**re	**b**lusa	a**bs**oluto	descu**b**rir

The letter **b** is always used before consonants.

bonita	**b**otella	**b**uscar	**b**ienestar

At the beginning of words, the letter **b** is usually used when it is followed by the letter combinations -**on**, -**or**, -**ot**, -**u**, -**ur**, -**us**, -**ien**, and -**ene**.

adelgaza**b**a	disfruta**b**an	i**b**as	í**b**amos

The letter **b** is used in the verb endings of the imperfect tense for -**ar** verbs and the verb **ir**.

voy	**v**amos	estu**v**o	tu**v**ieron

The letter **v** is used in the present tense forms of **ir** and in the preterite forms of **estar** and **tener**.

oct**av**o	hu**ev**o	acti**v**a	gr**av**e

The letter **v** is used in these noun and adjective endings: -**avo/a**, -**evo/a**, -**ivo/a**, -**ave**, -**eve**.

Práctica Completa las palabras con las letras **b** o **v**.

1. Una ___ez me lastimé el ___razo cuando esta___a ___uceando.
2. Manuela ol___idó sus li___ros en el auto___ús.
3. Ernesto tomó el ___orrador y se puso todo ___lanco de tiza.
4. Para tener una ___ida sana y saluda___le, necesitas tomar ___itaminas.
5. En mi pue___lo hay un ___ule___ar que tiene muchos ár___oles.

El ahorcado (*Hangman***)** Juega al ahorcado para adivinar las palabras.

1. __ u __ __ __ s   Están en el cielo.

2. __ u __ __ __ n   Relacionado con el correo

3. __ o __ e __ __ a   Está llena de líquido.

4. __ i __ __ e   Fenómeno meteorológico

5. __ e __ __ __ __ s   Los "ojos" de la casa

recursos

LM p. 86	vhlcentral.com Lección 15

Video: *Flash cultura*

Spas naturales

¿Hay algo mejor que un buen baño° para descansar y aliviar la tensión? Y si el baño se toma en una terma°, el beneficio° es mayor. Los tratamientos con agua y lodo° para mejorar la salud y el bienestar son populares en las Américas desde hace muchos siglos°. Las termas son manantiales° naturales de agua caliente. La temperatura facilita la absorción de minerales y otros elementos que contiene el agua y que son buenos para la salud. El agua de las termas se usa en piscinas, baños y duchas o en el sitio natural en el que surge°: pozas°, estanques° o cuevas°.

Ecotermales en Arenal, Costa Rica

Volcán de lodo El Totumo, Colombia

En Baños de San Vicente, en Ecuador, son muy populares los tratamientos° con lodo volcánico.

El lodo caliente se extiende por el cuerpo; así la piel° absorbe los minerales beneficiosos para la salud; también se usa para dar masajes. La lodoterapia es útil para tratar varias enfermedades, además hace que la piel se vea radiante.

En Costa Rica, la actividad volcánica también ha dado° origen a fuentes° y pozas termales. Si te gusta cuidarte y amas la naturaleza, recuerda estos nombres: Las Hornillas y Las Pailas. Son pozas naturales de aguas termales que están cerca del volcán Rincón de la Vieja. Un baño termal en medio de un paisaje tan hermoso es una experiencia única.

baño *bath* **terma** *hot spring* **beneficio** *benefit* **lodo** *mud* **siglos** *centuries* **manantiales** *springs* **surge** *springs forth* **pozas** *small pools* **estanques** *ponds* **cuevas** *caves* **tratamientos** *treatments* **piel** *skin* **ha dado** *has given* **fuentes** *springs* **balnearios** *spas* **cascadas** *waterfalls* **algas** *seaweed* **temazcales** *steam and medicinal herb baths*

Otros balnearios°

Todos ofrecen piscinas, baños, pozas y duchas de aguas termales y además...

Lugar	Servicios
El Edén y Yanasara, Curgos (Perú)	cascadas° de aguas termales
Montbrió del Camp, Tarragona (España)	baños de algas°
Puyuhuapi (Chile)	duchas de agua de mar; baños de algas
Termas de Río Hondo, Santiago del Estero (Argentina)	baños de lodo
Tepoztlán, Morelos (México)	temazcales° aztecas
Uyuni, Potosí (Bolivia)	baños de sal

ACTIVIDADES

1 **¿Cierto o falso?** Indica si lo que dicen las oraciones es **cierto** o **falso**. Corrige la información falsa.

1. Las aguas termales son beneficiosas para algunas enfermedades, incluido el estrés.

2. Los tratamientos con agua y lodo se conocen sólo desde hace pocos años.

3. Las termas son manantiales naturales de agua caliente.

4. La lodoterapia es un tratamiento con barro (*mud*).

5. La temperatura de las aguas termales no afecta la absorción de los minerales.

6. Mucha gente va a Baños de San Vicente, Ecuador, por sus playas.

7. Las Hornillas son pozas de aguas termales en Costa Rica.

8. Montbrió del Camp ofrece baños de sal.

9. Es posible ver aguas termales en forma de cascadas.

10. Tepoztlán ofrece temazcales aztecas.

ASÍ SE DICE

El ejercicio

los abdominales	*sit-ups*
la bicicleta estática	*stationary bicycle*
el calambre muscular	*(muscular) cramp*
el (fisi)culturismo; **la musculación (Esp.)**	*bodybuilding*
las flexiones de pecho; **las lagartijas (Méx.; Col.);** **las planchas (Esp.)**	*push-ups*
la cinta (trotadora) **(Arg.; Chile)**	**la cinta** **caminadora**

EL MUNDO HISPANO

Creencias° sobre la salud

- **Colombia** Como algunos suelos son de baldosas°, se cree que si uno anda descalzo° se enfrían° los pies y esto puede causar un resfriado o artritis.

- **Cuba** Por la mañana, muchas madres sacan a sus bebés a los patios y a las puertas de las casas. La creencia es que unos cinco minutos de sol ayudan a fijar° el calcio en los huesos y aumentan la inmunidad contra las enfermedades.

- **México** Muchas personas tienen la costumbre de tomar a diario un vaso de jugo del cactus conocido como "nopal". Se dice que es bueno para reducir el colesterol y el azúcar en la sangre y que ayuda a adelgazar.

Creencias *Beliefs* **baldosas** *tiles* **anda descalzo** *walks barefoot*
se enfrían *get cold* **fijar** *to set*

PERFIL

La quinua

La quinua es una semilla° de gran valor° nutricional. Se produce en los Andes de Bolivia, Perú, Argentina, Colombia, Chile y Ecuador, y también en los Estados Unidos. Forma parte de la dieta básica de esos países andinos desde hace más de 5.000 años.

La quinua es rica en proteínas, hierro° y magnesio. Contiene los ocho aminoácidos básicos para el ser humano; por esto es un alimento muy completo, ideal para vegetarianos y veganos. Otra de las ventajas de la quinua es que no contiene gluten, por lo que la pueden consumir personas con alergias e intolerancia a esta proteína.

Aunque es técnicamente una semilla, la quinua es considerada un cereal por su composición y por su uso. Los granos° de la quinua pueden ser tostados para hacer harina° o se pueden cocinar de múltiples maneras. Se utiliza como reemplazo° del arroz o de la pasta, con verduras, carnes, etc.,

en ensaladas, o como reemplazo de la avena° en el desayuno.

semilla *seed* **valor** *value* **hierro** *iron*
granos *grains* **harina** *flour*
reemplazo *replacement* **avena** *oats*

 Conexión Internet

¿Qué sistemas de ejercicio son más populares entre los hispanos?

Go to **vhlcentral.com** to find more cultural information related to this **Cultura** section.

ACTIVIDADES

2 **Comprensión** Responde a las preguntas.

1. Una argentina te dice: "Voy a usar la cinta." ¿Qué va a hacer?
2. Según los colombianos, ¿qué efectos negativos tiene el no usar zapatos en casa?
3. ¿Qué es la quinua?
4. ¿Qué proteína no contiene la quinua?

3 **Para sentirte mejor** Entrevista a un(a) compañero/a sobre las cosas que hace todos los días y las cosas que hace al menos una o dos veces a la semana para sentirse mejor. Hablen sobre actividades deportivas, la alimentación y lo que hacen en sus ratos libres.

  Practice more at **vhlcentral.com**.

recursos	
VM pp. 101–102	vhlcentral.com Lección 15

15.1 The conditional Tutorial

ANTE TODO The conditional tense in Spanish expresses what you *would do* or what *would happen* under certain circumstances.

The conditional tense

		visitar	comer	escribir
SINGULAR FORMS	yo	visitar**ía**	comer**ía**	escribir**ía**
	tú	visitar**ías**	comer**ías**	escribir**ías**
	Ud./él/ella	visitar**ía**	comer**ía**	escribir**ía**
PLURAL FORMS	nosotros/as	visitar**íamos**	comer**íamos**	escribir**íamos**
	vosotros/as	visitar**íais**	comer**íais**	escribir**íais**
	Uds./ellos/ellas	visitar**ían**	comer**ían**	escribir**ían**

Me gustaría un masaje.

¿Crees que tendrías un poco de tiempo libre?

▶ The conditional tense is formed much like the future tense. The endings are the same for all verbs, both regular and irregular. For regular verbs, you simply add the appropriate endings to the infinitive. **¡Atención!** All forms of the conditional have an accent mark.

▶ For irregular verbs, add the conditional endings to the irregular stems.

INFINITIVE	STEM	CONDITIONAL		INFINITIVE	STEM	CONDITIONAL
decir	dir-	dir**ía**		querer	querr-	querr**ía**
hacer	har-	har**ía**		saber	sabr-	sabr**ía**
poder	podr-	podr**ía**		salir	saldr-	saldr**ía**
poner	pondr-	pondr**ía**		tener	tendr-	tendr**ía**
haber	habr-	habr**ía**		venir	vendr-	vendr**ía**

▶ While in English the conditional is a compound verb form made up of the auxiliary verb *would* and a main verb, in Spanish it is a simple verb form that consists of one word.

Yo no **iría** a ese gimnasio.
I would not go to that gym.

¿**Vendrías** conmigo a la clase de yoga?
Would you come to yoga class with me?

¡ATENCIÓN!

The polite expressions **Me gustaría...** (*I would like...*) and **Te gustaría** (*You would like...*) are commonly used examples of the conditional.

AYUDA

The infinitive of **hay** is **haber**, so its conditional form is **habría**.

▶ The conditional is commonly used to make polite requests.

¿Podrías abrir la ventana, por favor?
Would you open the window, please?

¿Sería tan amable de venir a mi oficina?
Would you be so kind as to come to my office?

▶ In Spanish, as in English, the conditional expresses the future in relation to a past action or state of being. In other words, the future indicates what *will happen* whereas the conditional indicates what *would happen*.

Creo que mañana **hará** sol.
I think it will be sunny tomorrow.

Creía que hoy **haría** sol.
I thought it would be sunny today.

▶ The English *would* is often used with a verb to express the conditional, but it can also mean *used to*, in the sense of past habitual action. To express past habitual actions, Spanish uses the imperfect, not the conditional.

Íbamos al parque los sábados.
We would go to the park on Saturdays.

Antes, me **entrenaba** todos los días.
Before, I used to work out every day.

Sin ti, no sé qué haría.

Sólo tú sabes ordenar mi vida.

COMPARE & CONTRAST

In **Lección 14**, you learned the *future of probability*. Spanish also has the *conditional of probability*, which expresses conjecture or probability about a past condition, event, or action. Compare these Spanish and English sentences.

Serían las once de la noche cuando Elvira me llamó.
It must have been (It was probably) 11 p.m. when Elvira called me.

Sonó el teléfono. **¿Llamaría** Emilio para cancelar nuestra cita?
The phone rang. I wondered if it was Emilio calling to cancel our date.

Note that English conveys conjecture or probability with phrases such as *I wondered if, probably*, and *must have been*. In contrast, Spanish gets these same ideas across with conditional forms.

¡INTÉNTALO!   Indica la forma apropiada del condicional de los verbos.

1. Yo ___*escucharía, leería, me apuraría*___ (escuchar, leer, apurarse)
2. Tú _____ (mantenerse, comprender, compartir)
3. Marcos _____ (poner, venir, querer)
4. Nosotras _____ (ser, saber, ir)
5. Ustedes _____ (adelgazar, deber, sufrir)
6. Ella _____ (salir, poder, hacer)
7. Yo _____ (tener, tratar, fumar)
8. Tú _____ (decir, ver, engordar)

Práctica

1   **¡A ponerse en forma!** Víctor y Emilia quieren apuntarse (*enroll*) a un gimnasio y están hablando con el gerente. Completa las oraciones con el condicional del verbo.

VÍCTOR   Buenas tardes. Necesitamos información sobre el gimnasio.

GERENTE   Por supuesto. Me (1)_____ (encantar) ayudar.

EMILIA   Primero, ¿ (2)_____ (poder) usted decirnos cuánto cuesta al mes?

GERENTE   (3)_____ (costar) setenta dólares por persona.

VÍCTOR   Y además del uso de las máquinas, ¿qué otros servicios (4)_____ (estar) incluidos?

GERENTE   Ustedes (5)_____ (tener) un entrenador particular (*personal*) que los (6)_____ (ayudar) a estar en buena forma y les (7)_____ (recomendar) qué clases de ejercicios les (8)_____ (ser) más beneficiosos.

EMILIA   Víctor, ¿qué piensas? ¿Tú (9)_____ (ir) al gimnasio dos veces por semana?

2   **¿Qué harías?** En parejas, pregúntense qué harían en las siguientes situaciones.

> **modelo**
>
> ¡No me perdería mi clase de ejercicios aeróbicos por nada del mundo! Me movería a un lado para poder ver bien al instructor y hablaría con la persona de enfrente amablemente.

Estás en una clase de ejercicios aeróbicos y la persona de enfrente no te deja ver.

Vas al banco a depositar un cheque y te das cuenta de (*you realize*) que en tu cuenta hay por error un millón de dólares que no es tuyo.

Estás manejando por el desierto y te quedas sin gasolina.

Vuelves a tu apartamento después de tus clases y tu ex novio/a no te deja entrar.

3   **Presidente por un día** Imagina que eres el/la presidente/a de tu universidad por un día. Escribe ocho cosas que harías en esa situación. Usa el condicional. Luego compara tus ideas con las de un(a) compañero/a.

> **modelo**
>
> Yo tendría un jet privado para mis viajes.

conocer	hacer	poner
dar	invitar	sufrir
disfrutar	mejorar	tener

 Practice more at **vhlcentral.com**.

Comunicación

4

Conversaciones Tu profesor(a) te dará una hoja de actividades. En ella se presentan dos listas con diferentes problemas que supuestamente tienen los estudiantes. En parejas, túrnense para explicar los problemas de su lista; uno/a cuenta lo que le pasa y el/la otro/a dice lo que haría en esa situación usando la frase "Yo en tu lugar..." (*If I were you...*).

AYUDA

Here are two ways of saying *If I were you:*

Si yo fuera tú…

Yo en tu lugar…

> **modelo**
>
> **Estudiante 1:** ¡Qué problema! Mi novio/a no me habla desde el domingo.
> **Estudiante 2:** Yo en tu lugar, no le diría nada por unos días para ver qué pasa.

5

Roberto en el gimnasio Roberto es una persona muy sedentaria. El médico le dice que tiene que adelgazar para mejorar su salud. Dile ocho cosas que tú harías si fueras él. Usa el condicional. Después, compara tus sugerencias con las de un(a) compañero/a.

> **modelo**
>
> Si yo fuera tú, vería menos la televisión y haría gimnasia.

Síntesis

6

Encuesta Tu profesor(a) te dará una hoja de actividades. Circula por la clase y pregúntales a tres compañeros/as qué actividad(es) de las que se describen les gustaría realizar. Usa el condicional de los verbos. Anota las respuestas e informa a la clase de los resultados de la encuesta.

> **modelo**
>
> **Estudiante 1:** ¿Dejarías de fumar?
> **Estudiante 2:** Claro que sí. Sería difícil al principio, pero podría hacerlo.

Actividades	Nombre de tu compañero/a y su respuesta	Nombre de tu compañero/a y su respuesta	Nombre de tu compañero/a y su respuesta
1. tomar vitaminas			
2. adelgazar			
3. levantar pesas			
4. entrenarse para un maratón			
5. comer una dieta equilibrada			
6. mantenerse en forma			

15.2 The present perfect Ⓢ Tutorial

ANTE TODO In **Lección 13**, you learned how to form past participles. You will now learn how to form the present perfect indicative (**el pretérito perfecto de indicativo**), a compound tense that uses the past participle. The present perfect is used to talk about what someone *has done*. In Spanish, it is formed with the present tense of the auxiliary verb **haber** and a past participle.

Maru ha estado bajo mucha presión.

He querido regresar desde que leí el *Chilam Balam*.

NOTA CULTURAL

El *Chilam Balam* es un grupo de libros sobre la civilización maya. Hablan sobre historia, rituales, medicina, astronomía y literatura, entre otros temas. Fueron escritos en diferentes épocas (*times*) por autores anónimos y en lengua maya.

Present indicative of haber

Singular forms		Plural forms	
yo	**he**	nosotros/as	**hemos**
tú	**has**	vosotros/as	**habéis**
Ud./él/ella	**ha**	Uds./ellos/ellas	**han**

Tú no **has aumentado** de peso.
You haven't gained weight.

Yo ya **he leído** esos libros.
I've already read those books.

¿**Ha asistido** Juan a la clase de yoga?
Has Juan attended the yoga class?

Hemos conocido al entrenador.
We have met the trainer.

CONSULTA

To review what you have learned about past participles, see **Estructura 13.4**, p. 438.

▶ The past participle does not change in form when it is part of the present perfect tense; it only changes in form when it is used as an adjective.

Clara **ha abierto** las ventanas.
Clara has opened the windows.

Yo **he cerrado** la puerta del gimnasio.
I've closed the door to the gym.

Las ventanas están **abiertas**.
The windows are open.

La puerta del gimnasio está **cerrada**.
The door to the gym is closed.

▶ In Spanish, the present perfect indicative generally is used just as in English: to talk about what someone has done or what has occurred. It usually refers to the recent past.

He trabajado cuarenta horas esta semana.
I have worked forty hours this week.

¿Cuál es el último libro que **has leído**?
What is the last book that you have read?

CONSULTA

Remember that the Spanish equivalent of the English *to have just* (*done something*) is **acabar de** + [*infinitive*]. Do not use the present perfect to express that English structure. **Juan acaba de llegar**. *Juan has just arrived.* See **Estructura 6.3**, p. 191.

▶ In English, the auxiliary verb and the past participle are often separated. In Spanish, however, these two elements—**haber** and the past participle—cannot be separated by any word.

Siempre **hemos vivido** en Bolivia.
We have always lived in Bolivia.

Usted nunca **ha venido** a mi oficina.
You have never come to my office.

¿Y Juan Carlos todavía no te ha invitado a salir?

Últimamente hemos sufrido muchas presiones en la universidad.

▶ The word **no** and any object or reflexive pronouns are placed immediately before **haber**.

Yo **no he comido** la merienda.
I haven't eaten the snack.

¿Por qué **no la has comido**?
Why haven't you eaten it?

Susana ya **se ha entrenado**.
Susana has already trained.

Ellos **no lo han terminado**.
They haven't finished it.

▶ Note that *to have* can be either a main verb or an auxiliary verb in English. As a main verb, it corresponds to **tener,** while as an auxiliary, it corresponds to **haber.**

Tengo muchos amigos.
I have a lot of friends.

He sufrido muchas presiones.
I have been under a lot of pressure.

▶ To form the present perfect of **hay,** use the third-person singular of **haber (ha) + habido**.

Ha habido muchos problemas con la nueva entrenadora.
There have been a lot of problems with the new trainer.

Ha habido un accidente en la calle Central.
There has been an accident on Central Street.

recursos

WB
pp. 185–186

LM
p. 88

S
vhlcentral.com
Lección 15

¡INTÉNTALO! Indica el pretérito perfecto de indicativo de estos verbos.

1. (disfrutar, comer, vivir) yo <u>he disfrutado, he comido, he vivido</u>
2. (traer, adelgazar, compartir) tú _____
3. (venir, estar, correr) usted _____
4. (leer, resolver, poner) ella _____
5. (decir, romper, hacer) ellos _____
6. (mantenerse, dormirse) nosotros _____
7. (estar, escribir, ver) yo _____
8. (vivir, correr, morir) él _____

Práctica

1 **Completar** Estas oraciones describen cómo es la vida de unos estudiantes. Completa las oraciones con el pretérito perfecto de indicativo de los verbos de la lista.

adelgazar	comer	llevar
aumentar	hacer	sufrir

1. Luisa _____ muchas presiones este año.
2. Juan y Raúl _____ de peso porque no hacen ejercicio.
3. Pero María y yo _____ porque trabajamos en exceso y nos olvidamos de comer.
4. Desde siempre, yo _____ una vida muy sana.
5. Pero tú y yo no _____ gimnasia este semestre.

2 **¿Qué has hecho?** Indica si has hecho lo siguiente.

> **modelo**
> escalar una montaña
> *Sí, he escalado varias montañas./No, no he escalado nunca una montaña.*

1. jugar al baloncesto
2. viajar a Bolivia
3. conocer a una persona famosa
4. levantar pesas
5. comer un insecto
6. recibir un masaje
7. aprender varios idiomas
8. bailar salsa
9. ver una película en español
10. escuchar música latina
11. estar despierto/a 24 horas
12. bucear

AYUDA

You may use some of these expressions in your answers:

una vez *once*

un par de veces *a couple of times*

algunas veces *a few times*

varias veces *several times*

muchas veces *many times, often*

3 **La vida sana** En parejas, túrnense para hacer preguntas sobre el tema de la vida sana. Sean creativos.

> **modelo**
> encontrar un gimnasio
> **Estudiante 1:** *¿Has encontrado un buen gimnasio cerca de tu casa?*
> **Estudiante 2:** *Yo no he encontrado un gimnasio, pero sé que debo buscar uno.*

1. tratar de estar en forma
2. estar a dieta los últimos dos meses
3. dejar de tomar refrescos
4. hacerse una prueba del colesterol
5. entrenarse cinco días a la semana
6. cambiar de una vida sedentaria a una vida activa
7. tomar vitaminas por las noches y por las mañanas
8. hacer ejercicio para aliviar la tensión
9. consumir mucha proteína
10. dejar de fumar

Comunicación

4

Descripción En parejas, describan lo que han hecho y no han hecho estas personas. Usen la imaginación.

1. Jorge y Raúl

2. Luisa

3. Jacobo

4. Natalia y Diego

5. Ricardo

6. Carmen

5

Describir En parejas, identifiquen a una persona que lleva una vida muy sana. Puede ser una persona que conocen o un personaje que aparece en una película o programa de televisión. Entre los dos, escriban una descripción de lo que esta persona ha hecho para llevar una vida sana.

modelo

▶ Mario López siempre ha hecho todo lo posible para mantenerse en forma. Él…

Síntesis

6

Situación Trabajen en parejas para representar una conversación entre un(a) enfermero/a de la clínica de la universidad y un(a) estudiante.

- El/La estudiante no se siente nada bien.
- El/La enfermero/a debe averiguar de dónde viene el problema e investigar los hábitos del/de la estudiante.
- El/La estudiante le explica lo que ha hecho en los últimos meses y cómo se ha sentido.
- Luego el/la enfermero/a le da recomendaciones de cómo llevar una vida más sana.

15.3 The past perfect Tutorial

ANTE TODO   The past perfect indicative (**el pretérito pluscuamperfecto de indicativo**) is used to talk about what someone *had done* or what *had occurred* before another past action, event, or state. Like the present perfect, the past perfect uses a form of **haber**—in this case, the imperfect—plus the past participle.

Past perfect indicative

		cerrar	perder	asistir
SINGULAR FORMS	yo	**había** cerrado	**había** perdido	**había** asistido
	tú	**habías** cerrado	**habías** perdido	**habías** asistido
	Ud./él/ella	**había** cerrado	**había** perdido	**había** asistido
PLURAL FORMS	nosotros/as	**habíamos** cerrado	**habíamos** perdido	**habíamos** asistido
	vosotros/as	**habíais** cerrado	**habíais** perdido	**habíais** asistido
	Uds./ellos/ellas	**habían** cerrado	**habían** perdido	**habían** asistido

Antes de 2014, **había vivido** en La Paz.
Before 2014, I had lived in La Paz.

Cuando llegamos, Luis ya **había salido.**
When we arrived, Luis had already left.

▶ The past perfect is often used with the word **ya** (*already*) to indicate that an action, event, or state had already occurred before another. Remember that, unlike its English equivalent, **ya** cannot be placed between **haber** and the past participle.

Ella **ya había salido** cuando llamaron.
She had already left when they called.

Cuando llegué, Raúl **ya se había acostado.**
When I arrived, Raúl had already gone to bed.

▶ **¡Atención!** The past perfect is often used in conjunction with **antes de** + [*noun*] or **antes de** + [*infinitive*] to describe when the action(s) occurred.

Antes de este año, nunca **había estudiado español.**
Before this year, I had never studied Spanish.

Luis **me había llamado antes de venir.**
Luis had called me before he came.

 ¡INTÉNTALO!   Indica el pretérito pluscuamperfecto de indicativo de cada verbo.

1. Nosotros ya _____habíamos cenado_____ (cenar) cuando nos llamaron.
2. Antes de tomar esta clase, yo no _____ (estudiar) nunca el español.
3. Antes de ir a México, ellos nunca _____ (ir) a otro país.
4. Eduardo nunca _____ (entrenarse) tanto en invierno.
5. Tú siempre _____ (llevar) una vida sana antes del año pasado.
6. Antes de conocerte, yo ya te _____ (ver) muchas veces.

recursos

WB
pp. 187–188

LM
p. 89

vhlcentral.com
Lección 15

Práctica

1

Completar Completa los minidiálogos con las formas correctas del pretérito pluscuamperfecto de indicativo.

1. **SARA** Antes de cumplir los 15 años, ¿_____ (estudiar) tú otra lengua?
   JOSÉ Sí, _____ (tomar) clases de inglés y de italiano.

▶ 2. **DOLORES** Antes de ir a Argentina, ¿_____ (probar) tú y tu familia el mate?
   TOMÁS Sí, ya _____ (tomar) mate muchas veces.

3. **ANTONIO** Antes de este año, ¿_____ (correr) usted en un maratón?
   SRA. VERA No, nunca lo _____ (hacer).

4. **SOFÍA** Antes de su enfermedad, ¿_____ (sufrir) muchas presiones tu tío?
   IRENE Sí… y él nunca _____ (mantenerse) en forma.

2 **Tu vida** Indica si ya habías hecho estas cosas antes de cumplir los dieciséis años.

1. hacer un viaje en avión
2. escalar una montaña
3. escribir un poema
4. filmar un video
5. enamorarte
6. tomar clases de ejercicios aeróbicos
7. montar a caballo
8. ir de pesca
9. manejar un carro
10. cantar frente a 50 o más personas

Comunicación

3 **Gimnasio Olímpico** En parejas, lean el anuncio y contesten las preguntas.

¡Acabo de descubrir una nueva vida!

Hasta el año pasado, siempre había mirado la tele sentado en el sofá durante mis ratos libres. ¡Era sedentario y teleadicto! Jamás había practicado ningún deporte y había aumentado mucho de peso.

Este año, he empezado a comer una dieta equilibrada y voy al gimnasio todos los días. He comenzado a ser una persona muy activa y he adelgazado. Disfruto de una vida sana. ¡Me siento muy feliz!

Manténgase en forma.

¡Venga al **Gimnasio Olímpico** hoy mismo!

1. Identifiquen los elementos del pretérito pluscuamperfecto de indicativo en el anuncio.
2. ¿Cómo era la vida del hombre cuando llevaba una vida sedentaria? ¿Cómo es ahora?
3. ¿Se identifican ustedes con algunos de los hábitos, presentes o pasados, de este hombre? ¿Con cuáles?
4. ¿Qué les recomienda el hombre del anuncio a los lectores? ¿Creen que les da buenos consejos?

 Practice more at **vhlcentral.com**.

Recapitulación

 Diagnostics

Completa estas actividades para repasar los conceptos de gramática que aprendiste en esta lección.

1 **Verbos** Completa el cuadro con la forma correcta de los verbos. `24 pts.`

Infinitivo	tú	nosotros	ellas
tratar		trataríamos	
	querrías		querrían
		podríamos	
	habrías		habrían
vivir			

2 **Completar** Completa el cuadro con el pretérito perfecto de los verbos. `12 pts.`

Infinitivo	yo	él	ellas
tratar			
entrenarse			

3 **Diálogo** Completa la conversación con la forma adecuada del condicional de los verbos. `16 pts.`

> aconsejar   encantar   ir   poder
> dejar   gustar   llover   volver

OMAR ¿Sabes? La demostración de yoga al aire libre fue un éxito. Yo creía que (1) _____, pero hizo sol.

NIDIA Ah, me alegro. Te dije que Jaime y yo (2) _____, pero tuvimos un imprevisto (*something came up*) y no pudimos. Y a Laura, ¿la viste allí?

OMAR Sí, ella vino. Al contrario que tú, al principio me dijo que ella y su esposo no (3) _____ venir, pero al final aparecieron (*showed up*). Necesitaba relajarse un poco; está muy estresada con su trabajo.

NIDIA Yo le (4) _____ que busque otra cosa. En su lugar, (5) _____ esa compañía y (6) _____ a escribir un libro.

OMAR Estoy de acuerdo. Oye, esta noche voy a ir al gimnasio. ¿(7) _____ venir conmigo?

NIDIA Sí, (8) _____. ¿A qué hora vamos?

OMAR A las siete y media.

RESUMEN GRAMATICAL

15.1 **The conditional** *pp. 492–493*

The conditional tense* of **disfrutar**	
disfrutar**ía**	disfrutar**íamos**
disfrutar**ías**	disfrutar**íais**
disfrutar**ía**	disfrutar**ían**

*Same ending for **-ar**, **-er**, and **-ir** verbs.

► Verbs with irregular conditional: **decir, haber, hacer, poder, poner, querer, saber, salir, tener, venir**

15.2 **The present perfect** *pp. 496–497*

Present indicative of **haber**	
he	hemos
has	habéis
ha	han

Present perfect: present tense of **haber** + past participle

Present perfect indicative	
he empezado	**hemos** empezado
has empezado	**habéis** empezado
ha empezado	**han** empezado

He empezado a ir al gimnasio con regularidad.
*I **have begun** to go to the gym regularly.*

15.3 **The past perfect** *p. 500*

Past perfect: imperfect tense of **haber** + past participle

Past perfect indicative	
había vivido	**habíamos** vivido
habías vivido	**habíais** vivido
había vivido	**habían** vivido

Antes de 2015, yo ya **había vivido** en tres países diferentes.
*Before 2015, I **had** already **lived** in three different countries.*

4 **Preguntas** Completa las preguntas para estas respuestas usando el pretérito perfecto de indicativo. **16 pts.**

> **modelo**
>
> —¿Has llamado a tus padres? —Sí, los llamé ayer.

1. —¿Tú _____ ejercicio esta mañana en el gimnasio? —No, hice ejercicio en el parque.
2. —Y ustedes, ¿_____ ya? —Sí, desayunamos en el hotel.
3. —Y Juan y Felipe, ¿adónde _____ ? —Fueron al cine.
4. —Paco, ¿(nosotros) _____ la cuenta del gimnasio? —Sí, la recibimos la semana pasada.
5. —Señor Martín, ¿_____ algo ya? —Sí, pesqué uno grande. Ya me puedo ir a casa contento.
6. —Inés, ¿_____ mi pelota de fútbol? —Sí, la vi esta mañana en el coche.
7. —Yo no _____ café todavía. ¿Alguien quiere acompañarme? —No, gracias. Yo ya tomé mi café en casa.
8. —¿Ya te _____ el doctor que puedes comer chocolate? —Sí, me lo dijo ayer.

5 **Antes de graduarse** Di lo que cada una de estas personas ya había hecho o no había hecho todavía antes de graduarse de la universidad. Sigue el modelo. **12 pts.**

> **modelo**
>
> yo / ya conocer a muchos amigos
> *Yo ya había conocido a muchos amigos.*

1. Margarita / ya dejar de fumar
2. tú / ya aprender a mantenerse en forma
3. Julio / ya casarse
4. Mabel y yo / ya practicar yoga
5. los hermanos Falsero / todavía no perder un partido de vóleibol
6. yo / ya entrenarse para el maratón

6 **Manteniéndote en forma** Escribe al menos cinco oraciones para describir cómo te has mantenido en forma este semestre. Di qué cosas han cambiado este semestre en relación con el año pasado. Por ejemplo, ¿qué cosas has hecho o practicado este semestre que nunca habías probado antes? **20 pts.**

7 **Poema** Completa este fragmento de un poema de Nezahualcóyotl con el pretérito perfecto de indicativo de los verbos. **¡4 puntos EXTRA!**

" _____ (Llegar) aquí,
soy Yoyontzin.
Sólo busco las flores
sobre la tierra, _____ (venir)
a cortarlas. **"**

Practice more at **vhlcentral.com.**

Lectura

Antes de leer

Estrategia

Making inferences

For dramatic effect and to achieve a smoother writing style, authors often do not explicitly supply the reader with all the details of a story or poem. Clues in the text can help you infer those things the writer chooses not to state in a direct manner. You simply "read between the lines" to fill in the missing information and draw conclusions. To practice making inferences, read these statements:

A Liliana le encanta ir al gimnasio. Hace años que empezó a levantar pesas.

Based on this statement alone, what inferences can you draw about Liliana?

El autor

Ve a la página 445 de tu libro y lee la biografía de Gabriel García Márquez.

El título

Sin leer el texto del cuento (*story*), lee el título. Escribe cinco oraciones que empiecen con la frase "Un día de éstos".

El cuento

Éstas son algunas palabras que vas a encontrar al leer *Un día de éstos*. Busca su significado en el diccionario. Según estas palabras, ¿de qué piensas que trata (*is about*) el cuento?

alcalde	lágrimas
dentadura postiza	muela
displicente	pañuelo
enjuto	rencor
guerrera	teniente

Un día de éstos

Gabriel García Márquez

El lunes amaneció tibio° y sin lluvia. Don Aurelio Escovar, dentista sin título y buen madrugador°, abrió su gabinete° a las seis. Sacó de la vidriera° una dentadura postiza° montada aún° en el molde de yeso° y puso sobre la mesa un puñado° de instrumentos que ordenó de mayor a menor, como en una exposición. Llevaba una camisa a rayas, sin cuello, cerrada arriba con un botón dorado°, y los pantalones sostenidos con cargadores° elásticos. Era rígido, enjuto, con una mirada que raras veces correspondía a la situación, como la mirada de los sordos°.

Cuando tuvo las cosas dispuestas sobre la mesa rodó la fresa° hacia el sillón de resortes y se sentó a pulir° la dentadura postiza. Parecía no pensar en lo que hacía, pero trabajaba con obstinación, pedaleando en la fresa incluso cuando no se servía de ella.

Después de las ocho hizo una pausa para mirar el cielo por la ventana y vio dos gallinazos° pensativos que se secaban al sol en el caballete° de la casa vecina. Siguió trabajando con la idea de que antes del almuerzo volvería a llover°. La voz destemplada° de su hijo de once años lo sacó de su abstracción.

—Papá.

—Qué.

—Dice el alcalde que si le sacas una muela.

—Dile que no estoy aquí.

Estaba puliendo un diente de oro°. Lo retiró a la distancia del brazo y lo examinó con los ojos a medio cerrar. En la salita de espera volvió a gritar su hijo.

—Dice que sí estás porque te está oyendo.

El dentista siguió examinando el diente. Sólo cuando lo puso en la mesa con los trabajos terminados, dijo:

amaneció tibio *dawn broke warm* madrugador *early riser* gabinete *office* vidriera *glass cabinet* dentadura postiza *dentures* montada aún *still set* yeso *plaster* puñado *handful* dorado *gold* sostenidos con cargadores *held by suspenders* sordos *deaf* rodó la fresa *he turned the drill* pulir *to polish* gallinazos *vultures* caballete *ridge* volvería a llover *it would rain again* voz destemplada *harsh voice* oro *gold* cajita de cartón *small cardboard box* puente *bridge* te pega un tiro *he will shoot you* Sin apresurarse *Without haste* gaveta *drawer* Hizo girar *He turned* apoyada *resting* umbral *threshold* mejilla *cheek* hinchada *swollen* barba *beard* marchitos *faded* hervían *were boiling* pomos de loza *china bottles* cancel de tela *cloth screen* se acercaba *was approaching* talones *heels* mandíbula *jaw* cautelosa *cautious* cacerola *saucepan* pinzas *pliers* escupidera *spittoon* aguamanil *washstand* cordal *wisdom tooth* gatillo *pliers* se aferró *clung* barras *arms* descargó *unloaded* vacío helado *icy hollowness* riñones *kidneys* no soltó un suspiro *he didn't let out a sigh* muñeca *wrist* amarga ternura *bitter tenderness* teniente *lieutenant* crujido *crunch* a través de *through* sudoroso *sweaty* jadeante *panting* se desabotonó *he unbuttoned* a tientas *blindly* bolsillo *pocket* trapo *cloth* cielorraso desfondado *ceiling with the paint sagging* telaraña polvorienta *dusty spiderweb* haga buches de *rinse your mouth out with* vaina *thing*

—Mejor.

Volvió a operar la fresa. De una cajita de cartón° donde guardaba las cosas por hacer, sacó un puente° de varias piezas y empezó a pulir el oro.

—Papá.

—Qué.

Aún no había cambiado de expresión.

—Dice que si no le sacas la muela te pega un tiro°.

Sin apresurarse°, con un movimiento extremadamente tranquilo, dejó de pedalear en la fresa, la retiró del sillón y abrió por completo la gaveta° inferior de la mesa. Allí estaba el revólver.

—Bueno —dijo—. Dile que venga a pegármelo.

Hizo girar° el sillón hasta quedar de frente a la puerta, la mano apoyada° en el borde de la gaveta. El alcalde apareció en el umbral°. Se había afeitado la mejilla° izquierda, pero en la otra, hinchada° y dolorida, tenía una barba° de cinco días. El dentista vio en sus ojos marchitos° muchas noches de desesperación. Cerró la gaveta con la punta de los dedos y dijo suavemente:

—Siéntese.

—Buenos días —dijo el alcalde.

—Buenos —dijo el dentista.

Mientras hervían° los instrumentos, el alcalde apoyó el cráneo en el cabezal de la silla y se sintió mejor. Respiraba un olor glacial. Era un gabinete pobre: una vieja silla de madera, la fresa de pedal y una vidriera con pomos de loza°. Frente a la silla, una ventana con un cancel de tela° hasta la altura de un hombre. Cuando sintió que el dentista se acercaba°, el alcalde afirmó los talones° y abrió la boca.

Don Aurelio Escovar le movió la cabeza hacia la luz. Después de observar la muela dañada, ajustó la mandíbula° con una presión cautelosa° de los dedos.

—Tiene que ser sin anestesia —dijo.

—¿Por qué?

—Porque tiene un absceso.

El alcalde lo miró en los ojos.

—Está bien —dijo, y trató de sonreír. El dentista no le correspondió. Llevó a la mesa de trabajo la cacerola° con los instrumentos hervidos y los sacó del agua con unas pinzas° frías, todavía sin apresurarse. Después rodó la escupidera° con la punta del zapato y fue a lavarse las manos en el aguamanil°. Hizo todo sin mirar al alcalde. Pero el alcalde no lo perdió de vista.

Era una cordal° inferior. El dentista abrió las piernas y apretó la muela con el gatillo° caliente. El alcalde se aferró° a las barras° de la silla, descargó° toda su fuerza en los pies y sintió un vacío helado° en los riñones°, pero no soltó un suspiro°. El dentista sólo movió la muñeca°. Sin rencor, más bien con una amarga ternura°, dijo:

—Aquí nos paga veinte muertos, teniente°.

El alcalde sintió un crujido° de huesos en la mandíbula y sus ojos se llenaron de lágrimas. Pero no suspiró hasta que no sintió salir la muela. Entonces la vio a través de° las lágrimas. Le pareció tan extraña a su dolor, que no pudo entender la tortura de sus cinco noches anteriores. Inclinado sobre la escupidera, sudoroso°, jadeante°, se desabotonó° la guerrera y buscó a tientas° el pañuelo en el bolsillo° del pantalón. El dentista le dio un trapo° limpio.

—Séquese las lágrimas —dijo.

El alcalde lo hizo. Estaba temblando. Mientras el dentista se lavaba las manos, vio el cielorraso desfondado° y una telaraña polvorienta° con huevos de araña e insectos muertos. El dentista regresó secándose. "Acuéstese —dijo— y haga buches de° agua de sal." El alcalde se puso de pie, se despidió con un displicente saludo militar, y se dirigió a la puerta estirando las piernas, sin abotonarse la guerrera.

—Me pasa la cuenta —dijo.

—¿A usted o al municipio?

El alcalde no lo miró. Cerró la puerta, y dijo, a través de la red metálica:

—Es la misma vaina°.

Después de leer

Comprensión

Completa las oraciones con la palabra o expresión correcta.

1. Don Aurelio Escovar es _____ sin título.

2. Al alcalde le duele _____.

3. Aurelio Escovar y el alcalde se llevan _____.

4. El alcalde amenaza (*threatens*) al dentista con pegarle un _____.

5. Finalmente, Aurelio Escovar _____ la muela al alcalde.

6. El alcalde llevaba varias noches sin _____.

Interpretación

En parejas, respondan a estas preguntas. Luego comparen sus respuestas con las de otra pareja.

1. ¿Cómo reacciona don Aurelio cuando escucha que el alcalde amenaza con pegarle un tiro? ¿Qué les dice esta actitud sobre las personalidades del dentista y del alcalde?

2. ¿Por qué creen que don Aurelio y el alcalde no se llevan bien?

3. ¿Creen que era realmente necesario no usar anestesia?

4. ¿Qué piensan que significa el comentario "aquí nos paga veinte muertos, teniente"? ¿Qué les dice esto del alcalde y su autoridad en el pueblo?

5. ¿Cómo se puede interpretar el saludo militar y la frase final del alcalde "es la misma vaina"?

Escritura

Estrategia

Organizing information logically

Many times a written piece may require you to include a great deal of information. You might want to organize your information in one of three different ways:

▶ chronologically (e.g., events in the history of a country)

▶ sequentially (e.g., steps in a recipe)

▶ in order of importance

Organizing your information beforehand will make both your writing and your message clearer to your readers. If you were writing a piece on weight reduction, for example, you would need to organize your ideas about two general areas: eating right and exercise. You would need to decide which of the two is more important according to your purpose in writing the piece. If your main idea is that eating right is the key to losing weight, you might want to start your piece with a discussion of good eating habits. You might want to discuss the following aspects of eating right in order of their importance:

▶ quantities of food

▶ selecting appropriate foods

▶ healthy recipes

▶ percentage of fat in each meal

▶ calorie count

▶ percentage of carbohydrates in each meal

▶ frequency of meals

You would then complete the piece by following the same process to discuss the various aspects of the importance of getting exercise.

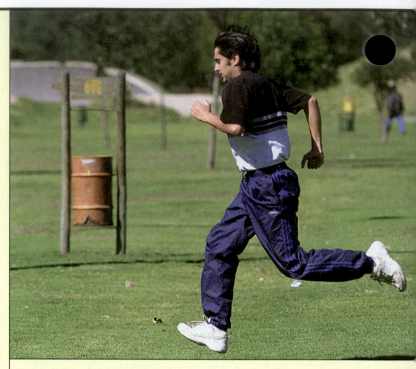

Tema

Escribir un plan personal de bienestar

Desarrolla un plan personal para mejorar tu bienestar, tanto físico como emocional. Tu plan debe describir:

1. lo que has hecho para mejorar tu bienestar y llevar una vida sana
2. lo que no has podido hacer todavía
3. las actividades que debes hacer en los próximos meses

Considera también estas preguntas:

La nutrición

▶ ¿Comes una dieta equilibrada?

▶ ¿Consumes suficientes vitaminas y minerales?

▶ ¿Consumes demasiada grasa?

▶ ¿Quieres aumentar de peso o adelgazar?

▶ ¿Qué puedes hacer para mejorar tu dieta?

El ejercicio

▶ ¿Haces ejercicio? ¿Con qué frecuencia?

▶ ¿Vas al gimnasio? ¿Qué tipo de ejercicios haces allí?

▶ ¿Practicas algún deporte?

▶ ¿Qué puedes hacer para mejorar tu bienestar físico?

El estrés

▶ ¿Sufres muchas presiones?

▶ ¿Qué actividades o problemas te causan estrés?

▶ ¿Qué haces (o debes hacer) para aliviar el estrés y sentirte más tranquilo/a?

▶ ¿Qué puedes hacer para mejorar tu bienestar emocional?

Escuchar Audio

Estrategia

Listening for the gist / Listening for cognates

Combining these two strategies is an easy way to get a good sense of what you hear. When you listen for the gist, you get the general idea of what you're hearing, which allows you to interpret cognates and other words in a meaningful context. Similarly, the cognates give you information about the details of the story that you might not have understood when listening for the gist.

 To practice these strategies, you will listen to a short paragraph. Write down the gist of what you hear and jot down a few cognates. Based on the gist and the cognates, what conclusions can you draw about what you heard?

Preparación

Mira la foto. ¿Qué pistas° te da de lo que vas a oír?

Ahora escucha

Escucha lo que dice Ofelia Cortez de Bauer. Anota algunos de los cognados que escuchas y también la idea general del discurso°.

_____
_____
_____
_____

Idea general: _____

Ahora contesta las siguientes preguntas.

1. ¿Cuál es el género° del discurso?
2. ¿Cuál es el tema?
3. ¿Cuál es el propósito°?

pistas _clues_ discurso _speech_ género _genre_ propósito _purpose_
público _audience_ debía haber incluido _should have included_

 Practice more at **vhlcentral.com**.

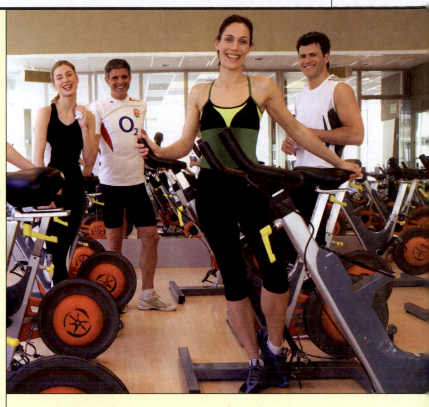

Comprensión

¿Cierto o falso?

Indica si lo que dicen estas oraciones es **cierto** o **falso**. Corrige las oraciones falsas.

	Cierto	Falso
1. La señora Bauer habla de la importancia de estar en buena forma y de hacer ejercicio.	○	○
2. Según ella, lo más importante es que lleves el programa sugerido por los expertos.	○	○
3. La señora Bauer participa en actividades individuales y de grupo.	○	○
4. El único objetivo del tipo de programa que ella sugiere es adelgazar.	○	○

Preguntas

Responde a las preguntas.

1. Imagina que el programa de radio sigue. Según las pistas que ella dio, ¿qué vas a oír en la segunda parte?
2. ¿A qué tipo de público° le interesa el tema del que habla la señora Bauer?
3. ¿Sigues los consejos de la señora Bauer? Explica tu respuesta.
4. ¿Qué piensas de los consejos que ella da? ¿Hay otra información que ella debía haber incluido°?

En pantalla

Anuncio

El objetivo de esta original y divertida campaña es informar y sensibilizar° a la sociedad sobre la enfermedad del Parkinson y el sufrimiento que ocasiona° a los que la padecen°. Además de darse a conocer° y enfrentarse a° la indiferencia, con esta campaña también se pretende° recaudar fondos°, ya que la Asociación Parkinson Alicante se ha visto afectada por la crisis económica española, disminuyendo así el número de ayudas recibidas.

Vocabulario útil

aullar	to howl
hombre lobo	werewolf
lucha	fight, battle
manada	pack (of wolves)
subvenciones	subsidies
tiembla	trembles, shakes

Preparación

¿Conoces alguna ONG (organización no gubernamental)? ¿Cuál? ¿Qué cosas ha hecho esa organización para ayudar a los demás?

Escoger

Elige la opción correcta.

1. Las _____ a la asociación estaban fallando.
   a. subvenciones   b. peticiones
2. La asociación decidió inventar una _____ para el Parkinson.
   a. pastilla   b. causa
3. Michael J. Fox hizo el papel de un _____ y tiene Parkinson.
   a. hombre lobo   b. hombre araña
4. La forma para llegar a todo el mundo es _____ lo más fuerte (*loud*) posible.
   a. cantar   b. aullar

Una campaña

En parejas, creen una campaña para transformar una organización, real o ficticia. Utilicen el condicional.

---

sensibilizar *to raise awareness* ocasiona *causes* la padecen *suffer from it* darse a conocer *spreading the word* enfrentarse a *to fight against* se pretende *the hope is to* recaudar fondos *to raise money*

Asociación Parkinson Alicante

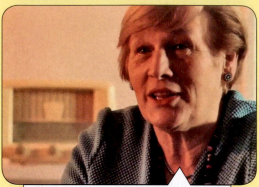

Hemos decidido inventarnos una causa para el Parkinson.

Tal vez la gente pueda creerse que ser hombre lobo provoque Parkinson.

Queremos que la gente conozca la asociación y nos ayude en esta lucha.

 Video: TV Clip

 Practice more at **vhlcentral.com**.

Cortometraje

A veces, nos encontramos con alguien que conocemos, pero no nos acordamos muy bien de cómo. El chico protagonista de *Cloe*, Dani, toma esta idea y la utiliza para acercarse a hablar con una chica en un café. Según él, se conocieron hace un par de años: su amigo Coque dio una fiesta de disfraces en su apartamento en La Latina, un barrio de Madrid.

Preparación

¿Alguna vez le has hablado a un desconocido (*stranger*) que creías conocer? ¿Alguna vez te ha hablado un desconocido que creía conocerte? ¿Qué sucedió?

Después de ver

Indica si lo que dice cada oración es **cierto** o **falso**. Corrige las oraciones falsas.

1. La chica protagonista se llama Cloe.
2. La chica dice que se conocieron en una fiesta de Navidad.
3. El chico dice que en la fiesta iba disfrazado del Lobo Feroz.
4. La chica no conoce al chico.
5. Al final, el chico se da cuenta de que ella también le ha mentido.

Conversar

Imagina que la conversación entre el chico y la chica se desarrolla de otra manera y la historia acaba de manera diferente. En parejas, escriban un final diferente para el corto. Luego, compártanlo con la clase.

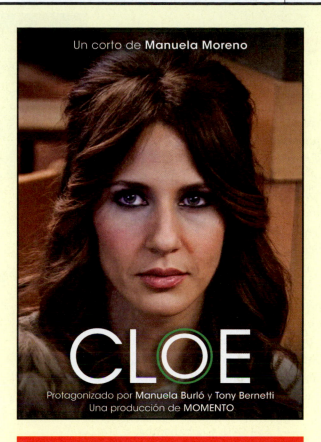

Un corto de **Manuela Moreno**

CLOE

Protagonizado por **Manuela Burló** y **Tony Bernetti**
Una producción de **MOMENTO**

Expresiones útiles

la Caperucita Roja	*Little Red Riding Hood*
en la punta de la lengua	*on the tip of one's tongue*
la fiesta de disfraces	*costume party*
ir vestido de algo	*to dress up as something*
el Lobo Feroz	*Big Bad Wolf*
se pasó un poco	*he went too far*
el tipo éste	*this guy*
la trenza	*braid*

Para hablar del corto

caradura	*cheeky*
encontrarse con (alguien)	*to run into (someone)*
fingir	*to pretend*
mentir (e:ie)	*to lie*

 Video: Short Film

 Practice more at **vhlcentral.com.**

Bolivia

El país en cifras

▶ **Área:** 1.098.580 km² (424.162 millas²), *equivalente al área total de Francia y España*

▶ **Población:** 10.631.000

Los indígenas quechua y aimara constituyen más de la mitad° de la población de Bolivia. Estos grupos indígenas han mantenido sus culturas y lenguas tradicionales. Las personas de ascendencia° indígena y europea representan la tercera parte de la población. Los demás son de ascendencia europea nacida en Latinoamérica. Una gran mayoría de los bolivianos, más o menos el 70%, vive en el altiplano°.

▶ **Capital:** La Paz, sede° del gobierno, capital administrativa—1.715.000; Sucre, sede del Tribunal Supremo, capital constitucional y judicial

▶ **Ciudades principales:** Santa Cruz de la Sierra—1.584.000; Cochabamba, Oruro, Potosí

▶ **Moneda:** peso boliviano

▶ **Idiomas:** español (oficial), aimara (oficial), quechua (oficial)

Bandera de Bolivia

Bolivianos célebres

▶ **Jesús Lara,** escritor (1898–1980)

▶ **Víctor Paz Estenssoro,** político y presidente (1907–2001)

▶ **María Luisa Pacheco,** pintora (1919–1982)

▶ **Matilde Casazola,** poeta (1942–)

▶ **Edmundo Paz Soldán,** escritor (1967–)

mitad *half* ascendencia *descent* altiplano *high plateau* sede *seat*
paraguas *umbrella* cascada *waterfall*

Plaza Murillo

Vista de la ciudad de Sucre

PERÚ

BRASIL

Río Beni

Río Mamoré

Río Grande

Illampu

Lago Titicaca

▲ La Paz ⭐

Tiahuanaco

Cordillera Oriental de los Andes

Oruro

Cordillera Central de los Andes

Santa Cruz de la Sierra

Río Pilcomayo

Sucre ⭐

Cochabamba

Lago Poopó

Potosí

PARAGUAY

Vista de la ciudad de Oruro

ARGENTINA

CHILE

ESTADOS UNIDOS

OCÉANO ATLÁNTICO

OCÉANO PACÍFICO

BOLIVIA

recursos

WB
pp. 189–190

VM
pp. 69–70

vhlcentral.com
Lección 15

¡Increíble pero cierto!

La Paz es la capital más alta del mundo. Su aeropuerto está situado a una altitud de 4.061 metros (13.325 pies). Ah, y si viajas en carro hasta La Paz, ¡no te olvides del paraguas°! En la carretera, que cruza 9.000 metros de densa selva, te encontrarás con una cascada°.

Lugares • El lago Titicaca

Titicaca, situado en los Andes de Bolivia y Perú, es el lago navegable más alto del mundo, a una altitud de 3.810 metros (12.500 pies). Con un área de más de 8.300 kilómetros² (3.200 millas²), también es el segundo lago más grande de Suramérica, después del lago de Maracaibo (Venezuela). La mitología inca cuenta que los hijos del dios° Sol emergieron de las profundas aguas del lago Titicaca para fundar su imperio°.

Artes • La música andina

La música andina, compartida por Bolivia, Perú, Ecuador, Chile y Argentina, es el aspecto más conocido de su folclore. Hay muchos conjuntos° profesionales que dan a conocer° esta música popular, de origen indígena, alrededor° del mundo. Algunos de los grupos más importantes y que llevan más de treinta años actuando en escenarios internacionales son Los Kjarkas (Bolivia), Inti Illimani (Chile), Los Chaskis (Argentina) e Illapu (Chile).

Historia • Tiahuanaco

Tiahuanaco, que significa "Ciudad de los dioses", es un sitio arqueológico de ruinas preincaicas situado cerca de La Paz y del lago Titicaca. Se piensa que los antepasados° de los indígenas aimara fundaron este centro ceremonial hace unos 15.000 años. En el año 1100, la ciudad tenía unos 60.000 habitantes. En este sitio se pueden ver el Templo de Kalasasaya, el Monolito Ponce, el Templete Subterráneo, la Puerta del Sol y la Puerta de la Luna. La Puerta del Sol es un impresionante monumento que tiene tres metros de alto y cuatro de ancho° y que pesa unas 10 toneladas.

¿Qué aprendiste? Responde a las preguntas con una oración completa.

1. ¿Qué idiomas se hablan en Bolivia?
2. ¿Dónde vive la mayoría de los bolivianos?
3. ¿Cuál es la capital administrativa de Bolivia?
4. Según la mitología inca, ¿qué ocurrió en el lago Titicaca?
5. ¿De qué países es la música andina?
6. ¿Qué origen tiene esta música?
7. ¿Cómo se llama el sitio arqueológico situado cerca de La Paz y el lago Titicaca?
8. ¿Qué es la Puerta del Sol?

Conexión Internet Investiga estos temas en **vhlcentral.com**.

Practice more at **vhlcentral.com**.

1. Busca información sobre un(a) boliviano/a célebre. ¿Cuáles son algunos de los episodios más importantes de su vida? ¿Qué ha hecho esta persona? ¿Por qué es célebre?
2. Busca información sobre Tiahuanaco u otro sitio arqueológico en Bolivia. ¿Qué han descubierto los arqueólogos en ese sitio?

dios *god* **imperio** *empire* **conjuntos** *groups* **dan a conocer** *make known* **alrededor** *around* **antepasados** *ancestors* **ancho** *wide*

Paraguay

El país en cifras

▶ **Área:** 406.750 km² (157.046 millas²),
  el tamaño° de California
▶ **Población:** 6.703.000
▶ **Capital:** Asunción—2.139.000
▶ **Ciudades principales:** Ciudad del Este,
  San Lorenzo, Lambaré, Fernando de la Mora
▶ **Moneda:** guaraní
▶ **Idiomas:** español (oficial), guaraní (oficial)
*Las tribus indígenas que habitaban la zona antes
de la llegada de los españoles hablaban guaraní.
Ahora el 90 por ciento de los paraguayos habla
esta lengua, que se usa con frecuencia en canciones,
poemas, periódicos y libros. Varios institutos y
asociaciones, como el Teatro Guaraní, se dedican
a preservar la cultura y la lengua guaraníes.*

Bandera de Paraguay

Paraguayos célebres

▶ **Agustín Barrios,** guitarrista y compositor
  (1885–1944)
▶ **Josefina Plá,** escritora y ceramista
  (1903–1999)
▶ **Augusto Roa Bastos,** escritor (1917–2005)
▶ **Olga Blinder,** pintora (1921–2008)
▶ **Berta Rojas,** guitarrista (1966–)

tamaño *size* multara *fined*

recursos

WB
pp. 191–192

VM
pp. 71–72

vhlcentral.com
Lección 15

BOLIVIA

ESTADOS UNIDOS

OCÉANO PACÍFICO

OCÉANO ATLÁNTICO

AMÉRICA DEL SUR

PARAGUAY

Paraguayo con alfombras típicas del país

BRASIL

Río Verde

Río Negro

Río Paraguay

Concepción

Río Paraná

ARGENTINA

Asunción

Fernando de la Mora

Ciudad del Este

San Lorenzo

Lambaré

Río Iguazú

Cordillera de Caaguazú

Río Tebicuary

Río Paraná

Agricultor indígena de la tribu maca

Itapúa

¡Increíble pero cierto!

¿Te imaginas qué pasaría si el gobierno multara° a
los ciudadanos que no van a votar? En Paraguay
es una obligación. Ésta es una ley nacional, que
otros países también tienen, para obligar a los
ciudadanos a participar en las elecciones. En
Paraguay los ciudadanos que no van a votar
tienen que pagar una multa al gobierno.

Artesanía • El ñandutí

La artesanía° más famosa de Paraguay se llama ñandutí y es un encaje°
hecho a mano originario de Itauguá. En guaraní, la palabra ñandutí significa
telaraña° y esta pieza recibe ese nombre porque imita el trazado° que crean
los arácnidos. Estos encajes suelen ser° blancos, pero también los hay de
colores, con formas geométricas o florales.

Ciencias • La represa Itaipú

La represa° Itaipú es una instalación hidroeléctrica que se encuentra en la
frontera entre Paraguay y Brasil. Su construcción inició en 1974 y duró 8 años.
La cantidad de concreto que se utilizó durante los primeros cinco años de esta
obra fue similar a la que se necesita para construir un edificio de 350 pisos.
Cien mil trabajadores paraguayos participaron en el proyecto. En 1984 se puso
en funcionamiento la Central Hidroeléctrica de Itaipú y gracias a su cercanía
con las famosas cataratas del Iguazú, muchos turistas la visitan diariamente.

Naturaleza • Los ríos Paraguay y Paraná

Los ríos Paraguay y Paraná sirven de frontera natural entre Argentina y
Paraguay, y son las principales rutas de transporte de este último país. El
Paraná tiene unos 3.200 kilómetros navegables, y por esta ruta pasan barcos
de más de 5.000 toneladas, los cuales viajan desde el estuario° del Río de la
Plata hasta la ciudad de Asunción. El río Paraguay divide el Gran Chaco de la
meseta° Paraná, donde vive la mayoría de los paraguayos.

 ¿Qué aprendiste? Contesta cada pregunta con una oración completa.

1. ¿Quién fue Augusto Roa Bastos?

2. ¿Cómo se llama la moneda de Paraguay?

3. ¿Qué es el ñandutí?

4. ¿De dónde es originario el ñandutí?

5. ¿Qué forma imita el ñandutí?

6. En total, ¿cuántos años tomó la construcción de la represa Itaipú?

7. ¿A cuántos paraguayos dio trabajo la construcción de la represa?

8. ¿Qué países separan los ríos Paraguay y Paraná?

9. ¿Qué distancia se puede navegar por el Paraná?

 Conexión Internet Investiga estos temas en **vhlcentral.com**.

1. Busca información sobre Alfredo Stroessner, el ex presidente de Paraguay. ¿Por qué se le considera
un dictador?

2. Busca información sobre la historia de Paraguay. En tu opinión, ¿cuáles fueron los episodios decisivos
en su historia?

 Practice more at **vhlcentral.com**.

artesanía *crafts* encaje *lace* telaraña *spiderweb* trazado *outline; design* suelen ser *are usually* represa *dam* estuario *estuary* meseta *plateau*

El bienestar

el bienestar	*well-being*
la droga	*drug*
el/la drogadicto/a	*drug addict*
el masaje	*massage*
el/la teleadicto/a	*couch potato*
adelgazar	*to lose weight; to slim down*
aliviar el estrés	*to reduce stress*
aliviar la tensión	*to reduce tension*
apurarse, darse prisa	*to hurry; to rush*
aumentar de peso, engordar	*to gain weight*
disfrutar (de)	*to enjoy; to reap the benefits (of)*
estar a dieta	*to be on a diet*
(no) fumar	*(not) to smoke*
llevar una vida sana	*to lead a healthy lifestyle*
sufrir muchas presiones	*to be under a lot of pressure*
tratar de (+ *inf.*)	*to try (to do something)*
activo/a	*active*
débil	*weak*
en exceso	*in excess; too much*
flexible	*flexible*
fuerte	*strong*
sedentario/a	*sedentary*
tranquilo/a	*calm; quiet*

En el gimnasio

la cinta caminadora	*treadmill*
la clase de ejercicios aeróbicos	*aerobics class*
el/la entrenador(a)	*trainer*
el músculo	*muscle*
calentarse (e:ie)	*to warm up*
entrenarse	*to train*
estar en buena forma	*to be in good shape*
hacer ejercicio	*to exercise*
hacer ejercicios aeróbicos	*to do aerobics*
hacer ejercicios de estiramiento	*to do stretching exercises*
hacer gimnasia	*to work out*
levantar pesas	*to lift weights*
mantenerse en forma	*to stay in shape*
sudar	*to sweat*

La nutrición

la bebida alcohólica	*alcoholic beverage*
la cafeína	*caffeine*
la caloría	*calorie*
el colesterol	*cholesterol*
la grasa	*fat*
la merienda	*afternoon snack*
el mineral	*mineral*
la nutrición	*nutrition*
el/la nutricionista	*nutritionist*
la proteína	*protein*
la vitamina	*vitamin*
comer una dieta equilibrada	*to eat a balanced diet*
consumir alcohol	*to consume alcohol*
descafeinado/a	*decaffeinated*

Expresiones útiles	*See page 487.*

Vocabulary Tools

Plan de escritura

1 ## Ideas y organización

Begin by organizing your writing materials. If you prefer to write by hand, you may want to have a few spare pens and pencils on hand, as well as an eraser or correction fluid. If you prefer to use a word-processing program, make sure you know how to type Spanish accent marks, the **tilde**, and Spanish punctuation marks. Then make a list of the resources you can consult while writing. Finally, make a list of the basic ideas you want to cover. Beside each idea, jot down a few Spanish words and phrases you may want to use while writing.

2 ## Primer borrador

Write your first draft, using the resources and ideas you gathered in **Ideas y organización.**

3 ## Comentario

Exchange papers with a classmate and comment on each other's work, using these questions as a guide. Begin by mentioning what you like about your classmate's writing.

a. How can your classmate make his or her writing clearer, more logical, or more organized?

b. What suggestions do you have for making the writing more interesting or complete?

c. Do you see any spelling or grammatical errors?

4 ## Redacción

Revise your first draft, keeping in mind your classmate's comments. Also, incorporate any new information you may have. Before handing in the final version, review your work using these guidelines:

a. Make sure each verb agrees with its subject. Then check the gender and number of each article, noun, and adjective.

b. Check your spelling and punctuation.

c. Consult your **Anotaciones para mejorar la escritura** (see description below) to avoid repetition of previous errors.

5 ## Evaluación y progreso

You may want to share what you've written with a classmate, a small group, or the entire class. After your instructor has returned your paper, review the comments and corrections. On a separate sheet of paper, write the heading **Anotaciones para mejorar** (*Notes for improving*) **la escritura** and list your most common errors. Place this list and your corrected document in your writing portfolio (**Carpeta de trabajos**) and consult it from time to time to gauge your progress.

Spanish Terms for Direction Lines and Classroom Use

Below is a list of useful terms that you might hear your instructor say in class. It also includes Spanish terms that appear in the direction lines of your textbook.

En las instrucciones · *In direction lines*

Cambia/Cambien...	*Change...*
Camina/Caminen por la clase.	*Walk around the classroom.*
Ciertas o falsas	*True or false*
Cierto o falso	*True or false*
Circula/Circulen por la clase.	*Walk around the classroom.*
Completa las oraciones de una manera lógica.	*Complete the sentences logically.*
Con un(a) compañero/a...	*With a classmate...*
Contesta las preguntas.	*Answer the questions.*
Corrige las oraciones falsas.	*Correct the false statements.*
Cuenta/Cuenten...	*Tell...*
Di/Digan...	*Say...*
Discute/Discutan...	*Discuss...*
En grupos...	*In groups...*
En parejas...	*In pairs...*
Entrevista...	*Interview...*
Escúchala	*Listen to it*
Forma oraciones completas.	*Create/Make complete sentences.*
Háganse preguntas.	*Ask each other questions.*
Haz el papel de...	*Play the role of...*
Haz los cambios necesarios.	*Make the necessary changes.*
Indica/Indiquen si las oraciones...	*Indicate if the sentences...*
Intercambia/Intercambien...	*Exchange...*
Lee/Lean en voz alta.	*Read aloud.*
Pon/Pongan...	*Put...*
... que mejor completa...	*...that best completes...*
Reúnete...	*Get together...*
... se da/dan como ejemplo.	*...is/are given as a model.*
Toma nota...	*Take note...*
Tomen apuntes.	*Take notes.*
Túrnense...	*Take turns...*

Palabras útiles · *Useful words*

la adivinanza	*riddle*
el anuncio	*advertisement/ad*
los apuntes	*notes*
el borrador	*draft*
la canción	*song*
la concordancia	*agreement*
el contenido	*contents*
el cortometraje	*short film*
eficaz	*efficient; effective*
la encuesta	*survey*
el equipo	*team*
el esquema	*outline*
el folleto	*brochure*
las frases	*phrases*
la hoja de actividades	*activity sheet/handout*
la hoja de papel	*piece of paper*
la información errónea	*incorrect information*
el/la lector(a)	*reader*
la lectura	*reading*
las oraciones	*sentences*
la ortografía	*spelling*
el papel	*role*
el párrafo	*paragraph*
el paso	*step*
la(s) persona(s) descrita(s)	*the person (people) described*
la pista	*clue*
por ejemplo	*for example*
el propósito	*purpose*
los recursos	*resources*
el reportaje	*report*
los resultados	*results*
según	*according to*
siguiente	*following*
la sugerencia	*suggestion*
el sustantivo	*noun*
el tema	*topic*
último	*last*
el último recurso	*last resort*

Verbos útiles — *Useful verbs*

adivinar	*to guess*
anotar	*to jot down*
añadir	*to add*
apoyar	*to support*
averiguar	*to find out*
cambiar	*to change*
combinar	*to combine*
compartir	*to share*
comprobar (o:ue)	*to check*
contestar	*to answer*
corregir (e:i)	*to correct*
crear	*to create*
devolver (o:ue)	*to return*
doblar	*to fold*
dramatizar	*to act out*
elegir (e:i)	*to choose/select*
emparejar	*to match*
entrevistar	*to interview*
escoger	*to choose*
identificar	*to identify*
incluir	*to include*
informar	*to report*
intentar	*to try*
intercambiar	*to exchange*
investigar	*to research*
marcar	*to mark*
preguntar	*to ask*
recordar (o:ue)	*to remember*
responder	*to answer*
revisar	*to revise*
seguir (e:i)	*to follow*
seleccionar	*to select*
subrayar	*to underline*
traducir	*to translate*
tratar de	*to be about*

Expresiones útiles — *Useful expressions*

Ahora mismo.	*Right away.*
¿Cómo no?	*But of course.*
¿Cómo se dice _____ en español?	*How do you say _____ in Spanish?*
¿Cómo se escribe _____?	*How do you spell _____?*
¿Comprende(n)?	*Do you understand?*
Con gusto.	*With pleasure.*
Con permiso.	*Excuse me.*
De acuerdo.	*Okay.*
De nada.	*You're welcome.*
¿De veras?	*Really?*
¿En qué página estamos?	*What page are we on?*
¿En serio?	*Seriously?*
Enseguida.	*Right away.*
hoy día	*nowadays*
Más despacio, por favor.	*Slower, please.*
Muchas gracias.	*Thanks a lot.*
No entiendo.	*I don't understand.*
No hay de qué.	*Don't mention it.*
No importa.	*No problem./It doesn't matter.*
¡No me digas!	*You don't say!*
No sé.	*I don't know.*
¡Ojalá!	*Hopefully!*
Perdone.	*Pardon me.*
Por favor.	*Please.*
Por supuesto.	*Of course.*
¡Qué bien!	*Great!*
¡Qué gracioso!	*How funny!*
¡Qué pena!	*What a shame/pity!*
¿Qué significa _____?	*What does _____ mean?*
Repite, por favor.	*Please repeat.*
Tengo una pregunta.	*I have a question.*
¿Tiene(n) alguna pregunta?	*Do you have any questions?*
Vaya(n) a la página dos.	*Go to page 2.*

Glossary of Grammatical Terms

ADJECTIVE A word that modifies, or describes, a noun or pronoun.

muchos libros	un hombre **rico**
many books	*a rich man*
las mujeres **altas**	
the tall women	

Demonstrative adjective An adjective that specifies which noun a speaker is referring to.

esta fiesta	**ese** chico
this party	*that boy*
aquellas flores	
those flowers	

Possessive adjective An adjective that indicates ownership or possession.

mi mejor vestido	Éste es **mi** hermano.
my best dress	*This is my brother.*

Stressed possessive adjective A possessive adjective that emphasizes the owner or possessor.

Es un libro **mío**.
It's my book./It's a book of mine.

Es amiga **tuya**; yo no la conozco.
She's a friend of yours; I don't know her.

ADVERB A word that modifies, or describes, a verb, adjective, or other adverb.

Pancho escribe **rápidamente**.
Pancho writes quickly.

Este cuadro es **muy** bonito.
This picture is very pretty.

ARTICLE A word that points out a noun in either a specific or a non-specific way.

Definite article An article that points out a noun in a specific way.

el libro	**la** maleta
the book	*the suitcase*
los diccionarios	**las** palabras
the dictionaries	*the words*

Indefinite article An article that points out a noun in a general, non-specific way.

un lápiz	**una** computadora
a pencil	*a computer*
unos pájaros	**unas** escuelas
some birds	*some schools*

CLAUSE A group of words that contains both a conjugated verb and a subject, either expressed or implied.

Main (or Independent) clause A clause that can stand alone as a complete sentence.

Pienso ir a cenar pronto.
I plan to go to dinner soon.

Subordinate (or Dependent) clause A clause that does not express a complete thought and therefore cannot stand alone as a sentence.

Trabajo en la cafetería **porque necesito dinero para la escuela.**
I work in the cafeteria because I need money for school.

COMPARATIVE A construction used with an adjective or adverb to express a comparison between two people, places, or things.

Este programa es **más interesante** que el otro.
This program is more interesting than the other one.

Tomás no es **tan alto como** Alberto.
Tomás is not as tall as Alberto.

CONJUGATION A set of the forms of a verb for a specific tense or mood or the process by which these verb forms are presented.

Preterite conjugation of **cantar:**

cant**é**	cant**amos**
cant**aste**	cant**asteis**
cant**ó**	cant**aron**

CONJUNCTION A word used to connect words, clauses, or phrases.

Susana es de Cuba **y** Pedro es de España.
Susana is from Cuba and Pedro is from Spain.

No quiero estudiar **pero** tengo que hacerlo.
I don't want to study, but I have to.

CONTRACTION The joining of two words into one. The only contractions in Spanish are **al** and **del**.

Mi hermano fue **al** concierto ayer.
*My brother went **to the** concert yesterday.*

Saqué dinero **del** banco.
*I took money **from the** bank.*

DIRECT OBJECT A noun or pronoun that directly receives the action of the verb.

Tomás lee **el libro.**　　**La** pagó ayer.
*Tomás reads **the book**.*　　*She paid **it** yesterday.*

GENDER The grammatical categorizing of certain kinds of words, such as nouns and pronouns, as masculine, feminine, or neuter.

Masculine
articles　**el, un**
pronouns　**él, lo, mío, éste, ése, aquél**
adjective　**simpático**

Feminine
articles　**la, una**
pronouns　**ella, la, mía, ésta, ésa, aquélla**
adjective　**simpática**

IMPERSONAL EXPRESSION A third-person expression with no expressed or specific subject.

Es muy importante.　　**Llueve** mucho.
It's very important.　　*It's raining hard.*

Aquí **se habla** español.
*Spanish **is spoken** here.*

INDIRECT OBJECT A noun or pronoun that receives the action of the verb indirectly; the object, often a living being, to or for whom an action is performed.

Eduardo **le** dio un libro **a Linda.**
*Eduardo gave a book **to Linda**.*

La profesora **me** puso una C en el examen.
*The professor gave **me** a C on the test.*

INFINITIVE The basic form of a verb. Infinitives in Spanish end in **-ar**, **-er**, or **-ir**.

hablar　　correr　　abrir
to speak　　*to run*　　*to open*

INTERROGATIVE An adjective, adverb, or pronoun used to ask a question.

¿Quién habla?　　**¿Cuántos** compraste?
***Who** is speaking?*　　***How many** did you buy?*

¿Qué piensas hacer hoy?
***What** do you plan to do today?*

INVERSION Changing the word order of a sentence, often to form a question.

Statement: Elena pagó la cuenta del restaurante.

Inversion: ¿Pagó Elena la cuenta del restaurante?

MOOD A grammatical distinction of verbs that indicates whether the verb is intended to make a statement or command or to express a doubt, emotion, or condition contrary to fact.

Imperative mood Verb forms used to make commands.

Di la verdad.　　**Caminen** ustedes conmigo.
***Tell** the truth.*　　***Walk** with me.*

¡Comamos ahora!
***Let's eat** now!*

Indicative mood Verb forms used to state facts, actions, and states considered to be real.

Sé que **tienes** el dinero.
*I **know** that **you have** the money.*

Subjunctive mood Verb forms used principally in subordinate (dependent) clauses to express wishes, desires, emotions, doubts, and certain conditions, such as contrary-to-fact situations.

Prefieren que **hables** en español.
*They prefer that **you speak** in Spanish.*

Dudo que Luis **tenga** el dinero necesario.
*I doubt that Luis **has** the necessary money.*

NOUN A word that identifies people, animals, places, things, and ideas.

hombre	gato
man	*cat*
México	casa
Mexico	*house*
libertad	libro
freedom	*book*

NUMBER A grammatical term that refers to singular or plural. Nouns in Spanish and English have number. Other parts of a sentence, such as adjectives, articles, and verbs, can also have number.

Singular	Plural
una cosa	**unas** cosas
a thing	*some things*
el profesor	**los** profesores
the professor	*the professors*

NUMBERS Words that represent amounts.

Cardinal numbers Words that show specific amounts.

cinco minutos
five minutes

el año **dos mil veintitrés**
the year 2023

Ordinal numbers Words that indicate the order of a noun in a series.

el **cuarto** jugador	la **décima** hora
*the **fourth** player*	*the **tenth** hour*

PAST PARTICIPLE A past form of the verb used in compound tenses. The past participle may also be used as an adjective, but it must then agree in number and gender with the word it modifies.

Han **buscado** por todas partes.
*They have **searched** everywhere.*

Yo no había **estudiado** para el examen.
*I hadn't **studied** for the exam.*

Hay una **ventana abierta** en la sala.
*There is an **open window** in the living room.*

PERSON The form of the verb or pronoun that indicates the speaker, the one spoken to, or the one spoken about. In Spanish, as in English, there are three persons: first, second, and third.

Person	Singular	Plural
1st	**yo** *I*	**nosotros/as** *we*
2nd	**tú, Ud.** *you*	**vosotros/as, Uds.** *you*
3rd	**él, ella** *he, she*	**ellos, ellas** *they*

PREPOSITION A word or words that describe(s) the relationship, most often in time or space, between two other words.

Anita es **de** California.
*Anita is **from** California.*

La chaqueta está **en** el carro.
*The jacket is **in** the car.*

Marta se peinó **antes de** salir.
*Marta combed her hair **before** going out.*

PRESENT PARTICIPLE In English, a verb form that ends in -*ing*. In Spanish, the present participle ends in **-ndo**, and is often used with **estar** to form a progressive tense.

Mi hermana está **hablando** por teléfono ahora mismo.
*My sister is **talking** on the phone right now.*

PRONOUN A word that takes the place of a noun or nouns.

Demonstrative pronoun A pronoun that takes the place of a specific noun.

Quiero **ésta**.
*I want **this one**.*

¿Vas a comprar **ése**?
*Are you going to buy **that one**?*

Juan prefirió **aquéllos**.
*Juan preferred **those** (over there).*

Object pronoun A pronoun that functions as a direct or indirect object of the verb.

Te digo la verdad.
*I'm telling **you** the truth.*

Me lo trajo Juan.
*Juan brought **it** to **me**.*

Reflexive pronoun A pronoun that indicates that the action of a verb is performed by the subject on itself. These pronouns are often expressed in English with -*self*: *myself, yourself,* etc.

Yo **me bañé** antes de salir.
I bathed (myself) before going out.

Elena **se acostó** a las once y media.
*Elena **went to bed** at eleven-thirty.*

Relative pronoun A pronoun that connects a subordinate clause to a main clause.

El chico **que** nos escribió viene de visita mañana.
*The boy **who** wrote us is coming to visit tomorrow.*

Ya sé **lo que** tenemos que hacer.
*I already know **what** we have to do.*

Subject pronoun A pronoun that replaces the name or title of a person or thing, and acts as the subject of a verb.

Tú debes estudiar más.
***You** should study more.*

Él llegó primero.
***He** arrived first.*

SUBJECT A noun or pronoun that performs the action of a verb and is often implied by the verb.

María va al supermercado.
***María** goes to the supermarket.*

(Ellos) Trabajan mucho.
***They** work hard.*

Esos **libros** son muy caros.
*Those **books** are very expensive.*

SUPERLATIVE A word or construction used with an adjective or adverb to express the highest or lowest degree of a specific quality among three or more people, places, or things.

De todas mis clases, ésta es la **más interesante**.
*Of all my classes, this is the **most interesting**.*

Raúl es el **menos simpático** de los chicos.
*Raúl is the **least likeable** of the boys.*

TENSE A set of verb forms that indicates the time of an action or state: past, present, or future.

Compound tense A two-word tense made up of an auxiliary verb and a present or past participle. In Spanish, **estar** and **haber** are auxiliary verbs.

En este momento, **estoy estudiando**.
*At this time, **I am studying**.*

El paquete no **ha llegado** todavía.
*The package **has** not **arrived** yet.*

Simple tense A tense expressed by a single verb form.

María **estaba** enferma anoche.
*María **was** sick last night.*

Juana **hablará** con su mamá mañana.
*Juana **will speak** with her mom tomorrow.*

VERB A word that expresses actions or states of being.

Auxiliary verb A verb used with a present or past participle to form a compound tense. **Haber** is the most commonly used auxiliary verb in Spanish.

Los chicos **han** visto los elefantes.
*The children **have** seen the elephants.*

Espero que **hayas** comido.
*I hope you **have** eaten.*

Reflexive verb A verb that describes an action performed by the subject on itself and is always used with a reflexive pronoun.

Me compré un carro nuevo.
*I **bought myself** a new car.*

Pedro y Adela **se levantan** muy temprano.
*Pedro and Adela **get (themselves) up** very early.*

Spelling change verb A verb that undergoes a predictable change in spelling, in order to reflect its actual pronunciation in the various conjugations.

practicar	c→qu	practico	practiqué
dirigir	g→j	dirigí	dirijo
almorzar	z→c	almorzó	almorcé

Stem-changing verb A verb whose stem vowel undergoes one or more predictable changes in the various conjugations.

entender (e:ie)	entiendo
pedir (e:i)	piden
dormir (o:ue, u)	duermo, durmieron

Verb Conjugation Tables

The verb lists

The list of verbs below, and the model-verb tables that start on page A-11 show you how to conjugate the verbs taught in **PANORAMA**. Each verb in the list is followed by a model verb conjugated according to the same pattern. The number in parentheses indicates where in the verb tables you can find the conjugated forms of the model verb. If you want to find out how to conjugate **divertirse**, for example, look up number 33, **sentir**, the model for verbs that follow the **e:ie** stem-change pattern.

How to use the verb tables

In the tables you will find the infinitive, present and past participles, and all the simple forms of each model verb. The formation of the compound tenses of any verb can be inferred from the table of compound tenses, pages A-11–12, either by combining the past participle of the verb with a conjugated form of **haber** or by combining the present participle with a conjugated form of **estar.**

abrazar (z:c) like cruzar (37)
abrir like vivir (3) *except* past participle is **abierto**
aburrir(se) like vivir (3)
acabar like hablar (1)
acampar like hablar (1)
acompañar like hablar (1)
aconsejar like hablar (1)
acordarse (o:ue) like contar (24)
acostarse (o:ue) like contar (24)
adelgazar (z:c) like cruzar (37)
afeitarse like hablar (1)
ahorrar like hablar (1)
alegrarse like hablar (1)
aliviar like hablar (1)
almorzar (o:ue) like contar (24) *except* (z:c)
alquilar like hablar (1)
andar like hablar (1) *except* preterite stem is **anduv-**
anunciar like hablar (1)
apagar (g:gu) like llegar (41)
aplaudir like vivir (3)
apreciar like hablar (1)
aprender like comer (2)
apurarse like hablar (1)
arrancar (c:qu) like tocar (44)
arreglar like hablar (1)

asistir like vivir (3)
aumentar like hablar (1)
ayudar(se) like hablar (1)
bailar like hablar (1)
bajar(se) like hablar (1)
bañarse like hablar (1)
barrer like comer (2)
beber like comer (2)
besar(se) like hablar (1)
borrar like hablar (1)
brindar like hablar (1)
bucear like hablar (1)
buscar (c:qu) like tocar (44)
caber (4)
caer(se) (5)
calentarse (e:ie) like pensar (30)
calzar (z:c) like cruzar (37)
cambiar like hablar (1)
caminar like hablar (1)
cantar like hablar (1)
casarse like hablar (1)
cazar (z:c) like cruzar (37)
celebrar like hablar (1)
cenar like hablar (1)
cepillarse like hablar (1)
cerrar (e:ie) like pensar (30)
chatear like hablar (1)
cobrar like hablar (1)
cocinar like hablar (1)
comenzar (e:ie) (z:c) like empezar (26)
comer (2)

compartir like vivir (3)
comprar like hablar (1)
comprender like comer (2)
comprometerse like comer (2)
comunicarse (c:qu) like tocar (44)
conducir (c:zc) (6)
confirmar like hablar (1)
conocer (c:zc) (35)
conseguir (e:i) (g:gu) like seguir (32)
conservar like hablar (1)
consumir like vivir (3)
contaminar like hablar (1)
contar (o:ue) (24)
contestar like hablar (1)
contratar like hablar (1)
controlar like hablar (1)
conversar like hablar (1)
correr like comer (2)
costar (o:ue) like contar (24)
creer (y) (36)
cruzar (z:c) (37)
cuidar like hablar (1)
dañar like hablar (1)
dar (7)
deber like comer (2)
decidir like vivir (3)
decir (e:i) (8)
declarar like hablar (1)
dejar like hablar (1)

depositar like hablar (1)
desarrollar like hablar (1)
desayunar like hablar (1)
descansar like hablar (1)
descargar like llegar (41)
describir like vivir (3) *except* past participle is descrito
descubrir like vivir (3) *except* past participle is descubierto
desear like hablar (1)
despedir(se) (e:i) like pedir (29)
despertarse (e:ie) like pensar (30)
destruir (y) (38)
dibujar like hablar (1)
dirigir (g:j) like vivir (3) *except* (g:j)
disfrutar like hablar (1)
divertirse (e:ie) like sentir (33)
divorciarse like hablar (1)
doblar like hablar (1)
doler (o:ue) like volver (34) *except* past participle is regular
dormir(se) (o:ue) (25)
ducharse like hablar (1)
dudar like hablar (1)
durar like hablar (1)
echar like hablar (1)
elegir (e:i) like pedir (29) *except* (g:j)

emitir like vivir (3)

empezar (e:ie) (z:c) (26)

enamorarse like hablar (1)

encantar like hablar (1)

encontrar(se) (o:ue) like contar (24)

enfermarse like hablar (1)

engordar like hablar (1)

enojarse like hablar (1)

enseñar like hablar (1)

ensuciar like hablar (1)

entender (e:ie) (27)

entrenarse like hablar (1)

entrevistar like hablar (1)

enviar (envío) (39)

escalar like hablar (1)

escanear like hablar (1)

escoger (g:j) like proteger (43)

escribir like vivir (3) *except* past participle is escrito

escuchar like hablar (1)

esculpir like vivir (3)

esperar like hablar (1)

esquiar (esquío) like enviar (39)

establecer (c:zc) like conocer (35)

estacionar like hablar (1)

estar (9)

estornudar like hablar (1)

estudiar like hablar (1)

evitar like hablar (1)

explicar (c:qu) like tocar (44)

faltar like hablar (1)

fascinar like hablar (1)

firmar like hablar (1)

fumar like hablar (1)

funcionar like hablar (1)

ganar like hablar (1)

gastar like hablar (1)

grabar like hablar (1)

graduarse (gradúo) (40)

guardar like hablar (1)

gustar like hablar (1)

haber (hay) (10)

hablar (1)

hacer (11)

importar like hablar (1)

imprimir like vivir (3)

indicar (c:qu) like tocar (44)

informar like hablar (1)

insistir like vivir (3)

interesar like hablar (1)

invertir (e:ie) like sentir (33)

invitar like hablar (1)

ir(se) (12)

jubilarse like hablar (1)

jugar (u:ue) (g:gu) (28)

lastimarse like hablar (1)

lavar(se) like hablar (1)

leer (y) like creer (36)

levantar(se) like hablar (1)

limpiar like hablar (1)

llamar(se) like hablar (1)

llegar (g:gu) (41)

llenar like hablar (1)

llevar(se) like hablar (1)

llover (o:ue) like volver (34) *except* past participle is regular

luchar like hablar (1)

mandar like hablar (1)

manejar like hablar (1)

mantener(se) (e:ie) like tener (20)

maquillarse like hablar (1)

mejorar like hablar (1)

merendar (e:ie) like pensar (30)

mirar like hablar (1)

molestar like hablar (1)

montar like hablar (1)

morir (o:ue) like dormir (25) *except* past participle is muerto

mostrar (o:ue) like contar (24)

mudarse like hablar (1)

nacer (c:zc) like conocer (35)

nadar like hablar (1)

navegar (g:gu) like llegar (41)

necesitar like hablar (1)

negar (e:ie) like pensar (30) *except* (g:gu)

nevar (e:ie) like pensar (30)

obedecer (c:zc) like conocer (35)

obtener (e:ie) like tener (20)

ocurrir like vivir (3)

odiar like hablar (1)

ofrecer (c:zc) like conocer (35)

oír (13)

olvidar like hablar (1)

pagar (g:gu) like llegar (41)

parar like hablar (1)

parecer (c:zc) like conocer (35)

pasar like hablar (1)

pasear like hablar (1)

patinar like hablar (1)

pedir (e:i) (29)

peinarse like hablar (1)

pensar (e:ie) (30)

perder (e:ie) like entender (27)

pescar (c:qu) like tocar (44)

pintar like hablar (1)

planchar like hablar (1)

poder (o:ue) (14)

poner(se) (15)

practicar (c:qu) like tocar (44)

preferir (e:ie) like sentir (33)

preguntar like hablar (1)

prender like comer (2)

preocuparse like hablar (1)

preparar like hablar (1)

presentar like hablar (1)

prestar like hablar (1)

probar(se) (o:ue) like contar (24)

prohibir (prohíbo) (42)

proteger (g:j) (43)

publicar (c:qu) like tocar (44)

quedar(se) like hablar (1)

querer (e:ie) (16)

quitar(se) like hablar (1)

recetar like hablar (1)

recibir like vivir (3)

reciclar like hablar (1)

recoger (g:j) like proteger (43)

recomendar (e:ie) like pensar (30)

recordar (o:ue) like contar (24)

reducir (c:zc) like conducir (6)

regalar like hablar (1)

regatear like hablar (1)

regresar like hablar (1)

reír(se) (e:i) (31)

relajarse like hablar (1)

renunciar like hablar (1)

repetir (e:i) like pedir (29)

resolver (o:ue) like volver (34)

respirar like hablar (1)

revisar like hablar (1)

rogar (o:ue) like contar (24) *except* (g:gu)

romper(se) like comer (2) *except* past participle is roto

saber (17)

sacar (c:qu) like tocar (44)

sacudir like vivir (3)

salir (18)

saludar(se) like hablar (1)

secar(se) (c:qu) like tocar (44)

seguir (e:i) (32)

sentarse (e:ie) like pensar (30)

sentir(se) (e:ie) (33)

separarse like hablar (1)

ser (19)

servir (e:i) like pedir (29)

solicitar like hablar (1)

sonar (o:ue) like contar (24)

sonreír (e:i) like reír(se) (31)

sorprender like comer (2)

subir like vivir (3)

sudar like hablar (1)

sufrir like vivir (3)

sugerir (e:ie) like sentir (33)

suponer like poner (15)

temer like comer (2)

tener (e:ie) (20)

terminar like hablar (1)

tocar (c:qu) (44)

tomar like hablar (1)

torcerse (o:ue) like volver (34) *except* (c:z) and past participle is regular; e.g., **yo tuerzo**

toser like comer (2)

trabajar like hablar (1)

traducir (c:zc) like conducir (6)

traer (21)

transmitir like vivir (3)

tratar like hablar (1)

usar like hablar (1)

vender like comer (2)

venir (e:ie) (22)

ver (23)

vestirse (e:i) like pedir (29)

viajar like hablar (1)

visitar like hablar (1)

vivir (3)

volver (o:ue) (34)

votar like hablar (1)

Regular verbs: simple tenses

Infinitive	INDICATIVE						SUBJUNCTIVE		IMPERATIVE
	Present	Imperfect	Preterite	Future	Conditional		Present	Past	
1 hablar	hablo	hablaba	hablé	hablaré	hablaría		hable	hablara	
	hablas	hablabas	hablaste	hablarás	hablarías		hables	hablaras	habla tú (no hables)
	habla	hablaba	habló	hablará	hablaría		hable	hablara	hable Ud.
Participles:	hablamos	hablábamos	hablamos	hablaremos	hablaríamos		hablemos	habláramos	hablemos
hablando	habláis	hablabais	hablasteis	hablaréis	hablaríais		habléis	hablarais	hablad (no habléis)
hablado	hablan	hablaban	hablaron	hablarán	hablarían		hablen	hablaran	hablen Uds.
2 comer	como	comía	comí	comeré	comería		coma	comiera	
	comes	comías	comiste	comerás	comerías		comas	comieras	come tú (no comas)
	come	comía	comió	comerá	comería		coma	comiera	coma Ud.
Participles:	comemos	comíamos	comimos	comeremos	comeríamos		comamos	comiéramos	comamos
comiendo	coméis	comíais	comisteis	comeréis	comeríais		comáis	comierais	comed (no comáis)
comido	comen	comían	comieron	comerán	comerían		coman	comieran	coman Uds.
3 vivir	vivo	vivía	viví	viviré	viviría		viva	viviera	
	vives	vivías	viviste	vivirás	vivirías		vivas	vivieras	vive tú (no vivas)
	vive	vivía	vivió	vivirá	viviría		viva	viviera	viva Ud.
Participles:	vivimos	vivíamos	vivimos	viviremos	viviríamos		vivamos	viviéramos	vivamos
viviendo	vivís	vivíais	vivisteis	viviréis	viviríais		viváis	vivierais	vivid (no viváis)
vivido	viven	vivían	vivieron	vivirán	vivirían		vivan	vivieran	vivan Uds.

All verbs: compound tenses

PERFECT TENSES

INDICATIVE

Present Perfect		Past Perfect		Future Perfect		Conditional Perfect	
he	hablado	había	hablado	habré	hablado	habría	hablado
has	comido	habías	comido	habrás	comido	habrías	comido
ha	vivido	había	vivido	habrá	vivido	habría	vivido
hemos		habíamos		habremos		habríamos	
habéis		habíais		habréis		habríais	
han		habían		habrán		habrían	

SUBJUNCTIVE

Present Perfect		Past Perfect	
haya	hablado	hubiera	hablado
hayas	comido	hubieras	comido
haya	vivido	hubiera	vivido
hayamos		hubiéramos	
hayáis		hubierais	
hayan		hubieran	

PROGRESSIVE TENSES

INDICATIVE				SUBJUNCTIVE	
Present Progressive	Past Progressive	Future Progressive	Conditional Progressive	Present Progressive	Past Progressive
estoy	estaba	estaré	estaría	esté	estuviera
estás	estabas	estarás	estarías	estés	estuvieras
está	estaba	estará	estaría	esté	estuviera
estamos	estábamos	estaremos	estaríamos	estemos	estuviéramos
estáis	estabais	estaréis	estaríais	estéis	estuvierais
están	estaban	estarán	estarían	estén	estuvieran

(each: hablando / comiendo / viviendo)

Irregular verbs

Infinitive	INDICATIVE					SUBJUNCTIVE		IMPERATIVE
	Present	Imperfect	Preterite	Future	Conditional	Present	Past	
4 caber	**quepo**	cabía	**cupe**	**cabré**	**cabría**	**quepa**	**cupiera**	
	cabes	cabías	**cupiste**	**cabrás**	**cabrías**	**quepas**	**cupieras**	cabe tú (no **quepas**)
	cabe	cabía	**cupo**	**cabrá**	**cabría**	**quepa**	**cupiera**	**quepa** Ud.
Participles:	cabemos	cabíamos	**cupimos**	**cabremos**	**cabríamos**	**quepamos**	**cupiéramos**	**quepamos**
cabiendo	cabéis	cabíais	**cupisteis**	**cabréis**	**cabríais**	**quepáis**	**cupierais**	cabed (no **quepáis**)
cabido	caben	cabían	**cupieron**	**cabrán**	**cabrían**	**quepan**	**cupieran**	**quepan** Uds.
5 caer(se)	**caigo**	caía	caí	caeré	caería	**caiga**	**cayera**	
	caes	caías	**caíste**	caerás	caerías	**caigas**	**cayeras**	cae tú (no **caigas**)
	cae	caía	**cayó**	caerá	caería	**caiga**	**cayera**	**caiga** Ud.
Participles:	caemos	caíamos	**caímos**	caeremos	caeríamos	**caigamos**	**cayéramos**	**caigamos**
cayendo	caéis	caíais	**caísteis**	caeréis	caeríais	**caigáis**	**cayerais**	caed (no **caigáis**)
caído	caen	caían	**cayeron**	caerán	caerían	**caigan**	**cayeran**	**caigan** Uds.
6 conducir (c:zc)	**conduzco**	conducía	**conduje**	conduciré	conduciría	**conduzca**	**condujera**	
	conduces	conducías	**condujiste**	conducirás	conducirías	**conduzcas**	**condujeras**	conduce tú (no **conduzcas**)
	conduce	conducía	**condujo**	conducirá	conduciría	**conduzca**	**condujera**	**conduzca** Ud.
Participles:	conducimos	conducíamos	**condujimos**	conduciremos	conduciríamos	**conduzcamos**	**condujéramos**	**conduzcamos**
conduciendo	conducís	conducíais	**condujisteis**	conduciréis	conduciríais	**conduzcáis**	**condujerais**	conducid (no **conduzcáis**)
conducido	conducen	conducían	**condujeron**	conducirán	conducirían	**conduzcan**	**condujeran**	**conduzcan** Uds.

	INDICATIVE					SUBJUNCTIVE		IMPERATIVE
Infinitive	Present	Imperfect	Preterite	Future	Conditional	Present	Past	
7 dar	**doy**	daba	**di**	daré	daría	**dé**	diera	
	das	dabas	**diste**	darás	darías	**des**	dieras	da tú (no **des**)
Participles:	da	daba	**dio**	dará	daría	**dé**	diera	**dé** Ud.
dando	damos	dábamos	**dimos**	daremos	daríamos	**demos**	diéramos	**demos**
dado	dais	dabais	**disteis**	daréis	daríais	**deis**	dierais	dad (no **deis**)
	dan	daban	**dieron**	darán	darían	**den**	dieran	**den** Uds.
8 decir (e:i)	**digo**	decía	**dije**	**diré**	**diría**	**diga**	**dijera**	
	dices	decías	**dijiste**	**dirás**	**dirías**	**digas**	**dijeras**	**di** tú (no **digas**)
Participles:	**dice**	decía	**dijo**	**dirá**	**diría**	**diga**	**dijera**	**diga** Ud.
diciendo	decimos	decíamos	**dijimos**	**diremos**	**diríamos**	**digamos**	**dijéramos**	**digamos**
dicho	decís	decíais	**dijisteis**	**diréis**	**diríais**	**digáis**	**dijerais**	decid (no **digáis**)
	dicen	decían	**dijeron**	**dirán**	**dirían**	**digan**	**dijeran**	**digan** Uds.
9 estar	**estoy**	estaba	**estuve**	estaré	estaría	**esté**	estuviera	
	estás	estabas	**estuviste**	estarás	estarías	**estés**	estuvieras	**está** tú (no **estés**)
Participles:	**está**	estaba	**estuvo**	estará	estaría	**esté**	estuviera	**esté** Ud.
estando	estamos	estábamos	**estuvimos**	estaremos	estaríamos	estemos	estuviéramos	estemos
estado	estáis	estabais	**estuvisteis**	estaréis	estaríais	estéis	estuvierais	estad (no estéis)
	están	estaban	**estuvieron**	estarán	estarían	**estén**	estuvieran	**estén** Uds.
10 haber	he	había	**hube**	**habré**	**habría**	**haya**	**hubiera**	
	has	habías	**hubiste**	**habrás**	**habrías**	**hayas**	**hubieras**	
Participles:	ha	había	**hubo**	**habrá**	**habría**	**haya**	**hubiera**	
habiendo	**hemos**	habíamos	**hubimos**	**habremos**	**habríamos**	**hayamos**	**hubiéramos**	
habido	**habéis**	habíais	**hubisteis**	**habréis**	**habríais**	**hayáis**	**hubierais**	
	han	habían	**hubieron**	**habrán**	**habrían**	**hayan**	**hubieran**	
11 hacer	**hago**	hacía	**hice**	**haré**	**haría**	**haga**	**hiciera**	
	haces	hacías	**hiciste**	**harás**	**harías**	**hagas**	**hicieras**	**haz** tú (no **hagas**)
Participles:	hace	hacía	**hizo**	**hará**	**haría**	**haga**	**hiciera**	**haga** Ud.
haciendo	hacemos	hacíamos	**hicimos**	**haremos**	**haríamos**	**hagamos**	**hiciéramos**	**hagamos**
hecho	hacéis	hacíais	**hicisteis**	**haréis**	**haríais**	**hagáis**	**hicierais**	haced (no **hagáis**)
	hacen	hacían	**hicieron**	**harán**	**harían**	**hagan**	**hicieran**	**hagan** Uds.
12 ir	**voy**	**iba**	**fui**	iré	iría	**vaya**	**fuera**	
	vas	**ibas**	**fuiste**	irás	irías	**vayas**	**fueras**	**ve** tú (no **vayas**)
Participles:	**va**	**iba**	**fue**	irá	iría	**vaya**	**fuera**	**vaya** Ud.
yendo	**vamos**	**íbamos**	**fuimos**	iremos	iríamos	**vayamos**	**fuéramos**	**vamos**
ido	**vais**	**ibais**	**fuisteis**	iréis	iríais	**vayáis**	**fuerais**	id (no **vayáis**)
	van	**iban**	**fueron**	irán	irían	**vayan**	**fueran**	**vayan** Uds.
13 oír (y)	**oigo**	oía	**oí**	oiré	oiría	**oiga**	**oyera**	
	oyes	oías	**oíste**	oirás	oirías	**oigas**	**oyeras**	**oye** tú (no **oigas**)
Participles:	**oye**	oía	**oyó**	oirá	oiría	**oiga**	**oyera**	**oiga** Ud.
oyendo	**oímos**	oíamos	**oímos**	oiremos	oiríamos	**oigamos**	**oyéramos**	**oigamos**
oído	**oís**	oíais	**oísteis**	oiréis	oiríais	**oigáis**	**oyerais**	oíd (no **oigáis**)
	oyen	oían	**oyeron**	oirán	oirían	**oigan**	**oyeran**	**oigan** Uds.

	INDICATIVE					SUBJUNCTIVE		IMPERATIVE
Infinitive	Present	Imperfect	Preterite	Future	Conditional	Present	Past	

14 poder (o:ue) — Participles: pudiendo, podido

Present	Imperfect	Preterite	Future	Conditional	Present (subj)	Past (subj)	Imperative
puedo	podía	pude	podré	podría	pueda	pudiera	
puedes	podías	pudiste	podrás	podrías	puedas	pudieras	puede tú (no puedas)
puede	podía	pudo	podrá	podría	pueda	pudiera	pueda Ud.
podemos	podíamos	pudimos	podremos	podríamos	podamos	pudiéramos	podamos
podéis	podíais	pudisteis	podréis	podríais	podáis	pudierais	poded (no podáis)
pueden	podían	pudieron	podrán	podrían	puedan	pudieran	puedan Uds.

15 poner — Participles: poniendo, puesto

Present	Imperfect	Preterite	Future	Conditional	Present (subj)	Past (subj)	Imperative
pongo	ponía	puse	pondré	pondría	ponga	pusiera	
pones	ponías	pusiste	pondrás	pondrías	pongas	pusieras	pon tú (no pongas)
pone	ponía	puso	pondrá	pondría	ponga	pusiera	ponga Ud.
ponemos	poníamos	pusimos	pondremos	pondríamos	pongamos	pusiéramos	pongamos
ponéis	poníais	pusisteis	pondréis	pondríais	pongáis	pusierais	poned (no pongáis)
ponen	ponían	pusieron	pondrán	pondrían	pongan	pusieran	pongan Uds.

16 querer (e:ie) — Participles: queriendo, querido

Present	Imperfect	Preterite	Future	Conditional	Present (subj)	Past (subj)	Imperative
quiero	quería	quise	querré	querría	quiera	quisiera	
quieres	querías	quisiste	querrás	querrías	quieras	quisieras	quiere tú (no quieras)
quiere	quería	quiso	querrá	querría	quiera	quisiera	quiera Ud.
queremos	queríamos	quisimos	querremos	querríamos	queramos	quisiéramos	queramos
queréis	queríais	quisisteis	querréis	querríais	queráis	quisierais	quered (no queráis)
quieren	querían	quisieron	querrán	querrían	quieran	quisieran	quieran Uds.

17 saber — Participles: sabiendo, sabido

Present	Imperfect	Preterite	Future	Conditional	Present (subj)	Past (subj)	Imperative
sé	sabía	supe	sabré	sabría	sepa	supiera	
sabes	sabías	supiste	sabrás	sabrías	sepas	supieras	sabe tú (no sepas)
sabe	sabía	supo	sabrá	sabría	sepa	supiera	sepa Ud.
sabemos	sabíamos	supimos	sabremos	sabríamos	sepamos	supiéramos	sepamos
sabéis	sabíais	supisteis	sabréis	sabríais	sepáis	supierais	sabed (no sepáis)
saben	sabían	supieron	sabrán	sabrían	sepan	supieran	sepan Uds.

18 salir — Participles: saliendo, salido

Present	Imperfect	Preterite	Future	Conditional	Present (subj)	Past (subj)	Imperative
salgo	salía	salí	saldré	saldría	salga	saliera	
sales	salías	saliste	saldrás	saldrías	salgas	salieras	sal tú (no salgas)
sale	salía	salió	saldrá	saldría	salga	saliera	salga Ud.
salimos	salíamos	salimos	saldremos	saldríamos	salgamos	saliéramos	salgamos
salís	salíais	salisteis	saldréis	saldríais	salgáis	salierais	salid (no salgáis)
salen	salían	salieron	saldrán	saldrían	salgan	salieran	salgan Uds.

19 ser — Participles: siendo, sido

Present	Imperfect	Preterite	Future	Conditional	Present (subj)	Past (subj)	Imperative
soy	era	fui	seré	sería	sea	fuera	
eres	eras	fuiste	serás	serías	seas	fueras	sé tú (no seas)
es	era	fue	será	sería	sea	fuera	sea Ud.
somos	éramos	fuimos	seremos	seríamos	seamos	fuéramos	seamos
sois	erais	fuisteis	seréis	seríais	seáis	fuerais	sed (no seáis)
son	eran	fueron	serán	serían	sean	fueran	sean Uds.

20 tener (e:ie) — Participles: teniendo, tenido

Present	Imperfect	Preterite	Future	Conditional	Present (subj)	Past (subj)	Imperative
tengo	tenía	tuve	tendré	tendría	tenga	tuviera	
tienes	tenías	tuviste	tendrás	tendrías	tengas	tuvieras	ten tú (no tengas)
tiene	tenía	tuvo	tendrá	tendría	tenga	tuviera	tenga Ud.
tenemos	teníamos	tuvimos	tendremos	tendríamos	tengamos	tuviéramos	tengamos
tenéis	teníais	tuvisteis	tendréis	tendríais	tengáis	tuvierais	tened (no tengáis)
tienen	tenían	tuvieron	tendrán	tendrían	tengan	tuvieran	tengan Uds.

Infinitive	INDICATIVE					SUBJUNCTIVE		IMPERATIVE
	Present	Imperfect	Preterite	Future	Conditional	Present	Past	
21 traer	**traigo**	traía	**traje**	traeré	traería	**traiga**	**trajera**	
	traes	traías	**trajiste**	traerás	traerías	**traigas**	**trajeras**	trae tú (no **traigas**)
Participles:	trae	traía	**trajo**	traerá	traería	**traiga**	**trajera**	**traiga** Ud.
trayendo	traemos	traíamos	**trajimos**	traeremos	traeríamos	**traigamos**	**trajéramos**	**traigamos**
traído	traéis	traíais	**trajisteis**	traeréis	traeríais	**traigáis**	**trajerais**	traed (no **traigáis**)
	traen	traían	**trajeron**	traerán	traerían	**traigan**	**trajeran**	**traigan** Uds.
22 venir (e:ie)	**vengo**	venía	**vine**	**vendré**	**vendría**	**venga**	**viniera**	
	vienes	venías	**viniste**	**vendrás**	**vendrías**	**vengas**	**vinieras**	**ven** tú (no **vengas**)
Participles:	**viene**	venía	**vino**	**vendrá**	**vendría**	**venga**	**viniera**	**venga** Ud.
viniendo	venimos	veníamos	**vinimos**	**vendremos**	**vendríamos**	**vengamos**	**viniéramos**	**vengamos**
venido	venís	veníais	**vinisteis**	**vendréis**	**vendríais**	**vengáis**	**vinierais**	venid (no **vengáis**)
	vienen	venían	**vinieron**	**vendrán**	**vendrían**	**vengan**	**vinieran**	**vengan** Uds.
23 ver	**veo**	**veía**	**vi**	veré	vería	**vea**	**viera**	
	ves	**veías**	**viste**	verás	verías	**veas**	**vieras**	ve tú (no **veas**)
Participles:	ve	**veía**	**vio**	verá	vería	**vea**	**viera**	**vea** Ud.
viendo	vemos	**veíamos**	**vimos**	veremos	veríamos	**veamos**	**viéramos**	**veamos**
visto	veis	**veíais**	**visteis**	veréis	veríais	**veáis**	**vierais**	ved (no **veáis**)
	ven	**veían**	**vieron**	verán	verían	**vean**	**vieran**	**vean** Uds.

Stem-changing verbs

Infinitive	INDICATIVE					SUBJUNCTIVE		IMPERATIVE
	Present	Imperfect	Preterite	Future	Conditional	Present	Past	
24 contar (o:ue)	**cuento**	contaba	conté	contaré	contaría	**cuente**	contara	
	cuentas	contabas	contaste	contarás	contarías	**cuentes**	contaras	**cuenta** tú (no **cuentes**)
Participles:	**cuenta**	contaba	contó	contará	contaría	**cuente**	contara	**cuente** Ud.
contando	contamos	contábamos	contamos	contaremos	contaríamos	contemos	contáramos	contemos
contado	contáis	contabais	contasteis	contaréis	contaríais	contéis	contarais	contad (no contéis)
	cuentan	contaban	contaron	contarán	contarían	**cuenten**	contaran	**cuenten** Uds.
25 dormir (o:ue)	**duermo**	dormía	dormí	dormiré	dormiría	**duerma**	**durmiera**	
	duermes	dormías	dormiste	dormirás	dormirías	**duermas**	**durmieras**	**duerme** tú (no **duermas**)
Participles:	**duerme**	dormía	**durmió**	dormirá	dormiría	**duerma**	**durmiera**	**duerma** Ud.
durmiendo	dormimos	dormíamos	dormimos	dormiremos	dormiríamos	**durmamos**	**durmiéramos**	**durmamos**
dormido	dormís	dormíais	dormisteis	dormiréis	dormiríais	**durmáis**	**durmierais**	dormid (no **durmáis**)
	duermen	dormían	**durmieron**	dormirán	dormirían	**duerman**	**durmieran**	**duerman** Uds.
26 empezar (e:ie) (z:c)	**empiezo**	empezaba	**empecé**	empezaré	empezaría	**empiece**	empezara	
	empiezas	empezabas	empezaste	empezarás	empezarías	**empieces**	empezaras	**empieza** tú (no **empieces**)
Participles:	**empieza**	empezaba	empezó	empezará	empezaría	**empiece**	empezara	**empiece** Ud.
empezando	empezamos	empezábamos	empezamos	empezaremos	empezaríamos	**empecemos**	empezáramos	**empecemos**
empezado	empezáis	empezabais	empezasteis	empezaréis	empezaríais	**empecéis**	empezarais	empezad (no **empecéis**)
	empiezan	empezaban	empezaron	empezarán	empezarían	**empiecen**	empezaran	**empiecen** Uds.

Infinitive	INDICATIVE Present	Imperfect	Preterite	Future	Conditional	SUBJUNCTIVE Present	Past	IMPERATIVE
27 entender (e:ie) Participles: entendiendo entendido	entiendo entiendes entiende entendemos entendéis entienden	entendía entendías entendía entendíamos entendíais entendían	entendí entendiste entendió entendimos entendisteis entendieron	entenderé entenderás entenderá entenderemos entenderéis entenderán	entendería entenderías entendería entenderíamos entenderíais entenderían	entienda entiendas entienda entendamos entendáis entiendan	entendiera entendieras entendiera entendiéramos entendierais entendieran	entiende tú (no entiendas) entienda Ud. entendamos entended (no entendáis) entiendan Uds.
28 jugar (u:ue) (g:gu) Participles: jugando jugado	juego juegas juega jugamos jugáis juegan	jugaba jugabas jugaba jugábamos jugabais jugaban	jugué jugaste jugó jugamos jugasteis jugaron	jugaré jugarás jugará jugaremos jugaréis jugarán	jugaría jugarías jugaría jugaríamos jugaríais jugarían	juegue juegues juegue juguemos juguéis jueguen	jugara jugaras jugara jugáramos jugarais jugaran	juega tú (no juegues) juegue Ud. juguemos jugad (no juguéis) jueguen Uds.
29 pedir (e:i) Participles: pidiendo pedido	pido pides pide pedimos pedís piden	pedía pedías pedía pedíamos pedíais pedían	pedí pediste pidió pedimos pedisteis pidieron	pediré pedirás pedirá pediremos pediréis pedirán	pediría pedirías pediría pediríamos pediríais pedirían	pida pidas pida pidamos pidáis pidan	pidiera pidieras pidiera pidiéramos pidierais pidieran	pide tú (no pidas) pida Ud. pidamos pedid (no pidáis) pidan Uds.
30 pensar (e:ie) Participles: pensando pensado	pienso piensas piensa pensamos pensáis piensan	pensaba pensabas pensaba pensábamos pensabais pensaban	pensé pensaste pensó pensamos pensasteis pensaron	pensaré pensarás pensará pensaremos pensaréis pensarán	pensaría pensarías pensaría pensaríamos pensaríais pensarían	piense pienses piense pensemos penséis piensen	pensara pensaras pensara pensáramos pensarais pensaran	piensa tú (no pienses) piense Ud. pensemos pensad (no penséis) piensen Uds.
31 reír(se) (e:i) Participles: riendo reído	río ríes ríe reímos reís ríen	reía reías reía reíamos reíais reían	reí reíste rió reímos reísteis rieron	reiré reirás reirá reiremos reiréis reirán	reiría reirías reiría reiríamos reiríais reirían	ría rías ría riamos riáis rían	riera rieras riera riéramos rierais rieran	ríe tú (no rías) ría Ud. riamos reíd (no riáis) rían Uds.
32 seguir (e:i) (gu:g) Participles: siguiendo seguido	sigo sigues sigue seguimos seguís siguen	seguía seguías seguía seguíamos seguíais seguían	seguí seguiste siguió seguimos seguisteis siguieron	seguiré seguirás seguirá seguiremos seguiréis seguirán	seguiría seguirías seguiría seguiríamos seguiríais seguirían	siga sigas siga sigamos sigáis sigan	siguiera siguieras siguiera siguiéramos siguierais siguieran	sigue tú (no sigas) siga Ud. sigamos seguid (no sigáis) sigan Uds.
33 sentir (e:ie) Participles: sintiendo sentido	siento sientes siente sentimos sentís sienten	sentía sentías sentía sentíamos sentíais sentían	sentí sentiste sintió sentimos sentisteis sintieron	sentiré sentirás sentirá sentiremos sentiréis sentirán	sentiría sentirías sentiría sentiríamos sentiríais sentirían	sienta sientas sienta sintamos sintáis sientan	sintiera sintieras sintiera sintiéramos sintierais sintieran	siente tú (no sientas) sienta Ud. sintamos sentid (no sintáis) sientan Uds.

	INDICATIVE						SUBJUNCTIVE		IMPERATIVE
Infinitive	Present	Imperfect	Preterite	Future	Conditional		Present	Past	
34 volver (o:ue)	**vuelvo**	volvía	volví	volveré	volvería		**vuelva**	volviera	
	vuelves	volvías	volviste	volverás	volverías		**vuelvas**	volvieras	**vuelve** tú (no **vuelvas**)
	vuelve	volvía	volvió	volverá	volvería		**vuelva**	volviera	**vuelva** Ud.
Participles:	volvemos	volvíamos	volvimos	volveremos	volveríamos		volvamos	volviéramos	volvamos
volviendo	volvéis	volvíais	volvisteis	volveréis	volveríais		volváis	volvierais	volved (no volváis)
vuelto	**vuelven**	volvían	volvieron	volverán	volverían		**vuelvan**	volvieran	**vuelvan** Uds.

Verbs with spelling changes only

	INDICATIVE						SUBJUNCTIVE		IMPERATIVE
Infinitive	Present	Imperfect	Preterite	Future	Conditional		Present	Past	
35 conocer (c:zc)	**conozco**	conocía	conocí	conoceré	conocería		**conozca**	conociera	
	conoces	conocías	conociste	conocerás	conocerías		**conozcas**	conocieras	conoce tú (no **conozcas**)
	conoce	conocía	conoció	conocerá	conocería		**conozca**	conociera	**conozca** Ud.
Participles:	conocemos	conocíamos	conocimos	conoceremos	conoceríamos		**conozcamos**	conociéramos	**conozcamos**
conociendo	conocéis	conocíais	conocisteis	conoceréis	conoceríais		**conozcáis**	conocierais	conoced (no **conozcáis**)
conocido	conocen	conocían	conocieron	conocerán	conocerían		**conozcan**	conocieran	**conozcan** Uds.
36 creer (y)	creo	creía	**creí**	creeré	creería		crea	**creyera**	
	crees	creías	**creíste**	creerás	creerías		creas	**creyeras**	cree tú (no creas)
	cree	creía	**creyó**	creerá	creería		crea	**creyera**	crea Ud.
Participles:	creemos	creíamos	**creímos**	creeremos	creeríamos		creamos	**creyéramos**	creamos
creyendo	creéis	creíais	**creísteis**	creeréis	creeríais		creáis	**creyerais**	creed (no creáis)
creído	creen	creían	**creyeron**	creerán	creerían		crean	**creyeran**	crean Uds.
37 cruzar (z:c)	cruzo	cruzaba	**crucé**	cruzaré	cruzaría		**cruce**	cruzara	
	cruzas	cruzabas	cruzaste	cruzarás	cruzarías		**cruces**	cruzaras	cruza tú (no **cruces**)
	cruza	cruzaba	cruzó	cruzará	cruzaría		**cruce**	cruzara	**cruce** Ud.
Participles:	cruzamos	cruzábamos	cruzamos	cruzaremos	cruzaríamos		**crucemos**	cruzáramos	**crucemos**
cruzando	cruzáis	cruzabais	cruzasteis	cruzaréis	cruzaríais		**crucéis**	cruzarais	cruzad (no **crucéis**)
cruzado	cruzan	cruzaban	cruzaron	cruzarán	cruzarían		**crucen**	cruzaran	**crucen** Uds.
38 destruir (y)	**destruyo**	destruía	destruí	destruiré	destruiría		**destruya**	**destruyera**	
	destruyes	destruías	destruiste	destruirás	destruirías		**destruyas**	**destruyeras**	**destruye** tú (no **destruyas**)
	destruye	destruía	**destruyó**	destruirá	destruiría		**destruya**	**destruyera**	**destruya** Ud.
Participles:	destruimos	destruíamos	destruimos	destruiremos	destruiríamos		**destruyamos**	**destruyéramos**	**destruyamos**
destruyendo	destruís	destruíais	destruisteis	destruiréis	destruiríais		**destruyáis**	**destruyerais**	destruid (no **destruyáis**)
destruido	**destruyen**	destruían	**destruyeron**	destruirán	destruirían		**destruyan**	**destruyeran**	**destruyan** Uds.
39 enviar (envío)	**envío**	enviaba	envié	enviaré	enviaría		**envíe**	enviara	
	envías	enviabas	enviaste	enviarás	enviarías		**envíes**	enviaras	**envía** tú (no **envíes**)
	envía	enviaba	envió	enviará	enviaría		**envíe**	enviara	**envíe** Ud.
Participles:	enviamos	enviábamos	enviamos	enviaremos	enviaríamos		enviemos	enviáramos	enviemos
enviando	enviáis	enviabais	enviasteis	enviaréis	enviaríais		enviéis	enviarais	enviad (no enviéis)
enviado	**envían**	enviaban	enviaron	enviarán	enviarían		**envíen**	enviaran	**envíen** Uds.

| Infinitive | INDICATIVE | | | | | SUBJUNCTIVE | | IMPERATIVE |
	Present	Imperfect	Preterite	Future	Conditional	Present	Past	
40 graduarse (gradúo)	**gradúo**	graduaba	gradué	graduaré	graduaría	**gradúe**	graduara	
	gradúas	graduabas	graduaste	graduarás	graduarías	**gradúes**	graduaras	**gradúa** tú (no **gradúes**)
	gradúa	graduaba	graduó	graduará	graduaría	**gradúe**	graduara	**gradúe** Ud.
	graduamos	graduábamos	graduamos	graduaremos	graduaríamos	graduemos	graduáramos	graduemos
Participles:	graduáis	graduabais	graduasteis	graduaréis	graduaríais	graduéis	graduarais	graduad (no graduéis)
graduando	**gradúan**	graduaban	graduaron	graduarán	graduarían	**gradúen**	graduaran	**gradúen** Uds.
graduado								
41 llegar (g:gu)	llego	llegaba	**llegué**	llegaré	llegaría	**llegue**	llegara	
	llegas	llegabas	llegaste	llegarás	llegarías	**llegues**	llegaras	llega tú (no **llegues**)
	llega	llegaba	llegó	llegará	llegaría	**llegue**	llegara	**llegue** Ud.
	llegamos	llegábamos	llegamos	llegaremos	llegaríamos	**lleguemos**	llegáramos	**lleguemos**
Participles:	llegáis	llegabais	llegasteis	llegaréis	llegaríais	**lleguéis**	llegarais	llegad (no **lleguéis**)
llegando	llegan	llegaban	llegaron	llegarán	llegarían	**lleguen**	llegaran	**lleguen** Uds.
llegado								
42 prohibir (prohíbo)	**prohíbo**	prohibía	prohibí	prohibiré	prohibiría	**prohíba**	prohibiera	
	prohíbes	prohibías	prohibiste	prohibirás	prohibirías	**prohíbas**	prohibieras	**prohíbe** tú (no **prohíbas**)
	prohíbe	prohibía	prohibió	prohibirá	prohibiría	**prohíba**	prohibiera	**prohíba** Ud.
	prohibimos	prohibíamos	prohibimos	prohibiremos	prohibiríamos	prohibamos	prohibiéramos	prohibamos
Participles:	prohibís	prohibíais	prohibisteis	prohibiréis	prohibiríais	prohibáis	prohibierais	prohibid (no prohibáis)
prohibiendo	**prohíben**	prohibían	prohibieron	prohibirán	prohibirían	**prohíban**	prohibieran	**prohíban** Uds.
prohibido								
43 proteger (g:j)	**protejo**	protegía	protegí	protegeré	protegería	**proteja**	protegiera	
	proteges	protegías	protegiste	protegerás	protegerías	**protejas**	protegieras	protege tú (no **protejas**)
	protege	protegía	protegió	protegerá	protegería	**proteja**	protegiera	**proteja** Ud.
	protegemos	protegíamos	protegimos	protegeremos	protegeríamos	**protejamos**	protegiéramos	**protejamos**
Participles:	protegéis	protegíais	protegisteis	protegeréis	protegeríais	**protejáis**	protegierais	proteged (no **protejáis**)
protegiendo	protegen	protegían	protegieron	protegerán	protegerían	protejan	protegieran	**protejan** Uds.
protegido								
44 tocar (c:qu)	toco	tocaba	**toqué**	tocaré	tocaría	**toque**	tocara	
	tocas	tocabas	tocaste	tocarás	tocarías	**toques**	tocaras	toca tú (no **toques**)
	toca	tocaba	tocó	tocará	tocaría	**toque**	tocara	**toque** Ud.
	tocamos	tocábamos	tocamos	tocaremos	tocaríamos	**toquemos**	tocáramos	**toquemos**
Participles:	tocáis	tocabais	tocasteis	tocaréis	tocaríais	**toquéis**	tocarais	tocad (no **toquéis**)
tocando	tocan	tocaban	tocaron	tocarán	tocarían	**toquen**	tocaran	**toquen** Uds.
tocado								

Guide to Vocabulary

Note on alphabetization

For purposes of alphabetization, **ch** and **ll** are not treated as separate letters, but **ñ** follows **n**. Therefore, in this glossary you will find that **año**, for example, appears after **anuncio**.

Abbreviations used in this glossary

adj.	adjective	*form.*	formal	*pl.*	plural
adv.	adverb	*indef.*	indefinite	*poss.*	possessive
art.	article	*interj.*	interjection	*prep.*	preposition
conj.	conjunction	*i.o.*	indirect object	*pron.*	pronoun
def.	definite	*m.*	masculine	*ref.*	reflexive
d.o.	direct object	*n.*	noun	*sing.*	singular
f.	feminine	*obj.*	object	*sub.*	subject
fam.	familiar	*p.p.*	past participle	*v.*	verb

Spanish-English

A

a *prep.* at; to 1
  ¿A qué hora...? At what time...? 1
  a bordo aboard
  a dieta on a diet 15
  a la derecha de to the right of 2
  a la izquierda de to the left of 2
  a la plancha grilled 8
  a la(s) + *time* at + *time* 1
  a menos que *conj.* unless 13
  a menudo *adv.* often 10
  a nombre de in the name of 5
  a plazos in installments 14
  A sus órdenes. At your service.
  a tiempo *adv.* on time 10
  a veces *adv.* sometimes 10
  a ver let's see
abeja *f.* bee
abierto/a *adj.* open 5, 14
abogado/a *m., f.* lawyer
abrazar(se) *v.* to hug; to embrace (each other) 11
abrazo *m.* hug
abrigo *m.* coat 6
abril *m.* April 5
abrir *v.* to open 3
abuelo/a *m., f.* grandfather/ grandmother 3
abuelos *pl.* grandparents 3
aburrido/a *adj.* bored; boring 5
aburrir *v.* to bore 7
aburrirse *v.* to get bored
acabar de (+ *inf.*) *v.* to have just *done something* 6
acampar *v.* to camp 5
accidente *m.* accident 10
acción *f.* action
  de acción action (genre)

aceite *m.* oil 8
aceptar: ¡Acepto casarme contigo! I'll marry you!
acompañar *v.* to accompany 14
aconsejar *v.* to advise 12
acontecimiento *m.* event
acordarse (de) (o:ue) *v.* to remember 7
acostarse (o:ue) *v.* to go to bed 7
activo/a *adj.* active 15
actor *m.* actor
actriz *f.* actress
actualidades *f., pl.* news; current events
adelgazar *v.* to lose weight; to slim down 15
además (de) *adv.* furthermore; besides 10
adicional *adj.* additional
adiós *m.* goodbye 1
adjetivo *m.* adjective
administración de empresas *f.* business administration 2
adolescencia *f.* adolescence 9
¿adónde? *adv.* where (to)? (destination) 2
aduana *f.* customs
aeróbico/a *adj.* aerobic 15
aeropuerto *m.* airport 5
afectado/a *adj.* affected 13
afeitarse *v.* to shave 7
aficionado/a *m., f.* fan 4
afirmativo/a *adj.* affirmative
afuera *adv.* outside 5
afueras *f., pl.* suburbs; outskirts 12
agencia de viajes *f.* travel agency 5
agente de viajes *m., f.* travel agent 5
agosto *m.* August 5
agradable *adj.* pleasant

agua *f.* water 8
  agua mineral mineral water 8
aguantar *v.* to endure, to hold up 14
ahora *adv.* now 2
  ahora mismo right now 5
ahorrar *v.* to save (money) 14
ahorros *m., pl.* savings 14
aire *m.* air 13
ajo *m.* garlic 8
al (*contraction of* **a** + **el**) 4
  al aire libre open-air 6
  al contado in cash 14
  (al) este (to the) east 14
  al lado de next to; beside 2
  (al) norte (to the) north 14
  (al) oeste (to the) west 14
  (al) sur (to the) south 14
alcoba *f.* bedroom
alcohol *m.* alcohol 15
alcohólico/a *adj.* alcoholic 15
alegrarse (de) *v.* to be happy 13
alegre *adj.* happy; joyful 5
alegría *f.* happiness 9
alemán, alemana *adj.* German 3
alérgico/a *adj.* allergic 10
alfombra *f.* carpet; rug 12
algo *pron.* something; anything 7
algodón *m.* cotton 6
alguien *pron.* someone; somebody; anyone 7
algún, alguno/a(s) *adj.* any; some 7
alimento *m.* food
  alimentación *f.* diet
aliviar *v.* to reduce 15
  aliviar el estrés/la tensión to reduce stress/tension 15
allá *adv.* over there 2
allí *adv.* there 2
alma *f.* soul 9
almacén *m.* department store 6

almohada *f.* pillow 12
almorzar (o:ue) *v.* to have lunch 4
almuerzo *m.* lunch 4, 8
aló *interj.* hello (*on the telephone*) 11
alquilar *v.* to rent 12
alquiler *m.* rent (payment) 12
altar *m.* altar 9
altillo *m.* attic 12
alto/a *adj.* tall 3
aluminio *m.* aluminum 13
ama de casa *m., f.* housekeeper; caretaker 12
amable *adj.* nice; friendly 5
amarillo/a *adj.* yellow 6
amigo/a *m., f.* friend 3
amistad *f.* friendship 9
amor *m.* love 9
  amor a primera vista love at first sight 9
anaranjado/a *adj.* orange 6
ándale *interj.* come on 14
andar *v.* **en patineta** to skateboard 4
ángel *m.* angel 9
anillo *m.* ring
animal *m.* animal 13
aniversario (de bodas) *m.* (wedding) anniversary 9
anoche *adv.* last night 6
anteayer *adv.* the day before yesterday 6
antes *adv.* before 7
  antes (de) que *conj.* before 13
  antes de *prep.* before 7
antibiótico *m.* antibiotic 10
antipático/a *adj.* unpleasant 3
anunciar *v.* to announce; to advertise
anuncio *m.* advertisement
año *m.* year 5
  año pasado last year 6
apagar *v.* to turn off 11
aparato *m.* appliance
apartamento *m.* apartment 12
apellido *m.* last name 3
apenas *adv.* hardly; scarcely 10
aplaudir *v.* to applaud
aplicación *f.* app 11
apreciar *v.* to appreciate
aprender (a + *inf.*) *v.* to learn 3
apurarse *v.* to hurry; to rush 15
aquel, aquella *adj.* that (over there) 6
aquél, aquélla *pron.* that (over there) 6
aquello *neuter, pron.* that; that thing; that fact 6
aquellos/as *pl. adj.* those (over there) 6
aquéllos/as *pl. pron.* those (ones) (over there) 6
aquí *adv.* here 1
  Aquí está(n)... Here is/are... 5
árbol *m.* tree 13

archivo *m.* file 11
arete *m.* earring 6
argentino/a *adj.* Argentine 3
armario *m.* closet 12
arqueología *f.* archeology 2
arqueólogo/a *m., f.* archeologist
arquitecto/a *m., f.* architect
arrancar *v.* to start (*a car*) 11
arreglar *v.* to fix; to arrange 11; to neaten; to straighten up 12
arreglarse *v.* to get ready 7; to fix oneself (*clothes, hair, etc. to go out*) 7
arroba *f.* @ symbol 11
arroz *m.* rice 8
arte *m.* art 2
artes *f., pl.* arts
artesanía *f.* craftsmanship; crafts
artículo *m.* article
artista *m., f.* artist 3
artístico/a *adj.* artistic
arveja *f.* pea 8
asado/a *adj.* roast 8
ascenso *m.* promotion
ascensor *m.* elevator 5
así *adv.* like this; so (*in such a way*) 10
asistir (a) *v.* to attend 3
aspiradora *f.* vacuum cleaner 12
aspirante *m., f.* candidate; applicant
aspirina *f.* aspirin 10
atún *m.* tuna 8
aumentar *v.* to grow; to get bigger 13
aumentar *v.* **de peso** to gain weight 15
aumento *m.* increase
  aumento de sueldo pay raise
aunque although
autobús *m.* bus 1
automático/a *adj.* automatic
auto(móvil) *m.* auto(mobile) 5
autopista *f.* highway 11
ave *f.* bird 13
avenida *f.* avenue
aventura *f.* adventure
  de aventuras adventure (genre)
avergonzado/a *adj.* embarrassed 5
avión *m.* airplane 5
¡Ay! *interj.* Oh!
  ¡Ay, qué dolor! Oh, what pain!
ayer *adv.* yesterday 6
ayudar(se) *v.* to help (each other) 11
azúcar *m.* sugar 8
azul *adj. m., f.* blue 6

B

bailar *v.* to dance 2
bailarín/bailarina *m., f.* dancer
baile *m.* dance
bajar(se) de *v.* to get off of/out of (a vehicle) 11
bajo/a *adj.* short (*in height*) 3
balcón *m.* balcony 12
balde *m.* bucket 5
ballena *f.* whale 13
baloncesto *m.* basketball 4
banana *f.* banana 8
banco *m.* bank 14
banda *f.* band
bandera *f.* flag
bañarse *v.* to bathe; to take a bath 7
baño *m.* bathroom 7
barato/a *adj.* cheap 6
barco *m.* boat 5
barrer *v.* to sweep 12
  barrer el suelo *v.* to sweep the floor 12
barrio *m.* neighborhood 12
bastante *adv.* enough; rather 10
basura *f.* trash 12
baúl *m.* trunk 11
beber *v.* to drink 3
bebida *f.* drink 8
  bebida alcohólica *f.* alcoholic beverage 15
béisbol *m.* baseball 4
bellas artes *f., pl.* fine arts
belleza *f.* beauty 14
beneficio *m.* benefit
besar(se) *v.* to kiss (each other) 11
beso *m.* kiss 9
biblioteca *f.* library 2
bicicleta *f.* bicycle 4
bien *adv.* well 1
bienestar *m.* well-being 15
bienvenido(s)/a(s) *adj.* welcome 1
billete *m.* paper money; ticket
billón *m.* trillion
biología *f.* biology 2
bisabuelo/a *m., f.* great-grandfather/great-grandmother 3
bistec *m.* steak 8
blanco/a *adj.* white 6
blog *m.* blog 11
(blue)jeans *m., pl.* jeans 6
blusa *f.* blouse 6
boca *f.* mouth 10
boda *f.* wedding 9
boleto *m.* ticket 2
bolsa *f.* purse, bag 6
bombero/a *m., f.* firefighter
bonito/a *adj.* pretty 3
borrador *m.* eraser 2
borrar *v.* to erase 11
bosque *m.* forest 13
  bosque tropical tropical forest; rain forest 13

bota *f.* boot 6
botella *f.* bottle 9
  botella de vino bottle of wine 9
botones *m., f. sing.* bellhop 5
brazo *m.* arm 10
brindar *v.* to toast (*drink*) 9
bucear *v.* to scuba dive 4
buen, bueno/a *adj.* good 3, 6
  buena forma good shape (*physical*) 15
  Buenas noches. Good evening; Good night. 1
  Buenas tardes. Good afternoon. 1
  Bueno. Hello. (*on telephone*) 11
  Buenos días. Good morning. 1
bulevar *m.* boulevard
buscador *m.* browser 11
buscar *v.* to look for 2
buzón *m.* mailbox 14

C

caballero *m.* gentleman, sir 8
caballo *m.* horse 5
cabe: no cabe duda de there's no doubt 13
cabeza *f.* head 10
cada *adj. m., f.* each 6
caerse *v.* to fall (down) 10
café *m.* café 4; *adj. m., f.* brown 6; *m.* coffee 8
cafeína *f.* caffeine 15
cafetera *f.* coffee maker 12
cafetería *f.* cafeteria 2
caído/a *p.p.* fallen 14
caja *f.* cash register 6
cajero/a *m., f.* cashier
  cajero automático *m.* ATM 14
calavera de azúcar *f.* skull made out of sugar 9
calcetín (calcetines) *m.* sock(s) 6
calculadora *f.* calculator 2
calentamiento global *m.* global warming 13
calentarse (e:ie) *v.* to warm up 15
calidad *f.* quality 6
calle *f.* street 11
calor *m.* heat
caloría *f.* calorie 15
calzar *v.* to take size... shoes 6
cama *f.* bed 5
cámara de video *f.* video camera 11
cámara digital *f.* digital camera 11
camarero/a *m., f.* waiter/waitress 8
camarón *m.* shrimp 8
cambiar (de) *v.* to change 9
cambio: de cambio in change 2
cambio *m.* **climático** climate change 13

cambio *m.* **de moneda** currency exchange
caminar *v.* to walk 2
camino *m.* road
camión *m.* truck; bus
camisa *f.* shirt 6
camiseta *f.* t-shirt 6
campo *m.* countryside 5
canadiense *adj.* Canadian 3
canal *m.* (TV) channel 11
canción *f.* song
candidato/a *m., f.* candidate
canela *f.* cinnamon 10
cansado/a *adj.* tired 5
cantante *m., f.* singer
cantar *v.* to sing 2
capital *f.* capital city
capó *m.* hood 11
cara *f.* face 7
caramelo *m.* caramel 9
cargador *m.* charger 11
carne *f.* meat 8
  carne de res *f.* beef 8
carnicería *f.* butcher shop 14
caro/a *adj.* expensive 6
carpintero/a *m., f.* carpenter
carrera *f.* career
carretera *f.* highway; (main) road 11
carro *m.* car; automobile 11
carta *f.* letter 4; (playing) card 5
cartel *m.* poster 12
cartera *f.* wallet 4, 6
cartero *m.* mail carrier 14
casa *f.* house; home 2
casado/a *adj.* married 9
casarse (con) *v.* to get married (to) 9
casi *adv.* almost 10
catorce fourteen 1
cazar *v.* to hunt 13
cebolla *f.* onion 8
cederrón *m.* CD-ROM
celebrar *v.* to celebrate 9
cementerio *m.* cemetery 9
cena *f.* dinner 8
cenar *v.* to have dinner 2
centro *m.* downtown 4
  centro comercial shopping mall 6
cepillarse los dientes/el pelo *v.* to brush one's teeth/one's hair 7
cerámica *f.* pottery
cerca de *prep.* near 2
cerdo *m.* pork 8
cereales *m., pl.* cereal; grains 8
cero *m.* zero 1
cerrado/a *adj.* closed 5
cerrar (e:ie) *v.* to close 4
cerveza *f.* beer 8
césped *m.* grass
ceviche *m.* marinated fish dish 8
  ceviche de camarón *m.* lemon-marinated shrimp 8
  chaleco *m.* vest
champán *m.* champagne 9
champiñón *m.* mushroom 8

champú *m.* shampoo 7
chaqueta *f.* jacket 6
chatear *v.* to chat 11
chau *fam. interj.* bye 1
cheque *m.* (bank) check 14
  cheque (de viajero) *m.* (traveler's) check 14
chévere *adj., fam.* terrific
chico/a *m., f.* boy/girl 1
chino/a *adj.* Chinese 3
chocar (con) *v.* to run into
chocolate *m.* chocolate 9
choque *m.* collision
chuleta *f.* chop (*food*) 8
  chuleta de cerdo *f.* pork chop 8
cibercafé *m.* cybercafé 11
ciclismo *m.* cycling 4
cielo *m.* sky 13
cien(to) one hundred 2
ciencias *f., pl.* sciences 2
  ciencias ambientales environmental science 2
  de ciencia ficción *f.* science fiction (genre)
científico/a *m., f.* scientist
cierto/a *adj.* certain 13
  es cierto it's certain 13
  no es cierto it's not certain 13
cima *f.* top, peak 15
cinco five 1
cincuenta fifty 2
cine *m.* movie theater 4
cinta *f.* (audio)tape
cinta caminadora *f.* treadmill 15
cinturón *m.* belt 6
circulación *f.* traffic 11
cita *f.* date; appointment 9
ciudad *f.* city
ciudadano/a *m., f.* citizen
Claro (que sí). *fam.* Of course.
clase *f.* class 2
  clase de ejercicios aeróbicos *f.* aerobics class 15
clásico/a *adj.* classical
cliente/a *m., f.* customer 6
clínica *f.* clinic 10
cobrar *v.* to cash (a check) 14
coche *m.* car; automobile 11
cocina *f.* kitchen; stove 9, 12
cocinar *v.* to cook 12
cocinero/a *m., f.* cook, chef
cofre *m.* hood 14
cola *f.* line 14
colesterol *m.* cholesterol 15
color *m.* color 6
comedia *f.* comedy; play
comedor *m.* dining room 12
comenzar (e:ie) *v.* to begin 4
comer *v.* to eat 3
comercial *adj.* commercial; business-related
comida *f.* food; meal 4, 8
como like; as 8
¿cómo? what?; how? 1, 2
  ¿Cómo es...? What's... like?

¿Cómo está usted? *form.* How are you? 1

¿Cómo estás? *fam.* How are you? 1

¿Cómo se llama usted? *(form.)* What's your name? 1

¿Cómo te llamas? *fam.* What's your name? 1

cómoda *f.* chest of drawers 12

cómodo/a *adj.* comfortable 5

compañero/a de clase *m., f.* classmate 2

compañero/a de cuarto *m., f.* roommate 2

compañía *f.* company; firm

compartir *v.* to share 3

compositor(a) *m., f.* composer

comprar *v.* to buy 2

compras *f., pl.* purchases

  ir de compras to go shopping 5

comprender *v.* to understand 3

comprobar *v.* to check

comprometerse (con) *v.* to get engaged (to) 9

computación *f.* computer science 2

computadora *f.* computer 1

computadora portátil *f.* portable computer; laptop 11

comunicación *f.* communication

comunicarse (con) *v.* to communicate (with)

comunidad *f.* community 1

con *prep.* with 2

  Con él/ella habla. Speaking. *(on telephone)* 11

  con frecuencia *adv.* frequently 10

  Con permiso. Pardon me; Excuse me. 1

  con tal (de) que *conj.* provided (that) 13

concierto *m.* concert

concordar *v.* to agree

concurso *m.* game show; contest

conducir *v.* to drive 6, 11

conductor(a) *m., f.* driver 1

conexión *f.* **inalámbrica** wireless connection 11

confirmar *v.* to confirm 5

confirmar *v.* **una reservación** *f.* to confirm a reservation 5

confundido/a *adj.* confused 5

congelador *m.* freezer 12

congestionado/a *adj.* congested; stuffed-up 10

conmigo *pron.* with me 4, 9

conocer *v.* to know; to be acquainted with 6

conocido/a *adj.; p.p.* known

conseguir (e:i) *v.* to get; to obtain 4

consejero/a *m., f.* counselor; advisor

consejo *m.* advice

conservación *f.* conservation 13

conservar *v.* to conserve 13

construir *v.* to build

consultorio *m.* doctor's office 10

consumir *v.* to consume 15

contabilidad *f.* accounting 2

contador(a) *m., f.* accountant

contaminación *f.* pollution 13

  contaminación del aire/del agua air/water pollution 13

contaminado/a *adj.* polluted 13

contaminar *v.* to pollute 13

contar (o:ue) *v.* to count; to tell 4

contento/a *adj.* content 5

contestadora *f.* answering machine

contestar *v.* to answer 2

contigo *fam. pron.* with you 5, 9

contratar *v.* to hire

control *m.* **remoto** remote control 11

controlar *v.* to control 13

conversación *f.* conversation 1

conversar *v.* to converse, to chat 2

copa *f.* wineglass; goblet 12

corazón *m.* heart 10

corbata *f.* tie 6

corredor(a) *m., f.* **de bolsa** stockbroker

correo *m.* mail; post office 14

  correo de voz *m.* voice mail 11

  correo electrónico *m.* e-mail 4

correr *v.* to run 3

cortesía *f.* courtesy

cortinas *f., pl.* curtains 12

corto/a *adj.* short (*in length*) 6

cosa *f.* thing 1

costar (o:ue) *v.* to cost 6

costarricense *adj.* Costa Rican 3

cráter *m.* crater 13

creer *v.* to believe 3, 13

  creer (en) *v.* to believe (in) 3

  no creer *v.* not to believe 13

creído/a *adj., p.p.* believed 14

crema de afeitar *f.* shaving cream 5, 7

crimen *m.* crime; murder

cruzar *v.* to cross 14

cuaderno *m.* notebook 1

cuadra *f.* (city) block 14

¿cuál(es)? which?; which one(s)? 2

  ¿Cuál es la fecha de hoy? What is today's date? 5

cuadro *m.* picture 12

cuando *conj.* when 7; 13

¿cuándo? when? 2

¿cuánto(s)/a(s)? how much/how many? 1, 2

  ¿Cuánto cuesta...? How much does... cost? 6

  ¿Cuántos años tienes? How old are you?

cuarenta forty 2

cuarto de baño *m.* bathroom 7

cuarto *m.* room 2; 7

cuarto/a *adj.* fourth 5

  menos cuarto quarter to (time) 1

  y cuarto quarter after (time) 1

cuatro four 1

cuatrocientos/as four hundred 2

cubano/a *adj.* Cuban 3

cubiertos *m., pl.* silverware

cubierto/a *p.p.* covered

cubrir *v.* to cover

cuchara *f.* (table or large) spoon 12

cuchillo *m.* knife 12

cuello *m.* neck 10

cuenta *f.* bill 8; account 14

  cuenta corriente *f.* checking account 14

  cuenta de ahorros *f.* savings account 14

cuento *m.* short story

cuerpo *m.* body 10

cuidado *m.* care

cuidar *v.* to take care of 13

cultura *f.* culture 2

cumpleaños *m., sing.* birthday 9

cumplir años *v.* to have a birthday

cuñado/a *m., f.* brother-in-law/sister-in-law 3

currículum *m.* résumé

curso *m.* course 2

D

danza *f.* dance

dañar *v.* to damage; to break down 10

dar *v.* to give 6

  dar un consejo *v.* to give advice

  darse con *v.* to bump into; to run into (something) 10

  darse prisa *v.* to hurry; to rush 15

de *prep.* of; from 1

  ¿De dónde eres? *fam.* Where are you from? 1

  ¿De dónde es usted? *form.* Where are you from? 1

  ¿De parte de quién? Who is speaking/calling? (*on telephone*) 11

  ¿de quién...? whose...? (*sing.*) 1

  ¿de quiénes...? whose...? (*pl.*) 1

  de algodón (made) of cotton 6

  de aluminio (made) of aluminum 13

  de buen humor in a good mood 5

  de compras shopping 5

  de cuadros plaid 6

  de excursión hiking 4

  de hecho in fact

  de ida y vuelta roundtrip 5

  de la mañana in the morning; A.M. 1

  de la noche in the evening; at night; P.M. 1

  de la tarde in the afternoon; in the early evening; P.M. 1

  de lana (made) of wool 6

  de lunares polka-dotted 6

  de mal humor in a bad mood 5

  de moda in fashion 6

  De nada. You're welcome. 1

  de niño/a as a child 10

  de parte de on behalf of 11

de plástico (made) of plastic 13
de rayas striped 6
de repente suddenly 6
de seda (made) of silk 6
de vaqueros western (genre)
de vez en cuando from time to time 10
de vidrio (made) of glass 13
debajo de *prep.* below; under 2
deber (+ *inf.*) *v.* should; must; ought to 3
deber *m.* responsibility; obligation
debido a due to (the fact that)
débil *adj.* weak 15
decidir (+ *inf.*) *v.* to decide 3
décimo/a *adj.* tenth 5
decir (e:i) *v.* (que) to say (that); to tell (that) 4
  decir la respuesta to say the answer 4
  decir la verdad to tell the truth 4
  decir mentiras to tell lies 4
declarar *v.* to declare; to say
dedo *m.* finger 10
dedo del pie *m.* toe 10
deforestación *f.* deforestation 13
dejar *v.* to let; to quit; to leave behind
  dejar de (+ *inf.*) *v.* to stop (*doing something*) 13
  dejar una propina *v.* to leave a tip
del (*contraction of* **de** + **el**) of the; from the 1
delante de *prep.* in front of 2
delgado/a *adj.* thin; slender 3
delicioso/a *adj.* delicious 8
demás *adj.* the rest
demasiado *adv.* too much 6
dentista *m., f.* dentist 10
dentro de (diez años) within (ten years); inside
dependiente/a *m., f.* clerk 6
deporte *m.* sport 4
deportista *m.* sports person
deportivo/a *adj.* sports-related 4
depositar *v.* to deposit 14
derecha *f.* right 2
  a la derecha de to the right of 2
derecho *adv.* straight (ahead) 14
derechos *m., pl.* rights
desarrollar *v.* to develop 13
desastre (natural) *m.* (natural) disaster
desayunar *v.* to have breakfast 2
desayuno *m.* breakfast 8
descafeinado/a *adj.* decaffeinated 15
descansar *v.* to rest 2
descargar *v.* to download 11
descompuesto/a *adj.* not working; out of order 11
describir *v.* to describe 3
descrito/a *p.p.* described 14
descubierto/a *p.p.* discovered 14

descubrir *v.* to discover 13
desde *prep.* from 6
desear *v.* to wish; to desire 2
desempleo *m.* unemployment
desierto *m.* desert 13
desigualdad *f.* inequality
desordenado/a *adj.* disorderly 5
despacio *adv.* slowly 10
despedida *f.* farewell; goodbye
despedir (e:i) *v.* to fire
despedirse (de) (e:i) *v.* to say goodbye (to)
despejado/a *adj.* clear (*weather*)
despertador *m.* alarm clock 7
despertarse (e:ie) *v.* to wake up 7
después *adv.* afterwards; then 7
  después de after 7
  después de que *conj.* after 13
destruir *v.* to destroy 13
detrás de *prep.* behind 2
día *m.* day 1
  día de fiesta holiday 9
diario *m.* diary 1; newspaper
diario/a *adj.* daily 7
dibujar *v.* to draw 2
dibujo *m.* drawing
  dibujos animados *m., pl.* cartoons
diccionario *m.* dictionary 1
dicho/a *p.p.* said 14
diciembre *m.* December 5
dictadura *f.* dictatorship
diecinueve nineteen 1
dieciocho eighteen 1
dieciséis sixteen 1
diecisiete seventeen 1
diente *m.* tooth 7
dieta *f.* diet 15
  comer una dieta equilibrada to eat a balanced diet 15
diez ten 1
difícil *adj.* difficult; hard 3
Diga. Hello. (*on telephone*) 11
diligencia *f.* errand 14
dinero *m.* money 6
dirección *f.* address 14
  dirección electrónica *f.* e-mail address 11
director(a) *m., f.* director; (*musical*) conductor
dirigir *v.* to direct
disco compacto compact disc (CD) 11
discriminación *f.* discrimination
discurso *m.* speech
diseñador(a) *m., f.* designer
diseño *m.* design
disfraz *m.* costume 9
disfrutar (de) *v.* to enjoy; to reap the benefits (of) 15
disminuir *v.* to reduce
diversión *f.* fun activity; entertainment; recreation 4
divertido/a *adj.* fun
divertirse (e:ie) *v.* to have fun 9
divorciado/a *adj.* divorced 9

divorciarse (de) *v.* to get divorced (from) 9
divorcio *m.* divorce 9
doblar *v.* to turn 14
doble *adj.* double 5
doce twelve 1
doctor(a) *m., f.* doctor 3; 10
documental *m.* documentary
documentos de viaje *m., pl.* travel documents
doler (o:ue) *v.* to hurt 10
dolor *m.* ache; pain 10
  dolor de cabeza *m.* headache 10
doméstico/a *adj.* domestic 12
domingo *m.* Sunday 2
don *m.* Mr.; sir 1
doña *f.* Mrs.; ma'am 1
donde *adv.* where
  ¿Dónde está...? Where is...? 2
  ¿dónde? where? 1, 2
dormir (o:ue) *v.* to sleep 4
dormirse (o:ue) *v.* to go to sleep; to fall asleep 7
dormitorio *m.* bedroom 12
dos two 1
  dos veces *f.* twice; two times 6
doscientos/as two hundred 2
drama *m.* drama; play
dramático/a *adj.* dramatic
dramaturgo/a *m., f.* playwright
droga *f.* drug 15
drogadicto/a *m., f.* drug addict 15
ducha *f.* shower 7
ducharse *v.* to shower; to take a shower 7
duda *f.* doubt 13
dudar *v.* to doubt 13
  no dudar *v.* not to doubt 13
dueño/a *m., f.* owner 8
dulces *m., pl.* sweets; candy 9
durante *prep.* during 7
durar *v.* to last

E

e *conj.* (*used instead of* **y** *before words beginning with* **i** *and* **hi**) and
echar *v.* to throw
  echar (una carta) al buzón *v.* to put (a letter) in the mailbox; to mail 14
ecología *f.* ecology 13
ecológico/a *adj.* ecological 13
ecologista *m., f.* ecologist 13
economía *f.* economics 2
ecoturismo *m.* ecotourism 13
ecuatoriano/a *adj.* Ecuadorian 3
edad *f.* age 9
edificio *m.* building 12
  edificio de apartamentos apartment building 12
(en) efectivo *m.* cash 6

ejercer *v.* to practice/exercise (a degree/profession)
ejercicio *m.* exercise 15
  ejercicios aeróbicos aerobic exercises 15
  ejercicios de estiramiento stretching exercises 15
ejército *m.* army
el *m., sing., def. art.* the 1
él *sub. pron.* he 1; *obj. pron.* him
elecciones *f., pl.* election
electricista *m., f.* electrician
electrodoméstico *m.* electric appliance 12
elegante *adj. m., f.* elegant 6
elegir (e:i) *v.* to elect
ella *sub. pron.* she 1; *obj. pron.* her
ellos/as *sub. pron.* they 1; *obj. pron.* them
embarazada *adj.* pregnant 10
emergencia *f.* emergency 10
emitir *v.* to broadcast
emocionante *adj. m., f.* exciting
empezar (e:ie) *v.* to begin 4
empleado/a *m., f.* employee 5
empleo *m.* job; employment
empresa *f.* company; firm
en *prep.* in; on 2
  en casa at home
  en caso (de) que *conj.* in case (that) 13
  en cuanto *conj.* as soon as 13
  en efectivo in cash 14
  en exceso in excess; too much 15
  en línea in-line 4
  en punto on the dot; exactly; sharp (*time*) 1
  en qué in what; how
  ¿En qué puedo servirles? How can I help you? 5
  en vivo live 7
enamorado/a (de) *adj.* in love (with) 5
enamorarse (de) *v.* to fall in love (with) 9
encantado/a *adj.* delighted; pleased to meet you 1
encantar *v.* to like very much; to love (*inanimate objects*) 7
encima de *prep.* on top of 2
encontrar (o:ue) *v.* to find 4
encontrar(se) (o:ue) *v.* to meet (each other); to run into (each other) 11
  encontrarse con to meet up with 7
encuesta *f.* poll; survey
energía *f.* energy 13
  energía nuclear nuclear energy 13
  energía solar solar energy 13
enero *m.* January 5
enfermarse *v.* to get sick 10
enfermedad *f.* illness 10
enfermero/a *m., f.* nurse 10
enfermo/a *adj.* sick 10

enfrente de *adv.* opposite; facing 14
engordar *v.* to gain weight 15
enojado/a *adj.* angry 5
enojarse (con) *v.* to get angry (with) 7
ensalada *f.* salad 8
ensayo *m.* essay 3
enseguida *adv.* right away
enseñar *v.* to teach 2
ensuciar *v.* to get (something) dirty 12
entender (e:ie) *v.* to understand 4
enterarse *v.* to find out
entonces *adv.* so, then 5, 7
entrada *f.* entrance 12; ticket
entre *prep.* between; among 2
entregar *v.* to hand in 11
entremeses *m., pl.* hors d'oeuvres; appetizers 8
entrenador(a) *m., f.* trainer 15
entrenarse *v.* to practice; to train 15
entrevista *f.* interview
entrevistador(a) *m., f.* interviewer
entrevistar *v.* to interview
envase *m.* container 13
enviar *v.* to send; to mail 14
equilibrado/a *adj.* balanced 15
equipaje *m.* luggage 5
equipo *m.* team 4
equivocado/a *adj.* wrong 5
eres *fam.* you are 1
es he/she/it is 1
  Es bueno que… It's good that… 12
  es cierto it's certain 13
  es extraño it's strange 13
  es igual it's the same 5
  Es importante que… It's important that… 12
  es imposible it's impossible 13
  es improbable it's improbable 13
  Es malo que… It's bad that… 12
  Es mejor que… It's better that… 12
  Es necesario que… It's necessary that… 12
  es obvio it's obvious 13
  es posible it's possible 13
  es probable it's probable 13
  es ridículo it's ridiculous 13
  es seguro it's certain 13
  es terrible it's terrible 13
  es triste it's sad 13
  Es urgente que… It's urgent that… 12
  Es la una. It's one o'clock. 1
  es una lástima it's a shame 13
  es verdad it's true 13
esa(s) *f., adj.* that; those 6
ésa(s) *f., pron.* that (one); those (ones) 6
escalar *v.* to climb 4
  escalar montañas to climb mountains 4

escalera *f.* stairs; stairway 12
escalón *m.* step 15
escanear *v.* to scan 11
escoger *v.* to choose 8
escribir *v.* to write 3
  escribir un mensaje electrónico to write an e-mail 4
  escribir una carta to write a letter 4
escrito/a *p.p.* written 14
escritor(a) *m., f.* writer
escritorio *m.* desk 2
escuchar *v.* to listen (to) 2
  escuchar la radio to listen to the radio 2
  escuchar música to listen to music 2
escuela *f.* school 1
esculpir *v.* to sculpt
escultor(a) *m., f.* sculptor
escultura *f.* sculpture
ese *m., sing., adj.* that 6
ése *m., sing., pron.* that one 6
eso *neuter, pron.* that; that thing 6
esos *m., pl., adj.* those 6
ésos *m., pl., pron.* those (ones) 6
España *f.* Spain
español *m.* Spanish (*language*) 2
español(a) *adj. m., f.* Spanish 3
espárragos *m., pl.* asparagus 8
especialidad: las especialidades del día today's specials 8
especialización *f.* major 2
espectacular *adj.* spectacular
espectáculo *m.* show
espejo *m.* mirror 7
esperar *v.* to hope; to wish 13
  esperar (+ *inf.*) *v.* to wait (for); to hope 2
esposo/a *m., f.* husband/wife; spouse 3
esquí (acuático) *m.* (water) skiing 4
esquiar *v.* to ski 4
esquina *f.* corner 14
está he/she/it is, you are
  Está bien. That's fine.
  Está (muy) despejado. It's (very) clear. (*weather*)
  Está lloviendo. It's raining. 5
  Está nevando. It's snowing. 5
  Está (muy) nublado. It's (very) cloudy. (*weather*) 5
esta(s) *f., adj.* this; these 6
  esta noche tonight
ésta(s) *f., pron.* this (one); these (ones) 6
establecer *v.* to establish
estación *f.* station; season 5
  estación de autobuses bus station 5
  estación del metro subway station 5
  estación de tren train station 5

estacionamiento *m.* parking lot 14
estacionar *v.* to park 11
estadio *m.* stadium 2
estado civil *m.* marital status 9
Estados Unidos *m., pl.* (EE.UU.; E.U.) United States
estadounidense *adj. m., f.* from the United States 3
estampilla *f.* stamp 14
estante *m.* bookcase; bookshelves 12
estar *v.* to be 2
  estar a dieta to be on a diet 15
  estar aburrido/a to be bored 5
  estar afectado/a (por) to be affected (by) 13
  estar cansado/a to be tired 5
  estar contaminado/a to be polluted 13
  estar de acuerdo to agree
    Estoy de acuerdo. I agree.
    No estoy de acuerdo. I don't agree.
  estar de moda to be in fashion 6
  estar de vacaciones *f., pl.* to be on vacation 5
  estar en buena forma to be in good shape 15
  estar enfermo/a to be sick 10
  estar harto/a de... to be sick of...
  estar listo/a to be ready 5
  estar perdido/a to be lost 14
  estar roto/a to be broken 5
  estar seguro/a to be sure 5
  estar torcido/a to be twisted; to be sprained 10
  No está nada mal. It's not bad at all. 5
estatua *f.* statue
este *m.* east 14
este *m., sing., adj.* this 6
éste *m., sing., pron.* this (one) 6
estéreo *m.* stereo 11
estilo *m.* style
estiramiento *m.* stretching 15
esto *neuter pron.* this; this thing 6
estómago *m.* stomach 10
estornudar *v.* to sneeze 10
estos *m., pl., adj.* these 6
éstos *m., pl., pron.* these (ones) 6
estrella *f.* star 13
  estrella de cine *m., f.* movie star
estrés *m.* stress 15
estudiante *m., f.* student 1, 2
estudiantil *adj. m., f.* student 2
estudiar *v.* to study 2
estufa *f.* stove 12
estupendo/a *adj.* stupendous 5
etapa *f.* stage 9
evitar *v.* to avoid 13
examen *m.* test; exam 2

examen médico physical exam 10
excelente *adj. m., f.* excellent 5
exceso *m.* excess 15
excursión *f.* hike; tour; excursion 4
excursionista *m., f.* hiker
éxito *m.* success
experiencia *f.* experience
explicar *v.* to explain 2
explorar *v.* to explore
expresión *f.* expression
extinción *f.* extinction 13
extranjero/a *adj.* foreign
extrañar *v.* to miss
extraño/a *adj.* strange 13

F

fábrica *f.* factory 13
fabuloso/a *adj.* fabulous 5
fácil *adj.* easy 3
falda *f.* skirt 6
faltar *v.* to lack; to need 7
familia *f.* family 3
famoso/a *adj.* famous
farmacia *f.* pharmacy 10
fascinar *v.* to fascinate 7
favorito/a *adj.* favorite 4
fax *m.* fax (machine)
febrero *m.* February 5
fecha *f.* date 5
¡Felicidades! Congratulations! 9
¡Felicitaciones! Congratulations! 9
feliz *adj.* happy 5
  ¡Feliz cumpleaños! Happy birthday! 9
fenomenal *adj.* great, phenomenal 5
feo/a *adj.* ugly 3
festival *m.* festival
fiebre *f.* fever 10
fiesta *f.* party 9
fijo/a *adj.* fixed, set 6
fin *m.* end 4
  fin de semana weekend 4
finalmente *adv.* finally
firmar *v.* to sign (*a document*) 14
física *f.* physics 2
flan (de caramelo) *m.* baked (caramel) custard 9
flexible *adj.* flexible 15
flor *f.* flower 13
folclórico/a *adj.* folk; folkloric
folleto *m.* brochure
forma *f.* shape 15
formulario *m.* form 14
foto(grafía) *f.* photograph 1
francés, francesa *adj. m., f.* French 3
frecuentemente *adv.* frequently
frenos *m., pl.* brakes
frente (frío) *m.* (cold) front 5
fresco/a *adj.* cool
frijoles *m., pl.* beans 8

frío/a *adj.* cold
frito/a *adj.* fried 8
fruta *f.* fruit 8
frutería *f.* fruit store 14
fuera *adv.* outside
fuerte *adj. m., f.* strong 15
fumar *v.* to smoke 15
  (no) fumar *v.* (not) to smoke 15
funcionar *v.* to work 11; to function
fútbol *m.* soccer 4
fútbol americano *m.* football 4
futuro/a *adj.* future
  en el futuro in the future

G

gafas (de sol) *f., pl.* (sun)glasses 6
gafas (oscuras) *f., pl.* (sun)glasses
galleta *f.* cookie 9
ganar *v.* to win 4; to earn (money)
ganga *f.* bargain 6
garaje *m.* garage; (mechanic's) repair shop 11; garage (*in a house*) 12
garganta *f.* throat 10
gasolina *f.* gasoline 11
gasolinera *f.* gas station 11
gastar *v.* to spend (*money*) 6
gato *m.* cat 13
gemelo/a *m., f.* twin 3
genial *adj.* great
gente *f.* people 3
geografía *f.* geography 2
gerente *m., f.* manager 8
gimnasio *m.* gymnasium 4
gobierno *m.* government 13
golf *m.* golf 4
gordo/a *adj.* fat 3
grabar *v.* to record 11
gracias *f., pl.* thank you; thanks 1
  Gracias por invitarme. Thanks for inviting me. 9
graduarse (de/en) *v.* to graduate (from/in) 9
grande *adj.* big; large 3
grasa *f.* fat 15
gratis *adj. m., f.* free of charge 14
grave *adj.* grave; serious 10
gripe *f.* flu 10
gris *adj. m., f.* gray 6
gritar *v.* to scream, to shout
grito *m.* scream 5
guantes *m., pl.* gloves 6
guapo/a *adj.* handsome; good-looking 3
guardar *v.* to save (on a computer) 11
guerra *f.* war
guía *m., f.* guide
gustar *v.* to be pleasing to; to like 2
  Me gustaría... I would like...
gusto *m.* pleasure 1
  El gusto es mío. The pleasure is mine. 1

Mucho gusto. Pleased to meet you. 1
¡Qué gusto verlo/la! *(form.)* *How nice to see you!*
¡Qué gusto verte! *(fam.)* *How nice to see you!*

H

haber *(auxiliar) v.* to have (done something) 15
habitación *f.* room 5
  habitación doble double room 5
  habitación individual single room 5
hablar *v.* to talk; to speak 2
hacer *v.* to do; to make 4
  Hace buen tiempo. The weather is good. 5
  Hace (mucho) calor. It's (very) hot. *(weather)* 5
  Hace fresco. It's cool. *(weather)* 5
  Hace (mucho) frío. It's (very) cold. *(weather)* 5
  Hace mal tiempo. The weather is bad. 5
  Hace (mucho) sol. It's (very) sunny. *(weather)* 5
  Hace (mucho) viento. It's (very) windy. *(weather)* 5
  hacer cola to stand in line 14
  hacer diligencias to run errands 14
  hacer ejercicio to exercise 15
  hacer ejercicios aeróbicos to do aerobics 15
  hacer ejercicios de estiramiento to do stretching exercises 15
  hacer el papel (de) to play the role (of)
  hacer gimnasia to work out 15
  hacer juego (con) to match (with) 6
  hacer la cama to make the bed 12
  hacer las maletas to pack (one's) suitcases 5
  hacer quehaceres domésticos to do household chores 12
  hacer (wind)surf to (wind)surf 5
  hacer turismo to go sightseeing
  hacer un viaje to take a trip 5
  ¿Me harías el honor de casarte conmigo? Would you do me the honor of marrying me?
hacia *prep.* toward 14
hambre *f.* hunger
hamburguesa *f.* hamburger 8
hasta *prep.* until 6; toward
  Hasta la vista. See you later. 1
  Hasta luego. See you later. 1
  Hasta mañana. See you tomorrow. 1

Hasta pronto. See you soon. 1
hasta que *conj.* until 13
hay there is; there are 1
  Hay (mucha) contaminación. It's (very) smoggy.
  Hay (mucha) niebla. It's (very) foggy.
  Hay que It is necessary that
  No hay de qué. You're welcome. 1
  No hay duda de There's no doubt 13
hecho/a *p.p.* done 14
heladería *f.* ice cream shop 14
helado/a *adj.* iced 8
helado *m.* ice cream 9
hermanastro/a *m., f.* stepbrother/stepsister 3
hermano/a *m., f.* brother/sister 3
hermano/a mayor/menor *m., f.* older/younger brother/sister 3
hermanos *m., pl.* siblings (brothers and sisters) 3
hermoso/a *adj.* beautiful 6
hierba *f.* grass 13
hijastro/a *m., f.* stepson/stepdaughter 3
hijo/a *m., f.* son/daughter 3
  hijo/a único/a *m., f.* only child 3
  hijos *m., pl.* children 3
híjole *interj.* wow 6
historia *f.* history 2; story
hockey *m.* hockey 4
hola *interj.* hello; hi 1
hombre *m.* man 1
  hombre de negocios *m.* businessman
hora *f.* hour 1; the time
horario *m.* schedule 2
horno *m.* oven 12
  horno de microondas *m.* microwave oven 12
horror *m.* horror
  de horror horror (genre)
hospital *m.* hospital 10
hotel *m.* hotel 5
hoy *adv.* today 2
  hoy día *adv.* nowadays
  Hoy es... Today is... 2
hueco *m.* hole 4
huelga *f.* strike *(labor)*
hueso *m.* bone 10
huésped *m., f.* guest 5
huevo *m.* egg 8
humanidades *f., pl.* humanities 2
huracán *m.* hurricane

I

ida *f.* one way *(travel)*
idea *f.* idea
iglesia *f.* church 4
igualdad *f.* equality
igualmente *adv.* likewise 1
impermeable *m.* raincoat 6

importante *adj. m., f.* important 3
importar *v.* to be important to; to matter 7
imposible *adj. m., f.* impossible 13
impresora *f.* printer 11
imprimir *v.* to print 11
improbable *adj. m., f.* improbable 13
impuesto *m.* tax
incendio *m.* fire
increíble *adj. m., f.* incredible 5
indicar cómo llegar *v.* to give directions 14
individual *adj.* single *(room)* 5
infección *f.* infection 10
informar *v.* to inform
informe *m.* report; paper *(written work)*
ingeniero/a *m., f.* engineer 3
inglés *m.* English *(language)* 2
inglés, inglesa *adj.* English 3
inodoro *m.* toilet 7
insistir (en) *v.* to insist (on) 12
inspector(a) de aduanas *m., f.* customs inspector 5
inteligente *adj. m., f.* intelligent 3
intento *m.* attempt 11
intercambiar *v.* to exchange
interesante *adj. m., f.* interesting 3
interesar *v.* to be interesting to; to interest 7
internacional *adj. m., f.* international
Internet Internet 11
inundación *f.* flood
invertir (e:ie) *v.* to invest
invierno *m.* winter 5
invitado/a *m., f.* guest 9
invitar *v.* to invite 9
inyección *f.* injection 10
ir *v.* to go 4
  ir a (+ inf.) to be going to do something 4
  ir de compras to go shopping 5
  ir de excursión (a las montañas) to go on a hike (in the mountains) 4
  ir de pesca to go fishing
  ir de vacaciones to go on vacation 5
  ir en autobús to go by bus 5
  ir en auto(móvil) to go by auto(mobile); to go by car 5
  ir en avión to go by plane 5
  ir en barco to go by boat 5
  ir en metro to go by subway
  ir en moto(cicleta) to go by motorcycle
  ir en taxi to go by taxi 5
  ir en tren to go by train
irse *v.* to go away; to leave 7
italiano/a *adj.* Italian 3
izquierda *f.* left 2
  a la izquierda de to the left of 2

J

jabón *m.* soap 7
jamás *adv.* never; not ever 7
jamón *m.* ham 8
japonés, japonesa *adj.* Japanese 3
jardín *m.* garden; yard 12
jefe, jefa *m., f.* boss
jengibre *m.* ginger 10
joven *adj. m., f., sing.* (**jóvenes** *pl.*) young 3
　joven *m., f., sing.* (**jóvenes** *pl.*) young person 1
joyería *f.* jewelry store 14
jubilarse *v.* to retire (*from work*) 9
juego *m.* game
jueves *m., sing.* Thursday 2
jugador(a) *m., f.* player 4
jugar (u:ue) *v.* to play 4
　jugar a las cartas *f., pl.* to play cards 5
jugo *m.* juice 8
　jugo de fruta *m.* fruit juice 8
julio *m.* July 5
jungla *f.* jungle 13
junio *m.* June 5
juntos/as *adj.* together 9
juventud *f.* youth 9

K

kilómetro *m.* kilometer 11

L

la *f., sing., def. art.* the 1; *f., sing., d.o. pron.* her, it, *form.* you 5
laboratorio *m.* laboratory 2
lago *m.* lake 13
lámpara *f.* lamp 12
lana *f.* wool 6
langosta *f.* lobster 8
lápiz *m.* pencil 1
largo/a *adj.* long 6
las *f., pl., def. art.* the 1; *f., pl., d.o. pron.* them; you 5
lástima *f.* shame 13
lastimarse *v.* to injure oneself 10
　lastimarse el pie to injure one's foot 10
lata *f.* (*tin*) can 13
lavabo *m.* sink 7
lavadora *f.* washing machine 12
lavandería *f.* laundromat 14
lavaplatos *m., sing.* dishwasher 12
lavar *v.* to wash 12
　lavar (el suelo, los platos) to wash (the floor, the dishes) 12
lavarse *v.* to wash oneself 7
　lavarse la cara to wash one's face 7
　lavarse las manos to wash one's hands 7
le *sing., i.o. pron.* to/for him, her, *form.* you 6

Le presento a... *form.* I would like to introduce you to (name). 1
lección *f.* lesson 1
leche *f.* milk 8
lechuga *f.* lettuce 8
leer *v.* to read 3
　leer el correo electrónico to read e-mail 4
　leer un periódico to read a newspaper 4
　leer una revista to read a magazine 4
leído/a *p.p.* read 14
lejos de *prep.* far from 2
lengua *f.* language 2
　lenguas extranjeras *f., pl.* foreign languages 2
lentes de contacto *m., pl.* contact lenses
　lentes (de sol) (sun)glasses
lento/a *adj.* slow 11
les *pl., i.o. pron.* to/for them, you 6
letrero *m.* sign 14
levantar *v.* to lift 15
　levantar pesas to lift weights 15
levantarse *v.* to get up 7
ley *f.* law 13
libertad *f.* liberty; freedom
libre *adj. m., f.* free 4
librería *f.* bookstore 2
libro *m.* book 2
licencia de conducir *f.* driver's license 11
limón *m.* lemon 8
limpiar *v.* to clean 12
　limpiar la casa *v.* to clean the house 12
limpio/a *adj.* clean 5
línea *f.* line 4
listo/a *adj.* ready; smart 5
literatura *f.* literature 2
llamar *v.* to call 11
　llamar por teléfono to call on the phone
llamarse *v.* to be called; to be named 7
llanta *f.* tire 11
llave *f.* key 5; wrench 11
llegada *f.* arrival 5
llegar *v.* to arrive 2
llenar *v.* to fill 11, 14
　llenar el tanque to fill the tank 11
　llenar (un formulario) to fill out (a form) 14
lleno/a *adj.* full 11
llevar *v.* to carry 2; to wear; to take 6
　llevar una vida sana to lead a healthy lifestyle 15
　llevarse bien/mal (con) to get along well/badly (with) 9
llorar *v.* to cry 15
llover (o:ue) *v.* to rain 5

Llueve. It's raining. 5
lluvia *f.* rain
lo *m., sing. d.o. pron.* him, it, *form.* you 5
　¡Lo he pasado de película! I've had a fantastic time!
　lo mejor the best (thing)
　lo que that which; what 12
　Lo siento. I'm sorry. 1
loco/a *adj.* crazy 6
locutor(a) *m., f.* (TV or radio) announcer
lodo *m.* mud
los *m., pl., def. art.* the 1; *m. pl., d.o. pron.* them, you 5
luchar (contra/por) *v.* to fight; to struggle (against/for)
luego *adv.* then 7; later 1
lugar *m.* place 2, 4
luna *f.* moon 13
lunares *m.* polka dots
lunes *m., sing.* Monday 2
luz *f.* light; electricity 12

M

madrastra *f.* stepmother 3
madre *f.* mother 3
madurez *f.* maturity; middle age 9
maestro/a *m., f.* teacher
magnífico/a *adj.* magnificent 5
maíz *m.* corn 8
mal, malo/a *adj.* bad 3
maleta *f.* suitcase 1
mamá *f.* mom
mandar *v.* to order 12; to send; to mail 14
manejar *v.* to drive 11
manera *f.* way
mano *f.* hand 1
manta *f.* blanket 12
mantener *v.* to maintain 15
　mantenerse en forma to stay in shape 15
mantequilla *f.* butter 8
manzana *f.* apple 8
mañana *f.* morning, a.m. 1; tomorrow 1
mapa *m.* map 1, 2
maquillaje *m.* makeup 7
maquillarse *v.* to put on makeup 7
mar *m.* sea 5
maravilloso/a *adj.* marvelous 5
mareado/a *adj.* dizzy; nauseated 10
margarina *f.* margarine 8
mariscos *m., pl.* shellfish 8
marrón *adj. m., f.* brown 6
martes *m., sing.* Tuesday 2
marzo *m.* March 5
más *adv.* more 2
　más de (+ *number*) more than 8
　más tarde later (on) 7
　más... que more... than 8

masaje *m.* massage 15
matemáticas *f., pl.* mathematics 2
materia *f.* course 2
matrimonio *m.* marriage 9
máximo/a *adj.* maximum 11
mayo *m.* May 5
mayonesa *f.* mayonnaise 8
mayor *adj.* older 3
   el/la mayor *adj.* oldest 8
me *sing., d.o. pron.* me 5; *sing. i.o. pron.* to/for me 6
   Me gusta... I like... 2
   Me gustaría(n)... I would like... 15
   Me llamo... My name is... 1
   Me muero por... I'm dying to (for)...
mecánico/a *m., f.* mechanic 11
mediano/a *adj.* medium
medianoche *f.* midnight 1
medias *f., pl.* pantyhose, stockings 6
medicamento *m.* medication 10
medicina *f.* medicine 10
médico/a *m., f.* doctor 3; *adj.* medical 10
medio/a *adj.* half 3
   medio ambiente *m.* environment 13
   medio/a hermano/a *m., f.* half-brother/half-sister 3
   mediodía *m.* noon 1
   medios de comunicación *m., pl.* means of communication; media
   y media thirty minutes past the hour (time) 1
mejor *adj.* better 8
   el/la mejor *m., f.* the best 8
mejorar *v.* to improve 13
melocotón *m.* peach 8
menor *adj.* younger 3
   el/la menor *m., f.* youngest 8
menos *adv.* less 10
   menos cuarto..., menos quince... quarter to... (*time*) 1
   menos de (+ *number*) fewer than 8
   menos... que less... than 8
mensaje *m.* **de texto** text message 11
mensaje electrónico *m.* e-mail message 4
mentira *f.* lie 4
menú *m.* menu 8
mercado *m.* market 6
   mercado al aire libre open-air market 6
merendar (e:ie) *v.* to snack 8; to have an afternoon snack
merienda *f.* afternoon snack 15
mes *m.* month 5
mesa *f.* table 2
mesita *f.* end table 12
   mesita de noche night stand 12
meterse en problemas *v.* to get into trouble 13

metro *m.* subway 5
mexicano/a *adj.* Mexican 3
mí *pron., obj. of prep.* me 9
mi(s) *poss. adj.* my 3
microonda *f.* microwave 12
   horno de microondas *m.* microwave oven 12
miedo *m.* fear
miel *f.* honey 10
mientras *conj.* while 10
miércoles *m., sing.* Wednesday 2
mil *m.* one thousand 2
   mil millones billion
milla *f.* mile
millón *m.* million 2
millones (de) *m.* millions (of)
mineral *m.* mineral 15
minuto *m.* minute
mío(s)/a(s) *poss.* my; (of) mine 11
mirar *v.* to look (at); to watch 2
   mirar (la) televisión to watch television 2
mismo/a *adj.* same 3
mochila *f.* backpack 2
moda *f.* fashion 6
moderno/a *adj.* modern
molestar *v.* to bother; to annoy 7
monitor *m.* (computer) monitor 11
   monitor(a) *m., f.* trainer
mono *m.* monkey 13
montaña *f.* mountain 4
montar *v.* **a caballo** to ride a horse 5
montón: un montón de a lot of 4
monumento *m.* monument 4
morado/a *adj.* purple 6
moreno/a *adj.* brunet(te) 3
morir (o:ue) *v.* to die 8
mostrar (o:ue) *v.* to show 4
moto(cicleta) *f.* motorcycle 5
motor *m.* motor
muchacho/a *m., f.* boy/girl 3
mucho/a *adj.*, a lot of; much; many 3
   (Muchas) gracias. Thank you (very much); Thanks (a lot). 1
   muchas veces *adv.* a lot; many times 10
   Mucho gusto. Pleased to meet you. 1
mudarse *v.* to move (from one house to another) 12
muebles *m., pl.* furniture 12
muerte *f.* death 9
muerto/a *p.p.* died 14
mujer *f.* woman 1
   mujer de negocios *f.* business woman
   mujer policía *f.* female police officer
multa *f.* fine
mundial *adj. m., f.* worldwide
mundo *m.* world 8
muro *m.* wall 15
músculo *m.* muscle 15
museo *m.* museum 4
música *f.* music 2

musical *adj. m., f.* musical
músico/a *m., f.* musician
muy *adv.* very 1
   (Muy) bien, gracias. (Very) well, thanks. 1

N

nacer *v.* to be born 9
nacimiento *m.* birth 9
nacional *adj. m., f.* national
nacionalidad *f.* nationality 1
nada nothing 1; not anything 7
   nada mal not bad at all 5
nadar *v.* to swim 4
nadie *pron.* no one, nobody, not anyone 7
naranja *f.* orange 8
nariz *f.* nose 10
natación *f.* swimming 4
natural *adj. m., f.* natural 13
naturaleza *f.* nature 13
navegador *m.* **GPS** GPS 11
navegar (en Internet) *v.* to surf (the Internet) 11
Navidad *f.* Christmas 9
necesario/a *adj.* necessary 12
necesitar (+ *inf.*) *v.* to need 2
negar (e:ie) *v.* to deny 13
   no negar (e:ie) *v.* not to deny 13
negocios *m., pl.* business; commerce
negro/a *adj.* black 6
nervioso/a *adj.* nervous 5
nevar (e:ie) *v.* to snow 5
   Nieva. It's snowing. 5
ni...ni neither... nor 7
niebla *f.* fog
nieto/a *m., f.* grandson/ granddaughter 3
nieve *f.* snow
ningún, ninguno/a(s) *adj.* no; none; not any 7
niñez *f.* childhood 9
niño/a *m., f.* child 3
no no; not 1
   ¿no? right? 1
   no cabe duda de there is no doubt 13
   no es seguro it's not certain 13
   no es verdad it's not true 13
   No está nada mal. It's not bad at all. 5
   no estar de acuerdo to disagree
   No estoy seguro. I'm not sure.
   no hay there is not; there are not 1
   No hay de qué. You're welcome. 1
   no hay duda de there is no doubt 13
   ¡No me diga(s)! You don't say!
   No me gustan nada. I don't like them at all. 2

no muy bien not very well 1
No quiero. I don't want to. 4
No sé. I don't know.
No te preocupes. (*fam.*) Don't worry. 7
no tener razón to be wrong 3
noche *f.* night 1
nombre *m.* name 1
norte *m.* north 14
norteamericano/a *adj.* (North) American 3
nos *pl., d.o. pron.* us 5; *pl., i.o. pron.* to/for us 6
Nos vemos. See you. 1
nosotros/as *sub. pron.* we 1; *obj. pron.* us
noticia *f.* news 11
noticias *f., pl.* news
noticiero *m.* newscast
novecientos/as nine hundred 2
noveno/a *adj.* ninth 5
noventa ninety 2
noviembre *m.* November 5
novio/a *m., f.* boyfriend/ girlfriend 3
nube *f.* cloud 13
nublado/a *adj.* cloudy 5
Está (muy) nublado. It's very cloudy. 5
nuclear *adj. m. f.* nuclear 13
nuera *f.* daughter-in-law 3
nuestro(s)/a(s) *poss. adj.* our 3; our, (of) ours 11
nueve nine 1
nuevo/a *adj.* new 6
número *m.* number 1; (shoe) size 6
nunca *adv.* never; not ever 7
nutrición *f.* nutrition 15
nutricionista *m., f.* nutritionist 15

O

o or 7
o… o; either… or 7
obedecer *v.* to obey
obra *f.* work (*of art, literature, music, etc.*)
obra maestra *f.* masterpiece
obtener *v.* to obtain; to get
obvio/a *adj.* obvious 13
océano *m.* ocean
ochenta eighty 2
ocho eight 1
ochocientos/as eight hundred 2
octavo/a *adj.* eighth 5
octubre *m.* October 5
ocupación *f.* occupation
ocupado/a *adj.* busy 5
ocurrir *v.* to occur; to happen
odiar *v.* to hate 9
oeste *m.* west 14
oferta *f.* offer
oficina *f.* office 12

oficio *m.* trade
ofrecer *v.* to offer 6
oído *m.* (sense of) hearing; inner ear 10
oído *p.p.* heard 14
oír *v.* to hear 4
ojalá (que) *interj.* I hope (that); I wish (that) 13
ojo *m.* eye 10
olvidar *v.* to forget 10
once eleven 1
ópera *f.* opera
operación *f.* operation 10
ordenado/a *adj.* orderly 5
ordinal *adj.* ordinal (*number*)
oreja *f.* (outer) ear 10
organizarse *v.* to organize oneself 12
orquesta *f.* orchestra
ortografía *f.* spelling
ortográfico/a *adj.* spelling
os *fam., pl. d.o. pron.* you 5; *fam., pl. i.o. pron.* to/for you 6
otoño *m.* autumn 5
otro/a *adj.* other; another 6
otra vez again

P

paciente *m., f.* patient 10
padrastro *m.* stepfather 3
padre *m.* father 3
padres *m., pl.* parents 3
pagar *v.* to pay 6
pagar a plazos to pay in installments 14
pagar al contado to pay in cash 14
pagar en efectivo to pay in cash 14
pagar la cuenta to pay the bill
página *f.* page 11
página principal *f.* home page 11
país *m.* country 1
paisaje *m.* landscape 5
pájaro *m.* bird 13
palabra *f.* word 1
paleta helada *f.* popsicle 4
pálido/a *adj.* pale 14
pan *m.* bread 8
pan tostado *m.* toasted bread 8
panadería *f.* bakery 14
pantalla *f.* screen 11
pantalla táctil *f.* touch screen
pantalones *m., pl.* pants 6
pantalones cortos *m., pl.* shorts 6
pantuflas *f.* slippers 7
papa *f.* potato 8
papas fritas *f., pl.* fried potatoes; French fries 8
papá *m.* dad
papás *m., pl.* parents
papel *m.* paper 2; role

papelera *f.* wastebasket 2
paquete *m.* package 14
par *m.* pair 6
par de zapatos pair of shoes 6
para *prep.* for; in order to; by; used for; considering 11
para que *conj.* so that 13
parabrisas *m., sing.* windshield 11
parar *v.* to stop 11
parecer *v.* to seem 6
pared *f.* wall 12
pareja *f.* (married) couple; partner 9
parientes *m., pl.* relatives 3
parque *m.* park 4
párrafo *m.* paragraph
parte: de parte de on behalf of 11
partido *m.* game; match (*sports*) 4
pasado/a *adj.* last; past 6
pasado *p.p.* passed
pasaje *m.* ticket 5
pasaje de ida y vuelta *m.* roundtrip ticket 5
pasajero/a *m., f.* passenger 1
pasaporte *m.* passport 5
pasar *v.* to go through
pasar la aspiradora to vacuum 12
pasar por la aduana to go through customs
pasar tiempo to spend time
pasarlo bien/mal to have a good/bad time 9
pasatiempo *m.* pastime; hobby 4
pasear *v.* to take a walk; to stroll 4
pasear en bicicleta to ride a bicycle 4
pasear por to walk around
pasillo *m.* hallway 12
pasta *f.* **de dientes** toothpaste 7
pastel *m.* cake; pie 9
pastel de chocolate *m.* chocolate cake 9
pastel de cumpleaños *m.* birthday cake
pastelería *f.* pastry shop 14
pastilla *f.* pill; tablet 10
patata *f.* potato 8
patatas fritas *f., pl.* fried potatoes; French fries 8
patinar (en línea) *v.* to (inline) skate 4
patineta *f.* skateboard 4
patio *m.* patio; yard 12
pavo *m.* turkey 8
paz *f.* peace
pedir (e:i) *v.* to ask for; to request 4; to order (*food*) 8
pedir prestado *v.* to borrow 14
pedir un préstamo *v.* to apply for a loan 14
Todos me dijeron que te pidiera una disculpa de su parte. They all told me to ask you to excuse them/forgive them.
peinarse *v.* to comb one's hair 7

película *f.* movie 4
peligro *m.* danger 13
peligroso/a *adj.* dangerous
pelirrojo/a *adj.* red-haired 3
pelo *m.* hair 7
pelota *f.* ball 4
peluquería *f.* beauty salon 14
peluquero/a *m., f.* hairdresser
penicilina *f.* penicillin
pensar (e:ie) *v.* to think 4
    pensar (+ inf.) *v.* to intend to;
      to plan to (*do something*) 4
    pensar en *v.* to think about 4
pensión *f.* boardinghouse
peor *adj.* worse 8
    el/la peor *adj.* the worst 8
pequeño/a *adj.* small 3
pera *f.* pear 8
perder (e:ie) *v.* to lose; to miss 4
perdido/a *adj.* lost 13, 14
Perdón. Pardon me.;
    Excuse me. 1
perezoso/a *adj.* lazy
perfecto/a *adj.* perfect 5
periódico *m.* newspaper 4
periodismo *m.* journalism 2
periodista *m., f.* journalist 3
permiso *m.* permission
pero *conj.* but 2
perro *m.* dog 13
persona *f.* person 3
personaje *m.* character
    personaje principal *m.*
      main character
pesas *f. pl.* weights 15
pesca *f.* fishing
pescadería *f.* fish market 14
pescado *m.* fish (*cooked*) 8
pescar *v.* to fish 5
peso *m.* weight 15
pez *m., sing.* (**peces** *pl.*) fish (*live*) 13
pie *m.* foot 10
piedra *f.* stone 13
pierna *f.* leg 10
pimienta *f.* black pepper 8
pintar *v.* to paint
pintor(a) *m., f.* painter
pintura *f.* painting; picture 12
piña *f.* pineapple
piscina *f.* swimming pool 4
piso *m.* floor (*of a building*) 5
pizarra *f.* blackboard 2
placer *m.* pleasure
planchar la ropa *v.* to iron the
    clothes 12
planes *m., pl.* plans
planta *f.* plant 13
    planta baja *f.* ground floor 5
plástico *m.* plastic 13
plato *m.* dish (*in a meal*) 8; *m.*
    plate 12
    plato principal *m.* main dish 8
playa *f.* beach 5
plaza *f.* city or town square 4
plazos *m., pl.* periods; time 14
pluma *f.* pen 2
plumero *m.* duster 12
población *f.* population 13

pobre *adj. m., f.* poor 6
pobrecito/a *adj.* poor thing 3
pobreza *f.* poverty
poco *adv.* little 5, 10
poder (o:ue) *v.* to be able to; can 4
    ¿Podría pedirte algo? Could I
      ask you something?
    ¿Puedo dejar un recado?
      May I leave a message? 11
poema *m.* poem
poesía *f.* poetry
poeta *m., f.* poet
policía *f.* police (force) 11
política *f.* politics
político/a *m., f.* politician; *adj.*
    political
pollo *m.* chicken 8
    pollo asado *m.* roast chicken 8
poner *v.* to put; to place 4; to turn
    on (*electrical appliances*) 11
    poner la mesa to set the
      table 12
    poner una inyección to give
      an injection 10
    ponerle el nombre to name
      someone/something 9
ponerse (+ adj.) *v.* to become
    (+ *adj.*) 7; to put on 7
por *prep.* in exchange for; for;
    by; in; through; around; along;
    during; because of; on account
    of; on behalf of; in search of;
    by way of; by means of 11
    por aquí around here 11
    por ejemplo for example 11
    por eso that's why;
      therefore 11
    por favor please 1
    por fin finally 11
    por la mañana in the
      morning 7
    por la noche at night 7
    por la tarde in the afternoon 7
    por lo menos *adv.* at least 10
    ¿por qué? why? 2
    Por supuesto. Of course.
    por teléfono by phone; on the
      phone
    por último finally 7
porque *conj.* because 2
portátil *adj.* portable 11
portero/a *m., f.* doorman/
    doorwoman 1
porvenir *m.* future
    por el porvenir for/to the
      future
posesivo/a *adj.* possessive
posible *adj.* possible 13
    es posible it's possible 13
    no es posible it's not
      possible 13
postal *f.* postcard
postre *m.* dessert 9
practicar *v.* to practice 2
    practicar deportes *m., pl.* to
      play sports 4
precio (fijo) *m.* (fixed; set)
    price 6

preferir (e:ie) *v.* to prefer 4
pregunta *f.* question
preguntar *v.* to ask (*a question*) 2
premio *m.* prize; award
prender *v.* to turn on 11
prensa *f.* press
preocupado/a (por) *adj.* worried
    (about) 5
preocuparse (por) *v.* to worry
    (about) 7
preparar *v.* to prepare 2
preposición *f.* preposition
presentación *f.* introduction
presentar *v.* to introduce; to
    present; to put on (*a
    performance*)
    Le presento a... I would like
      to introduce you to (name).
      (*form.*) 1
    Te presento a... I would like
      to introduce you to (name).
      (*fam.*) 1
presiones *f., pl.* pressures 15
prestado/a *adj.* borrowed
préstamo *m.* loan 14
prestar *v.* to lend; to loan 6
primavera *f.* spring 5
primer, primero/a *adj.* first 5
primero *adv.* first 2
primo/a *m., f.* cousin 3
principal *adj. m., f.* main 8
prisa *f.* haste
    darse prisa *v.* to hurry;
      to rush 15
probable *adj. m., f.* probable 13
    es probable it's probable 13
    no es probable it's not
      probable 13
probar (o:ue) *v.* to taste; to try 8
probarse (o:ue) *v.* to try on 7
problema *m.* problem 1
profesión *f.* profession 3
profesor(a) *m., f.* teacher 1, 2
programa *m.* program 1
    programa de computación
      m. software 11
    programa de entrevistas *m.*
      talk show
    programa de realidad *m.*
      reality show
programador(a) *m., f.* computer
    programmer 3
prohibir *v.* to prohibit 10;
    to forbid
pronombre *m.* pronoun
pronto *adv.* soon 10
propina *f.* tip 8
propio/a *adj.* own
proteger *v.* to protect 13
proteína *f.* protein 15
próximo/a *adj.* next 3
proyecto *m.* project 11
prueba *f.* test; quiz 2
psicología *f.* psychology 2
psicólogo/a *m., f.*
    psychologist
publicar *v.* to publish

público *m.* audience
pueblo *m.* town
puerta *f.* door 2
puertorriqueño/a *adj.* Puerto Rican 3
pues *conj.* well
puesto *m.* position; job
puesto/a *p.p.* put 14
puro/a *adj.* pure 13

Q

que *pron.* that; which; who 12
　¿En qué…? In which…?
　¡Qué…! How…!
　¡Qué dolor! What pain!
　¡Qué ropa más bonita! What pretty clothes! 6
　¡Qué sorpresa! What a surprise!
　¿qué? what? 1, 2
　¿Qué día es hoy? What day is it? 2
　¿Qué hay de nuevo? What's new? 1
　¿Qué hora es? What time is it? 1
　¿Qué les parece? What do you (*pl.*) think?
　¿Qué onda? What's up? 14
　¿Qué pasa? What's happening? What's going on? 1
　¿Qué pasó? What happened?
　¿Qué precio tiene? What is the price?
　¿Qué tal…? How are you?; How is it going? 1
　¿Qué talla lleva/usa? What size do you wear? 6
　¿Qué tiempo hace? How's the weather? 5
quedar *v.* to be left over; to fit (*clothing*) 7; to be located 14
quedarse *v.* to stay; to remain 7
quehaceres domésticos *m., pl.* household chores 12
quemar (un CD/DVD) *v.* to burn (a CD/DVD)
querer (e:ie) *v.* to want; to love 4
queso *m.* cheese 8
quien(es) *pron.* who; whom; that 12
¿quién(es)? who?; whom? 1, 2
　¿Quién es…? Who is…? 1
　¿Quién habla? Who is speaking/calling? (*telephone*) 11
química *f.* chemistry 2
quince fifteen 1
　menos quince quarter to (time) 1
　y quince quarter after (time) 1
quinceañera *f.* young woman celebrating her fifteenth birthday 9
quinientos/as five hundred 2
quinto/a *adj.* fifth 5
quisiera *v.* I would like

quitar el polvo *v.* to dust 12
quitar la mesa *v.* to clear the table 12
quitarse *v.* to take off 7
quizás *adv.* maybe 5

R

racismo *m.* racism
radio *f.* radio (*medium*) 2; *m.* radio (set) 11
radiografía *f.* X-ray 10
rápido *adv.* quickly 10
ratón *m.* mouse 11
ratos libres *m., pl.* spare (free) time 4
raya *f.* stripe
razón *f.* reason
rebaja *f.* sale 6
receta *f.* prescription 10
recetar *v.* to prescribe 10
recibir *v.* to receive 3
reciclaje *m.* recycling 13
reciclar *v.* to recycle 13
recién casado/a *m., f.* newly-wed 9
recoger *v.* to pick up 13
recomendar (e:ie) *v.* to recommend 8, 12
recordar (o:ue) *v.* to remember 4
recorrer *v.* to tour an area
recorrido *m.* tour 13
recuperar *v.* to recover 11
recurso *m.* resource 13
　recurso natural *m.* natural resource 13
red *f.* network; Web 11
reducir *v.* to reduce 13
refresco *m.* soft drink 8
refrigerador *m.* refrigerator 12
regalar *v.* to give (a gift) 9
regalo *m.* gift 6
regatear *v.* to bargain 6
región *f.* region; area
regresar *v.* to return 2
regular *adv.* so-so; OK 1
reído *p.p.* laughed 14
reírse (e:i) *v.* to laugh 9
relaciones *f., pl.* relationships
relajarse *v.* to relax 9
reloj *m.* clock; watch 2
renovable *adj.* renewable 13
renunciar (a) *v.* to resign (from)
repetir (e:i) *v.* to repeat 4
reportaje *m.* report
reportero/a *m., f.* reporter
representante *m., f.* representative
reproductor de CD *m.* CD player 11
reproductor de DVD *m.* DVD player 11
reproductor de MP3 *m.* MP3 player 11
resfriado *m.* cold (*illness*) 10
residencia estudiantil *f.* dormitory 2

resolver (o:ue) *v.* to resolve; to solve 13
respirar *v.* to breathe 13
responsable *adj.* responsible 8
respuesta *f.* answer
restaurante *m.* restaurant 4
resuelto/a *p.p.* resolved 14
reunión *f.* meeting
revisar *v.* to check 11
　revisar el aceite *v.* to check the oil 11
revista *f.* magazine 4
rico/a *adj.* rich 6; *adj.* tasty; delicious 8
ridículo/a *adj.* ridiculous 13
río *m.* river 13
rodilla *f.* knee 10
rogar (o:ue) *v.* to beg; to plead 12
rojo/a *adj.* red 6
romántico/a *adj.* romantic
romper *v.* to break 10
　romperse la pierna *v.* to break one's leg 10
romper (con) *v.* to break up (with) 9
ropa *f.* clothing; clothes 6
　ropa interior *f.* underwear 6
rosado/a *adj.* pink 6
roto/a *adj.* broken 14
rubio/a *adj.* blond(e) 3
ruso/a *adj.* Russian 3
rutina *f.* routine 7
　rutina diaria *f.* daily routine 7

S

sábado *m.* Saturday 2
saber *v.* to know; to know how 6
　saber a to taste like 8
sabrosísimo/a *adj.* extremely delicious 8
sabroso/a *adj.* tasty; delicious 8
sacar *v.* to take out
　sacar buenas notas to get good grades 2
　sacar fotos to take photos 5
　sacar la basura to take out the trash 12
　sacar(se) un diente to have a tooth removed 10
sacudir *v.* to dust 12
　sacudir los muebles to dust the furniture 12
sal *f.* salt 8
sala *f.* living room 12; room
　sala de emergencia(s) emergency room 10
salario *m.* salary
salchicha *f.* sausage 8
salida *f.* departure; exit 5
salir *v.* to leave 4; to go out
　salir con to go out with; to date 4, 9
　salir de to leave from 4
　salir para to leave for (a place) 4
salmón *m.* salmon 8

salón de belleza *m.* beauty salon 14
salud *f.* health 10
saludable *adj.* healthy 10
saludar(se) *v.* to greet (each other) 11
saludo *m.* greeting 1
   saludos a... greetings to... 1
sandalia *f.* sandal 6
sandía *f.* watermelon
sándwich *m.* sandwich 8
sano/a *adj.* healthy 10
se *ref. pron.* himself, herself, itself, *form.* yourself, themselves, yourselves 7
se *impersonal* one 10
   Se hizo... He/she/it became...
secadora *f.* clothes dryer 12
secarse *v.* to dry (oneself) 7
sección de (no) fumar *f.* (non) smoking section 8
secretario/a *m., f.* secretary
secuencia *f.* sequence
sed *f.* thirst
seda *f.* silk 6
sedentario/a *adj.* sedentary; related to sitting 15
seguir (e:i) *v.* to follow; to continue 4
según according to
segundo/a *adj.* second 5
seguro/a *adj.* sure; safe; confident 5
seis six 1
seiscientos/as six hundred 2
sello *m.* stamp 14
selva *f.* jungle 13
semáforo *m.* traffic light 14
semana *f.* week 2
   fin *m.* **de semana** weekend 4
   semana *f.* **pasada** last week 6
semestre *m.* semester 2
sendero *m.* trail; path 13
sentarse (e:ie) *v.* to sit down 7
sentir (e:ie) *v.* to be sorry; to regret 13
sentirse (e:ie) *v.* to feel 7
señor (Sr.); don *m.* Mr.; sir 1
señora (Sra.); doña *f.* Mrs.; ma'am 1
señorita (Srta.) *f.* Miss 1
separado/a *adj.* separated 9
separarse (de) *v.* to separate (from) 9
septiembre *m.* September 5
séptimo/a *adj.* seventh 5
ser *v.* to be 1
   ser aficionado/a (a) to be a fan (of)
   ser alérgico/a (a) to be allergic (to) 10
   ser gratis to be free of charge 14
serio/a *adj.* serious
servicio *m.* service 15
servilleta *f.* napkin 12
servir (e:i) *v.* to serve 8; to help 5
sesenta sixty 2
setecientos/as seven hundred 2

setenta seventy 2
sexismo *m.* sexism
sexto/a *adj.* sixth 5
sí *adv.* yes 1
si *conj.* if 4
SIDA *m.* AIDS
siempre *adv.* always 7
siete seven 1
silla *f.* seat 2
sillón *m.* armchair 12
similar *adj. m., f.* similar
simpático/a *adj.* nice; likeable 3
sin *prep.* without 13
   sin duda without a doubt
   sin embargo however
   sin que *conj.* without 13
sino but (rather) 7
síntoma *m.* symptom 10
sitio *m.* place 3
sitio *m.* **web** website 11
situado/a *p.p.* located
sobre *m.* envelope 14; *prep.* on; over 2
   sobre todo above all 13
(sobre)población *f.* (over)population 13
sobrino/a *m., f.* nephew/niece 3
sociología *f.* sociology 2
sofá *m.* couch; sofa 12
sol *m.* sun 13
solar *adj. m., f.* solar 13
soldado *m., f.* soldier
soleado/a *adj.* sunny
solicitar *v.* to apply (*for a job*)
solicitud (de trabajo) *f.* (job) application
sólo *adv.* only 6
solo/a *adj.* alone
soltero/a *adj.* single 9
solución *f.* solution 13
sombrero *m.* hat 6
Son las dos. It's two o'clock. 1
sonar (o:ue) *v.* to ring 11
sonreído *p.p.* smiled 14
sonreír (e:i) *v.* to smile 9
sopa *f.* soup 8
sorprender *v.* to surprise 9
sorpresa *f.* surprise 9
sótano *m.* basement; cellar 12
soy I am 1
   Soy de... I'm from... 1
su(s) *poss. adj.* his; her; its; *form.* your; their 3
subir(se) a *v.* to get on/into (*a vehicle*) 11
sucio/a *adj.* dirty 5
sudar *v.* to sweat 15
suegro/a *m., f.* father-in-law/ mother-in-law 3
sueldo *m.* salary
suelo *m.* floor 12
sueño *m.* sleep
suerte *f.* luck
suéter *m.* sweater 6
sufrir *v.* to suffer 10
   sufrir muchas presiones to be under a lot of pressure 15
   sufrir una enfermedad to suffer an illness 10

sugerir (e:ie) *v.* to suggest 12
supermercado *m.* supermarket 14
suponer *v.* to suppose 4
sur *m.* south 14
sustantivo *m.* noun
suyo(s)/a(s) *poss.* (of) his/her; (of) hers; its; *form.* your, (of) yours, (of) theirs, their 11

T

tabla de (wind)surf *f.* surf board/sailboard 5
tal vez *adv.* maybe 5
talentoso/a *adj.* talented
talla *f.* size 6
   talla grande *f.* large
taller *m.* **mecánico** garage; mechanic's repair shop 11
también *adv.* also; too 2; 7
tampoco *adv.* neither; not either 7
tan *adv.* so 5
   tan... como as... as 8
   tan pronto como *conj.* as soon as 13
tanque *m.* tank 11
tanto *adv.* so much
   tanto... como as much... as 8
tantos/as... como as many... as 8
tarde *adv.* late 7; *f.* afternoon; evening; P.M. 1
tarea *f.* homework 2
tarjeta *f.* (post) card
tarjeta de crédito *f.* credit card 6
tarjeta postal *f.* postcard
taxi *m.* taxi 5
taza *f.* cup 12
te *sing., fam., d.o. pron.* you 5; *sing., fam., i.o. pron.* to/for you 6
   Te presento a... *fam.* I would like to introduce you to (name). 1
   ¿Te gustaría? Would you like to?
   ¿Te gusta(n)...? Do you like...? 2
té *m.* tea 8
   té helado *m.* iced tea 8
teatro *m.* theater
teclado *m.* keyboard 11
técnico/a *m., f.* technician
tejido *m.* weaving
teleadicto/a *m., f.* couch potato 15
(teléfono) celular *m.* (cell) phone 11
telenovela *f.* soap opera
teletrabajo *m.* telecommuting
televisión *f.* television 2
televisión por cable *f.* cable television
televisor *m.* television set 11
temer *v.* to fear; to be afraid 13
temperatura *f.* temperature 10
temporada *f.* period of time 5
temprano *adv.* early 7

tenedor *m.* fork 12
tener *v.* to have 3
  tener… años to be… years old 3
  tener (mucho) calor to be (very) hot 3
  tener (mucho) cuidado to be (very) careful 3
  tener dolor to have pain 10
  tener éxito to be successful
  tener fiebre to have a fever 10
  tener (mucho) frío to be (very) cold 3
  tener ganas de (+ *inf.*) to feel like (*doing something*) 3
  tener (mucha) hambre *f.* to be (very) hungry 3
  tener (mucho) miedo (de) to be (very) afraid (of); to be (very) scared (of) 3
  tener miedo (de) que to be afraid that
  tener planes *m., pl.* to have plans
  tener (mucha) prisa to be in a (big) hurry 3
  tener que (+ *inf.*) *v.* to have to (*do something*) 3
  tener razón *f.* to be right 3
  tener (mucha) sed *f.* to be (very) thirsty 3
  tener (mucho) sueño to be (very) sleepy 3
  tener (mucha) suerte to be (very) lucky 3
  tener tiempo to have time 14
  tener una cita to have a date; to have an appointment 9
tenis *m.* tennis 4
tensión *f.* tension 15
tercer, tercero/a *adj.* third 5
terco/a *adj.* stubborn 10
terminar *v.* to end; to finish 2
  terminar de (+ *inf.*) *v.* to finish (*doing something*)
terremoto *m.* earthquake
terrible *adj. m., f.* terrible 13
ti *obj. of prep., fam.* you 9
tiempo *m.* time 14; weather 5
  tiempo libre free time
tienda *f.* store 6
tierra *f.* land; soil 13
tinto/a *adj.* red (wine) 8
tío/a *m., f.* uncle/aunt 3
tíos *m., pl.* aunts and uncles 3
título *m.* title
tiza *f.* chalk 2
toalla *f.* towel 7
tobillo *m.* ankle 10
tocar *v.* to play (*a musical instrument*); to touch
todavía *adv.* yet; still 3, 5
todo *m.* everything 5
todo(s)/a(s) *adj.* all
todos *m., pl.* all of us; *m., pl.* everybody; everyone
todos los días *adv.* every day 10
tomar *v.* to take; to drink 2

tomar clases *f., pl.* to take classes 2
tomar el sol to sunbathe 4
tomar en cuenta to take into account
tomar fotos *f., pl.* to take photos 5
tomar la temperatura to take someone's temperature 10
tomar una decisión to make a decision 15
tomate *m.* tomato 8
tonto/a *adj.* foolish 3
torcerse (o:ue) (el tobillo) *v.* to sprain (one's ankle) 10
tormenta *f.* storm
tornado *m.* tornado
tortuga (marina) *f.* (sea) turtle 13
tos *f., sing.* cough 10
toser *v.* to cough 10
tostado/a *adj.* toasted 8
tostadora *f.* toaster 12
trabajador(a) *adj.* hard-working 3
trabajar *v.* to work 2
trabajo *m.* job; work
traducir *v.* to translate 6
traer *v.* to bring 4
tráfico *m.* traffic 11
tragedia *f.* tragedy
traído/a *p.p.* brought 14
traje *m.* suit 6
  traje de baño *m.* bathing suit 6
trajinera *f.* type of barge 3
tranquilo/a *adj.* calm; quiet 15
  Tranquilo/a. Relax. 7
  Tranquilo/a, cariño. Relax, sweetie. 11
transmitir *v.* to broadcast
tratar de (+ *inf.*) *v.* to try (*to do something*) 15
trece thirteen 1
treinta thirty 1, 2
  y treinta thirty minutes past the hour (time) 1
tren *m.* train 5
tres three 1
trescientos/as three hundred 2
trimestre *m.* trimester; quarter 2
triste *adj.* sad 5
tú *fam. sub. pron.* you 1
tu(s) *fam. poss. adj.* your 3
turismo *m.* tourism
turista *m., f.* tourist 1
turístico/a *adj.* touristic
tuyo(s)/a(s) *fam. poss. pron.* your; (of) yours 11

U

Ud. *form. sing.* you 1
Uds. *pl.* you 1
último/a *adj.* last 7
  la última vez the last time 7
un, uno/a *indef. art.* a; one 1
  a la una at one o'clock 1
  una vez once 6
  una vez más one more time

uno one 1
único/a *adj.* only 3; unique 9
universidad *f.* university; college 2
unos/as *m., f., pl. indef. art.* some 1
urgente *adj.* urgent 12
usar *v.* to wear; to use 6
usted (Ud.) *form. sing.* you 1
ustedes (Uds.) *pl.* you 1
útil *adj.* useful
uva *f.* grape 8

V

vaca *f.* cow 13
vacaciones *f. pl.* vacation 5
valle *m.* valley 13
vamos let's go 4
vaquero *m.* cowboy
  de vaqueros *m., pl.* western (genre)
varios/as *adj. m. f., pl.* various; several
vaso *m.* glass 12
veces *f., pl.* times 6
vecino/a *m., f.* neighbor 12
veinte twenty 1
veinticinco twenty-five 1
veinticuatro twenty-four 1
veintidós twenty-two 1
veintinueve twenty-nine 1
veintiocho twenty-eight 1
veintiséis twenty-six 1
veintisiete twenty-seven 1
veintitrés twenty-three 1
veintiún, veintiuno/a *adj.* twenty-one 1
veintiuno twenty-one 1
vejez *f.* old age 9
velocidad *f.* speed 11
  velocidad máxima *f.* speed limit 11
vencer *v.* to expire 14
vendedor(a) *m., f.* salesperson 6
vender *v.* to sell 6
venir *v.* to come 3
ventana *f.* window 2
ver *v.* to see 4
  a ver *v.* let's see
  ver películas *f., pl.* to see movies 4
verano *m.* summer 5
verbo *m.* verb
verdad *f.* truth 4
  (no) es verdad it's (not) true 13
  ¿verdad? right? 1
verde *adj., m. f.* green 6
verduras *pl., f.* vegetables 8
vestido *m.* dress 6
vestirse (e:i) *v.* to get dressed 7
vez *f.* time 6
viajar *v.* to travel 2
viaje *m.* trip 5
viajero/a *m., f.* traveler 5

vida *f.* life 9
video *m.* video 1
videoconferencia *f.* videoconference
videojuego *m.* video game 4
vidrio *m.* glass 13
viejo/a *adj.* old 3
viento *m.* wind
viernes *m., sing.* Friday 2
vinagre *m.* vinegar 8
vino *m.* wine 8
  vino blanco *m.* white wine 8
  vino tinto *m.* red wine 8
violencia *f.* violence
visitar *v.* to visit 4
  visitar monumentos *m., pl.* to visit monuments 4
visto/a *p.p.* seen 14
vitamina *f.* vitamin 15
viudo/a *adj.* widower/widow 9
vivienda *f.* housing 12
vivir *v.* to live 3
vivo/a *adj.* clever; living
volante *m.* steering wheel 11
volcán *m.* volcano 13
vóleibol *m.* volleyball 4
volver (o:ue) *v.* to return 4
volver a ver(te, lo, la) *v.* to see (you, him, her) again
vos *pron.* you

vosotros/as *fam., pl.* you 1
votar *v.* to vote
vuelta *f.* return trip
vuelto/a *p.p.* returned 14
vuestro(s)/a(s) *poss. adj.* your 3; your, (of) yours *fam., pl.* 11

Y

y *conj.* and 1
  y cuarto quarter after (time) 1
  y media half-past (time) 1
  y quince quarter after (time) 1
  y treinta thirty (minutes past the hour) 1
  ¿Y tú? *fam.* And you? 1
  ¿Y usted? *form.* And you? 1
ya *adv.* already 6
yerno *m.* son-in-law 3
yo *sub. pron.* I 1
yogur *m.* yogurt 8

Z

zanahoria *f.* carrot 8
zapatería *f.* shoe store 14
zapatos de tenis *m., pl.* tennis shoes, sneakers 6

English-Spanish

A

a **un/a** *m., f., sing.; indef. art.* 1
@ (*symbol*) **arroba** *f.* 11
a.m. **de la mañana** *f.* 1
able: be able to **poder (o:ue)** *v.* 4
aboard **a bordo**
above all **sobre todo** 13
accident **accidente** *m.* 10
accompany **acompañar** *v.* 14
account **cuenta** *f.* 14
  on account of **por** *prep.* 11
accountant **contador(a)** *m., f.*
accounting **contabilidad** *f.* 2
ache **dolor** *m.* 10
acquainted: be acquainted with
  conocer *v.* 6
action (genre) **de acción** *f.*
active **activo/a** *adj.* 15
actor **actor** *m.*, **actriz** *f.*
addict (*drug*) **drogadicto/a**
  m., f. 15
additional **adicional** *adj.*
address **dirección** *f.* 14
adjective **adjetivo** *m.*
adolescence **adolescencia** *f.* 9
adventure (genre) **de aventuras** *f.*
advertise **anunciar** *v.*
advertisement **anuncio** *m.*
advice **consejo** *m.*
  give advice **dar consejos** 6
advise **aconsejar** *v.* 12
advisor **consejero/a** *m., f.*
aerobic **aeróbico/a** *adj.* 15
  aerobics class **clase de
    ejercicios aeróbicos** 15
  to do aerobics **hacer ejercicios
    aeróbicos** 15
affected **afectado/a** *adj.* 13
  be affected (by) **estar** *v.*
    afectado/a (por) 13
affirmative **afirmativo/a** *adj.*
afraid: be (very) afraid (of) **tener
  (mucho) miedo (de)** 3
  be afraid that **tener miedo
    (de) que**
after **después de** *prep.* 7;
  después de que *conj.* 13
afternoon **tarde** *f.* 1
afterward **después** *adv.* 7
again **otra vez**
age **edad** *f.* 9
agree **concordar** *v.*
agree **estar** *v.* **de acuerdo**
  I agree. **Estoy de acuerdo.**
  I don't agree. **No estoy de
    acuerdo.**
agreement **acuerdo** *m.*
AIDS **SIDA** *m.*
air **aire** *m.* 13
  air pollution **contaminación
    del aire** 13
airplane **avión** *m.* 5
airport **aeropuerto** *m.* 5
alarm clock **despertador** *m.* 7

alcohol **alcohol** *m.* 15
  to consume alcohol **consumir
    alcohol** 15
alcoholic **alcohólico/a** *adj.* 15
all **todo(s)/a(s)** *adj.*
  all of us **todos**
allergic **alérgico/a** *adj.* 10
  be allergic (to) **ser alérgico/a
    (a)** 10
alleviate **aliviar** *v.*
almost **casi** *adv.* 10
alone **solo/a** *adj.*
along **por** *prep.* 11
already **ya** *adv.* 6
also **también** *adv.* 2; 7
altar **altar** *m.* 9
aluminum **aluminio** *m.* 13
  (made) of aluminum **de
    aluminio** 13
always **siempre** *adv.* 7
American (*North*)
  norteamericano/a *adj.* 3
among **entre** *prep.* 2
amusement **diversión** *f.*
and **y** 1, **e** (*before words beginning
  with i or hi*)
  And you?**¿Y tú?** *fam.* 1;
    ¿Y usted? *form.* 1
angel **ángel** *m.* 9
angry **enojado/a** *adj.* 5
  get angry (with) **enojarse** *v.*
    (con) 7
animal **animal** *m.* 13
ankle **tobillo** *m.* 10
anniversary **aniversario** *m.* 9
  (wedding) anniversary
    aniversario *m.* **(de bodas)** 9
announce **anunciar** *v.*
announcer (*TV/radio*) **locutor(a)**
  m., f.
annoy **molestar** *v.* 7
another **otro/a** *adj.* 6
answer **contestar** *v.* 2;
  respuesta *f.*
answering machine **contestadora** *f.*
antibiotic **antibiótico** *m.* 10
any **algún, alguno/a(s)** *adj.* 7
anyone **alguien** *pron.* 7
anything **algo** *pron.* 7
apartment **apartamento** *m.* 12
apartment building **edificio de
  apartamentos** 12
app **aplicación** *f.* 11
appear **parecer** *v.*
appetizers **entremeses** *m., pl.* 8
applaud **aplaudir** *v.*
apple **manzana** *f.* 8
appliance (electric)
  electrodoméstico *m.* 12
applicant **aspirante** *m., f.*
application **solicitud** *f.*
  job application **solicitud de
    trabajo**
apply (*for a job*) **solicitar** *v.*
  apply for a loan **pedir (e:i)** *v.*
    un préstamo 14
appointment **cita** *f.* 9
  have an appointment **tener** *v.*
    una cita 9
appreciate **apreciar** *v.*

April **abril** *m.* 5
archeologist **arqueólogo/a**
  m., f.
archeology **arqueología** *f.* 2
architect **arquitecto/a** *m., f.*
area **región** *f.*
Argentine **argentino/a** *adj.* 3
arm **brazo** *m.* 10
armchair **sillón** *m.* 12
army **ejército** *m.*
around **por** *prep.* 11
  around here **por aquí** 11
arrange **arreglar** *v.* 11
arrival **llegada** *f.* 5
arrive **llegar** *v.* 2
art **arte** *m.* 2
  (fine) arts **bellas artes** *f., pl.*
article **artículo** *m.*
artist **artista** *m., f.* 3
artistic **artístico/a** *adj.*
arts **artes** *f., pl.*
as **como** 8
  as a child **de niño/a** 10
  as... as **tan... como** 8
  as many... as **tantos/as...
    como** 8
  as much... as **tanto...
    como** 8
  as soon as **en cuanto** *conj.* 13;
    tan pronto como *conj.* 13
ask (*a question*) **preguntar** *v.* 2
  ask for **pedir (e:i)** *v.* 4
asparagus **espárragos** *m., pl.* 8
aspirin **aspirina** *f.* 10
at **a** *prep.* 1; **en** *prep.* 2
  at + *time* **a la(s)** + *time* 1
  at home **en casa**
  at least **por lo menos** 10
  at night **por la noche** 7
  At what time...? **¿A qué
    hora...?** 1
  At your service. **A sus
    órdenes.**
ATM **cajero automático** *m.* 14
attempt **intento** *m.* 11
attend **asistir (a)** *v.* 3
attic **altillo** *m.* 12
audience **público** *m.*
August **agosto** *m.* 5
aunt **tía** *f.* 3
  aunts and uncles **tíos** *m., pl.* 3
automobile **automóvil** *m.* 5;
  carro *m.*; **coche** *m.* 11
autumn **otoño** *m.* 5
avenue **avenida** *f.*
avoid **evitar** *v.* 13
award **premio** *m.*

B

backpack **mochila** *f.* 2
bad **mal, malo/a** *adj.* 3
  It's bad that... **Es malo
    que...** 12
  It's not bad at all. **No está
    nada mal.** 5
bag **bolsa** *f.* 6
bakery **panadería** *f.* 14

balanced **equilibrado/a** *adj.* 15
 to eat a balanced diet **comer**
  una dieta equilibrada 15
balcony **balcón** *m.* 12
ball **pelota** *f.* 4
banana **banana** *f.* 8
band **banda** *f.*
bank **banco** *m.* 14
bargain **ganga** *f.* 6; **regatear** *v.* 6
baseball (*game*) **béisbol** *m.* 4
basement **sótano** *m.* 12
basketball (*game*) **baloncesto**
 m. 4
bathe **bañarse** *v.* 7
bathing suit **traje** *m.* **de baño** 6
bathroom **baño** *m.* 7; **cuarto de**
 baño *m.* 7
be **ser** *v.* 1; **estar** *v.* 2
 be... years old **tener... años** 3
 be sick of... **estar harto/a de...**
beach **playa** *f.* 5
beans **frijoles** *m., pl.* 8
beautiful **hermoso/a** *adj.* 6
beauty **belleza** *f.* 14
 beauty salon **peluquería** *f.* 14;
  salón *m.* **de belleza** 14
because **porque** *conj.* 2
 because of **por** *prep.* 11
become (+ *adj.*) **ponerse (+**
 adj.) 7; **convertirse** *v.*
bed **cama** *f.* 5
 go to bed **acostarse (o:ue)** *v.* 7
bedroom **alcoba** *f.*, **recámara** *f.*;
 dormitorio *m.* 12
beef **carne de res** *f.* 8
beer **cerveza** *f.* 8
before **antes** *adv.* 7; **antes de**
 prep. 7; **antes (de) que**
 conj. 13
beg **rogar (o:ue)** *v.* 12
begin **comenzar (e:ie)** *v.* 4;
 empezar (e:ie) *v.* 4
behalf: on behalf of **de parte**
 de 11
behind **detrás de** *prep.* 2
believe (in) **creer** *v.* **(en)** 3; **creer**
 v. 13
 not to believe **no creer** 13
believed **creído/a** *p.p.* 14
bellhop **botones** *m., f. sing.* 5
below **debajo de** *prep.* 2
belt **cinturón** *m.* 6
benefit **beneficio** *m.*
beside **al lado de** *prep.* 2
besides **además (de)** *adv.* 10
best **mejor** *adj.*
 the best **el/la mejor** *m., f.* 8
  lo mejor *neuter*
better **mejor** *adj.* 8
 It's better that... **Es mejor**
  que... 12
between **entre** *prep.* 2
beverage **bebida** *f.* 8
 alcoholic beverage **bebida**
  alcohólica *f.* 15
bicycle **bicicleta** *f.* 4

big **grande** *adj.* 3
bill **cuenta** *f.* 8
billion **mil millones**
biology **biología** *f.* 2
bird **ave** *f.* 13; **pájaro** *m.* 13
birth **nacimiento** *m.* 9
birthday **cumpleaños** *m., sing.* 9
 have a birthday **cumplir** *v.* **años**
black **negro/a** *adj.* 6
blackboard **pizarra** *f.* 2
blanket **manta** *f.* 12
block (city) **cuadra** *f.* 14
blog **blog** *m.* 11
blond(e) **rubio/a** *adj.* 3
blouse **blusa** *f.* 6
blue **azul** *adj. m., f.* 6
boarding house **pensión** *f.*
boat **barco** *m.* 5
body **cuerpo** *m.* 10
bone **hueso** *m.* 10
book **libro** *m.* 2
bookcase **estante** *m.* 12
bookshelves **estante** *m.* 12
bookstore **librería** *f.* 2
boot **bota** *f.* 6
bore **aburrir** *v.* 7
bored **aburrido/a** *adj.* 5
 be bored **estar** *v.* **aburrido/a** 5
 get bored **aburrirse** *v.*
boring **aburrido/a** *adj.* 5
born: be born **nacer** *v.* 9
borrow **pedir (e:i)** *v.*
 prestado 14
borrowed **prestado/a** *adj.*
boss **jefe** *m.*, **jefa** *f.*
bother **molestar** *v.* 7
bottle **botella** *f.* 9
 bottle of wine **botella de**
  vino 9
bottom **fondo** *m.*
boulevard **bulevar** *m.*
boy **chico** *m.* 1; **muchacho** *m.* 3
boyfriend **novio** *m.* 3
brakes **frenos** *m., pl.*
bread **pan** *m.* 8
break **romper** *v.* 10
 break (one's leg) **romperse (la**
  pierna) 10
 break down **dañar** *v.* 10
 break up (with) **romper** *v.*
  (con) 9
breakfast **desayuno** *m.* 8
 have breakfast **desayunar** *v.* 2
breathe **respirar** *v.* 13
bring **traer** *v.* 4
broadcast **transmitir** *v.*;
 emitir *v.*
brochure **folleto** *m.*
broken **roto/a** *adj.* 14
 be broken **estar roto/a**
brother **hermano** *m.* 3
brother-in-law **cuñado** *m.* 3
brothers and sisters **hermanos**
 m., pl. 3
brought **traído/a** *p.p.* 14

brown **café** *adj.* 6; **marrón** *adj.* 6
browser **buscador** *m.* 11
brunet(te) **moreno/a** *adj.* 3
brush **cepillar(se)** *v.* 7
 brush one's hair **cepillarse el**
  pelo 7
 brush one's teeth **cepillarse los**
  dientes 7
bucket **balde** *m.* 5
build **construir** *v.*
building **edificio** *m.* 12
bump into (*something accidentally*)
 darse con 10; (*someone*)
 encontrarse *v.* 11
burn (a CD/DVD) **quemar** *v.*
 (un CD/DVD)
bus **autobús** *m.* 1
 bus station **estación** *f.* **de**
  autobuses 5
business **negocios** *m. pl.*
 business administration
  administración *f.* **de**
  empresas 2
 business-related **comercial** *adj.*
businessperson **hombre** *m.* **/**
 mujer *f.* **de negocios**
busy **ocupado/a** *adj.* 5
but **pero** *conj.* 2; (rather) **sino**
 conj. (*in negative sentences*) 7
butcher shop **carnicería** *f.* 14
butter **mantequilla** *f.* 8
buy **comprar** *v.* 2
by **por** *prep.* 11; **para** *prep.* 11
 by means of **por** *prep.* 11
 by phone **por teléfono**
 by plane **en avión** 5
 by way of **por** *prep.* 11
bye **chau** *interj. fam.* 1

C

cable television **televisión** *f.*
 por cable *m.*
café **café** *m.* 4
cafeteria **cafetería** *f.* 2
caffeine **cafeína** *f.* 15
cake **pastel** *m.* 9
 chocolate cake **pastel de**
  chocolate *m.* 9
calculator **calculadora** *f.* 2
call **llamar** *v.* 11
 be called **llamarse** *v.* 7
 call on the phone **llamar por**
  teléfono
calm **tranquilo/a** *adj.* 15
calorie **caloría** *f.* 15
camera **cámara** *f.* 11
camp **acampar** *v.* 5
can (tin) **lata** *f.* 13
can **poder (o:ue)** *v.* 4
 Could I ask you something?
  ¿Podría pedirte algo?
Canadian **canadiense** *adj.* 3

candidate **aspirante** *m., f.;* **candidato/a** *m., f.*

candy **dulces** *m., pl.* 9

capital city **capital** *f.*

car **coche** *m.* 11; **carro** *m.* 11; **auto(móvil)** *m.* 5

caramel **caramelo** 9

card **tarjeta** *f.;* (*playing*) **carta** *f.* 5

care **cuidado** *m.*
take care of **cuidar** *v.* 13

career **carrera** *f.*

careful: be (very) careful **tener** *v.* **(mucho) cuidado** 3

caretaker **ama** *m., f.* **de casa** 12

carpenter **carpintero/a** *m., f.*

carpet **alfombra** *f.* 12

carrot **zanahoria** *f.* 8

carry **llevar** *v.* 2

cartoons **dibujos** *m, pl.* **animados**

case: in case (that) **en caso (de) que** 13

cash (a check) **cobrar** *v.* 14; cash **(en) efectivo** 6
cash register **caja** *f.* 6
pay in cash **pagar** *v.* **al contado** 14; **pagar en efectivo** 14

cashier **cajero/a** *m., f.*

cat **gato** *m.* 13

CD **disco compacto** *m.* 11

CD player **reproductor de CD** *m.* 11

CD-ROM **cederrón** *m.*

celebrate **celebrar** *v.* 9

celebration **celebración** *f.*

cellar **sótano** *m.* 12

(cell) phone **(teléfono) celular** *m.* 11

cemetery **cementerio** *m.* 9

cereal **cereales** *m., pl.* 8

certain **cierto/a** *adj.;* **seguro/a** *adj.* 13
it's (not) certain **(no) es cierto/seguro** 13

chalk **tiza** *f.* 2

champagne **champán** *m.* 9

change **cambiar** *v.* **(de)** 9

change: in change **de cambio** 2

channel (*TV*) **canal** *m.* 11

character (*fictional*) **personaje** *m.* (main) character *m.* **personaje (principal)**

charger **cargador** *m.* 11

chat **conversar** *v.* 2; **chatear** *v.* 11

cheap **barato/a** *adj.* 6

check **comprobar (o:ue)** *v.;* **revisar** *v.* 11; (*bank*) **cheque** *m.* 14
check the oil **revisar el aceite** 11

checking account **cuenta** *f.* **corriente** 14

cheese **queso** *m.* 8

chef **cocinero/a** *m., f.*

chemistry **química** *f.* 2

chest of drawers **cómoda** *f.* 12

chicken **pollo** *m.* 8

child **niño/a** *m., f.* 3

childhood **niñez** *f.* 9

children **hijos** *m., pl.* 3

Chinese **chino/a** *adj.* 3

chocolate **chocolate** *m.* 9
chocolate cake **pastel** *m.* **de chocolate** 9

cholesterol **colesterol** *m.* 15

choose **escoger** *v.* 8

chop (*food*) **chuleta** *f.* 8

Christmas **Navidad** *f.* 9

church **iglesia** *f.* 4

cinnamon **canela** *f.* 10

citizen **ciudadano/a** *m., f.*

city **ciudad** *f.*

class **clase** *f.* 2
take classes **tomar clases** 2

classical **clásico/a** *adj.*

classmate **compañero/a** *m., f.* **de clase** 2

clean **limpio/a** *adj.* 5; **limpiar** *v.* 12
clean the house *v.* **limpiar la casa** 12

clear (*weather*) **despejado/a** *adj.*
clear the table **quitar la mesa** 12
It's (very) clear. (*weather*) **Está (muy) despejado.**

clerk **dependiente/a** *m., f.* 6

climate change **cambio climático** *m.* 13

climb **escalar** *v.* 4
climb mountains **escalar montañas** 4

clinic **clínica** *f.* 10

clock **reloj** *m.* 2

close **cerrar (e:ie)** *v.* 4

closed **cerrado/a** *adj.* 5

closet **armario** *m.* 12

clothes **ropa** *f.* 6
clothes dryer **secadora** *f.* 12

clothing **ropa** *f.* 6

cloud **nube** *f.* 13

cloudy **nublado/a** *adj.* 5
It's (very) cloudy. **Está (muy) nublado.** 5

coat **abrigo** *m.* 6

coffee **café** *m.* 8
coffee maker **cafetera** *f.* 12

cold **frío** *m.* 5; (*illness*) **resfriado** *m.* 10
be (*feel*) (very) cold **tener (mucho) frío** 3
It's (very) cold. (*weather*) **Hace (mucho) frío.** 5

college **universidad** *f.* 2

collision **choque** *m.*

color **color** *m.* 6

comb one's hair **peinarse** *v.* 7

come **venir** *v.* 3

come on **ándale** *interj.* 14

comedy **comedia** *f.*

comfortable **cómodo/a** *adj.* 5

commerce **negocios** *m., pl.*

commercial **comercial** *adj.*

communicate (with) **comunicarse** *v.* **(con)**

communication **comunicación** *f.*
means of communication **medios** *m. pl.* **de comunicación**

community **comunidad** *f.* 1

company **compañía** *f.;* **empresa** *f.*

comparison **comparación** *f.*

composer **compositor(a)** *m., f.*

computer **computadora** *f.* 1
computer disc **disco** *m.*
computer monitor **monitor** *m.* 11
computer programmer **programador(a)** *m., f.* 3
computer science **computación** *f.* 2

concert **concierto** *m.*

conductor (*musical*) **director(a)** *m., f.*

confident **seguro/a** *adj.* 5

confirm **confirmar** *v.* 5
confirm a reservation **confirmar una reservación** 5

confused **confundido/a** *adj.* 5

congested **congestionado/a** *adj.* 10

Congratulations! **¡Felicidades!;** **¡Felicitaciones!** *f., pl.* 9

conservation **conservación** *f.* 13

conserve **conservar** *v.* 13

considering **para** *prep.* 11

consume **consumir** *v.* 15

container **envase** *m.* 13

contamination **contaminación** *f.*

content **contento/a** *adj.* 5

contest **concurso** *m.*

continue **seguir (e:i)** *v.* 4

control **control** *m.;* **controlar** *v.* 13

conversation **conversación** *f.* 1

converse **conversar** *v.* 2

cook **cocinar** *v.* 12; **cocinero/a** *m., f.*

cookie **galleta** *f.* 9

cool **fresco/a** *adj.* 5
It's cool. (*weather*) **Hace fresco.** 5

corn **maíz** *m.* 8

corner **esquina** *f.* 14

cost **costar (o:ue)** *v.* 6

Costa Rican **costarricense** *adj.* 3

costume **disfraz** *m.* 9

cotton **algodón** *f.* 6
(made of) cotton **de algodón** 6

couch **sofá** *m.* 12

couch potato **teleadicto/a** *m., f.* 15

cough **tos** *f.* 10; **toser** *v.* 10

counselor **consejero/a** *m., f.*

count **contar (o:ue)** *v.* 4

country (*nation*) **país** *m.* 1

countryside **campo** *m.* 5

(married) couple **pareja** *f.* 9

course **curso** *m.* 2; **materia** *f.* 2

courtesy **cortesía** *f.*

cousin **primo/a** *m., f.* 3

cover **cubrir** *v.*
covered **cubierto/a** *p.p.*
cow **vaca** *f.* 13
crafts **artesanía** *f.*
craftsmanship **artesanía** *f.*
crater **cráter** *m.* 13
crazy **loco/a** *adj.* 6
create **crear** *v.*
credit **crédito** *m.* 6
 credit card **tarjeta** *f.* **de crédito** 6
crime **crimen** *m.*
cross **cruzar** *v.* 14
cry **llorar** *v.* 15
Cuban **cubano/a** *adj.* 3
culture **cultura** *f.* 2
cup **taza** *f.* 12
currency exchange **cambio** *m.* **de moneda**
current events **actualidades** *f., pl.*
curtains **cortinas** *f., pl.* 12
custard (*baked*) **flan** *m.* 9
custom **costumbre** *f.*
customer **cliente/a** *m., f.* 6
customs **aduana** *f.*
 customs inspector **inspector(a)** *m., f.* **de aduanas** 5
cybercafé **cibercafé** *m.* 11
cycling **ciclismo** *m.* 4

D

dad **papá** *m.*
daily **diario/a** *adj.* 7
 daily routine **rutina** *f.* **diaria** 7
damage **dañar** *v.* 10
dance **bailar** *v.* 2; **danza** *f.*; **baile** *m.*
dancer **bailarín/bailarina** *m., f.*
danger **peligro** *m.* 13
dangerous **peligroso/a** *adj.*
date (*appointment*) **cita** *f.* 9; (*calendar*) **fecha** *f.* 5; (*someone*) **salir** *v.* **con (alguien)** 9
 have a date **tener una cita** 9
daughter **hija** *f.* 3
daughter-in-law **nuera** *f.* 3
day **día** *m.* 1
 day before yesterday **anteayer** *adv.* 6
death **muerte** *f.* 9
decaffeinated **descafeinado/a** *adj.* 15
December **diciembre** *m.* 5
decide **decidir** *v.* (**+** *inf.*) 3
declare **declarar** *v.*
deforestation **deforestación** *f.* 13
delicious **delicioso/a** *adj.* 8; **rico/a** *adj.* 8; **sabroso/a** *adj.* 8
delighted **encantado/a** *adj.* 1
dentist **dentista** *m., f.* 10
deny **negar (e:ie)** *v.* 13
 not to deny **no negar** 13

department store **almacén** *m.* 6
departure **salida** *f.* 5
deposit **depositar** *v.* 14
describe **describir** *v.* 3
described **descrito/a** *p.p.* 14
desert **desierto** *m.* 13
design **diseño** *m.*
designer **diseñador(a)** *m., f.*
desire **desear** *v.* 2
desk **escritorio** *m.* 2
dessert **postre** *m.* 9
destroy **destruir** *v.* 13
develop **desarrollar** *v.* 13
diary **diario** *m.* 1
dictatorship **dictadura** *f.*
dictionary **diccionario** *m.* 1
die **morir (o:ue)** *v.* 8
died **muerto/a** *p.p.* 14
diet **dieta** *f.* 15; **alimentación**
 balanced diet **dieta equilibrada** 15
 be on a diet **estar a dieta** 15
difficult **difícil** *adj. m., f.* 3
digital camera **cámara** *f.* **digital** 11
dining room **comedor** *m.* 12
dinner **cena** *f.* 8
 have dinner **cenar** *v.* 2
direct **dirigir** *v.*
director **director(a)** *m., f.*
dirty **ensuciar** *v.*; **sucio/a** *adj.* 5
 get (something) dirty **ensuciar** *v.* 12
disagree **no estar de acuerdo**
disaster **desastre** *m.*
discover **descubrir** *v.* 13
discovered **descubierto/a** *p.p.* 14
discrimination **discriminación** *f.*
dish **plato** *m.* 8, 12
 main dish *m.* **plato principal** 8
dishwasher **lavaplatos** *m., sing.* 12
disk **disco** *m.*
disorderly **desordenado/a** *adj.* 5
divorce **divorcio** *m.* 9
divorced **divorciado/a** *adj.* 9
 get divorced (from) **divorciarse** *v.* **(de)** 9
dizzy **mareado/a** *adj.* 10
do **hacer** *v.* 4
 do aerobics **hacer ejercicios aeróbicos** 15
 do household chores **hacer quehaceres domésticos** 12
 do stretching exercises **hacer ejercicios de estiramiento** 15
 (I) don't want to. **No quiero.** 4
doctor **doctor(a)** *m., f.* 3; 10; **médico/a** *m., f.* 3
documentary (*film*) **documental** *m.*
dog **perro** *m.* 13
domestic **doméstico/a** *adj.*
 domestic appliance **electrodoméstico** *m.*
done **hecho/a** *p.p.* 14
door **puerta** *f.* 2

doorman/doorwoman **portero/a** *m., f.* 1
dormitory **residencia** *f.* **estudiantil** 2
double **doble** *adj.* 5
 double room **habitación** *f.* **doble** 5
doubt **duda** *f.* 13; **dudar** *v.* 13
 not to doubt **no dudar** 13
 there is no doubt that **no cabe duda de** 13; **no hay duda de** 13
download **descargar** *v.* 11
downtown **centro** *m.* 4
drama **drama** *m.*
dramatic **dramático/a** *adj.*
draw **dibujar** *v.* 2
drawing **dibujo** *m.*
dress **vestido** *m.* 6
 get dressed **vestirse (e:i)** *v.* 7
drink **beber** *v.* 3; **bebida** *f.* 8; **tomar** *v.* 2
drive **conducir** *v.* 6; **manejar** *v.* 11
driver **conductor(a)** *m., f.* 1
drug **droga** *f.* 15
 drug addict **drogadicto/a** *m., f.* 15
dry (oneself) **secarse** *v.* 7
during **durante** *prep.* 7; **por** *prep.* 11
dust **sacudir** *v.* 12; **quitar** *v.* **el polvo** 12
 dust the furniture **sacudir los muebles** 12
duster **plumero** *m.* 12
DVD player **reproductor** *m.* **de DVD** 11

E

each **cada** *adj.* 6
ear (outer) **oreja** *f.* 10
early **temprano** *adv.* 7
earn **ganar** *v.*
earring **arete** *m.* 6
earthquake **terremoto** *m.*
ease **aliviar** *v.*
east **este** *m.* 14
 to the east **al este** 14
easy **fácil** *adj. m., f.* 3
eat **comer** *v.* 3
ecological **ecológico/a** *adj.* 13
ecologist **ecologista** *m., f.* 13
ecology **ecología** *f.* 13
economics **economía** *f.* 2
ecotourism **ecoturismo** *m.* 13
Ecuadorian **ecuatoriano/a** *adj.* 3
effective **eficaz** *adj. m., f.*
egg **huevo** *m.* 8
eight **ocho** 1
eight hundred **ochocientos/as** 2
eighteen **dieciocho** 1
eighth **octavo/a** 5
eighty **ochenta** 2
either... or **o... o** *conj.* 7
elect **elegir (e:i)** *v.*
election **elecciones** *f. pl.*

electric appliance
electrodoméstico *m.* 12
electrician **electricista** *m., f.*
electricity **luz** *f.* 12
elegant **elegante** *adj. m., f.* 6
elevator **ascensor** *m.* 5
eleven **once** 1
e-mail **correo** *m.* **electrónico** 4
e-mail address **dirección** *f.*
electrónica 11
e-mail message **mensaje** *m.*
electrónico 4
read e-mail **leer** *v.* **el correo**
electrónico 4
embarrassed **avergonzado/a**
adj. 5
embrace (each other) **abrazar(se)**
v. 11
emergency **emergencia** *f.* 10
emergency room **sala** *f.* **de**
emergencia(s) 10
employee **empleado/a** *m., f.* 5
employment **empleo** *m.*
end **fin** *m.* 4; **terminar** *v.* 2
end table **mesita** *f.* 12
endure **aguantar** *v.* 14
energy **energía** *f.* 13
engaged: get engaged (to)
comprometerse *v.* **(con)** 9
engineer **ingeniero/a** *m., f.* 3
English (*language*) **inglés** *m.* 2;
inglés, inglesa *adj.* 3
enjoy **disfrutar** *v.* **(de)** 15
enough **bastante** *adv.* 10
entertainment **diversión** *f.* 4
entrance **entrada** *f.* 12
envelope **sobre** *m.* 14
environment **medio ambiente**
m. 13
environmental science **ciencias**
ambientales 2
equality **igualdad** *f.*
erase **borrar** *v.* 11
eraser **borrador** *m.* 2
errand **diligencia** *f.* 14
essay **ensayo** *m.* 3
establish **establecer** *v.*
evening **tarde** *f.* 1
event **acontecimiento** *m.*
every day **todos los días** 10
everything **todo** *m.* 5
exactly **en punto** 1
exam **examen** *m.* 2
excellent **excelente** *adj.* 5
excess **exceso** *m.* 15
in excess **en exceso** 15
exchange **intercambiar** *v.*
in exchange for **por** 11
exciting **emocionante** *adj. m., f.*
excursion **excursión** *f.*
excuse **disculpar** *v.*
Excuse me. (*May I?*) **Con**
permiso. 1; (*I beg your*
pardon.) **Perdón.** 1
exercise **ejercicio** *m.* 15;
hacer *v.* **ejercicio** 15;
(*a degree/profession*) **ejercer** *v.*
exit **salida** *f.* 5

expensive **caro/a** *adj.* 6
experience **experiencia** *f.*
expire **vencer** *v.* 14
explain **explicar** *v.* 2
explore **explorar** *v.*
expression **expresión** *f.*
extinction **extinción** *f.* 13
eye **ojo** *m.* 10

F

fabulous **fabuloso/a** *adj.* 5
face **cara** *f.* 7
facing **enfrente de** *prep.* 14
fact: in fact **de hecho**
factory **fábrica** *f.* 13
fall (down) **caerse** *v.* 10
fall asleep **dormirse (o:ue)** *v.* 7
fall in love (with) **enamorarse**
v. **(de)** 9
fall (season) **otoño** *m.* 5
fallen **caído/a** *p.p.* 14
family **familia** *f.* 3
famous **famoso/a** *adj.*
fan **aficionado/a** *m., f.* 4
be a fan (of) **ser aficionado/a (a)**
far from **lejos de** *prep.* 2
farewell **despedida** *f.*
fascinate **fascinar** *v.* 7
fashion **moda** *f.* 6
be in fashion **estar de moda** 6
fast **rápido/a** *adj.*
fat **gordo/a** *adj.* 3; **grasa** *f.* 15
father **padre** *m.* 3
father-in-law **suegro** *m.* 3
favorite **favorito/a** *adj.* 4
fax (machine) *fax* m.
fear **miedo** *m.*; **temer** *v.* 13
February **febrero** *m.* 5
feel **sentir(se) (e:ie)** *v.* 7
feel like (*doing something*) **tener**
ganas de (+ *inf.***)** 3
festival **festival** *m.*
fever **fiebre** *f.* 10
have a fever **tener** *v.* **fiebre** 10
few **pocos/as** *adj. pl.*
fewer than **menos de**
(**+** *number*) 8
field: major field of study
especialización *f.*
fifteen **quince** 1
fifteen-year-old girl celebrating her
birthday **quinceañera** *f.*
fifth **quinto/a** 5
fifty **cincuenta** 2
fight (for/against) **luchar** *v.* **(por/**
contra)
figure (*number*) **cifra** *f.*
file **archivo** *m.* 11
fill **llenar** *v.* 11
fill out (a form) **llenar (un**
formulario) 14
fill the tank **llenar el**
tanque 11

finally **finalmente** *adv.*; **por**
último 7; **por fin** 11
find **encontrar (o:ue)** *v.* 4
find (each other) **encontrar(se)**
find out **enterarse** *v.*
fine **multa** *f.*
That's fine. **Está bien.**
(fine) arts **bellas artes** *f., pl.*
finger **dedo** *m.* 10
finish **terminar** *v.* 2
finish (*doing something*)
terminar *v.* **de (+** *inf.***)**
fire **incendio** *m.*;
despedir (e:i) *v.*
firefighter **bombero/a** *m., f.*
firm **compañía** *f.*, **empresa** *f.*
first **primer, primero/a** 2, 5
fish (*food*) **pescado** *m.* 8;
pescar *v.* 5; (*live*) **pez** *m., sing.*
(**peces** *pl.*) 13
fish market **pescadería** *f.* 14
fishing **pesca** *f.*
fit (*clothing*) **quedar** *v.* 7
five **cinco** 1
five hundred **quinientos/as** 2
fix (*put in working order*) **arreglar**
v. 11; (*clothes, hair, etc. to*
go out) **arreglarse** *v.* 7
fixed **fijo/a** *adj.* 6
flag **bandera** *f.*
flexible **flexible** *adj.* 15
flood **inundación** *f.*
floor (*of a building*) **piso** *m.* 5;
suelo *m.* 12
ground floor **planta baja** *f.* 5
top floor **planta** *f.* **alta**
flower **flor** *f.* 13
flu **gripe** *f.* 10
fog **niebla** *f.*
folk **folclórico/a** *adj.*
follow **seguir (e:i)** *v.* 4
food **comida** *f.* 4, 8
foolish **tonto/a** *adj.* 3
foot **pie** *m.* 10
football **fútbol** *m.* **americano** 4
for **para** *prep.* 11; **por** *prep.* 11
for example **por ejemplo** 11
for me **para mí** 8
forbid **prohibir** *v.*
foreign **extranjero/a** *adj.*
foreign languages **lenguas**
f., pl. **extranjeras** 2
forest **bosque** *m.* 13
forget **olvidar** *v.* 10
fork **tenedor** *m.* 12
form **formulario** *m.* 14
forty **cuarenta** 2
four **cuatro** 1
four hundred **cuatrocientos/as** 2
fourteen **catorce** 1
fourth **cuarto/a** *m., f.* 5

free **libre** *adj. m., f.* 4
  be free (of charge) **ser gratis** 14
  free time **tiempo libre**; spare (free) time **ratos libres** 4
freedom **libertad** *f.*
freezer **congelador** *m.* 12
French **francés, francesa** *adj.* 3
  French fries **papas** *f., pl.* **fritas** 8; **patatas** *f., pl.* **fritas** 8
frequently **frecuentemente** *adv.*; **con frecuencia** *adv.* 10
Friday **viernes** *m., sing.* 2
fried **frito/a** *adj.* 8
  fried potatoes **papas** *f., pl.* **fritas** 8; **patatas** *f., pl.* **fritas** 8
friend **amigo/a** *m., f.* 3
friendly **amable** *adj. m., f.* 5
friendship **amistad** *f.* 9
from **de** *prep.* 1; **desde** *prep.* 6
  from the United States **estadounidense** *m., f. adj.* 3
  from time to time **de vez en cuando** 10
  I'm from… **Soy de…** 1
front: (cold) front **frente (frío)** *m.* 5
fruit **fruta** *f.* 8
  fruit juice **jugo** *m.* **de fruta** 8
  fruit store **frutería** *f.* 14
full **lleno/a** *adj.* 11
fun **divertido/a** *adj.*
  fun activity **diversión** *f.* 4
  have fun **divertirse (e:ie)** *v.* 9
function **funcionar** *v.*
furniture **muebles** *m., pl.* 12
furthermore **además (de)** *adv.* 10
future **porvenir** *m.*
  for/to the future **por el porvenir**
  in the future **en el futuro**

gain weight **aumentar** *v.* **de peso** 15; **engordar** *v.* 15
game **juego** *m.*; (*match*) **partido** *m.* 4
  game show **concurso** *m.*
garage (*in a house*) **garaje** *m.* 12; **garaje** *m.* 11; **taller (mecánico)** 11
garden **jardín** *m.* 12
garlic **ajo** *m.* 8
gas station **gasolinera** *f.* 11
gasoline **gasolina** *f.* 11
gentleman **caballero** *m.* 8
geography **geografía** *f.* 2
German **alemán, alemana** *adj.* 3

get **conseguir (e:i)** *v.* 4; **obtener** *v.*
  get along well/badly (with) **llevarse bien/mal (con)** 9
  get bigger **aumentar** *v.* 13
  get bored **aburrirse** *v.*
  get good grades **sacar buenas notas** 2
  get into trouble **meterse en problemas** *v.* 13
  get off of (a vehicle) **bajar(se)** *v.* **de** 11
  get on/into (a vehicle) **subir(se)** *v.* **a** 11
  get out of (a vehicle) **bajar(se)** *v.* **de** 11
  get ready **arreglarse** *v.* 7
  get up **levantarse** *v.* 7
gift **regalo** *m.* 6
ginger **jengibre** *m.* 10
girl **chica** *f.* 1; **muchacha** *f.* 3
girlfriend **novia** *f.* 3
give **dar** *v.* 6; (*as a gift*) **regalar** 9
  give directions **indicar cómo llegar** 14
glass (*drinking*) **vaso** *m.* 12; **vidrio** *m.* 13
  (made) of glass **de vidrio** 13
glasses **gafas** *f., pl.* 6
  sunglasses **gafas** *f., pl.* **de sol** 6
global warming **calentamiento global** *m.* 13
gloves **guantes** *m., pl.* 6
go **ir** *v.* 4
  go away **irse** 7
  go by boat **ir en barco** 5
  go by bus **ir en autobús** 5
  go by car **ir en auto(móvil)** 5
  go by motorcycle **ir en moto(cicleta)** 5
  go by plane **ir en avión** 5
  go by taxi **ir en taxi** 5
  go down **bajar(se)** *v.*
  go on a hike **ir de excursión** 4
  go out (with) **salir** *v.* **(con)** 9
  go up **subir** *v.*
  Let's go. **Vamos.** 4
goblet **copa** *f.* 12
going to: be going to (*do something*) **ir a (+ inf.)** 4
golf **golf** *m.* 4
good **buen, bueno/a** *adj.* 3, 6
  Good afternoon. **Buenas tardes.** 1
  Good evening. **Buenas noches.** 1
  Good morning. **Buenos días.** 1
  Good night. **Buenas noches.** 1
  It's good that… **Es bueno que…** 12

goodbye **adiós** *m.* 1
  say goodbye (to) **despedirse** *v.* **(de) (e:i)**
good-looking **guapo/a** *adj.* 3
government **gobierno** *m.* 13
GPS **navegador GPS** *m.* 11
graduate (from/in) **graduarse** *v.* **(de/en)** 9
grains **cereales** *m., pl.* 8
granddaughter **nieta** *f.* 3
grandfather **abuelo** *m.* 3
grandmother **abuela** *f.* 3
grandparents **abuelos** *m., pl.* 3
grandson **nieto** *m.* 3
grape **uva** *f.* 8
grass **hierba** *f.* 13
grave **grave** *adj.* 10
gray **gris** *adj. m., f.* 6
great **fenomenal** *adj. m., f.* 5; **genial** *adj.*
great-grandfather **bisabuelo** *m.* 3
great-grandmother **bisabuela** *f.* 3
green **verde** *adj. m., f.* 6
greet (each other) **saludar(se)** *v.* 11
greeting **saludo** *m.* 1
  Greetings to… **Saludos a…** 1
grilled **a la plancha** 8
ground floor **planta baja** *f.* 5
grow **aumentar** *v.* 13
guest (*at a house/hotel*) **huésped** *m., f.* 5 (*invited to a function*) **invitado/a** *m., f.* 9
guide **guía** *m., f.*
gymnasium **gimnasio** *m.* 4

hair **pelo** *m.* 7
hairdresser **peluquero/a** *m., f.*
half **medio/a** *adj.* 3
  half-brother **medio hermano** *m.* 3
  half-past… (*time*) **…y media** 1
  half-sister **media hermana** *f.* 3
hallway **pasillo** *m.* 12
ham **jamón** *m.* 8
hamburger **hamburguesa** *f.* 8
hand **mano** *f.* 1
hand in **entregar** *v.* 11
handsome **guapo/a** *adj.* 3
happen **ocurrir** *v.*
happiness **alegría** *v.* 9
Happy birthday! **¡Feliz cumpleaños!** 9
happy **alegre** *adj.* 5; **contento/a** *adj.* 5; **feliz** *adj. m., f.* 5
  be happy **alegrarse** *v.* **(de)** 13
hard **difícil** *adj. m., f.* 3
hard-working **trabajador(a)** *adj.* 3
hardly **apenas** *adv.* 10
hat **sombrero** *m.* 6

hate **odiar** *v.* 9
have **tener** *v.* 3
　have time **tener tiempo** 14
　have to (*do something*) **tener
　　que** (+ *inf.*) 3
　have a tooth removed **sacar(se)
　　un diente** 10
he **él** 1
head **cabeza** *f.* 10
headache **dolor** *m.* **de cabeza** 10
health **salud** *f.* 10
healthy **saludable** *adj. m., f.* 10;
　sano/a *adj.* 10
　lead a healthy lifestyle **llevar** *v.*
　　una vida sana 15
hear **oír** *v.* 4
heard **oído/a** *p.p.* 14
hearing: sense of hearing **oído**
　m. 10
heart **corazón** *m.* 10
heat **calor** *m.*
Hello. **Hola.** 1; (*on the telephone*)
　Aló. 11; **Bueno.** 11; **Diga.** 11
help **ayudar** *v.*; **servir (e:i)** *v.* 5
　help each other **ayudarse** *v.* 11
her **su(s)** *poss. adj.* 3; (of) hers
　suyo(s)/a(s) *poss.* 11
　her **la** *f., sing., d.o. pron.* 5
　to/for her **le** *f., sing., i.o. pron.* 6
here **aquí** *adv.* 1
　Here is/are... **Aquí está(n)...** 5
Hi. **Hola.** 1
highway **autopista** *f.* 11;
　carretera *f.* 11
hike **excursión** *f.* 4
　go on a hike **ir de
　　excursión** 4
hiker **excursionista** *m., f.*
hiking **de excursión** 4
him *m., sing., d.o. pron.* **lo** 5; to/
　for him **le** *m., sing., i.o. pron.* 6
hire **contratar** *v.*
his **su(s)** *poss. adj.* 3; (of) his
　suyo(s)/a(s) *poss. pron.* 11
history **historia** *f.* 2
hobby **pasatiempo** *m.* 4
hockey **hockey** *m.* 4
hold up **aguantar** *v.* 14
hole **hueco** *m.* 4
holiday **día** *m.* **de fiesta** 9
home **casa** *f.* 2
　home page **página** *f.*
　　principal 11
homework **tarea** *f.* 2
honey **miel** *f.* 10
hood **capó** *m.* 11; **cofre** *m.* 11
hope **esperar** *v.* (+ *inf.*) 2;
　esperar *v.* 13
　I hope (that) **ojalá (que)** 13
horror (genre) **de horror** *m.*
hors d'oeuvres **entremeses** *m.,*
　pl. 8
horse **caballo** *m.* 5
hospital **hospital** *m.* 10

hot: be (*feel*) (very) hot **tener
　(mucho) calor** 3
　It's (very) hot. **Hace (mucho)
　　calor.** 5
hotel **hotel** *m.* 5
hour **hora** *f.* 1
house **casa** *f.* 2
household chores **quehaceres** *m.*
　pl. **domésticos** 12
housekeeper **ama** *m., f.* **de casa** 12
housing **vivienda** *f.* 12
How...! **¡Qué...!**
　how **¿cómo?** *adv.* 1, 2
　How are you? **¿Qué tal?** 1
　How are you? **¿Cómo estás?**
　　fam. 1
　How are you? **¿Cómo está
　　usted?** *form.* 1
　How can I help you? **¿En qué
　　puedo servirles?** 5
　How is it going? **¿Qué tal?** 1
　How is the weather? **¿Qué
　　tiempo hace?** 5
　How much/many?
　　¿Cuánto(s)/a(s)? 1
　How much does... cost?
　　¿Cuánto cuesta...? 6
　How old are you? **¿Cuántos
　　años tienes?** *fam.*
however **sin embargo**
hug (each other) **abrazar(se)**
　v. 11
humanities **humanidades** *f., pl.* 2
hundred **cien, ciento** 2
hunger **hambre** *f.*
hungry: be (very) hungry **tener** *v.*
　(mucha) hambre 3
hunt **cazar** *v.* 13
hurricane **huracán** *m.*
hurry **apurarse** *v.* 15; **darse prisa**
　v. 15
　be in a (big) hurry **tener** *v.*
　　(mucha) prisa 3
hurt **doler (o:ue)** *v.* 10
husband **esposo** *m.* 3

I

I **yo** 1
　I hope (that) **Ojalá (que)**
　　interj. 13
　I wish (that) **Ojalá (que)**
　　interj. 13
ice cream **helado** *m.* 9
　ice cream shop **heladería** *f.* 14
iced **helado/a** *adj.* 8
　iced tea **té** *m.* **helado** 8
idea **idea** *f.*
if **si** *conj.* 4
illness **enfermedad** *f.* 10

important **importante** *adj.* 3
　be important to **importar** *v.* 7
　It's important that... **Es
　　importante que...** 12
impossible **imposible** *adj.* 13
　it's impossible **es imposible** 13
improbable **improbable** *adj.* 13
　it's improbable **es
　　improbable** 13
improve **mejorar** *v.* 13
in **en** *prep.* 2; **por** *prep.* 11
　in the afternoon **de la tarde** 1;
　　por la tarde 7
　in a bad mood **de mal humor** 5
　in the direction of **para** *prep.* 11
　in the early evening **de la tarde** 1
　in the evening **de la noche** 1;
　　por la tarde 7
　in a good mood **de buen
　　humor** 5
　in the morning **de la
　　mañana** 1; **por la
　　mañana** 7
　in love (with)
　　enamorado/a (de) 5
　in search of **por** *prep.* 11
in front of **delante de** *prep.* 2
increase **aumento** *m.*
incredible **increíble** *adj.* 5
inequality **desigualdad** *f.*
infection **infección** *f.* 10
inform **informar** *v.*
injection **inyección** *f.* 10
　give an injection *v.* **poner una
　　inyección** 10
injure (oneself) **lastimarse** 10
　injure (one's foot) **lastimarse** *v.*
　　(el pie) 10
inner ear **oído** *m.* 10
inside **dentro** *adv.*
insist (on) **insistir** *v.* **(en)** 12
installments: pay in installments
　pagar *v.* **a plazos** 14
intelligent **inteligente** *adj.* 3
intend to **pensar** *v.* (+ *inf.*) 4
interest **interesar** *v.* 7
interesting **interesante** *adj.* 3
　be interesting to **interesar** *v.* 7
international **internacional**
　adj. m., f.
Internet **Internet** 11
interview **entrevista** *f.;*
　interview **entrevistar** *v.*
interviewer **entrevistador(a)** *m.,*
　f.
introduction **presentación** *f.*
　I would like to introduce you to
　　(name). **Le presento a...**
　　form. 1; **Te presento a...**
　　fam. 1
invest **invertir (e:ie)** *v.*
invite **invitar** *v.* 9
iron (clothes) **planchar** *v.* **la
　ropa** 12

it **lo/la** *sing., d.o., pron.* 5
Italian **italiano/a** *adj.* 3
its **su(s)** *poss. adj.* 3;
  suyo(s)/a(s) *poss. pron.* 11
it's the same **es igual** 5

J

jacket **chaqueta** *f.* 6
January **enero** *m.* 5
Japanese **japonés, japonesa**
  adj. 3
jeans **(blue)jeans** *m., pl.* 6
jewelry store **joyería** *f.* 14
job **empleo** *m.;* **puesto** *m.;*
  trabajo *m.*
  job application **solicitud** *f.* **de**
    trabajo
jog **correr** *v.*
journalism **periodismo** *m.* 2
journalist **periodista** *m., f.* 3
joy **alegría** *f.* 9
juice **jugo** *m.* 8
July **julio** *m.* 5
June **junio** *m.* 5
jungle **selva, jungla** *f.* 13
just **apenas** *adv.*
  have just done something
    acabar de (+ *inf.*) 6

K

key **llave** *f.* 5
keyboard **teclado** *m.* 11
kilometer **kilómetro** *m.* 11
kiss **beso** *m.* 9
  kiss each other **besarse** *v.* 11
kitchen **cocina** *f.* 9, 12
knee **rodilla** *f.* 10
knife **cuchillo** *m.* 12
know **saber** *v.* 6; **conocer** *v.* 6
know how **saber** *v.* 6

L

laboratory **laboratorio** *m.* 2
lack **faltar** *v.* 7
lake **lago** *m.* 13
lamp **lámpara** *f.* 12
land **tierra** *f.* 13
landscape **paisaje** *m.* 5
language **lengua** *f.* 2
laptop (computer) **computadora**
  f. **portátil** 11
large **grande** *adj.* 3
large (*clothing size*) **talla**
  grande
last **durar** *v.;* **pasado/a** *adj.* 6;
  último/a *adj.* 7
  last name **apellido** *m.* 3
  last night **anoche** *adv.* 6
  last week **semana** *f.* **pasada** 6
  last year **año** *m.* **pasado** 6
  the last time **la última vez** 7

late **tarde** *adv.* 7
later (on) **más tarde** 7
  See you later. **Hasta la vista.** 1;
    Hasta luego. 1
laugh **reírse (e:i)** *v.* 9
laughed **reído** *p.p.* 14
laundromat **lavandería** *f.* 14
law **ley** *f.* 13
lawyer **abogado/a** *m., f.*
lazy **perezoso/a** *adj.*
learn **aprender** *v.* **(a + *inf.*)** 3
least, at **por lo menos** *adv.* 10
leave **salir** *v.* 4; **irse** *v.* 7
  leave a tip **dejar una**
    propina
  leave behind **dejar** *v.*
  leave for (*a place*) **salir para**
  leave from **salir de**
left **izquierda** *f.* 2
  be left over **quedar** *v.* 7
  to the left of **a la izquierda de** 2
leg **pierna** *f.* 10
lemon **limón** *m.* 8
lend **prestar** *v.* 6
less **menos** *adv.* 10
  less… than **menos… que** 8
  less than **menos de (+ *number*)**
lesson **lección** *f.* 1
let **dejar** *v.*
let's see **a ver**
letter **carta** *f.* 4, 14
lettuce **lechuga** *f.* 8
liberty **libertad** *f.*
library **biblioteca** *f.* 2
license (*driver's*) **licencia** *f.* **de**
  conducir 11
lie **mentira** *f.* 4
life **vida** *f.* 9
lifestyle: lead a healthy lifestyle
  llevar una vida sana 15
lift **levantar** *v.* 15
  lift weights **levantar pesas** 15
light **luz** *f.* 12
like **como** *prep.* 8; **gustar** *v.* 2
  I like… **Me gusta(n)…** 2
  like this **así** *adv.* 10
  like very much **encantar** *v.;*
    fascinar *v.* 7
  Do you like…? **¿Te**
    gusta(n)…? 2
likeable **simpático/a** *adj.* 3
likewise **igualmente** *adv.* 1
line **línea** *f.* 4; **cola** (*queue*) *f.* 14
listen (to) **escuchar** *v.* 2
  listen to music **escuchar**
    música
  listen to the radio **escuchar la**
    radio 2
literature **literatura** *f.* 2
little (*quantity*) **poco** *adv.* 10
live **vivir** *v.* 3; **en vivo** *adj.* 7
living room **sala** *f.* 12
loan **préstamo** *m.* 14; **prestar**
  v. 6, 14
lobster **langosta** *f.* 8
located **situado/a** *adj.*
  be located **quedar** *v.* 14

long **largo/a** *adj.* 6
look (at) **mirar** *v.* 2
look for **buscar** *v.* 2
lose **perder (e:ie)** *v.* 4
  lose weight **adelgazar** *v.* 15
lost **perdido/a** *adj.* 13, 14
  be lost **estar perdido/a** 14
lot, a **muchas veces** *adv.* 10
lot of, a **mucho/a** *adj.* 3; **un**
  montón de 4
love (*another person*) **querer**
  (e:ie) *v.* 4; (*inanimate objects*)
  encantar *v.* 7; **amor** *m.* 9
  in love **enamorado/a** *adj.* 5
  love at first sight **amor a**
    primera vista 9
luck **suerte** *f.*
lucky: be (very) lucky **tener**
  (mucha) suerte 3
luggage **equipaje** *m.* 5
lunch **almuerzo** *m.* 4, 8
  have lunch **almorzar (o:ue)**
    v. 4

M

ma'am **señora (Sra.); doña** *f.* 1
mad **enojado/a** *adj.* 5
magazine **revista** *f.* 4
magnificent **magnífico/a** *adj.* 5
mail **correo** *m.* 14; **enviar** *v.,*
  mandar *v.* 14; **echar (una**
  carta) al buzón 14
  mail carrier **cartero** *m.* 14
mailbox **buzón** *m.* 14
main **principal** *adj. m., f.* 8
maintain **mantener** *v.* 15
major **especialización** *f.* 2
make **hacer** *v.* 4
  make a decision **tomar una**
    decisión 15
  make the bed **hacer la**
    cama 12
makeup **maquillaje** *m.* 7
  put on makeup **maquillarse** *v.* 7
man **hombre** *m.* 1
manager **gerente** *m., f.* 8
many **mucho/a** *adj.* 3
  many times **muchas veces** 10
map **mapa** *m.* 1, 2
March **marzo** *m.* 5
margarine **margarina** *f.* 8
marinated fish **ceviche** *m.* 8
  lemon-marinated shrimp
    ceviche *m.* **de camarón** 8
marital status **estado** *m.* **civil** 9
market **mercado** *m.* 6
  open-air market **mercado al**
    aire libre 6
marriage **matrimonio** *m.* 9
married **casado/a** *adj.* 9
  get married (to) **casarse** *v.*
    (con) 9
  I'll marry you! **¡Acepto**
    casarme contigo!

marvelous **maravilloso/a** *adj.* 5

massage **masaje** *m.* 15

masterpiece **obra maestra** *f.*

match (*sports*) **partido** *m.* 4

match (with) **hacer** *v.* **juego (con)** 6

mathematics **matemáticas** *f., pl.* 2

matter **importar** *v.* 7

maturity **madurez** *f.* 9

maximum **máximo/a** *adj.* 11

May **mayo** *m.* 5

May I leave a message? **¿Puedo dejar un recado?** 11

maybe **tal vez** 5; **quizás** 5

mayonnaise **mayonesa** *f.* 8

me **me** *sing., d.o. pron.* 5
to/for me **me** *sing., i.o. pron.* 6

meal **comida** *f.* 8

means of communication **medios** *m., pl.* **de comunicación**

meat **carne** *f.* 8

mechanic **mecánico/a** *m., f.* 11
mechanic's repair shop **taller mecánico** 11

media **medios** *m., pl.* **de comunicación**

medical **médico/a** *adj.* 10

medication **medicamento** *m.* 10

medicine **medicina** *f.* 10

medium **mediano/a** *adj.*

meet (each other) **encontrar(se)** *v.* 11; **conocer(se)** *v.* 8
meet up with **encontrarse con** 7

meeting **reunión** *f.*

menu **menú** *m.* 8

message **mensaje** *m.*

Mexican **mexicano/a** *adj.* 3

microwave **microonda** *f.* 12
microwave oven **horno** *m.* **de microondas** 12

middle age **madurez** *f.* 9

midnight **medianoche** *f.* 1

mile **milla** *f.*

milk **leche** *f.* 8

million **millón** *m.* 2
million of **millón de** 2

mine **mío(s)/a(s)** *poss.* 11

mineral **mineral** *m.* 15
mineral water **agua** *f.* **mineral** 8

minute **minuto** *m.*

mirror **espejo** *m.* 7

Miss **señorita (Srta.)** *f.* 1

miss **perder (e:ie)** *v.* 4; **extrañar** *v.*

mistaken **equivocado/a** *adj.*

modern **moderno/a** *adj.*

mom **mamá** *f.*

Monday **lunes** *m., sing.* 2

money **dinero** *m.* 6

monitor **monitor** *m.* 11

monkey **mono** *m.* 13

month **mes** *m.* 5

monument **monumento** *m.* 4

moon **luna** *f.* 13

more **más** 2
more… than **más… que** 8
more than **más de (+** *number***)** 8

morning **mañana** *f.* 1

mother **madre** *f.* 3

mother-in-law **suegra** *f.* 3

motor **motor** *m.*

motorcycle **moto(cicleta)** *f.* 5

mountain **montaña** *f.* 4

mouse **ratón** *m.* 11

mouth **boca** *f.* 10

move (*from one house to another*) **mudarse** *v.* 12

movie **película** *f.* 4
movie star **estrella** *f.* **de cine**
movie theater **cine** *m.* 4

MP3 player **reproductor** *m.* **de MP3** 11

Mr. **señor (Sr.)**; **don** *m.* 1

Mrs. **señora (Sra.)**; **doña** *f.* 1

much **mucho/a** *adj.* 3

mud **lodo** *m.*

murder **crimen** *m.*

muscle **músculo** *m.* 15

museum **museo** *m.* 4

mushroom **champiñón** *m.* 8

music **música** *f.* 2

musical **musical** *adj., m., f.*

musician **músico/a** *m., f.*

must **deber** *v.* (**+** *inf.*) 3

my **mi(s)** *poss. adj.* 3; **mío(s)/a(s)** *poss. pron.* 11

N

name **nombre** *m.* 1
be named **llamarse** *v.* 7
in the name of **a nombre de** 5
last name **apellido** *m.* 3
My name is… **Me llamo…** 1
name someone/something **ponerle el nombre** 9

napkin **servilleta** *f.* 12

national **nacional** *adj. m., f.*

nationality **nacionalidad** *f.* 1

natural **natural** *adj. m., f.* 13
natural disaster **desastre** *m.* **natural**
natural resource **recurso** *m.* **natural** 13

nature **naturaleza** *f.* 13

nauseated **mareado/a** *adj.* 10

near **cerca de** *prep.* 2

neaten **arreglar** *v.* 12

necessary **necesario/a** *adj.* 12
It is necessary that… **Es necesario que…** 12

neck **cuello** *m.* 10

need **faltar** *v.* 7; **necesitar** *v.* (**+** *inf.*) 2

neighbor **vecino/a** *m., f.* 12

neighborhood **barrio** *m.* 12

neither **tampoco** *adv.* 7

neither… nor **ni… ni** *conj.* 7

nephew **sobrino** *m.* 3

nervous **nervioso/a** *adj.* 5

network **red** *f.* 11

never **nunca** *adj.* 7; **jamás** 7

new **nuevo/a** *adj.* 6

newlywed **recién casado/a** *m., f.* 9

news **noticias** *f., pl.*; **actualidades** *f., pl.*; **noticia** *f.* 11

newscast **noticiero** *m.*

newspaper **periódico** 4; **diario** *m.*

next **próximo/a** *adj.* 3
next to **al lado de** *prep.* 2

nice **simpático/a** *adj.* 3; **amable** *adj.* 5

niece **sobrina** *f.* 3

night **noche** *f.* 1
night stand **mesita** *f.* **de noche** 12

nine **nueve** 1

nine hundred **novecientos/as** 2

nineteen **diecinueve** 1

ninety **noventa** 2

ninth **noveno/a** 5

no **no** 1; **ningún, ninguno/a(s)** *adj.* 7
no one **nadie** *pron.* 7

nobody **nadie** 7

none **ningún, ninguno/a(s)** *adj.* 7

noon **mediodía** *m.* 1

nor **ni** *conj.* 7

north **norte** *m.* 14
to the north **al norte** 14

nose **nariz** *f.* 10

not **no** 1
not any **ningún, ninguno/a(s)** *adj.* 7
not anyone **nadie** *pron.* 7
not anything **nada** *pron.* 7
not bad at all **nada mal** 5
not either **tampoco** *adv.* 7
not ever **nunca** *adv.* 7; **jamás** *adv.* 7
not very well **no muy bien** 1
not working **descompuesto/a** *adj.* 11

notebook **cuaderno** *m.* 1

nothing **nada** 1; 7

noun **sustantivo** *m.*

November **noviembre** *m.* 5

now **ahora** *adv.* 2

nowadays **hoy día** *adv.*

nuclear **nuclear** *adj. m., f.* 13
nuclear energy **energía nuclear** 13

number **número** *m.* 1

nurse **enfermero/a** *m., f.* 10

nutrition **nutrición** *f.* 15

nutritionist **nutricionista** *m., f.* 15

O

o'clock: It's... o'clock **Son las...** 1
  It's one o'clock. **Es la una.** 1
obey **obedecer** *v.*
obligation **deber** *m.*
obtain **conseguir (e:i)** *v.* 4; **obtener** *v.*
obvious **obvio/a** *adj.* 13
  it's obvious **es obvio** 13
occupation **ocupación** *f.*
occur **ocurrir** *v.*
October **octubre** *m.* 5
of **de** *prep.* 1
  Of course. **Claro que sí.; Por supuesto.**
offer **oferta** *f.*; **ofrecer (c:zc)** *v.* 6
office **oficina** *f.* 12
  doctor's office **consultorio** *m.* 10
often **a menudo** *adv.* 10
Oh! **¡Ay!**
oil **aceite** *m.* 8
OK **regular** *adj.* 1
  It's okay. **Está bien.**
old **viejo/a** *adj.* 3
old age **vejez** *f.* 9
older **mayor** *adj. m., f.* 3
  older brother, sister **hermano/a mayor** *m., f.* 3
oldest **el/la mayor** 8
on **en** *prep.* 2; **sobre** *prep.* 2
  on behalf of **por** *prep.* 11
  on the dot **en punto** 1
  on time **a tiempo** 10
  on top of **encima de** 2
once **una vez** 6
one **uno** 1
  one hundred **cien(to)** 2
  one million **un millón** *m.* 2
  one more time **una vez más**
  one thousand **mil** 2
  one time **una vez** 6
onion **cebolla** *f.* 8
only **sólo** *adv.* 6; **único/a** *adj.* 3
  only child **hijo/a único/a** *m., f.* 3
open **abierto/a** *adj.* 5, 14; **abrir** *v.* 3
open-air **al aire libre** 6
opera **ópera** *f.*
operation **operación** *f.* 10
opposite **enfrente de** *prep.* 14
or **o** *conj.* 7
orange **anaranjado/a** *adj.* 6; **naranja** *f.* 8
orchestra **orquesta** *f.*
order **mandar** 12; (*food*) **pedir (e:i)** *v.* 8
  in order to **para** *prep.* 11
orderly **ordenado/a** *adj.* 5
ordinal (*numbers*) **ordinal** *adj.*
organize oneself **organizarse** *v.* 12
other **otro/a** *adj.* 6

ought to **deber** *v.* (*+ inf.*) *adj.* 3
our **nuestro(s)/a(s)** *poss. adj.* 3; *poss. pron.* 11
out of order **descompuesto/a** *adj.* 11
outside **afuera** *adv.* 5
outskirts **afueras** *f., pl.* 12
oven **horno** *m.* 12
over **sobre** *prep.* 2
(over)population **(sobre)población** *f.* 13
over there **allá** *adv.* 2
own **propio/a** *adj.*
owner **dueño/a** *m., f.* 8

P

p.m. **de la tarde, de la noche** *f.* 1
pack (*one's suitcases*) **hacer** *v.* **las maletas** 5
package **paquete** *m.* 14
page **página** *f.* 11
pain **dolor** *m.* 10
  have pain **tener** *v.* **dolor** 10
paint **pintar** *v.*
painter **pintor(a)** *m., f.*
painting **pintura** *f.* 12
pair **par** *m.* 6
  pair of shoes **par** *m.* **de zapatos** 6
pale **pálido/a** *adj.* 14
pants **pantalones** *m., pl.* 6
pantyhose **medias** *f., pl.* 6
paper **papel** *m.* 2; (*report*) **informe** *m.*
Pardon me. (*May I?*) **Con permiso.** 1; (*Excuse me.*) Pardon me. **Perdón.** 1
parents **padres** *m., pl.* 3; **papás** *m., pl.*
park **estacionar** *v.* 11; **parque** *m.* 4
parking lot **estacionamiento** *m.* 14
partner (*one of a married couple*) **pareja** *f.* 9
party **fiesta** *f.* 9
passed **pasado/a** *p.p.*
passenger **pasajero/a** *m., f.* 1
passport **pasaporte** *m.* 5
past **pasado/a** *adj.* 6
pastime **pasatiempo** *m.* 4
pastry shop **pastelería** *f.* 14
path **sendero** *m.* 13
patient **paciente** *m., f.* 10
patio **patio** *m.* 12
pay **pagar** *v.* 6
  pay in cash **pagar** *v.* **al contado; pagar en efectivo** 14
  pay in installments **pagar** *v.* **a plazos** 14
  pay the bill **pagar la cuenta**
pea **arveja** *m.* 8
peace **paz** *f.*
peach **melocotón** *m.* 8

peak **cima** *f.* 15
pear **pera** *f.* 8
pen **pluma** *f.* 2
pencil **lápiz** *m.* 1
penicillin **penicilina** *f.*
people **gente** *f.* 3
pepper (*black*) **pimienta** *f.* 8
per **por** *prep.* 11
perfect **perfecto/a** *adj.* 5
period of time **temporada** *f.* 5
person **persona** *f.* 3
pharmacy **farmacia** *f.* 10
phenomenal **fenomenal** *adj.* 5
photograph **foto(grafía)** *f.* 1
physical (exam) **examen** *m.* **médico** 10
physician **doctor(a), médico/a** *m., f.* 3
physics **física** *f. sing.* 2
pick up **recoger** *v.* 13
picture **cuadro** *m.* 12; **pintura** *f.* 12
pie **pastel** *m.* 9
pill (tablet) **pastilla** *f.* 10
pillow **almohada** *f.* 12
pineapple **piña** *f.*
pink **rosado/a** *adj.* 6
place **lugar** *m.* 2, 4; **sitio** *m.* 3; **poner** *v.* 4
plaid **de cuadros** 6
plans **planes** *m., pl.*
  have plans **tener planes**
plant **planta** *f.* 13
plastic **plástico** *m.* 13
  (made) of plastic **de plástico** 13
plate **plato** *m.* 12
play **drama** *m.*; **comedia** *f.* **jugar (u:ue)** *v.* 4; (*a musical instrument*) **tocar** *v.*; (*a role*) **hacer el papel de;** (*cards*) **jugar a (las cartas)** 5; (*sports*) **practicar deportes** 4
player **jugador(a)** *m., f.* 4
playwright **dramaturgo/a** *m., f.*
plead **rogar (o:ue)** *v.* 12
pleasant **agradable** *adj.*
please **por favor** 1
Pleased to meet you. **Mucho gusto.** 1; **Encantado/a.** *adj.* 1
pleasing: be pleasing to **gustar** *v.* 7
pleasure **gusto** *m.* 1; **placer** *m.*
  The pleasure is mine. **El gusto es mío.** 1
poem **poema** *m.*
poet **poeta** *m., f.*
poetry **poesía** *f.*
police (force) **policía** *f.* 11
political **político/a** *adj.*
politician **político/a** *m., f.*
politics **política** *f.*
polka-dotted **de lunares** 6
poll **encuesta** *f.*
pollute **contaminar** *v.* 13

polluted **contaminado/a** *m., f.* 13
  be polluted **estar contaminado/a** 13
pollution **contaminación** *f.* 13
pool **piscina** *f.* 4
poor **pobre** *adj., m., f.* 6
  poor thing **pobrecito/a** *adj.* 3
popsicle **paleta helada** *f.* 4
population **población** *f.* 13
pork **cerdo** *m.* 8
  pork chop **chuleta** *f.* **de cerdo** 8
portable **portátil** *adj.* 11
  portable computer **computadora** *f.* **portátil** 11
position **puesto** *m.*
possessive **posesivo/a** *adj.*
possible **posible** *adj.* 13
  it's (not) possible **(no) es posible** 13
post office **correo** *m.* 14
postcard **postal** *f.*
poster **cartel** *m.* 12
potato **papa** *f.* 8; **patata** *f.* 8
pottery **cerámica** *f.*
practice **entrenarse** *v.* 15; **practicar** *v.* 2; (a degree/ profession) **ejercer** *v.*
prefer **preferir (e:ie)** *v.* 4
pregnant **embarazada** *adj. f.* 10
prepare **preparar** *v.* 2
preposition **preposición** *f.*
prescribe (*medicine*) **recetar** *v.* 10
prescription **receta** *f.* 10
present **regalo** *m.*; **presentar** *v.*
press **prensa** *f.*
pressure **presión** *f.*
  be under a lot of pressure **sufrir muchas presiones** 15
pretty **bonito/a** *adj.* 3
price **precio** *m.* 6
  (fixed, set) price **precio** *m.* **fijo** 6
print **imprimir** *v.* 11
printer **impresora** *f.* 11
prize **premio** *m.*
probable **probable** *adj.* 13
  it's (not) probable **(no) es probable** 13
problem **problema** *m.* 1
profession **profesión** *f.* 3
professor **profesor(a)** *m., f.*
program **programa** *m.* 1
programmer **programador(a)** *m., f.* 3
prohibit **prohibir** *v.* 10
project **proyecto** *m.* 11
promotion (*career*) **ascenso** *m.*
pronoun **pronombre** *m.*
protect **proteger** *v.* 13
protein **proteína** *f.* 15
provided (that) **con tal (de) que** *conj.* 13
psychologist **psicólogo/a** *m., f.*

psychology **psicología** *f.* 2
publish **publicar** *v.*
Puerto Rican **puertorriqueño/a** *adj.* 3
purchases **compras** *f., pl.*
pure **puro/a** *adj.* 13
purple **morado/a** *adj.* 6
purse **bolsa** *f.* 6
put **poner** *v.* 4; **puesto/a** *p.p.* 14
  put (a letter) in the mailbox **echar (una carta) al buzón** 14
  put on (*a performance*) **presentar** *v.*
  put on (*clothing*) **ponerse** *v.* 7
  put on makeup **maquillarse** *v.* 7

Q

quality **calidad** *f.* 6
quarter (*academic*) **trimestre** *m.* 2
  quarter after (*time*) **y cuarto** 1; **y quince** 1
  quarter to (*time*) **menos cuarto** 1; **menos quince** 1
question **pregunta** *f.*
quickly **rápido** *adv.* 10
quiet **tranquilo/a** *adj.* 15
quit **dejar** *v.*
quiz **prueba** *f.* 2

R

racism **racismo** *m.*
radio (*medium*) **radio** *f.* 2
  radio (set) **radio** *m.* 11
rain **llover (o:ue)** *v.* 5; **lluvia** *f.*
  It's raining. **Llueve.** 5; **Está lloviendo.** 5
raincoat **impermeable** *m.* 6
rain forest **bosque** *m.* **tropical** 13
raise (*salary*) **aumento de sueldo** *m.*
rather **bastante** *adv.* 10
read **leer** *v.* 3; **leído/a** *p.p.* 14
  read e-mail **leer el correo electrónico** 4
  read a magazine **leer una revista** 4
  read a newspaper **leer un periódico** 4
ready **listo/a** *adj.* 5
reality show **programa de realidad** *m.*
reap the benefits (of) *v.* **disfrutar** *v.* **(de)** 15
receive **recibir** *v.* 3
recommend **recomendar (e:ie)** *v.* 8; 12
record **grabar** *v.* 11
recover **recuperar** *v.* 11
recreation **diversión** *f.* 4

recycle **reciclar** *v.* 13
recycling **reciclaje** *m.* 13
red **rojo/a** *adj.* 6
red-haired **pelirrojo/a** *adj.* 3
reduce **reducir** *v.* 13; **disminuir** *v.*
  reduce stress/tension **aliviar el estrés/la tensión** 15
refrigerator **refrigerador** *m.* 12
region **región** *f.*
regret **sentir (e:ie)** *v.* 13
relatives **parientes** *m., pl.* 3
relax **relajarse** *v.* 9
  Relax. **Tranquilo/a.** 7
  Relax, sweetie. **Tranquilo/a, cariño.** 11
remain **quedarse** *v.* 7
remember **acordarse (o:ue)** *v.* **(de)** 7; **recordar (o:ue)** *v.* 4
remote control **control remoto** *m.* 11
renewable **renovable** *adj.* 13
rent **alquilar** *v.* 12; (payment) **alquiler** *m.* 12
repeat **repetir (e:i)** *v.* 4
report **informe** *m.*; **reportaje** *m.*
reporter **reportero/a** *m., f.*
representative **representante** *m., f.*
request **pedir (e:i)** *v.* 4
reservation **reservación** *f.* 5
resign (from) **renunciar (a)** *v.*
resolve **resolver (o:ue)** *v.* 13
resolved **resuelto/a** *p.p.* 14
resource **recurso** *m.* 13
responsibility **deber** *m.*; **responsabilidad** *f.*
responsible **responsable** *adj.* 8
rest **descansar** *v.* 2
restaurant **restaurante** *m.* 4
résumé **currículum** *m.*
retire (from work) **jubilarse** *v.* 9
return **regresar** *v.* 2; **volver (o:ue)** *v.* 4
returned **vuelto/a** *p.p.* 14
rice **arroz** *m.* 8
rich **rico/a** *adj.* 6
ride a bicycle **pasear** *v.* **en bicicleta** 4
ride a horse **montar** *v.* **a caballo** 5
ridiculous **ridículo/a** *adj.* 13
  it's ridiculous **es ridículo** 13
right **derecha** *f.* 2
  be right **tener razón** 3
  right? (*question tag*) **¿no?** 1; **¿verdad?** 1
  right away **enseguida** *adv.*
  right now **ahora mismo** 5
  to the right of **a la derecha de** 2
rights **derechos** *m.*
ring **anillo** *m.*

ring (*a doorbell*) **sonar (o:ue)** *v.* 11
river **río** *m.* 13
road **carretera** *f.* 11; **camino** *m.*
roast **asado/a** *adj.* 8
roast chicken **pollo** *m.* **asado** 8
rollerblade **patinar en línea** *v.*
romantic **romántico/a** *adj.*
room **habitación** *f.* 5; **cuarto**
   m. 2; 7
   living room **sala** *f.* 12
roommate **compañero/a**
   m., f. **de cuarto** 2
roundtrip **de ida y vuelta** 5
   roundtrip ticket **pasaje** *m.* **de**
      ida y vuelta 5
routine **rutina** *f.* 7
rug **alfombra** *f.* 12
run **correr** *v.* 3
   run errands **hacer**
      diligencias 14
   run into (*have an accident*)
      chocar (con) *v.*; (*meet*
      accidentally) **encontrar(se)**
      (o:ue) *v.* 11; (*run into*
      something) **darse (con)** 10
   run into (*each other*)
      encontrar(se) (o:ue) *v.* 11
rush **apurarse, darse prisa** *v.* 15
Russian **ruso/a** *adj.* 3

S

sad **triste** *adj.* 5; 13
   it's sad **es triste** 13
safe **seguro/a** *adj.* 5
said **dicho/a** *p.p.* 14
sailboard **tabla de windsurf** *f.* 5
salad **ensalada** *f.* 8
salary **salario** *m.*; **sueldo** *m.*
sale **rebaja** *f.* 6
salesperson **vendedor(a)** *m., f.* 6
salmon **salmón** *m.* 8
salt **sal** *f.* 8
same **mismo/a** *adj.* 3
sandal **sandalia** *f.* 6
sandwich **sándwich** *m.* 8
Saturday **sábado** *m.* 2
sausage **salchicha** *f.* 8
save (*on a computer*) **guardar**
   v. 11; save (*money*) **ahorrar**
   v. 14
savings **ahorros** *m.* 14
   savings account **cuenta** *f.* **de**
      ahorros 14
say **decir** *v.* 4; **declarar** *v.*
say (that) **decir (que)** *v.* 4
   say the answer **decir la**
      respuesta 4
scan **escanear** *v.* 11
scarcely **apenas** *adv.* 10
scared: be (very) scared (of) **tener**
   (mucho) miedo (de) 3
schedule **horario** *m.* 2
school **escuela** *f.* 1
sciences *f., pl.* **ciencias** 2

science fiction (*genre*) **de**
   ciencia ficción *f.*
scientist **científico/a** *m., f.*
scream **grito** *m.* 5; **gritar** *v.*
screen **pantalla** *f.* 11
scuba dive **bucear** *v.* 4
sculpt **esculpir** *v.*
sculptor **escultor(a)** *m., f.*
sculpture **escultura** *f.*
sea **mar** *m.* 5
   (sea) turtle **tortuga (marina)**
      f. 13
season **estación** *f.* 5
seat **silla** *f.* 2
second **segundo/a** 5
secretary **secretario/a** *m., f.*
sedentary **sedentario/a** *adj.* 15
see **ver** *v.* 4
   see (you, him, her) again **volver**
      a ver(te, lo, la)
   see movies **ver películas** 4
   See you. **Nos vemos.** 1
   See you later. **Hasta la vista.** 1;
      Hasta luego. 1
   See you soon. **Hasta pronto.** 1
   See you tomorrow. **Hasta**
      mañana. 1
seem **parecer** *v.* 6
seen **visto/a** *p.p.* 14
sell **vender** *v.* 6
semester **semestre** *m.* 2
send **enviar; mandar** *v.* 14
separate (from) **separarse** *v.*
   (de) 9
separated **separado/a** *adj.* 9
September **septiembre** *m.* 5
sequence **secuencia** *f.*
serious **grave** *adj.* 10
serve **servir (e:i)** *v.* 8
service **servicio** *m.* 15
set (*fixed*) **fijo/a** *adj.* 6
   set the table **poner la mesa** 12
seven **siete** 1
seven hundred **setecientos/as** 2
seventeen **diecisiete** 1
seventh **séptimo/a** 5
seventy **setenta** 2
several **varios/as** *adj. pl.*
sexism **sexismo** *m.*
shame **lástima** *f.* 13
   it's a shame **es una lástima** 13
shampoo **champú** *m.* 7
shape **forma** *f.* 15
   be in good shape **estar en**
      buena forma 15
   stay in shape **mantenerse en**
      forma 15
share **compartir** *v.* 3
sharp (*time*) **en punto** 1
shave **afeitarse** *v.* 7
shaving cream **crema** *f.* **de**
   afeitar 5, 7
she **ella** 1
shellfish **mariscos** *m., pl.* 8
ship **barco** *m.*
shirt **camisa** *f.* 6
shoe **zapato** *m.* 6
   shoe size **número** *m.* 6
   shoe store **zapatería** *f.* 14

tennis shoes **zapatos** *m., pl.* **de**
   tenis 6
shop **tienda** *f.* 6
shopping, to go **ir de compras** 5
   shopping mall **centro**
      comercial *m.* 6
short (*in height*) **bajo/a** *adj.* 3; (*in*
   length) **corto/a** *adj.* 6
short story **cuento** *m.*
shorts **pantalones cortos**
   m., pl. 6
should (*do something*) **deber** *v.*
   (+ *inf.*) 3
shout **gritar** *v.*
show **espectáculo** *m.*; **mostrar**
   (o:ue) *v.* 4
   game show **concurso** *m.*
shower **ducha** *f.* 7; **ducharse** *v.* 7
shrimp **camarón** *m.* 8
siblings **hermanos/as** *pl.* 3
sick **enfermo/a** *adj.* 10
   be sick **estar enfermo/a** 10
   get sick **enfermarse** *v.* 10
sign **firmar** *v.* 14; **letrero** *m.* 14
silk **seda** *f.* 6
   (made of) silk **de seda** 6
since **desde** *prep.*
sing **cantar** *v.* 2
singer **cantante** *m., f.*
single **soltero/a** *adj.* 9
   single room **habitación** *f.*
      individual 5
sink **lavabo** *m.* 7
sir **señor (Sr.), don** *m.* 1;
   caballero *m.* 8
sister **hermana** *f.* 3
sister-in-law **cuñada** *f.* 3
sit down **sentarse (e:ie)** *v.* 7
six **seis** 1
six hundred **seiscientos/as** 2
sixteen **dieciséis** 1
sixth **sexto/a** 5
sixty **sesenta** 2
size **talla** *f.* 6
   shoe size *m.* **número** 6
(in-line) skate **patinar (en línea)** 4
skateboard **andar en patineta**
   v. 4
ski **esquiar** *v.* 4
skiing **esquí** *m.* 4
   water-skiing **esquí** *m.*
      acuático 4
skirt **falda** *f.* 6
skull made out of sugar **calavera**
   de azúcar *f.* 9
sky **cielo** *m.* 13
sleep **dormir (o:ue)** *v.* 4; **sueño** *m.*
   go to sleep **dormirse**
      (o:ue) *v.* 7
sleepy: be (very) sleepy **tener**
   (mucho) sueño 3
slender **delgado/a** *adj.* 3
slim down **adelgazar** *v.* 15
slippers **pantuflas** *f.* 7
slow **lento/a** *adj.* 11
slowly **despacio** *adv.* 10
small **pequeño/a** *adj.* 3
smart **listo/a** *adj.* 5
smile **sonreír (e:i)** *v.* 9
smiled **sonreído** *p.p.* 14

smoggy: It's (very) smoggy. **Hay (mucha) contaminación.**

smoke **fumar** *v.* 15

(not) to smoke **(no) fumar** 15

smoking section **sección** *f.* **de fumar** 8

(non) smoking section *f.* **sección de (no) fumar** 8

snack **merendar (e:ie)** *v.* 8

afternoon snack **merienda** *f.* 15

have a snack **merendar** *v.* 8

sneakers **los zapatos de tenis** 6

sneeze **estornudar** *v.* 10

snow **nevar (e:ie)** *v.* 5; **nieve** *f.*

snowing: It's snowing. **Nieva.** 5; **Está nevando.** 5

so (*in such a way*) **así** *adv.* 10; **tan** *adv.* 5

so much **tanto** *adv.*

so-so **regular** 1

so that **para que** *conj.* 13

soap **jabón** *m.* 7

soap opera **telenovela** *f.*

soccer **fútbol** *m.* 4

sociology **sociología** *f.* 2

sock(s) **calcetín (calcetines)** *m.* 6

sofa **sofá** *m.* 12

soft drink **refresco** *m.* 8

software **programa** *m.* **de computación** 11

soil **tierra** *f.* 13

solar **solar** *adj., m., f.* 13

solar energy **energía solar** 13

soldier **soldado** *m., f.*

solution **solución** *f.* 13

solve **resolver (o:ue)** *v.* 13

some **algún, alguno/a(s)** *adj.* 7; **unos/as** *indef. art.* 1

somebody **alguien** *pron.* 7

someone **alguien** *pron.* 7

something **algo** *pron.* 7

sometimes **a veces** *adv.* 10

son **hijo** *m.* 3

song **canción** *f.*

son-in-law **yerno** *m.* 3

soon **pronto** *adv.* 10

See you soon. **Hasta pronto.** 1

sorry: be sorry **sentir (e:ie)** *v.* 13

I'm sorry. **Lo siento.** 1

soul **alma** *f.* 9

soup **sopa** *f.* 8

south **sur** *m.* 14

to the south **al sur** 14

Spain **España** *f.*

Spanish (*language*) **español** *m.* 2; **español(a)** *adj.* 3

spare (free) time **ratos libres** 4

speak **hablar** *v.* 2

Speaking. (*on the telephone*) **Con él/ella habla.** 11

special: today's specials **las especialidades del día** 8

spectacular **espectacular** *adj. m., f.*

speech **discurso** *m.*

speed **velocidad** *f.* 11

speed limit **velocidad** *f.* **máxima** 11

spelling **ortografía** *f.*, **ortográfico/a** *adj.*

spend (*money*) **gastar** *v.* 6

spoon (*table or large*) **cuchara** *f.* 12

sport **deporte** *m.* 4

sports-related **deportivo/a** *adj.* 4

spouse **esposo/a** *m., f.* 3

sprain (one's ankle) **torcerse (o:ue)** *v.* **(el tobillo)** 10

spring **primavera** *f.* 5

(city or town) square **plaza** *f.* 4

stadium **estadio** *m.* 2

stage **etapa** *f.* 9

stairs **escalera** *f.* 12

stairway **escalera** *f.* 14

stamp **estampilla** *f.* 14; **sello** *m.* 14

stand in line **hacer** *v.* **cola** 14

star **estrella** *f.* 13

start (*a vehicle*) **arrancar** *v.* 11

station **estación** *f.* 5

statue **estatua** *f.*

status: marital status **estado** *m.* **civil** 9

stay **quedarse** *v.* 7

stay in shape **mantenerse en forma** 15

steak **bistec** *m.* 8

steering wheel **volante** *m.* 11

step **escalón** *m.* 15

stepbrother **hermanastro** *m.* 3

stepdaughter **hijastra** *f.* 3

stepfather **padrastro** *m.* 3

stepmother **madrastra** *f.* 3

stepsister **hermanastra** *f.* 3

stepson **hijastro** *m.* 3

stereo **estéreo** *m.* 11

still **todavía** *adv.* 5

stockbroker **corredor(a)** *m., f.* **de bolsa**

stockings **medias** *f., pl.* 6

stomach **estómago** *m.* 10

stone **piedra** *f.* 13

stop **parar** *v.* 11

stop (*doing something*) **dejar de (+ inf.)** 13

store **tienda** *f.* 6

storm **tormenta** *f.*

story **cuento** *m.*; **historia** *f.*

stove **cocina, estufa** *f.* 12

straight **derecho** *adv.* 14

straight (ahead) **derecho** 14

straighten up **arreglar** *v.* 12

strange **extraño/a** *adj.* 13

it's strange **es extraño** 13

street **calle** *f.* 11

stress **estrés** *m.* 15

stretching **estiramiento** *m.* 15

do stretching exercises **hacer ejercicios** *m. pl.* **de estiramiento** 15

strike (*labor*) **huelga** *f.*

striped **de rayas** 6

stroll **pasear** *v.* 4

strong **fuerte** *adj. m., f.* 15

struggle (for/against) **luchar** *v.* **(por/contra)**

student **estudiante** *m., f.* 1; 2; **estudiantil** *adj.* 2

study **estudiar** *v.* 2

stupendous **estupendo/a** *adj.* 5

style **estilo** *m.*

suburbs **afueras** *f., pl.* 12

subway **metro** *m.* 5

subway station **estación** *f.* **del metro** 5

success **éxito** *m.*

successful: be successful **tener éxito**

such as **tales como**

suddenly **de repente** *adv.* 6

suffer **sufrir** *v.* 10

suffer an illness **sufrir una enfermedad** 10

sugar **azúcar** *m.* 8

suggest **sugerir (e:ie)** *v.* 12

suit **traje** *m.* 6

suitcase **maleta** *f.* 1

summer **verano** *m.* 5

sun **sol** *m.* 13

sunbathe **tomar** *v.* **el sol** 4

Sunday **domingo** *m.* 2

(sun)glasses **gafas** *f., pl.* **(de sol)** 6

sunny: It's (very) sunny. **Hace (mucho) sol.** 5

supermarket **supermercado** *m.* 14

suppose **suponer** *v.* 4

sure **seguro/a** *adj.* 5

be sure **estar seguro/a** 5

surf **hacer** *v.* **surf** 5; (*the Internet*) **navegar** *v.* **(en Internet)** 11

surfboard **tabla de surf** *f.* 5

surprise **sorprender** *v.* 9; **sorpresa** *f.* 9

survey **encuesta** *f.*

sweat **sudar** *v.* 15

sweater **suéter** *m.* 6

sweep the floor **barrer el suelo** 12

sweets **dulces** *m., pl.* 9

swim **nadar** *v.* 4

swimming **natación** *f.* 4

swimming pool **piscina** *f.* 4

symptom **síntoma** *m.* 10

T

table **mesa** *f.* 2

tablespoon **cuchara** *f.* 12

tablet (*pill*) **pastilla** *f.* 10

take **tomar** *v.* 2; **llevar** *v.* 6

take care of **cuidar** *v.* 13

take someone's temperature **tomar** *v.* **la temperatura** 10

take (*wear*) a shoe size **calzar** *v.* 6

take a bath **bañarse** *v.* 7

take a shower **ducharse** *v.* 7

take off **quitarse** *v.* 7

take out the trash *v.* **sacar la basura** 12

   take photos **tomar** *v.* **fotos** 5; **sacar** *v.* **fotos** 5

talented **talentoso/a** *adj.*

talk **hablar** *v.* 2

   talk show **programa** *m.* **de entrevistas**

tall **alto/a** *adj.* 3

tank **tanque** *m.* 11

taste **probar (o:ue)** *v.* 8

   taste like **saber a** 8

tasty **rico/a** *adj.* 8; **sabroso/a** *adj.* 8

tax **impuesto** *m.*

taxi **taxi** *m.* 5

tea **té** *m.* 8

teach **enseñar** *v.* 2

teacher **profesor(a)** *m., f.* 1, 2; **maestro/a** *m., f.*

team **equipo** *m.* 4

technician **técnico/a** *m., f.*

telecommuting **teletrabajo** *m.*

telephone **teléfono** 11

television **televisión** *f.* 2

   television set **televisor** *m.* 11

tell **contar** *v.* 4; **decir** *v.* 4

tell (that) **decir** *v.* **(que)** 4

   tell lies **decir mentiras** 4

   tell the truth **decir la verdad** 4

temperature **temperatura** *f.* 10

ten **diez** 1

tennis **tenis** *m.* 4

   tennis shoes **zapatos** *m., pl.* **de tenis** 6

tension **tensión** *f.* 15

tent **tienda** *f.* **de campaña**

tenth **décimo/a** 5

terrible **terrible** *adj. m., f.* 13

   it's terrible **es terrible** 13

terrific **chévere** *adj.*

test **prueba** *f.* 2; **examen** *m.* 2

text message **mensaje** *m.* **de texto** 11

Thank you. **Gracias.** *f., pl.* 1

   Thank you (very much). **(Muchas) gracias.** 1

   Thanks (a lot). **(Muchas) gracias.** 1

   Thanks for inviting me. **Gracias por invitarme.** 9

that **que, quien(es)** *pron.* 12

   that (one) **ése, ésa, eso** *pron.* 6; **ese, esa,** *adj.* 6

   that (*over there*) **aquél, aquélla, aquello** *pron.* 6; **aquel, aquella** *adj.* 6

   that which **lo que** 12

   that's why **por eso** 11

the **el** *m.*, **la** *f. sing.*, **los** *m.*, **las** *f., pl.* 1

theater **teatro** *m.*

their **su(s)** *poss. adj.* 3; **suyo(s)/a(s)** *poss. pron.* 11

them **los/las** *pl., d.o. pron.* 5

   to/for them **les** *pl., i.o. pron.* 6

then (*afterward*) **después** *adv.* 7; (*as a result*) **entonces** *adv.* 5, 7; (*next*) **luego** *adv.* 7

there **allí** *adv.* 2

   There is/are… **Hay…** 1

   There is/are not… **No hay…** 1

therefore **por eso** 11

these **éstos, éstas** *pron.* 6; **estos, estas** *adj.* 6

they **ellos** *m.*, **ellas** *f. pron.* 1

   They all told me to ask you to excuse them/forgive them. **Todos me dijeron que te pidiera una disculpa de su parte.**

thin **delgado/a** *adj.* 3

thing **cosa** *f.* 1

think **pensar (e:ie)** *v.* 4; (believe) **creer** *v.*

   think about **pensar en** *v.* 4

third **tercero/a** 5

thirst **sed** *f.*

thirsty: be (very) thirsty **tener (mucha) sed** 3

thirteen **trece** 1

thirty **treinta** 1; thirty (*minutes past the hour*) **y treinta; y media** 1

this **este, esta** *adj.*; **éste, ésta, esto** *pron.* 6

those **ésos, ésas** *pron.* 6; **esos, esas** *adj.* 6

those (*over there*) **aquéllos, aquéllas** *pron.* 6; **aquellos, aquellas** *adj.* 6

thousand **mil** *m.* 2

three **tres** 1

three hundred **trescientos/as** 2

throat **garganta** *f.* 10

through **por** *prep.* 11

Thursday **jueves** *m., sing.* 2

thus (*in such a way*) **así** *adv.*

ticket **boleto** *m.* 2; **pasaje** *m.* 5

tie **corbata** *f.* 6

time **vez** *f.* 6; **tiempo** *m.* 14

   have a good/bad time **pasarlo bien/mal** 9

   I've had a fantastic time. **Lo he pasado de película.**

   What time is it? **¿Qué hora es?** 1

   (At) What time…? **¿A qué hora…?** 1

times **veces** *f., pl.* 6

   many times **muchas veces** 10

   two times **dos veces** 6

tip **propina** *f.* 8

tire **llanta** *f.* 11

tired **cansado/a** *adj.* 5

   be tired **estar cansado/a** 5

title **título** *m.*

to **a** *prep.* 1

toast (*drink*) **brindar** *v.* 9

   toast **pan** *m.* **tostado** 8

toasted **tostado/a** *adj.* 8

   toasted bread **pan tostado** *m.* 8

toaster **tostadora** *f.* 12

today **hoy** *adv.* 2

   Today is… **Hoy es…** 2

toe **dedo** *m.* **del pie** 10

together **juntos/as** *adj.* 9

toilet **inodoro** *m.* 7

tomato **tomate** *m.* 8

tomorrow **mañana** *f.* 1

   See you tomorrow. **Hasta mañana.** 1

tonight **esta noche** *adv.*

too **también** *adv.* 2; 7

   too much **demasiado** *adv.* 6; **en exceso** 15

tooth **diente** *m.* 7

toothpaste **pasta** *f.* **de dientes** 7

top **cima** *f.* 15

tornado **tornado** *m.*

touch **tocar** *v.*

touch screen **pantalla táctil** *f.*

tour **excursión** *f.* 4; **recorrido** *m.* 13

tour an area **recorrer** *v.*

tourism **turismo** *m.*

tourist **turista** *m., f.* 1; **turístico/a** *adj.*

toward **hacia** *prep.* 14; **para** *prep.* 11

towel **toalla** *f.* 7

town **pueblo** *m.*

trade **oficio** *m.*

traffic **circulación** *f.* 11; **tráfico** *m.* 11

   traffic light **semáforo** *m.* 14

tragedy **tragedia** *f.*

trail **sendero** *m.* 13

train **entrenarse** *v.* 15; **tren** *m.* 5

   train station **estación** *f.* **de tren** *m.* 5

trainer **entrenador(a)** *m., f.* 15

translate **traducir** *v.* 6

trash **basura** *f.* 12

travel **viajar** *v.* 2

   travel agency **agencia** f. **de viajes** 5

   travel agent **agente** *m., f.* **de viajes** 5

traveler **viajero/a** *m., f.* 5

   (traveler's) check **cheque (de viajero)** 14

treadmill **cinta caminadora** *f.* 15

tree **árbol** *m.* 13

trillion **billón** *m.*

trimester **trimestre** *m.* 2

trip **viaje** *m.* 5

   take a trip **hacer un viaje** 5

tropical forest **bosque** *m.* **tropical** 13

true: it's (not) true **(no) es verdad** 13

trunk **baúl** *m.* 11

truth **verdad** *f.* 4

try **intentar** *v.*; **probar (o:ue)** *v.* 8

   try (*to do something*) **tratar de (+ inf.)** 15

   try on **probarse (o:ue)** *v.* 7

t-shirt **camiseta** *f.* 6

Tuesday **martes** *m., sing.* 2

tuna **atún** *m.* 8

turkey **pavo** *m.* 8

turn **doblar** *v.* 14

   turn off (*electricity/appliance*) **apagar** *v.* 11

   turn on (*electricity/appliance*) **poner** *v.* 11; **prender** *v.* 11

twelve **doce** 1
twenty **veinte** 1
twenty-eight **veintiocho** 1
twenty-five **veinticinco** 1
twenty-four **veinticuatro** 1
twenty-nine **veintinueve** 1
twenty-one **veintiuno** 1;
  veintiún, veintiuno/a adj. 1
twenty-seven **veintisiete** 1
twenty-six **veintiséis** 1
twenty-three **veintitrés** 1
twenty-two **veintidós** 1
twice **dos veces** 6
twin **gemelo/a** m., f. 3
two **dos** 1
  two hundred **doscientos/as** 2
  two times **dos veces** 6

U

ugly **feo/a** adj. 3
uncle **tío** m. 3
under **debajo de** prep. 2
understand **comprender** v. 3;
  entender (e:ie) v. 4
underwear **ropa interior** 6
unemployment **desempleo** m.
unique **único/a** adj. 9
United States **Estados Unidos
  (EE.UU.)** m. pl.
university **universidad** f. 2
unless **a menos que** conj. 13
unmarried **soltero/a** adj. 9
unpleasant **antipático/a** adj. 3
until **hasta** prep. 6; **hasta que**
  conj. 13
urgent **urgente** adj. 12
  It's urgent that… **Es urgente
    que…** 12
us **nos** pl., d.o. pron. 5
  to/for us **nos** pl., i.o. pron. 6
use **usar** v. 6
used for **para** prep. 11
useful **útil** adj. m., f.

V

vacation **vacaciones** f., pl. 5
  be on vacation **estar de
    vacaciones** 5
  go on vacation **ir de
    vacaciones** 5
vacuum **pasar** v. **la aspiradora** 12
  vacuum cleaner **aspiradora** f. 12
valley **valle** m. 13
various **varios/as** adj. m., f. pl.
vegetables **verduras** pl., f. 8
verb **verbo** m.
very **muy** adv. 1
  (Very) well, thank you. **(Muy)
    bien, gracias.** 1
video **video** m. 1
  video camera **cámara** f. **de
    video** 11
  video game **videojuego** m. 4

videoconference
  videoconferencia f.
vinegar **vinagre** m. 8
violence **violencia** f.
visit **visitar** v. 4
  visit monuments **visitar
    monumentos** 4
vitamin **vitamina** f. 15
voice mail **correo de voz** m. 11
volcano **volcán** m. 13
volleyball **vóleibol** m. 4
vote **votar** v.

W

wait (for) **esperar** v. **(+** inf.**)** 2
waiter/waitress **camarero/a**
  m., f. 8
wake up **despertarse (e:ie)** v. 7
walk **caminar** v. 2
  take a walk **pasear** v. 4
  walk around **pasear por** 4
wall **pared** f. 12; **muro** m. 15
wallet **cartera** f. 4, 6
want **querer (e:ie)** v. 4
war **guerra** f.
warm up **calentarse (e:ie)** v. 15
wash **lavar** v. 12
  wash one's face/hands **lavarse
    la cara/las manos** 7
  wash (the floor, the dishes)
    **lavar (el suelo, los
    platos)** 12
  wash oneself **lavarse** v. 7
washing machine **lavadora** f. 12
wastebasket **papelera** f. 2
watch **mirar** v. 2; **reloj** m. 2
  watch television **mirar (la)
    televisión** 2
water **agua** f. 8
  water pollution **contaminación
    del agua** 13
  water-skiing **esquí** m.
    acuático 4
way **manera** f.
we **nosotros(as)** m., f. 1
weak **débil** adj. m., f. 15
wear **llevar** v. 6; **usar** v. 6
weather **tiempo** m.
  The weather is bad. **Hace mal
    tiempo.** 5
  The weather is good. **Hace
    buen tiempo.** 5
weaving **tejido** m.
Web **red** f. 11
website **sitio** m. **web** 11
wedding **boda** f. 9
Wednesday **miércoles** m., sing. 2
week **semana** f. 2
weekend **fin** m. **de semana** 4
weight **peso** m. 15
  lift weights **levantar** v. **pesas**
    f., pl. 15
welcome **bienvenido(s)/a(s)**
  adj. 1

well: (Very) well, thanks. **(Muy)
  bien, gracias.** 1
well-being **bienestar** m. 15
well organized **ordenado/a** adj. 5
west **oeste** m. 14
  to the west **al oeste** 14
western (genre) **de vaqueros**
whale **ballena** f. 13
what **lo que** pron. 12
what? **¿qué?** 1
  At what time…? **¿A qué
    hora…?** 1
  What a pleasure to…! **¡Qué
    gusto (+** inf.**)…!**
  What day is it? **¿Qué día es
    hoy?** 2
  What do you guys think? **¿Qué
    les parece?**
  What happened? **¿Qué
    pasó?**
  What is today's date? **¿Cuál
    es la fecha de hoy?** 5
  What nice clothes! **¡Qué ropa
    más bonita!** 6
  What size do you wear? **¿Qué
    talla lleva (usa)?** 6
  What time is it? **¿Qué hora
    es?** 1
  What's going on? **¿Qué pasa?** 1
  What's happening? **¿Qué
    pasa?** 1
  What's… like? **¿Cómo es…?**
  What's new? **¿Qué hay de
    nuevo?** 1
  What's the weather like? **¿Qué
    tiempo hace?** 5
  What's up? **¿Qué onda?** 14
  What's wrong? **¿Qué pasó?**
  What's your name? **¿Cómo se
    llama usted?** form. 1;
    ¿Cómo te llamas (tú)? fam. 1
when **cuando** conj. 7; 13
When? **¿Cuándo?** 2
where **donde**
where (to)? (destination)
  ¿adónde? 2; (location)
  ¿dónde? 1, 2
  Where are you from? **¿De
    dónde eres (tú)?** (fam.) 1;
    ¿De dónde es (usted)?
    (form.) 1
  Where is…? **¿Dónde está…?** 2
which **que** pron., **lo que** pron. 12
which? **¿cuál?** 2; **¿qué?** 2
  In which…? **¿En qué…?**
  which one(s)? **¿cuál(es)?** 2
while **mientras** conj. 10
white **blanco/a** adj. 6
  white wine **vino blanco** 8
who **que** pron. 12; **quien(es)**
  pron. 12
who? **¿quién(es)?** 1, 2
Who is…? **¿Quién es…?** 1
  Who is speaking/calling? (on
    telephone)
  ¿De parte de quién? 11
  Who is speaking? (on telephone)
    ¿Quién habla? 11
whole **todo/a** adj.

whom **quien(es)** *pron.* 12
whose? **¿de quién(es)?** 1
why? **¿por qué?** 2
widower/widow **viudo/a** *adj.* 9
wife **esposa** *f.* 3
win **ganar** *v.* 4
wind **viento** *m.*
window **ventana** *f.* 2
windshield **parabrisas** *m.,*
   sing. 11
windsurf **hacer** *v.* **windsurf** 5
windy: It's (very) windy. **Hace**
   (mucho) viento. 5
wine **vino** *m.* 8
   red wine **vino tinto** 8
   white wine **vino blanco** 8
wineglass **copa** *f.* 12
winter **invierno** *m.* 5
wireless connection **conexión**
   inalámbrica *f.* 11
wish **desear** *v.* 2; **esperar** *v.* 13
   I wish (that) **ojalá (que)** 13
with **con** *prep.* 2
   with me **conmigo** 4; 9
   with you **contigo** *fam.* 5, 9
within (ten years) **dentro de (diez**
   años) *prep.*
without **sin** *prep.* 2; **sin que**
   conj. 13
woman **mujer** *f.* 1
wool **lana** *f.* 6
   (made of) wool **de lana** 6
word **palabra** *f.* 1
work **trabajar** *v.* 2; **funcionar**
   v. 11; **trabajo** *m.*
   work (of art, literature, music,
     etc.) **obra** *f.*
   work out **hacer gimnasia** 15
world **mundo** *m.* 8
worldwide **mundial** *adj. m., f.*
worried (about) **preocupado/a**
   (por) *adj.* 5
worry (about) **preocuparse** *v.*
   (por) 7
   Don't worry. **No te preocupes.**
     fam. 7
worse **peor** *adj. m., f.* 8
worst **el/la peor** 8
Would you like to…? **¿Te**
   gustaría…? *fam.*
Would you do me the honor of
   marrying me? **¿Me harías**
   el honor de casarte
   conmigo?
wow **híjole** *interj.* 6
wrench **llave** *f.* 11
write **escribir** *v.* 3
   write a letter/an e-mail
   escribir una carta/un
   mensaje electrónico 4

writer **escritor(a)** *m., f*
written **escrito/a** *p.p.* 14
wrong **equivocado/a** *adj.* 5
   be wrong **no tener razón** 3

X

X-ray **radiografía** *f.* 10

Y

yard **jardín** *m.* 12; **patio** *m.* 12
year **año** *m.* 5
   be… years old **tener…**
     años 3
yellow **amarillo/a** *adj.* 6
yes **sí** *interj.* 1
yesterday **ayer** *adv.* 6
yet **todavía** *adv.* 5
yogurt **yogur** *m.* 8
you **tú** *fam.* **usted (Ud.)** *form.*
   sing. **vosotros/as** *m., f. fam. pl.*
   ustedes (Uds.) *pl.* 1; (to, for)
   you *fam. sing.* **te** *pl.* **os** 6; *form.*
   sing. **le** *pl.* **les** 6
   you **te** *fam., sing.,* **lo/la** *form.,*
     sing., **os** *fam., pl.,* **los/las**
     pl, d.o. pron. 5
You don't say! **¡No me digas!**
   fam.; **¡No me diga!** *form.*
You're welcome. **De nada.** 1; **No**
   hay de qué. 1
young **joven** *adj., sing.* (**jóvenes**
   pl.) 3
   young person **joven** *m., f., sing.*
   (**jóvenes** *pl.*) 1
   young woman **señorita**
     (Srta.) *f.*
younger **menor** *adj. m., f.* 3
younger: younger brother, sister *m.,*
   f. **hermano/a menor** 3
youngest **el/la menor** *m., f.* 8
your **su(s)** *poss. adj. form.* 3;
   tu(s) *poss. adj. fam. sing.* 3;
   vuestro/a(s) *poss. adj. fam.*
   pl. 3
your(s) *form.* **suyo(s)/a(s)** *poss.*
   pron. form. 11; **tuyo(s)/a(s)**
   poss. fam. sing. 11; **vuestro(s)**
   /a(s) *poss. fam.* 11
youth *f.* **juventud** 9

Z

zero **cero** *m.* 1

Text Credits

297 Reproduced from: "Elegía nocturna" by Carlos Pellicer. Fondo de Cultura Economica.

474–475 Reproduced from: Denevi, Marco, Cartas peligrosa y otros cuentos. Obras Completas, Tomo 5, Buenos Aires, Corregidor, 1999, pages 192-193.

504–505 Gabriel García Márquez, "Una día de éstos", Los funerales de la mamá grande. © 1962 Gabriel García Márquez y Herederos de Gabriel García Márquez.

Comic Credits

31 © Joaquín Salvador Lavado (QUINO) Toda Mafalda - Ediciones de La Flor, 1993.

368–369 © TUTE

Film Credits

103 Courtesy of IMCINE.

205 © Susan Béjar.

303 Courtesy of IMCINE.

409 © Esteban Roel & Juanfer Andrés.

509 © Manuela Moreno.

Television Credits

102 Courtesy of Cencosud Supermercados.

204 Courtesy of Comercial Mexicana.

302 © Javier Ugarte, Chilevisión Network. Santiago, Chile.

408 Courtesy of Centros Comerciales Carrefour S.A.

508 © Getty Better Creative Studio.

Photography Credits

Frontmatter: 3: Andres Rodriguez/Shutterstock.

Lesson 1: 1: Paula Díez; **2:** John Henley/Corbis; **3:** Martín Bernetti; **4:** Martín Bernetti; **10:** (l) Rachel Distler; (r) Ali Burafi; **11:** (l) Matt Sayles/AP/Corbis; (m) Paola Ríos-Schaaf; (r) Hans Georg Roth/Corbis; **12:** (l) Janet Dracksdorf; (r) Tom Grill/Corbis; **16:** (l) Jose Girarte/iStockphoto; (r) Blend Images/Alamy; **19:** (t) Dario Eusse Tobon; (m) Anne Loubet; (r) Digital Vision/Getty Images; **28:** (tl) VHL; (tr) VHL; (bl) Martín Bernetti; (br) VHL; **31:** (ml) Ana Cabezas Martín; (mml) Martín Bernetti; (mmr) Shvadchak Vasyl/123RF; (mr) Vanessa Bertozzi; (bl) Corey Hochachka/Design Pics/Corbis; (bm) VHL; (br) Ramiro Isaza/Fotocolombia; **32:** (t) Robert Holmes/Corbis; (m) Photogal/Shutterstock; (b) Andresr/Shutterstock; **33:** (tl) PhotoLink/Getty Images; (tr) Tony Arruza/Corbis; (bl) Stocksnapper/123RF; (br) RMNOA357/Shutterstock.

Lesson 2: 35: Radius Images/MaXx Images; **38:** Martín Bernetti; **44:** (l) William Perugini/Shutterstock; (r) Pablo Corral V/Corbis; **45:** (t) Teerawat Sumrantin/123RF; (b) Paul Almasy/Corbis; **53:** Stephen Coburn/Shutterstock; **55:** (l) Paola Ríos-Schaaf; (r) Image Source/Corbis; **63:** (tl) Rick Gómez/Corbis; (tr) LWA/Larry Williams/Media Bakery; (b) VHL; **64:** José Blanco; **65:** PNC/Media Bakery; **66:** (tl) Jose Blanco; (tr) José Blanco; (m) Elke Stolzenberg/Corbis; (b) Reuters/Corbis; **67:** (tl) The Washington Post/Getty Images; (tr) José Blanco; (ml) Erich Lessing/Art Resource, NY; (mr) VHL; (b) Iconotec/Fotosearch.

Lesson 3: 69: Paul Bradbury/AGE Fotostock; **71:** Martín Bernetti; **72:** (tl) Anne Loubet; (tr) Blend Images/Alamy; (tml) Ana Cabezas Martín; (tmr) Elena Kouptsova-Vasic/Shutterstock; (ml) Martín Bernetti; (mr) Martín Bernetti; (bl) Bikerider London/Shutterstock; (br) AGE Fotostock; **78:** (tl) David Cantor/AP Images; (tr) Rafael Pérez/Reuters/Corbis; (b) Martial Trezzini/EPA/Corbis; **79:** (t) Dani Cardona/Reuters/Corbis; (b) Lote/Splash News/Corbis; **82:** (l) Martín Bernetti; (r) José Blanco; **84:** Andrés Rodríguez/Alamy; **89:** (l) Tyler Olsen/Fotolia; (r) Martín Bernetti; **90:** Martín Bernetti; **98:** (all) Martín Bernetti; **99:** (t) Nora y Susana/Fotocolombia; (m) Chuck Savage/Corbis; (b) Martín Bernetti; **100:** Tom & Dee Ann McCarthy/Corbis; **101:** Martín Bernetti; **104:** (tr) Martín Bernetti; (tl) Martín Bernetti; (ml) Iván Mejía; (mr) Lauren Krolick; (b) Martín Bernetti; **105:** (tl) Martín Bernetti; (tr) Pablo Corral V/Corbis; (ml) Martín Bernetti; (mr) Fotos593/Shutterstock; (b) Martín Bernetti.

Lesson 4: 107: Digital Vision/Getty Images; **109:** George Shelley/Corbis; **111:** Nora y Susana/Fotocolombia; **116:** (l) Javier Soriano/AFP/Getty Images; (r) Fernando Bustamante/AP Images; **117:** (l) PhotoWorks/Shutterstock; (r) Zuma Press/Alamy; **127:** Warner Bros/The Kobal Collection/Art Resource; **131:** Anne Loubet; **133:** Nagy Vincze-Adam/Shutterstock; **134:** Martín Bernetti; **135:** Fernando Llano/AP Images; **136:** (tl) Randy Miramontez/Shutterstock; (tr) Albright-Knox Art Gallery/Corbis; (ml) Ruben Varela; (mr) Carolina Zapata; (b) Henry Romero/Reuters/Corbis; **137:** (tl) Radius Images/Alamy; (tr) Bettmann/Corbis; (m) Corel/Corbis; (b) David R. Frazier Photolibrary/Alamy.

Lesson 5: 139: Gavin Hellier/Getty Images; **150:** Gary Cook/Alamy; **151:** (t) AFP/Getty Images; (b) Pierre-Yves Babelon/123RF; **155:** Ronnie Kaufman/Corbis; **168:** Janet Dracksdorf; **169:** (tl) Corel/Corbis; (tr) Dudarev Mikhail/Shutterstock; (m) Epic Stock Media/123RF; (b) Volodymyr Goinyk/Shutterstock; **170:** (tl) Eddie Toro/123RF; (tr) José Blanco; (ml) Israel Pabon/Shutterstock; (mr) Capricornis Photographic/Shutterstock; (b) Dave G. Houser/Corbis; **171:** (tl) Jose Blanco; (tr) Lawrence Manning/Corbis; (m) Stocktrek/Getty Images; (b) Danny Alvarez/123RF.

Lesson 6: 173: Hero Images/Media Bakery; **182:** (t) Jose Caballero/Digital Press Photos/Newscom; (b) Janet Dracksdorf; **183:** (t) Carlos Alvarez/Getty Images; (bl) Guiseppe Cacace/Getty Images; (br) Mark Mainz/Getty Images; **185:** Jack Hollingsworth/Corbis; **188:** Pascal Pernix; **193:** Martín Bernetti; **194:** Paula Diez; **195:** Paula Diez; **200-201:** Paula Díez and Shutterstock; **202:** Noam Armonn/Shutterstock; **203:** Martín Bernetti; **206:** (t) Pascal Pernix; (tml) Pascal Pernix; (tmr) Pascal Pernix; (m) Pascal Pernix; (b) PhotoLink/Getty Images; **207:** (tl) Don Emmert/AFP/Getty Images; (tr) Pascal Pernix; (bl) Pascal Pernix; (br) Road Movie Prods/The Kobal Collection.

Lesson 7: 209: Media Bakery RF; **218:** Stewart Cohen/Blend Images/Corbis; **219:** (t) Ali Burafi; (b) Janet Dracksdorf; **221:** (l) Martín Bernetti; (r) Martín Bernetti; **223:** (l) Martín Bernetti; (r) Igor Mojzes/123RF; **226:** José Blanco; **227:** Martín Bernetti; **236-237:** Didem Hizar/Fotolia; **238:** (t) Martín Bernetti; (mtl) Daniel Ferreia-Leites/123RF; (mtr) Martín Bernetti; (bml) Richard Franck Smith/Sygma/Corbis; (bmr) Charles & Josette Lenars/Corbis; (b) Yann Arthus-Bertrand/Corbis; **239:** (tl) Elzbieta Sekowska/Shutterstock; (tr) Mick Roessler/Corbis; (bl) Jeremy Horner/Corbis; Marshall Bruce/iStockphoto.

Lesson 8: 241: Terry Vine/Media Bakery; **247:** (l) Monkey Business Images/Shutterstock; (r) Anne Loubet; **252:** (t) Rachel Distler; (b) Media Bakery; **253:** (t) Carlos Cazalis/Corbis; (m) Carlos Cazalis/Corbis; (b) Rafael Rios; **256:** Paula Diez; **258:** (l) Pixtal/Age Fotostock; (r) José Blanco; **262:** (l) Andresr/Shutterstock; (r) José Blanco; **263:** (l) José Blanco; (r) Monkey Business Images/Shutterstock; **272:** (t) Henryk Sadura/Shutterstock; (ml) Dave G. Houser/Corbis; (mb) Henryk Sadura/Shutterstock; (b) Dave G. Houser/Corbis; **273:** (tl) Jenkedco/Shutterstock; (tr) Michael & Patricia Fogden/Corbis; (bl) Vladimir Korostyshevskiy/Shutterstock; (br) Paul W. Liebhardt/Corbis.

About the Authors

José A. Blanco founded Vista Higher Learning in 1998. A native of Barranquilla, Colombia, Mr. Blanco holds a B.A. in Literature from the University of California, Santa Cruz, and a M.A. in Hispanic Studies from Brown University. He has worked as a writer, editor, and translator for Houghton Mifflin and D.C. Heath and Company and has taught Spanish at the secondary and university levels. Mr. Blanco is also the co-author of several other Vista Higher Learning programs: **Vistas, Aventuras,** and **¡Viva!** at the introductory level, **Ventanas, Facetas, Enfoques, Imagina,** and **Sueña** at the intermediate level, and **Revista** at the advanced conversation level.

Philip Redwine Donley received his M.A. in Hispanic Literature from the University of Texas at Austin in 1986 and his Ph.D. in Foreign Language Education from the University of Texas at Austin in 1997. Dr. Donley taught Spanish at Austin Community College, Southwestern University, and the University of Texas at Austin. He published articles and conducted workshops about language anxiety management, and the development of critical thinking skills, and was involved in research about teaching languages to the visually impaired. Dr. Donley was also the co-author of **Vistas** and **Panorama,** two other introductory college Spanish textbook programs published by Vista Higher Learning.

About the Illustrators

Yayo, an internationally acclaimed illustrator, was born in Colombia. He has illustrated children's books, newspapers, and magazines, and has been exhibited around the world. He currently lives in Montreal, Canada.

Pere Virgili lives and works in Barcelona, Spain. His illustrations have appeared in textbooks, newspapers, and magazines throughout Spain and Europe.

Born in Caracas, Venezuela, **Hermann Mejía** studied illustration at the *Instituto de Diseño de Caracas*. Hermann currently lives and works in the United States.

Estados Unidos

Golfo de México

Bahía de Campeche

Cancún
Mérida
YUCATÁN
Belice
Honduras
Guatemala
El Salvador
Campeche
Villahermosa
ISTMO DE TEHUANTEPEC
Veracruz
Jalapa
Oaxaca
México, D.F.
Puebla
Cuernavaca
R. Balsas
Acapulco
Matamoros
Reynosa
Tampico
San Luis Potosí
Monterrey
Nuevo Laredo
Sierra Madre Oriental
Ciudad Victoria
Saltillo
Zacatecas
León
Guanajuato
Morelia
Uruapan
Aguascalientes
Guadalajara
Mazatlán
Río Grande
Río Bravo del Norte
R. Conchos
México
Chihuahua
Sierra Madre Occidental
Ciudad Juárez
Puerto Vallarta
La Paz
Golfo de California
Hermosillo
Nogales
BAJA CALIFORNIA
R. Colorado
Mexicali
Tijuana

Océano Pacífico

N E S O

México

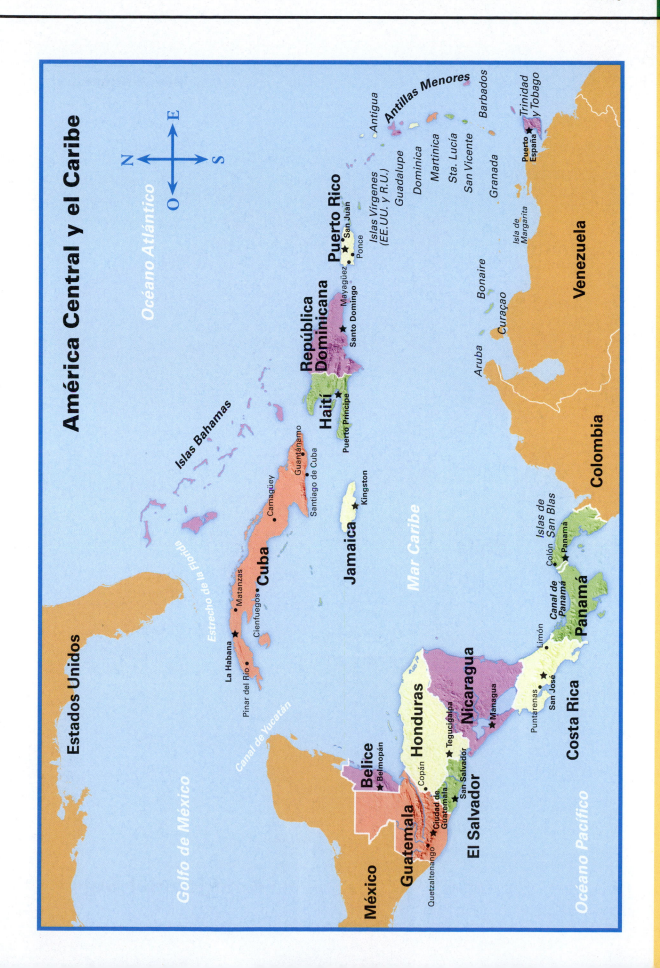

América Central y el Caribe

Estados Unidos

México

Golfo de México

Océano Atlántico

Estrecho de la Florida

Canal de Yucatán

Islas Bahamas

Cuba
La Habana
Pinar del Río
Matanzas
Cienfuegos
Camagüey
Guantánamo
Santiago de Cuba

Jamaica
Kingston

Mar Caribe

Belice
Belmopán

Guatemala
Quetzaltenango
Ciudad de Guatemala
Copán

Honduras
Tegucigalpa

El Salvador
San Salvador

Nicaragua
Managua

Costa Rica
Puntarenas
San José
Limón

Panamá
Canal de Panamá
Colón
Islas de San Blas
Panamá

Haití
Puerto Príncipe

República Dominicana
Santo Domingo
Mayagüez

Puerto Rico
San Juan
Ponce

Islas Vírgenes
(EE.UU. y R.U.)

Antillas Menores

Antigua
Guadalupe
Dominica
Martinica
Sta. Lucía
San Vicente
Granada
Barbados

Aruba
Bonaire
Curaçao
Isla de Margarita

Trinidad y Tobago
Puerto España

Venezuela

Colombia

Océano Pacífico

N
E
S
O

América del Sur

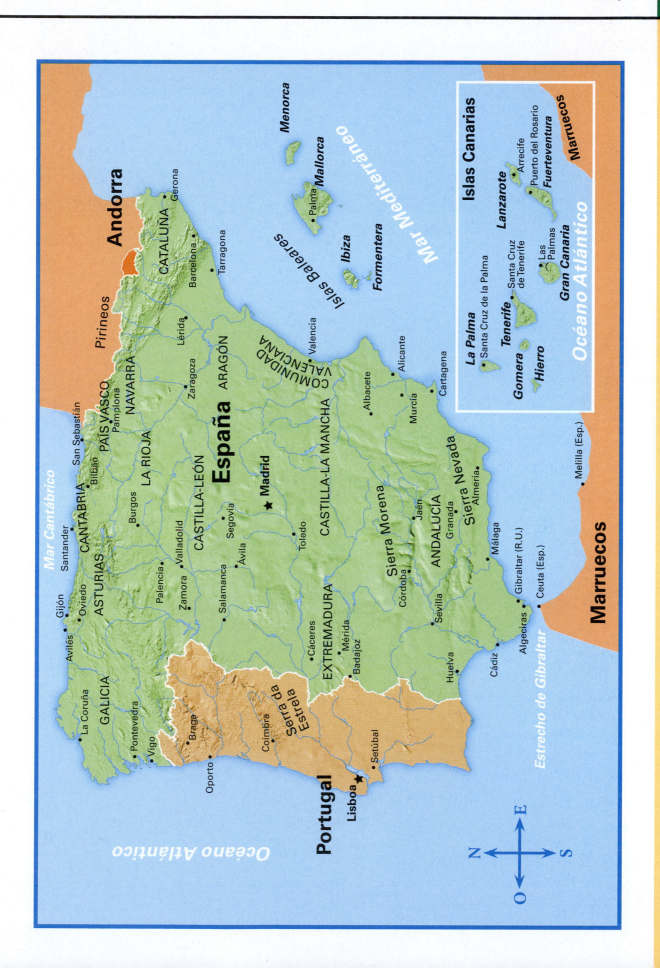